中国古代史研究的
国际视野

赵轶峰 彭卫 李振宏 主编

International Perspectives

for the Study of Ancient
Chinese History

中国社会科学出版社

图书在版编目（CIP）数据

中国古代史研究的国际视野 / 赵轶峰等主编. —北京：中国社会科学出版社，2019.4
ISBN 978-7-5203-4177-6

Ⅰ.①中⋯ Ⅱ.①赵⋯ Ⅲ.①中国历史—古代史—研究—文集 Ⅳ.①K220.7-53

中国版本图书馆 CIP 数据核字（2019）第 048177 号

出 版 人	赵剑英
责任编辑	刘 艳
责任校对	陈 晨
责任印制	戴 宽

出　　版	中国社会科学出版社
社　　址	北京鼓楼西大街甲158号
邮　　编	100720
网　　址	http://www.csspw.cn
发 行 部	010-84083685
门 市 部	010-84029450
经　　销	新华书店及其他书店
印　　刷	北京明恒达印务有限公司
装　　订	廊坊市广阳区广增装订厂
版　　次	2019年4月第1版
印　　次	2019年4月第1次印刷
开　　本	710×1000　1/16
印　　张	32.75
插　　页	2
字　　数	472千字
定　　价	118.00元

凡购买中国社会科学出版社图书，如有质量问题请与本社营销中心联系调换
电话：010-84083683
版权所有　侵权必究

目　录

前言 ……………………………………………………………… (1)

会通中外与中国话语 ……………………………………… 李治安(1)
国际视野
　　——中国古代史研究的路径选择 ……………………… 李振宏(8)
如何理解历史研究的本土情怀 ……………………………… 彭　卫(20)
多维度诠释中国古代史
　　——以富民、农商与南北整合为重点 ………………… 李治安(24)
唐宋史研究应当翻过这一页
　　——从多视角看"宋代近世说(唐宋变革论)" ……… 李华瑞(41)
酋邦、阶等社会与分层社会以及早期国家的比较研究 …… 苏家寅(90)
历史研究的新实证主义诉求 ……………………………… 赵轶峰(122)
也说"回到傅斯年" ………………………………………… 高寿仙(156)
当代中国古史研究三题
　　——疑、默证及举证责任 ……………………………… 袁　逢(172)
《资治通鉴》研究中的史料批判问题
　　——从田浩、辛德勇二文论司马光建构史料谈起 …… 卢庆辉(186)
文本细节所见北宋大礼五使的任命与书写
　　——兼论史学研究中的碎片化 ………………………… 王　刚(200)
医学与社会文化之间
　　——百年来清代医疗史研究述评 ………… 余新忠　陈思言(216)

物质文化史、全球史观照下的中国古代博物学史学科
　　——"物"研究的比较、启发与回应 …………… 周金泰（255）
日本"中国学"界的"淮南子学"研究述略
　　——兼谈21世纪《淮南子》研究的世界性视野 …… 高　旭（271）
"西番帝师"与"亡国先兆"
　　——日本康永四年山门嗷诉叙述中的宋元佛教 …… 康　昊（288）
朝鲜王朝官修《高丽史》对元东征日本的历史书写 …… 孙卫国（304）
书籍与治教：朝鲜王朝对华书籍交流与
　　"小中华"意识 ……………………………………… 黄修志（330）
敦煌文书与出土墓志的关联解读
　　——以侯莫陈琰《顿悟真宗要诀》为例 …………… 龙成松（358）
赋役故事
　　——明末清初松江一个秀才的经历和记忆 ………… 冯贤亮（380）
明代余姚科举中的《礼记》与《易》 ………………… 陈时龙（418）
黄景昉《国史唯疑》探微 ………………………………… 朱曦林（446）
尴尬的历史际遇
　　——明代藩王的政治诉求及其精神出路 …………… 梁曼容（464）

附："评论与反思：中国古代史研究的国际视野"学术
　　研讨会综述 …………………………………………… 李　媛（499）

前　言

　　2017年6月16—18日，《中国史研究》《史学月刊》《古代文明》联合在长春举办了"评论与反思——中国古代史研究的国际视野学术研讨会"。来自国内及美国、日本的近50位学者参加会议，进行讨论交流。学者们提交论文约40篇，全部收入会议手册之中。到此集编辑的时候，部分作者觉得提交会议的文章还有待深化、修改，加之篇幅有限，此集收入文章22篇，已然超过40万字。感兴趣的读者可以通过此集，包括作为附录收入集中的会议综述，了解会议的主要收获。在这种情况下，这里不再一一介绍本集所收文章的内容，而是把会议的主题与会议交流的结果结合起来，谈一些相关的思考。

　　2016年初夏之际，我们就这次会议的设想做初步的沟通。当时的基本共识是，自现代新史学在中国兴起以来，中国古代史的研究始终在中外各种思想、理论、方法交织激荡中发展，迄今百有余年，无论在中国抑或域外，皆已积淀深厚，成为国际性的学术领域，而现代历史学的基本观念与方法也在不断嬗变，从国际性学术的视角，通过评论与反思，促成中国古代史学界同仁对中国古代史研究进行重新审视，有助于放宽中国古代史研究者的视野。于是，我们提出了若干建议性的议题，希望能在这次会议期间加以探讨。会后回顾，这次会议在某些方面实现了初衷，有些方面只是略为触及而无共识，还有许多根本没有涉及却又很重要的话题，有待将来再做讨论。

　　当代中国史学处于一个繁荣期，这既体现在相关学术成果的数量上、新人才培养的成绩中，也体现在若干分支领域的文献扩展和新学术主张的推出中。在这种情况下提出注重中国古代史研究的国际视野,是一种顺势的推进,而不是一种转向的诉求。学术为天下公器,今日全球化时代学者所说之天下,应该是人类社会,是"人类命运共同体",而较古人所指有所拓展。从这个角度说,中国古代的历史,不仅是中国人的往事记忆,也是人类的往事记忆;不仅是中华民族的经验,也是人类的经验。进而,中国古代史的研究,就应该有比以前时代更明确的全球的和人类的意识,因而也就愈加需要观照域外的研究、比较的意识、通达的方法论和视野宏阔的评论与反思。

在国际视野下,一些习以为常的概念会显示出特异性来。比如"古代"(ancient)本身,在中国学术界指中国1840年以前的所有历史,而在西方学术界,仅指"中世纪"以前的一个特定时代。这样,在话语层面就会显得西方古代去现代遥远,中国古代离现代很近。按时间长短说,中国历史学研究对象的百分之九十以上属于"古代史",而在西方则古代史并非占比如此之甚。话语方式的此类差异其实一直对学者和公众的思维感觉产生一定影响,这应会随着中国古代史研究国际意识的增强而得到一些调整。

正如李华瑞教授在会议主旨发言中提到的,中国古代史成为国际学术界研究的对象,并不是刚刚发生的事情,现代新史学在世界范围兴起的时代,中国古代历史就在被研究的范围内,西方的汉学、日本的东洋学早就在研究中国古代史。同时也不可否认,与全球化早就已经在演进中但在晚近达到新的水平状态一样,中国古代史作为一种国际化的学问,在晚近达到了新的水平状态。20世纪前期,世界范围的历史学皆在"新史学"氛围笼罩之下,但西方汉学、日本东洋学各有章法,同时期中国学者的中国古代史研究又与汉学、东洋学的研究意识有所不同。20世纪后半叶的前30多年,传统影响犹在,而意识形态差异和国际关系紧张深化了学术共同体之间的畛域。当时,中国学者的历史研究固然关注域外情况很少,西方的中国历史研究其实也只会注意到中国为数极少几位与西方有交结学者的研究而不及其他。不过,各分畛域的表面形势背后,却也有共同的动向,即无论中国还是西方、日本的史学,在第二次世界大战以后都有明显的社会科学化动向,都大量地采用了经济学、政治学、社会学等相关学科的理论与方法来研究历史。这种趋势在20世纪末中国普遍开放的氛围中蓬勃展开,再加入全球化浪潮和后现代批评思潮的影响,遂形成研究取向多元而又相互交融的局面。于是,中国古代史研究的国际视野也就逐渐向规范化演变。比如大约20年前,我们对一篇博士论文没有考虑到域外学者的相关研究并不视为重大的问题——那时及时获取这类学术资讯的条件很差,现在则要看作很大的疏漏。学术期刊审定论文的时候,以前可以大致接受诸如国内学术界尚未对某课题加以研究这样界定本文创新性的理由,现在则一般不将转介视为创新。也就是说,我们实际上已经在愈来愈多地把中国古代史研究视为国际性学术共同体的事情。

如果上述判断大致不错,我们还可思考诸如下列的一些问题。

第一,中国古代史作为一个民族的自我研究,与作为国际学术一个领域的研究有什么区别?作为本民族自我研究的历史学带有比较清晰的民族经验自省性质,同时因为承担本民族文化传承的使命而容纳较多的民族文化情感,以及现实诉求,甚至把护持民族认同作为学术研究的任务之一,其针对的主要读者是本国公众。这在现代世界各国的历史研究中,都有明确的表现。作为国际学术的一个领域,则单个国家、民族的历史要纳入作为整体对象的人类历史经验框架中,无论研究的课题广狭深浅,都要观照全人类的共同经验和各文化的差异性质,其探求的问题,也要在人类经验普遍性层面加以定义,其预设的读者,是全世界的公众,因而具有更广泛的可阅读性。其实,所有在学术史上具有长久影响力的著述,都具有本国学术和国际学术两个层面上可定义的特质。汤因比、费正清、谢和耐等人关于中国古代历史的论述,既影响西方的学者和公众,也能使中国读者从中获得诸多启发,一定程度上就是因为他们观照着人类的普遍知识来思考中国古代的历史。中国大陆学者写作的中国古代史,迄今并无一种在域外广泛流传,这可能与译介不力有关,但与写作者的人类普遍知识探求意识偏于浅淡也有关系。未来会有中国学者写作的中国古代史在域外广泛流传,这可以预期,也应该开始思量。

第二,展开批评性的学术评论是把握中国古代史研究与国际中国史研究关系不能回避的途径。傅斯年在民国时代曾经发愿，要让"科学的东方学的正统在中国"。陈寅恪也曾慨叹，"群趋东邻受国史，神州士夫羞欲死"。他们都承认当时中国学者的中国历史研究在国际学术界并不具有顶尖的水平地位。数十年过去，如今如何？毫无疑问，中国的中国古代史研究学者队伍最大，著述最多。是否水平最高，大家的看法却可能有分歧或者难以断言。否则，为什么中国的高校在中国古代史领域也常会把曾经在域外高校任职作为高水平学者的天然尺度之一呢？其实，如若承认学术为天下公器，本来无须纠结中外学术的高低。但是历史学是文化性质很强的一种学问，中国学者研究中国史有天然的优势，且又人数众多，如果在中国史研究领域总体水平最高，是比较合乎逻辑的事情，否则就应有所反省，而现在的难以断言，毕竟透露出一些尴尬。无论民国时代还是如今，中国顶尖学者在文献资料掌握乃至史实考据的功夫方面，都高于域外顶尖学者，稍逊之处在于理论修养和理论勇气。中国学术界把中国古代史作为本国史来研究，领域细化分割，讲究断代或专门史特定领域的专深，于是就有容易过度技术化的弊端；域外学术界将中国古代史作为他国历史来研究，先存了其自己本国史乃至世界史的参照，又比较强调普遍知识意义层面的创新，因而常有关涉宏阔的论断。这种差异，本来不难融汇，但毕竟要先有清晰的认识，然后可以长短互补。当下影响达成清晰认识的，是中国学术界似乎存在对域外学术盲目推崇和毫不理会两种倾向。盲目推崇域外研究在民国时代已露端倪，当时中国多方面落后于西方甚至日本，社会改造的思想理论来自域外，历史研究的新观念与新方法也来自域外，以至于对外来的论断剖析不足而推崇有余，一些知名的学者如此，遂成世俗。20世纪50—80年代初，中外学术共同体分道扬镳，相互排斥多于相互汲取，久之而隔膜日厚，各成传统而互不了解。80年代中叶以后，中国学术界于域外学术译介颇勤，读者应接不暇，译介者也喜以推崇为说，甚至提倡对一些域外学术主张简单地"接过来说"，就有许多域外著作的缺陷长期得不到注意。还有一些学者，于域外学术并不理会，闭门造车。这两种倾向，都无助于中国古代史研究以自觉的方式直面国际学术共同体，亟待推进的是在国际学术水准线上展开对域外中国古代史研究的深度评论。需知域外学者的著述，也有高下之分，域外学术的潮流，不时流转，了解域外的学术，不能靠人云亦云，必须自己做深入的剖析。况且，域外学者对中国古代史界的进展其实了解也不及时，有时甚至不加正视。展开对域外学术的深度评论，有助于提示国际学术界注意中国古代史研究的进展，逐渐建构起中外学术联通的常态渠道。

第三，应该在国际学术层面思考中国古代史研究的问题取向。按照当下中国的历史时段分野，中国古代史涵盖中国历史的绝大部分，关涉几乎全部中国历史传统的研究，相关的课题自然广泛。然而无论领域如何宽广，具体于某个时代，一定会有一些课题作为学术共同体关注的焦点，构成学术发展的前沿，而中国和域外的中国古代史研究所关注的问题乃至提出问题的方式，却常有差别。例如：中国史学界在20世纪中叶以后讨论"五朵金花"，域外学术界基本无此话题；中国史学界长期研究以社会发展进步为主线索的社会形态演变，西方史学界则更多关注文明与文化特质的评析；美国学术界近年展开所谓"新清史"，中国学术界有所回应，但并没有形成同样的"新清史"潮流；日本学者在20世纪前期提出"宋代近世说"，影响延伸至今，而中国史学界长期并不理会，20世纪末稍加介绍后则形成了"翻过这一页"的结论。中国的中国古代史研究者，处于研究对象之本土，在研究课题取向方面，不应满足于提出和讨论不出国门的话题，应该通过提出足以引发学术进步的话题而获得自然形成的国际话语权。

第四，中国古代史研究者需要对国际范围历史学的理论动向及时做出反应。20世纪中叶以后，历史学的理论、观念、方法都发生了深刻变化，也形成了诸多长期争论的问题。此类问题表面看带有很强理论性，甚至高度理论化，但中国古代史研究者不可放弃对之做出直接回应的责任。原因主要在于，历史学是高度实践化的学术，长期从事历史学实践，即研究具体问题的学者，更能对历史学的理论性问题有透彻的认识，更能提出解决问题的可行方案。与之相比，在学科分工细化中形成的纯粹史学理论研究者反而易于因为过度热衷理论新颖性而忽略一些实践问题。历史学的会通与专深、碎片化与宏大叙事、晚近对历史学实证主义批评的含义、后现代主义与后殖民主义批判思潮对历史学究竟意味着什么,诸如此类的问题,中国古代史研究者都应基于自己特定领域的经验做出回应。这其实也是中国古代史研究者摆脱长期以来被动接受理论处境的一条途径。

第五,"中国古代史"显然是一个国别加断代的概念,而晚近兴起了超越国别史的主张。其中包括以来自更宏大视域的全球史、地域史来超越国别史的建议,也包括通过更具体的地方史、微观史来超越国别史的尝试。在这种情况下,如何在各种"新史学"兴起的氛围中界定中国古代史作为一个学术领域的有效性,成了一个需要认真回答的问题。国家为单位的历史研究其实是历史最悠久的历史研究方式。原因是,国家是人类进入文明时代时就形成的社会共同体,而历史学在很大程度上从关注社会共同体命运而展开,这在中国传统中表现得尤其突出。这种研究方式的局限是,在对象设定的原初概念层面就已经强化了国家意识,因而自然会凸显国家权力在历史中的地位,偏重政治、精英而忽略社会、草根。历史研究很早就形成的这种局限在现代民族国家形成之后,因为国家和民族主义的昂扬,大有独领风骚之态,从而在晚近史学思潮中受到颇为尖锐的抨击。看到这种局限后的方案,应该是努力使国别史与跨国单元的历史以及社会史、微观史并行,而不是放弃国家单元的历史研究。因为,所有的视角都有所见有所不见,而国家毕竟是历史上实际存在并将长期存在的社会组织体系,是一种历史实际,不能视而不见。而且,"中国古代史"中的"中国"二字,很多情况下是作为中华文明体系的符号来使用,不仅表示作为国家体系的中国,也表示作为文明、文化、社会共同体的中国。把握好这种关系的话,全球史并不抵消国别史的意义,而且会为国别史提供扩展的思路。中国古代史研究在很多问题领域可以通过加入全球史意识,提出新的课题。同理,微观史学或者地方史,也不会抵消以国家为单位历史的研究价值。所以,绝大多数新的史学取径,虽然可能在批评国家史的语境中伸张了自己的必要性,但最终不会降低中国古代史作为研究领域的合理性,而是会丰富中国古代史研究的概念与方法。

总之，这次会议的收获是值得关注的，并且促使我们进一步思考。

东北师范大学亚洲文明研究院李媛副教授在本集编辑过程中做了大量工作，东北师范大学为本集出版提供了资助，谨此致谢。

编者

2018 年 5 月 18 日

会通中外与中国话语

李治安

国际视野或国际化，原本是包括历史学的现代学术与生俱来的属性。从事历史学研究，不仅要"通古今之变"，也必须"览中外之情"。只是由于明清"闭关锁国"陋俗及20世纪五六十年代政治运动等因素，才使我们对国外研究及理论方法所知无多，才使中国古代史等学问一度带有了不该有的半封闭性。尽管如此，20世纪仍然有个别留学及涉外的名家如陈寅恪、雷海宗、杨联陞、林志纯等，能够做到学兼中西或中外兼通而开风气之先，因为是鹤立鸡群或凤毛麟角，故而备受学人的青睐与尊崇。

40年来的改革开放及其所带来的经济快速发展与中国崛起，提升了中国的经济文化实力和国际威望，也相应提升了全世界对中华文明的关注度和兴趣，凸显出中国古代史研究的国际性及文化价值。与此同时，"全球化"和信息时代的来临，也使中国古代史研究的国际化正在成为一种多数人得以参与的普遍性趋势，而不再是仅个别精英能过问的"奢侈品"。随着现代历史学的理论与方法不断更新，不断遭遇多种挑战，中国古代史研究的思想理论环境也处于持续变化之中。在这种形势下，如何增强中国古代史研究国际化的理性与自觉，如何提升中国古代史研究国际化的水平及实力，就成为当务之急。

在这方面，笔者吁请同仁学者努力践行"会通中外"，以跟上21世纪中国古代史研究国际化的时代步伐。

所谓"会通中外"，简而言之，就是融会贯通国内外有关中国古代史研究的理论方法及信息，通达其要旨，领悟其精华。笔者拙见，要践行"会通中外"，加速和提升中国古代史研究的国际化，似乎至少要做如下3件事。

其一，亟待建立引进、借鉴国外先进理论方法的机制。

历史学是一门综合学科，历史学研究的理论和方法也始终相应具有多样性与开放性，即提倡在治学理论和方法上向所有学科敞开门扉，主动吸纳，综合运用，以适应研究客体层出不穷和复杂多样的需要。所谓"史无定法"，是也。相对而言，发达国家的现代历史学和其他社会科学的发展较为成熟，其理论和方法丰富多样。包括马克思主义在内，无一不是从西方传入而影响中国近现代社会的进步与变革的。"他山之石，可以攻玉"，以古代文明为对象的中国古代史研究也不例外。

例如，法国"年鉴学派"倡行的"长时段"与"综合史"，主张历史是一组体系或结构的综合体，各体系或结构有其自身的内聚力。历史必须从结构和体系上加以阐述，不仅要致力于确定这些体系，而且要系统地阐明它们之间的关系。换言之，这种追求"长时段"的新史学，其目标就在于揭示社会结构，乃至自然界的、物质的和精神的长期结构。[①] 该学派强调历史研究的整体性和综合性，注重社会结构、系列及多元的理论解释，被后人较多运用和具有普遍实践意义的是其综合性区域史研究。笔者曾经提议采取两种方案引入年鉴学派的"新综合史"，以改造旧式"拼盘"地方史。一是在国内原有区域史基础上把年鉴学派的东西嫁接过来，搞成一个中体西用或中西合璧；二是全面仿效年鉴学派区域史研究模式。其中，笔者比较倾向于第二种方案。因为，先进的研究方法不应该讲究中西界限。况且，在中国这样的国度里最终也不可能全盘西化。目前最重要的是把年鉴学派的总体、综合区域史的理论方法先学过来。

再如"社会科学方法"。20世纪初德国著名学者马克斯·韦伯不

---

① ［法］雅克·勒戈夫、皮埃尔·诺拉主编：《史学研究的新问题新方法新对象》，郝名玮译，社会科学文献出版社1988年版，第41页。

仅开创了比较社会学、理解社会学的基本研究方法，进而还提出了"社会科学方法论"。他率先对文化科学做了界定，认为文化科学，即社会科学是有别于自然科学的一系列学科，包括历史学、经济学、政治学、社会学、法学等。社会科学方法论作为一种理论之所以可能，首要任务便是刻画社会科学在对象、工具和方法诸方面区别于自然科学的独特性质。社会科学的对象是文化事件。文化事件的规定包含着两种基本的要素：价值和意义。在韦伯看来，文化科学的对象是有意义的文化事件或实在，文化科学的目的是认识这种实在的独特性质。其社会科学方法论就是由关于达到这个目的的方式、原则、手段的讨论构成的。①

20世纪五六十年代，哈佛大学杨联陞教授在出入于经济史和以"训诂治史"的同时，又以博杂多端著称，自诩是"开杂货铺"的汉学家，据说他也提倡运用经济学、政治学、社会学、法学等社会科学诸方法来研究历史学。

笔者赞成积极吸收和运用经济学、政治学、社会学、法学等社会科学行之有效诸方法来研究历史学。这又是我们"会通中外"的一个关键途径。曾经在哈佛颇得柯立夫和杨联陞二教授真传的已故台湾"中研院"院士、著名蒙元史学者萧启庆教授，之所以成为20世纪末海外蒙元史研究第一人，就是因为他在继承柯立夫历史语言考据学的同时，又学到了杨联陞倡导的社会科学研究方法，而且在自己的研究中将二者水乳交融。

25年前，中国社科院创办了《史学理论研究》，专门介绍和探讨国内外史学理论及方法。这是一个非常好的平台！希望刊物越办越好，也希望古代史的同仁多运用、多参与，在此基础上建立引进和借鉴国外先进理论方法的良好机制。据说，近年在经济史领域，计量史学已然大行其道，单纯进行所谓定性分析，越来越没有市场。这当然是值得称道的。

---

① ［德］马克斯·韦伯：《社会科学方法论》，李秋零、田薇译，中国人民大学出版社1999年版。

在这方面笔者也偶有尝试。2016年笔者撰写《元至明前期江南政策与社会发展》一文时，就曾接受许檀教授的指点，增加了两段元明江南商税计量对比，即使用了计量数据，从而使文章的论证更具有说服力和科学性。诚然，笔者只是偶有尝试，还未能做到自觉和常态，有待日后继续努力。

其二，积极开展和国外相关国家的比较研究。

众所周知，比较研究法就是对事物之间的相似或相异进行研究与判断的方法。通常是根据一定的标准，对两个或两个以上有联系的事物进行考察，寻找其异同，探求普遍与特殊的方法。比较研究，也是历史研究中常用的方法之一。

中国自古以来地处东亚大陆，地理环境上基本是自为较独立的地理单元。中华文明或中国古代史与西欧等域外主要文明相比，存在较大差异，在文明特质上具有自成体系的特殊性。探讨中华文明的特殊性或中国特色，固然是中国古代史研究者义不容辞的任务。但是，"不识庐山真面目，只缘身在此山中"，倘若一味地关起门来探讨中华文明的特殊性或中国特色，反而会坠入五里雾中，难得真谛和要领。所以，在中国古代史研究过程中，选择适当的时段及国家作为比较对象，开展与国外相关国家的比较研究，对提升国际视野和"会通中外"也是至关重要的。

譬如，20世纪五六十年代史坛"五朵金花"之一的土地制度的讨论，有的主张土地国有制，有的主张土地私有制，众说纷纭，莫衷一是。倘若把中国古代的土地制度与罗马帝国作比较，特别是对照古罗马《十二铜表法》中有关所有权、占有权和使用权泾渭分明的表述，我们就容易从本质上理解把握战国以降以土地自由买卖为特征的地主租佃制的复杂形态及本质：地主拥有占有权，佃农拥有使用权，帝制国家则拥有最高所有权或褫夺权。所谓"普天之下，莫非王土"，绝不只是理论观念上的信条，而是能够见之于土地最高所有权或褫夺权的通行法则。这恰恰又是我国自古以来从来没有"私有财产神圣不可侵犯"法律规定的深刻历史根源。

再如，关于商鞅变法实行"民有二男以上不分异者，倍其赋"，①且与西周大宗、小宗习俗相配合而造就的持续2000年的诸子继承制度，因为至今仍在人们身旁，很可能被习以为常、熟视无睹了。但是，当我们将它和西欧领主制下的长子继承法相比较，就会蓦然发现这种诸子继承和长子继承的差异，很大程度上深刻影响着中国和西欧的社会经济结构。西欧领主制下的长子继承法的直接后果，就是中世纪大庄园延续数百年不变。而在古代中国，诸子分产继承制度构成了2000年来制约社会经济结构的五口之家基本秩序。该秩序的最大负面作用就是土地占有者越分越小、越分越多及其对土地等有限资源的剧烈角逐，容易助长周期性土地兼并。

又如，马克思说："在亚洲，从很古的时候起一般说来只有三个政府部门：财政部门，或对内进行掠夺的部门；军事部门，或对外进行掠夺的部门；最后是公共工程部门……在东方，由于文明程度太低，幅员太大，不能产生自愿的联合，所以就迫切需要中央集权的政府来干预。因此亚洲的一切政府都不能不执行一种经济职能，即举办公共工程的职能。"② 然而，我们将古代中国和埃及、波斯、印度作一番比较之后，就会发现：古代中国虽然有大禹治水的悠久传说和都江堰、河套等水利灌溉工程，但马克思亚细亚生产方式理论所描述的东方专制主义在中国的常见职能，并不主要是埃及、波斯、印度式的兴办灌溉排水等"公共工程"，而表现为战国以降的授田、均田。授田、均田等在占有权和使用权层面实现了土地与劳动者的结合，客观上实现了"耕者有其田"，这又是中国帝制国家最主要的公共的"经济职能"和最大的历史合理性所在。

其三，严格学术规范，努力造就令国外同行折服的高质量论著，赢得无愧于21世纪的中国话语权。

我们呼吁和倡行"会通中外"，不单是为"会通"而"会通"。

---

① （汉）司马迁：《史记》卷68《商君列传》，中华书局1959年版，第2229—2330页。

② ［德］马克思：《不列颠在印度的统治》，载中共中央马恩列斯编译局译《马克思恩格斯选集》第2卷，人民出版社1972年版，第64页。

"会通中外"主要是手段和途径，借助"会通中外"造就中国古代史研究的高质量论著，才是我们崇高和最终的目标。

在追求高质量方面，我们应当弄清何为第一，何为领先。严格地说，在全球化时代，学术研究是不分国界的。中国第一，未见得领先，只有世界第一才算领先和真正的第一。我们应当追求世界第一与中国第一的同一，而不应搞唯"国字号"尊大。应防止学术研究上"妄自菲薄"或"妄自尊大"两种极端偏向。应当清醒地看到，就国际视野的高标准而言，目前国内中国古代史研究总的情况是成绩很大，问题不少，喜忧参半。30多年来，随着博士和硕士研究生教育的发展，我国每年大约毕业150—200名古代史领域的博士生，中国古代史博士学位论文每年估计也能达到180篇以上。无论是人才培养规模之大，还是研究课题涉及的宽度、广度都是前所未有的，但学术质量并不令人满意。粗略估计，只有一半左右是好的和比较好的。最主要的问题是没有严格遵循国际通行的学术标准和学术规范，罔顾国内外已有研究成果，"炒冷饭"式的重复劳动依然较多，依然在人为制造一堆堆"废纸垃圾"。这方面虽已有所改进，但仍需要警钟长鸣，继续努力的空间仍然颇大。

综观国际汉学界，过去一二百年有两类卓有成效的研究流派：一是历史语言考据学派，二是立足于实证的融会贯通派。就目前的情势看，海外历史语言考据学派（除日本外）似趋于衰落，而国内改革开放40年来在历史语言考据学方面却建树显赫，涌现出一批运用甲骨文、金文治商周史，运用突厥文、西夏文、蒙文、藏文、满文等治北方民族史的中青年俊秀及优秀作品。而在立足于实证的融会贯通方面，海外汉学家继续兴盛领先，国内却存在不小差距，迄今尚未拿出若干杰出论著。近20年，中国大陆讨论"唐宋变革"的论文著作有数百种之多，看似相当热烈，但多数成果是在重复90年前日本学者内藤湖南的基本结论，或是努力发掘新史料为该论点做注脚，或是印证或深化该论点。这种近乎拾人牙慧的现象，让人颇不满意，甚至汗颜。目下，越来越多的古代史学人正在努力践行"国际视野"和"中国话语"的互动，努力践行断代实证与宏观贯通的融会，以引领学术潮流，用实际行动交上一份建构"本土中国"历史议题的合格答卷。在很大程度上，会通中外与赢得中国话语权，是相辅相成、相得益彰的。高质量论著也是我们与国外同行进行平等交流的基本倚仗。只有造就若干令人折服的高质量论著，我们才会获取与国外同行展开高水平对话的资格或平台，才会赢得他们的认可与尊重，我们在国际史坛上的话语权也会随之增多增大。

国际视野

——中国古代史研究的路径选择

李振宏

当代的中国古代史研究,从中华人民共和国成立算起将近70年,从"文革"结束算起将近40年,已经到了应该总结也可以有所总结的时候。问题是如何总结,如何来看待和总结当代中国古代史研究所走过的学术道路。赵轶峰教授为中国古代史研究的学术总结选择了一个很好的认识路径,给会议定了一个很好的主题:"评论与反思——中国古代史研究的国际视野。"这个题目显示的是一个主题两个基本点:一个主题就是反思,要反思、评论、认识、总结当代中国古代史研究的现状和问题,弄清中国古代史研究的发展趋势,以使我们能够以自觉的、理性的态度推动其健康发展;两个基本点,就是批判的眼光和国际的视野。

这两个基本点非常重要,所谓反思就是通过这两个基本点来实现的。先说批判的眼光。批判是学术的本质属性,推动学术的发展更需要有批判的力量。而这恰恰是中国学术最大的软肋。当代中国的古代史研究,是新中国成立以来六七十年间学术的合逻辑的发展,它所取得的成绩和存在的问题,应该有一个批判性的清理。几年前,笔者写过一篇10多万言的评论文章《六十年中国古代史研究的思想进程》,发表在彭卫先生主编的《历史学评论》创刊号上。这篇文章引起了一些关注,其特点就是其批判性。这次会议的主题定在反思与评论上,需要的正是这种批判性思维,需要我们以批判的眼光来看待古代史研究中的成就与问题。这样一个学术角度,不仅可以使本次会议取得丰硕的成果，而且可以在学界引导一种风气。

新中国成立以来的学术界，最缺乏的就是批判精神。其实，学术的本质属性就是其批判性，离开批判就没有学术的发展，就不成其为学术。因为任何学术都是人类认识史的推进，而要推进人们的认识，就要对前代的认识进行反思、检讨和评论，这就需要有分析的态度和批判的眼光。学术史就更是这样。总结新中国成立以来或者是"文革"结束以来的古代史研究，离开分析的批判的态度，是无法发现问题，不能找到发展方向的。马克思在《〈资本论〉第一卷第二版跋》中讲他的哲学，他的辩证法，说"按其本质来说，它是批判的和革命的"。[1] 我们做学术史，总结古代史研究的利弊得失、发展路径和发展趋势，需要的也是批判性思维。所以，把总结的起点确立为评论与反思，总结的方法确定为分析与批判，是选择了一个真正科学的学术态度。

再说国际视野。在人类历史走向高度一体化的时代，学术的发展不可能再拘于一隅，我们必须拥有世界眼光，必须最大可能地融入世界性的学术之中；否则，学术就不可能真正地发挥它应有的功能和作用，其发展就会偏离时代的要求。从这个角度说，赵轶峰教授确定的这个会议主题，是真正把脉中国学术、引导学术方向的一个学术指南。

我所理解的国际视野，主要表现在两个方面：一个是国际眼光，把中国古代史放到世界史的范围内去考量，从世界看中国，打破过去孤立地研究自我历史的封闭或闭塞，这样可以给我们的历史评价一个较为客观的历史定位；另一个方面，是以国际史学界的新理论、新方法来观照我们的古代史研究，以国外新的史学理论、史学思想来补充或改善我们的方法论手段。

所谓国际眼光，就是提倡一种比较史学的方法，将中国古代历史放到世界历史中去比较，以认识中国历史道路的特殊性。任何一个民

---

[1] 中共中央马恩列斯编译局译：《马克思恩格斯选集》第2卷，人民出版社1995年版，第112页。

族的历史道路都是独特的，而其独特性或曰特殊性，不通过比较的方法是无法认识清楚的。就中国说中国，很容易被某种偏见所遮蔽。比如最近一些年来，关于中国秦至清社会性质的认识，不通过比较，是很难弄清中国所谓的封建社会，的确是和欧洲有着质的不同的，如果都称之为封建社会，就无法反映中欧之间历史的差异性，也就无法对中国秦至清的2000年历史达到本质性的认识。

判断社会性质最根本的问题，是政治问题，是人在社会中的地位问题。过去判定秦至清的中国历史和西欧一样都是封建社会，是根据斯大林关于"封建主占有基本的生产资料和不完全占有生产者"去立论的，这是个极其模糊的说法。如果把中国历史和西欧的历史作比较，我们就会发现二者的根本不同。西欧封建社会的基本法则是契约规则，通过契约的形式规范人在社会中的地位，即使领主与附庸之间，也不是一种占有关系，而是一种很明确的双向契约关系、相互义务关系。领主对附庸绝不是无条件的绝对的支配关系。在领主不履行对附庸的契约义务的情况下，附庸有抵抗领主的法定权利。也就是说，在人（所有人，而不仅仅是统治者）的社会地位问题上，是有法律保护的。马克·布洛赫在其名著《封建社会》中写道：

> 附庸的臣服是一种名副其实的契约，而且是双向契约。如果领主不履行诺言，他便丧失其享有的权利。
>
> 各附庸群体在塑造其心态的礼俗的影响下，首先将这些观念付诸实践。在这种意义上，许多表面看来似乎只是偶然性反叛的暴动，都是基于一条富有成果的原则："一个人在他的国王逆法律而行时，可以抗拒国王和法官，甚至可以参与发动对他的战争……他并不由此而违背其效忠义务。"这就是《萨克森法典》中的话。这一著名的"抵抗权"的萌芽，在斯特拉斯堡誓言（843年）及秃头查理与其附庸签订的协定中已经出现，13和14世纪又重现于整个西欧世界的大量文件中。
>
> 西欧封建主义的独创性在于，它强调一种可以约束统治者的契约观念，因此，欧洲封建主义虽然压迫穷人，但它确实给我们

的西欧文明留下了我们现在依然渴望拥有的某种东西。①

封建主和其附庸的权利，都受法律保护，是一种确定的双向契约关系，这不仅是马克·布洛赫的观点，也是20世纪中期以来西方历史学家较具共识性的新见解。侯建新在一篇文章中总结说："领主附庸关系从法律和实践层面看，表现为领主和附庸相互承担和享有一定的权利和义务，可归纳为以下几方面：其一，从形式上看，双方都是自由人，各有所求，自愿结成，而且是双方面对面的约定；其二，从内容上看，双方都承担了权利和义务，都发誓履行自己的诺言；其三，对约定的束缚也是相互的，'由于行了臣服礼而封臣对封君有多少忠诚，则封君对封臣同样也有多少忠诚'，所以，从原则上讲，如果一方没有履行义务，封君可以宣布他不再是他的封臣，封臣同样可以宣布他不再是他的封君。"② 侯建新写道：

> 欧洲的封建誓约体系是包括国王在内的。誓约制约体系不仅涵盖国王，而且是该体系中的核心部分。国王的加冕誓词清楚地表明，国王的权力同样可以从领主附庸的关系中得到解释。科尔曼指出：一般说来国王的权力被认为是执行正义，自己也应服从法律，如果他没有做到，另一方可以废除约定。所以，人们不难发现国王与其他贵族因地权、地界问题产生争议，对簿公堂……在中世纪人的观念中，附庸的服从和义务不是没有条件的，即使受到国王不公正的对待，也有反抗和报复的权利。
>
> ……
>
> 附庸乃至农奴依法抵抗，成为欧洲封建制一个十分显著而独特的特征。正如一百多年前著名法国政治家和学者基佐指出："封建制度输入欧洲社会的唯一的政治权利是反抗的权利……封

---

① ［法］马克·布洛赫：《封建社会》下卷，张绪山译，商务印书馆2004年版，第712—714页。
② 侯建新：《抵抗权：欧洲封建主义的历史遗产》，《世界历史》2013年第2期。

建制度所支持的和实施的反抗权利是个人反抗的权利……我们应该归功于封建制度,是它将这种思想感情重新引进了欧洲的生活方式中来,并不断公开地承认它、保卫它。"①

从基佐到布洛赫,再到当代中国学者,都指出了西欧封建社会的根本特征,附庸有反抗权,领主与附庸是双向契约关系,并且正是这种契约关系给欧洲近代文明留下了最可宝贵的遗产。如果从这样的角度来审视中国秦至清的中古历史,能看到一丝一毫这样的影子吗?中国古代社会的政治生活中,有这样明确的契约关系吗?中国古代的君主与臣民,从来都是单向度的支配关系,绝对的服从关系,正所谓"君叫臣死臣不死不忠",帝王对他的臣民有绝对的生杀予夺之权,也就是管子说的:"明王之所操者六:生之,杀之,富之,贫之,贵之,贱之。此六柄者,主之所操也。"②"故予之在君,夺之在君,贫之在君,富之在君。"③ 国君掌握了臣民们的生存命脉,生杀予夺之权全系于国君一身。这就是中国帝制时代人们政治地位的真实写照。欧洲封建社会中那种领主与附庸、统治与被统治之间的关系,在中国的古代社会,能寻觅其踪影吗?如果欧洲是封建社会,那中国就没有资格与之同名。放到国际视野中去比较,从欧洲看中国,中国秦至清的历史不能称为封建社会,则是不容置疑的。至于中国应该叫作什么社会,那则是需要我们付出艰苦的努力去探索的。

再说国际视野的第二个方面,即引入西方的理论与方法来观照中国古代史研究。20 世纪 80 年代以来,学界对于引入西方理论与方法是有热情的,也是取得了一些成绩的。关键的问题是,应该如何把这些产生于他土的理论和方法,恰当地运用到我们的具体历史研究之中。在这个问题上,需要的不是一味的求新和出奇,也不是直接拿来套用,而是要结合中国历史实际有分析地运用,尽量把它活化到我们

---

① 侯建新:《抵抗权:欧洲封建主义的历史遗产》,《世界历史》2013 年第 2 期。
② (清)黎翔凤撰,梁运华整理:《管子校注》,中华书局 2004 年版,第 909 页。
③ (清)黎翔凤撰,梁运华整理:《管子校注》,第 1262—1263 页。

的研究中。

譬如最近一些年来,在中国古代社会研究中,人们较多地开始关注经济力量的作用,特别是在唐宋以来中国社会性质的判断中,农商社会、工商社会、富民社会的提法相继产生。关注中国社会内部新兴的社会力量,研究基层社会经济发展所带来的社会变化,发掘社会发展新的动力因素,在很大程度上丰富了人们对唐宋以降社会的认识,是一个值得肯定的研究方向。但就笔者的观察来说,这些研究却也存在着某些认识上的偏差,或者说是有可商榷的地方。特别是富民社会说所做的历史论证,很有讨论或反思的必要。

唐宋以后的中国社会是否真的形成了一个富民阶层,是一个可以讨论的问题。即便是真的存在这样一个稳定的社会阶层,这个阶层的产生和存在是否影响了中国社会的政治格局呢?表征这个阶层存在的是他们的经济力量,而他们是否提出了反映其经济权益的政治诉求?他们是否有反映自身经济关系的理论表达?他们是否已经形成独立于皇权控制之外的一种政治力量?作为一种社会力量的存在,他们是否是皇权或国家的否定因素?这种经济力量或者社会阶层,是否已经强大到可以左右社会的发展方向或干涉皇权意志的贯彻或表达?它们是否是中国社会发展的支配力量?这种经济力量是否是皇权专制社会中滋生的革命性因素?如果这些问题不去回答,如何能将其命之为"富民社会",认为"富民"可以作为社会时代的表征或代表呢?遗憾的是,在所有关于富民社会的论证中,我们看不到任何关于这些问题的回答。富民社会论者完全在回避着这些进行重大理论判断所必须回答的根本性问题。

如果富民阶层的产生与存在,是唐宋以后社会经济生活中出现的新的经济状况,我们首先要做的事情,应该是去分析这种经济现象本身的性质,分析它是否构成相对于传统政治来说一种新的社会力量,是否相对于传统社会是一种革命性因素,而不是单纯地去看某家富民财富的多寡,也不是去考察富民现象存在的所谓普遍性。而要分析富民阶层本身的性质,引入西方近代政治学中的"国家与社会"分析框架,将会是比较有效的。

"国家与社会关系"理论,是西方近代社会的产物,是市民社会形成之后与王权相对抗的理论表达。按照现代政治学的理论,随着市场经济、市民社会的发展,公民的个体利益和社会权力突出出来,而日益发展的王权专制及其所衍生的各种形式的国家公权力,与公民权利的矛盾也日渐凸显,于是,公民以其群体力量的整合形成社会力量,制衡政治,以防止公权力的扩大。这样,在公民的社会力量与国家公权力之间,相互抗衡,反映在政治理论上,就提出了以"国家与社会关系"为核心的诸种政治理论。不同的政治理论体系各有侧重,或主张以国家强制力控制社会力量的发展,或主张以社会力量制约公权力的无限扩张,以社会力成为公权力的界限。近代以来西方社会的政治进程及其政治制度建设,也就是在公权力与社会力,或曰国家与社会的不断冲突、磨合、调适的过程中,进行着制度的选择和创新。于是,"国家与社会"就成了西方近现代政治学、社会学中的核心命题。

国家与社会关系理论,不仅是近代社会的产物,同时也是分析近代社会的一种理论工具。它作为一种分析框架,在思维属性上表现为一种强调国家与社会二元对立的思维模式。这样一种思维模式,对于我们看待中国古代社会问题,提供了一种观察视角。特别是对于认识传统社会中新出现的社会因素,具有很大的启发意义。

如唐宋以后社会中出现的富民阶层,假如它确实存在的话,它就应该是一种新的社会力量,按照富民社会论者的说法,它还确实是一种非常强大的推进社会发展的力量。那么,借用国家与社会分析模式,这种社会力量与国家的关系如何呢?这种社会力量在国家与社会的框架之中,是一种什么样的角色呢?这样的观察角度,似乎可以使我们看清这种社会力量的真正本质,从而对它的历史地位和政治影响给予较为妥当的历史评价。

现在,我们就来看看中国历史上的富民(一般以工商业者为代表)阶层与国家的关系如何,看看他们与皇权、国家处在一种什么样的关系结构中。从国家与社会的角度看问题,从政治的角度去考量,中国先秦、秦汉时代的商人阶层,是没有权利意识和政治意识的。

《史记·货殖列传》所载最早的商贾大户是范蠡和白圭。范蠡隐名埋姓去做生意，本来就是为了逃避政治，做生意也只是个"所谓富好行其德者"。他不追求财富的积累，不追求资本的再生产，不以财富为资本谋求政治权利。白圭"乐观时变，故人弃我取，人取我与"，能够把政治智谋用于经商治生，却不以财富的积累而提出政治上的要求。以他们为代表的中国最早的商人阶层，天生就缺乏权利意识和政治意识。

《史记·货殖列传》所载秦始皇时期的商人乌氏倮和巴寡妇清，是另外一种典型：

> 乌氏倮畜牧，及众，斥卖，求奇缯物，间献遗戎王。戎王什倍其偿，与之畜，畜至用谷量马牛。秦始皇帝令倮比封君，以时与列臣朝请。而巴寡妇清，其先得丹穴，而擅其利数世，家亦不訾。清，寡妇也，能守其业，用财自卫，不见侵犯。秦皇帝以为贞妇而客之，为筑女怀清台。夫倮鄙人牧长，清穷乡寡妇，礼抗万乘，名显天下，岂非以富邪？①

他们不要求自己的政治权利，却知道与王权沟通，受到王权的青睐。乌氏倮和巴寡妇清，如果是那个时代商人的代表的话，那他们就是以财富显贵而与皇权结合的典型，成为皇权所树立的典型或模范。像这样的商人阶层，无论如何强大，无论其财力如何雄厚，都不会成为皇权的对立物，不会成为独立于皇权的政治力量。一句话，他们不是有自己独立政治立场而威胁到国家或皇权并与之构成对立之两极的社会力量。

乌氏倮和巴寡妇清，奠定了中国富商阶层依附于皇权的政治属性。及至汉代，皇家国策是重农抑商，对工商业者歧视、打击，剥夺他们正当的政治经济权益。"高祖乃令贾人不得衣丝乘车，重税租以困辱之。孝惠、高后时，为天下初定，复弛商贾之律，然市井子孙亦

---

① （汉）司马迁：《史记》卷129《货殖列传》，中华书局1959年版，第3260页。

不得为官吏。"① 武帝时又暴力剥夺工商业者经济利益,著名的算缗告缗就是其杰作。但是,面对国家或皇权的强力剥夺,工商业者却都不曾提出他们的政治诉求,史籍中见不到他们对自身利益诉求的正面表达,而只能看到他们消极地隐匿财产,瞒报应税财产,但这样做又要受到严酷的惩罚:"匿不自占,占不悉,戍边一岁,没入缗钱。有能告者,以其半畀之。"② 最后在政策高压和酷吏摧残下,工商业者受到毁灭性的打击,"商贾中家以上大率破"。面对政府的暴力剥夺,工商业者不仅不能捍卫自身的政治经济权益,而且,还大都选择与政府合作的态度,向皇权靠拢,挤入皇权体制之中。《史记·货殖列传》中所载的东郭咸阳、孔仅、桑弘羊就是其代表。他们挤入体制之中,以专家、内行的角色给政府出谋献策,从事灭绝私营工商之利的政府行为。此外,还有卜式一类的工商业者,自愿将自己的产业半数入官,贡献于国家,表达强烈的家国情怀,以自己微薄的产业相助国家讨伐匈奴的大业。③ 卜式的例子,也很能说明中国古代工商业者阶层的政治属性。

汉代的商贾阶层,这个从事商业手工业的社会阶层,本来是一种由直接的具体利益联系而客观存在的社会力量。但是,在中国这样特定的文化土壤上,却看不到他们具体的利益诉求。他们要么经不起政治权力的诱惑,通过捐钱买官由富而贵,走入公权力体系之中;要么在强大政治权力的威压和弹压下,向皇权屈服,丧失自己的经济利益。在秦汉时代,看不到这类人群的结社或他们的权利主张。这个在社会中最可能提出权利诉求、对公权力最可能起到制衡作用的社会阶层,却是一个没有政治觉悟的阶层,而在事实上形不成相对于皇权的真正的社会力量,不能被视作从皇权专制社会内部滋生出来的革命性因素。

唐宋以后,随着社会经济的发展,还的确出现了像行会这样的

---

① (汉) 班固:《汉书》卷 24 下《食货志》,中华书局 1962 年版,第 1153 页。
② (汉) 班固:《汉书》卷 24 下《食货志》,第 1167 页。
③ 参见 (汉) 班固《汉书》卷 58《卜式传》,第 2625 页。

工商业者的社会组织。行会作为一种经济组织，自然应视为一种社会力量。如果联想到欧洲中世纪的行会组织，中国帝制时代行会的出现，还真是值得憧憬一番的。但遗憾的是，学术界研究的结果，却对之并不看好，它依然没有成为帝制社会的异己力量。也就是说，中国唐宋时代的手工业行会，仍然不是中国帝制社会内部滋生出来的新的经济因素，它无力承担推进社会发生质变的历史使命。相反，大量材料证明，唐宋时代行会的出现，并不是新的经济关系的产物，并不是手工业者、商人为保护行业利益而进行的政治性结社，并不是源于工商业者要求合法权益的需要；恰恰相反，它是皇权、国家征发赋税杂役的需要，是宫廷采买的需要。在这方面，学术界有着大体一致的看法，几乎所有的研究都强调了行会为政府所用，而不是为着保护工商业者自己的政治经济权益的问题。像这样的社会组织，根本不可能起到制约国家力量、与国家相抗衡的作用。从国家与社会的角度看问题，行会并不是一种有效的社会力量，不是国家力量的异己性存在。

富民社会论者在谈论宋元明清的富民阶层的时候，也关注到了富民对国家制度的支撑作用。如林文勋先生的书中，就大量征引了古人对富民作用的看法：

  苏辙说，富家大姓，"州县赖之以为强，国家恃之以为固，非所当扰，亦非所当去也"。
  叶适说："富人者，州县之本，上下之所赖也。"
  钱士升说："故富家者，非独小民倚命，亦国家元气所关也。"
  王夫之说："大贾、富民者，国之司命也。"
  魏源说："富民一方之元气，公家有大征发、大徒役皆倚赖焉，大兵燹、大饥馑，皆仰给焉。"[①]

[①] 林文勋：《中国古代"富民"阶层研究》，云南大学出版社2009年版，第11页。

林文勋先生自己的征引，也在证明一个事实，即富民阶层是皇权专制国家的阶级基础。

中国古代的任何历史时期，皇权或国家权力都是社会发展的支配力量，是历史发展的决定性因素；而富民阶层，无论他们有多少财富，当他们不去染指政治，不去争取自己的政治权利，还没有走上历史的政治舞台而有力量左右国家大局的时候，他们就始终不处在历史的核心地带。而这样的社会力量如何能够来代表一个历史时代呢？以他们的名字命名一个时代是多少有点苍白的！

以上我们借用近代西方国家与社会分析框架，从经济力量与皇权或国家关系的角度提出问题，质疑了过于拔高中国帝制时代以工商业者为代表的经济力量的倾向。简单的考察即已证明，中国帝制时代的商业手工业发展，并没有发展出对皇权专制的否定因素，并不构成对专制社会基本属性实现革命性变革的基本要素，相反，它们处在皇权专制的社会母体中，是这种社会结构必要的组成部分。以工商业者为核心的富民阶层，恰恰是皇权专制的社会基础和依靠力量。从中国历史的实际出发，我们看到，在中国这块特殊的历史文化土壤上，是不可能从一般工商业的发展中找到变革社会的积极因素的，至少晚至明清也没有出现这种因素。工商业的发展尽管是社会发展中最活跃的因素，但在中国这样的专制社会母体中，它也无力发展为革命性因素，无法促进社会发生质的变革。这就是马克思说的："极为相似的事情，在不同的环境中出现就引起了完全不同的结果。"① 国家与社会的分析方法，使我们清醒地看到了这一点。

以上我们以简单的例证分析，证明了从国际视野的这两个方面，看待中国古代历史的重要性和可行性。将中国历史置于世界历史的比较中去认识，借鉴西方比较成熟的史学理论或方法作为"他山之石"，是我们拓展古代史研究理论思维的两个重要维度。这二者，一个是历史本体论的角度，一个是史学方法论的角度。从这两个维度的

---

① ［德］马克思：《致俄国〈祖国纪事〉杂志编辑部的信》，载中共中央马恩列斯编译局译《马克思恩格斯全集》第19卷，人民出版社1963年版，第130页。

国际视野出发，来观照我们的古代史研究，并作出批判性的评价和总结，是一个很高的要求，是一个很宏伟的目标。这是中国学术应该具有的气度和魄力，也是中国学术研究应该有的目标和方向。

如何理解历史研究的本土情怀

彭 卫

由赵轶峰教授倡议召开的"评论与反思——中国古代史研究的国际视野学术研讨会",是一个颇具学术价值和理论价值的选题。它触及当下国际交往大背景下历史研究的一个基本问题。在历史研究中我们是否需要国际视野,这早已不是一个疑问。实际上远在呼吁全球史之前的 20 世纪 40 年代,翦伯赞就已经在自己从事的先秦和秦汉史研究中,实践了由中国看世界,由世界看中国的理念。然而我们如何获得国际视野,本土文化对于历史研究工作有着怎样的意义,如何处理本土文化与世界眼光的关系,以何种标准衡定历史研究的进步,等等,都是目前历史研究工作无法回避的问题。可以说,对这些重要问题的整体性深入思考,不仅有助于我们梳理近代以来中国古代史研究的演进脉络,更重要的是它可以昭示我们,中国的历史学向何处寻觅,这对于中国史学未来的发展有着积极意义。我愿借此机会对历史研究的本土情怀谈几点不成熟的看法。

一般来说,"本土性"和"国际性"是一组对立的概念,时下许多研究者正是由此出发对中国传统文化如何具备"国际视野"以及如何"与国际接轨"提出一些建设性意见。例如,有的研究者强调,放在国际大背景下,若讲独立性与自信心,中国学界不但没有进步,还在倒退。对于中国学者来说,关键之处在于如何在全球化大潮中站稳自家脚跟。[①] 然而,在如何获得本土情怀,本土情怀的学术与理论

---

① 陈平原:《国际视野与本土情怀——如何与汉学家对话》,《上海师范大学学报》2011 年第 6 期。

意义等方面，我们的思考似乎有待加强。

对于任何国家和民族来说，包括历史学在内的所有人文学科都具有强烈的本土情怀。一个民族生于斯长于斯的这片土地，让它们拥有了特定的文化背景和知识土壤，也让它们获得了对这片土地上流淌的历史河流关注、思考的强烈愿望。每一个个体的生命历程都是从他生存的文化中出发的，每一个个体的成长都是与他所属于的那个集体紧密联系在一起的，从而由他所生活的土地滋生出的本土情怀既是任何人都无法回避的先验设定，也是其后天经验的重要基础。就一个群体而言，根脉感、归属感和认同感是凝聚其联系的不可或缺的要素，而本土意识和本土情怀就是建立起这3种感受的黏合剂。世界上所有国家都把本国史、本土史或本民族史作为历史学中最重要和最基本的内容，原因正在于此。从这个意义上说，一切历史不仅是当代的历史、思想的历史、实践的历史，同时也是具有特定文化认识和理解的历史。这也是本土情怀合（学）理性与合法（则）性之所在。

然而，从逻辑上说，对一个事物的格外珍重，并不能必然推导出将其奉为至高至大的神祇；本土情怀的不能抗拒和合理、合法的拥有，也并不意味着要将我们的学术视野局限在本民族文化的狭隘空间之内。无数的事实已经证明，学术上的固"土"自封，只能让研究工作走向绝境。本土情怀告诉我们的不是对本土文化的无条件和无原则的颂扬，不是对它的全部内容顶礼膜拜，也不只是对滋润一代代人成长的"本土"所必然流淌出的真挚情感，更为重要的是它要求我们在立足于此"地"此"时"的同时，还要有广阔的眼光和批判的意境。

第一，本土情怀所体现的基本点是我们用属于我们自身的文化眼光去观照历史，这种文化的核心内容可能是其他文化所不具备的，从而显示出它的独特性。如果说每个民族和国家都有其特有的文化，它们共同构建出了全球性的文化，那么每一个特定的文化都是"世界眼光"的一部分。本土情怀的发展和宏大，不仅在于对本土文化的坚守，也在于对其他文化的吸纳。这就是说，真正意义上的本土情怀，与"世界眼光"是不相背离的。需要指出，有的研究者把"世界眼光"归属于某些发达国家的文化,以它们的标准衡定我们的研究是否具有了国际性和前沿性,这既不全面也不准确。尊重所有文明,重视所有文化中有价值的部分——特别是本土文化所缺少的那些内容,是本土情怀的一项基本诉求,也是本土情怀生命力的保证。各种各样的"中心论",包括流行已久的"欧洲中心论",前些年有人提出的"中国中心论"或"东亚中心论"都是与世界性眼光相背离的。

第二,本土情怀在让我们获得本土文化优长的同时,也使我们更敏锐地感受到自己的不足和缺陷,从而使我们能够更为自觉和自主地调整和发展研究理念、方法及策略。从19世纪末至今,中国历史学演变的轨迹,真切而深刻地揭示出传统史学以何种姿态、何种方式保有自己和改变自己。其间所呈现的成就与教训、前进与倒退,在某种意义上说,也是一部浓缩的中国近现代史。而不断涌动的变化的潮汐,也显示出中国历史学本土情怀的旺盛的生命力。在中国本土历史学走向未来的路途中,依然会面临国际间的对话和交流,在对话和交流中发现自身的问题,并且有勇气、有能力加以改进,这才是真正的文化自信。

第三,本土情怀让我们更多地关注生活在这块土地上的人群的成长历程,我们看到了往昔岁月中的辉煌,也看到了无数的灾难和不幸。对于我们国家和民族所经历坎坷的痛惜,对于不断出现的历史进步与倒退的纠结,不仅是一种挥之不去的理性表达,也是一种无意识的、深埋于内心深处的深切感受,而这二者可能是非本土情怀所难以理解的。这乃是本土情怀交付给我们的最有价值的内容。我们对自己所生长的这片土地的热爱,不仅需要赞美,不仅需要继承其中的优秀遗产,更需要看到它的不足和缺陷,并努力加以改变。正是在这一点上,本土情怀与中国传统文化中的家国情怀交融在一起。史家如医。我们研究历史是为了今天和未来,我们对历史经验的总结,对历史教训的认识,是为了让往昔的错误、痛苦和灾难不再重现。我们考察历史走向,是为了从中获取到更多的历史智慧,从而提升人类的判断力和道德感。这一切都是本土情怀给予历史研究者的永恒动力。

总之，真正意义上的历史研究的本土情怀不是让我们变得封闭和狭隘，而是让我们更加包容和开放，让我们更加明智和富有创造力，让我们能够更好地将知识的力量提供给哺育了我们的故土以及全人类。

多维度诠释中国古代史

——以富民、农商与南北整合为重点

李治安

1922年日本学者内藤湖南的《概括的唐宋时代观》一文，打破传统的王朝史体系，比较系统地提出了唐宋变革说，这无疑是思考中古和近古史的一项富有启迪的理论。[①] 2003年，美国学者史乐民（Paul Jakov Smith）和万志英（Richard von Glahn）又提出，在唐宋变革和晚明及清的繁盛之间存在所谓"宋元明过渡"。[②] 近10年来，中国大陆相继出现"富民"、"农商"、赋役等牧民理政方式和南北整合的有益探索，并在天津、昆明、长春和北京连续举办了四届学术研讨会，迈出了多维度诠释中国古代史的可喜步伐。我国学者在扩大国际交流和凸显国际学术视野的同时，更多关注本土化视域下的中国及"中国话语"，在重视断代实证研究的基础上，越来越多地尝试纵横贯通。更有学者敏锐地提出，超越以往断代为史的窠臼，走向"贯通"，乃是未来史学深入发展的重要途径。[③] 现结合笔者的研究经历，

[①] 张广达：《内藤湖南的唐宋变革说及其影响》，载邓小南、荣新江主编《唐研究》第11卷，北京大学出版社2005年版，第5—71页。另参见李华瑞主编《"唐宋变革"论的由来与发展》，天津古籍出版社2010年版，第11—18页。

[②] Paul Jakov Smith & Richard von Glahn, eds., *The Song-Yuan-Ming Transition in Chinese History*, Cambridge, Mass: Harvard University Press, 2003. 参见张祎《"中国历史上的宋元明过渡"简介》，《宋史研究通讯》2003年第2期。笔者认为，唐宋变革和晚明及清繁盛之间存在所谓"宋元明过渡"的提法，似可慎重斟酌：一是"晚明及清繁盛"是否存在；二是"宋元明过渡"的命题带有不确定性，且将宋置于过渡之列，明显不妥。

[③] 邓小南：《"贯通"杂议》（发言稿），载《宋元明国家与社会高端学术论坛会议论文集》（未刊本），2013年。

谈谈融通断代和多维度诠释中国古代史问题，以就教于方家同好。

一 "富民"、"农商"和赋役等牧民方式的探索

"富民"和"农商"二词，在秦汉以后时常见到，都与帝制国家的"编户齐民"、赋役和"重本抑末"等牧民政策密切关联。近年，"富民"、"农商"和赋役等牧民理政方式，相继成为融通断代和多维度诠释中国古代史的显著切入点。

富民是中唐以降迅速发展起来的重要社会阶层。林文勋先后出版一批以富民为主题的有影响的论著。[①] 他于2013年撰写的《中国古代富民社会——宋元明清的社会整体性》一文，从宋至清"富民"阶层的成长、"富民"与"士绅"、宋至清社会的整体性三个层面，对"富民社会说"进行了更为深入、系统的阐述。他认为，宋代以后虽然朝代鼎革，但"富民"阶层的发展一直贯穿整个历史过程，成为认识社会结构及其变迁的关键。中唐以后富民阶层的崛起，从根本上改变了宋元明清诸朝代的阶级基础和社会结构，这一时段社会的阶级基础无疑就是富民阶层。而在社会结构中，作为编户齐民的富民阶层也成为社会经济关系和阶级关系的核心。可以说，宋元明清的中国传统社会是一个具有高度整体性的社会，而这个社会就是"富民社会"。[②]

对"富民"和"富民社会"说，笔者试作如下评价：是否愿意采纳"富民社会"概念，学者们拥有充分的自由，但"富民"阶层在中唐以降的崛起却是难以回避的事实。我们至少应该承认：中唐以降"富民"已经在经济生活中居支配地位，国家也基本改变了抑制"富民"的原有政策。"作为编户齐民的富民阶层"一语，需要稍加解析：一方面，士农工商四民都是平民，而非贵族或奴隶，称大地主、大商人等汇集成的"富民"为编户齐民，从法律意义上讲，无

[①] 林文勋：《中国古代"富民"阶层研究》，云南大学出版社2008年版；《唐宋社会变革论纲》，人民出版社2011年版。

[②] 林文勋：《中国古代富民社会——宋元明清的社会整体性》，载《宋元明国家与社会高端学术论坛会议论文集》（未刊本），2013年。

疑是正确的。另一方面，就财产占有而言，商鞅变法所奠定的编户齐民体制，是和计口授田、重农抑商及禁止兼并等捆绑出台推行的。按照秦汉官方律令，大地主、大商人等汇集成的"富民"，往往被称为"兼并之徒"，司马迁特名之曰"素封"。[①] 他们的土地财产，大大超越一般"编户"。严格地说，"富民"虽在国家"编户"之列，但又非财富占有意义上的"齐民"。

"农商社会"，则是葛金芳、赵轶峰分别阐述宋代和明清社会经济的新论点。

葛金芳认为，宋以降长江三角洲等狭义的江南地区，属于典型的"农商社会"。他还归纳了江南"农商社会"的五个特征：商品性农业的成长导致农村传统经济结构发生显著变化；江南市镇兴起，市镇网络形成，城市化进程以市镇为据点不断加速；早期工业化进程启动，经济成长方式从"广泛型成长"向"斯密型成长"转变；区域贸易、区间贸易和国际贸易扩展，市场容量增大，经济开放度提高，一些发达地区由封闭向开放转变；纸币、商业信用、包买商和雇佣劳动等带有近代色彩的经济因素已然出现并有所成长。[②] 他还对宋代东南"农商社会"中海外贸易的开放性和私营性做了新的探讨：宋代海外贸易以民间海商为主，南宋东南沿海常年有近十万人涉足外贸，包含权贵海商、职业海商、中小海商及海舶水手等。这和汉唐及明官府所控制的朝贡贸易绝然不同。[③]

赵轶峰主张，明清时期国家、社会、文化总体形态可概括为"帝制农商社会"。中央集权的帝制系统提供庞大领土内统一的行政管理秩序和法律、交通系统，从而为庞大的国内经济、社会关系网络提供

---

① （汉）司马迁：《史记》卷30《平准书》、卷129《货殖列传》，中华书局1959年版，第1433、3272页。

② 葛金芳：《"农商社会"的过去、现在和未来——宋以降（11—20世纪）江南区域社会经济变迁论略》，载《纪念郑天挺诞辰一百一十周年中国古代社会高层论坛文集》，中华书局2011年版，第384—400页；《从农商社会看南宋经济的时代特征》，《国际社会科学》2009年第3期。

③ 葛金芳：《南宋海商群体的构成、规模及其民营性质考述》，载《宋元明国家与社会高端学术论坛会议论文集》（未刊本），2013年。

条件，其代价则是普遍的社会强控制。农业既是自给自足的乡村秩序的基础，又日益增多地卷入市场经济关系中去。商业是连通乡村与城镇、边疆与内地、国内与国际市场的纽带。手工业部分控制在政权体系之下，部分以私有制方式经营，部分作为乡村人口的副业存在，能够满足国内城乡市场的需求，并且有大量产品供应国外市场。商业是这种多元经济体的结构性要素——而非异己性要素。从社会组织方面看，最居优势地位的是士、商两个阶级，且逐渐向"绅商"支配结构的方向演变。[1] 他进而认为，凝固性的帝制政治与变通性的农商并重，共同构建了明清帝制农商社会。[2]

葛、赵提出的"农商社会"说建树颇多，既富有新见又较为谨慎。前者限定于宋以降长江三角洲等狭义的江南地区，后者专论明清且冠以"帝制"的政治框架；前者可以得到斯波义信、李伯重、樊树志等诸多经济史学者一系列论著的有力支持，后者则与20世纪有关资本主义萌芽的讨论和前揭晚明及清繁盛说相呼应。"农商社会"说与前述"富民社会"说，又是相互联通的。"农商社会"说，是侧重于第一、第三产业特征的描述；"富民社会"说，则强调大地主、大商人汇集成的"富民"在社会结构中的核心主导。二者似乎都能体现"富民"主导的农商并重体制。即使有人对"农商社会"的表述有所保留，但难以否认：宋元明清时期在小农经济生产方式"没有发生根本变革的前提下"，较多存在"农商并重这样一种与以往不同的世相"；[3] 也难以否认："在农业和商业共同支撑社会经济的格局中，商业上升为社会生活繁荣的主要基础之一。"[4]

---

[1] 赵轶峰：《明代中国历史趋势：帝制农商社会》，《东北师大学报》2007年第1期；《明清帝制农商社会论纲》，载《纪念郑天挺诞辰一百一十周年中国古代社会高层论坛文集》，第476页。

[2] 赵轶峰：《政治文化视角下的明清帝制农商社会》，《宋元明国家与社会高端学术论坛会议论文集》（未刊本），2013年。

[3] 葛金芳：《"农商社会"的过去、现在和未来——宋以降（11—20世纪）江南区域社会经济变迁论略》，载《纪念郑天挺诞辰一百一十周年中国古代社会高层论坛文集》，第384页。

[4] 赵轶峰：《明清帝制农商社会论纲》，载《纪念郑天挺诞辰一百一十周年中国古代社会高层论坛文集》，第477页。

李华瑞撰文从财政经济政策层面探讨宋、明政府与社会之间的关系，认为从税源的扩大与不扩大来说，宋朝是"有为"的"大政府"，明朝则是"无能"的"小政府"。宋朝和明朝在"通过工商业发展来增加收入"方面是两个极端，一个能力"太强"，一个能力"太弱"。在经济上，王安石理财政策一直伴随到南宋灭亡。明太祖憎恶王安石，明代的经济政策基本是承接北宋后期旧党和理学家的经济主张。宋、明两朝具有一致的财税货币化趋势：宋仁宗以后工商业杂税和盐酒茶榷卖等收入超过田税，且"一切以钱为税"；明后期"一条鞭法"一律折纳银两。赋税货币化更多的是政府凭借市场货币转移财政负担。宋政府防闲抑遏"巨室"在很大程度上体现了士大夫们的政治主张。而在明代内廷宦官和外廷文官的双轨体系下，士大夫无法有效发挥摧抑"巨室"的作用。[①]

李华瑞对比剖析宋、明二王朝的财政经济政策，所触及的政府与社会、税源扩充和防闲"巨室"三大问题，实乃中唐以降的政权都无法回避的。彻底解决这三大问题，并非易事。李文能提出这三大问题并予以探讨，就是可喜的贡献。需要进一步强调的是，所谓"大政府"和"小政府"的问题，涵盖国家机构规模和公共职能等。在科举取士迅速发展和官僚机构日益膨胀的层面，宋、明都可以说是"大政府"（尽管宋代冗官较明代严重）。中唐以降大致结束了计口授田等管制型政策（明前期"配户当差"例外），国家对民众的支配关系由直接人身役使转变为赋税货币形式，在这一职能转换的层面，宋元明清又可称之为"小政府"。明清缙绅对乡里地域社会的悉心经营及"县令之职，犹不下侵"，[②]正是宋元明清"小政府"和"大社会"模式发展的结果。至于税源扩充，宋朝和明朝在"通过工

[①] 李华瑞：《宋、明政府与社会关系管窥》，载《宋元明国家与社会高端学术论坛会议论文集》（未刊本），2013年；《大政府与小政府：宋、明税源与财政供养人员规模比较》，载《中国帝制时代社会结构与历史趋势暨农商社会/富民社会学术研讨会会议论文集》（未刊本），第28—47页。

[②] （清）顾炎武著，黄汝成集释：《日知录集释》卷8《乡亭之职》上册，上海古籍出版社1985年版，第11页。

商业发展来增加收入"方面的确是高下悬殊。宋朝堪称"自始至终唯一一个对绝大多数重要商品奉行专卖和高压垄断控制的政府",宋神宗时工商税已占到全部税收的2/3;明后期工商税也仅占1/6。尽管宋朝存在取民"无有艺极"和过度中央集权等弊端,但较之明前期的重农抑商和"海禁"政策,却代表着历史发展趋势,进步性毋庸置疑。

如果说"两税法"是唐宋变革在国家财税方面的重大举措,"一条鞭法"及"摊丁入亩"就是对"两税法"的根本性继承与提升。刘志伟《由"纳粮当差"到"完纳钱粮"——明清王朝国家转型之一大关键》一文,恰是对后者的最新探研。该文认为:明代国家与编民的关系建立在"纳粮当差"之上,朱元璋建立的国家体制下各级政权运作的大量财政资源并非从田赋征收获取,而是依靠差役,依靠政府直接对编户齐民实行严格的人身控制基础上的里甲制。明代的动乱基本上都是同差役相杀,针对的是政府对个人、对编户齐民的控制体制。明末李自成口号即是"不纳粮,不当差"。而"一条鞭法"代表了一种新的国家制度、新的社会经济体系和新的社会架构。或者说在政府和老百姓之间,从过去"纳粮当差"演变到缴纳货币或实物支付的定额比例赋税的关系,体现了市场运转与国家运作之间的关系,以及王朝国家与百姓编户关系的转变。这个转变自宣德经万历一直延伸到清中期。其中一个重要的契机就是白银成为市场流通的主要手段和政府运作、资源配置的主要支付工具。[①]

刘文的贡献在于:继承和弘扬了梁方仲、王毓铨等老一辈史学家的学术精髓,将"一条鞭法"视作"纳粮当差"到"完纳钱粮"转变的一大关键,进而放在"体现具有深刻差别的国家类型的转变"的高度去认识。尤其是从白银流入的视角去综合考虑其偶然性契机,更是言必有中。有必要补充的是,"一条鞭法"所奠定的"完纳钱

---

① 刘志伟:《由"纳粮当差"到"完纳钱粮"——明清王朝国家转型之一大关键》,载《宋元明国家与社会高端学术论坛会议论文集》(未刊本),2013年。该文后刊发于《史学月刊》2014年第7期。

粮"体制，实质上和中唐"两税法"的"舍丁税亩"原则一脉相承，因而完全可以视为对"两税法"的继承与提升。只不过经历元和明前期"全民当差"劳役制死灰复燃的近三百年逆转，"一条鞭法"为代表的"深刻差别的国家类型的转变"，更显得急迫和至关重要。从"舍丁税亩"、"纳粮当差"到"完纳钱粮"，更可凸显宋元明赋役或国家与百姓关系"正反合"的变迁轨迹。

实际上，"富民"崛起、"农商并重"及"完纳钱粮"，都是唐宋变革以后的新"世相"，都和帝制国家的"编民耕战"或"不抑兼并"等牧民方式息息相关。确切地说，唐宋变革的重要表现之一就是"不抑兼并"基本取代"编民耕战"。"富民"崛起和"农商并重"及"完纳钱粮"，则是唐宋变革及"不抑兼并"政策在社会经济领域中相应的体现。笔者近年从官府政策和社会经济互动的层面，尝试性地探讨了秦汉以降"编民耕战"和中唐以后"不抑兼并"两种政策模式。编民耕战体制为商鞅所开创，连绵两千年，实乃帝制国家以户籍、赋税、劳役和兵役编组统辖"齐民"且以其充当社会骨架的牧民方式。该方式与授田、均田等互为因应，适时实现了土地与劳动者的结合；其举国动员和藏富于国的机制，对多民族统一国家的持续发展及重大工程营造，功不可没；还有力支撑了两千年"权力支配一切"的专制政治结构，充当皇权与农民之间统治、隶属的政治"链条"。尤其是该体制在秦西汉鼎盛、北朝隋唐复兴及明前期的最后辉煌，对中国传统社会的影响至深且巨。[①] 研究还发现，"不抑兼并"模式在中唐以后上升为主导，亦是对编民耕战体制的变通和扬弃。其表现为：田制不立，允许士农工商较自由发展，较多鼓励藏富于民；继承编户政治法律平等的传统，但财产土地及功名等差异凸显；舍丁税地及募兵差役；商人等富民阶层崛起；等等。但在总体上无法改变"编民耕战"体制的基本特质，无法改变"溥天率土"皇权所有、"权力商品化"、榷卖垄断和特权商人勾结等痼疾，依旧须制约于商

[①] 李治安：《秦以降编民耕战体制新探》，载《中国帝制时代社会结构与历史趋势暨农商社会/富民社会学术研讨会会议论文集》（未刊本），第49—64页。

鞅变法后业已基本定型的社会经济结构。① 以上探讨，较大程度上是在国家统治方式层面对唐宋变革说和"富民"、"农商"问题的努力补充，但尚显稚嫩粗糙，有待成熟与完善。

二 从"夷夏东西"到南北整合

五千年的连绵发展，是中华文明独有的优长与特色。鸟瞰五千年的中华文明，"共时性"地存在若干个地域子文明板块：以文明属性划分，可分为游牧文明和农耕文明两大板块；即使在农耕文明内部也存在东部与西部，黄河中下游与长江中下游等板块分野。疆域广袤和地理风俗多样，又导致中华文明的长期繁荣很大程度上依赖于内部若干地域子文明间的碰触和整合。在若干子文明整合发展过程中，中原、关陇、海岱、江南等区域均在各个时期发挥了不可替代的历史作用。

1933年，傅斯年先生撰《夷夏东西说》，首次阐发了夏商周三代"夷与商属于东系，夏与周属于西系"，东西二系"因对峙而生争斗，因争斗而起混合，因混合而文化进展"的重要观点。② 此文堪称廓清上古东、西地域子文明共存整合的里程碑式的论著，首次解决了先秦时期东、西部子文明相互关系的基本问题，拓荒开创，功莫大矣。美籍华人、历史学家、考古学家张光直教授对傅斯年和他的《夷夏东西说》推崇备至，他认为："这篇文章以前，中国古史毫无系统可言……自傅先生夷夏东西说出现之后，新的考古资料全部是东西相对的：仰韶——大汶口，河南龙山——山东龙山，二里头（夏）——商，周——商、夷……这样的文章可以说是有突破性的。""他的东西系统成为解释整个中国大陆古史的一把总钥匙。"③ 而后虽

---

① 李治安：《试论"不抑兼并"时代》（发言稿），载《中国古代"农商社会·富民社会"学术研讨会会议手册》（未刊本）。
② 傅斯年：《夷夏东西说》，载欧阳哲生主编《傅斯年全集》第3卷，湖南教育出版社2003年版，第181—182页。
③ 转引自何兹全《傅斯年的史学思想与史学著作》，《历史研究》2000年第4期。

出现过少量试图质疑该说的文章,① 但也仅是批评其有关夏文化地域的局部不足。如同任何经典宏论在阐发主流、本质而舍弃偏枝末节的惯例,上述不足亦属正常,无关宏旨,无法撼动"夷夏东西说"的基本立论及贡献。

关于傅先生80年前业已指出的自东汉末"常常分南北"的问题,即东晋、南宋南渡后各二三百年分裂造成南方、北方两大地域子文明或承载板块间的关系,笔者勉为"续貂",先后撰写《两个南北朝与中古以来的历史发展线索》和《元和明前期南北差异的博弈与整合发展》,② 予以初步探研。

先说南北朝的影响与隋唐的"南朝化"。

1945年陈寅恪著《隋唐制度渊源略论稿》,揭示隋唐制度多半出于北朝,又受到南朝的部分影响。③ 20世纪90年代,唐长孺先生指出:"唐代经济、政治、军事以及文化诸方面都发生了显著的变化……这些变化中的最重要部分,乃是东晋南朝的继承,我们姑且称之为'南朝化'。"④ 近年,阎步克、胡宝国、陈爽等又围绕隋唐"北朝化"、"南朝化"何者为主,展开了一些争论。⑤

以上争论都有史料依据和合理性,单用其中一说似难以涵盖隋唐时期的复杂历史情况。笔者拙见:自东晋以后经济重心及文化精英的

---

① 参见杨向奎《夏民族起于东方考》,《禹贡》1936年第7卷第6、7期;程德祺《略说典型龙山文化即是夏朝文化》,《苏州大学学报》1982年第1期;沈长云《夏后氏居于古河济之间考》,《中国史研究》1994年第3期;温玉春《夏氏族起于山东考》,《河北师范大学学报》2000年第4期。

② 李治安:《两个南北朝与中古以来的历史发展线索》,《文史哲》2009年第6期;《元和明前期南北差异的博弈与整合发展》,《历史研究》2011年第5期。

③ 陈寅恪:《隋唐制度渊源略论稿·叙论》,生活·读书·新知三联书店2004年版,第3页。

④ 唐长孺:《魏晋南北朝隋唐史三论》,中华书局2011年版,第468页。

⑤ 参见牟发松《略论唐代的南朝化倾向》,《中国史研究》1996年第2期;阎步克、胡宝国、陈爽《关于南朝化的讨论》,《象牙塔》(http://www.xiangyata.net),2003年6月2日;阎步克《南北朝的不同道路与历史出口》,《国学论丛》(http://bbs.guoxue.com),2004年8月24日;将不同《关于南朝化问题》,《往复·史林杂识》(http://www.wangf.net),2006年4月14日;羯胡《"历史出口说"的"理论出口"》(http://www.mzyi.cn),2007年3月。

南移，经历近 300 年的分裂对峙，以长江或淮河为界限的南北两大地域的差异转而上升和凸显。南北朝、隋朝及唐前期的历史是循着"南朝"、"北朝"两种体制或线索来发展演化的。两者各有其赖以生存和实用的空间地域——南方和北方，又在并存发展中互相交融，互相影响。诚如阎步克所言，"隋唐王朝都是在北朝的基础上建立的"，故隋朝及唐前期基本实行的是"北朝"制度。而后，隋唐两代又在统一王朝内实施了"南朝"因素与"北朝"因素的整合，中唐以后整合完毕，整体上向"南朝化"过渡。笔者的观点可找到有力的证据支撑：贯穿北朝、隋朝及唐前期的均田、租庸调和府兵三大制度，均主要实施于北方，又都在中唐瓦解。替代它们的租佃制土地占有、两税法和募兵制，正是整合后南朝因素转而占上风的结果。北制诚为隋唐立国之本或入口，南制则是其演化趋势或出口。从某种意义上说，由"南朝化"起步的"唐宋变革"，就是革均田、租庸调、府兵三制度的"命"，也与上述南北地域差异的整合趋势密不可分。

  再谈元、明帝国南北差异的博弈整合。

  蒙古铁骑南下和元王朝统一南北后，"南不能从北，北不能从南"[①] 等抵牾差异依然存在，甚至在国家制度层面亦呈现南、北制因素并存博弈的状况。社会经济整体上的发展进步，唐宋变革成果在元明的延伸，都有赖于统一条件下南、北制因素的融汇整合，唐宋变革和晚明及清繁盛之间所谓"过渡"，同样是在此类融汇整合中逐步得以实现。蒙古草原制度与金朝后期汉法制度混合体的"北制"，更是始终充当制度本位而长期发挥支配作用，南制因素则居从属。

  明太祖"驱逐胡虏"，力图恢复汉地传统王朝的形态。不容忽视的是，朱明不自觉地继承了颇多的元朝制度。这与朱元璋、朱棣父子的南、北政策有密切关联，客观上更是元朝所遗留的社会关系、文化意识等潜在影响使然。尤其是朱棣起兵燕邸"靖难"，残酷镇压建文帝势力，最终迁都燕京等，皆以北地为基业所在。明朝的军户制、

---

  ① （元）胡祗遹：《胡祗遹集》卷 21《论治法》，魏崇武、周思成点校，吉林文史出版社 2008 年版，第 440 页。

"配户当差"①、官府手工业和匠籍制、行省三司制、宗室分封及诛杀功臣士大夫等,都可以看到被朱元璋、朱棣等略加改造而沿袭下来的元制或北制的影子。故明前期南、北制因素的整合再次以北制占优势。明中叶以后较前期明显改变,开始实施另一次以南制为重心的整合,主要表现为募兵制逐步占主导,"一条鞭法"取代"配户当差"户役法,民营纳税淘汰匠役制,隆庆开放海禁,等等。尤其是重在革除徭役的"一条鞭法",亦是南制因素压倒北制的"里程碑"。

之后,笔者又撰写《中古以来南北差异的整合发展与江南的角色功用》和《元至明前期的江南政策与社会发展》二文,② 继续讨论南北博弈整合中江南角色功用和元明江南政策的比较。

《中古以来南北差异的整合发展与江南的角色功用》在唐长孺先生研究的基础上,进一步提出:唐代商品经济和财税规制是沿袭南朝的轨迹而发展起来的。"两税法"计亩征税等原本是"南朝成法"。开元末募兵,又能从南朝募兵找到相似性。③ 中唐以后之所以南朝因素为"出口",就是因为南朝和隋唐江南较为先进的经济社会秩序未曾被改动且一直发挥着能动作用。而元朝平宋以招降为主,江南先进农业、租佃、赋税、繁荣的手工业、商贸及海运等,得以基本保留。尤其是元代海运和海外贸易的高度繁荣,南制因素厥功甚伟。晚明东南沿海城镇市民社会或有雏形,儒士世俗化显著,思想禁锢锐减,等等,某种意义上可视为南宋及元东南城镇社会的重建与发展。李伯重所云"江南早期工业化",也主要针对 1550 年至 1850 年的苏、松、常等八府一州之地。④ 7 世纪以后的江南,逐渐成为中国的经济重心和文化主脉所在,成为"富民"和农商并重秩序成长发展的"风水宝地"。尤其是宋元明清的江南依然代表着社会经济发展趋势,依然

---

① 参见王毓铨《明朝的配户当差制》,《中国史研究》1991 年第 1 期。
② 李治安:《中古以来南北差异的整合发展与江南的角色功用》,《文史哲》2015 年第 1 期;《元至明前期的江南政策与社会发展》,《历史研究》2016 年第 1 期。
③ 唐长孺:《魏晋南北朝隋唐史三论》,中华书局 2011 年版,第 280、299、301—319、411 页。
④ 参见李伯重《江南的早期工业化》,社会科学文献出版社 2000 年版,第 19、523、536、542 页。

是统一国家的条件下南北博弈整合中新兴的动力渊薮。

《元至明前期的江南政策与社会发展》认为，元代江南政策的主体是"安业力农"、"重商"和"重市舶"，四等人压迫和诸色户计制的嫁接推衍，则为局部。忽必烈在赋役领域实行南北异制，维持和保护了江南"富民"农商经济且有所发展。明前期卫所军户、"均工夫"配户、里甲"画地为牢"、移民徙富和抑商海禁等政策，起步和重点实施于江南且触动极大，几乎倒退至单纯自然经济状态。蒙元江南统治与宽纵豪富相"背反"，官场腐败与贫富悬殊相叠加，招致经济畸形和"官逼民反"、"富逼穷反"。明初富民农商秩序破坏及户役法的南北通行，改变了近千年江南富民大地主为核心的经济结构，取而代之的是与北方相差无几的"配户当差"。元明江南社会发展，居然因宽纵豪富和管制农商二模式的交替以及忽必烈和朱元璋的个性，从开放繁华到锁国萧条，大起大落，成为14世纪中国经济由先进跌入落伍的转折点。

拙文在海内外引起较多关注。有人评论：笔者"从宋元明三朝的变化来讨论南北制度互相融合的情形，至少在三方面有助于我们思考历史发展的多元面貌"。其一，面对幅员广阔、族群复杂以及多重因素互相交流的历史过程，过去已有"唐宋变革"、"宋元明过渡"等解释历史变化的典范，以南北因素考察制度变革，无疑提供另一种解释历史转变的可能性。其二，帝国的扩张与统一过程中，制度除了有全国划一的视角外，更有到达执行地以后与当地情况相互影响的因素存在。如何考虑地方情况对于制度的反馈与影响，成为更精微理解制度的关键问题。其三，以单独区域理解帝国的转变，并不能解释帝国本身多重的变化以及统治的复杂因素。同时，考量长期的时间脉络与更宽广的空间因素，将能呈现更多的历史面貌，并在朝代兴替的理解之外，寻求更具贯通的视角与方法。①

附带说明的是，拙文《两个南北朝》和《元明南北整合》等，

---

① 参见张继莹《李治安教授演讲〈元和明前期南北差异的博弈与整合发展〉纪要》，《明清研究通讯》（台北）2016年第55期。

毕竟出于傅斯年先生《夷夏东西说》80年之后。况且，在笔者之前，日本学者桑原骘藏撰《从历史上看南北中国》、加藤繁撰《从经济史方面看中国北方与南方》等，着眼人口南移、产业结构变化、社会商业化倾向、科举精英流动和社会文化渗透，以展示华北与江南的种种差异。① 竺沙雅章则强调宋辽金元存在"北流"和"南流"两种潮流。② 萧启庆也曾精辟论述金朝统治下的北方与南宋统治下的南方在经济社会文化领域的差异以及元朝统一后的整合。③ 拙文只是基于前贤的研究，略微前进了一步而已。

三 融通断代的良好尝试

纵观以上各位学者的论说，都是以宏大的问题意识和方法论关怀，论及帝制国家社会经济结构、国家与民众的关系、区域差异及整合等，不约而同地挣脱"碎片化"桎梏，开展"长时段"和总体史描述，④ 在不少重要环节上均有突破，算得上融通断代和多维度诠释中国古代史的良好尝试，令人欣慰与兴奋。

两千年前，中国史坛已形成司马迁的会通和班固的断代等两种学

---

① 桑原隲藏：《歷史上より觀たる南北支那》，《白鳥博士還歷記念東洋史論叢》，岩波書店1925年版，第387—480頁；加藤繁：《經濟史上より觀たる北支那と南支那》，《支那學雜草》，生活社1944年版，第250—266頁。
② 竺沙雅章：《征服王朝の時代》，講談社1977年版。
③ 萧启庆：《中国近世前期南北发展的歧异与统合——以南宋金元时期的经济社会文化为中心》，载氏著《元代的族群文化与科举》，台湾联经出版事业公司2008年版，第1—22页。
④ 以布罗代尔为代表的法国年鉴学派提出的长时段理论和总体历史学的思想，冲击了传统史学狭隘的政治史观，从内容上扩大了历史研究的对象，广泛涉及地理、生态、经济、社会、政治、文化、科技诸方面，而且从地域上延伸了历史研究的范围。其最有价值之处是十分重视历史研究中的时间因素，并对历史上的时间作了多元化的理解，对整个历史进程做了多层次的解释，构成了现代西方史学发展的一个主要趋势。在很大程度上，年鉴学派的"长时段"和总体史方法论，也是我们开展多维度诠释中国古代史的宝贵理论营养。参见［法］费尔南·布罗代尔《菲利浦二世时代的地中海和地中海世界》，唐家龙、曾培耿等译，商务印书馆1996年版；［英］彼得·伯克《法国史学革命：年鉴学派（1929—1989）》，刘永华译，北京大学出版社2006年版；［法］弗朗索瓦·多斯《碎片化的历史学：从〈年鉴〉到"新史学"》，马胜利译，北京大学出版社2008年版。

术传统与旨趣。① 随着现代史学成长和发展，各类纵向专门史不断繁荣，进而和断代史一起充任着历史学相辅相成的两大支柱。尽管如此，断代史依然是基础，各类专门史不能不长期依赖于断代史的学术基础。然而，在中华人民共和国成立以来及"文化大革命"前后的近30年间，我国的史学研究在很大程度上受极"左"思潮干扰与影响，对古代史分期、土地制度、农民战争、资本主义萌芽、汉民族形成等被称为"五朵金花"的理论问题讨论得相当热烈，而作为实证性和基础性的断代史研究却因遭到严重冲击而多处于半停顿状态。直到改革开放后，断代史研究才得到迅速恢复和"井喷式"发展。特别是随着研究生培养的扩大，每年撰写和通过答辩的先秦到明清的断代史博士学位论文多达百篇以上，更成为促进新时期断代史繁荣发展的生力军。毫不夸张地说，经过近40年的不懈努力，我国大陆的断代史研究的规模数量及前沿质量，都已经赶上或超过日本和我国台湾地区。然而，事情的发展又有着另一方面，那就是不仅断代史研究的学术质量和前沿水平亟待提高，各断代史间壁垒森严、以邻为壑、交流沟通偏少等现象也相当突出。前贤们关注过的商周、秦汉、魏晋南北朝、隋唐、唐宋、明清等情况略好，而未曾多加留意的汉与晋、宋与元、元与明等断代之间，则颇为严重。结果是断代往往成为藩篱界标，人为地限制了古代史研究的视野和进展。严格地说，断代作为某个王朝的兴亡记录，所反映的主要是政治历程，并不能够完全涵盖经济、社会、文化诸领域的情态及变迁。朝代更替与经济、社会、文化的变迁，有些时候是同步的，有些时候又是不完全同步的（如唐中叶、明中叶和清中叶）；无论政治制度还是经济、社会、文化，都有可能溯源上一王朝或延续至下一王朝。足见，尽管断代史是基础，但毕竟不能等同于古代史乃至中国史的全部。在信息化和全球化的条件下，融通断代和多维度诠释中国古代史，某种意义上已成为中国史学

---

① 参见瞿林东《会通思想与历史编纂——论中国古代史学的一个特点和优点》，《史学月刊》2010年第11期；瞿林东、周文玖《在断代和会通之间——瞿林东先生谈中国史学史研究》，《北京师范大学学报》2016年第2期。

研究发展的大趋势。我们既要重视断代史基础研究，又要融通断代，超越断代。只有这样，才能客观科学地还原历史和接近真实。尤其是在近40年断代史研究取得显著成绩和融会贯通偏少之际，融通断代就是至关重要和势在必行的了。

所谓"融通断代"，是追求多维度的融会贯通，不仅要纵向贯通，还要横向融会。"融通断代"是手段或途径，多维度诠释则是目的，只有基于断代史坚实研究之上的融会贯通，才能做到长时段和整体史的关怀，才能胜任多维度诠释古代史的艰巨使命。因为历史发展本身就是一个维度多元的复杂过程，就是一个多因素、多动力、多线索会合的时空立体过程。上述"富民""农商"、赋役等牧民理政方式、南北整合等探索，都是突破传统的王朝史体系的融会贯通，都是"融通断代"方面的出色贡献。它们汇聚运作起来，就算是在践行多维度诠释中国古代史了。

"融通断代"与纵向贯通的专门史，既有联系，又存在区别。专门史通常是单一主题的纵向贯通，如探研历代帝王、宰相、监察制度、军制、科举制度、赋役制度，以及乡里风俗，等等。"融通断代"，虽然也包含纵向贯通，但它的主题并非单一，比较复杂且牵涉面颇广，如"富民""农商"、赋役等牧民方式、南北整合等，故而更强调综合性与整体性，更需要具备断代史研究的综合功底。"融通断代"，也不同于纯粹的理论性宏观研究（譬如"古代史分期、土地制度、农民战争、资本主义萌芽、汉民族形成"等所谓"五朵金花"，以及"王权主义""封建社会""皇权社会""帝制时代""帝国农民社会""郡县制时代""选举社会"等，[①] 更需要立足于断代史研究的较雄厚基础，更需要微观实证与宏观理论的有机结合。鉴于这种学术要求，"融通断代"也并非易事。"富民"、"农商"、赋役等牧民理政方式、南北整合等论者，不仅着眼点各异，而且抓住了多个较重要问题予以重点突破和跨断代论析，做到或基本做到了"融通断

---

① 《〈文史哲〉杂志举办"秦至清末：中国社会形态问题"高端学术论坛》，《文史哲》2010年第4期。

代"和"多维度诠释"。更可喜的是，他们皆学有所本，业有专攻，都是改革开放以来老一代史家亲手培育起来的史坛俊秀。林文勋是李埏先生的弟子，出版专著有《中国古代"富民"阶层研究》《唐宋社会变革论纲》等；葛金芳是赵俪生先生的弟子，代表作为《中华文化通志·土地赋役志》《两宋社会经济研究》；赵轶峰是李洵先生的弟子，代表作是《明代的变迁》《学史丛录》；李华瑞是漆侠先生的弟子，代表作为《宋代酒的生产和征榷》和《宋夏关系史》；刘志伟是汤明燧先生的弟子，代表作为《在国家与社会之间：明清广东户籍赋税制度研究》《中国封建社会经济史（下卷）》。笔者忝列杨志玖先生门下，有幸与林、葛、赵、李、刘诸君携手同赴"融通断代"之旅，彼此切磋砥砺，收益和感慨良多，备尝融通求索之苦乐。

近20年，中国大陆讨论"唐宋变革"的论文著作有数百种之多，看似相当热烈，但多数成果是在重复90年前日本学者内藤湖南的基本结论，或是努力发掘新史料为该论点做注脚，或是印证或深化该论点。这种近乎拾人牙慧的现象，让人颇不满意，甚至汗颜。上述"富民""农商"、赋役等牧民理政方式、南北整合等探索，既积极吸收"唐宋变革"说的有益成果，又不拘泥于该说的思维定式或理论窠臼，在诸多重要问题上作出了独特建树，有力推动了对中国古代史的科学与理性认识。目下，越来越多的中国学人在努力探求践行"国际视野"和"中国话语"的互动。笔者觉得，有关"富民""农商"、赋役等牧民理政方式、南北整合等探索，恰是在努力践行断代实证与宏观贯通融会，引领学术发展的潮流，用实际行动交上了一份建构"本土中国"的历史议题的合格答卷。可以说此举是继"唐宋变革"说及"宋元明过渡"说之后，中国学者争取到的多维度诠释中国古代史的学术话语权。

"融通断代"，既然有相当高的难度，肯定就会伴随着较多的学术风险。笔者从事此类探讨之际，也曾听到身旁挚友的劝阻，经常有"出力不讨好"的困惑。热切希望学界同仁对此类探讨予以宽容和支持，允许暂时的认识偏差和前进中犯错误，这或许有益于中国古代史研究的长足进步与科学发展。

"通古今之变,究天人之际,成一家之言",向来被中国史家当作追求目标和最高境界。20世纪的史学大师,既能"沙里拣金",又可"鸟瞰四海",几乎都兼有微观考据和宏观纵论的双重功夫。王国维在开创二重证据法的同时又完成论述商周多种制度变迁的传世名著《殷周制度论》。陈寅恪掌握蒙、藏、满、日、梵、英、法、德等十几种语言文字,中西结合,发展了我国的历史考据学,又撰写《隋唐制度渊源论稿》《唐代政治史论稿》两部巨著,提出隋唐"关中本位政策"等著名观点。吾侪虽难望王、陈二位大师项背,但完全可以视他们为楷模,沿着他们的治学路径走下去。而"融通断代"的尝试,又大抵是与王、陈二位大师的治学路径相通相近。但愿吾侪后辈能够在这条路径上走得更坚实、更长远!

唐宋史研究应当翻过这一页

——从多视角看"宋代近世说(唐宋变革论)"

李华瑞

20世纪初期由日本学者内藤湖南提出的宋代近世说,至第二次世界大战后经他的学生宫崎市定等人发展总结为唐宋变革论,在相当长的时间内对国际唐宋史学界产生重要影响,而在中国直到20世纪结束却遭到冷遇。进入21世纪,该说才引起国人的重视并形成相当大的热点,如葛兆光先生所说,"学术界已经普遍以'宋代近世说'或'唐宋变革论'为基础讨论宋代问题"[①]。笔者在10多年前承担北京市人才强教工程的一个项目"唐宋变革论的由来与发展",并邀请学界的12位师友共同来做这个题目的主要原因,就是有感于大多数人对于唐宋变革论的"由来与发展"知之甚少,不免对概念、问题、范式的理解和解释出现混乱状态,有必要从学术史的角度给以适当的梳理,以便作为今后深入研究的一个新的起点。2010年,该项目顺利结项,并出版了《唐宋变革论的由来与发展》一书。在此前后,学界也有相当数量的介绍性论著问世。但是毋庸讳言,迄今我们的初衷并没有达到,唐宋变革论在很多人眼中依然是不证自明的"公理",唐宋变革论仍旧像个什么都可以装的筐,其混乱状态不仅没有改变,而且愈加严重,并且由此衍生了一系列新的"变革论",如唐中叶变革论、两宋之际变革论、宋元变革论等。如果再从进入21世

[①] 浙江大学宋学研究中心编:《宋学研究辑刊》(第一辑),浙江大学出版社2008年版,第3页。

纪以来唐宋史学界欲通过打通唐宋断代界限来提高唐、宋史研究水平近20年的实践来衡量，宋代近世说（唐宋变革论）在其间所起的作用，不仅收效甚微，而且弊大于利。是故笔者大胆提出，唐宋史研究应当翻过纠缠于宋代近世说（唐宋变革论）这一页，该说已经完成了它的历史使命。下面从6个方面对此加以申述，不妥之处，敬请批评指正。

一 学说史视角下的宋代近世说（唐宋变革论）

对于内藤湖南、宫崎市定的宋代近世说（唐宋变革论），学界已有很多介绍，也多知道这是依照欧洲历史分期方法提出的假说，但是为了廓清问题的来龙去脉，笔者还是选取学界对这一假说理论依据和范式渊源的研究要点做以下析述。

（一）"近世"概念的演变

"近世"一词在先秦典籍中已经出现，秦汉以后典籍中出现更多。作为一个时间定位和区分概念，它以"当世"为原点，并随后者的位移而变化，模糊地指向一个较近的时代，但这个时代的长短、起止并不固定。譬如南宋末年文天祥曾感慨："自魏晋以来至唐，最尚门阀，故以谱牒为重，近世此事寝废，予每为之浩叹。""族谱昉于欧阳，继之者不一而足，而求其凿凿精实，百无二三。原其所以，盖由中世士大夫以官为家，捐亲戚，弃坟墓，往往而是，虽坡公不免焉。此昌黎公所以有不去其乡之说也。"[①] 这里的"近世"和"中世"，是指文天祥、欧阳修说话之时向前延伸较近或较远的时代。

1840年以后随着西学东渐，对中国历史发展脉络的分期不能不打上西学"历史分期"方法的烙印。西学的历史分期方法对清末民初史学影响较大的，主要是西方文艺复兴以来按"上古（或上世）"、

[①] （宋）文天祥：《文天祥全集》卷10《跋吴氏族谱》《跋李氏谱》，中国书店1985年版，第248、250页。

"中古（中世）"、"近古（近世）"划分历史的方法。1917年，傅斯年先生说："西洋历史之分期，所谓'上世'、'中世'、'近世'者，与夫三世之中，所谓 Subdivisions 在今日已为定论。虽史家著书，小有出入，大体固无殊也……日本桑原骘藏氏著《东洋史要》（后改名《支那史要》），始取西洋上古中古近古之说以分中国历史为四期。近年出版历史教科书，概以桑原氏为准，未见有变更其纲者。"[①] 可见20世纪初期西学分期方法在国内影响甚巨。但照搬西洋历史分期法而不顾中国历史发展实际的做法，也引起有识之士的批评并提出新的分期方案。首先，傅斯年不同意桑原骘藏根据汉族盛衰对中国历史的分期。桑原骘藏分中国历史为4期："一曰上古，断至秦皇一统，称之为汉族缔造时代。二曰中古，自秦皇一统至唐亡，称之为汉族极盛时代。三曰近古，自五季至明亡，称之为汉族渐衰，蒙古族代兴时代。四曰近世，括满清一代为言，称之为欧人东渐时代。"傅斯年以为，"所谓汉族最盛时代，蒙古族最盛时代，欧人东渐时代者，皆远东历史之分期法，非中国历史之分期法"[②]。尽管清末民初，中国史学引进了西方的分期方法，包括日本学者运用西方的分期方法划分中国历史"断世"，但是尚没有按西方历史发展轨迹来看待中国历史。即便是梁启超借鉴西方史学上古、中古、近世之分期，将国史划分为"中国之中国""亚洲之中国""世界之中国"，明确提出"近世史，自乾隆末年以至于今日，是为世界之中国……"其近世观仍未彻底摆脱"较近时代"的含义，因而"近世"只不过是一种辅助性的时间概念。[③]

真正按照以西方文明为尺度建构的"世界史"体系来划分中国历史发展大势的，是日本京都学派代表人物内藤湖南提出的宋代近世说。20世纪一二十年代，内藤湖南在《支那论》《支那近世史》《概

---

① 傅斯年：《史学方法导论：傅斯年史学文辑》，中国人民大学出版社2004年版，第52—53页。
② 傅斯年：《史学方法导论：傅斯年史学文辑》，第53页。
③ 宣朝庆、陈旭华：《从社会时间到社会形态："近世"概念中的学术共同体意识》，《河北学刊》2016年第2期。

括的唐宋时代观》等著作中陆续阐释了宋代是中国近世开端的假说，认为中国中古到近世的大转变出现在唐宋之际。

（二）内藤湖南宋代近世说的理论、范式来源

内藤湖南对于宋代近世说的把握有两条主线。其一是明显受到法国人基佐（François Pierre Guillaume Guizot）《欧洲文明史》（*Histoire de la Civilisation en Europe*）的影响，在分析汉魏、唐宋历史时，多使用西方的古代社会、中世社会、近世社会特征作为衡量时代发展的标准。对此，日本学者葭森健介结合明治维新以后日本学习西方文化的大背景，讲述了内藤史学受到西方文化史学影响的具体史实，为我们提供了许多新认识。

在西方诞生的近代历史学中，具有探讨世界历史发展规律重要意义的，有黑格尔的《历史哲学讲演录》，书中叙述了那种以欧洲从自由价值观发展到获得个人精神自由之基督教为内容的世界史。曾席卷战后日本史学的马克思、恩格斯的历史唯物主义，所重视的也是由原始公社制、古代奴隶制、封建制阶段直至近代资本主义社会的总体过程。换言之，试图以现在为起点分析历史发展过程的方法是西方近代史学的特征。

明治政府为了促进日本的近代化，曾积极推进西方书籍的翻译。同时，在民间也开始出版发行译著。在这些译著中，基佐的《欧洲文明史》对史学的发展起到了很大作用。此书在1874年由荒木卓尔、白井政夫等日本学者将其一部分翻译为《泰西开化史》，翌年又由室田充美翻译为《西洋开化史》。不过，影响更广泛的还属英国学者亨利（C. S. Henry）的英译本 *History of Civilization in Europe*。永峰秀树将其译为《欧罗巴文明史》。由此可知，明治维新以后日本学界是以基佐所论为基础来看待日本历史进程的，所以他们认为日本直至江户时代，是有着欧洲中世纪封建制色彩的社会，至明治维新才开始转变成为绝对王政体制。然而，在日本还有另一派持不同意见的学者，他们认为日本绝对主义的成立是在江户时代，所以江户已是日本的近世了。这一派的主张即是以内田银藏、内藤湖南为首的京都文化史学。

内田与内藤都认为，日本、中国的近世特征在于政治上的绝对君主政体的中央集权以及文化的庶民化（文艺复兴）。内藤湖南持有一种视西方封建政治为贵族政治的观点，而若将贵族政治与封建政体相互置换的话，又与基佐《欧罗巴文明史》中的由封建政体发展为王权政体之图式一致。进而，内藤湖南在1914年出版的《支那论》中，又概括了从贵族政体到君主独裁，再由君主政体到共和政体的中国史基本趋势。而这种由王权政体引起国家（君主）与人民的两极分化，再由此对立引发革命的见解，也正是被翻译的基佐著作所揭示的观点。基佐的观点得到日本学者福泽谕吉的大力提倡，他于1875年编撰了《文明论之概略》，在日本知识界有很大影响。

如此看来，内藤湖南与内田银藏等代表的京都文化史学，本是有其从基佐《欧罗巴文明史》到福泽谕吉《文明论之概略》等源流始末之形成经过和以西方封建制与绝对君主政体等概念为依据的历史观。葭森健介曾指出："的确，湖南是力戒简单地进行历史比较的，他认为中国是有其独自历史发展途径的。然而，我们毕竟无法否认他的观点也是将西方历史学作为文明论来学习的事实。现在日本及欧美的六朝隋唐史学者都持贵族制观点，可是任何历史分期理论都没有贵族制历史发展阶段。这种六朝隋唐贵族制的概念就其起源于基佐《欧罗巴文明史》的可能性而言，不也是有必要重新予以探讨的吗？"[①]

另一条主线是明显受到欧洲文艺复兴时代历史模式和特征的影响。内藤湖南曾将宋代比拟为西洋的文艺复兴时代，宫崎市定则对之做了全面系统的论证，认为"东洋（宋代）的文艺复兴比西洋的文艺复兴早三个世纪"，甚至前者还"启发和影响"了后者。简单地说，就是仿照欧洲文艺复兴、宗教改革、启蒙运动的历史模式，用单线历史观念，找出一个复线历史，在东亚各国寻找比欧洲更早的"近代"。内藤湖南、宫崎市定的宋代近世说（唐宋变革论），就是对东亚历史的重新叙述，也可以说，是超越欧洲历史模式的尝试。在这一意义上说，内

---

① [日] 葭森健介：《唐宋变革论于日本成立的背景》，马彪译，《史学月刊》2005年第5期。

藤、宫崎的假说，就是在日本自己的近代历史新论述的背景中，加上对唐宋中国史的理解而产生的。他们认为，中国在宋代已经走出中世纪（汉、魏、晋、南北朝、隋、唐），出现了文艺复兴（宋代文化繁荣）、宗教改革（理学取代佛教成为主要信仰）、城市市民（宋代商业发达）、民族国家（贵族衰落，王权强化）。毫无疑问，一个多世纪以来，无论在日本还是在中国，有关文艺复兴的记载、研究、批评，都极为丰富。葛兆光先生就曾选取学术史上的若干例子做了梳理，指出以下3点：（1）对"文艺复兴"历史意义的理解差异，曾引起两种不同的近代中国变化路径的思路；（2）对于"文艺复兴"以及欧洲近代历史的认识，曾经成为东亚历史书写的标准模式；（3）民族主义或国家主义的崛起，也曾引起东亚历史学家为超越西方近代而重新书写历史，以寻找东亚的"文艺复兴"。①

但必须指出，内藤湖南的宋代近世说虽然运用了西方史学方法和视角，甚至也比照了欧洲以及明治日本的近代国民国家形成时的历史背景——君主与逐渐抬头的平民联手打倒贵族势力，从而构筑了中央集权体制，但是与他的后继者在第二次世界大战以后发展的宋代近世说（唐宋变革论）还是不尽相同的。内藤湖南的"近世"确切地讲是指清代中国，他认为清朝时期所呈现的中国社会、政治、经济和文化等方面的形态早自宋代已经开始形成，亦即形成了君主独裁政治体制。内藤湖南对于中国17世纪以来的著名史学家、思想家顾炎武、黄宗羲、戴震、章学诚有精深的了解，尤其推崇《日知录》和《明夷待访录》。他的宋代近世说的核心观点是唐宋之际贵族政治的崩溃、君主独裁政治的诞生，以及"平民主义"的抬头，深受顾炎武和黄宗羲对君主独裁政治批判的启示。正如傅佛果（Joshua A. Fogel）所说，"内藤湖南指出的君主独裁政治的4个特征，即天子超越于臣子的无上地位、对君主权的不掣肘、高级官吏的重复设置以及官僚的无责任心等，无一不是从黄宗羲在《明夷待访录》中的议论中生发而来的"。

---

① 葛兆光：《一个历史事件的旅行——"文艺复兴"在东亚近代思想和学术中的影响》，《学术月刊》2016年第3期。

而内藤湖南对清代地方社会和政治弊端的批判,亦多源自顾炎武、黄宗羲对宋明地方政治的看法。有意思的是,内藤湖南在首次提出中国史时代划分法的《支那论》初版时,"在卷头登载了顾炎武、黄宗羲、曾国藩、胡林翼、李鸿章、冯桂芬、熊希龄等人的墨迹。在他看来,这些是继承了中国经世思想传统的人物,也是他在研究上作为重要依据的人物"[①]。当然,内藤虽受顾、黄等人的启示,但往往是反其意而用之。顾炎武、黄宗羲批判宋明以来的君主独裁政治是为了回归古代的"封建"政治,而内藤从社会、文化结构变化为基准来审视君主独裁政治出现的"进步性"。内藤是反对专制主义君主独裁的,他早年深受站在国民立场上的明治维新史学对中国历史上专制主义的抨击的影响,这种史学主张秦朝统一之前的一千年是"埋没于封建割据祸害之中的时代",而接下来的两千年是"沉沦于专制政治腐败之中的时代"。所以内藤湖南认为,晚清残破国度"皆二千年郡县制之余弊也,实令人无限痛惜也"。[②] 1928年,内藤湖南在论述近代中国的文化生活时谈到历史分期的划分,认为:"在中国,平民发展时代就是君主专制时代。"[③] 对于这样的表述,为内藤湖南作传的傅佛果表示疑惑:"湖南指出'近世'特征之一是平民抬头,这是我们可以接受的。不过,湖南指出'近世'的另一个特征是君主独裁政治,这与我们的理解是恰恰相反的。"[④] 显然内藤湖南参照西方史学方法和视角,但并不雷同西方。所以内藤的近世说讨论的重点是从宋代形成一直延续到晚清的君主独裁专制社会。正如傅佛果所指出的,"湖南从研究清末中国的立场出发,考虑到必须阐明中国历史中'近世'的起点。他试图搞清楚清末所见到的政治、经济、文化诸形态开始形成于中国历史的

---

① [美]傅佛果:《内藤湖南:政治与汉学(1866—1934)》,陶德民、何英莺译,江苏人民出版社2016年版,第203、194页。

② [美]傅佛果:《内藤湖南:政治与汉学(1866—1934)》,陶德民、何英莺译,第22、114页。

③ [日]内藤湖南:《东洋文化史研究》,林晓光译,复旦大学出版社2016年版,第116页。

④ [美]傅佛果:《内藤湖南:政治与汉学(1866—1934)》,陶德民、何英莺译,第8页。

哪个时代。他所得出的结论是这些形态始于北宋"①。这与他的后继者宫崎市定等人把内藤湖南的"宋代近世说"指向，由偏重讨论其所处的中国现实社会状况的起始，转向侧重讨论按西方近代社会发展模式比附中国历史近代的起始有很大的不同。众所周知，在内藤提出宋代近世说之时，日本人因甲午战争的胜利和"脱亚入欧"论甚嚣尘上，在军事、政治以及道义方面自豪感空前膨胀，举国上下轻蔑中国，把中国人视为不懂礼仪的低等动物。在这样的历史背景下，提出中国优于日本进入类似于西方的近代社会，是一件匪夷所思的事情，尽管内藤湖南对中国文化抱有足够的"敬爱之心"。

（三）内藤湖南后继者由宋代近世说向唐宋变革论的转变

第二次世界大战结束，日本成为战败国，特别是中华人民共和国采用社会主义制度，使得内藤湖南所提出的辛亥革命之后共产主义在中国没有未来的结论破败，加之日本学界对内藤湖南观点的反省和批判，宫崎市定、佐伯富等后继者的宋代近世说有了与内藤湖南的很大不同，甚至质变。内藤与宫崎的共同之处在于研究历史时最重视文化因素，差异是，宫崎的关注面比内藤更为广泛，尤其是关注了内藤不大涉及的社会经济史，特别是在宋代经济史方面作过长期的研究。②内藤湖南从社会、文化的观点提出"宋代为中国近世"的主张，宫崎市定从经济、制度的角度补足内藤湖南的学说，使"宋代为中国近世"成为京都中国史学的重要主张之一。内藤湖南的"宋代为中国近世"着眼于中国历史的发展而立论，宫崎市定则立足于世界史的通观而强调宋代的新文化是"东洋的近世"。③

宫崎市定丰富了内藤湖南关于唐宋之间存在变迁的论说，开辟出

---

① ［美］傅佛果：《内藤湖南：政治与汉学（1866—1934）》，陶德民、何英莺译，第239页。

② ［美］傅佛果：《内藤湖南：政治与汉学（1866—1934）》，陶德民、何英莺译，第225页。

③ 连清吉：《内藤湖南与宫崎市定——日本京都中国学者的史观》，载淡江大学中文系语献所合编《昌彼得教授八秩晋五寿庆论文集》，台湾学生书局有限公司2005年版，第325—344页。

东洋近世史的领域。然而，宫崎在《东洋的近世》中所论与内藤说是不尽相同的。内藤在说明唐宋之间社会形态差异时，没有将中世与近世的表述与西方封建制向近代资本主义的表述作直接类比，而宫崎则将唐宋的变革作为从中世社会向近世社会的变革，从社会经济史的意义方面加以掌握，在承认差异的同时，发展出明确的目标取向，将由唐至宋的转变与西方封建制向资本主义转变作相似性类比，提出"东洋近世的国民主义"这一概念。在宫崎市定看来，在世界史的视域下，东洋与西洋有着相似的发展脉络与结构形式，反对所谓以西方为中心，从而影响边缘地区的模式。宫崎说将东洋各国历史作整体性研究，发展成为一门东洋史学科，以期与西洋史学科加以区别。宫崎重视东洋近世社会自身的发展，将其视作日本近代化产生的主要资源，中国文化资源的地位，尤其是唐宋之际变革的历史地位被置于东洋史研究十分核心的位置。[①] 由此，宋代近世说由关注清代政治文化渊源转向关注由唐宋社会变革带来的历史"进步"，即"宋代近世说"转变为"唐宋变革论"。

毋庸讳言，宋代近世说（唐宋变革论）是按西方分期法划分中国历史，又按西方的话语来诠释中国历史的文献资料，把中国的发展列入西方文明发展的大链条中，以为西方的近代化是人类世界共同的发展道路。必须指出，当西方近代化成功并成为人类发展的主导模式以后，世界各国因模仿学习或被迫而走上西方式近代化道路，与在西方近代化之前世界各国各自走自己的发展道路是不能混淆的。也就是说，世界文明史的发展是多元的，基督教文明、伊斯兰教文明、印度文明和以儒家文化为核心的中国文明，在西方文明确立霸权地位的300年前都是按照自己的不同发展道路发展着。所谓中国资本主义萌芽，或宋朝近世化都是按西方模式来诠释中国历史。

《中国历史研究手册》的作者魏根深（Endymion Wilkinson）指出：试图将中国历史塞入欧洲三时代划分的一个主要缺点是，古代、中世与近世这些标签已经与特殊的属性和假定密切相连，这些均与

[①] 熊伟：《唐宋变革论体系的演化》，《电子科技大学学报》2008年第5期。

欧洲史无法分开。这些特性过去被认为是普遍的，眼下已受挑战。关于使用何种分期方法以及断限应落在何处有诸多争论，不过分期并非科学。经济的分水岭常常与政治的分水岭出现在不同时期，因为在中国如在其他地区，经济的变化快于政治体制的变化。不论选择何种方式呈现故事，目的是使分析明确，刺激与其他文明、国家和人民历史经验的比较，帮助记忆，而不是削足适履以适应某一类型的政治解释。①

正如武汉大学历史学院的课件《唐宋变革论》所概括总结的那样，宋代近世说（唐宋变革论）本身存在着诸多不符合中国历史的理论缺陷：其一，"唐宋变革论"不符合中国国情，已为近代中国反帝反封建的政治斗争所否定；其二，"唐宋变革论"中提出的"贵族制政治时代"、"君主独裁政治时代"是一组较为模糊的概念；其三，"唐宋变革论"对"近世"概念的界定缺乏客观清晰的判断；其四，"唐宋变革论"只是揭示历史表象，始终无法揭示唐宋变革的动力或原因是什么；其五，研究对象是整个中国，忽略中国历史的地域性和复杂性；其六，重视后半段，对秦汉以前的夏商周等朝代缺乏理论关注。笔者以为这些概括总结是切中要害的。如果再从欧洲中心的现代化理论的内涵（包括：科学技术革命、工业革命、农业革命；个人主义、自由竞争、市场经济、合理的企业组织、民主政治、法治社会；由农业社会向工业社会、传统向现代过渡构成一个进步的系列）② 来衡量宋代近世说（唐宋变革论）所谓宋代向近世社会的变革，其理论范式就显得更加苍白和不足。

二　政治视角下的宋代近世说（唐宋变革论）

笔者几年前在编写《唐宋变革论的由来与发展》时，曾根据多

---

① ［英］魏根深：《中国历史研究手册》上册，侯旭东等译，北京大学出版社2016年版，第4页。
② 马克垚：《困境与反思："欧洲中心论"的破除与世界史的创立》，《历史研究》2006年第3期。

位研究内藤湖南学者的观点指出,"把历史与现实结合起来进行观察的方法才是内藤史学的活力所在"。内藤的近世说不仅是就中国历史分期的学术问题展开的,也与他关注当时中国政治走向以及日本对华政策分不开,是与他为辛亥革命前后中国政治走向开出的"贵族政治→君主独裁政治→共和政治的社会发展趋势"方案一致的。按照这种说法,中国的辛亥革命不是从旧体制、落后社会到新体制、先进社会的转换,而是"可以追溯到从唐代中叶到五代、北宋亦即离现在约一千年前到八百年前之间,已逐渐形成了我们所说的近世纪"。① 如何保障这种缘于历史"早熟"必然出现的"共和制"呢?内藤提出,"日中共存的方向:即以先进国家日本的经济输入激活中国社会,由此达到国家自立的进程"②。可见内藤湖南的宋代近世说不能简单地从学术层面来理解。对此,研究内藤湖南的专家钱婉约指出,"无论是宋代近世说还是文化中心移动说,都说明内藤学术的社会关注程度和现实干预感相当强烈……进一步说,内藤湖南从事中国学研究的出发点及终极目标,始终在于对日本民族及日本文化之命运和前途的深切关怀,这是牵动他情感至深处的毕生理想。研究中国,喜爱中国文化,但这一切都是为了日本!因此,我们最终看到,这样一个理解并喜爱中国文化的人,却终于在日本国权扩张主义的时代思潮中,走上了在本质上背叛中国文化的道路。'宋代近世说'貌似一个赞美中国文化光辉灿烂、发达领先的历史理论,但它却是内藤湖南现实的中国观'国际共管说'的思想依据,是与一个明显具有殖民色彩的对华设想联系在一起。内藤湖南通过'宋代近世说'向读者说明,中国文化在进入近代以后已是高度发达的文化,但是正是这个'早熟'的、高度发达的辉煌文明,导致了当前衰老的、政治经济困难重重,急待寻求出路的现实中国,对此内藤

---

① [日]山田伸吾语,见内藤湖南研究会编著《内藤湖南的世界》,马彪等译,三秦出版社2005年版,第139页。
② 内藤湖南研究会编著:《内藤湖南的世界》,马彪等译,谷川道雄《序说》,第29页。

提出了所谓'国际共管'的理论"①。

近期有人在评论《内藤湖南：政治与汉学（1866—1934）》一书时说："虽然后世的不少评论将内藤这种对于中国的热情，特别是其对中国历史的相关理解，视为一种与日本军国主义不乏合谋的学说，但是内藤的史学家气质始终制衡着他的现实主义的政论家角色，以简单的'智库'式的视角看待其学术内涵，显然难免顾此失彼的偏颇。"② 对这样的评论是有必要澄清的。因为，第二次世界大战以后经过内藤湖南的学生和京都学派丰富和充实的宋代近世说可以说主要是讨论中国历史的分期及社会性质问题，而内藤湖南最初提出的宋代近世说是一种与日本军国主义不乏合谋的学说则是有确凿证据的。傅佛果在《内藤湖南：政治与汉学（1866—1934）》一书中就指出："迄今为止对于内藤湖南的研究，或者关注他作为记者的一面，或者关注他作为学者的一面，总不免令人觉得有失偏颇。""为了明确湖南在学术上的主要业绩和基本弱点，并深刻理解其有关中国史方面的最为著名的学术观点等等，就必须从一个整体性的角度把握湖南的学问。"③ 从傅佛果的叙述来看，有4点值得注意。

其一，内藤湖南是军国主义侵华政策的拥护者。在甲午战争爆发后的数月间，内藤写了4篇歌颂日本军队取得胜利的文章。在这些文章中，他做了如下论述："尽管日本在中国有着应当承担的使命是确定无疑的，但是这一使命归根结底必须以中国长期的历史文化发展为其基础。"④ 1897年4月，内藤作为《台湾日报》的主笔被派往台湾。在离开台湾之前不久，他写了一篇由7节内容组成的评论《革新杂识》，把自己在"经由殖民化的改革"方面的思想做了一番整理，内

---

① 钱婉约：《从汉学到中国学：近代日本的中国研究》，中华书局2007年版，第171、239—240页。

② 王鸿：《内藤湖南何以提出"唐宋变革论"？》，《中华读书报》2016年5月25日第9版。

③ ［美］傅佛果：《内藤湖南：政治与汉学（1866—1934）》，陶德民、何英莺译，第4页。

④ ［美］傅佛果：《内藤湖南：政治与汉学（1866—1934）》，陶德民、何英莺译，第82—83页。

容包括"淘汰官吏"、"地方行政组织"、"移民措施"、"司法制度"、"财政规划"、"剿匪抚藩之方略"。① 傅佛果书的译者陶德民在该书导言中明确指出:"内藤在1932年3月1日'满洲国'成立当日起在《大阪每日新闻》开始连载题为《关于'满洲国'建设》的长篇谈话,主张利用以西方模式完成改革的近代日本的政治经验(包括对殖民地台湾的统治经验),来设计其统治方针和理念。"② "他同情印度的反英斗争和中国的统一运动,但却视统治台湾和朝鲜以及建立'满洲国'为日本的当然权益。"③

其二,内藤湖南首先是一个政论家,其次才是以史学为主的汉学家。这不仅是指内藤湖南的前半生是一位记者和评论家,后半生才开始他的学者生涯,而且是指他的学术服务于他的政治见解。换言之,他在学习中国文化的过程中,深受17世纪以来顾炎武、黄宗羲、钱大昕、戴震、章学诚等人的影响,尤其是对经世致用精神心领神会,故"对于确信学问必须以实用为目的的湖南来说,日本的亚洲政策不应该任由职业政治家与军国主义者来制定。就这样,湖南以自己独特的中国文化和历史传统学识为基础,始终就中国的改革与近代化问题,以及日本在其中的作用等现代的政治课题发表着自己的评论"④。"当湖南将中国历史、中日关系以及自身的学养背景等因素结合起来之后,最终构想出关于中国社会与政治制度改革的四种模式,并指出日本在任何一个模式中都能起到或多或少的作用。具体而言,这四个改革模式就是:经由战争的改革;经由殖民地化的改革;通过中国人自己实行的改革;经由中日'文化'协作的改革。正如有人评价的那样,在1893年至1900年间,湖南自身也发生了很大变化,从一个

---

① [美]傅佛果:《内藤湖南:政治与汉学(1866—1934)》,陶德民、何英莺译,第102—104页。
② [美]傅佛果:《内藤湖南:政治与汉学(1866—1934)》,陶德民、何英莺译,导言,第20页。
③ [美]傅佛果:《内藤湖南:政治与汉学(1866—1934)》,陶德民、何英莺译,导言,第24页。
④ [美]傅佛果:《内藤湖南:政治与汉学(1866—1934)》,陶德民、何英莺译,序章,第11页。

对同时代中国问题感兴趣的汉学者转变为一位学识兼备的'支那'学家。""湖南写作《支那论》的目的并不是为了全面地探讨中国史，而主要是为了阐明应该如何应对辛亥革命后的混乱局面这一现实问题。"①

其三，内藤湖南对中国文化确有"敬爱"之情，也是研究中国文化的卓越大家，但这种敬爱是以日本的利益高于一切为前提。内藤湖南说"日本文化是东洋文化、中国文化的延长，是和中国古代文化一脉相承的"。故而内藤湖南对中国历史、文化的研究，也正是基于"了解日本文化的根源"，从而关注日本文化的未来命运这一观念而展开的。② 在甲午战争期间，内藤先后写就了《所谓日本的天职》《地势臆说》和《日本的天职与学者》3篇社论，以"文明论"来阐释他的"天职论"。傅佛果指出，内藤湖南的"天职论"是以这样的认识为基础的，"即中日两国在以中国为中心的东亚文化圈中拥有共同的汉学传统。从某种意义上而言，对于在这一认识前提下的中国，湖南已不再将其当作一个拥有国民的国家，而只是一个生产'文化'或'文明'的国家而已。因此他得出了这样一个结论，即为保护这一'文化'或者'文明'，日本必须保护甚至统治中国"。③ "内藤湖南一直在寻求最适合日本的发展道路……他在近代化方面的观点与文化民族主义十分类似——日本要实现近代化，但是绝不能以牺牲日本的固有文化为代价。只不过对湖南来说，由于他的汉学背景以及对中国文化的深沉迷恋，在他所谓的日本固有文化中其实隐含着一个前提，即这种文化与中国同属一个文化传统。"④ "站在中日文化同一论的立场，湖南认为日本的对华政策与欧美诸国相比，应该以更深刻的中国理解为基础，因此其重要性也应该更大。出于其强烈的民族主义意识，即

---

① ［美］傅佛果：《内藤湖南：政治与汉学（1866—1934）》，陶德民、何英莺译，第194页。
② 钱婉约：《内藤湖南研究》，中华书局2004年版，第135页。
③ ［美］傅佛果：《内藤湖南：政治与汉学（1866—1934）》，陶德民、何英莺译，第86页。
④ ［美］傅佛果：《内藤湖南：政治与汉学（1866—1934）》，陶德民、何英莺译，第72页。

在明治、大正、昭和时代的日本所流行的普遍意识,湖南甚至在行文中把本应当用'我'的地方都以'我们日本人'的措辞来表述。在他提出与当时中国有关的各种主张时,都以'我们日本人(不管是否为官方人士)应该(对中国)如何去做'的语气来描述。"①

其四,文化中心移动说的本质。日本文化脱胎于中国文化。中国文化的中心在南北朝以前与政治中心相一致,南北朝以后文化中心开始向南方拓展,至北宋初期开始,中国的政治与文化不再是一个统一的整体,尽管政权在中国的北方交相更迭,但是文化却在江南地区获得了稳固而持续的发展,至元明以后成为中国文化的中心。其后广东与福建等地文化得与江浙并驾齐驱。元清以来中国政治上受异族统治,加之君主独裁政治,使得中国失去政治权力,中国国民专心致力于发展新文化也就是艺术之类,由于政治经济的衰退,中国只能接受其他国民的管理。这个"其他国民"中最适合中国的就是日本。因为日本与中国国民处于同一领域之内,具有形成文化中心的资格。日本现在既采用了古代的中国文化,也采用了新兴的西洋文化,正在逐步形成日本文化,然则从这一现状来看,当日本文化成熟之际,或者将会对中国文化施加比今天更大的影响,成为东亚世界整体领域的中心,也并不是没有可能的事情了。②若由于某些因素,日本与中国在政治上成了一个统一的国家的话,文化中心移至日本,那么,日本人在中国的政治社会上再活跃,中国人也不会看得特别地不可思议。这就是内藤湖南的东洋文化中心移动论。在内藤看来,经过了明治维新之后的日本,已经有了代表东方文明与西方文明抗衡的实力,因此它不但要取代中国成为东洋文化新的中心,而且中国文化也终将为日本的独特的文化特性所消融,并以此确立东方文明"新极致",他指出这就是日本未来的文化"天职"。内藤之所以会产生这种轻忽中国文化的错觉就在于他的"宋代近世说"。"在内藤看来,中国早在八百

---

① [美]傅佛果:《内藤湖南:政治与汉学(1866—1934)》,陶德民、何英莺译,序章,第4—5页。

② [日]内藤湖南:《东洋文化史研究》,林晓光译,第154、157页。

到一千年之前的宋代就进入了近世，它虽然超迈世界近世历史进程有四五个世纪，但正是因为它过早成熟的社会形态，导致了时下中国弊政丛生，即在近世君主独裁政治下，造就了朝廷官员与政务的脱离，从而产生了胥吏、民众缺乏对国家的责任心和政治德义心等社会治理上的弊政，从而制约了中国迈向文明社会的步伐，对此内藤以为这需要外部力量对它进行所谓的'刺激'，就如同中国历史进程中那种外部力量反作用于中国内部那样。在这里，内藤以文化的同质性消弭了民族的差异，为日本的对外侵略穿上文化的伪装，使得他的文化论失却了道义存续的基础，也使得人们更加珍视守护学者的良知。"[1]

"宋代近世说"使内藤湖南明确了对一些历史重大问题的看法，如中国的君主独裁制度以及与之相配套的官僚制度，自宋以来，历史悠久，已走到了尽头；如中国的平民主义倾向自宋以来有长足的发展，这是中国必然走上共和制的政治基础；如中国文化早熟，自宋以后，社会精英的热心关注已不在政治、经济、军事等实际事务上，而是"更高层次"的文化、艺术的创造上；等等。换言之，老迈腐朽的中国除了自我欣赏儒佛道思想和琴棋书画等文学艺术外已经失去了自我复兴的能力，只有借助于日本的引导和提携，后来甚至提出需依靠日本的武力介入，方能再生。

最后看看傅佛果先生是如何回答"自宋代以来持续了一千多年的'近世'，究竟是否意味着中国的停滞性"这一问题的。宫崎市定继承了内藤湖南的时代划分法并曾提到，"中国文化的停滞"是"近世"经济停滞的一种反映。"中国的近世在宋代几乎达到了接近完成的地步，此后便显示出稍为停滞的倾向。"傅佛果先生认为这一观点虽然与内藤湖南的表述不完全一致，所涉内涵也有一定差异，但是"如果把当时中国所存在的政治、财政上的诸问题看作'近世'发展停滞的产物——从湖南的定义来看这种解释也可以成立"[2]。明乎此，

---

[1] 杨永亮：《内藤湖南"宋代近世说"文化探赜》"摘要"，博士学位论文，东北师范大学，2015年。

[2] [美] 傅佛果：《内藤湖南：政治与汉学（1866—1934）》，陶德民、何英莺译，第225—226页。

内藤湖南的宋代近世说的政治动机昭然若揭。

由上不难看出，内藤湖南虽然尊重中国文化，但是当他站在当时的日本国家利益立场之时，他的宋代近世说在理论上为日本"温情"入侵中国张目也是不能回避的。

明治维新以后确实有少数为学术而学术的日本学者，但是更多的日本学者为军国主义披上学术的外衣，也是尽人皆知的事实。战后，日本历史学界曾将战前日本汉学的遗产定罪为日本政府的帝国主义政策的羽翼。在战后日本对战前汉学进行重新评估与反思时，内藤湖南经常被视为一位帝国主义者，有时甚至被指责为以其学术为日本帝国主义侵占亚洲大陆进行美化粉饰。现今距日本侵华战争结束已有70余年，而日本政府和极右翼势力矢口否认侵华的历史，在学界也有重新认识内藤湖南的史观及汉学成就的呼声。为此，笔者想说，对于内藤湖南的汉学成就应当加以总结，但是不要打着为学术而学术的旗号，不仅不反思，反而还要对其服务于政论的学术溢美。我们在抗议日本政府和极右翼势力否认侵华倒行逆施的同时，自己千万不要为日本侵华毁灭罪证。我们说不忘记历史，不是为了延续仇恨，是要从历史中吸取真正的教训。

三 性别视角下的宋代近世说（唐宋变革论）

无论是内藤湖南提出宋代是中国近世开端的假说，还是宫崎市定以欧洲式近代道路诠释宋代近世说而为唐宋变革论，都没有涉及占人口总数差不多一半的女性，这是当时男性一统史学历史背景之使然，无可厚非。既然内藤湖南和宫崎市定将宋代文化类比为欧洲的文艺复兴时代，并作为进入近世社会最为明显的标志，而一般又认为"文艺复兴是对人类历史的反省"，"是中世的自觉、古代的发现、同时还是近世的创造"，[①] 从性别的视角来观察宋代及以后到20世纪初叶女

---

① [日]宫崎市定：《东洋的近世》，载刘俊文主编《日本学者研究中国史论著选译》第1卷（通论），黄约瑟译，中华书局1992年版，第236页。

性社会地位变化的历程，来与西方文艺复兴及以后至 20 世纪女性地位的变化进行对比，对于理解宋代是否是中国近世开端或近世社会是有裨益的。

西方学术界对文艺复兴时代女性地位是颇有争议的。19 世纪，布克哈特（Jacob Burckhardt）在《意大利文艺复兴时期的文化》一书中单列一章探讨妇女地位问题。他认为，文艺复兴时期的上层妇女经历了与贵族男子一样的重大变化，她们接受了相同的文学和语言学教育，个性得到充分的发展，并在文化和政治生活中扮演着重要角色，总之，她们处于和男子完全平等的地位。[①] 布克哈特的这个观点长期保持影响，直到 20 世纪 70 年代美国妇女史家和女性主义者琼·凯莉-加多尔（Joan Kelly-Gadol）发表《妇女有一个文艺复兴吗？》一文，才发生改变。凯莉认为，文艺复兴在思想上所取得的主要成就，并没有使妇女在理论、法律和社会方面的地位和作用有所改善；霍夫曼（P. Hoffmann）也认为，启蒙运动也许摒弃了上帝、罗马天主教、神权、父权制和帝王特权，但仍然保留了女子低人一等的观念，女人仍受到"自然"法则（与神的法则相对照）的禁锢。因此，文艺复兴和启蒙运动都谈不上是妇女史的转折点。[②] 近二三十年来的研究表明，前述两种截然相反的观点都失之偏颇，"文艺复兴时期妇女在俗世的生活状况是复杂多面的，但至少有一点可以肯定：她们并没有摆脱父权制的压制和束缚，更没有处于'和男子完全平等的地位'。当然也不应过分夸大父权制的压迫，文艺复兴时期的妇女并未一味消极屈从，而是表现出了相当大的能动性，因此，断言妇女没有一个文艺复兴也欠妥当。只有将父权制的压迫与女性的积极能动结合在一起，才能描绘出一幅关于文艺复兴时期世俗妇女生活经历和处境的完整画面……在关注文艺复兴妇女在教俗两界实际处境的同时，学者也注意到文艺复兴时期妇女自我意识的变化。中世纪的消极妇女观在文艺复兴时期仍大有市场，但在文艺复兴时期也出现了敢于挑战男权妇女观

[①] 参看刘耀春《文艺复兴时期妇女史研究》，《历史研究》2005 年第 4 期。
[②] 参看侯建新《西方妇女史研究述评》，《天津师范大学学报》1991 年第 5 期。

的女性，她们为自己的性别辩护，宣扬妇女的美德。这种现象引起学者的浓厚兴趣，他们称此为'文艺复兴女性主义'"。①

实际上文艺复兴时代及以后妇女的社会地位在逐渐提高，尽管提高速度缓慢。15世纪以后，欧洲妇女除了较为广泛地参与经济生活外，还开始广泛参与政治活动，基层妇女主要是参与粮食暴动、关于民众权利的暴动、议会请愿及宗教抗议活动等。16世纪，英国妇女虽然没有直接选举权，但是可以推举代理人参加选举，表达自己的意志。上层妇女则已开始攫取政权统治权力，有的是合法"继承"，有的是径直"夺取"。在欧洲历史上，无论是古希腊、古罗马，还是中世纪，皇帝、国王这些身份从来都是男人的专利。从14世纪开始，一个又一个的女王（皇）在欧洲断断续续地出现，累计到当代，已有约30位。妇女史家沙龙·詹森（Sharon Jansen）对这些"被湮没"的女统治者的历史做了专门研究，详细论述了15世纪后期法国、英格兰、苏格兰、西班牙、意大利一些著名女统治者的事迹和主政模式。詹森注重性别因素，从女统治者的视角对近代早期欧洲政治史做了分析。②

虽然欧洲女性获得政治选举权是在第一次世界大战以后，但是从文艺复兴时代以来，女性在与父权制相抗争的过程中不断提高自己的社会地位，而父权统治者也在一点点地放弃对女性的歧视和管控，妇女的社会地位在这种抗争中与近代社会的进步同步向前。相比之下，宋代以后妇女的社会地位却与社会的"进步"背道而驰。

关于宋代妇女的研究也经历了不同的认识阶段。五四运动以后，妇女要求解放的呼声越来越高，对于宋代以来的妇女史进行了严厉的批判。1928年，陈东原所著的《中国妇女生活史》认为，"二程"以后理学成为正统，儒学在贞节观念上日趋严苛，男性的处女嗜好亦产

---

① 刘耀春：《文艺复兴时期妇女史研究》，《历史研究》2005年第4期。
② 参看侯建新《西方妇女史研究述评》，《天津师范大学学报》1991年第5期；刘耀春《文艺复兴时期妇女史研究》，《历史研究》2005年第4期；王素平《西方学界关于近代早期英国妇女史的研究》，《经济—社会史评论》2010年第3辑。

生于宋代,"遂使宋代为中国学术思想以至于风俗制度的一个转变时代"。[1] 由于这部书在史学界有广泛影响,自此,理学贞节观、禁欲观成为认识宋代妇女地位问题的出发点,故20世纪90年代以前,论婚姻史或妇女史者,大都认为中国妇女地位之急遽下降,始于宋代。20世纪90年代以后,随着西方妇女史和女性主义思潮传入中国,学界对宋代妇女的认识有了很大变化,一些学者甚至断言:宋代女性不仅社会地位没有下降而且有所提高,拥有比前后时代更为宽松的社会环境。当然,大多数较为客观的研究还是认为宋代妇女的地位自前代以来呈下降趋势。这里有3点值得注意。

第一,唐末五代礼崩乐坏,世族瓦解,入宋以后至仁宗时期随着儒学复兴运动的兴起,关于妇女地位的理论强化了儒家的阴阳学说。如司马光所言:"为人妻者,其德有六,一曰柔顺,二曰清洁,三曰不妒,四曰俭约,五曰恭谨,六曰勤劳。夫,天也;妻,地也;夫,日也;妻,月也;夫,阳也;妻,阴也。天尊而处上,地卑而处下,日无盈亏,月有圆缺,阳唱而生物,阴和而成物。"[2] 同时,敬宗收族的流行,恢复了被破坏的宗法制。宋代家族制度的重建及完善,对女性社会地位产生了直接影响,儒家文化所提倡的伦理也融入家法族规。因而,宋代是一个非常强调男女大防、男女区隔的时代,也比此前任何时代更警惕女主政治的发生。

第二,科举制度虽然始于隋唐,但是真正进入平民化阶段,即不论官员、平民,任何人都允许应举,使"以文取士"和"学而优则仕"的原则付诸实践是在宋代。从性别视角来看科举制度,占人数差不多一半的女性被排斥在外,被剥夺了参与取士的权利,同时也被剥夺了受教育和个体发展的权利。科举制度强化了社会的性别分工,也强化了女子的依附性。女性的命运与丈夫、儿子的科举生涯直接联系在一起,女性的职责就是相夫教子,帮助夫、子博取功名,女性自身

---

[1] 陈东原:《中国妇女生活史》,商务印书馆1928年版,第129页。
[2] (宋)司马光:《家范》卷8《妻上》,《景印渊阁四库全书》第696册,台湾商务印书馆1986年版,第708页。

被进一步排斥在公共生活之外。从根本上来说，科举制度是性别等级制度的体现，扩大了男性对女性的歧视。

第三，唐宋之际是中国历史上继春秋战国之后的又一个社会大变迁时代，但是对社会阶层和结构中的官与民、士与庶而言，女性被严格排除在外，在这一差别对待的前提下，只要有能力和机会，几乎所有的男子——贱民及一部分被轻贱的职业者除外——都有改变身份阶层的可能。而女性的从属地位，只能随男性身份的改变而改变，自身没有改变的任何可能。①

另外，五代南唐、宋代出现的缠足现象，是妇女史研究中的一个大问题。北宋晚期、南宋初期妇女缠足已经较多，在南宋中期，至迟在宁宗时期，则已由一种时尚演变成一种民俗。宋代缠足经过了一个对脚无损害到对脚有损害的过程，有损害的缠足行为是在无损害缠足行为流行的过程中发展起来的。"宋末缠足已演成民俗，较为普遍，但是否从俗，在己抉择，与道德、行为规范无涉，不缠足人也不以为非。元人立国，本族妇女不缠足，但统治者对汉族女性缠足并不反对，文人有时还以缠足为题唱和。"② 缠足由民俗向礼俗转变的开始时间是元末，这一转变到明代才真正完成。

程朱理学统治地位在元代确立后一直是官方的主流意识形态，明人贞节观念较元继续强化，用缠足管束妇女身体"防闲"的需求更为迫切。女性在父权、夫权制社会中无时不受男性权力的控制，身体和精神都依附于男性，她们接受缠足只不过是要在由男性设定的性别秩序中找到被指定的位置。明代守节妇女人数激增，以致清编《明史》"掇其尤者"已"视前史殆将倍之。然而姓名湮灭者，尚不可胜计"。③ 除了理学思想对妇女精神上的禁锢，明代缠足也较宋元更为普遍，客观上减少了男女之间接触的机会。结果就是，由审美驱动的缠足民俗变成男女防闲的礼俗，进而再变为带有玩物畸形的女性特

---

① 参见杨果《性别视角下的宋代历史》，《华夏文化论坛》2015年第2期。
② 邱志诚：《国家、身体、社会：宋代身体史研究》，博士学位论文，首都师范大学，2012年，第165页。
③ （清）张廷玉等：《明史》卷301《列女一》，中华书局1974年版，第7690页。

征,最终女性沦为男性奴役的对象。

妇女缠足现象引起了日本和欧美学者的关注。日本学者桑原骘藏就对日本文化没有学习中国文化中的3大陋俗——凌迟、太监、缠足,引为自豪。费正清（John K. Fairbank）也对此做过专门的讨论：妇女一直依附于男子,而在上流阶层集中的城市里妇女的劳动不像农村那样重要,可能使得妇女的地位进一步下降。这种变化表现在当时纳妾制度的发展和反对寡妇再嫁以及上流阶层妇女缠足的习俗中。"当女孩很小时,就用布紧紧地缠足,脚逐渐弯曲直至脚弓被扭坏,除大脚趾外其余脚趾都向下弯曲。这就使之成为只有正常脚一半大小的'金莲',实际使女孩终身走路不便,也就因此要求男子有钱能养得起这样的玩物。外国人看到中国妇女缠足和蹒跚行走的样子很反感,而中国男子却因缠足产生出强烈的性联想。这一习俗逐渐为整个社会所接受,一直延续到本世纪。"[①] "妇女被'阳''阴'对称的原则固定在社会和宇宙秩序（它们是一个连续的统一体）中"；"这种看来像昼夜更替、日月轮转似的二元论,是一种把妇女牢牢束缚起来的现成模型。像中国其他许多成就一样,使妇女处于屈从地位是一种高明和完备的制度"；"在这种理论和风俗的复合体——中国人的世界由此获得了持久和稳定的秩序——其中有一个最受到忽视的现象,就是妇女缠足制度"；"宋代哲学家强调妇女地位低微是社会秩序的一个基本因素……朱熹在福建任官时曾提倡缠足为保存妇女贞操之'本',并将其定位男女间之'大别'"；"到了明代汉族妇女绝大部分有人为的小脚"；"最后,男人笼络着妇女,使她们残伤了自己,表面上达到性的满足,实际则永远实行着男性的统治,这真是一种独出心裁的创造。新嫁娘离开她们自己的家,以最低的身份进到她们丈夫的家,做婆婆的仆役。丈夫是从未见过而由别人替她们选择的。他们可以干婚外冒险的浪漫事,并且如能办到,可另娶妻妾。但是一个妇女,只要许配给人,哪怕丈夫夭亡时还是个孩子,也要守一辈子贞节。毛泽东说,'妇女能顶半边天',但是在旧中国,她们

[①] ［美］费正清、赖肖尔:《中国:传统与变革》,陈仲丹等译,江苏人民出版社2012年版,第125—126页。

连抬起头来都不行。像人们今天看到的中国妇女,她们的才华,过去是没有机会成长和施展的,这使现代社会的基础非常脆弱"。[①] 鲁迅《祝福》所塑造的祥林嫂形象,就是明清以来在夫权、父权、族权、神权、政权束缚下的广大妇女的一个缩影。

在20世纪六七十年代妇女史研究风起云涌之前,内藤湖南、宫崎市定提出宋代近世说(唐宋变革论),尚没有考虑占人口半数的女性在东西方历史中的不同命运,那是时代之使然,而现今女性的地位是衡量社会进步与否的重要标准,故而现今学者讨论中国历史问题时就不能疏忽性别视角。实际上,宋以后妇女地位的下降及其命运从一个侧面折射出宋以后中国历史根本不同于西方文艺复兴后出现工业革命的近代社会的历史走向。

值得深思的是,日本学者不论是内藤湖南把宋代作为清代政治、社会模式的起始,还是宫崎市定将世界现代化理论推演在宋代以降的中国历史上,都有其各自的政治和学术考量,那么为何相当多的国人不细究这个理论范式的渊源,就坚信宋代近世说(唐宋变革论)为"公理",坚信早在宋代中国就走上了与世界大同的道路?恐怕深层次的隐情就是不愿面对因"落后就要挨打"造成的1840年以后中国近代的惨痛历史。其实,以牺牲占人口半数女性"行动自由"来换取统治秩序稳定的做法,不仅仅是父权制或男权制社会的延伸,更是缺乏进入西方文艺复兴启蒙运动以后至工业革命建立的对民主、自由的追求及理念的明证。

四 多民族国家视角下的宋代近世说(唐宋变革论)

张国刚先生在讨论唐宋变革与中国历史分期时说:"对于中国历史发展阶段的划分,应该确立一个基本史实,即中国历史是一个多

[①] [美]费正清:《伟大的中国革命(1800—1985年)》,刘尊棋译,世界知识出版社2000年版,第82、84、88页。

民族组成的现代中国版图内的中国的历史,不只是汉族中国的历史。这样一个中国有两个特征:第一,华夏文化是中国历史发展的主体,同时,周边地区还有一个相对落后的地区;第二,从第一特点派生出来的第二个特点就是,中国长期都是一个'一国两制'乃至'一国多制'的帝国。中华帝国以华夏文明为主体,同时,通过朝贡体制、册封制度以及羁縻府州制、土司制等等控制着周边相对落后的广袤地区。这些地区属于今天中国版图之内,其地区政权,比如五胡政权、契丹、党项、蒙古和满洲政权等在历史上与中原王朝的复杂关系影响了华夏文明的发展,进而形成了中国历史发展进程的一个不可分割的组成部分。于是,中国历史分期要考虑两个因素的影响:一是华夏文化形成、定型以及近代转型的发展阶段性;二是中原王朝与周边地区(特别是北方游牧民族政权)的关系起伏。后者对于前者的发展进程也会有所影响。假如不考虑第一种因素,中国历史发展的分期就没有了主线;假如忽视第二种因素,中国历史分期就会失真失实。"[1] 笔者非常赞同张国刚先生的见解,这也是笔者一直在思考的问题。若不从中华整体历史来观察宋代近世说(唐宋变革论),很难得出符合中国历史发展实际的分期,甚或在某种程度上是割裂和曲解中国历史。

显然,从中国自古便是一个多民族国家的视角来观察宋代近世说,就不难发现内藤心目中的中国,是只限于"中国本土"的汉民族政权。内藤把金元清视作异族统治,"中国人将逐渐失去的阶级文化转交给了其他民族,这也就是权力屡屡入于北方民族之手的原因所在。实际上蒙古人也好满洲人也好,最初都是因为拥有比中国人更合适的统治力,所以才在政治上统治了中国。因此在元朝、清朝,中国人虽然被异民族夺去了政治权力,却未必就是什么可悲的事情"[2]。许多学者经常将蒙古元朝与满族清朝一并看待,统称为"北方民族"

---

[1] 张国刚:《"唐宋变革"与中国历史分期问题——以中古士族为中心的考察》,载《"历史变化:实际的、被表现的和想象的"历史分论坛论文或提要集》(上),第240—241页。

[2] [日]内藤湖南:《东洋文化史研究》,林晓光译,第156页。

或者"征服王朝",而内藤湖南则认为这两个王朝不能相提并论。他认为二者有如下相异点:蒙古族在征服中国本土之前,已经支配了拥有高度文化的中亚地区国家,并接触到其中的先进文化;而满族在中国之前只统治过蒙古。结果,满族的领导者们很快被中国的伟大文化与繁荣所折服,其汉化的速度要比蒙古族快得多。而了解中亚地区高度文化的蒙古族则并未被文化所压倒,这是因为他们能够以相对化的眼光看待中国文化。因此,元朝对汉民族采取了屈辱性的统治政策,蒙古族也没有像满族那样汉化。① 由于有这种差别,内藤只把统治时间不长的元朝作为一个短暂复古的特殊情况而一笔带过。

第二次世界大战以后,宫崎市定、佐伯富等人发展宋代近世说最重要的表现是注入了社会经济史的内容,尤其是对宋代近世的社会经济发展诸特征做了实质性的补充。这就出现了宫崎市定与内藤湖南关注重点的分离。换言之,内藤的宋代近世说关注重点着落在辛亥革命之前的清代政治、社会发展上,只是认为清代的诸多特征从宋代开始形成而已;宫崎市定发展的宋代近世说,则主要是讨论宋代比欧洲走向欧洲式的近代还要早几百年,但他对宋以后的历史走向没有做过细致慎重的考察。不过如前所述,虽然宫崎与内藤的论证方法不尽相同,但是在认为宋以后至晚清1000年中国社会发展停滞这一点上,则是殊途同归。于是,欧美学界将宋代近世说理所当然地理解为宋以后中国没有进入近世社会的主张:"最早提出唐宋转型说的学者内藤湖南认为自唐至宋的转型标志着中国'近世'的开端——而这一早熟的近世性,在宋以后亦不复存在。内藤认为这早来的近世性在余下的帝制时代已演变为政治和思想的停滞。"② 受内藤假说的影响,欧美学界在相当长的时间内也认为经过宋的高度发展后,中国社会便处于停滞或只在数量上有所增加的状况。而这种状况的出现是中国"与中国之外世界的日益隔绝——元朝尤其是

---

① [日]内藤湖南:《清朝史通论》,载夏应元选编《中国史通论(下)——内藤湖南博士中国史学著作选译》,钱婉约译,社会科学文献出版社2004年版,第539—540页。
② [美]史乐民:《宋、元、明的过渡问题》,张祎等译,载伊沛霞等主编《当代西方汉学研究集萃·中古史卷》,上海古籍出版社2012年版,第249页。

明朝统治下限制对外贸易的结果"。①

德国学者傅海波（Herbert Franke）也提出了倘若没有征服王朝的介入，宋朝在 11 世纪的迅速发展与理性模式能否持续的疑问。萧启庆就此指出，"整体而言，'唐宋变革'与'明清变革'之间缺乏连续性与征服王朝的统治颇有关联"②。这个问题也引起日本史学界的关注。由于唐宋变革说的存在，宋代近世说的后继者不能不关注宋元的延续问题，特别是宋代近世说与日本学界提出的另一个有关中国史分期的"明清交替期"说之间的关系问题。这里仅就 1996 年日本学界编辑出版的《中国史学的基本问题》第一卷《宋元卷》为例予以说明。该书的中译本《宋元史学的基本问题》（以下简称《宋元》）2010 年由中华书局出版，共收 12 篇文章，③ 代表了日本学界 20 世纪 70 年代至 90 年代的宋代近世说。该书有 4 个特点。

第一，旗帜鲜明地继承内藤和宫崎的学说。"从宏观上来看，可以说这些社会（笔者按：指日本、韩国、中国、印度及中近东的社会）与正在形成资本主义体制的西欧社会有着长期的、基本对等的并存关系。这样，说得极端一些，可以这么认为，这两种事态得以保障的原因，是由于这些社会已经自律地确立了广域性的社会关系，本稿将把这种社会状况看作是世界史意义上的近世阶段。""站在上述立场上，笔者想继承由内藤湖南开始、由宫崎市定全面确立的体系，也就是将宋元时代作为世界史意义上的近世社会的学说体系。""由农村时代向城市时代转变的过程中诞生出来的世界史上的近世社会，对于其特征中的文化状况，如上所述，可以看到由宗教时代转向知识时代的变化过程。在先进的亚洲周边地区，在与先进的亚洲的密切关系中步入近世社会的欧洲，将近世社会的特征表现得最为明显的可以说

---

① [美] 史乐民：《宋、元、明的过渡问题》，张祎等译，载伊沛霞等主编《当代西方汉学研究集萃·中古史卷》，第 251 页。
② 萧启庆：《中国近世前期南北发展的歧异与统合——以南宋金元时期的经济社会文化为中心》，《台湾师大历史学报》2006 年第 36 期。
③ 实际似应是 17 篇，总论提到寺地尊、梅原郁、草野靖、丹乔二、金文京等人的论文，但未见收录。

是文艺复兴和宗教改革。"①

第二，在宫崎市定学说基础上继续丰富和充实支持宋代近世说的两宋史实。所收 7 篇有关宋代问题的文章分别从政治结构、中间社会层、货币价格、地方政治、士大夫、佛教社会及社会思想等方面细化近世社会的特征。

第三，不能完全回应金元时期与近世社会的关系问题。自明治维新以来，日本学界的中国历史研究中存有一些意见长期分歧的问题。杉山正明就曾指出，"一般来说，'中国'在日本的研究中大部分意味着所谓的'中国本土'。将事物限定在'中国本土'中来看宋代史研究和元代史研究的差异，这个众人皆知"。"本来'中国'历史上就没有单一的汉族社会。可是日本的研究人员中有一个共同的特点就是'纯中国世界'和'非中国世界'，'中国本土'和'边境地域'等过分单纯地分割为两大图示化的倾向。有时'万里长城'（当然在蒙古时代不存在）以外是'荒野'和'沙漠'的异象也偶尔出现。"② 竺沙雅章也指出，关于宋代的研究虽多，"但说到宋代只论述北宋与南宋，对于南宋时金所统治的华北则不包括在内。对于华北的社会与文化只以北宋时期为对象，由北宋到金的演变则不追究"。这个时代前后之研究者，将征服王朝视为周边民族史的范畴，而未深入研究。"一般也有用宋元时代这种区分，但严密地说，这也有北宋—金—元与北宋—南宋—元的两个潮流，也就是说有北流与南流，对于各演变的不同以及王朝交替导致的流向之变化，也由于金元治下的社会不明之故，而不能贯通。"③ "元代史研究的比重究竟能够占有多

---

① ［日］佐竹靖彦：《总论》，载［日］近藤一成主编《宋元史学的基本问题》，中华书局 2010 年版，第 3、5 页。

② ［日］杉山正明：《蒙古时代史研究的现状及课题》，载［日］近藤一成主编《宋元史学的基本问题》，第 287、289 页。

③ ［日］竺沙雅章：《征服王朝的时代》宋·元，吴密察译，台湾稻乡出版社 1998 年版，第 5—6 页；并请参看萧启庆《中国近世前期南北发展的歧异与统合——以南宋金元时期的经济社会文化为中心》，载《清华历史讲堂初编》，生活·读书·新知三联书店 2007 年版，第 200 页。

少，恐怕这才是日本'宋元史学的基本问题'中的最大问题。"① 所以《宋元》一书的总策划人佐竹靖彦先生只能做这样的表述："其中并未完全弄清其结构的问题是，这种征服（笔者按：指金元统治）实际上是与农耕社会一方的经济发展相辅相成的现象。对这个大问题，这里不可能做出充分的回答。只有一个想提起注意的事实是，当时的汉族在基本保存了自身社会统一的情形下，接受了北方民族的入侵和统治。不难想象，该事态的基础中有汉族社会的经济发展，尤其是流通经济方面的发展和能够接受它的社会体制蜕变。而且，可以推测，这种事态是通过宋朝的成立而得以确立的，宋朝克服了唐朝中末期经济发展带来的动乱，实现了王朝的建立。"②

第四，侧重北宋—南宋—元的"南流说"。竺沙雅章在《征服王朝的时代》中明言，宋代以后的"中国"历史有北宋—金—元的北流和北宋—南宋—元的南流两大流。《宋元》主要是讲南流，但是必须指出这种南流说有日本学者的发现和论述，但更多的是受美欧学界"宋元明"过渡论的影响。

当欧美学者接受宋代近世说并讨论宋以后中国历史发展停滞问题之际，20世纪50年代中期以后中国学界关于明清资本主义问题的讨论对之产生很大影响。罗威廉（William T. Rowe）指出，"20世纪70年代西方学者开始依据日本尤其是中国学者的研究来想象第二次社会经济转型——该转型从明代晚期一直延续到20世纪"③。

既然唐宋变革空前绝后，北宋以后进入近世社会的趋势被打断，而明中叶以后又出现了不亚于唐宋变革的社会巨变，那么如何解释从元到明中叶的停滞期，唐宋变革与明中叶以后的变革之间又是如何过渡、连接的，成为欧美和日本学界讨论南宋以后中国历史的一个大问

---

① ［日］杉山正明：《蒙古时代史研究的现状及课题》，载［日］近藤一成主编《宋元史学的基本问题》，第287页。

② ［日］佐竹靖彦：《总论》，载［日］近藤一成主编《宋元史学的基本问题》，第31页。

③ ［美］史乐民：《宋、元、明的过渡问题》，张祎等译，载伊沛霞等主编《当代西方汉学研究集萃·中古史卷》，第249页。

题。1997年，在加利福尼亚召开了主题为"宋元明过渡期：中国史的转折点？"的研讨会，哈佛大学亚洲中心于2003年出版了论文集《中国历史上的宋元明过渡期》。① 该论文集包括史乐民（Paul Jakov-Smith）的序论及此次会议报告中的9篇论文，主要是围绕唐末以降长期的社会变化；讨论"宋元明过渡期"的历史位置及该时期国家与社会的相互关系。史乐民就这些研究做了总结："对于广泛运用各种研究方法的宋史学者而言，南迁不仅是领土的变化，它还标志着中国政权结构和精英类型、倾向、政治远见的重大改变。尽管大多数史学家都把它看作唐、宋转型的最后一幕，但有一些学者已试着把南宋认定为历史发展新阶段的开始，其社会、政治、文化的发展线索贯穿元朝，甚至延伸到了明清……这种假说与我们的观点是一致的，我们认为南宋的建立就是宋、元、明过渡的开端。""12世纪至15世纪标志中原与草原地区关系的周期性战争造成了宋、元、明过渡最显著的特色：人口和技艺集中到中国的一个区域——长江下游地区，尤其是核心的长江三角洲，所谓江南。假如我们用地域视角来看宋、元、明过渡，江南就是这一时期中唯一免遭战争破坏的地区。这样，我们就不妨把宋、元、明过渡看作是唐、宋转型时期那些最重要的社会、经济、文化发展趋势在江南的地域化。江南在过渡时期独一无二的地位可以由最易受战争破坏的两方面看出：人口变化趋势和地区发展周期。"②

杉山正明在讲《蒙古时代史研究的现状及课题》时，大致也得出与美欧学者相似的认识："内部的变化是通过宋代到元代中的'中国'本身的重心，期间为止的以华北为重心的状况开始向江南和南方移动。南宋的成立和前后的华北人口的向南方移动为开端，真正意义上的江南的开发和汉化开始深化，江南各地域的人口、社会、经济、文化的比重增大。这个南北逆转现象被元代直接继承下来（严格地来

---

① Paul Jakov Smith and Richard von Glahn, eds., *The Song-Yuan-Ming Transition in Chinese History*, Cambridge: Harvard University Asian Center, 2003.

② ［美］史乐民：《宋、元、明的过渡问题》，张祎等译，载伊沛霞等主编《当代西方汉学研究集萃·中古史卷》，第252、254页。

说到了元代才真正开始展开),与明代的状况直接相连。这可以说是和现在有关的中国史上的大现象。""为了能够彻底洞察明代中国,有必要主动进行南宋、元代的江南研究。从欧亚规模来看,蒙古经过吸收南宋的遗产,当时的江南是世界首屈一指的充满富有的'生产社会'(当然是彻底和当时其他地域比较后),以陆海两种方式向世界开放。可以说蒙古时代与同时代的欧亚和非洲相比,江南社会的优势是明显的。"①

虽然日本学界得出与欧美学界大致相似的看法,但是必须指出这种相似中有两点质的区别。其一,欧美学界所谓的宋元明过渡,主导思想并不是如日本学界想要打通北宋以后至明清的近世社会走向。因为,美欧学界普遍对"断言在西方影响中国之前,中国就按照与西方相同的演进阶段在发展,而且这些演进阶段是普遍的"② 观点提出质疑和否定。其二,欧美学界的宋元明过渡论将研究视角转向宋以后形成的地域特征,即以江南为代表的地域基层社会势力、地域社会结构、地域经济发展模式、地域文化特色,即"那些最重要的社会、经济、文化发展趋势在江南的地域化"。③ 而这一视角又深深影响了20世纪80年代以来青年学者的研究:"地域社会史研究的最大特色是从'地域这一场所'来看历史,而不是从国家或首都的立场。由国家编纂的中国古代史史料中有对政治动态和政治制度的详细记载,但少有对地域情况的详细记载。因此,搜罗私撰史料等各种资料,探究'地域这一场所'中经济和文化等诸要素是如何交集,对研究地域社会是很重要的。"④

显然,宋元明过渡论并不能支持宋代近世说的延伸。而且这种研

---

① [日]杉山正明:《蒙古时代史研究的现状及课题》,载[日]近藤一成主编《宋元史学的基本问题》,第287—288页。
② [美]包弼德:《唐宋转型的反思:以思想的变化为主》,刘宁译,载刘东主编《中国学术》(第3辑),商务印书馆2000年版,第66页。
③ [美]史乐民:《宋、元、明的过渡问题》,张祎等译,载伊沛霞等主编《当代西方汉学研究集萃·中古史卷》,第254页。
④ [日]清水浩一郎:《近30年日本宋代江南区域史浅探——以〈日本宋史研究的现状与课题〉为中心》,《中国史研究动态》2014年第4期。

究把中国多元的历史发展局限到狭小的江南一隅之地。这是极其典型的削足适履式的将自己的主观意志强加在丰富多彩的中国历史之上的做法。

五　国际宋史研究视角下的宋代近世说（唐宋变革论）

宋代近世说自内藤湖南提出后，在20世纪国际汉学界产生巨大影响。但是，在20世纪中叶以后，特别是在西方中心论遭到质疑和修正以来，国际汉学界基本放弃了欧洲式的宋代近世说。下面分别论之。

（一）宋代近世说在日本中国史学界的发展变化

笔者在《唐宋变革论的由来与发展》一文中就第二次世界大战后宋代近世说的变化做了论述，基本观点是：一、宫崎市定等人将宋代近世说由指向清代独裁政治的起点转向早于欧洲式的近代社会发展轨迹；二、宫崎市定等人将宋代近世说关心辛亥革命前的近世，转向关注唐宋之际的历史变革，故而将宋代近世说总结为"唐宋变革论"；三、以新生"历史学研究会"为代表的东京派，提出否定内藤湖南的宋代近世说的说法，主张宋代中世说。[①]

近期日本青年学者清水浩一郎在介绍远藤隆俊、平田茂树、浅见洋二所编的《日本宋史研究的现状及课题》时说："该书在'前言'中将日本的宋代史研究划分为三个时期。第1期（1945年以前）是日本的中国史研究的开拓阶段，这一时期为后来的宋代史研究奠定了基础。'唐宋变革论'就是在这一时期提出来的。第2期（1945—1980年）在第1期研究的基础上，主要进行了地主佃户制、农民斗争和民众叛乱等扎根于历史唯物史观等方面的研究。进入第3期（1980年至今）后，拘泥于某些特定观念的研究及观点被摒弃，取而

---

① 李华瑞：《"唐宋变革"论的由来与发展》，《河北学刊》2010年第4、5期。

代之的是与民俗学、社会学、人类学等学科相结合的研究。在第 3 时期中，自 1980 年以来，日本宋代史研究的手法逐渐多样化，并且对既定概念、思考方式，以及研究框架的重新探讨也开始活跃起来。"①显然在这里，"唐宋变革论"并不是单指宋代近世说，而是包括宋代中世说。事实上，日本学界在总结和回顾 20 世纪宋史研究发展历程时也是将宋代近世说与宋代中世说以及用唯物史观研究宋代历史分期的研究放在一起讲述的。如山根幸夫主编的《中国史研究入门》关于宋元时代的第六章，由著名的宋史专家柳田节子执笔。柳田节子虽不赞成宋代近世说，但她在"第三节 研究史"中分别介绍了内藤湖南、宫崎市定宋代近世说"认为宋代以后是中国的近世文艺复兴时代"的主张，也介绍了前田直典、石母田正、周藤吉之的"宋以后为中世农奴社会"的看法。同时，该节还介绍了中国封建社会分期的讨论，提到"中国历史学界把唐宋之际看作是封建社会体制内从前期向后期的过渡期，这已是定论"。此外还涉及了日本学界以马克思主义唯物史观分析宋代封建国家形态、亚细亚的封建制、宋代国家农奴制等情况。②

东京学派认为晚明为近代的开始。"中国史研究会"成员反对京都、东京两派的分析，根据专制国家的兴衰来看待战国以来的中国史，认为专制国家最终受到明末清初出现的小商品生产经济的侵蚀，但未能产生资本主义社会。③

另外值得注意的是，到了 20 世纪 70 年代后半期，日本学界在反思西方的历史分期法得失时，看到西方史学和社会学的"近代"是根据西欧社会发展经验总结出来的架构，将西欧的历史发展模式奉为世界历史发展的普遍规律，并以此作为研究中国历史分期的预设进行

---

① ［日］清水浩一郎：《近 30 年日本宋代江南区域史浅探——以〈日本宋史研究的现状与课题〉为中心》，《中国史研究动态》2014 年第 4 期。

② ［日］山根幸夫编：《中国史研究入门》，田人隆等译，社会科学文献出版社 2000 年版，第 348—350 页。

③ ［英］魏根深：《中国历史研究手册》上册，侯旭东等译，北京大学出版社 2016 年版，第 2 页。

的东西比较一旦流于牵强，必然造成歪曲和混乱的后果。具体说来，西方的奴隶制度和封建制度模式难以套用于中国，中国前近世资本主义萌芽的探讨也证明不了中国会自发地迈入资本主义。进入21世纪以来，日本学界在坚持唐宋变革论的同时，也在改变内藤湖南的基本判断，如斯波义信说："还有另外一个问题：唐宋变革期和西洋的文艺复兴是很不一样的。西洋历史上的重大变化都是在动荡后发生的，而中国史的变化（唐宋）是在一个世纪的繁荣后发生的。西方学者认为西洋历史是在战争、叛乱、动荡中度过的，中国则是和平稳定的。为什么会有如此差异？因为中国先有文化的统一，虽然春秋时期有纷争，但都是建立在共同的文化基础上的。比方说西洋和印度的哲学对彼岸的东西和个人的东西比较有兴趣，而中国的哲学对社会和政治更加关心。这是东西方不同之处。虽然用隔绝的地理环境可以解释，但我更愿意用不同的文化，尤其是汉字来解释。唐宋变革之后，社会经济发生了很大变化，但是政治形态却一直持续下来。这一点我和日本京都学派（内藤虎次郎）的看法很不同。内藤湖南脑子中先有西洋的王权概念再来考虑中国问题，无法解释明清稳定的王权。不管是政治还是文化都是非常稳定的。"[1]

日本著名明清史专家岸本美绪注意到中国与日本自19世纪后期使用"近代"和"近世"之间的差异。她认为，"近代"一词跟"近世"相比带有更多地受到西方影响的意思。而中国后来渐渐用"近代"一词取代了"近世"，以鸦片战争为"近代"开始时期的看法在20世纪30年代以后普及起来。对于中国学者来说，外国帝国主义的入侵和传统体制的动摇才是中国现代性的标志。20世纪五六十年代日本学界发生的所谓"历研派"与"京都派"之间围绕中国史上"近世"的争论可说是上述两种现代性观念之间的冲突。日本虽然在史学中沿用了"近世"，但"近世"一词的处境比较尴尬。因为按照

---

[1] 《斯波义信谈"唐宋变革"》，"博雅好书"微信公众号2014年6月18日推送文章（https://mp.weixin.qq.com/s?_ _ biz = MzA3MTM4MDQwNQ% 3D% 3D&idx = 1&mid = 200446585&sn = 58478d40eefbff2662d10aba4fd97294）。

内藤湖南等京都派史学家的说法，近世是强调东亚文明的内生性变化。但现在日本史学中的分期已经变成了古代、中世、近世、近代和现代。近世放在中间有些不清不楚的感觉。所以岸本美绪想用"近世"一词来形容16世纪后期至18世纪东亚乃至世界大部分地区面临的共同问题：在商业持续发展、人口交流和地区冲突逐渐增多的情况下，如何管控商业、市场、多民族、宗教等种种问题。"面对共通的问题各地域各自进行回答"的过程，可以将其命名为"近世"。因为各个地域的回答各不相同，这个"近世"没有其固有的内容，可以说存在着多种多样的"早期现代性"。①

可见，对于"近世"的定性在日本学界有了不同于以前的解释。日本的中国史研究和东亚史研究提出的"传统社会"形成等于"近世化"论是20世纪90年代中期以后日本学术界具有代表性的系统性认识之一。探究与现代相通的秩序、结构、原理，视16世纪以后为"传统社会"的看法，在今天的日本已经广泛存在于以明清史为中心的中国历史研究者之间。所谓东亚共通的"传统社会"，是指根据朱子学理念构建的以中央集权的官僚制为支配性国家体制并与接受该体制的基本上只靠自己及家族劳动力进行独立农业经营的小农生产结合的社会。当中国于16世纪，朝鲜和日本于16—18世纪确立这种"小农社会"的时候，家族、亲族制度等在各地域被视为"传统"的事物也逐渐形成，而其形成即被视为"近世化"。

由此不难看出，20世纪90年代中期以后，日本中国史学界大多已放弃了内藤湖南和宫崎市定所主张的欧洲式宋代近世说。当然这种放弃是以重新解释唐宋之际社会变革的历史意义为转移，即明清时期形成的传统社会始于唐宋变革。熊本大学的伊藤正彦在讨论中国专制国家形态是如何形成的，以及如何认识从唐宋变革时期至明末清初这段历史发展的过程这两个问题时指出："北宋后期以后经过摸索而产生了对策，在明代初期，'唐宋变革'所创造的原理获得全面的、彻

---

① ［日］岸本美绪：《从新思考中国"近世"史》，载《"历史变化：实际的、被表现的和想象的"历史分论坛论文或提要集》（下），第323页。

底的实施。被视为与现代中国相通的'传统社会＝近世'特质的柔软的社会编制、竞争的社会环境，也是以这个明初体制为前提而形成的。虽然因为从战国时期到清末为止专制国家结构一直存续的情况使其历史意义受到了相对化，但笔者认为可把'唐宋变革'定位成是开始创造中国'传统社会'原理的一次重大变革。"① 显然，这里的"传统社会"与宫崎市定论证的欧洲式"近世社会"是不尽相同的。

由此可见，欧洲式的宋代近世说在日本已受到各方面的质疑和重新解读。

（二）宋代近世说在欧美的发展变化

由内藤湖南提倡、经宫崎市定发展的宋代近世说或唐宋变革论对欧美学界的影响较为复杂。欧美学界对于内藤湖南将形成清代政治、经济、社会、军事诸特征的起始定在宋代，特别是对唐宋作为划分中国历史的重要坐标表示赞同，同时对宫崎市定笔下宋代社会经济、文化取得的巨大成就表示认同，但是他们并不认同宫崎市定把宋代作为欧洲式的中国近世开端的观点。

法国著名汉学家谢和耐（Jacques Gernet）的《中国社会史》把宋代称作中国的文艺复兴时代。他说："11—13世纪期间，在政治、社会或生活诸领域中没有一处不表现出较先前时代的深刻变化。这里不单单是指一种社会现象的变化（人口增长、生产的全面突飞猛进、内外交流的发展……），而更是指一种质的变化。政治风俗、社会、阶级关系、军队、城乡关系和经济形态均与唐朝贵族的和仍是中世纪中期的帝国完全不同。一个新的社会诞生了，其基本特征可以说已是近代中国特征的端倪了。"② 但是谢和耐所言的中国近代并不是宋代，而是1644—1900年。宋代是1644年之前的官僚帝国。③

美国宋史学界一度曾倾向于认为唐宋之际中国历史从中古转向了

---

① ［日］伊藤正彦：《"传统社会"形成论＝"近世化"论与"唐宋变革"》，载《宋史研究论丛》第14辑，河北大学出版社2013年版，第224—225页。
② ［法］谢和耐：《中国社会史》，耿昇译，江苏人民出版社1995年版，第257页。
③ ［法］谢和耐：《中国社会史》，耿昇译，第24—25页。

近世。但是在 20 世纪 60 年代初，美籍华裔学者刘子健先生明确反对宋代近世说。他在全汉昇主持的宋史座谈会上对日本宋代近世说提出质疑："还是机械地借用或沿用西洋史的分期，上古、中古、近代、现代。还是机械地在时间上切成段落，而并不能够画龙点睛地，直接了当地指出每一个段落的主要特色。所以还应当另辟途径来讨论。"① 他在《中国转向内在——两宋之际的文化内向》序言中说：本书的"理论前提是：不同文化的演进并没有一个放之四海而皆准的模型，不是沿着单一的轨道、经过相同的特定步骤前进的。相反，不同的文化常常有着不同的发展重心"。② 研究中国问题最著名的美国学者费正清更是认为中国的近代开始于 1840 年的鸦片战争，中国走上西方式的近代化道路是在 1840 年以后受到西方经济文化冲击才开始的，而且中国近代化因传统文化的巨大影响，仍保留着十分鲜明的中国特色，并不因日本、欧美的侵略而改变。到 20 世纪 70 年代，美国的宋史学界已基本否定日本学者的唐宋变革观。包弼德（Peter K. Bol）认为，"应当对内藤说的传统理解进行更新，即认同内藤的时代分期，但要抛弃内藤说以宋代与西方近世相比拟，以欧美式近代为趋归的目的论"③。值得注意的是，欧美学者在否定日本宋代近世说的同时，将议题转向地域社会、文化、思想，年限也降至两宋之际。从一个偏向走向另一个偏向。这个问题此前已有论述，不赘。

新近出版的哈佛大学中国历史丛书之四《儒家统治的时代：宋的转型》进一步发挥了美国的两宋之际变革说。笔者在《西方学人眼中的宋代历史——以〈儒家统治的时代：宋的转型〉为中心》中评论道：美国学界新的"唐宋变革观"是贯穿本书的另一条主线。该书秉承了美国学界新的"唐宋变革观"，"宋的转型"从唐代后期宪宗朝开始至五代贵族政治走向没落——北方士族靠着谱牒的政治

---

① 全汉昇：《中国经济史研究》（下），台湾稻乡出版社 1991 年版，第 554 页。
② 刘子健：《中国转向内在——两宋之间的文化内向》，赵冬梅译，江苏人民出版社 2002 年版，序言，第 1—2 页。
③ 张广达：《内藤湖南的唐宋变革说及其影响》，载《唐研究》第 11 卷，北京大学出版社 2005 年版，第 7 页。

优势而形成的"旧世界",在延续了几百年后,不得不放弃他们在政治和社会生活中曾经占有的统治地位,而让位给士大夫官僚阶层及其家族,贵族家族式的统治彻底走向了历史的终结。不过不同于日本学界的看法,贵族政治的没落至宋代不是走向君主独裁政治,而是由贵族政治向士大夫官僚阶层与统治者同治天下的方式转型:"从前的朝代的统治依靠世家大族、贵族官僚、儒士和军人,只有在宋代,思考和写作、政府和行政行为都降格为一种共有的特性,这是包弼德在把儒家术语'斯文'翻译为'我们的这种文化'时总结出来的。在宋代,认同自己为汉人后代的人们当中,一种新的自尊和自觉形成了。宋代形成的这套社会制度,成为20世纪中国和西方人所说的'传统中国'的典范。"① 这个传统典范的形成表明真正的儒家统治时代的到来,换言之,也就诠释了本书所言"宋的转型"的确切指向。②

最近,西方学界发展出了"早期近代范式"(early modern paradigm)。这种研究认为早期近代与晚明社会的日益商品化同时,且以此为特点。早期近代范式的支持者与秉持中国史研究会观点的学者均受到20世纪40年代首先在中国提出的以明代为资本主义萌芽出现时代的观点影响。另一种为许多西方教科书所接受的思路是,将欧洲的三分框架直接应用到中国历史上。据此,先秦被视为中国的古代,秦至宋为早期或中古帝国,宋至清为晚期帝国或早期近代。③

(三) 宋代近世说在 20 世纪中国学术界的影响

笔者几年前在《"唐宋变革论"对国内宋史研究的影响》一文中曾提出这样一个问题:"内藤湖南的唐宋变革论经他的学生宫崎市定等人的发挥和展开,至第二次世界大战结束以后,中国近世说在国际

---

① [德]迪特·库恩:《儒家统治的时代:宋的转型》,李文锋译,中信出版社2016年版,导言,第2—3页。
② 李华瑞:《西方学人眼中的宋代历史——以〈儒家统治的时代:宋的转型〉为中心》,《光明日报》2016年10月29日第11版。
③ [英]魏根深:《中国历史研究手册》上册,侯旭东等译,第2页。

唐宋史领域产生了深远而广泛的影响",但是"这个关于中国历史研究的'假说'从其问世直到改革开放前,却在中国遭到冷遇,竟很少有人过问,对中国的唐宋史研究几乎没有产生什么影响"。即便是到改革开放之后,虽然唐宋变革论开始引起中国学者的关注,但在80年代到90年代对国内宋史研究的影响依然很有限。譬如2002年出版的《二十世纪唐研究》在经济卷概论中单列"外国学界的唐代社会经济概观研究"一节,较全面地介绍了日本"唐宋变革"讨论和唐代经济概观研究,但未见国内学者有关日本唐宋变革说的讨论。而出版于2006年的《二十世纪宋史研究论著目录》中,也未见大陆论著中有唐宋变革的条目。

　　台湾地区在第二次世界大战后虽有受内藤湖南"唐宋变革期"学说影响的讨论者,但相关论著也比较稀少。邱添生1974年至1979年发表5篇系列论文,后结集出版《唐宋变革期的政经与社会》。[①] 高明士有《唐宋间历史变革之时代性质的论战》一文,收入氏著《战后日本的中国史研究》。[②] 此外,香港学者赵雨乐专研唐宋政治军事制度,有《唐宋变革期军政制度史研究(一)——三班官制之演变》[③]《唐宋变革期之军政制度(二)——官僚机构与等级之编成》二书。[④] 后书基于赵氏1993年在日本京都大学完成的博士学位论文。[⑤]

　　从上可知,宋代近世说(唐宋变革说)在日本只是众多研究中国历史分期和唐宋史研究之一家之说,并不代表日本学界对中国历史的主流看法,更不被国际宋史学界所认同。换言之,宋代近世说在20

---

　　① 邱添生:《唐宋变革期的政经与社会》,文津出版社1999年版。
　　② 高明士:《战后日本的中国史研究》,东昇出版事业公司1982年版,第104—116页。
　　③ 赵雨乐:《唐宋变革期军政制度史研究(一)——三班官制之演变》,文史哲出版社1993年版。
　　④ 赵雨乐:《唐宋变革期之军政制度(二)——官僚机构与等级之编成》,文史哲出版社1994年版。
　　⑤ 韩桂华、王明荪编著:《战后台湾的历史学研究(1945—2000)》第4册,"宋辽金元史","行政院国家科学委员会"2004年版,第14页。

世纪70年代以后迄今只有日本京都学派一家在坚持，国际学界，包括日本东京学派、马克思主义唯物史观派以及相当多的新生代已普遍放弃或否定该说。

六　问题意识下的宋代近世说（唐宋变革论）

以上从多角度考察了宋代近世说（唐宋变革论）的提出、演变、特点、影响及瓶颈，现在再把镜头聚焦21世纪以来国内唐宋史的研究，看看宋代近世说（唐宋变革论）到底起了什么样的作用。

根据对中国知网的检索，21世纪以来，有关唐宋之际的论文大致有近千篇，其中有"唐宋变革"关键词的论文有80余篇，有"宋代近世"关键词的论文约20余篇，有"内藤湖南"关键词的论文约70余篇，有宫崎市定"关键词"的论文约10篇，其中部分为硕士或博士学位论文。[1] 按照论文的主旨，大致可分为5类。

第一类是介绍性的，比较有代表性的有张其凡的《关于"唐宋变革期"学说的介绍与思考》、李华瑞的《20世纪中日唐宋变革观比较》和《唐宋变革论的由来与发展》、张广达的《内藤湖南的唐宋变革说及其影响》、柳立言的《何谓"唐宋变革"？》、罗祎南的《模式及其变迁——史学史视野中的唐宋变革问题》、李庆的《关于内藤湖南的"唐宋变革论"》、熊伟的《唐宋变革论体系的演化》、代珍的《从"唐宋变革说"到"宋元明移行期"略论》等。此类还包括翻译日本学者的介绍性文章，如谷川道雄的《"唐宋变革"的世界史意义——内藤湖南的中国史构想》《斯波义信谈"唐宋变革"》，宫泽知之的《唐宋社会变革论》，葭森健介的《唐宋变革论于日本成立的背景》等相关文章。著作有日本内藤湖南研究会编的《内藤湖南的世界》。[2] 应当说，经过众位学者的不懈努力，宋代近世说（唐宋变革

---

[1] 王秦：《十年来"唐宋变革"研究述评》，《长江师范学院学报》2010年第4期。该文收录和评述了58篇论文，8部著作。

[2] 日本内藤湖南研究会编：《内藤湖南的世界》，马彪等译，三秦出版社2005年版。

论）的基本范式和特色已为大多数从事唐宋史研究的学人所了解。至于了解得是否全面，或是否真正理解其作为一种历史分期方法所具有的内在含义，可能还存在因人而异的不小偏差。

第二类是研究性的，如黄艳的《内藤湖南"宋代近世说"研究》（东北师范大学，2015年，博士学位论文）、杨永亮的《内藤湖南"宋代近世说"文化探赜》（东北师范大学，2015年，博士学位论文）、刘腾蛟的《内藤湖南的中国观研究》（吉林大学，2014年，硕士学位论文）。另有前文提到过的钱婉约的著作《内藤湖南研究》，新近翻译美国学者傅佛果30多年前的作品《内藤湖南：政治与汉学（1866—1934）》。前3篇硕博论文主要是聚焦内藤湖南提出宋代近世说的学术文化背景，特别是当时的政治背景，对其为日本军国主义服务的用意做了较为深刻的揭示，后两部专著则对内藤湖南的一生及其学术思想做了全面论述，当然也对内藤湖南的政治观点与学术之间的密切关系有深刻的剖析。此外也有极力赞成宋代近世说的。如牟发松的《"唐宋变革说"三题》提出，"内藤湖南不仅对中国古代文化有全面系统的把握，而且曾于清末民初多次到中国考察，他认为'宋代形成的中国新文化，仍旧延续到现代'，'宋代人的文化生活与清末的文化生活几乎没有什么变化'，则是基于他对中国历史、对中国当代的深切了解，而这对于他创立'宋代近世说'具有重要的意义"①。新近又有论者以为"宫崎的中国史论基于世界史的立场，重视各个历史时期中国与其他地域的文化交流，而诞生于宋代的中国近世文化就是这种文化交流的结晶"②。

第三类是按照日本唐宋变革论的基本范式对唐宋变革期的问题进行

---

① 牟发松：《"唐宋变革说"三题——值此说创立一百周年而作》，《华东师范大学学报》2010年第1期。作者近期又发表《文化接受视野中的唐宋变革述论》，《历史教学问题》2013年第1期；《"唐宋变革说"诸问题述评》，《历史教学问题》2014年第4期。前一篇从文化接受角度进一步证实唐宋变革期；后一篇对先前的观点有所补充，主要是从反思历史的角度提出，"时代呼唤着历史学对今天与历史之间的连续性或者断裂性关系，作出有实证基础的说明，以便更好地把握现在，展望未来"。

② 李济沧：《"宋朝近世论"与中国历史的逻辑把握》，《中国经济史研究》2017年第5期。

研究，这类论著寥寥无几。① 在这里特别值得注意的是，在宋代文学史、思想史、艺术史领域倡导用宋代近世说（唐宋变革说论）作为研究唐宋之际以后宋元明清文学、思想史和艺术史的指导理论。比较有代表性的是王水照在《重提"内藤命题"》中提出，"我们重提'内藤命题'，从某种意义上说，不仅仅为了求证'宋代近世说'的正确与否，其个别结论和具体分析能否成立，而主要着眼于学科建设的推进与发展。一门成熟的学科，既要有个案的细部描述与辨析，更需要整体性的宏观叙事，其中蕴含有一种贯穿融汇的学理建构，即通常所说的对规律性的探索。由于对'以论带史'、'以论代史'学风的厌恶，'规律性'、'宏观研究'的名声不佳，甚至引起根本性的怀疑。但不能设想，单靠一个个具体的实证研究，就能提升一门学科的整体水平。纲举才能目张，'内藤命题'关心宋代社会的历史定位，关心其时代特质，关心社会各个领域的新质变化，等等，就为宋代研究提供了这样一个'纲'。对于我们宋代文学研究而言，也是这样一个'纲'"。② 对此有学者呼应说："宋代文学进入近世这一论断"，"已经渐成学界的共识"③。还有学者说："到今天，'唐宋变革期'理论几乎成为一种新的范式，被学者们普遍遵用，而中国大陆今天的历史学界对此似乎并未予以足够重视。"④

第四类是从打通唐宋史研究的角度，将讨论唐宋时期的地理、交通、文化、经济、法律等历史发展和变化，归结在"唐宋变革"名义之下，如《江汉论坛》2006年第3期刊登了以"唐宋变革"为主题的5篇文章，包括张国刚的《论唐宋变革的时代特征》、孙继民的《唐宋兵制变化与唐宋社会变化》、李天石的《中古门阀制度的衰落与良贱体系的瓦解》、

---

① 赵雨乐：《唐末五代阵前骑斗之风——唐宋变革期战争文化考析》，《西北大学学报》2005年第6期；刘后滨：《政治制度史视野下的唐宋变革》，《河南师范大学学报》2006年第2期；曹泽铨：《唐宋变革以来中国传统法制二元格局研究》，硕士学位论文，华南理工大学，2013年；张锴祥：《唐宋变革视角下绘画艺术的嬗变》，《美术教育研究》2016年第1期。

② 王水照：《重提"内藤命题"》，《文学遗产》2006年第2期。

③ 焦宝、李承：《论文学传播在唐宋之际走向近世化——"宋代近世说"下的唐宋文学传播变革》，《长春大学学报》2008年第4期。

④ 张岂之、朱汉民：《中国思想学说史》，广西师范大学出版社2007年版，第15页。

杜文玉的《唐宋时期社会阶层内部结构的变化》、严耀中的《唐宋变革中的道德至上倾向》,从文化、军事、社会阶层等方面就"唐宋变革"阐述了各自的观点。其中一些论著虽然冠以"唐宋变革",但讨论的是唐宋时期或唐宋之际,而非日本学界的分期说"唐宋变革期"。葛金芳的《唐宋变革期研究》、① 卢向前主编的《唐宋变革论》、② 戴建国的《唐宋变革时期的法律与社会》、③ 林文勋的《唐宋社会变革论纲》④ 亦不是从日本唐宋变革论的范式讨论唐宋之际的法律和社会经济问题。另外,有的论著是借用日本学界为宋代历史地位所下的"是中国近世开端"这一定位,如陈来的《中国近世思想史研究》、⑤ 朱鸿林的《中国近世儒学实质的思辨与习学》、⑥ 葛金芳《中国近世农村经济制度史论》。⑦

　　第五类将宋代近世说（唐宋变革论）视作不证自明的"公理"。凡是论述到唐宋时期或唐宋之际的问题时,都是必言"社会变革",笼统地使用宋代近世说（唐宋变革论）来谈论唐宋时代社会经济、政治制度、科学技术、思想文化、产权、土地制度、市场管理、官僚体制、专卖方式、农业技术、佃农亩产量、商品经济中的涉法事件、官职以及机构设置等方面的变化,其特点是概念宽泛而多元化。⑧ 此

---

① 葛金芳:《唐宋变革期研究》,湖北人民出版社2004年版。作者虽冠以"唐宋变革期",然从收录作者自20世纪80年代以迄2004年关于唐宋时期社会经济变化的14篇论文来看,其论文主旨没有超出唐宋作为封建社会内部前后期转变的讨论范围。新近作者另外撰文介绍《略说中国本土的唐宋经济变革论》,《史学集刊》2017年第3期。

② 卢向前主编:《唐宋变革论》,黄山书社2006年版。该书收录以"唐宋变革"为主题的30篇论文,但内容均属广义的唐宋政治、经济、文化、社会、军事等领域的变化、变迁、转型等议题,并非日本学界所论的唐宋变革论。

③ 戴建国:《唐宋变革时期的法律与社会》,上海古籍出版社2010年版。

④ 林文勋:《唐宋社会变革论纲》,人民出版社2011年版。

⑤ 陈来:《中国近世思想史研究》,商务印书馆2003年版。

⑥ 朱鸿林:《中国近世儒学实质的思辨与习学》,北京大学出版社2005年版。

⑦ 葛金芳:《中国近世农村经济制度史论》,商务印书馆2013年版。

⑧ 参见高德步《唐宋变革:齐民地主经济与齐民社会的兴起》,《学术研究》2015年第7期;李健《唐宋时期科技发展与唐宋变革》,《中州学刊》2010年第6期;邱鹏飞《唐宋变革视野下的唐西州、沙州的乡村制度演变》,《许昌学院学报》2010年第1期;孙小迪《基于唐宋变革论的音乐思想史研究反思》,《当代音乐》2016年第24期;毕巍明《"唐宋变革论"及其对法律史研究的意义》,《上海政法学院学报（法治论丛）》2011年第4期;张错祥《唐宋变革视角下绘画艺术的嬗变》,《美术教育研究》2016年第1期。

类论著不一定直接关涉唐宋变革，但是在文章叙述中或结尾处往往使用唐宋社会由贵族向平民化、精英化转变的结论为自己的研究张目。这类文章最多，文繁不赘。

对以上5类情况简略分析可见：（1）介绍性的论著持续不断发表，表明21世纪以来宋代近世说（唐宋变革论）一直受到关注，且热度不退。（2）由于唐宋变革论热度不退，从而引发国内学界特别是宋代文学史学界、思想史学界、艺术史学界对唐宋之际巨大社会变化的高度重视，并试图从这些社会变化中为宋以后的文化思想发展定位和寻找发展轨迹。（3）宋代文学界、思想史学界、艺术史学界倡导用宋代近世说（唐宋变革论）作为指导理论，但观察其对宋代近世说（唐宋变革论）的诠释尚处在高度礼赞和崇尚的阶段，缺乏历史的理性思考，故不加辨析而全盘接受。但实际上这种提倡并未对宋代文学史、思想史、艺术史的研究起过多少有益的作用，因为这与过去的研究相比，最多是新瓶装旧酒。（4）前述第四、第五类论著说明，宋代近世说（唐宋变革论）实际上对于唐宋史的研究只起到了一个贴标签的作用，于实际研究并无推进和补益。

为什么21世纪以来，宋代近世说（唐宋变革论）被学界高度关注，但却在实际研究中特别是对国内唐宋史研究的推进影响甚微呢？笔者以为主要原因有以下几方面。

第一，笔者在《唐宋变革论对国内宋史研究的影响》一文中指出，唐宋变革论之所以在世纪之交成为热点话题有两个原因：一是与世纪之交对宋代历史的重新定位分不开；二是大陆研究宋史的理论范式在20世纪五六十年代基础上一直没有新的发展，特别是苏联和东欧剧变，使得用唯物史观、五个社会形态说构建的中国历史分期说被边缘化。从80年代中后期，在中国史坛占据中心地位的古史分期及相关问题就已开始受到质疑，这是唐宋变革论在世纪之交成为热点话题的一个大背景。迄今用这两点原因来解释对唐宋变革说关注热度不退的现象依旧有说服力。

第二，从问题意识的视角来观察宋代近世说（唐宋变革论），在议题的选择上所剩空间甚小。这是因为，日本京都学派关于唐宋变革论的架构、范式已完全形成，所谓的八大核心要点已得到较为充分的论证，再无新的拓展空间，唐宋变革说的重点转向由宋元过渡至明清变革的交替。因而国内学界对唐宋变革说的关注，多是关注其所取得的结论，即定性，而不是结论形成前的论证过程。

第三，宋代近世说（唐宋变革论）对21世纪以后国内宋史研究的影响，如同对21世纪之前的影响一样极其有限。从2000年开始，国内宋史学界每两年举行邓广铭学术奖励基金评审，评审对象主要面向50周岁以下的中青年学者，迄今已评审9届，共评出34部获奖论著（不包括论文）。这些获奖作品在相当大的程度上是代表着21世纪以来国内中青年研究宋史的取向和水平，但其中无一不受唐宋变革说的影响。即便是针对"唐宋变革论"所做的回应，也不是按唐宋变革论的范式来讨论唐宋间的历史变化和变迁，而是与唐宋变革论拉开了距离。2005年《文史哲》第1期刊登了以"唐宋时期社会经济变迁"为题的4篇笔谈：杨际平《唐宋土地制度的承继与变化》、林文勋《商品经济：唐宋社会变革的根本力量》、黄纯艳《经济制度变迁与唐宋变革》、谢元鲁《唐宋制度变迁：平等与效率的历史转换》，分别对唐宋时期的土地制度、商品经济、经济制度、制度变迁等问题展开讨论，推动了唐宋社会变迁的研究。2005年第5期的《史学月刊》刊登了以"中古社会变迁"为题的6篇笔谈：张国刚《汉唐"家法"观念的演变》、王永平《唐宋时期文化面貌的局部更新》、王利华《文化与环境互动作用下的中古经济与地理变迁》、吴丽娱《中古书仪的型制变迁与社会转型》、［日］谷川道雄《从社会与国家的关系看汉唐之间的历史变迁》、［日］葭森健介《唐宋变革论于日本成立的背景》，从不同角度研究了"唐宋变革"。2006年第2期的《河南师范大学学报》以"多元视野下的唐宋社会"为题，刊登了6篇论文：王永平《从汉学向宋学的转变看隋唐儒学的地位》、宁欣《唐宋城市经济社会变迁的思考》、刘后滨《政治制度史视野下的唐宋变革》、李鸿宾《唐代社会的转型与民族的互动》、王赛时《海洋探索与唐宋社会》、勾利军《唐宋分司机构与社会变迁》，从儒学、城市经济、政治制度、民族问题等方面对"唐宋变革"进行了讨论。

2006年第3期的《江汉论坛》刊登了以"唐宋变革"为主题的5篇文章：张国刚《论唐宋变革的时代特征》、孙继民《唐宋兵制变化与唐宋社会变化》、李天石《中古门阀制度的衰落与良贱体系的瓦解》、杜文玉《唐宋时期社会阶层内部结构的变化》、严耀中《唐宋变革中的道德至上倾向》，从文化、军事、社会阶层等方面就"唐宋变革"阐明了自己的观点。2010年第4期《中国史研究》从宋史研究的角度刊登了5篇文章，主要就"唐宋变革"的首倡、唐宋变革论对中国宋史研究的影响，即宋代政治制度、城市、赋役等的变化或转型做了简要评述和反思。另外，2000年8月11日至14日，南开大学和中国唐史学会主办了"中国中古社会变迁国际学术讨论会"；2002年10月18日至21日，厦门大学举行了"唐宋制度变迁与社会经济学术研讨会"；同年11月9日至13日，浙江大学举办了"唐宋之际社会变迁国际学术研讨会"；2003年，厦门大学和浙江大学再次召开了"唐宋变革"学术研讨会；2004年5月15日至17日，湖北大学召开了"唐宋经济史高层研讨会"；2004年7月25日至28日，云南大学举办了"中国唐史学会第九届年会暨唐宋社会变迁国际学术研讨会"。很显然，这些刊物组织的笔谈和唐宋史学界组织的会议，其讨论主题形式虽与唐宋变革有关，但是主题的内容绝大多数都是从打通唐宋断代史的角度分析唐宋史间的大问题，与唐宋变革论的范式无涉。由此也可看到唐宋史学界主流不受"唐宋变革论"影响之一斑。

第四，20世纪以来迄今100多年间影响中日研究中国宋史的理论和方法主要来自西方的社会科学方法和历史理论。宋代近世说（唐宋变革论）本身即是最先受其影响的成果，而20世纪50年代以后日本史学界和中国史学界同受马克思主义唯物史观的影响，虽然宋代近世说与封建社会下行阶段说在分期问题上不一致，也就是说运用西方的方法和理论对宋代社会性质认识不同，除此之外讨论的领域和问题大致相仿。[①] 只不过是在中国改革开放之前，日本学界在问题研究的深度和领域的广度上远超中国宋史学界，国内的宋史研究大致只在王安

---

① 见山根幸夫《中国史研究入门》，社会科学文献出版社2000年版，第504—589页。

石变法、农民起义、土地制度、资本主义萌芽、思想通史等几个少数领域能够与日本学界抗衡或较为突出。改革开放以后，特别是20世纪90年代中期以来，国内宋史学界迅速发展，迎头赶上，并在许多领域实现超越。与此同时，日本学界的宋史研究由于种种原因远不如20世纪70年代以前的研究，出现下滑趋势。所以抛开用西方分期方法研究宋代社会性质外，中日之间的宋史研究你中有我，我中有你。如前揭《宋元史学基本问题》，虽然以宋代近世说为标志，但是具体到问题研究，基本都是在引述日本和中国学者及欧美学者的论著。笔者在《"唐宋变革"论与唐宋之际的变革》一文中综合日本、欧美和中国学者对唐宋之际社会变革的讨论提出，从唐代中叶开始至宋代，在经济、社会结构、政治、军事、文化思想以及社会生活诸多方面大致发生了8个显著的变革。而且指出，不论是说宋代进入近世社会还是说宋代仍属于封建社会，其理论都源自西方历史分期方法，是把中国历史比附在西方历史发展的卵翼之下，这可能与实际的中国历史不尽相符。笔者以为，抛开把中国历史比附西方历史发展的偏见，唐宋之际出现的诸多重大变化对宋至晚清的民族文化、民族性格、政治制度、社会风貌、生活环境等起到了与此前的中国划出分界线而更接近于现代的巨大作用。是为对唐宋时期社会变迁或转型评价的正解。[①]

七 余论

以上从6个方面论证了一个主题：唐宋史研究应当翻过"宋代近世说（唐宋变革论）"这一页，下面再强调6点。

第一，历史分期问题目前在中国史学界和西方汉学界都不再是热点问题。但是自20世纪30年代以来，它的确一次又一次地推动了中国的史学研究并吸引西方学者加入了相应的讨论。但是西方分期理论不适合中国古代历史，中国没有从神本走向人文、人的觉醒那种文艺复兴，只有一些貌似资本主义社会的特征，从总的运行规制和轨迹来

---

① 参看李华瑞《"唐宋变革"论与唐宋之际的变革》，《文史知识》2012年第4期。

看是两种文明两股道上跑的车。"长时段"研究取向提醒研究者不囿于某一个朝代，注意打通唐宋、宋元、明清、宋元明清，而不是简单用像公元纪元、公元时段（所谓上古、中世、近世等）来表示历史变化。用公元时段并不易把握中国历史的丰富内容，因为中国的每一个朝代都有鲜明的不同于他时代的特点和气质。举凡大的事件和人物都与朝代浑然一体不能分隔开。譬如说科举制度，起源于隋唐、发展于两宋、完善于明清，清清楚楚，若用公元时段反而不能反映中国历史发展的特点，因为被人为剥去时空概念。试想内藤湖南不用唐宋，而是径直用公元时段来讲他的近世，对于中国人来说恐怕是找不着北的。公元时段和纪元对于中国古代史而言最大的功能是便利于西方学者从西方历史发展轨迹定位中国的朝代。

第二，宋代近世说（唐宋变革论）的实质是中国文明至宋代没有再进步，停滞论更是为日本帝国主义侵华张目，这一点不能因为今天讨论学术问题就予以回避。有一个有趣的现象值得注意，当"因为我们的整部世界史都是以西方至上论及其历史的进化特征以及其他文明相对的停滞性为基础的"[①]之时，中国从宋以后至晚清的文明发展史是长期停滞的，但是当在中国发现历史的观念兴起之时，特别是进入21世纪中国成为第二世界经济大国后，中国历史上的停滞又被转换成为一个"稳定"的褒义词。[②]这里不仅再一次诠释了"一切历史都是当代史"论断的前瞻性，而且更加说明用西方的价值判断而划分中国历史进程到底有几成的学术含量。

第三，宋代近世说（唐宋变革说）立足于"中国本土"，从北宋的260万平方公里转到南宋150多万平方公里，再转向元明江南更狭小的地区，历史的空间一步步缩小，在这样日趋狭小的疆域空间内又被侧重于君主、士大夫和科举制，即"精英"文化、地域重心及其相关的议题所主宰，这不能不在相当大程度上局限了人们的视线，中华民族及其疆界形成的丰富多彩的历史内容被历史工作者忽略，邓广

---

① ［法］谢和耐：《中国社会史》，耿升译，第255页。
② 参见前文提到的斯波义信的看法。

铭先生几十年前提倡的"大宋史"也被人们淡忘了。唐宋史研究的这样一页应当被翻过去。

第四，自21世纪以来，宋代近世说（唐宋变革论）成为热门话题，但是有一个奇怪的现象，即直接与宋代近世说（唐宋变革论）对话的著作较少。实际上，内藤湖南论说涉及的两个主要话题（一是唐朝士族门阀是否仍占统治地位，隋唐，尤其是唐前期，是否仍是贵族政治；二是唐宋间农民人身自由问题是否发生重大变化，部曲制到佃户制的转型发生于何时），在20世纪的国内魏晋、隋唐史学界均引起相当多的讨论，[①] 而内藤湖南的观点并不能得到中国大多数学者的支持，甚或动摇了日本学者宋代近世说（唐宋变革论）的立论依据。如田余庆先生说："从宏观考察东晋南朝近三百年总的政治体制，主流是皇权政治而非门阀政治。"[②] 唐长孺先生说："从南北朝后期以来，旧门阀的衰弱是一种历史倾向，尽管有的已经衰弱，有的正在衰弱。"[③] 但是国内的唐宋史研究者特别是宋史研究者在使用日本宋代近世说基本观点时很少会考虑中国学者的相反或反对意见。这是造成宋代近世说虽然被炒作得很热，但是对于唐宋史研究的实际推进却收效甚微的主要原因。这样的研究不值得提倡，应当扬弃。

第五，笔者在主编《唐宋变革论的由来与发展》一书的后记中说："日本学者提出的'唐宋变革论'是一个有国际影响的'假说'，从其提出至今也已走过100年的历程。100年来，'唐宋变革论'对推动国际宋史研究起了非常巨大的积极作用，今天对其进行总结和梳理既是对过去'以启山林'的很好纪念，也是为期待国际宋史研究出现新范式、新理论的一种寄托。"[④] 现在笔者依然坚持这一点。但是学术是要发展的，要不断推陈出新，不能故步自封，更何况从20

[①] 详见胡戟等主编《二十世纪唐研究》，中国社会科学出版社2002年版，第799—829页。

[②] 田余庆：《秦汉魏晋史探微》，中华书局1993年版，第380页。

[③] 唐长孺：《魏晋南北朝隋唐史三论——中国封建社会的形成和前期的变化》，武汉大学出版社1992年版，第378页。

[④] 李华瑞主编：《"唐宋变革"论的由来与发展》，天津古籍出版社2010年版，后记，第508页。

世纪70年代以来国际学术界已经普遍放弃和否定宋代近世说（唐宋变革说），为何我们中国人自己非要固守呢？为何不翻开新的一页，去探求更符合唐宋历史的范式？这也从另一个侧面说明，我们对国际宋史学界的研究动态反应太迟钝，只是闭门造车，国际学界早已在唐宋史研究中翻过了宋代近世说（唐宋变革论）这一页，我们却仍然在炒几十年前的旧饭，吃别人嚼剩下的馍。

第六，由此也想到另外一个话题，即从改革开放以来，国内宋史研究在主要议题上，除了典章制度和文献整理研究之外，往往是跟在美日提出的议题后面，也就是有些学者所说的总是慢半拍，并且是从美、日议题研究已得出的结论来审视和规范我们自己的研究。这是为什么？究其原因，估计可以罗列许多，其中有一点值得深思，即我们研究宋史往往是就宋史研究宋史，而美国、日本学界往往是从当下的中国来观察中国历史的演变，另外就是把观察总结现代社会的新的理论应用到观察今天的昨天。日本最为敏感，日本对中国历史的认知很受辛亥革命、中华人民共和国成立、改革开放和世纪之交中国崛起为与欧美并驾齐驱的大国等几个重大历史事件的影响，进而展开论战和改变认识的理路。美国人则是在挑战应战模式下观察中国因19世纪中叶受西方影响而进入"近代"之前的传统中国是在什么时候形成的以及与现今中国的关系。

理论是灰色的，生活之树常青。我们不完全赞同"一切历史都是当代史"的说法，但是由现今的角度观察历史，对历史的认识就永远是常青的。换言之，认识中国历史的立足点，必须建置在中国社会的现状与课题之上。从这个角度而言，我们应当翻过由旧价值观支撑的旧范式所形成的那一页历史，去追寻符合时代发展的新范式。

酋邦、阶等社会与分层社会
以及早期国家的比较研究[*]

苏家寅

在有关中国国家与文明起源的探索活动中,"酋邦"(Chiefdom)、"阶等社会"(Rank Society)与"分层社会"(Stratified Society),以及"早期国家"(Early State)等同属于较常为人引用的国外概念。这些概念在国外学术界行用有年,当下也仍然具有蓬勃的学术生命力,其内涵和外延仍不断地获得来自世界各地的实证材料的检视、修正与扩充,而国内学者在接触、了解并将之运用于解释中国古代国家形成机制的过程中,对于这些概念的认识也各不相同。因此,本文试从比较研究的角度,对上述概念本身作一辨析,以期在考镜源流的基础上,明确其研究对象在人类早期社会复杂化过程中所处的实际地位。

一 酋邦

20世纪80年代,"Chiefdom"以"酋邦"这样一个名目被介绍到中国来。[①] 其实国外学者关于这一类社会的研究,远在30多年前便已经开始了。那个时候,塞维斯还没有提出他那个著名的由游团到国

---

[*] 基金项目:西南大学中央高校基本科研业务费专项资金资助项目"早期社会复杂化进程的比较研究"(SWU1609033);西南大学2017年度中央高校基本科研业务费专项资金创新团队项目"中国传统文化与经济及社会变迁研究"(SWU1709112)。

[①] [美]张光直:《从夏商周三代考古论三代关系与中国古代国家的形成》,载氏著《中国青铜时代》,生活·读书·新知三联书店1983年版,第27—56页。

家的四阶段社会演进学说，但包括奥博格（Kalervo Oberg）以及塞维斯自己的老师斯图尔德（Julian H. Steward）在内的许多人类学家，都已经注意到了美洲土著中不以国家为组织形式的等级制度的存在，并在自己的作品中以"酋邦"来称呼这样的社会。

（一）酋邦的发现

需要加以明确的是，这个时候的酋邦还被看作部落社会的一种，只是通常情况下它们的规模更大，结构更复杂，也有研究者认为，它们是原有部落在某些特定环境下，譬如与欧洲人接触之后，所形成的一类变体。总之，酋邦在这个时候还没有被看作具备普遍意义的社会演进过程中的一个阶段。[1]

从这些社会的规模，仍显简单的管理体系，以及最显著的一点，即与世系紧密结合在一起的权力分配原则来看，显然不便于将之归入国家的行列，但它们同样与摩尔根在19世纪晚期所划分的社会演进系统不能相容，因为在摩尔根的作品中，原始社会都应该像在易洛魁人中所见到的那样，以自由与平等为基本原则，人身依附关系以及经济上一群人对于另一群人的剥削，是不可能出现在这样的社会中的。[2]所以，这类社会的发现，必然向人类学家提出类似于这样一些问题，即该如何理解它们的存在方式，以及与学术界更为熟知的其他社会类型（譬如部落与国家等）之间的关系。

初步的研究结果显示，这类社会在美洲各地曾是普遍存在的，几乎各类环境中都可以发现它们的身影，同时，在这些社会之间也存在着差别。根据这些差别，可以将之划分为不同的亚型，譬如：

1. 军事型的，见于安第斯山脉北部以及中美洲；
2. 神权型的，见于委内瑞拉以及大安的列斯群岛；

---

[1] Kalervo Oberg, "Types of social structure among the lowland tribes of South and Central America", *American Anthropologist*, New Series, Vol. 57, No. 3, Part 1, June 1955, pp. 484–485.

[2] ［美］路易斯·亨利·摩尔根：《古代社会》，杨东莼、马雍、马巨译，商务印书馆1981年版。

3. 热带森林型的，见于玻利维亚东部，等等。①

其中"军事型"与"神权型"的主要区别在于等级制度的取向有所不同，武士在前者亦如祭司在后者的社会中通常占有更高的地位一样。② 而热带森林型则是依据其所处的生态环境而定义的，其中又可以分作两类情况，通常只有那些沿河分布的社区才有机会发展为酋邦，③ 因为河流从上游带来肥沃的淤泥，可以持续更新河滨土地的质量，加之有河鲜可以补充居民膳食中对于蛋白质的需求，④ 所以这里的聚落可以发展到更大的规模，而且定居化程度更高，而生产过程中剩余物的出现，正是社会分层得以发生的基本前提。

除去在美洲的发现之外，研究者也在世界上的其他许多地方发现了这类分等级的非国家社会的存在，其中以波利尼西亚地区的材料较为丰富。

诸波利尼西亚社会在历史上有着同一起源，但由于居地环境的差异，日后逐渐产生分化。按照各地主流社会组织的结构特点，基本上可以分作 3 个大的类别，分别是枝族型（Ramage System）、系谱型（Descent-line System）以及环礁型（Atolls）。⑤

"枝族"一词，早先曾为雷蒙德·弗思（Raymond Firth）用来形容蒂科皮亚岛（Tikopia）上分枝的氏族结构，以与人们在使用"氏族"这一术语时通常所表达的意思相区别。后来才发现，这种组织形式不仅出现在蒂科皮亚岛上，在诸如夏威夷、汤加、社会群岛以及新西兰等许多海拔较高的波利尼西亚岛屿上都广泛存在着。虽然因受地

---

① Irving Rouse, "Review", *American Anthropologist*, New Series, Vol. 63, No. 3, June 1961, p. 623.

② Julian H. Steward & Louis C. Faron, *Native Peoples of South America*, New York: McGraw-Hill Book Company, 1959, pp. 174 – 178.

③ Thomas P. Myers, "Agricultural limitations of the Amazon in theory and practice", *World Archaeology*, Vol. 24, No. 1, June 1992, pp. 83 – 84.

④ Stuart J. Fiedel, *Prehistory of the Americas*, 2nd Edition, Cambridge: Cambridge University Press, 1992, p. 199.

⑤ Marshall D. Sahlins, *Social Stratification in Polynesia*, Seattle and London: University of Washington Press, 1958, pp. xi – xii.

方因素的影响而有着不尽相同的表现形式，但基本的结构特征却保持着高度的相似性，其中最突出的一点就是，依照出生次序排定阶等，长兄地位高于幼弟。因为当地社会多为父系传承，因此女子往往不参与兄弟之间的这种排序，但在姊妹之间也存在着与之类似的地位差别。这种等级制度在家户、社区以及社区之间都有所表现，因此就某一政治实体所管辖的范围来看，在某一历史断面上，就形成了一个以最高酋长为顶点，分枝的氏族结构。再就历史发展的过程性而言，存在着以古代创始者为源头，以其直系子孙，通常是长子为历届继任者的地位最高的一支世系，以及由这一世系生发出的各个分枝，建立这些分枝世系的一般都是各代继任者的年幼的兄弟们，然后由这些分枝的世系再依照相似的模式做进一步的分化，因此就宏观角度来看，其形象类似于一棵倒置的树，氏族规模的扩大与氏族成员之间地位的分化这样两类过程同时进行，就好像树木生长过程中开枝散叶一样，这是此类社会组织在结构方面最显著的特征，也是当初选用"枝族"一词对之加以描述的主要原因。[1] 正因如此，虽然个人之间存在着地位的差别，但社区成员之间还普遍维持着亲属关系，甚至像在夏威夷这样复杂程度的社会中，统治某一岛屿的酋长与平民之间在某种程度上也仍然算得上是亲戚。[2]

这一点，也就是对于血缘传承关系的强调，构成了枝族与同样尊奉等级原则的另一类社会组织形式，也就是系谱组织之间的显著差别。在系谱组织中，人们不以世系创始者的长幼而以各式各样的"头衔"（Title）来作为区分身份高下的凭据，这些头衔得自当地传统，往往有着一类充满神话色彩的起源，在历史上，传承这些头衔的各世系之间也不一定要有亲缘关系，而在现实中，父亲的头衔虽然传给儿子，但长子在对于继承权的竞争过程中并没有特别优势。正是由于头衔而非血统决定着一个人的社会地位，以及根据这种地位所能享受到的各种权益，所以在系谱组织流行的地方，人们对于世系之间的传承

---

[1] Marshall D. Sahlins, *Social Stratification in Polynesia*, pp. 139–140.
[2] Marshall D. Sahlins, *Social Stratification in Polynesia*, p. 13.

关系往往不甚重视,不仅仅是兄弟关系,有的时候甚至姻亲关系也被看作有效的,① 特别是在那些无头衔者之间,能够追溯的这类传承关系往往都十分短暂,② 而不具亲属关系的多个世系并存于一个社区则是常见现象。③

造成两类组织之间这类显著差别的原因,除去历史因素之外,最主要的还是在现有技术条件下,对于当地自然环境做出适应性调整的结果。一般来讲,在产生枝族组织的地方,生态环境所表现出的多样性通常都要更丰富一些,不同的小生境中有着各具特色的可供开发利用的生计资源。这样,虽然随着社区规模的扩大,不断有社区成员分化出去,迁往新的地区,但因为双方在产品种类方面先天具备互补性,因此以亲属关系的名义维持与原社区及其他迁出社区之间的联系,以便互通有无,就成为一项可带来实际益处的选择,所以随着原社区的不断分蘖,新社区的不断建立,亲属关系就因为这样经济上的潜在价值而在具备不同生态条件的地区之间扩展开来,以至于最后将整个社会全部都纳入这种分枝的氏族结构中来。相反地,除了极个别的情况之外,在内部生态条件差别不大的岛屿上,通常见到的就不是枝族而是系谱组织。系谱组织的一个显著特点,就是对于世系传承关系的相对漠视,其本质在于这种传承关系不能像在枝族组织中那样为家户或社区带来实际的利益,原因是生态条件及可开发资源之间的相似性,使得各家户乃至各社区的产品往往雷同而缺乏互补性,这样,新社区分离出去之后,从经济方面来讲,也就没有必要再强调自己与原社区之间的亲缘关系了。几代人之后,这种亲缘关系往往都已模糊难辨,所以与枝族组织不同,在系谱组织中,亲属关系常呈现出一种碎片化错杂分布的状态。④

但在两类组织之间,也存在着一些本质上相近的地方。譬如在它们的构成中,我们都可以见到地缘因素与血缘因素的影响,两种因素

---

① Marshall D. Sahlins, *Social Stratification in Polynesia*, pp. 182–183.
② Marshall D. Sahlins, *Social Stratification in Polynesia*, pp. 189–190.
③ Marshall D. Sahlins, *Social Stratification in Polynesia*, pp. 182, 184, 192.
④ Marshall D. Sahlins, *Social Stratification in Polynesia*, pp. 215–216.

在两种组织的政治活动中都存在，只不过相对重要性有所差异，同时，专业化也都是以亲属群体为单位发生的，无论在枝族还是系谱组织中，专业化的手工技艺总是在某些世系内部传承。[①] 但最重要的一点共同之处在于，它们都属于一类等级化的组织，而主持对于剩余产品的分配，这既是等级制度得以兴起的原因，也是这一制度建立之后所从事的主要活动。这种活动，在枝族组织中，主要由各级酋长承担，最低一级的是各家户的男性家长，而在系谱组织中，酋长虽然也参与这类管理活动，但发挥主体作用的不是酋长个人，而是由所有有头衔者组成的委员会，重大事项总是在委员会中讨论决定，但各委员也就是有头衔者之间在地位与影响力等方面却并不平等。然而，无论权力的具体实践形式有何不同，再分配与等级制度的结合，是那些拥有经常性剩余产品的波利尼西亚社会在政治经济结构上的一个普遍特征。也正是这一特征，将它们与那些不时面临饥饿之虞的环礁社会区别开来，后者由于受制于自然条件的局限，而很少出现剩余产品，也就没有必要更没有能力供养一个脱离生产但却负责管理剩余物分配的制度存在了。在那里，人人都参与生产，人人也都享有分享产品的权利，因此较之于前两者，环礁社会通常表现出更明显的平等色彩。[②]

总体而言，在波利尼西亚，居于主导地位的社会组织形式是强调世系传承关系的枝族组织，与其相匹的系谱组织仅见于萨摩亚（Samoa）、富图纳（Futuna）以及瓦利斯（Uvea）等少数几个岛屿，[③] 至于说环礁组织，顾名思义，则常见于那些地势低平、面积狭小，而人口密度又相对较高的珊瑚礁岛屿上。而且就三者之间可能存在过的历史联系来看，日后组成系谱组织与环礁组织的居民早先很有可能也是从流行枝族组织的社会中迁出的，也就是说，它们都是枝族组织的成员为适应新环境而对原有社会结构做出调整的结果。[④]

---

① Marshall D. Sahlins, *Social Stratification in Polynesia*, pp. 198–199.
② Marshall D. Sahlins, *Social Stratification in Polynesia*, pp. 234–237.
③ Marshall D. Sahlins, *Social Stratification in Polynesia*, p. 181.
④ Marshall D. Sahlins, *Social Stratification in Polynesia*, pp. 190, 217–218, 253.

(二) 酋邦概念的提出

在总结美洲及大洋洲等地的类似发现之后，塞维斯等人类学家在20世纪60年代初，正式将"酋邦"列为与"游团"及"部落"等并立的一个概念，从而使之成为文化演进框架内一个具备普遍意义的阶段。

社会发展到这一阶段，与此前时期，譬如部落社会相较，有两点显著差异：首先，从量的角度来讲，一般而言，酋邦社会的规模会更大，人口密度也会更高一些；但更重要的是，从质的角度来看，这是一种不平等社会，而且在其中形成了用以协调经济、政治及宗教活动的固定中心，这样的组织架构不见于部落社会中，因此也就成为了区别两种社会形态的关键。[1]

在酋邦阶段，之所以能够形成这样的中心，原因在于专业化的深入发展。专业化或者说分工，通常来讲，有两类形式：一种发生于生产部门之间，一种发生于各部门内部。依照经典作家的观点，在工业化时代之前，由于技术发展水平的限制，部门内部的分工不占主要地位，更常见的是部门之间的分工。[2] 新进化论者继承了这种看法，并加进了环境因素的影响。在塞维斯等人的体系中，居于不同生态环境下的各个社区就相当于一个个生产部门，因为受环境条件的限制，它们生产着具备地方特色的各不相同的产品，就类似于各部门有着不同的产品一样，在它们之间都有着进行交换以互通有无的客观需要。而在原始社会中，跨社区的交换行为总是以集体为单位发生的，在集体中起到领导作用的人物就构成了协调经济活动的核心力量，也就是一种管控货物进出社区的中心，或者更形象地讲，就像一个阀门。虽然交换行为在此前阶段中也存在，但无论就参与流通的货物数量抑或其频繁程度而言，都无法与酋邦相比。在我们目前所讨论的这个阶段，

---

[1] Elman R. Service, *Primitive Social Organization*, 2nd Edition, New York: Random House, Inc. 1971, p.133.

[2] 中共中央马克思恩格斯列宁斯大林著作编译局编译：《马克思恩格斯全集》第32卷，人民出版社1998年版，第301—307页。

跨社区的交换以及对集中存储的物资进行再分配，已经成为社会生活的必需，因此起着协调作用的经济中心的存在就会趋向常态化，并可借助自己对于社区经济生活所具备的显著影响力而染指社会生活中的其他领域，譬如政治、宗教或文化活动等。这类因经济需求而始的职能的扩展，实际上也就是酋邦的组织结构从无到有、从简单到复杂的发展过程。同时在这一过程中，再分配活动的主持者也完成了经典作家所讲到的从"社会之中"到"社会之外和社会之上"的地位的转变。① 换言之，最初他因自己受人尊敬而获得这一职位，而如今他因这一职位而使他人必须对其表现出特别的尊敬。②

正是由于掌握了社区生活中的经济命脉，作为再分配活动的主持者，酋长可以利用这一角色所赋予他的管理职责，利用集中存储的物资来资助某些活动。列入考虑范围之内的投资项目一般包括：赞助某些具备一技之长的手艺人，使其可以脱离直接的食物生产而专心磨炼自己的技艺，由兼职的变为全职的手工业者，并将这一获得改良的手艺世代传承下去。再者，可以组织劳动人手，兴建某些公共工程，譬如梯田或灌渠等，当然规模要比国家社会中见到的小很多。最后，也许是最具影响力的一种，那就是供应战争所需。相邻政体之间彼此攻伐是酋邦社会中的常见现象，而组织结构越完善，酋长作为再分配者的领导地位越巩固，则获胜的概率便越大。所有这些对于推动酋邦进一步趋向复杂化都会产生一定的影响，譬如，接受资助一方面使手艺人可以专心从事自己的工作；另一方面，也就使得他们相对于资助者，也就是酋长而言，处于一种相对卑下的依附者的地位，这种依附地位会随着资助的常规化而日渐固定下来。而组织兴建公共工程，无疑会强化业已存在的集中化的管理体制，并加强酋长对于劳动力的控制。对于战争而言，随着邻近地区的被征服，酋邦的内部结构开始明显复杂化起来，酋长之下开始出现次一级的酋长，以便对于距离较远

---

① ［德］恩格斯：《家庭、私有制和国家的起源》，中共中央马克思恩格斯列宁斯大林著作编译局译，人民出版社1999年版，第178页。

② Elman R. Service, *Primitive Social Organization*, 2nd Edition, p. 139.

的社区实行有效管理。次级酋长的作用与大酋长相似,一方面负责征缴本地物资与劳动力,同时也接受并在本地社区内分发自大酋长那里下拨的物资。成功的酋邦会沿着类似这样的道路一直发展下去,内部的管理层级会一而二、二而三地增长起来,最终到达临界点成为一个国家社会。与此同时,还有更多失败的酋邦,在扩张进行到某一时刻时突然崩溃,裂解为一系列规模更小的社会单位。因此从总体上来看,骤兴骤灭式的循环似乎可以被看作酋邦阶段的一个显著特征。①

与稍后的国家社会相比,除了通常规模更小、结构更简单之外,酋邦在这样几个方面有着更为突出的表现,因此也就拉开了自己与国家社会之间的距离:首先,最突出的一点在于,这是一种建立在亲属关系基础上的社会形态。亲属关系的影响力遍及社会生活的各个层次,影响着人们衣食住行等各个方面,有的时候,从酋长到普通人,整个酋邦都可以被看作一个规模可观的亲属集团。人们根据自己与酋长一支亲缘关系的远近确定整个家庭在社会上的地位,根据与长子一支亲缘关系的远近确定自己在家庭内部的地位。具有不同的社会地位,相应地,就应该表现出与这一地位相符的行为举止,包括可享用的食物,可佩戴的装饰品与衣着,甚至交谈时所选用的词汇种类等都有不同。正是因为亲属关系在社会以及家庭生活中具备这样广泛的影响,所以酋邦尤其是对于其中占有较高阶等的人群来讲,都十分重视家谱的制订与维护,酋长常依靠回溯冗长的世系传承关系来维护自己的地位。酋邦社会对于这一点的强调程度超过了部落及其后的国家社会。②再者,酋长对于公共事务的管理借助的是权威,而不是强制性的权力。垄断对于暴力惩戒的使用权,是官僚制国家的一项显著特征,而依靠劝说达成共识从而协力完成某项任务,则流行于更早的平等社会中,酋邦介于两者之间,所以这一阶段的管理手段的性质也是介于动用暴力与单纯劝说之间的。③

---

① Elman R. Service, *Primitive Social Organization*, 2nd Edition, pp. 133–143.
② Elman R. Service, *Primitive Social Organization*, 2nd Edition, pp. 147–148.
③ Elman R. Service, *Primitive Social Organization*, 2nd Edition, pp. 151–152.

(三) 酋邦在文化进化体系内的地位

尽管存在着这样的差别,但从文化进化的角度来看,酋邦仍一步步地接近国家社会的标准。譬如,社会发展到酋邦这一阶段,已经开始拥有了某种程度的集中化的管理体制,因此参与某些活动,对于个人来讲,就不仅仅只是基于亲属间的义务或自愿与否的问题了。人们因自己隶属于某一社会集团而必须要参与其中,而这类集团的血缘构成情况,已因各社区之间日益广泛的联系而不可能再保持此前那类相对单一的情况。①

再者,虽说整个社会是以亲属关系为基础的,但由于等级体制的影响,特别是对于占据较高阶等的人来讲,为了能继续保有这样的地位,在本阶等内部通婚常是优先考虑的选择,甚至有为此而在近亲之间婚配的。出于同样的理由,在选择婚后居处时,双方的世系中能够提供可供继承的更高阶等的一方,对于新婚夫妇而言,常具有更大的吸引力,因此入赘妻族并使自己后代的世系依照岳父一支来计算,这种出于现实目的而灵活处理世系计算规则的现象在酋邦中也常见到。②而在低阶等的人群中,类似的过程却以另外一种形式表现出来。因为阶等本身不能带来太多实际的利益,所以一方面,低阶等的人群往往不重视家谱的修订与传承,在他们那里,可供回溯的世系普遍十分短暂;另一方面,因为专业化的深入发展,凡是有可能,具备一技之长的低阶等出身的社会个体,都倾向于以工作中获得的头衔来取代因血缘继承而来的较低的阶等。因此,从总体上来看,为了谋求更有利的地位,高阶等与低阶等的人采取各不相同的方法来破坏原有的较为严格的亲族结构,所以与摩尔根等人早先的设想不同的是,越是在那些发展程度更高的酋邦中,由亲属称谓所反映出的亲族结构便越简单。夏威夷就是这方面一个典型的例证,在那里,人们彼此之间只以性别

---

① Elman R. Service, *Primitive Social Organization*, 2nd Edition, p. 156.
② Elman R. Service, *Primitive Social Organization*, 2nd Edition, pp. 153 – 155, 157.

与世代，也就是年龄来辨识双方的亲属关系。① 所有这些，对于氏族社会原有的亲属结构以及居住规则来讲，都属于一种破坏。

与此同时，还存在着规模更大的变动。尽管从理论上来讲，各世系之间存在着阶等高低的差异，但对于那些规模较大的世系来讲，实际上只有酋长及其近亲能够保有获得普遍承认的较高的阶等，远支亲属的地位与那些阶等较低的世系中的普通成员并没有什么区别，更不必说超越那些世系中的首领的地位了。因此随着世代的演替，各世系中疏远的亲族，也就是低阶等的人群，其地位逐渐趋同，无论其早先出身于其中的世系有多高的阶等，类似的过程亦发生于各世系的首领之间。又因为通常来讲，阶等总是与财富的占有情况保持着联动关系，② 因此从总体上来看，高阶等——同时也是富人，与低阶等——相对而言是亲族组织中较为贫穷者，逐渐超越各世系之间根据血统而做出的区分，各自联合为社会上两大阶级，一方是既贵且富的掌权者，一方是既贫且贱的被统治者，两个群体内都混杂有原本出自不同世系的成员。这个时候，同一阶级的成员，因经济、政治地位以及意识形态的相似而拥有了更多需要予以维护的共同利益，而同一世系的成员，却可能因为贫富分化的加剧，加之亲族组织逐渐开枝散叶而日益疏远，甚至对立起来。在某些发展程度较高的酋邦中，甚至出现这样的情况，那些逐渐式微的世系本身也成了再分配的对象，最高酋长将他们的领导权分配给自己的父系近亲，也就是社会上的权贵们，以使其拥有更多可供支配的人口与土地，相应地，这些人口从属于其中的世系关系也会遭到变更，这可以被看作对于原有亲族结构的有组织破坏，而且规模往往十分可观。③

所以不足为奇的是，一方面，酋邦是一个强调世系传承的社会，因此从这一点来看，它应该属于原始社会史的一部分，④ 但另一方面，

---

① Elman R. Service, *Primitive Social Organization*, 2nd Edition, pp. 160 – 161.
② Elman R. Service, *Profiles in Ethnology*, Revised Edition, New York: Harper & Row, Publishers, 1971, p. 214.
③ Marshall D. Sahlins, *Social Stratification in Polynesia*, pp. 142 – 146.
④ Elman R. Service, *Profiles in Ethnology*, Revised Edition, p. 214.

这种传承关系作为一种上层结构，也正在接受着改造甚至是破坏，因为酋邦，作为一个阶段，必须要完成自己向国家社会的过渡。推动这种过渡的一个重要因素，则是新的阶级关系在旧有亲族结构内部的发生。

因此从文化进化的角度来看，酋邦似乎是各种矛盾特征的混合体，这也正符合其作为平等社会与国家之间的过渡阶段的理论定位，所以在这里我们可以看到：虽是家庭式但却不平等的亲属关系，虽没有政府，但却拥有权威以及集中化的管理体制，谈不到严格的私有制，但的确存在世袭的对于各类经济资源的管理权，这类管理权通常沿着长子一支传承，最后，阶级关系仍处于萌芽状态，它们与阶等的划分交织在一起。[1]

二 阶等社会与分层社会

与"酋邦"等概念相对，20世纪60年代晚期，莫顿·弗里德（Morton H. Fried）提出了"阶等社会"（Rank Societies）与"分层社会"（Stratified Societies）的概念。[2]

按照发展次序来讲，阶等社会在前，分层社会在后，阶等社会之前是平等社会，而分层社会之后则是国家，因此，如果酋邦的价值在于充当从平等社会到国家的过渡阶段，[3]那么弗里德所提出的这两个概念，从发展阶段上来讲，应大致与酋邦对应。

不仅在构建各自学术体系的过程中所承担的功能相似，而且在具体叙述的过程中，我们也可以发现两者之间颇多雷同之处，这在关于阶等社会的描述中表现得尤为显著。譬如，像酋邦一样，阶等社会的兴起也与环境因素存在着密切的关系，同样是一个缺乏强制性权力的

---

[1] Elman R. Service, *Primitive Social Organization*, 2nd Edition, p. 164; *Profiles in Ethnology*, Revised Edition, p. 214.

[2] Morton H. Fried, *The Evolution of Political Society*, New York: Random House, 1967.

[3] Elman R. Service, *Origins of the State and Civilization*, New York: W. W. Norton & Company, Inc., 1975, pp. 15-16.

等级化社会,而且在那里也存在着由酋长所主持的再分配活动,存在着对于血缘传承关系的强调,亲属关系在各类社会关系中居于主导地位,以村落为基本的政治组织单位,甚至同样都以慷慨大方为手段来招徕追随者以获得更高的阶等,等等。① 可以讲,在阶等社会这一点上,弗里德并没有为我们提供超出酋邦概念太多的新认识,甚至他用到的很多材料,譬如北美西北太平洋沿岸的印第安人或波利尼西亚人等,也都曾出现在更早的萨林斯与塞维斯等人的作品中。

实际上,弗里德的创新之处主要在于,他将原本由酋邦这样一个概念所涵纳的过程,分作了前后相沿的两个阶段。之所以要这样做,主要原因在于,弗里德认为,政治与经济的发展是不同步的。具体来讲,在阶等社会阶段,人与人之间已经有了政治地位方面的差别,但在经济权利方面却是平等的,尤其是当牵涉维持生计的各类必需资源时,拥有较高阶等的人并不占有优势甚至是垄断的地位,这一点与此前的平等社会没有显著的差别。② 因此,在这个阶段,似乎政治结构的复杂化走在了经济分化之前。这种局面到了分层社会阶段则发生了改变,甚至可以说发生了完全的逆转。因为这是一个在经济权利方面已显著不平等,甚至已经发生了人剥削人的现象,但却缺乏足以应对这种经济分化形势的政治机关的阶段,一旦这种政治机关建立,那么从分层社会向国家的过渡也就完成了。③ 所以对于分层社会来讲,经济形势的发展似乎又超前于政治结构的演进。

至于为什么在前后毗邻的两个阶段之间会发生这样显著的差异,弗里德列出了许多可能的原因,但起到根本作用的一个因素似乎应该是人口压力。也就是说,人口的增长破坏了人与资源之间原有的平衡,从而使得生计资源,譬如土地等,不可能再以平等主义的方式满足社会上同一性别且同一年龄集团内的所有成员的需求,也就是说,出现了生计资源相对短缺的情况。这个时候,对于所有权的强调就会

---

① Morton H. Fried, *The Evolution of Political Society*, pp. 111, 115–117, 119, 121, 131, 133, 146–147, 174–175, 183–184.

② Morton H. Fried, *The Evolution of Political Society*, pp. 109–110, 177, 183.

③ Morton H. Fried, *The Evolution of Political Society*, pp. 185–186.

兴起，而且这种所有权的排他性会随着资源紧张情况的持续而日益强烈。占有优质资源，譬如水源地或便利的灌溉条件的成员，会利用这种优势作为剥削他人劳动的砝码，因为其他的成员要想生存下去，就只能以劳动来从前者那里换取生活必需品或生产必需品的条件，于是剥削关系就发生了。这种关系对于此前的社会来讲是完全陌生的，它会为现有的社会结构带来新的压力，要平抑这种压力，也就是要继续维护分层社会中既得利益者的地位，那么就需要对于原有的政治结构进行改造，直至建立起各类国家机关。①

这是弗里德给出的解释，也是一种在缺乏实证材料支持的基础上所做出的逻辑推理过程，逻辑上的合理性是弗里德设立分层社会这一概念的初衷。因为对于国家，至少是对于那些原生型的国家来讲，必须出现一个中间阶段以弥补在最复杂的阶等社会与这类国家之间存在着的显著的缺环。②之所以会出现这种缺环，原因在于，国家的主要职能，无论是对内还是对外，都是力图维护分层的社会秩序，③而"分层"这个词，在弗里德的语境下，最主要的内涵，也是其得以存在的根本，就是经济权利的分化，造成这种分化的则是生产资料而非生活资料占有的不平等局面。④然而这一切，按照弗里德的设想，对于再早的阶等社会来讲，完全是陌生的，因为阶等社会在经济领域内奉行平等主义原则。所以，尽管同为等级化社会，国家与更早的阶等社会在经济生活的基本原则上却存在着质的差别，为弥合这种差别，弗里德创制了"分层社会"一词并以之作为国家出现的预备阶段，以容纳此间可能发生的经济领域内的显著变化。这种变化的主要内容，正是生产资料私有权的确立。当然，"私有"在这里不能被狭隘地理解为是个人所有，因为与现代社会不同的是，当时的私有权更有可能是以某一规模有限，内部亲缘关系清楚的亲属集团为单位来行使

---

① Morton H. Fried, *The Evolution of Political Society*, pp. 196, 200 – 201, 206, 225 – 226.
② Morton H. Fried, *The Evolution of Political Society*, pp. 185, 224.
③ Morton H. Fried, *The Evolution of Political Society*, p. 235.
④ Morton H. Fried, *The Evolution of Political Society*, p. 187.

的，譬如"世系"（Lineage）就可以被看作这样的单位。①

所以弗里德将从平等社会向国家的过渡分作发展程度不同的两个阶段，尤其是设立分层社会这样一个阶段，实际上强调了经济基础对于政治结构等上层建筑的制约作用。从这一点来讲，他关于社会演进的认识更接近于经典作家的思想。② 但也有不同，这其中最显著的一点差别就在于，两者关于阶级产生原因的理解不同。在弗里德这里，社会经济意义上的阶级显然与私有权的确立联系在了一起，所以在弗里德的体系中，阶等社会是没有阶级存在的空间的，这种新型的社会关系最早也只可能存在于分层现象产生之后。然而经典作家认为，阶级是分工的结果，而分工则是由生产技术的发展来推动的，技术愈精密，愈复杂化，则分工体系愈发达。③ 因此按照这种理解，在弗里德所划定的阶等社会中，同样也是存在阶级的，因为在那里同样存在着分工现象。

关于这一点，弗里德的某些叙述实际上是前后矛盾的。譬如，一方面，他强调在阶等社会中，除了年龄与性别这些自然因素之外，绝大部分情况下，包括高阶等的成员在内，人们从事的都是同样的工作，也就是说分工程度微乎其微。④ 但他同时也承认，由酋长主持的再分配活动在阶等社会中普遍存在，除此之外，在某些需要合作进行的生产活动中，酋长也总是肩负着领导与组织的职责，正是因为酋长要从事这样一些更重要的管理方面的工作，所以他们实际上是有机会从单调繁重的体力劳动中脱身的，至少是部分脱离这类劳动的。⑤ 其实生产过程中，管理者与被管理者的这类分化就是分工的一种表现形式，也是阶级由以产生的基础。弗里德没有注意到这一点，所以他关于阶等社会中分工发展水平的估定有偏低之嫌。此外，弗里德还主

---

① Morton H. Fried, *The Evolution of Political Society*, p. 201.
② Elman R. Service, *Origins of the State and Civilization*, p. 45.
③ 中共中央马克思恩格斯列宁斯大林著作编译局编：《马克思恩格斯选集》第1卷，人民出版社1995年版，第83—84页。[德]恩格斯：《家庭、私有制和国家的起源》，中共中央马克思恩格斯列宁斯大林著作编译局译，人民出版社1999年版，第175—176页。
④ Morton H. Fried, *The Evolution of Political Society*, pp. 114 – 115, 129.
⑤ Morton H. Fried, *The Evolution of Political Society*, pp. 117, 131.

张，劳动者在劳动过程中所发挥的作用与其政治地位的高下没有直接联系，进而举出了奴隶制的例子来做说明。① 但我们认为，弗里德的这种解释是牵强的，因为：首先，正如弗里德自己讲到的那样，对于当前的讨论对象阶等社会而言，奴隶的数目和他们对于经济生活的贡献都是十分有限的，不足以说明问题；② 再者，即便在日后大规模使用奴隶的场合下，他们主要也是被当作"会说话的工具"，被强迫从事一些自由劳动者不屑于承担的繁重的体力工作，在生产过程中是被管理与被监督的对象，他们在这一过程中的地位自然低于作为管理者的自由民或奴隶主，两者之间的尊卑关系与他们在政治上的相对地位是一致的，并不冲突。

正是因为对于分工性质的认识过于褊狭，才导致了弗里德最终得出了这样的结论，即阶等社会在政治结构方面较之于平等社会所取得的进步，只是单纯的政治行为的变更，这种足以区分出两个社会发展阶段的变更没有相应的经济基础。③ 因为像平等社会一样，阶等社会中的生产资料，譬如土地等，也仍然是全社区公有的，也就是说，对于生产资料的私有权还没有确立，所以弗里德对于阶等社会的界定也只能从政治角度着眼，即社会所能提供的高阶等的身份少于应选者的数目，于是人与人之间产生了身份与地位的差别。④ 其实他没有看到的是，这种差别正是分工的结果，是生产活动中管理者与被管理者之间分化的一种表现。因此，顺理成章的是，正如弗里德所观察到的，阶等社会中在经济、政治及宗教活动中负有管理职责的总是社区中以酋长为代表的高阶等的成员。⑤ 这种局面产生的根源，不在于他们所具有的较高的阶等，因为阶等并不是一开始就存在的，而是因为某些成员因其能力出众而被赋予了众人认可的管理者的职责，这些人成功地组织了生产活动，并借此为公众谋得了利益，所以他们在社区生活

---

① Morton H. Fried, *The Evolution of Political Society*, p. 129.
② Morton H. Fried, *The Evolution of Political Society*, pp. 219 – 220.
③ Morton H. Fried, *The Evolution of Political Society*, p. 128.
④ Morton H. Fried, *The Evolution of Political Society*, p. 109.
⑤ Morton H. Fried, *The Evolution of Political Society*, pp. 123, 137, 140.

中受到特别的尊重，开始获得了一定的公信力与权威。其实这一点在弗里德的叙述中也可以见到，那就是高阶等的成员经常需要依靠慷慨的施舍来招徕追随者，以维护自己在社区中的威信，这些追随者之所以愿意承认其威信，在于他们可以从前者那里得到实际的好处，譬如分得一部分产品等，这些产品正是成功的生产活动的结果，而高阶等的成员正是这些活动的组织者。① 所以阶等的分化是有其经济上的基础的，并不是单纯的空中楼阁式的政治行为。

进言之，正如分层社会与阶等社会之间在经济行为上存在着原则性的差别一样，阶等社会与更早的平等社会之间，同样存在着这类差别，是这类经济组织方式上的差别导致了两者在政治结构上的差异，而不是相反。当然，这样两对差别的具体内容是不一样的，从阶等社会到分层社会，其中发生的，正如弗里德所设计的那样，是以小规模的亲缘集团为主体的对于生产资料所有权的确立，而从平等社会到阶等社会，基本的生产资料，也就是弗里德所说的维持生计所必需的资源，虽然仍是公有的，即获取这些资料是不受阶等分化所限的，但在生产过程中却出现了管理者与被管理者，组织者与被组织者之间职能的分化，导致这种分化的原因只能是生产的发展，譬如生产门类的增多，生产程序的复杂化，等等。正如弗里德也曾提到的，阶等社会中的酋长肩负有明确的经济职责，其中最主要的一点就是再分配，而再分配之所以能够存在，其根本前提正在于首先要有剩余产品的出现，也就是说有可供分配的超出于维持生计所需的实际产品存在，并在不同社区之间形成互通有无的客观需求。只有这样，即只有在生产获得发展的基础上，酋长才有必要也才有可能代表社区出面组织再分配活动，并借此类公共活动来维护自己在社区中的威信，也就是维护阶等体系。

所以从平等社会到阶等社会，进一步再到分层社会，甚至是国家，每一步政治结构的原则性变化，都有其基本的经济层面上的原因。首先是管理者与被管理者之间职能的分化，这一分化发生于生产

---

① Morton H. Fried, *The Evolution of Political Society*, pp. 115, 131, 146–147.

过程之中，映射到上层建筑中就是人与人之间威信的差别，也就是阶等的分化，阶级就是在这样的环境下萌生的。所以阶等与阶级共存于弗里德所谓的阶等社会之中，而且表现出了高度的一致性，即高阶等的成员同时也是各类公共活动的组织者，他们在经济、政治及宗教等各个方面占据着管理者的职位，同时也是社区内最富裕的人群，也就是说有剩余产品可供施舍他人。但这个时候，基本的生产资料仍维持着公有的性质，不过在管理权限方面也已经产生了差别，在这方面占有优势地位的仍是以酋长为代表的高阶等集团。① 这是第一步的分化，也就是劳动过程中角色的分化，有了管理者与被管理者的区分，接下来还会有第二步的分化，那就是管理权演变为所有权，管理者演变为所有者。而他们所力图占有的对象，最重要的就是各类生产资料，也就是弗里德在论述分层社会时所讲到的维持生计所必需的各类战略性资源。随着社会的演进，原有的管理权限之间的区分会愈益明显，排他性会愈益强烈，直至生产资料完成由原始的公有制到私有制的转变。② 导致这种变化的原因，诚如弗里德所言，是相当多样化的，人口压力正是其中之一，此外，普遍见到的长子继承制度也是导致随着世代的演替，世袭继承的管理权与所有权最终合二为一的一个原因。③ 这个时候，社会也就演进到了弗里德体系中的分层社会这一阶段了，到了这个阶段，国家出现的经济基础已经具备了，所以国家级政体的出现只是时间早晚的问题。④ 国家是因阶级分化而产生的，但并不意味着阶级一出现，国家机器就随之建立，这中间需要有一个发展的过程，这个过程体现在弗里德的体系中就是从阶等社会向分层社会的发展。弗里德在论述分层社会的过程中经常提及的那种为阶等社会及平等社会所不知的起源于经济分层过程之中的压力，其实就是程度日趋深化的阶级矛盾。⑤ 最终为平抑这种矛盾，就需要对政治结构做出进

---

① Elman R. Service, *Profiles in Ethnology*, Revised Edition, p. 214.
② Morton H. Fried, *The Evolution of Political Society*, p. 191.
③ Morton H. Fried, *The Evolution of Political Society*, p. 123.
④ Morton H. Fried, *The Evolution of Political Society*, p. 185.
⑤ Morton H. Fried, *The Evolution of Political Society*, p. 186.

一步的改造，进一步肢解原有的亲属关系网，代之以主要按照阶级利益划分的人群集团，这个过程就是分层社会向国家社会的转变。①

因为弗里德将阶级的形成与对于生产资料私有权的确立联系在了一起，所以他没有意识到阶级其实早在他所划分的阶等社会中就已存在的事实，因此导致阶等社会与平等社会为一组，分层社会与国家为一组，两组之间在经济生活的基本原则上存在着显著的差别，前两者是奉行平等主义原则的无阶级社会，而后两者则是私有权业已确立的阶级社会，这中间的差别使得早有研究者指出，从前者向后者的过渡显得十分突兀，而在各组之内的阶段之间的过渡则远为平顺。② 要化解这类矛盾，我们就应该依照经典作家的认识，将阶级的产生视为分工的结果，承认阶等社会、分层社会与国家中都存在着阶级关系，其区别则在于发展程度不同，这样才能使整个发展体系显得更为自然、合理。

三　早期国家

这里所讲的"早期国家"（Early State）不是泛指在历史上出现时间较早的国家，而是指国家在其自身发展过程中所经历的一个特定阶段。在这个阶段中，社会已初步分裂为两个阶级，一个是统治者，一个是被统治者，前者在政治活动中居于主导地位，而后者有缴交剩余产品以供养国家机器的义务，处理这两者之间的关系就是早期国家的核心任务。要完成这一任务，除了要具备集中化的管理结构之外，还要建立一套获得广泛认可的意识形态体系，这套体系以合作与互惠这样一些概念来解释统治与被统治关系的合法性。③

所以从根本上来讲，这个概念的着眼点在于政治体系的结构与功能，而不是时间。因此，早期国家既可以出现于公元前数千年文明初

---

① Morton H. Fried, *The Evolution of Political Society*, pp. 121, 126, 154, 225–226.
② ［美］乔纳森·哈斯：《史前国家的演进》，罗林平等译，求实出版社 1988 年版，第 40 页。
③ Henri J. M. Claessen & Peter Skalník, eds., *The Early State*, Hague: Mouton Publishers, 1978, p. 640.

曙的旧大陆，同样也可能形成于已迈入工业化时代的 19 世纪，而且对于某一社会来讲，它还可能数次成为早期国家，即政治结构在早期国家与前国家社会之间往复运动，自然，政治体系在此期间会经历多次崩溃与重构的过程。① 因此，早期国家的政治结构相对而言是简单的也是易变的，从这一点来看，它与酋邦非常相似。②

然而两者之间的相似之处还远不止于此。如果从发展阶段来看，克莱森（Henri J. M. Claessen）等人提出的早期国家，应该相当于塞维斯体系中的酋邦，或者弗里德体系中的阶等社会与分层社会。后两者之间的对等地位，我们在前面已经谈过，之所以认为早期国家也是处在这样一个阶段，主要原因在于，早期国家的历史同样也是阶级矛盾从发生到趋于尖锐化的历史，③ 同样是连接起阶级未分化的前国家与国家社会之间的一个过渡阶段。④ 如果再就细部特征做一比较，我们就会发现更多相似之处，譬如：与酋邦一样，在早期国家中，社会地位主要是由血统继承而来的，在血缘关系上，与统治者世系越亲近，则地位越高，反之则越低，而最高统治者本人则将自己的世系上溯至某位具备神性的始祖，凭借其所具备的超自然力量来为自己政治地位的合法性辩护；⑤ 除了强调血缘关系与神权统治之外，在早期国家，尤其是在它的初始阶段，政治活动中还普遍流行着互惠的意识，即被统治者相信并坚持要求，像在此前的社会中那样，统治者征缴剩余产品的目的不应该是只供个人挥霍，相反地，这些产品，至少是其中的大部分，最终还要被用在公务活动中，为当初的生产者服务。为了适应这种形势，统治者经常需要利用慷慨大方的馈赠来招揽追随者，安抚他们的情绪，巩固自己现有的地位甚至是凭此谋求更高的地位等。当然，随着早期国家的发展，这种互惠关系会逐渐变质，显得越来越不平等，统治者索取更多，但回报更少，但克莱森等人认为，

---

① Henri J. M. Claessen & Peter Skalník, eds., *The Early State*, pp. 21–22.
② Elman R. Service, *Origins of the State and Civilization*, pp. 78–79.
③ Henri J. M. Claessen & Peter Skalník, eds., *The Early State*, pp. 20–21, 614.
④ Henri J. M. Claessen & Peter Skalník, eds., *The Early State*, p. 21.
⑤ Henri J. M. Claessen & Peter Skalník, eds., *The Early State*, p. 638.

那种互惠色彩消失殆尽的极端不平等的情况不会出现在早期国家中，它只能在下一个阶段，即阶级矛盾已尖锐化的成熟国家中才会出现。① 而成熟国家中阶级之间的关系之所以变得如此紧张，一个重要的刺激性因素在于生产资料私有制的发展，② 按照弗里德对于分层社会的评价来讲，就是社会成员之间在占有维持生计所必需的资源方面出现了显著的不平等，而这个阶段在弗里德的构想中，恰是发生于国家社会之前的。③ 可以看得出来，以上这些描述同样也适用于酋邦或者是弗里德所树立的两种前国家不平等社会，也就是说早期国家的许多特征其实在酋邦阶段就已经以这样或那样的形式表现了出来，尽管这一阶段被认为发生于早期国家之前，所以在实际操作中，要准确区分这样两个概念的指称对象，有的时候是比较困难的。④ 譬如像夏威夷或塔希提这样一些酋邦研究中的经典案例，也有可能被当作早期国家来处理，而区分两者的标准，在不同的研究者那里，只有部分不同，换言之，两个概念有相当一部分实际上是重叠的。⑤

当然，克莱森既然要将早期国家树立为一个独立的阶段，那么找出两者之间的不同就是必须的。他认为，有这样两个特点，是早期国家所独有而酋邦所无的，这两个特点都与中央政府所行使的合法化的权力有关，一个是强制性地贯彻政府决议的权力，另一个是压制分裂倾向的权力。⑥

其中第一个特点可能得自塞维斯，众所周知，能否动用强制性权力同样是塞维斯用来区分酋邦与国家的一项根本标准。⑦ 但我们需要注意的是，就暴力手段的使用来讲，虽然塞维斯主张酋邦内部的政治生活是较为平和的，但他并不否认当时也可能存在偶尔的强迫行为。⑧

---

① Henri J. M. Claessen & Peter Skalník, eds., *The Early State*, p. 610.
② Henri J. M. Claessen & Peter Skalník, eds., *The Early State*, pp. 591, 605.
③ Morton H. Fried, *The Evolution of Political Society*, p. 186.
④ Henri J. M. Claessen & Peter Skalník, eds., *The Early State*, p. 629.
⑤ Henri J. M. Claessen & Peter Skalník, eds., *The Early State*, p. 593.
⑥ Henri J. M. Claessen & Peter Skalník, eds., *The Early State*, p. 630.
⑦ Henri J. M. Claessen & Peter Skalník, eds., *The Early State*, p. 16.
⑧ Elman R. Service, *Origins of the State and Civilization*, p. 296.

同样地，早期国家虽可以动用暴力手段以维护统治，但其实这类手段并不经常使用，因为当时所谓的两个阶级，即统治者与被统治者之间的矛盾还处于隐而不显的发展过程之中，尤其是在初始类型的早期国家中，暴力，或只是威胁使用暴力，也只是贯彻政治决议的一种补充性手段，偶尔使用以弥补劝说行为的不足而已。在这个阶段，协商一致与谋求政治均势而不是动用暴力手段与军事组织，才是国家机器维护自身存续的主要策略。① 所以就实际使用情况来看，或许可以认为，强制性措施在这两类政治组织的施政过程中均不居于主流地位，当然，在这其中可能存在着程度上的差别，但这种差别更可能是量的而不是质的。

再就另外一项特征而言，它可能得自科恩（Ronald Cohen）的研究，实际上在科恩那里，这是将两种社会形态区分开来的唯一标准。而对于早期国家来讲，要在相当一段时期内成功维护政治上的统一，有两类手段可供采用，一类显而易见是暴力手段，另一类则是使构成国家的各族群相信，维护统一而不是寻求独立，对于它们而言才是更为有利的选择，譬如强大而统一的中央政府，可以为他们提供保护，维护一定的社会秩序等。② 有的时候，国家会同时动用这两类手段，对于某一部分居民施以招抚，而对于另一部分则施以镇压，就像印加帝国对于首都库斯科（Cuzco）近郊及边鄙地区的居民所采取的双轨制策略一样。③

这里提到的两类手段中，暴力手段实际上已经被包含在第一类特征之中了，而对于另外一类手段，即各族群因为意识到接受国家的统治是有利可图的而自愿地融入这一政治实体，这种情况并不仅仅出现在早期国家中。其实这是国家起源理论中融合论一派的传统观点，近源可以追溯至17—18世纪的社会契约论者，他们主张，人们最初为了从有组织的社会中获益而在一致同意的基础上结合为社会团体。④

---

① Henri J. M. Claessen & Peter Skalník, eds., *The Early State*, pp. 631-633.
② Henri J. M. Claessen & Peter Skalník, eds., *The Early State*, pp. 603, 608.
③ Henri J. M. Claessen & Peter Skalník, eds., *The Early State*, p. 632.
④ ［美］乔纳森·哈斯：《史前国家的演进》，罗林平等译，第10页。

国家自然属于这类社会团体中的一种形式，但现在看来并不是唯一的一种形式，早在国家之前，譬如酋邦社会中，类似这样自愿的政治融合与服从行为就有可能发生，并被像塞维斯这样的融合论者看作酋邦时代政治活动的主流形式，即非暴力的形式。① 所以说，如果这也是一类特点的话，那么至少它也是为酋邦及早期国家共同享有的一个特点，而不是早期国家独有的。

因此，若仅就早期国家而论，上面提到的这两个特点其实也只是一个特点而已，即早期国家为了维护自己作为一个独立政治实体的存在，在必要的情况下，可以合法地动用强制性手段。然而这种观点早在塞维斯构建自己的理论体系时就已经提出了，所以基本可以认为，在这个问题上，克莱森等人的论述并没有显现出太多的创新意义。

在早期国家之后，按照克莱森等人的设想，接下来的一个阶段可以被称作"成熟国家"（Mature State）。这个阶段的到来也就标志着早期国家的结束，而指示着这一阶段到来的是这样一些现象：首先，流行于早期国家中的互惠意识与根据亲缘关系远近确定社会政治地位的原则日渐式微，取而代之的分别是带有剥削性质的再分配与根据工作能力而获得委任的专业化的官僚。与此同时，随着管理能力的强化，政府行为逐渐褪去了早先带有的神权色彩，甚至不再乞灵于附会于统治者身上的超自然力量。而在阶级关系方面，土地作为基本的生产资料，在经历了社区或氏族公有、国家所有之后，最终纷纷落入个人手中，也就是确立了包括土地在内的生产资料私有制度。② 而国家，作为调节阶级关系的一种手段，这时也被掌握在了那些生产资料垄断者手中，公开的阶级对立开始出现。③ 在这里，如果我们比较一下恩格斯在《家庭、私有制和国家的起源》一书中对于国家性质的描述，就会很容易发现，克莱森等人所主张的成熟国家，其实就相当于恩格斯所讲的为平抑日趋尖锐化的阶级矛盾而出现的国家。那里的国家同

---

① Elman R. Service, *Primitive Social Organization*, 2nd Edition, p. 142; *Origins of the State and Civilization*, p. 294.

② Henri J. M. Claessen & Peter Skalník, eds., *The Early State*, pp. 604, 641.

③ Henri J. M. Claessen & Peter Skalník, eds., *The Early State*, pp. 633 – 634.

样也是"最强大的、在经济上占统治地位的阶级的国家",也就是说国家政权掌握在奴隶主与封建贵族等生产资料占有者的手中,而"公民的权利","在历史上的大多数国家中",都"是按照财产状况分级规定的",① 也就是克莱森与斯卡尔尼克（Peter Skalník）所讲的,财产在塑造国家等级制度的过程中,发挥着日益显著的作用。② 因此我们认为,这等于是从另一个侧面证明了,这里所讲的早期国家,就其发展阶段来讲,只是相当于其他一些研究者所讲的,内部等级制度有了一定发展的前国家复杂社会。

当然,克莱森等在论述这个问题的时候,使用的是"阶级"而不是"等级"这样的术语,并且强调早期国家中的阶级还只是刚刚出现的阶级,但对于这样仍处在初步发展阶段上的阶级,与恩格斯不同的是,作者更多的是站在政治而非经济的角度来做分析的。它们一个被称作"统治者",另一个则被称作"被统治者",而且作者还认为,前者对于后者的剥削主要是借助于超经济的强制来实现的,而包含这两者在内的等级制度的性质,就其主要方面来讲,是政治及意识形态的,而非经济的。③ 这样看来,作者虽然使用的是"阶级"这个词,但用法却更接近于塞维斯或弗里德等人对于早期等级制度的认识,这一点同样体现在双方对于生产资料私有制在阶级发展过程中所起作用的理解上。

克莱森等人强调,在早期国家中,私人占有生产资料的情况总是处于非主流的边缘地位,这种情况在初始阶段尤甚,之后获得逐步发展,④ 直至成熟国家阶段,阶级对立走向公开化,而在这种不平等关系中发挥着关键作用的正是私有制,私有制成分的日益壮大同时也是促成早期国家转型为成熟国家的诸因素之一。⑤ 而在弗里德的体系中,

---

① [德] 恩格斯:《家庭、私有制和国家的起源》,中共中央马克思恩格斯列宁斯大林著作编译局译,人民出版社1999年版,第178—179页。
② Henri J. M. Claessen & Peter Skalník, eds., *The Early State*, p. 634.
③ Henri J. M. Claessen & Peter Skalník, eds., *The Early State*, p. 604.
④ Henri J. M. Claessen & Peter Skalník, eds., *The Early State*, p. 641.
⑤ Henri J. M. Claessen & Peter Skalník, eds., *The Early State*, pp. 605, 613.

同样涉及阶级与生产资料私有制这两类现象从无到有的发展过程，而且两者之间的关系，与克莱森在此处的叙述有颇多相似之处。在那里，也是早先存在生产资料公有制的情况，这个时候，有社会政治意义上的等级而无经济意义上的阶级，之后随着生产资料私有制或以世系等小规模血缘团体为单位的占有制度的逐步发展，阶级关系亦随之发展并趋向尖锐化。进入分层社会以后，已不能仅仅依靠亲属体系来化解因经济分化而产生的矛盾与冲突，这种情况下，为维持分层这一既成事实，就需要发展出较以往更为强而有力的新的政治统治机关。这种政治机关的发展过程所代表的，其实也就是国家的起源过程，最终，分层社会会被国家所替代。①

所以，当我们做过比较之后就会发现，双方构建的模式所展现的发展逻辑都是相似的，尤其在私有制与阶级的关系这一点上，表现得尤为明显。不同之处大多是一些表面现象，譬如，一方使用的术语是"等级"，另一方用的则是侧重于政治意义的"阶级"，或者可以称作等级化了的阶级。对于克莱森来讲，私有制壮大及阶级矛盾尖锐化的结果，是早期国家转型为成熟国家，而对于弗里德来讲，同样的过程所带来的结果，则是阶等社会经由分层社会最终演进为国家。因此，克莱森用阶级，而弗里德等人用等级，来阐述他们各自的研究对象，这一点差别并不影响我们此前所做出的判断，即双方所谈的其实是早期社会复杂化进程中同一个阶段上的事情。这个阶段所代表的，正是阶级关系发生、发展并最终趋向尖锐化的过程，而这个过程的结果，则是一种处于更高发展水平的，更加强有力的，建立在经济分化现实基础上的新的政治体系的建立。

在这里还有必要附带指出的是，其实在克莱森等人的理解中，他们是把阶级的发生与国家的形成这样两个过程合并起来看待的，也就是说，把两者当作了同一个过程，因此当国家是早期国家的时候，阶级也只是早期的阶级。② 这一点在克莱森对于《反杜林论》的理解中

---

① Morton H. Fried, *The Evolution of Political Society*, pp. 186, 225 – 226.
② Henri J. M. Claessen & Peter Skalník, eds., *The Early State*, p. 642.

表现得尤其明显，在那里，恩格斯其实只是提出了阶级形成的两条道路，一种是由少数人承担的社会职能对于社会本身的独立化倾向，另一种则是奴隶制，但在克莱森这里，这两条道路就不仅仅是阶级形成的道路，同样也成了国家形成的道路，而后面这一点在恩格斯的作品中事实上并没有得到体现。① 在那里，这样两条道路其实完全可以共存于同一个社会之中，所以古代希腊作为被作者所认定的"一般国家形成的一种非常典型的例子"就先后出现在了关于两条道路的论述当中。② 我们甚至还可以这样来理解，恩格斯所说的阶级形成的两条道路，其实只是他自己已经指出的同一个过程在不同社会群体中的两种表现形式。这同一个过程，就是在生产力相对不发达的情况下，脑力劳动者与体力劳动者之间的分工，这样的分工必然导致社会上一小部分人被委以管理公共事务的职责，从而使他们作为一个小集团获得了对于社会本身的某种独立化倾向，也就是成为特权者。之所以当初只能是少数人获得这样的机会，根本原因仍然在于生产力的不发达状况，这样就不可能有充足的剩余产品使得大多数人都脱离直接的食物生产活动去从事管理工作，在当时来讲，也就是绝大多数社会成员都只能继续从事农业生产以供养新生的在人口上处于极少数的特权者。对于希腊部落中的普通成员来讲是这样，因为在他们之上还有负责管理工作的部落首领，对于那些由战俘转变为奴隶的外来人口而言也是这样，因为在他们之上还有自由的部落成员，以及部落成员之上的管理者，而奴隶所从事的，也是比自由民更为繁重的体力劳动。所以三者之间的分化所体现的，都是同一个过程，即体脑分工的过程，其结果就是阶级的形成。③

分工是因，阶级是果，这样一对因果关系在马、恩的著作，诸如《德意志意识形态》《反杜林论》以及最常为人所引用的《家庭、私

---

① Henri J. M. Claessen & Peter Skalník, eds., *The Early State*, p. 7.
② [德]恩格斯：《家庭、私有制和国家的起源》，中共中央马克思恩格斯列宁斯大林著作编译局译，第123页。
③ [德]恩格斯：《反杜林论》，中共中央马克思恩格斯列宁斯大林著作编译局译，人民出版社1999年版，第185—190页。

有制和国家的起源》中都多次得到了明白无误的阐释。但克莱森对于分工问题却很少谈到,他只是承认,在早期国家之前,长久以来,社会成员之间就存在着物质资料占有的不平等局面,但却没有对于这种不平等局面作出进一步的说明。接着又说这种局面在早期国家阶段得到了显著的强化,[1] 然而与此同时,他却坚持早期国家中的阶级是初生的阶级,当时还没有发展到阶级对立的程度,阶级之间的冲突与斗争都只是在下一个阶段,即成熟国家中才成为现实的。[2] 换言之,早期国家中的阶级关系是相对平和的,发展不充分的,可以设想,在较此之前更早的阶段中,那时的阶级关系同样也是,甚至更是平和且发展不充分的。[3] 这样一来,我们就不明白,早期国家建立前后的阶级关系到底有着怎样的区别,两者之间是不是只存在着若干程度上的差别,这种差别是量的还是质的？如果是这样的话,那么克莱森等又该如何来解释国家,哪怕只是它的早期形式,这种新的政治结构出现的原因呢？须知,克莱森等在定义早期国家时是这样说的,它是一种处理处于早期发展阶段中的阶级关系的政治组织。[4] 既然如此,那么新型政治组织的出现,必然意味着当时已经存在有一种不同于以往的新型的阶级关系,这种阶级关系既是这一组织负责处理的对象,更应是促成其建立的原因。但正如上文指出的那样,我们在克莱森等的叙述中,并没有发现其明确指出此时的阶级关系与早期国家之前久已存在的阶级关系两者之间有着怎样质的差别,换言之,如果两者之间仅仅存在量的,也就是程度上的差别,还没有跨过由量变到质变的阈值的话,那么早期国家这种新型政治组织的发生显然就成了无源之水,无本之木。所以说,克莱森等从阶级关系的角度入手来定义早期国家,又一再贬抑早期国家中阶级关系的发展水平,这实际上等于抽离了其所强调的"早期国家作为社会发展史中一个独立阶段而存在"这一设计初衷在发展逻辑上的合理性,也就是变成了无因而有果了。

---

[1] Henri J. M. Claessen & Peter Skalník, eds., *The Early State*, p. 642.
[2] Henri J. M. Claessen & Peter Skalník, eds., *The Early State*, pp. 575, 588, 605.
[3] Henri J. M. Claessen & Peter Skalník, eds., *The Early State*, pp. 20–21, 642.
[4] Henri J. M. Claessen & Peter Skalník, eds., *The Early State*, p. 640.

当然，在这个问题上，克莱森也为我们列出了若干促成早期国家兴起的原因，诸如人口增长与人口压力、战争、占领行为以及业已存在的国家的影响等，但我们认为，一如作者自己也承认的那样，这些因素仅就其重要性而言，都只能算作次要的，真正重要的是生产过程中剩余产品的出现，以及由此而引起的社会不平等与社会分层。克莱森等认为，如果没有后面这些条件，那么早期国家在历史上的出现就是不可想象的。[①] 从这些叙述中，我们可以看出，克莱森等关于国家起源问题的基本认识，实际上仍然深受恩格斯作品的影响，他甚至还说：剩余产品的出现以及随后所经历的增长，使得社会上从贵族到手工业者等脱离直接食物生产过程的人群的出现成为可能，也为与身份差别相关的炫耀性消费提供了最基本的物质上的保障。而需求的增长刺激着生产规模的扩大，在当时的技术条件下，农业生产要想获得较高产出，就有必要将更多人口，也就是劳动力固着在土地上，周而复始地进行劳作，并迫令其缴交更多产品。为了做到这一点，统治者就有必要使用超经济的强制，也就是克莱森所讲的，在这个过程中，社会身份之间的差别会越来越显著，限制会越来越严格。[②] 而在《反杜林论》中，我们恰可以找到这段论述在19世纪的另一个版本，在那里，"脱离实际劳动的特殊阶级"，也会"为了它自己的利益"，从而"把越来越沉重的劳动负担加到劳动群众的肩上"，尽管在那里，恩格斯是以古代希腊为例来谈奴隶制出现于历史上的根由。[③] 自然，两者之间也有许多不同之处，这其中有一些可能是接受了新进化论者譬如塞维斯或弗里德等的影响，例如他主张，早期国家中等级制度的要义在于政治及意识形态而非经济，又将生产资料包括土地在内的私人占有的发展，与阶级对立的尖锐化以及早期国家向成熟国家的转型等历史过程联系起来，等等。

除了定义问题之外，克莱森还将早期国家按照发展程度由低到高

---

① Henri J. M. Claessen & Peter Skalník, eds., *The Early State*, p. 642.
② Henri J. M. Claessen & Peter Skalník, eds., *The Early State*, pp. 627–628.
③ ［德］恩格斯：《反杜林论》，中共中央马克思恩格斯列宁斯大林著作编译局译，第189页。

分作了三种形态，分别是初始的（Inchoate）、典型的（Typical）以及转型中的（Transitional），并相继列出了这些社会各自所具备的一系列特征。但我们认为，这其中有一些特征，相对于前面已经叙述过的作者本人关于早期国家的阶段定位来讲，似乎有过于超前之嫌。

就以古代中国为例，作为全书网罗的 21 个研究案例之一，古代中国最终被归类为转型中的早期国家。按照作者的想法，在这类国家中：贸易与市场占有非常重要的地位；任命制而非世袭制成为委派官员的主要方式；这些官员从政府那里领取固定的薪俸，而非此前那种因时因事而异，多以礼品形式抵充的报偿；法典的编纂工作已经完成，出现正式的法官专司词讼；此外，税收体系也已相当完善，亦有专门机关负责督促各纳税对象按时按量完纳税款，等等。① 然而书中对于中国早期国家在时代上的界定却是上自商代，尤其是晚商，下至公元前 221 年秦始皇统一中国，而重点又在两周，特别是将西周作为中国早期国家发展过程中前后两个阶段之间的分界。② 如果按照这种划分方法，那么上面提到的那些特征中，很明显，多数并不适用于中国历史的实际情况，至少是对于西周，甚至还可以包括春秋时期，及在此之前的中国早期国家而言，所谓任命制取代世袭制，各级官员的薪俸及全国税收体系皆实现固定化、正式化，有专门的法官使用业已编纂成型的法典决断词讼等，这些说法都还是很不现实的，更不用提作者关于贸易及市场行为重要性的那类认识了。再者，根据当代考古学研究的进展，将中国早期国家的出现定在晚商，也显得过于保守了，诚如夏鼐先生所言，如果认为这是中国文明的开始，"那就未免有点像传说中的老子，生下来便有了白胡子"③。

所以作者在处理中国国家与文明的早期发展这一问题时，一个是把开始的时间定得太晚，也就是低估了前一阶段的发展成就，同时，又把此后的发展水平估计得过高，换言之，就是把许多在中国历史较

---

① Henri J. M. Claessen & Peter Skalník, eds., *The Early State*, pp. 564, 641–642.
② Henri J. M. Claessen & Peter Skalník, eds., *The Early State*, pp. 198–199.
③ 夏鼐：《中国文明的起源》，文物出版社 1985 年版，第 79 页。

晚时期才出现的现象，提前放在了早期国家的环境下。造成第一点的原因，很明显，是由于作者对于中国材料，特别是考古材料不熟悉，而在甲骨文之前，中国社会的发展主要就体现在考古材料中，不掌握这一点，自然就难以客观估定中国早期国家出现的时间；而对于后面一点来讲，我们以为，这是社会形态学研究中常见的问题，当初塞维斯在划定他的四阶段体系的时候，就出现过这类问题，甚至后来他自己也意识到了这一点，认为这种划分方式虽看似条理分明，但却很难被证实是符合历史真实的，以之董理民族学材料尚可，若以之重塑早期社会的发展历程，则未见稳妥。① 克莱森等为使自己的论述较具普遍性，选取材料的时空范围都十分广泛，不仅新旧大陆的案例都有，而且所涉时代前后跨越了数千年。这其中除古代中国、埃及、中美及南美安第斯地区的材料可以算得上属原生型文明之外，大部分其实都是次生的或继起的，甚至还有一些是在近代与西方殖民势力接触或受其影响后方才出现的，这在非洲及大洋洲等地的材料中表现得较为集中，所以这些材料之间是否具有可比性，是否适于放在同一个框架下来作解释，这首先就是一个问题。再者，书中各位研究者对于手中材料的掌握程度又参差不齐，譬如上面提到的克莱森对于中国材料的认识，就直接来源于波科拉（Timoteus Pokora）所撰《中国》一章，但无论是对于波科拉还是为其所重的顾立雅（H. G. Creel）而言，考古学都不是他们的专长，所以在对于材料的取舍上就难免有所偏仄。案例取自世界各地，研究结论又成于众人之手，克莱森等居中协调，又想像塞维斯那样将之统合进单一一种解释体系之内，赋予其较强的逻辑性。这样，在操作过程中取长补短，将逻辑的真实凌驾于历史的真实之上，有意或无意地将一些在晚期或次生案例中才有的现象乱入对于早期材料的解释中，夸大了这些现象所具备的普遍意义，也就势所难免。

---

① Aram A. Yengoyan, "Evolutionary theory in ethnological perspectives", in A. Terry Rambo & Kathleen Gillogly, eds., *Profiles in Cultural Evolution: Papers from a Conference in Honor of Elman R. Service*, Ann Arbor, Michigan: the Regents of The University of Michigan, The Museum of Anthropology, 1991, p. 9.

四 结语

酋邦、阶等社会与分层社会以及早期国家等，属于国内研究国家与文明起源这一领域内称引较频密的三类源自国外学术界的概念。经过比较，可以看出：如果从阶级关系的发展水平来看，上述三类概念指称的应该是处在人类早期社会复杂化过程中同一阶段的某种社会形态。这一社会形态前接仅以年龄与性别为分工及以社会地位为区分依据的平等社会，后续则发展至古代国家。在这一阶段中，现在可以确定的是，已经存在经济意义上的阶级分化，这一分化并不以部分研究者所认为的生产资料领域内的私有制度的确立为其前提。它的真正前提是在技术复杂化的基础上，在性别与年龄之外，因对新技术的掌握与否以及熟练程度的不同而引起的人与人之间、家户与家户之间，甚至是世系与世系之间新的分工。熟练掌握了新技术的社会成员，有能力在同等劳动时间内生产出更多产品，而经常性的社会剩余物的出现，就为血缘团体的实际领导人，通常也就是男性家长，利用慷慨的施舍来笼络一批社会上的追随者提供了最重要的经济上的基础。而这些围绕在富裕家户的家长周边的追随者，以及作为这一社会关系网核心节点的男性家长，这两者之间的关系实际上就是酋邦中酋长与普通社区成员之间关系的胚胎与缩影。而在政治上，这一阶段与此前阶段的区别在于，产生了年龄与性别之外的新的社会身份划分标准，这种新的划分标准通常以世系为单位区分出高低贵贱，它是与经济生活中世系之间的贫富分化一致的，这样两类分化过程相辅相成，相互促进，所以在当时既不存在不贵而富的世系，同样也不存在不富而贵的世系。而与国家相比，原来认为是否动用强制性权力是这两者之间在政治方面的主要差别，但现在看来，这种区分标准似乎已经显得过于单一及理想化。至少对于类似于夏威夷这样的获得了高度发展的复杂酋邦来讲，其与国家，尤其是国家的早期形式之间的实际差别已经很模糊。至于说经典作家曾经提出的，国家的建立伴随着地缘关系对于血缘关系的取代这一说法，现在也已经证实，在古代国家的早期发展阶段，各类以血缘纽带团结起来的组织仍然在政治及社会生活中扮演着重要的角色。这种取代的过程在酋邦阶段就已经发生，但直至国家的早期形式，这一取代过程仍远未完成。因此，总体来讲，酋邦等社会组织形式与国家的早期阶段之间的区别，更多的应该是量的而非质的，亦即从国家等级制社会向国家社会的过渡，从历时性的角度来看，应显示为一类连续的量变的过程，而从共时性的角度来看，则表现为国家与其前身之间填塞着复杂程度千差万别的各类社会组织形式。

历史研究的新实证主义诉求

赵轶峰

20世纪80年代以来，伴随中国的快速社会变化、全球化发展，以及学术自身的推演，历史研究的社会环境、文化语境、资源条件和问题指向与先前时期相比，都发生了一些重要的变化。其中最明显的，是包括历史研究在内的人文、社会科学研究的国际化。

现代自然科学因为其先进与落后尺度的可明确衡量性，从来是国际性的，虽有人为对某些前沿成果的信息垄断，并不影响研究者对相关资讯共享的愿望。人文、社会科学则因价值立场和语言表述的文化特质与复杂性，更易于被国家、民族，乃至社会制度、意识形态区隔成为不同学术共同体单元。即使如此，中国新史学在20世纪初兴起的时候，颇得力于西方理论、方法乃至西方中国历史研究的促动。没有这种促动，中国现代历史学难以在那个时代迅速发展起来。但是20世纪50年代以后的大约30年间，中国史学研究与域外史学之间逐渐形成"竹幕"，虽未完全断绝沟通，但沟通交流中有很强的选择性，历时长久，遂使中国史学家了解域外史学研究的语言能力、资讯条件以及直接合作，比20世纪前半期反而弱化。到80年代初期，中国与域外的中国史研究，已经畛域分明，不仅分由不同的学术共同体进行，而且话语体系也已撕裂。80年代以后，中国社会趋于开放，历史研究的国际性随之增强。历时30余年后，纯学术层面的中外历史学交流已经很少有制度上的限制，观念层面的壁垒也渐模糊。总体而言，21世纪以来的中国史学研究，已经是一个高度国际化的学术领域。这对于中国史研究的从业者究竟意味着什么，人见人殊。在这种情况下，需要重新思考国际化历史研究的共同语境，即中国史研究乃至整个历史研究工作理念与相互评价的共同尺度问题。缺乏共同的尺度，无论借鉴还是争鸣，都缺少深度理解的基础，借鉴易于流为模仿，争鸣则易于不知所以然地陷入僵局。

共同尺度诉求并不抵消差异的合理性，只是要寻求不同历史研究共同体和个人思考历史问题时的观念基础。这种基础不可能在意识形态层面，不可能在文化价值层面，也不大可能在具体工作方法层面，而应该在历史学作为一种普遍学术的基本信念层面。只有多样化和差异而缺乏共同尺度意识，历史学作为一门普遍学术的根基就不坚实，二者同样重要。

思考这一问题的起点可以是这样的：历史认识为什么是可能的？我们依据什么来判断一种历史认识比另一种历史认识更可靠或者更值得进入公共知识领域？本文的相关回答很明确：因为历史是真实发生的事情，并可能留下痕迹，我们依据真实历史遗留的痕迹，包括文本的和非文本的遗迹，来认识历史，与历史痕迹最吻合的历史认识最可靠并更值得进入公共知识领域。毋庸讳言，在实证主义与后现代主义之间，这是一种偏向实证主义更多些的回答，但并非旧实证主义的老调重弹，而是一种新实证主义历史学的诉求。

一　历史认识为什么是可能的？

在提出这个问题的时候，我们实际上已经跨过了另外两个更基础性的问题：什么是历史？历史认识是可能的吗？这两个问题都经无数历史哲学家、历史学家反复争讼而又分歧不断，这里不拟回溯争鸣的具体说法，而是直接提出本文采取的基本看法作为讨论的切入点。[①]

广义的历史是过去发生的事情。但历史学家研究的不是广义历史，而是广义历史中的一部分，可称为狭义历史，即人类文明兴起以来发生于人类社会的事情。宇宙起源是过去发生的事情，那要由自然

---

① 本文所说"历史学家"指职业历史研究者，并非特指公认史学大家。

科学家来研究；人类起源是过去发生的事情，那是人类学、考古学研究的对象；人类文明兴起以后太阳黑子有变化，那也不是历史学家要直接研究的东西。文明兴起以来发生于人类社会的事情都可以是历史研究的对象，但究竟研究什么，取决于历史学家自己界定的意义和研究的条件，历史学家依据自己的价值观念选择某一领域、层面、时间范围的往事进行研究。

历史认识是可能的，这正如一个教师昨天上了一堂课这件事情是可以被判定的确发生了一样——这件事情会成为教师所在学校发给他工资的依据的一部分，没有什么特别深奥之处。所以历史知识是人类文明历程中最早的知识之一。数千年来，各个文明中出现了无数追求历史知识的人，没有他们的工作，今天的人类对于自己的了解就全无根系。只是晚近时代的一些哲学家利用个别历史学家声称要追求完全准确的历史真实的表述，把历史认识的可能性变换成为历史学家可否实现对一切历史细节完全认识而又不带主观性的问题，进而推论出历史学家客观认识历史的不可能性，再进一步推论出历史学家所能呈现的不过是他自己建构的故事。

其实，声称历史认识不可能的人都不可能是历史学家。因为历史既然不可能被认识，他自己所叙述和解释的就不是历史，只是他的心灵，而没有历史本身，我们凭什么要对他的心灵感兴趣？主张历史不可能被认识却又要自称是历史学家的人其实是在借用历史的名义做自我表现。这种表现也可能有意义，但毕竟不在于认识历史。

说历史认识是可能的，只意味着历史学家可以通过自己的工作实现对往事的认知，并不意味着历史学家总是能够完整、准确、生动、透彻地认识过去发生的所有事情。历史学家不可能完全真切地认识历史的全部内容，只能凭借历史的痕迹和专业性的方法尽量了解他认为有意义的往事；历史学家也不可能纤毫毕具地呈现历史，因为他只能运用语言来描述和解析他能够了解的往事，即把多维、复杂的往事围绕他选择的意义呈现为更简单的故事——其中自然要融入他自己的观念，无论他是否刻意要那样做。

历史学家认识历史的有限性经常被夸大并作为主张历史不可知性

的理由。这样做的人，在起点处误解了历史和历史学家工作的性质。流行的相关看法之一是，历史学家只能间接地通过文本认识历史，而文本无不渗透了原始书写者的主观意图，因而历史学家不可能真切认识历史，只能提供他们所理解和描述的东西，进而历史学家的认识与哲学家、诗人关于过去的陈说在根本性质上是同样的。信服此类说法的人们于是就以为既然如此，与其去追求不可能达到的真实，不如去追求叙述的深刻或者美妙，历史因此就成了纯粹的思想或者艺术。

历史家真的只能间接了解历史吗？只有在完全割断历史与现实之间的纽带后才是这样，只要我们不把历史想象为一幅幅单独的画面，而是活生生的历程，就只能承认历史是延伸到现实中的。历史延伸的形态就是通常所说的 impacts、consequences 或者"后果"。现实包含往事的后果，这使得历史学家可以通过观察现实而了解历史，甚至可以感受历史，即使不是历史的一切细节和全部内容。这就如同一个人没有在黎明时分直接观察太阳升起的过程，但他沐浴着太阳的光芒就可以肯定地知道太阳曾经冲破黑暗，从地平线升起。一个人登上万里长城，虽然没有得见长城修建的过程，却可以直接感受到修建的规模、技术，乃至意图。设若除非亲历就不能肯定地了解往事，那么所有刑事犯罪专家所做的事情就只能是捏造，人们也就没有尺度去查验他们的判断有何价值。如果日常生活中人们有可能凭借一些证据来确定一些事情，比如某两人之间存在婚姻关系、某人曾经在某学校毕业、某人曾经给另一人写过信、某书的版权归属于某人等，逻辑上说，人们就有可能确定以往发生的一些事实。晚近的事实与早先的事实并没有本质的不同，只不过证实早先的事实比证实晚近的事实更复杂、困难一些而已。如果放弃真切了解往事即历史的可能性，现实中的人们，也就无须去签订被称为"合同""协议""条约"之类的东西，学位证、毕业证、结婚证之类，也就没有任何含义，诚信和背信弃义的现象也就一起归于不存在。最易于理解的历史后果其实就是每个人自己。任何人无法亲历其父母亲好时的情景，但可以查证自己的真实父母。在要查证这类问题时，纠缠子女无法完整准确地了解父母亲好时的细节是毫无意义的。其实，即使亲历的历史，在被用语言复述的时候，也会被简化、填充或者扭曲，这是人类语言的性质决定的。历史并不是用语言方式展开的，而语言却是迄今为止历史学家呈现历史的首要方法，因而历史学家难以完整无误地再现历史。人类语言相对于历史的这种局限并不是历史的属性，而是语言的属性。

用"文本"来指称历史学家工作的依据很容易误导对历史学家工作性质的理解。诚然，迄今为止大多数历史学家的大多数工作是依据狭义文本即历史文献的，但逻辑上乃至事实上都不存在任何障碍阻止历史学家依据狭义文本以外的其他信息研究历史，也不存在什么东西肯定地阻止历史学家采用语言之外的手段呈现历史。人类其实正在越来越多地采用语言文本以外的方法记录和呈现历史，比如音像手段等。因而，依据狭义文本来研究历史不过是一种以往的习惯，而不是历史研究的本质。即使在古代，也早有历史家通过采访故老、踏查遗迹的方式了解历史，所有严肃的历史学家都会把历史的延伸后果纳入其对历史文本的解读中。所以，历史学家其实是凭借包括广义文本和历史痕迹在内的综合历史信息来认识历史的。历史学家是一些掌握了将历史信息进行综合考察的专门能力即马克·布洛克（Marc Bloch）所谓"历史学家的技艺"的人。①

历史学家用作依据的文献在形成之初就融入记述者的主观性，所以历史学家并没有可靠的依据来呈现历史的原貌。这类推理的前提部分就错了，因为那是不一定的。有的记载可以混杂较多的记录者主观性而读者无可如何，有的记载则不为记载者留出主观随意性的空间。比如，明朝出现在清朝之前这个事实，没有哪个记述历史的人把它颠倒过来，却被认为与不颠倒具有同样的可靠性。在这里，事实表述显然没有被语言的建构性所干扰，所以历史家的叙述并不总是因为语言的建构性而不能描述历史真实。这是因为，历史事实依赖历史学家的文本为人所知的程度，远不似那些否定历史可知并可被准确叙述的人

---

① 参看［法］马克·布洛克《历史学家的技艺》，黄艳红译，中国人民大学出版社2011年版。按：该书在1949年出版时书名为 *Apologie pour l'histoire ou Métier d'historien*，直译为《为历史学辩护——历史学家的技艺》。中文译本省略主标题，淡化了该书的基本目标。

所说的那样绝对。历史中有一些刚性的内容，有一些大板块事实，有一些为多重证据所支持的内容，是可以准确判定，也可以准确表述的。这种推理中的误解还涉及历史学家的职责根本就不是原原本本、纤毫毕具地呈现往事。历史学家所做的，不过是将他认为重要的往事用他选择的方式概述出来并通过这种概述告诉人们他的相关看法。人们期待于历史学家的，也根本不是纤毫毕具的完整真实，而是事情的基本原委和历史学家自己的透视，因而评论者无须刻薄地要求历史学家的每句话都没有主观性，而只要求其主观性不遮掩或者歪曲基本的原委。

有一百个历史学家就有一百种历史；人人都是他自己的历史学家。这些貌似深刻的流行说法也经不住推敲。的确，如果一百个历史学家写出同样的历史，他们在抄袭，应该解除其中 99 位的学术职位。真正的问题是，这一百种历史在学术意义上是等价的吗？主张那种流行说法的人从来不提这个近在咫尺的问题。如果回答是肯定的，等于说历史书写是没有任何规定性的事情，这在实践意义上等于提示取消历史学作为一门学问的资格；如果回答是否定的，那就需要界定历史评价的公认尺度，而那可能不是提倡那种流行说法者的意图所在。他们最感兴趣的，是让人们相信历史评价的尺度全在评价者自己的心里。

可取的（valid）历史书写必然独具特色，但书写的合理差异并不能被用来否定书写内容符合事实的同一性。如果我们把针对同一历史对象的一百种历史书摆在一起，我们总会大致区分出其可取性的程度差别。而在做出这种区分的时候，虽然我们一定会考虑风格、文笔、视角因素，底线却一定是其符合历史事实的程度。也就是说，歪曲历史事实的书写，无论其风格如何优雅或雄浑，文笔如何流畅或奇幻，哲理如何深刻或玄微，都不会被视为可取的历史研究成果。当然，符合历史事实却风格鄙琐、沉闷而无新颖见识，或者附庸权威的书写，也不是好的历史著作。要点是，只要人们除了哲学、诗歌、戏剧、八卦之外，还需要了解往事，他们就有历史书写符合基本事实的底线要求。

然而，连是否存在历史事实也已经被质疑了。执意把历史学做通体改造的哲学家们，用各种各样的雄辩告诉我们，历史只是历史学家想要告诉我们的那些东西，并不存在独立于历史学家言辞之外的所谓事实。把这类主张涂上哲学色彩，就是"历史是记忆"、"除了记忆没有历史"之类的说法。在这种语境中，历史不是客观的，而是属于知识或者传说之类的精神现象。历史学家能够和应该去研究的，也就是某一特定时代的特定人物或人群心中相信以往曾经如何——这种信念与其所相信的往事是否真实存在没有什么关系。也就是说，一旦推翻了历史客观性，历史研究就变成了知识社会学。

知识社会学自然可以有历史的景深，也自有其价值，但历史学家不能致力于把历史学改造成知识社会学，因为历史知识的建构与流传无论怎样引人入胜，都只是可能关涉特定历史经验的后续精神历程，对这种历程的了解不能取代对那些实践经验本身的了解。历史学向知识社会学的倾斜迫使我们必须强调历史不能被包容在记忆之类看似高妙的概念之中的实在性。假设：阿甲不知其父，即没有关于其父的任何记忆。我们不能因而判定阿甲无父，而是依然确知其有父。假设：阿甲或者某些历史学家为弄清其父为何人而采访了所有可能知晓真相的人，结果获得了3种差别的说法：其父为张三说、李四说、王二说，也就是搜罗了3种"记忆"。这3种差别的"记忆"中至多有一个符合事实，所以一百个历史学家的叙述不可能是等价的。再假设：阿甲是个现代人，调查者动用强大的公权力和科技手段做DNA检验，结果发现其父为王老五，那么前3种记忆都要作废，真相不在记忆中。因而历史不是"记忆"，在很多情况下也不依赖记忆而被认识。设若查验之后依然没有找到阿甲的生父，那也排除了所有被检查的人，因而距离真相更为接近。所以，历史研究的可取性在很多情况下要通过接近事实的程度来评价，而不是通过非此即彼的二元思维来评价。历史事实是存在的，可以被记忆，也可以被遗忘，即使被遗忘的历史，依然是历史。真实生活中，历史学家多半不会和他遭遇的阿甲死磕，但基本工作的性质并无二致，其实就是查证更复杂的阿甲身世。

哲学家还喜欢告诉人们，历史不只一个，而是两个或者多个。其中之一是客观的往事，另一个是历史学家笔下的故事，人们所能知道的只是后者。这种类似语言游戏的说法也是流行甚广。不过，"历史"一词在汉语中并没有这种两解含义，只是一解，即过去发生的事情——编词典的人尽可以在此基础上把各种各样复杂的说明融入其中或赘系其后，但除非他要改变"历史"一词在汉语以往使用经历中已经约定俗成的内涵，否则不可能把历史学家笔下的故事作为历史的本义。后一种含义，在汉语中主要用"史书"、"史籍"、"历史记载"之类词汇表示，用单一"史"字表示时只是史书、史学或史职的缩略，对于熟悉汉语的人不会造成误解。英语及其他一些欧洲语言中的对应词汇是可以两解的。History，既表示过去的事情，也表示记载过去事情的文本。而其差异，其实尽可以在语境（context）中把握——除非使用者故意或不慎使之表意模糊。History 的两解可能性为历史哲学家或者入侵历史学的哲学家们提供了驰骋雄辩的空间。他们前赴后继地论说，使瞠目结舌的实践历史学家终于默认，自己根本没有精准把握历史与历史记述两事关系的能力，最好把自己工作的性质问题呈交哲学家们来裁定。哲学家的处方则大体上是：承认你们是讲故事的人，承认历史学家在历史领域并不能提供比哲学家、诗人所能提供的更多的东西。于是，受其影响的一些人就把历史记述的种种特质，其类似记忆的属性、记录和书写时不能没有的选择性、语言的建构性、执笔者的伦理甚至情感倾向、叙述文本与所叙述对象必然的差异等，都当作历史固有的属性来讨论。其实，用汉语思考和讨论历史的含义时，无须刻意钻入西语特有的语言困境。

二 判断历史认识可取性的依据

因为历史是真实存在的，所以虽然历史学家的叙述会呈现出各种面貌，但历史本身并不因为其叙述的准确、完整、精彩与否而改变——改变的只是阅读那些历史叙述的人的知识和精神状态而已。历史学家工作的根本意义，毕竟还在于最大限度地接近于揭示和呈现历史事实。古人已经知道"尽信书，则不如无书"，受到历史专业训练的人除非被哲学家的纠缠弄昏了头脑，否则不会认为历史学家的叙述就是历史本身。他们肯定会发现，关于同一历史话题的史家叙述常常并不相同，他们如果不愿意停止在类似"有一百个历史学家就有一百种历史"的箴言前慨叹自己的浅薄，就只能用自己的专业知识和技能独立地做出判断。

判断的目标，肯定不是在面前一百种历史叙述文本中间选择出一种作为完美的历史。因为将要做出判断的历史学家知道所有这一百种文本都只是其作者的叙述而不是历史本身，所以哲学家们用不着在这时费力去告诉他被选择的文本无论如何也不可能与原初真实的历史没有差别——如果这些哲学家还承认存在真实历史的话。他判断的尺度，只能是可取性（validity）。这个概念的英语内涵包括妥当性、确实性、有效性、真确性、合法性等，综合这些含义，名之为可取性。在目前语境中，它的中心含义是，一种文本或陈说接近所要澄清的事实之真相与本质的程度。在把被评价的文本作为整体的情况下，它主要指被评价文本接近要澄清的事实之真相与本质的相对关系；在把被评价文本分析看待的情况下，则指所有文本中各种陈说接近要澄清的事实之真相与本质的相对关系。历史学家常常不能完全肯定地判断历史真相，不能完全透彻精准地解析历史真相的本质，但是他们必得有能力判断可见文本或陈说中哪些更为可取。没有或者拒绝这种能力，他就应该改行。

在讨论判断可取性的基准之前，我们先讨论哪些东西不是或不应该是评价的基准。

首先，意识形态（ideology）不能成为评价历史判断可取性的基准。现代汉语中的意识形态常被用来泛指相对于社会存在而言的精神状态，囊括理论、观念、思想、心理等一切与物质世界相对应的现象，但在国际学术语境中，这一概念的主要含义则是指个人或群体所秉持的成体系的规范化信念，包括自觉的和不自觉的信念。这种东西之所以不构成历史判断可取性的基准，一是因为其虽然可能与具体历史事实有关，也可能完全无关；二是因为所有个人或群体的社会存在都是具体的，其意识形态也是具体的，并且常常以信仰形态出现并与持有者自诩的政治正确（politically right）紧密纠缠，从而形成预设的排他性。如果以意识形态为尺度来衡量历史判断，就会在起点陷入历史学之外的预设纠结。20世纪是一个笼罩意识形态氛围的时代，其间，在学术层面秉持实证主义的学者的工作也常常受意识形态预设的支配。这其实是史家让渡实证原则性而向意识形态妥协造成的，并不是实证原则自身的问题。历史学家不能完全超脱于其所处时代文化精神之外，也有与其同时代人同样思考现实问题的责任，但其所有的现实考量都不能越过实证的底线。文化立场一般情况下比意识形态排斥性微弱些，但也不能成为评价历史判断可取性的基准。这种基于主体民族、阶层、职业社会经验形成的生活、思想、行为倾向都是特殊而难以通约的。

考察视角和技术手段可以成为评价历史判断的参考因素，但不能成为评价历史判断可取性的基准。历史的内容宏远无极，尽有足够的空间容纳各种层面、视角、取径、方法、技术的考察，各种考察方式本身是外在于历史的，是考察者自己选择的东西，不能把工具当作评价产品的尺度，历史学评价从根本上说要依据结果来进行。进而，无论从上到下地看历史还是从下到上地看历史，无论是政治史还是社会史，无论是微观史学还是宏大叙事，都不直接决定其可取性，要看的是究竟澄清、揭示出了什么。词章文采可以是评价历史判断的从属性尺度，但因其主要表现在呈现技巧层面，并不构成根本尺度。

这里真正复杂的问题是，意识形态、文化立场之中，都包含价值意识。价值意识无疑是主观的。我们如果彻底排除价值意识在历史学评价中的角色，就会最终切断历史评价与人类理性之间的关联，历史学澄清以往事实的成绩也就失去了启迪人类心智的作用，从而历史学作为一门学术的价值本身也就消失了。历史学的评价既不能摆脱价值意识，又不接受意识形态和特殊文化立场作为尺度，中道何在？这里的关键，是价值意识本身的层次分剖。价值作为主体精神取向，永远存在差异，但也存在共性。差异基于个体、人群的直接经验。每个人都生活在特定的文明、文化、社会、国家、种族、民族、阶级、职业、社团环境中，从具体的生活经验中形成关于事物意义的判断倾向。同时他们既然皆属人类，就有人类共同的属性。所以即使在人类文明的早期，各个文明相对孤立地展开，所有文明中的人群中都发展起婚姻关系、信仰、社会组织性、公共权力、生产技术等——虽然其具体形态有所不同。随着历史的延伸，人类的相互关联性无疑持续强化，而不是日益疏远。他们相互交流、学习、模仿，逐渐建立共享的知识和秩序管理机制。所有这些，都需要对于意义的共识。推演至当下，差异的价值意识自然存在，共同的价值意识也已形成。这种共同价值就是任何人虽然可以做出自己特殊的界定或者并不身体力行地实践但却不能公开否定其基本含义的普遍意义判断，如和平、人道、自由、民主、法制、富庶、安全、科学等。在这些随意举出的普遍价值尺度中，一个现代历史学家可以删去其中某项甚至多项，但如果他要删去所有类项从而宣称人类社会没有普遍价值，或者把专制、屠杀、歧视、兽性、贫穷、危险列为他的价值首选，那么他就会被视为人类公敌。这样的人自己的价值观也许不妨碍他理析和判定一些历史事实，但是他呈现那些历史事实的话语、方式以及他对事实的解读，必定是反人类的。历史学的终极意义在于提供人类自身知性成长经验方面的资源，脱离普遍价值就无法实现这种意义。普遍价值的普遍性，在于其超越文明、文化、社会、国家、种族、民族、阶级、职业、社团特殊经验的属性，因而也就并非与后者构成非此即彼的对立关系，只是基于经验特殊性的特殊价值意识并不能如普遍价值一样构成历史学评价的国际化的基础。在这种意义上，历史学家比其他人群更需要辨识人类价值的公约数。与此同时，即使是普世价值，依然不能被历史学家用来否认历史事实或者对事实进行扭曲的呈现。在历史学家的职业工作中，没有任何东西可以成为故意歪曲事实的理由。为了表示对后现代主义者解构一切确定性心理的安慰，这里还需要说明，前述关于普世价值的主张并不意味着将任何价值观或者相关的阐述视为终极真理，普世价值观本质上是共识，共识是开放并可以改进的。

我们终于到达了可以直接讨论历史学评价基准是事实这个命题的节点。

历史是过去发生的事情。人类需要记忆、了解过去发生的事情，作为当下行为的参照，也就是通过经验来提升自己行为选择的明智性和选择域度。这种能力其实是人类与地球上所有逐渐被人类统治的其他生物的主要区别。凭借历史知识建立起跨越无数代际而获取经验的能力，人类进化得以加速，尤其是知识的进步和传播获得巨大的空间，并逐渐汇聚成为一个切实关联而不仅是类属同一的共同体。如果人类在文明演进中没有对于获取历史知识的信念，今天的人类会面目全非，未来的人类也会失去方向感。历史知识对于人类发展所具有的巨大意义，皆基于这种知识以事实作为基础的特性。无论是谎言还是貌似深刻的思想，都不具有比对经验的切实了解更高的指导人类生存的意义。当下的思想家们常常鄙薄历史事实的枯燥，但是如果没有这些枯燥事实作为基础，思想家们高妙的言论早就把人类引到幻境中了。历史学不可替代的地位，就在于它是人类所建立的所有探索知识的学科中最能了解以往经验事实的。虽然哲学比历史学深刻，艺术比历史学飘逸，但它们都不如历史学更具有探询以往事实的能力。

迄今为止，历史学家探询以往事实的主要介质是更早时代的文字记载，包括档案、史书，以及其他包含相关信息的著述——这并不等于历史学家永远只能如此，因为现代科技正在提供日益改进的手段把正在发生的事情以远比目击者或事后编纂者的文字记述更完备的方式记录下来。[①] 因为历史学家的目标只是最大限度地接近并呈现以往的事实，而不是纤毫毕具、事无巨细地讲述那些事实，所以他面对关于同一往事的不同文本要做的，只是梳理出最接近于事实的新文本。在这样做的时候，他必须首先判断作为资料的早先文本各自的可靠性。在这方面，欧洲兰克学派开创的客观主义史学和中国从司马光到乾嘉学派的考异、辨伪、考据、校勘方法，以及中国现代新史学的实证研究传统，已经提供了相当成熟的经验，今人如能将之落实得更为精细、严谨，这些方法在具体工作层面就依然有效。晚近批评实证主义

---

① 关于这个问题，请参看许兆昌《当记忆成为常态，历史学何去何从》，《史学月刊》2017年第5期。

史学传统的理论,提醒历史学家要对包括原始文本在内的所有文本进行更严谨的审视,尽量透视出其中所含记述者的局限和主观选择意图,这是有意义的。通常说来,距离本事最近形成的文本比晚出的文本更可靠,但这只是一般可能性,并非必然。这不仅因为现存最早文本未必是原始文本,更因为即使是原始文本、目击记录,也会杂入记录者的选择和价值因素。传统实证主义史学并非无视史料批判,但其批判常常——并非总是——停止在判定文本原始性的节点,具有不彻底性。后现代主义则在认定任何文本都杂有记述者的主观意图或倾向之后,便否定文本可能承载历史事实,或者判定即使其中存在历史事实也非历史学家所能辨识。从这种意义上说,后现代主义在形式上接近相对主义,却有绝对主义的性质。

文本未必一切尽实,但当文本是了解事实的唯一或重要信息载体的时候,历史学家必须对文本做穷尽的(exhaustive)解读,以求析出有助于了解事实的信息,做出关于真相最大可能性的判断。在这样做的时候,除了覆盖所有相关文本和前文所说的从整体上判定文本形成与衍生的序列关系和价值之外,还要从文本内部并综合可见的各种相关文本来分析个别事实的最大可能性,其核心方法其实是形式逻辑和常理(common sense)。历史学家运用形式逻辑的方式与自然科学家、社会科学家并无二致,归纳和演绎是最基本的路径。量化统计的核心实际上是归纳法的数据化运用,假说则是演绎过程中不可缺少的环节。正因为如此,诸多社会科学的方法、手段可以被应用到历史研究中。除此之外,历史学家特别注重时间轴线上的次第关系。尽管相对论论证了物理学意义上的多维时间,但迄今为止人类历史并没有在多维时间中展开,人类历史就是在一维时间轴线上展开的。各种流行的关于历史上不同时间的讨论,也没有超出一维时间范围,而是误把主体经验差异性含混表述为时间多元性。时间次第在历史学中的重要性主要是基于历史事件发生的关系永远是前因影响后果,而不是相反。这为历史学家梳理往事提供了一种有效的自然逻辑。常理是历史学家所处时代各种公认事理的统称,包括各门学术所达成的公认结论、公理,也包括日常生活反复昭示的高概率情形,比如子女一般对父母有超过对其他人更多的关联感、穷则思变、practice makes things perfect（熟能生巧）等。在涉及伦理的层面，常理也可以称为良知。良知并非总是可以简单评价，但因为需以普遍价值和科学为底线，所以并非总是不可评价。逻辑与证据结合可以直接落实判断；常理则通常帮助研究者思考，但不足以直接落实事实性判断。违反逻辑的判断不能成立；违反常理的事实概率不高，但也可能是事实，需要更充分证据的检验。证据、逻辑、常理皆能吻合，判断就具有了高度可取性。三者皆不充备，不能做出判断；三者之一不充备，只能做出关于可能性的推断，即存疑。存疑推断也是一种判断，在排除若干可能性之后做出，因而意味着离事实更近。

历史学家发表的著作中一定会包含对其所述往事的解释。解释可以借助于理论，或者不借助理论而直接从自己的价值立场出发做出关于善恶得失的评价。评价都是解释。但不能因此认为历史学家除了解释就不能说话。比如一个研究明史的人依据《明史·高拱传》说："高拱表字肃卿，家乡河南新郑。他在嘉靖二十年也就是公元1541年考中了进士。"这里面并没有什么解释。如果在这种语境中，仍有人要说这个研究明史的人的话语归根结底是建构的，他的事实是选择的，即使他所说的每句话都是事实，他也私吞了另外一些事实，我们只好敬谢不敏。要对这类没有解释性内容的陈述进行评价，唯一的方法是查考其他记载，看高拱的表字是不是肃卿，家乡是不是新郑，他是不是在嘉靖二十年考中进士，即查考是不是还存在更可靠的记载与《明史》记载不一致。查无他说，则可以视之为可取的历史事实性判断——即使后来发现新的更可靠证据表明这种判断还需要修正也是如此。历史学家的脚步，并不一定要踩踏在一个连一个全真判断的柱石上，而是踩在一个个相对可靠的柱石上。这个例子表示，历史学家的叙述可以不含解释，他的性质意义上属于主观行为的分析在内容上可以是客观的。这种情况虽然在对单一事实的考订和叙述中表现最多，但将单一事实连贯起来，也可以构成相对完整的历史叙述或者历史著作，比如年谱。类似研究并不少见。当历史学家想要借助其历史事实叙述表达自己的评价时，或者当历史学家在行文中使用带有价值、立场、观念性的语汇时,解释就被融合到事实叙述之中了。然而这种解释性的成分真的不能从一个历史学家的事实叙述中剥离开吗？肯定不是。我们在日常生活中既然能够分辨言说者话语中的事实（fact）和观点（opinion），历史学家就能够在其工作中剖分事实和观点。对于观点成分的评价，尺度常是多元的；对事实成分的评价，只需查证其证据，就可以判断其真伪或真伪程度。

无论如何，当解释渗入历史学家的陈述时，问题的确变得复杂了。除了具体事实，历史学家还要处理更复杂的事实，包括系列事实、结构性事实。"朱元璋少年时曾经剃发为僧"是个具体事实陈述，这种具体事实陈述可以被视为客观的。"朱元璋在建立明朝时重构了国家制度"则是在一系列具体事实判断基础上归纳而成的系列事实陈述。做出这种陈述之前需要选择一种方式将个别事实连贯成为具有内在关联的系列，而内在关联需要主观界定，因而夹带的主观成分会增多。判断这种陈述是否可取，既要查核其所依据的具体事实，又要考量其连贯的方式。因为除非那位史学家故意，其连贯方式并非一定需要理论介入，因而评价的基准依然是其符合可见事实证据的程度，唯因其连贯多项事实证据，必须判断其连贯方式是否符合归纳的逻辑。"朱元璋建构了皇权高度集中的国家体制"则是一种结构性事实陈述。结构性事实陈述一定带有很强的主观成分，一定是事实与解释融合的，因为这种事实需要透视才能得见，透视的工具必须是比较复杂的概念乃至理论，需要陈述者自己做出明确的界定和说明。当一位历史学家说"唐代租庸调法具有国家对农民劳役征发和剥削性质"的时候，其中既包含事实性内容，也包含理论性内容，两者很难断然分开。对这种陈述的评价应分为两个层面：其一是依据证据判断作为基础的基本事实，即唐代租庸调法究竟是怎样的一种赋役制度，是否与陈述相符，如不相符，无论提供"国家对农民劳役征发"、"剥削性质"的理论如何高明，整个陈述不能成立；其二是对其中的理论性要素及其所依托的整个理论本身进行评价，后者通常延伸到历史学之外。

不存在评价理论的通用简单方法，但也并非凡理论皆不可评价。

所有理论都需涉及事实，所有事实都具有历史性，如欲成立，必须符合可取性基准，即理论的事实基础必须成立。其次是逻辑，再次是常理，此外还有实践的检验。本文要讨论的是历史研究评价的底线，尤其是事实性判断的可取性问题，对于理论在史家叙述中的介入问题以及底线以上的诸多相关问题，不能深论。

三　关于实证主义的反思及对批评的批评

　　中国现代历史学家的工作方式，除了受到各种历史观、价值观的影响之外，在具体方法论层面，得益于广义实证主义甚著。中国历史学实证主义有两个渊源：一是传统史学中的直书、征信传统，尤其是乾嘉时期疑古、考据的传统；二是欧洲兰克学派史学的影响。德国历史学家兰克（Leopold von Ranke）奠定了世界范围内客观主义历史学的基础。他主张历史著述的基本原则在于以过去事物发生本来的样子呈现过去，坚持具体经验立场，认为历史学的科学性基于其研究的客观性原则和严谨的方式，不在于使历史学成为普遍知识的属性。他特别强调原始档案的价值，引导了历史研究引述原始文献来论证问题或叙述史事的实践。因为这种客观主义史学是在科学与理性彰明的时代环境中发展起来的，很大程度上采取了与自然科学一致的意念考察和叙述人类以往经验，以根据证据发现和澄清事实为目标，以发现和叙述历史事实时保持客观性为追求。因为历史研究所使用的证据大多来自书写资料，文献学自然而然地成为历史研究的最重要基础。受兰克学派很大影响的中国史学家傅斯年即曾说道："近代的历史学只是史料学，利用自然科学供给我们的一切工具，整理一切可逢着的史料。所以近代史学所达到的范域，自地质学以至目下新闻纸，而史学外的达尔文论，正是历史方法之大成。""凡能直接研究材料，便进步；凡间接的研究前人所研究或前人所创造之系统，而不繁丰细富的参照所包含的事实，便退步……凡一种学问，能扩张他研究的材料便进步，不能的便退步……凡一种学问能扩充他作研究时应用的工具的，则进步；不能的，则退步。"他认为："我们只是要把材料整理好，则事实自然显明了。一分材料出一分货,十分材料出十分货,没有材料便不出货。""材料之内,使他发见无遗;材料之外,我们一点也不越过去说。"① 他以历史学为与自然科学无异的学问,以史料学为史学的核心,主张纯学术的历史研究。现代中国史学发展在各个阶段,都伴随着新史料的发现和历史文献学的扩展。梁启超在归纳清代汉学的实证精神时,指出此种精神的核心在于"实事求是"、"无征不信"。② 具体而言:1. 凡立一义,必凭证据;2. 选择证据,以古为尚;3. 孤证不为定说;4. 以隐匿证据或曲解证据为不德;5. 喜罗列事项之同类者为比较研究;6. 采用旧说必明引之,以剿说为不德;7. 所见不合则相辩诘,虽弟子驳难本师不以为忤;8. 辩诘以本问题为范围,词旨务求笃实温厚;9. 喜专注一业,为"窄而深"的研究;10. 文体贵朴实简洁,忌"言有枝叶"。③ 这种方式,至今是中国史家工作的基本理路。

　　实证主义史学在 20 世纪受到来自哲学、语言学、后现代思潮、历史相对主义等各种来源的不断批评,也受到历史学意识形态化的干扰。到 20 世纪末,在世界范围内,颠覆实证主义已经成为新潮史家或历史哲学家彰显新意的一个标签。一些学者宣称历史学发生了语言学转向、文化转向;一些学者通过采用其他学科的理论方法改造历史学或者另辟蹊径;还有一些学者采用戏说的方式把历史学推往消遣的方向。英国历史学家理查德·艾文斯(Richard J. Evans)列举了许多从后现代主义立场对历史学的批评,并指出:"后现代主义者对历史学的批判是如此具有威力且影响深远,以至于越来越多的历史学家停止了对真相的追寻,放弃了对客观性的信仰,而且不再以科学性的取径来探索过去。"④ 对实证主义历史学的批评,显然对历史学家对待

---

① 傅斯年:《历史语言研究所工作之旨趣》,原载《"国立中央研究院"历史语言研究所集刊》第一本第一分册,参看蒋大椿主编《史学探渊——中国近代史学理论文编》,吉林教育出版社 1991 年版,第 493—503 页。
② 梁启超:《清代学术概论》,商务印书馆 1922 年版,第 9 页。
③ 梁启超:《清代学术概论》,第 77—78 页。
④ [英] 理查德·艾文斯:《捍卫历史》,张仲民等译,广西师范大学出版社 2009 年版,第 5 页。

自己工作的观念和方式产生了深刻影响，实践历史学家头上，盘旋着越来越浓厚的疑云。与此同时，试图超越实证主义历史学的研究者所完成的历史研究著述虽然别开生面，但在关于历史事实澄清方面的严谨性并未超过实证主义史学家的优秀著作，证据不足和过度诠释情况比比皆是。对实证主义的批评，并没有直接开出整体上更佳的历史研究范式。

由欧洲哲学家发动的对实证主义历史学的批评所针对的直接对象，当然不是现在中国实践史家所秉持的历史研究实证方式，而是欧洲的实证主义史学传统和一些实证主义哲学的命题。早在实证主义历史学兴起的时代，黑格尔就曾在讨论他归纳的3种历史——原始的历史、反省的历史、哲学的历史的时候，关注到历史学家本人意识向其著述的渗透。这种渗透在诸如希罗多德、修昔底德等代表的原始的历史即以史家自己所关心的同时代历史为对象的历史著作中就已经难以避免。在反省的历史即超越历史学家自己时代范围的历史著作中，历史学家更是在整理资料的环节就需要运用"自己的精神"，而且在写作时"必须用抽象的观念来缩短他的叙述……由'思想'来概括一切，藉收言简意赅的效果"。在说到反省的历史中被称为"实验的历史"的一个分支时，黑格尔其实已经为后来克罗齐的那句名言预先做了注脚。他指出，当我们研究"过去"的时候，就会有一种"现在"涌上心头，这是史家自己精神活动的结果，"历史上的事变各各不同，但是普遍的、内在的东西和事变联系只有一个。这使发生的史迹不属于'过去'而属于'现在'。所以实验的反省……使'过去'的叙述赋有'现在'的生气。"[1] 我们必须注意，黑格尔仅仅指出反省的历史学家会将"现在"的意识投射到"过去"，并没有因此认为这是一切历史应该采取的做法——反省的历史本来就不是黑格尔心目中最理想的历史。在谈到第三种反省的历史即史学批评时，黑格尔在简单提到法国的这类批评曾经贡献许多深湛和精辟的东西之后马上指出，德

---

[1] ［德］黑格尔：《历史哲学》，王造时译，世纪出版集团、上海书店出版社2001年版，第4—6页。

国的学者则曾经假借批判之名"就荒诞的想象之所及,来推行一切反历史的妄想谬说……以主观的幻想来代替历史的记录,幻想愈是大胆,根基愈是薄弱,愈是与确定的史实背道而驰,然而他们却认为愈是有价值"①。显然,黑格尔既已深刻察觉史家观念在其研究过程中不可避免的参与,又保持着对于历史记录作为底线的尊重。至于黑格尔理想的历史即哲学的历史,是思想充分展开的历史,因而容纳更多的主观性:"'历史哲学'只不过是历史的思想的考察罢了。"这种历史虽然被黑格尔称为历史,实际上仍是哲学。而"哲学的范围却是若干自生的观念,和实际的存在是无关的"。哲学关心本质,历史学关心存在。所以黑格尔要完成他的历史哲学,就要提醒自己:"我们必须审慎的一点,就是我们不要被职业历史家所左右。"②他理想的历史学家,其实是观照历史经验而以呈现永恒本质为己任的一种特殊的哲学家。然而,历史学家本无须以哲学家自处。

19世纪末,对倾向于模仿自然科学的欧洲实证主义历史学的反思已然深入,而其方向并不是解构历史学,而是探析其与自然科学之间的差异。文德尔班(W. Windelband)1894年发表《历史学与自然科学》指出:"科学以认识普遍规律为目的,而历史学则以描述个别事实为其目的";自然科学是"合乎规律的"科学,历史学则是"个体叙述的"科学。他认为:"历史学家对历史事件的知识是由价值判断——也就是,对它所研究的那些行动的精神价值的看法——组成的。因此,历史学家的思想乃是伦理的思想,而历史学则是伦理学的一个分支。""历史学家对个体所做的工作并不是要了解它或思考它,而是以某种方式来直观它的价值;这种活动大体上有似于一个艺术家的活动。"③ 这种分析,解除了历史学家认识普遍规律的义务,使得他们有理由不去模仿自然科学家和历史哲学家对本质的诉求,而获得一片个别事实的天地。但是,文德尔班夸大了历史研究的伦理性质。

---

① [德]黑格尔:《历史哲学》,王造时译,第7页。
② [德]黑格尔:《历史哲学》,王造时译,第8—10页。
③ 参见[英]柯林武德《历史的观念》,何兆武译,中国社会科学出版社1986年版,第190—191页。

历史学家关于历史事件的知识可以融入价值判断，也可以不融入价值判断，或者虽然融入价值判断但那种价值判断并不至于歪曲事件真相。如果历史学家工作的意义全在于或主要在于以艺术方式表述自己的价值观，人们就尽可以抛弃历史学家，直接去读艺术家的作品。历史学家的工作不能不渗透思想，但除了思想也须有可取的事实。在这里，黑格尔告诉我们历史学家的工作是追求本质，与哲学家并无二致；文德尔班告诉我们历史学家的工作是表述价值。他们都把历史学家工作最为基础性的部分，即理析出具有高度可取性的事实，降格到非本质的地步。

稍后，克罗齐（Benedetto Croce）在《历史学的理论与实际》中主张：历史就是活着的心灵的自我认识，无论历史学家所叙述的历史距离他的时代多远，唯当其被历史学家所理解的时候才是真历史，并无例外地成为"当代史"，否则就是一种空洞的回声："假如真是一种历史，亦即，假如具有某种意义而不是一种空洞的回声，就也是当代的，和当代史没有任何区别。像当代史一样，它的存在条件是，它所述的事迹必须在历史家的心灵中回荡……"因而，"一切真历史都是当代史"。① 他所说的这种"真历史"是与编年史（chronicles）相对而言。"历史是活的编年史，编年史是死的历史；历史是当前的历史，编年史是过去的历史；历史主要是一种思想活动，编年史主要是一种意志活动。一切历史当其不再是思想而只是用抽象的字句记录下来时，它就变成了编年史……"② 编年史是精神消逝了的历史，是历史的残骸。我们不难在这里看到克罗齐的主张与黑格尔主义深度共鸣——虽然克罗齐曾经对黑格尔进行批判。他们都把历史学家视为思想者——如果不一定是哲学家。我们可以赞同他们把历史研究视为当下思想活动的主张，但是他们都过度强调历史作为历史学家行为的性质，偏爱心灵体验的真实性。历史学家如果确然依照这种定位来从

---

① ［意］克罗齐：《历史学的理论和实际》，傅任敢译，商务印书馆1986年版，第2页。

② ［意］克罗齐：《历史学的理论和实际》，傅任敢译，第8页。注意，克罗齐所说的编年史与中国史学史中的编年体史书完全不是一回事情，此事另议。

业，那么后来的后现代主义对历史学实证基础的解构也就大致可以成立了。问题是，这些伟大哲学家对历史学家的定位，只是推崇了对历史的一类以思想探索为主旨的高妙研究，却远远没有界定实践历史学家的普遍工作方式，忽略了历史研究澄清以往事实本身的意义。思想探索为主旨的历史研究自然会多种多样，问题是思想的驰骋要不要受事实基础的规范。

柯林武德（Robin G. Collingwood）1946年出版的《历史的观念》也对实证主义进行了批判。他的"一切历史都是思想史"的名言，和克罗齐的那句类似的话一样流行。他的全部史学思想当然有对整个欧洲历史思想进行系统梳理的根基，但他的这个最著名的主张却是以很简单的方式推论出来的："自然的过程可以确切地被描述为单纯事件的序列，而历史的过程则不能。历史的过程不是单纯事件的过程而是行动的过程，它有一个由思想的过程所构成的内在方面；而历史学家所要寻求的正是这些思想过程。一切历史都是思想史。""思想史，并且因此一切历史，都是在历史学家自己的心灵中重演过去的思想。"[1] 通过透视单纯事件背后的思想来理解作为过程的历史是可行的，但是这仅仅限于那些由人的思想所支配的行为导致的事件，而人类以往的经验中有许多并非由人的思想来决定。比如人口结构、经济状态等这些我们前面所说的历史上的结构性事实。如果承认经济是人类历史经验的一个侧面，就需要认真对待经济演变背后那只"看不见的手"——如果这只手是思想操作的，就不是看不见的了。所以，虽然柯林武德的确指出了历史学家实现历史通贯理解的一个途径，他也实际上窄化了历史的范围。他试图将历史学从"剪刀加浆糊"的技术性工作升华到思想追求境界的论述富有启发性，但他的实践方案却颇有局限。历史不仅是思想史，不仅人口增长的事实不是思想史，而且"史家著述"意义上的历史虽然必须用思想来组织，却也不能归结为思想史。柯林武德所说的"思想史"——对他而言是一切历史，只是历史学家据以呈现自己思想的历史著作。这即使在"思想史"

---

[1] ［英］柯林武德：《历史的观念》，何兆武译，第244页。

的一般意义上说,也是十分狭隘的。果真如此,历史舞台就被大小思想家站满,其他人就无地自容了。不过,柯林武德虽然过分强调思想,但是却与历史不可知论划清了界限。他认为,"历史学是一种研究或探讨……总地说来它属于我们所称的科学,也就是我们提出问题并试图做出答案所依靠的那种思想形式……科学是要把事物弄明白;在这种意义上,历史是一门科学"。① 根据他的论说,历史学是否具有科学性,不应该仅仅从其研究的对象和依据的性质角度看,也要从研究的方式和目标角度看。历史学的目标,就是把往事弄明白。既然如此,历史学家的工作方式,毕竟还是要查看证据,即使其呈现自己研究的结果时非常强调思想的意义也是如此。柯林武德如此强调思想意义的历史学,在很大程度上是针对孔德(Auguste Comte)推崇的模仿自然科学的实证主义社会学和兰克的客观主义历史学的。孔德实证主义认为科学有两件事情:一是确定事实,二是构成规律。这种观念延伸到历史学领域,就引导大量优秀的历史学家努力去积累和考订自己认定的证据性资料,但是他们迟迟不能进入实证主义指引的第二阶段即构成规律。于是,正视这种情况的历史学家,如兰克,"终于认为,发现和陈述事实本身对于他们来说就够了……历史学作为若干个别事实的知识,就逐渐作为一项独立自主的研究而使自己脱离了作为普遍规律的知识的科学"。② 于是,历史被分割、碎化、硬化,脱离思想而被诟病为"剪刀加浆糊"的历史证据搜集。柯林武德并不否认历史证据的存在和意义,也不否认历史事实,他是在努力通过倡导思想贯通而将流于碎化的历史学提升到高级水平。这样来看,我们从柯林武德那里获得的启示,就不应该仅仅来自他那句强调思想的名言的表面含义,而要注重他对历史学从自然科学化坠入机械、碎化的反省。尤其是,我们不应该把柯林武德视为解构历史可认知性的先驱。

卡尔·波普尔(Karl R. Popper)在《猜想与反驳》等论著中,对实证主义进行了逻辑层面的剖析。他认为:逻辑实证主义把可证实

---

① [英]柯林武德:《历史的观念》,何兆武译,第9—10页。
② [英]柯林武德:《历史的观念》,何兆武译,第148页。

性看作科学区别于非科学的分界是不能成立的。如牛顿宣称自己的理论并非推测，而是对事实的真实描述，是通过归纳法建立起来的，然而牛顿理论虽然经过证实，后来却受到爱因斯坦理论的否证。从牛顿到爱因斯坦的发展意味着任何理论，不管它曾经受过何等严格的检验，都是可以被推翻的。可证实性不能构成科学与否的尺度，可以构成这种尺度的是可否证性，一项结论需在逻辑上或原则上有可能与一个或一组观察陈述相抵触，即可以接受逻辑的检验，方归于科学范畴；凡逻辑上不可否证的皆不属于科学范围。按照波普尔的论说，归纳逻辑并不能保证认识的科学性，可实证性也不是科学的基础，只有可否证性才是科学的逻辑基础。因为实证主义的主要逻辑路径是归纳逻辑，所以波普尔的这种论说通过对归纳逻辑本身作为达成科学认识的途径的质疑，进一步撼动了实证方法的权威性。[①] 然而问题是，波普尔所讨论的科学认识，始终是作为理论的认识，如果不是一种复杂的理论，也是一种全称肯定判断，如"凡天鹅皆白"之类。一个历史学家如果并未沉迷于孔德式的社会科学，对普遍性并没有那么大的兴致，他做出的大多数判断是诸如"某时某刻出现于某地的那只天鹅是白色的"，至于全天下的天鹅都是什么颜色，他并不一定要追究——虽然他也可能对之有些兴趣。换言之，历史学家的大量工作是把对象作为有限个体来认识，而不是把判定全世界所有同类个体的总体属性作为自己的任务——即使倡导通贯思想的历史学家也是如此。归纳逻辑可以证实历史学家所要弄清的大量事实，比如通过教会洗礼记录来判断某年某地受洗人数，或者通过统计明朝每个皇帝的生卒年来计算明朝皇帝在世的平均年。因为历史学处理的个体对象总是在特定时空框架之内，是有限对象，所以通过归纳个别来实现对一般的有效判断是可行的。演绎逻辑，基于已知普遍性推导个别之性征的方法，在历史学中的适用性小于在自然科学中的适用性。历史学触及的普遍性是基于具体事实辨识、分析实现的依然有具体性的一般属性、

[①] 参看赵轶峰《卡尔·波普尔的科学哲学思想与史学方法论的再思考》，《求是学刊》1988年第2期。

特质、可能性，皆为假说，历史学也不以揭示绝对普遍性即放之四海而皆准的真理为目标。所以，波普尔所指出的归纳逻辑的局限，并不否定历史实证方法之成立，而他的否证方法，则完全可以作为一种探寻真实的逻辑纳入广义实证方法范畴之中。

爱德华·卡尔（Edward H. Carr）对被他称为历史经验主义（historical empiricism）的兰克学说以及其后的各种讨论进行批评，认为"历史是历史学家与历史事实之间连续不断的、互为作用的过程，就是现在与过去之间永无休止的对话"①。而"历史事实不可能是完全客观的，因为事实之所以变为历史事实，要靠历史学家根据事实的重要性而决定。历史中的客观性——假如我们仍旧可以适用这一传统术语的话——不可能是事实的客观性，只能是事实与解释之间，只能是过去、现在和未来之间关系的客观性"②。然而历史事实完全可以是客观的，并非总是要靠历史学家的重要性尺度来决定，这在前面关于阿甲的讨论中已经说明。卡尔所说的作为现在与过去永无休止的对话的那个历史，只是作为史家思考内容和叙述文本的历史，而历史学家并没有资格因为自己以研究过去的事情为职业就断言任何往事，除非进入他们的视野就不算是过去的事情。卡尔之所以把事实的客观性着落在处于"事实与解释之间"的"过去、现在和未来之间关系"上面，就是因为他把"事实"与"历史事实"断然分为两事，这样的"历史事实"当然就只存在于历史学家的心中。问题是，历史学家心中的历史只是作为映象和知识的历史，那些被他判定为不具备客观性的"事实"才是历史。卡尔所谓"历史事实"的客观性，只能是心灵事实之类的客观性，而如果历史学家仍以了解人类经验为职事，他们真正关注的就不可能是这类被称为历史学家的人各揣心腹事的心灵事实，而是过去发生的那些人类事务。

1973年，美国学者海登·怀特（Hayden White）出版《元史学：十九世纪欧洲的历史想象》，成为迄今为止解构实证主义历史学的旗

---

① ［英］E. H. 卡尔：《历史是什么》，陈恒译，商务印书馆2007年版，第115页。
② ［英］E. H. 卡尔：《历史是什么》，陈恒译，第224页。

帜。他在该书中选出"在构思历史的可能方式这一方面始终是公认的榜样"的历史学家米什莱、托克维尔、兰克、布克哈特，与历史哲学家黑格尔、马克思、尼采、克罗齐进行比较，以探寻"哪一位的做法表现出历史研究最贴切的方式"①。结果是："占主导地位的比喻方式以及与之相伴随的语言规则，构成了任何一部史学作品那种不可还原的'元史学'基础。"并且，19世纪欧洲史学大师著作中的这种元史学因素构成了种种暗中支撑其著作的历史哲学，如果没有这些历史哲学，那些大师们绝不可能写出这样的作品。② 因为怀特的"元史学"是指历史学家和历史哲学家论著中占主导地位的比喻方式以及相伴随的语言规则，而这种元史学又构成了那些历史学家写出典范著作之支撑的历史哲学，因而语言就是历史学家、历史哲学家乃至诗人著作的根基。从而，历史学家叙述的起点和终点是他们自己叙述策略所确定的故事起点和终点。换言之，历史学家的修辞系统事先决定了其叙述的形式乃至叙述的内容。在这样的语境中，语言是本质，语言所传达的内容是由语言派生出来的，历史的内容是构造的。怀特的这项研究出版40多年来产生了巨大的影响，史学理论界流行的认为历史学发生了"语言学转向"的看法，主要是由这项研究推动的。但是人们很少注意到，怀特曾经申明，他的研究方法是"形式主义的"，即"我不会努力去确定某一个史学家的著作是不是更好，它记述历史过程中一组特殊事件或片段是不是比其他史学家做得更正确。相反，我会设法确认这些记述的结构构成"③。他所说的形式主义方法，指的

---

① ［德］海登·怀特：《元史学：十九世纪欧洲的历史想象》，陈新译，译林出版社2004年版，第4页。怀特接下来说："作为历史表现或概念化可能的楷模，这些思想家获得的地位并不依赖于他们用来支撑其概括的'材料'的性质，或者用来说明这些'材料'的各种理论，它依赖的不如说是思想家们对历史领域相应的洞见中那种保持历史一致、连贯和富有启迪的能力。这就是为什么人们驳不倒他们，或者也无法'撼动'他们的普适性，即便求助于随后的研究中可能发现的新材料，抑或确立一种解释组成思想家们表述和分析之对象的各组事件的新理论，也都无助于此。作为历史叙述和概念化的楷模，他们的地位最终有赖于他们思考历史及其过程时，那种预构的而且是特别的诗意本性。"见同页。

② ［美］海登·怀特：《元史学：十九世纪欧洲的历史想象》，陈新译，序言，第3页。

③ ［美］海登·怀特：《元史学：十九世纪欧洲的历史想象》，陈新译，第3—4页。

是并非从内容角度而从运用于叙述策略中的语言方式角度来分析选定的历史学家和历史哲学家的著作。他从一开始就把历史学家著作的内容符合事实的程度问题悬置一边，而把叙述或论证的形式作为核心问题。正是在这样选择之后，他才会说："选择某种有关历史的看法而非选择另一种，最终的根据是美学的或道德的，而非认识论的。"[①] 概括地说，认识历史学家叙述中难以根本避免主观预设并不是怀特的发明，他的贡献在于从语言和修辞的层面揭示了历史学家预设在其叙事中展开的形式和难以察觉的程度。他的根本问题则是，从语言和修辞策略层面对历史学家著作的分析是过分"形式主义"的，仅仅指向叙述的语言学结构，而这种结构类型非常有限，使用这种方法来分析历史学家的著作，就如同分析音乐家的作品时仅仅将之归于若干"调"一样，根本不进入那些作品的内在品质问题。[②] 而且，怀特分析的对象仅仅是19世纪欧洲的8位学者，与所有西方历史哲学家一样，他没有把欧洲以外的其他历史学传统纳入视野。[③] 无论如何，怀特推动的所谓历史学的"语言学转向"[④] 大幅度地把历史学从实证主义的基点拉开，成为话语建构的事情。但即使关于历史学家叙述受语言制约的所有分析都是正确的，也不过是指出了历史学家叙述受到人类语言的影响，而这种影响不仅波及历史学家，也波及自然科学家、

---

① ［美］海登·怀特：《元史学：十九世纪欧洲的历史想象》，陈新译，序言，第4页。

② 《元史学：十九世纪欧洲的历史想象》的中译者陈新用怀特分析历史学家和历史哲学家的逻辑分析怀特自己的论说，认为"怀特的理论注定不能自圆其说，它的严密性必须依赖于他人的阐释，这无异于使怀特提出的理论失去了自己的立足之地。就此而言，《元史学：十九世纪欧洲的历史想象》及其阐述的理论的确更像是一种诗性想象的产物"。见陈新《诗性预构与理性阐释——海登·怀特和他的〈元史学〉》，《河北学刊》2005年第2期。

③ 这种局限可以从怀特的下面这句话中略见端倪："历史学曾是一个普通的研究领域，它是由业余爱好者、外行以及好古者培育起来的。现在，由一个普通领域转变成一个专业学科……"海登·怀特：《元史学：十九世纪欧洲的历史想象》，陈新译，第183页。如果怀特稍微关注一下中国史学传统，就不会笼统地认为历史学都是这样发生的。

④ 19世纪末20世纪初语言学家索绪尔（Ferdinand de Saussure）《一般语言学教程》中陈述的观点似乎启发了怀特的前述论证。索绪尔认为，语言构成封闭的自组织系统，它不是连接意义的手段和意义的单元；相反，意义是语言的功能；人无法用语言来传达其思想，反而是语言决定了人之所想。

哲学家。因而，这种看似高妙的论说不过是指出凡人用语言表述的东西都具有建构性。即使所有被使用的语言都具有预置的规定性和选择性，语言究竟还有没有可能表达准确的含义呢？如果不能，怀特的那些振聋发聩的言论都是荒诞的；如果能，为什么哲学家能而历史学家却不能？问题并不在于历史学家所使用的语言是否带有人类语言必然具有的选择、建构性，而在于历史学家如何运用人类语言梳理、表述更符合实际的人类往事。在这种意义上，不仅历史著作与哲学著作、诗歌不同，历史学家们的著作也各有符合历史事实程度的差别。况且，职业历史学家以与哲学家、诗人不同的方式使用语言。差别取决于其目标：历史学家的基本目标是尽量澄清择定范围人类往事的真实情况，包括澄清具体事实、具体事实系列和结构性事实；哲学家的目标是阐释关于界定主题终极意义的思想；诗人的目标是以优美感人的韵律语言抒发情感。由于目标不同，这三类人中，历史学家的语言以朴素、不易引起歧义和多解、接近常识（common sense）为特色。比如历史学家说到明清时代太湖水利的时候，不需要表示其所说的水之每个分子由两个氢原子加一个氧原子构成，即使那是科学意义上更本质的东西。历史学家使用朴素语言表述的历史，从来就不是百分之百精确的往事——人类语言根本不能以百分之百精确的方式重现过去发生的任何复杂事实。他们讲述的只是择定视角下往事的某一部分，或者某些要素、某些关系或属性。历史学家叙述所根据的证据也并不限于语言信息或者文字书写的文本信息。正如犯罪学家并不仅仅依据口供来判断案情，而是要审查各种各样能够获得的语言或非语言的证据。生活在公元前时代的司马迁就知道踏访历史陈迹，今天的历史学家可能会凭借DNA鉴定来确定一具遗体的某些身体特征，可能根据全程录像来重构某次会议中发言的情况。而且，过去发生的事情并非一定在发生之后就无影无踪，只剩下某些人用语言留下的记录。历史会产生后果，其中一些会从上古投射到当今。哲学家谈论亚里士多德、孔子、黑格尔，并不仅仅因为他们看到前人著作中提到了这些人，还因为他们在现实生活中感受得到他们的影响，正如某些人的皮肤为白色而另一些人的皮肤为黑色并不依赖任何文本一样。

国际史学界关于记忆的研究在20世纪后期以来颇为兴盛，在中国也已经有所发展。彭刚在不久前发表的一篇文章中指出："近年来，历史记忆、社会记忆、文化记忆这样一些概念，在学界和更加宽泛的文化生活中成为热点。在历史学界内，甚至有人称之为'记忆的转向'。"[1] 这种"记忆的转向"与以前流行的"语言学转向"一样，虽然反映出历史研究乃至历史学观念的一些动向，但都是一些研究者把自己的兴趣、取向夸大为历史学基本趋势的说法。中国史学界关注记忆可能与三个背景因素有关：第一，对实证主义史学的批评弱化了对历史认知确定性的信心；第二，社会史、历史人类学主张的从下而上看历史方法凸显了口述历史学的意义，而口述历史信息又凸显了历史信息的不确定性；第三，20世纪的一系列重大历史事件在被叙述者重述中发生的分歧，引发了保存这些历史事实可靠认知的焦虑。以记忆为关键词的历史研究体现历史研究者对历史信息复杂性的体认，有助于提示研究者更加缜密地探索如何从这种复杂性中求取可靠的记忆，也开拓了历史研究深入考察原始事实引发的后续事实的视野。但是如果过度强调历史作为记忆的性质，就把历史纯粹知识化，把历史研究变成了知识社会学或观念研究。[2] 记忆有两层含义，其一是所记忆往事的内容，其二是记忆作为一种行为发生的情境。前者指向记忆行为发生之前或当时所发生的事情，其意义取决于符合事实的程度；后者指向对记忆行为发生、再现的解读，其指向是记忆者的心理。近

---

[1] 彭刚：《如何从历史记忆中了解过去》，《读书》2016年第4期。彭刚在同一篇文章中还说："简单地说，对于历史，人们可以有两种不同的看法。一种是过去不断累积变化，以至于现在，当下乃是过去的结果；另一种则可以借用克罗齐著名的命题'一切历史都是当代史'来表达，那就是，过往的历史是一片幽暗，只有当下的关切和兴趣，才有如探照灯一样，照亮那片幽暗中的某个部分、某些面相，过去在很大程度上是被当下建构出来的。对于记忆，也可作如是观。"

[2] 如有学者说："虽然大家坚信历史就是过去的真实，但是这种真实需要通过记忆才会存在于今天，并且需要通过将记忆用某种方式表达出来才成为'历史'。所以我们可以说，过去的一切，只有成为人们的记忆，才会成为历史，如果没有历史记忆，也就没有历史。反过来说，今天我们认定为历史的一切，其实都只是我们记忆中的真实……过去发生的事情，其绝大部分都是会被忘记的，我们的历史从来不包括那些已经忘记了的事实。"见《"建筑·记忆"主题沙龙》，《城市建筑》2015年第34期。

年流行的许多历史研究，采用文本流传历程取径，分析偏重流传情境，文本内容符合事实程度的问题反而止于扑朔迷离，研究者似乎用后继心态事实或思想事实替代了原本事实。事实具有唯一性，而对唯一的事实的记忆可以有多种，可以完全扭曲，因而对记忆的研究可能与原本的事实相关，也可能不相关。把历史直接理解为记忆还会把大量不为人知的历史事实排除在历史概念之外，而不为人知的事实依然是事实，依然可能对人产生作用。我们迄今对夏代的历史知之甚少，然而因为商代文化已经达到相当复杂的水平，必然有深深的根源扎系在其更早时代社会土壤和人类经验之中，因而我们有理由对商以前时代考古学保持密切关注，并且可以判定我们在所了解的商代历史中的一些要素，可能从夏代而来。这正如前面说到的那个阿甲的DNA，他的某些性格要素，来自他的父母。每次新史料发现都扩展了人们所知历史的范围，但并不是因为发现了那些史料，相关的历史才发生过，相反，因为那些事实发生过，所以才可能有后来的史料发现。当历史研究的对象被缩小为思想、心态、知识时，历史会被大大压缩，不被意识察觉的作用关系、结构、因果皆被推到边缘。历史研究中许多当事人难以察觉的内容，如经济类型、政治文化、人口趋势等，大多要由稍后或很久以后的研究者通过复杂的考察、比较、统计、分析呈现出来。

　　在语言建构性、诗性笼罩历史研究的语境中，历史研究与诗歌在揭示真相意义上的差别似乎只在于风格，其目标也就转移到以更优美的方式讲述自己的故事。在历史归结为记忆的语境中，历史学家的主要工作就是历史事实在后来人们心目中的印记，而不是历史事实本身。这种对于很多人来说因追随历史观念流变而无意识偏置的心态，逐渐把许多历史学家的工作旨趣从发现和解释事实转移到建构心灵旅途中发生的故事。可能与此相关，当下历史学家在澄清历史事实方面的能力比起更早时代并没有明显的增强，常常犹疑不定，历史学家解释的兴趣和能力却大大增强，对于历史解释主观性的容忍度也大为扩张。在各种理论方法潮流中，如果不能坚守历史学以材料为根基的实证理路，面对各种被曲解或过度解释的历史说，就只能作壁上观。以南京大屠杀为例，其间被残害的人数尽可以依据证据加以反复衡量，有所争议也属正常。但根本否定这一事件的言论也能流行，却显示出历史学家在澄清相关事实中的缺位或尺度混乱。公众降低了向历史学家求问历史真相的信心时，对各种差异记忆、言说、解释的分辨力也变得朦胧。证据能够发出的声音太弱，主观性述说的空间太大，这是围绕南京大屠杀事件认识分裂的学理原因之一。历史研究中诠释域度的放大在历史观念层面把历史学从发现事实、澄清往事真相的事情，转变为历史学家展现思想和才华的事情。所以带有此种倾向的历史著作，或华美佻达，或哲理深奥，或跌宕起伏，皆以著述者本人的思想、文采，甚至想象来充实其作品，事实、真相则被降低为表达思想的材料。这在一定程度上，把历史研究变成了文学事业或思想事业。从实证的立场出发，历史学不过是发现事实、澄清真相的学问，历史学家的思想和文采，皆应以最大程度上澄清真相为目的，故其文尚简非繁，其义贵明不晦。超过此义，就超出了历史学的本义。

四 从传统实证主义到新实证主义

传统实证主义——这里指的是广义的历史学实证主义而非特指孔德的实证主义哲学——所遭受的诟病是多方面的，其中有一些切中其主体要害，有一些揭示出某些服膺实证主义的历史学者自己学术实践中的弊病，也有一些是夸张或吹毛求疵的。如前所述，对于实证主义历史学的早期反省从欧洲思想界兴起，其对象也以兰克学派的历史研究方式为主。晚近对实证主义批评的主要声音来自美国学者，其对象针对整个西方的历史学传统。也就是说，西方思想界对实证主义历史学的批评，从来没有切实观照中国历史学的实践，而是沿着西方哲学和历史学交叉演变的路径思考下来的。那么，中国史学理论研究者在思考同一方向问题的时候，应该适当注意中西历史学实践的异同，以便区分关于实证主义历史学的反思，哪些是实证主义历史学的根本问题，哪些是狭义实证主义哲学的问题，哪些是个人具体实践方式中的特殊问题。然而，中国当下的历史学在一定程度上理论与实践脱节，或者至少没有形成常态化的密切关联。由此产生的局面是，研究西方史学理论的学者大量介绍西方对实证主义的批评，却很少对中国史学的具体实践方式做出评论；中国史研究者则分化为新潮流与旧规范两途，奉新潮流者模仿晚近西方的史学流派，持旧规范者全不理会史学理论界的那些新说法，如前埋头实证。即使研究中国史学史与史学理论的学者与研究西方史学史与史学理论的学者，也很少交叉，各有语境。① 要梳理传统实证主义应该扬弃的瑕疵，做出必要的修正，至少需要兼顾中西两大史学实践传统，同时还要区分根本问题与特殊问题。

　　传统实证主义历史学的根本问题之一，是在强调历史学家求取历史真实的目标时，没有同时对于历史学达到其目标的过程进行认识论层面的深入考究，因而在哲学家的审视下，显示出对历史学家能够达成其求真目标之信心的夸大和对历史研究主体与客体关系的割裂。传统实证主义并非不具备史料批判的意识，无论中西史学，都有辨析伪书的能力和成就，都有考据的手段，都有疑古的流派。这种史料批判的精神和方法，都以求真的宗旨为基础。因为求真，所以对文本可能含有编写者主观局限、意图产生警觉并做出查核的努力。实证主义者与后现代主义者的差别在于，前者因求真而做史料之批判，通过史料批判而求真；后者为证明史家求真之不可能而做史料批判，通过史料批判而论证史家与其求真不如求自我思想之艺术呈现。实证主义者的史料批判主要通过文献学意义上的考辨，因而结论总是具体的或信或疑；后现代主义者的史料批判则在语言本质和人类对未曾亲历往事的认知能力层面，结论却多是统一的无法确知。前者保持着对认识人类以往经验的追求；后者则把历史学转化为思想者的行为艺术。故如欲对两者进行中和，根基还在实证主义方面，后现代主义只能为针砭实证主义弊病的药石而非替代的方案。经过反思的新实证主义，需在认

---

① 这种情况与近年学科分类变动中把中国史与世界史分作两个"一级学科"，从而把史学理论分为中国史学理论与"世界"史学理论大有关系。此等作为全然不顾学理，贻害不浅。

识论层面承认，即使文本为真，所记往事中依然经常渗透记述者的观念、意图，其迹象可在所记内容层面，也可在话语选择与建构层面。

传统实证主义所受诟病的另一问题是碎化而无思想。这种批评主要来自分析的历史哲学，而不是后现代主义。传统实证主义以类似自然界的概念理解历史，认定累积的片段最终可以组成整体的或完备的历史，与碎片化的研究之间存在一条通路，也实际上推演出了"剪刀加浆糊"式的琐细考察，不问整体，缺乏思想统摄的习惯。史家普遍如此，自然不可。但这一问题的弊端不需过分夸大。原因是，现代历史学是一种社会性的事业，即是有分工的。在此视角下，某些史家偏重具体问题，某些史家偏重以思想统摄，专家与通家互补，未必不可。柯林武德等批评者的心中，其实是以撰著鸿篇巨制的史家，类似爱德华·吉本者，作为正宗史家的，海登·怀特甚至把黑格尔等历史哲学家的构思与历史学家的构思置于同一平面看待。然而在现代历史学中，史著通家与考据家、文献家皆有必要和空间。如果仅言史著通家，非如柯林武德所说有独到思想和洞察力及高超的语言艺术水平不能成其功；如言史学考据家、文献家，则文献素养与逻辑分析能力最为根本。至于晚近中国史学界对历史学碎片化的担忧，虽与实证主义传统也有关系，但更多是由于史学界对于"宏大叙事"的批判和中国史家对理论问题的规避，其实与欧洲学界所谈原委有别。

时或被与实证主义捆绑批评的"宏大叙事"，渊源比实证主义更早，是欧洲启蒙主义和思辨历史哲学推向顶峰的。实证主义历史学因为对于历史知识的客观主义理解，对历史学的宏大叙事没有批判的能力，并与之联姻。但历史学宏大叙事取向的弊端，其实不在历史学的实证取向方面，而在实证主义与启蒙主义和思辨历史哲学之间的复杂纠结。启蒙主义空前彻底地反省了人类历史经验中关于社会组织原则的观念，提出了人类社会合理性的原则，从而极大地推进了现代文明的发展。与此同时，也以绝对化的真理观影响了后来人类社会。黑格尔的历史哲学把绝对理性作为人类历史的目标，并主张历史学家以思想统摄一切，是这种思维倾向的巅峰体现。后来流行各国的各种形态的教条主义也是这种思维取径的表现，其余绪甚至可以在至今尚被很多人视为新思想的"历史终结"论中看到。在纯粹历史学意义上说，宏大叙事与碎片化初看是一个反悖，透视下去却在真理观层面合一。在这个层面，二者都构成实证主义历史学的缺陷。绝对化真理和绝对客观"历史事实"的观念结合，使得传统实证主义相信具体"客观"事实的一一解释最终可以达成统一宏阔的真理。没有这种信念，琐细的事实考证、梳理的意义感就会消失。汲取各种相关反思中的合理要素，新实证主义历史学不避琐碎，既不小觑任何被研究者认定为有意义的具体事实的研究，亦不苛求历史研究当下之"有用"性，同时欣赏符合证据与逻辑基准的通贯研究。在基准以上的层面，新实证主义历史学主张对任何被视为真理的言说保持反省力，不因任何理论否定事实或曲解证据，保持对"公认"、"共识"历史知识的开放心态。在这个意义上，新实证主义立足于批判性思维的基点上，而其批判的尺度，以证据为优先。历史研究要最大限度地靠近历史事实，为此而接受证据的不断检验。共识可以因证据而被证伪，忘记的往事可以因证据而被记起；历史学家要不断地思考历史经验提供给人们的启示，但从不将某人、某时、某刻体认的启示视为绝对真理。至于"宏大叙事"中的"宏大"作为一种叙事方式本身，其实并无大病。历史学是有社会分工的，有人钻研琐细，就需要有人综合。篇幅有限而覆盖广大的历史叙述不仅为历史知识普及所需，也是透视历史长时段演变所不能少。

民族国家本位和政治史中心也是评论者对广义实证主义史学批判的要点之一。这种取向在兰克本人的研究中已经充分表现，并成为对他进行反讽式批评的主要破绽之一，在中国现代史学中也曾是不言而喻的基本方式。然而，这与其说是实证主义展开的逻辑结果，不如说是启蒙主义本身多种深远社会影响之一。实证的逻辑并非必然导出民族国家本位来，也并非仅仅指向政治史，主要是实证主义历史学与民族国家兴起的时代同步性为实证主义历史学打上了那种印记。正因为如此，一旦人们对民族国家本位和政治史的局限有所认识，就可以将研究的问题意识扩展到更广泛的领域，而并不因此必须放弃实证历史研究的方法，也并不一定会陷入严重的心理纠结之中。民族国家本位的历史研究本身只是特定时代意识的反映。问题在于历史学家不能仅仅以民族国家为研究的视域单元，还要研究比民族国家更大范围的历史和更小单元的历史；不仅要研究国家单位必然带来的政治史，还要研究国家单位视野会忽视的下层民众生活、文化心理现象、超国家视域的区域乃至全球史。这种研究，其实也并非在人们批判了实证主义史学之后才出现。古希腊史家希罗多德的《历史》就已经有超国家的视野，而中国的地方志也是国家单位以下的地方历史，实证主义历史学盛行的时代，也不乏女性史之类的研究。所以，非民族国家本位的历史和非政治中心的历史背后，虽有一些理论观念的进步，但并非如一些人想象的那样是重大的理论突破。

新实证主义应在传统实证主义坚持历史可认知性、尊重证据、求真务实的基础上，汲取19世纪后期以来多种反思论说中的合理要素，实现新的整合。历史学家必须承认存在历史事实，且其基本工作在于尽量澄清历史事实，包括单一事实、结构性事实、趋势性事实、弥漫状态的事实、心理事实和文化事实等。宏观与微观、从上到下及从下而上地审视历史，皆为历史研究应有之义。在无数以人类事务为对象的学术门类中，历史学的特质是依据证据尽量厘清已然之事，由此构成与其他学术的区别。在此基础上，历史学家当以晓畅、朴素的语言方式讲述往事，无须追求奇幻。历史学家需凭借思想组织其叙述，但不以牺牲已知的相关重要证据和史实为条件，不以理论操控证据和事实，也不因现实价值立场而故意忽视或曲解历史事实。证据与理论冲突时，证据说话；证据不足时，判断存疑。历史学家解释事实也以不违背证据为底线，不崇尚对证据的过度解释。历史学家永远致力于扩充其证据范围，从文本资料到记忆资料，从文字资料到声像资料，从地上资料到地下资料。凡有助于认知事实的学科、学说、技术皆可应用于历史学，但历史学不以融入其他学科为目标；跨学科研究常为历史研究带来新思路，但历史学并不追求在跨学科研究中失去自我。历史学家承认其工作不可避免地受到自己时代和个人复杂因素的影响，因而对影响历史认知的非证据性因素永远保持警觉，但并不因此而将历史学视为文学、哲学性的工作。

也说"回到傅斯年"

高寿仙

一 义理与考据之争

2000年，谢泳发表一篇题为《回到傅斯年》的短文，认为20世纪20—40年代，以傅斯年和胡适为代表的中国现代史学中的"史料学派"，本来已为中国现代史学奠定了非常好的基础，但到1949年以后，"史料学派"被人为地阻隔，以致老一代学者不能再做出更大的学术成就，新一代学者的学术训练则走上了歧途。到了80年代中期以后，中国史学界开始反省近半个世纪以来在学术上的失误，到了90年代，已经开始向中国现代史学的起步阶段回归，其主要特征就是"回到傅斯年"。[①] 2004年，黄波发表题为《要不要"回到傅斯年"》的回应性短文，承认谢氏观点"有合理性"，同时提出质疑："中国人的实用理性向来发达，中国人思维、治学的特点本来就'不玄想，贵领悟，轻逻辑，重经验'，所以历史研究中'回到傅斯年'虽然重要，但我们不应同时注意研究和吸取德国抽象思辨那种惊人的深刻力量？"他还指出："80年代那些轰动一时的名著当下屡被人讥为'空疏'，可是只要一堆'空疏之论'中有片言只语启发你深沉思

[①] 谢泳：《回到傅斯年——祝〈二十一世纪〉杂志创刊十周年》，《二十一世纪》2000年10月号。季羡林在《群言》1988年第2期发表一篇题为《为考证辩诬》的短文，就是谢氏所说"回归"的表现之一。

考，这不就够了吗？"①

撤开其中的意识形态色彩不论，两位学者的观点分歧，其实古已有之。自宋代以来，学者们常把学问分为三途。如宋代程颐指出："古之学者一，今之学者三，异端不与焉。一曰文章之学；二曰训诂之学；三曰儒者之学。欲趋道，舍儒者之学不可。"②清代戴震认为："古今学问之途，其大致有三：或事于理义，或事于制数，或事于文章。事于文章者，等而末者也。"③姚鼐也谈到："余尝论学问之事，有三端焉。曰：义理也，考据也，文章也。是三者，苟善用之，则皆足以相济；苟不善用之，则或至于相害。"④对于三途之价值高低，三位学者看法不尽相同，但所言三途之内容十分相近。其中文章（词章）一途，讲究文字的表达形式和修辞技巧，与学术研究关系稍远，若暂时撤开不论，则学问便只剩下两途。此即宋代陆九渊所说："今天下学者，惟有两途，一途朴实，一途议论。"⑤清代章学诚亦言："高明者多独断之学，沉潜者尚考索之功，天下之学术，不能不具此二途。"⑥归纳古代学者的见解，可将学术分为"义理"与"考据"两途。前者重议论，尚独断，治学路径近于"六经注我"；后者重考索，尚朴实，治学路径近于"我注六经"。

就理想状态而言，当然应当是义理与考据并重。但在实践中，能

---

① 黄波：《要不要"回到傅斯年"？——"历史科学中两条道路斗争"的再解读》，《博览群书》2004年第2期。

② （宋）程颢、程颐：《二程集》，中华书局1981年版，第187页。

③ （清）戴震：《戴东原集》卷9《与方希原书》，《续修四库全书》第1434册，上海古籍出版社2002年版，第523页。

④ （清）姚鼐：《惜抱轩文集》卷4《述庵文钞序》，《续修四库全书》第1453册，上海古籍出版社2002年版，第31页。（清）王先谦谓其"以义理、考据、词章三者不可一阙，义理为干，而后文有所附，考据有所归"，见《续古文辞类纂·序》，《续修四库全书》第1610册，上海古籍出版社2002年版，第73页。

⑤ （清）黄宗羲、全祖望：《宋元学案》卷58《象山学案》，载沈善洪主编《黄宗羲全集》第5册，杭州浙江古籍出版社2005年版，第276页。另，有人问陆九渊"何不著书"，他回答："六经注我，我注六经。"见（宋）陆九渊《陆九渊集》卷35《语录上》，中华书局1980年版，第399页。

⑥ （清）章学诚：《答客问中》，载《章学诚遗书》卷4《文史通义内篇四》，文物出版社1985年版，第38页。

够兼顾两者并使之混融无间者实属凤毛麟角,大多数学者都是偏重一途。而且,学者们还往往以自己的治学旨趣作为评价史学论著之优劣的标准,从而发生尖锐的观点对立。比如,围绕宋代郑樵及其《通志》,清代学者就有针锋相对的评论。擅长考据的戴震,曾对郑樵提出严厉批评:"凡学未至贯本末,彻精粗,徒以意衡量,就令载籍极博,犹所谓思而不学则殆也。远如郑渔仲,近如毛大可,只贼经害道而已矣。"① 而崇尚独断的章学诚,则对郑樵大加赞扬,认为"自迁、固而后,史家既无别识心裁,所求者徒在其事其文,惟郑樵稍有志乎求义";称许《通志》"发凡起例,绝识旷论,所以斟酌群言,为史学要删"②。戴震生前声誉甚隆,但时人所重在其训诂名物,对其《论性》《原善》诸篇,"则谓空说义理,可以无作",唯独章学诚推崇这些著作"于天人理气,实有发前人所未发者"③。章学诚"高明有余,沉潜不足",④ 与当时的学风格格不入,故生前落寞无闻,但清末以来备受推崇,被视为与戴震双峰并峙的学术大师。

　　清代以后,这种学术分歧实际上长期延续下来。在重视实证的学者中,傅斯年堪称旗帜性人物。1928年,他出任新成立的中央研究院历史语言研究所所长,认为当时中国之历史学和语言学,因不直接研究材料,与顾炎武、阎若璩相比大有退步,所以在为该所拟定的"工作旨趣"中特地申明:"历史学不是著史:著史每多多少少带点古世中世的意味,且每取伦理家的手段,作文章家的本事。近代的历史学只是史料学,利用自然科学供给我们的一切工具,整理一切可逢着的史料。"⑤ 所谓"伦理家的手段"、"文章家的本事",含义与清人

---

① (清)戴震:《戴东原集》卷9《与任孝廉幼植书》,第519页。同卷《与是仲明论学书》(第521页)也谈到:"前人之博闻强识,如郑渔仲、杨用修诸君子,著书满家,淹博有之,精审未也。"
② (清)章学诚:《申郑》,载《章学诚遗书》卷4《文史通义内篇四》,第37页。
③ (清)章学诚:《书朱陆篇后》,载《章学诚遗书》卷2《文史通义内篇二》,第16页。
④ (清)章学诚:《家书三》,载《章学诚遗书》卷9《文史通义外篇三》,第92页。
⑤ 傅斯年:《历史语言研究所工作之旨趣》,载《傅斯年全集》第3卷,湖南教育出版社2003年版,第3页。

之"义理"、"词章"类同,可知在傅氏心目中,只有考据才是史学正途。在一篇阐述史学方法的文章中,他更加明确地指出:"史学的对象是史料,不是文词,不是伦理,不是神学,并且不是社会学。史学的工作是整理史料,不是作艺术的建设,不是作疏通的事业,不是去扶持或推倒这个运动,或那个主义。"① 正是在傅氏等人的影响下,形成了谢泳所说的"史料学派",其中史语所"不以空论为学问,亦不以'史观'为急图,乃纯就史料以探史实",② 是实践傅氏主张的典范。

当然,傅斯年的观点,也受到不少学者的批评。除谢泳提到的20世纪50年代大陆史学界开展的"唯物史观派对史料学派的斗争"外,其实港台学者也提出不少批评意见。比如,1975年思想史家林毓生在接受访谈时,对台湾人文学界偏重考据的风气深表忧虑,特地提出一个响亮的口号:"不以考据为中心目的之人文研究。"林氏认为,"作为人文研究的史学,其意义不在于是否能达到'客观的历史真实',而是在借历史的了解,帮助我们了解我们今天的人生、社会与时代,并进而寻找一些积极的意义",因此,"我们要求的是创造,每个时代的知识分子都必须有其独特的见解以贡献他们的时代"。在他看来,"考据工作不能胜任这种工作,它只是边缘性的东西"。他批评许多学者仍然从事于(广义的或狭义的)考据工作,"他们高喊为未来做奠基铺路的工作;实际上,他们的工作与我们今日所面临的时代问题背道而驰,不但没有接触到问题的核心,而且颇有本末倒置的倾向"。他还明确指出:"在传统的中国学术界中有不少人把'考据'与'义理'相提并论,好像这两种工作具有同等的重要性。从强调创造的人文研究的观点来看,'考据'与'义理'不能相提并论。一个是边缘性的工作,一个是核心的工作。"③

事实上,就是同一位学者,前后看法也可能迥然相异。以钱穆为

---

① 傅斯年:《史学方法导论》,载《傅斯年全集》第2卷,第308页。
② 傅斯年:《〈史料与史学〉发刊词》,载《傅斯年全集》第3卷,第335页。
③ 林毓生:《不以考据为中心目的之人文研究》,载氏著《中国传统的创造性转化》,生活·读书·新知三联书店1988年版,第273—282页。

例，他早年"游情于清代乾嘉以来校勘考据训诂之藩篱"，① 针对时人对考据之诟病，如"考据仅是整理旧知，无所新创"，"考据琐碎，无关大体"，"考据仅争故实，不明义理"云云，他一一予以批驳，认为"考据之事，极其至则发前人所未发，开天地之奇秘"，"非碎无以立通"，"义理自故实生"。② 但到后来，钱氏治学宗旨从考据转向义理。他将中国近世史学分为传统（记诵）、革新（宣传）、科学（考订）三派，批评记诵、考订二派"同于缺乏系统，无意义，乃纯为一种书本文字之学，与当身现实无预"③。1969 年，他在为《中国历史研究法》所撰序言中，甚至提倡"意义"先行："做学问，当知先应有一番意义。意义不同，则所采取之材料与其运用材料之方法，亦将随而不同。即如历史，材料无穷，若使治史者没有先决定一番意义，专一注重在方法上，专用一套方法来驾驭此无穷之材料，将使历史研究漫无止境，而亦更无意义可言。"④ 其说法与当时大陆史学界流行的"以论带史"高度契合。

可以看出，本文开始所述谢、黄二氏的观点，不过是上述分歧之流衍。笔者个人感觉，如果非要争辩"考据"与"义理"孰轻孰重、孰优孰劣，恐怕永远也达不成公认的结论。事实上，是偏重考据还是义理，除个人性情之差异外，时代风气亦影响甚大，两者颇有交替之势，正如章学诚所说，"譬犹日昼而月夜，暑夏而寒冬，以之推代而成岁功，则有相需之益；以之自封而立畛域，则有两伤之弊"。⑤ 20 世纪 80 年代，曾有"史学危机"之说，为了解决这个所谓的危机，出现了两种主要倾向：一是复古倾向，提倡"回到乾嘉时代"；二是求新倾向，就是积极学习西方的理论与方法。⑥ 对于推动中国史学发

---

① 钱穆：《八十忆双亲　师友杂忆》，生活·读书·新知三联书店 2005 年版，第 92 页。
② 罗根泽编著：《古史辨（四）》，钱序，上海古籍出版社 1982 年版，第 4—5 页。
③ 钱穆：《国史大纲（修订本）》引论，商务印书馆 1996 年版，第 3 页。
④ 钱穆：《中国历史研究法》，生活·读书·新知三联书店 2001 年版，第 1 页。
⑤ （清）章学诚：《答客问中》，载《章学诚遗书》卷 4《文史通义内篇四》，第 38 页。
⑥ 参看萧凤霞、包弼德等《区域·结构·秩序——历史学与人类学的对话》，《文史哲》2007 年第 5 期。此处所引为孙卫国之言。

展，两种倾向都发挥了巨大的积极作用。但也应看到，在发展过程中，求新倾向有时过于重理论而轻史实，出现了严耕望所说的"攀附理论"问题。① 复古倾向虽然讲求实证，但受基本功力、急于求成等因素影响，不少论著只是堆砌史料，而怠于比勘辨析，不但不能纠正原有的疏误，甚至增添了新的错讹，表面好像是"回到乾嘉时代"，或者像谢泳说的"回到傅斯年"，其实严重背离或丧失了考据学的真精神。因此，按照章氏"推代而成岁功"的说法，笔者觉得现在有必要重新强调一下考据在史学研究中的基础作用。

二　跳出乾嘉看考据

文学家可以无拘无束地想象，哲学家可以自由自在地思考，经济学家、社会学家、政治学家可以构建高度抽象化的"理想型"，甚至进行数理模型分析，但历史学家却不能不关注具体的历史事实，不能不顾及历史事实的客观性和真实性。尽管正如一些学者，特别是后现代学者所说，受主客观条件的限制，历史学家可能永远也无法写出绝对客观、绝对真实的历史，但不能因此就放弃了对历史真相的追究，更不能完全泯灭了文学虚构与历史重构的界限。这可能是历史学区别于其他人文社会科学的一个重要特征。

西方学界曾经流传这样一个故事：政治学家罗尔斯与一位到访的欧洲史学家晤面，交给对方一篇有关现代政治的论文草稿，它是从1548年《威斯特伐利亚条约》谈起的。当这位史学家提到条约签订的公认年份是1648年时，罗尔斯温和地答道："啊，真的吗？"然后拿起笔改了数字。仿佛，除了一个数字，罗尔斯不觉得这论文有什么部分需要进一步修改。② 对于抽离历史情境而进行形式化思考的理论

---

① 严耕望：《治史三书（增订本）》，上海人民出版社2016年版，第55、155—157页。

② Raymond Geuss, "Neither History nor Praxis," *Outside Ethics*, Princeton: Princeton University Press, 2005, p.39. 转引自［美］保罗·皮尔逊《时间中的政治：历史、制度与社会分析》，黎汉基、黄佩璇译，江苏人民出版社2014年版，译者的话，第2页。

家来说，历史事件只是供其随意取用的素材，是否准确或许确实无关紧要。但对于一位历史学家来说，如果他据以立论的基本事实明显是错误的，即使他构建的理论大厦再宏伟，恐怕也犹如建在沙滩上的大楼，很难长久屹立。前引黄波谈道："只要一堆'空疏之论'中有片言只语启发你深沉思考，这不就够了吗？"确实，"空疏之论"亦有其价值，甚至会给人以深刻的启示，但笔者个人觉得，这是思辨性的价值，而非史学性的价值。

在考据与义理的长期争论中，可以看到这样一个现象：考据派中有像傅斯年那样的极端说法，对"伦理家的手段"、"作疏通的事业"完全持否定态度。而义理派所反对的，主要是为考据而考据，并未完全否定考据的价值。以章学诚为例，他特别崇尚"独断之学"，但也反对"索义理者略征实"；他赞扬郑樵为"良史才"，同时又批评他"有史识而未有史学"。[①] 他认为，"天下有比次之书，有独断之学，有考索之功"。"比次之书"虽然"其用止于备稽检而供采择，初无他奇"，但却是后两者的基础，"独断之学，非是不为取裁；考索之功，非是不为按据"。[②] 钱穆虽然认为在中国近世三派史学中，"惟'革新'一派，其治史为有意义，能具系统，能努力使史学与当身现实相缉合，能求把握全史"，但同时又抨击该派"急于求智识，而怠于问材料"，认为"彼之所谓系统，不啻为空中之楼阁。彼治史之意义，转成无意义。彼之把握全史，特把握其胸中所臆测之全史"。[③] 林毓生提出"不以考据为中心目的之人文研究"，特地说明"并不否认考据的用处"，他谈到："我们在研究之时，虽然不会找一个考据题目，但是在研究过程中，还是会碰到考据问题的，此时我们还是要花时间去做考据的。所不同的是这种考据是为了寻求更正确、更清楚的人文研究而作的考据。"[④]

---

① （清）章学诚：《与族孙汝楠论学书》，载《章学诚遗书》卷22《文集七》，第224页；《志隅自序》，载《章学诚遗书·章氏遗书外编》卷16《和州志一》，第552页。
② （清）章学诚：《答客问中》，载《章学诚遗书》卷4《文史通义内篇四》，第38页。
③ 钱穆：《国史大纲（修订本）》，引论，第4页。
④ 林毓生：《不以考据为中心目的之人文研究》，《中国传统的创造性转化》，第276页。

就实际的学术研究而言，不同时代、不同学者虽然有所偏重，但很难将考据与义理截然分割开来。即使在考据学最鼎盛的乾嘉时代，主流学者仍以探求义理为宗旨。除两大代表人物戴震与章学诚外，其他学者也多秉持此种理念。如考据大家钱大昕指出："有文字而后有诂训，有诂训而后有义理，训诂者，义理之所由出，非别有义理出乎训诂之外者也。"① 王鸣盛也谈到："经以明道，而求道者不必空执义理以求之也，但当正文字、辨音读，释训诂，通传注，则义理自见，而道在其中矣。""读史者，不必以议论求法戒，而但当考其典制之实；不必以褒贬为与夺，而但当考其事迹之实。"② 为了纠正宋明儒者空衍义理之弊端，清代学者特别强调"实事求是"。凌廷堪解释说："夫实事在前，吾所谓是者，人不能强辞而非之，吾所谓非者，人不能强辞而是之也，如六书、九数及典章制度之学是也；虚理在前，吾所谓是者，人既可别持一说以为非，吾所谓非者，人亦可别持一说以为是也，如理义之学是也。"③ 当然，无可否认，清代考据学确实存在一些问题，最大的缺陷是学术范围和视野过于狭隘。正如胡适所批评的："文字的材料有限，钻来钻去，总不出这故纸堆的范围；故三百年的中国学术的最大成就不过是两大部《皇清经解》而已。"④

现时距离胡适发表上述评论，已过了将近 90 年。我们回头再看考据，恐怕应当跳出乾嘉那个特定时代，充分认识 20 世纪以来考据学在资料和方法两个方面的不断发展。

就资料言，清代考据家也强调"搜罗偏霸杂史、稗官野乘、山经地志、谱牒簿录，以暨诸子百家、小说笔记、诗文别集、释老异教，旁及于钟鼎尊彝之款识、山林冢墓、祠庙伽蓝碑碣断阙之文，尽取以

---

① （清）钱大昕：《潜研堂文集》卷 24《经籍籑诂序》，《续修四库全书》第 1438 册，上海古籍出版社 2002 年版，第 657—658 页。
② （清）王鸣盛：《十七史商榷·序》，《续修四库全书》第 452 册，上海古籍出版社 2002 年版，第 138 页。
③ （清）凌廷堪：《校礼堂文集》卷 35，《戴东原先生事略状》，中华书局 1998 年版，第 317 页。
④ 胡适：《治学的方法与材料》，《新月》1928 年第 1 卷第 6 期。

供佐证"。① 20世纪初期，王国维提出"二重证据法"，提倡将"地下之新材料"与"纸上之材料"相互印证，②大大拓展了资料范围。他运用此法获得了令人瞩目的丰硕成果，并对此后的史学研究产生了深远影响。李学勤总结说："几十年的学术史证明，我们在古史领域中的进步，就是依靠历史学同考古学的结合，传世文献与考古发现的互证。"③傅斯年倡导"史学就是史料学"，更是特别重视"扩张新材料"。他认为，"凡一种学问能扩张他所研究的材料便进步，不能的便退步"，"能利用各地各时的直接材料，大如地方志书，小如私人的日记，远如石器时代的发掘，近如某个洋行的贸易册，去把史事无论巨者或细者，单者或综合者，条理出来，是科学的本事"。他还指出，在材料的扩张方面，中国还应向西方学习，"如最有趣的一些材料，如神祇崇拜、歌谣、民俗，各地各时雕刻文式之差别，中国人把它们忽略了千百年，还是欧洲人开头为有规模的注意"。④ 可以说，傅氏所说的"史料"，已经将各种类型的材料包容无遗。近年史学界特别重视新史料，包括出土的文物、墓志，传世的档案、文书、碑刻等，皆未超出傅氏眼界所及之范围。

就方法而言，乾嘉学者擅长训诂、校勘、辨伪、辑佚等，其史学研究"最喜罗列事项之同类者，为比较的研究，而求得其公则"。⑤这是时代使然，并非考据学不能运用其他方法。傅斯年在提倡"扩张新材料"的同时，又提倡"因时代扩充工具"，认为"现代的历史学研究已经成了一个各种科学的方法之汇集。地质、地理、考古、生物、气象、天文等学，无一不供给研究历史问题者之工具"。⑥ 傅氏

---

① （清）王鸣盛：《十七史商榷·序》，第138页。
② 王氏原话是："吾辈生于今日，幸于纸上之材料外，更得地下之新材料。由此种材料，我辈固得据以补正纸上之材料，亦得证明古书之某部分全为实录，即百家不雅驯之言，亦不无表示一面之事实。此二重证据法，惟在今日始得为之。"见氏著《古史新证——王国维最后的讲义》，清华大学出版社1994年版，第2—3页。
③ 李学勤：《"二重证据法"与古史研究》，《清华大学学报》2007年第5期。
④ 傅斯年：《历史语言研究所工作之旨趣》，载《傅斯年全集》第3卷，第5—6页。
⑤ 梁启超：《清代学术概论》，上海古籍出版社1998年版，第47页。
⑥ 傅斯年：《历史语言研究所工作之旨趣》，载《傅斯年全集》第3卷，第7页。

所论，偏重于技术工具，其实各种人文社会科学理论也同样可以充实考史之方法。以中古史大家严耕望为例，其治学深得考据学之精髓，但又"赞同运用各种社会科学方法与理论作为治史工作的辅助"。他特地以自己读摩尔根《古代社会》而悟出尧舜禅让实为部落酋长选举制、借鉴近代行政学理论厘清唐代六部与九寺诸监之职权为例，说明"社会科学对于历史研究有多重要"。① 经济史家吴承明主张"史无定法"，认为"自然科学、社会科学、人文和艺术的研究方法都可有选择地用于历史研究，尤其是用于考据和实证"。他还提出一个很有启发性的观点，就是"在经济史的研究中，一切经济学理论都应视为方法论"，"不同问题可用不同方法，同一问题也可用多种方法来论证"。②

前辈学者的这些论述启示我们，考据学不排斥任何材料，也不排斥任何理论，各种理论都可以成为考据学的有力分析工具。近年来，中古史领域围绕"历史书写"或"史料批判"展开热烈讨论，大家的观点不尽一致。笔者个人感觉，这一学术思潮的兴起，固然受到现代文学、文化研究中文本理论的影响，但其研究路径与清代以来的考据学实多契合，有学者就明确地将自己的研究上接至顾颉刚的"层累地造成中国古史论"。③ 这或许是考据学富有与时俱进的生命力的一个新表现。

三 "无据不成史"

在谈到考据时，有人将其视为低层次工作，类同于章学诚所说"比次之书"。按照章氏说法，"比次之道，大约有三：有及时撰集，

---

① 严耕望：《治史三书（增订本）》，第9—10、155页。
② 吴承明：《经济史：历史观与方法论》，《中国经济史研究》2001年第3期。
③ 参看《中国史研究动态》2016年第4期刊登的"'历史书写'的回顾与展望"笔谈，包括4篇文章：孙正军的《通往史料批判研究之途》、安部聪一郎的《日本学界"史料论"研究及其背景》、徐冲的《历史书写与中古王权》、赵晶的《谫论中古法制史研究中的"历史书写"取径》。

以待后人之论定者，若刘歆、扬雄之《史记》，班固、陈宗之《汉记》是也；有有志著述，先猎群书，以为薪樵者，若王氏《玉海》，司马《长编》之类是也；有陶冶专家，勒成鸿业者，若迁录仓公技术，固裁刘向《五行》之类是也。夫及时撰集以待论定，则详略去取，精于条理而已。先猎群书，以为薪樵，则辨同考异，慎于核核而已。陶冶专家，勒成鸿业，则钩玄提要，达于大体而已。"①可知即使所谓"比次之书"，也并非简单的资料汇编，撰著者需要付出相当大的精力。然而在章氏看来，这连"考索之功"都算不上，只是为"考索之功"提供资料基础。就操作层面而言，考据有不同类别和层次。严耕望将其分为"述证"与"辩证"，他解释说："述证的论著只要历举具体史料，加以贯串，使史事真相适当地显露出来。此法最重史料搜集之详赡，与史料比次之缜密，再加以精心组织，能于纷繁中见其条理，得出前所未知的新结论。辩证的论著，重在运用史料，作曲折委蛇的辨析，以达成自己所透视所理解的新结论。"②要达到"辩证"境界，恐怕不但资料搜集要详备，还要广泛借鉴相关的理论模式和分析手段，绝非汇聚比勘那样简单。

考据学在发展过程中，积累了不少值得重视的原则和方法。如乾嘉学者在考据实践中，归纳出本证、旁证、理证等方法，对后世产生了深远影响。陈垣所著《校勘学释例》，被胡适誉为"中国校勘学的一部最重要的方法论"，③其中提出的校勘四法，即对校法、本校法、他校法和理校法，④就是对传统考据学方法的归纳和总结。梁启超曾将清代朴学之特色归纳为十条，其中"凡立一义，必凭证据"；"孤证不为定说"；"隐匿证据或曲解证据，皆认为不德"；"凡采用旧说，必明引之，剿说认为大不德"等，⑤至今仍为学界之通则。严耕望在

---

① （清）章学诚：《答客问下》，载《章学诚遗书》卷4《文史通义内篇四》，第39页。
② 严耕望：《治史三书（增订本）》，第186页。
③ 胡适：《元典章校补释例序》，载陈垣《校勘学释例》，上海书店出版社1997年版，第1页。
④ 陈垣：《校勘学释例》，第118—122页。
⑤ 梁启超：《清代学术概论》，第47页。

《治史经验谈》中，列举了七条"具体规律"，包括"尽量少说否定话"、"不要忽略反面证据"、"引用史料要将上下文看清楚，不要断章取义"、"尽可能引用原始或接近原始史料，少用后期改编过的史料"、"后期史料有反比早期史料为正确者，但须得另一更早期史料作证"、"转引史料必须检查原书"、"不要轻易改字"，① 对于治史者颇有引导和警示价值。

笔者并无资格谈论治史方法，近些年在阅读史学论著过程中，感到有两个问题较为突出，特在此提示一下。

一是没有准确地理解史料。乾嘉学者多通音韵训诂，但在戴震看来，"今之学者，毋论学问文章，先坐不曾识字"。章学诚闻言颇感惊讶，戴震解释："予弗能究先天后天、河洛精蕴，即不敢读'元亨利贞'；弗能知星躔岁差，天象地表，即不敢读'钦若敬授'；弗能辨声音律吕，即不敢读'关关雎鸠'；弗能考三统正朔、周官典礼，即不敢读'春王正月'。"② 戴氏之言，是提醒学者了解字面背后的丰富内涵，这必须具备深厚学养才能做到。就史学研究的基本要求说，恐怕首先是准确理解史料的字面含义。笔者读过的史学论著中，错误理解并非鲜见。有些是古文功底较差造成的误读，有些是不了解相关制度造成的误解，当然也不排除个别学者为了证成己见有意曲解。这里随手掇拾两例。

英国汉学家科大卫根据《钦明大狱录》探究明中叶的户籍、身份等问题。该文献所载李福达案件文书中，经常出现"在官"一词，如"投该州在官民高尚节伊先未故父高英赁房行医"、"投该州在官民李善家行医"、"杨鼎与本镇在官民赵胜，各不合不审来历，辄便容住"，等等。科氏引用这些资料后解释说："至此，值得注意的是明中叶身份建立与户口的关系。李福达每迁一次，需要当地'在官民'——里甲登记下的户口——承认。"③ 很显然，他将"在官"理

---

① 严耕望：《治史三书（增订本）》，第27—49页。
② （清）章学诚：《与族孙汝楠论学书》，载《章学诚遗书》卷22《文集七》，第224页。
③ 科大卫：《从〈钦明大狱录〉看明中叶的户籍、身份与城市生活》，载赵世瑜主编《大河上下：10世纪以来的北方城乡与民俗生活》，山西人民出版社2010年版。

解为已在官方户籍册中登记户口。其实,"在官"是与"未到"相对应的法律词汇,科氏所引文书中,就有"未到王宽未到妹王氏"、"该县未到里老冯武"、"代州知州未到胡伟"等说法。"在官"表示此人已经在押,"未到"表示此人尚未到案,与里甲户籍并无关系。由于误解了"在官"一词,该文关于明中叶户籍与身份解释的合理性不免要打一点折扣。

美国汉学家马立博在探究中国帝制晚期华南环境与经济变迁时,从光绪《广州府志》引用了这样一句话:"虎至城北濠,居民环捕之,竟逸去。"按照通常理解,"逸"字意为"逃走",但马氏将其解为"放走",因而大为惊诧:"在组织起来捕获了这只有很高经济价值的老虎之后,他们居然只是放走了它?……他们为什么要这样做呢?是当时的中国人或广州城的居民已经对自然和野生动植物具有了一种新的理解吗?或者他们已经意识到了在自己生活着的自然世界中,其他动物包括老虎也有着生存的权利?"他还提示说:"1642 年释放老虎这件事不仅令人困惑和了不起,而且非常不寻常。为了理解这种不寻常,我们必须把这件事放在 1642 年中国所处的世界背景中进行观察。"① 马氏对华南生态变迁的探索很有意义,但这一重大误解无疑会削弱其解释的说服力。

二是没有均衡地使用史料。史学必须以史料为基础,陈垣提倡搜集史料要"竭泽而渔",② 这成为很多史学工作者追求的目标。但在实践中,做到"竭泽而渔"殊非易事,正如季羡林所说:"搜集资料要巨细无遗,要有竭泽而渔的精神,这是不言自喻的。但是,要达到百分之百的完整的程度,那也是做不到的。"③ 严耕望治学深受陈垣影响,提倡研究中古史"要尽可能地把所有关涉这个时期的史料书全部从头到尾看一遍",同时他也认识到,"从事明清及近代史的研

---

① 马立博:《虎、米、丝、泥:帝制晚期华南的环境与经济》,江苏人民出版社 2011 年版,第 130—132 页。
② 李瑚:《励耘书屋受业偶记》,载白寿彝等《励耘书屋问学记——史学家陈垣的治学》,生活·读书·新知三联书店 1982 年版,第 116 页。
③ 薛克翘编:《学海泛槎:学术回忆录》,新世界出版社 2015 年版,第 279 页。

究，就几乎根本办不到，也就是说，任何人研究任何问题，几不可能掌握该问题现存的全盘史料"。① 现在虽然进入"e 考据"时代，搜集史料的手段和途径空前扩展，仍然不可能做到"竭泽而渔"。此外，即使已经搜集到的史料，如果数量过于庞大，研究者也只能有选择地加以利用。因此，历史学者使用的史料，与社会学、政治学等学科中使用的抽样数据，其实颇有相似之处。

在这种情况下，研究者所用"抽样资料"是否均衡全面，决定了其论点是否成立。在研究工作中，最容易出现的问题之一，就是"只留意有利于自己意见的史料"，甚至"任意地抽出几条有利于自己意见的史料"。严耕望将这种做法称为"抽样作证"，他指出："现在某方面人士利用史学作为政治的工具，为政治服务，他们的主要方法之一就是抽样作证！我们一般人治史当然无特别目的，但仍不免主观，也不免欣喜自己意见之能成立，虽然作者并无曲解的意图，但为欣喜自己意见的意识所蒙蔽，无意中也会犯了抽样作证的毛病。"他举了一个例证：宋庄季裕《鸡肋编》卷中云："昔汴都数百万家，尽仰石炭，无一家燃薪者。"有一位国际知名的日本学者，以这条史料为基础，引了颇多史料作为辅证，断言石炭（即煤）是北宋开封府一般人民生活中的主要燃料，认为这是一次"燃料革命"。其实，宋代文献中有大量汴京烧柴的记载，可以证明当时燃料仍以薪柴为主，至少薪柴与石炭参半。② 这位日本学者恐怕是先有了"唐宋变革"的观念，以致有意或无意地忽略了不利于自己观点的史料。

事实上，即使对这一问题有了充分自觉，实际研究中也不一定能够完全避免。著名经济史家李伯重曾对"宋代经济革命"说进行检讨，认为此说只是一个"虚像"，而导致"虚像"的主要研究方法有两个：一是"选精法"，即从有关史料中选取一两种据信是最重要（或最"典型"、最有"代表性"）者，以此为据来概括全面；二是

---

① 严耕望：《治史三书（增订本）》，第 20—22、139 页。
② 严耕望：《治史三书（增订本）》，第 31—33 页。严氏批评他人，一般不提其姓名。这位日本学者当为宫崎市定，参看宫崎氏所撰《宋代的煤与铁》（中国科学院历史研究所翻译组编译：《宫崎市定论文选集》，商务印书馆 1963 年版）一文。

"集粹法",就是在对发生于一个较长的时期或一个较大的地区中的重大历史现象进行研究时,将与此现象有关的各种史料尽量搜寻出来,加以取舍,从中挑选出若干最重要(或最"典型"、最有"代表性")者,集中到一起,合成一个全面性的证据,然后以此为据,勾画出这个重大历史现象的全貌。① 可以看出,李氏对于传统经济史研究中片面使用史料的问题,进行了系统的考察和深刻的反思。然而笔者在细读其著作过程中,觉得亦有类似的论证方式。② 比如,李氏在考察明清江南农业技术进步时,认为"到了清代,牛耕在江南再次变得普遍","牛力的使用在清代前中期已很普及,这一点十分重要";③ 但在论证江南工业的"超轻结构"时,又认为明清江南"畜牛并不普遍","本地养牛不多,输入数量又甚微,因而牛在明清江南成为一种稀缺之物"。④ 在文献记载中,两方面史料都能找到,而前后判断如此不同,可能正是无意识地运用了"选精法"和"集粹法"。

综上所述,笔者认为,就总体性的人文社会科学而言,"考据"与"义理"都是认识人类社会的重要途径,"义理"的功用或许更为强大。但具体到史学研究,虽然因学者个性和研究内容的差异,既可以偏重"考据",也可以偏重"义理",但"考据"无疑具有更加基础性的地位。章学诚谈到:"天下但有学问家数,考据者,乃学问所有事,本无考据家。"⑤ 也就是说,在史学研究中,"考据"不应当是与"义理"并列的两个途径,而应当成为所有史学研究者都必须具备的自觉意识。它或许不能解决最终的"义理"问题,但若要在史

---

① 李伯重:《"选精"、"集粹"与"宋代江南农业革命"——对传统经济史研究方法的检讨》,《中国社会科学》2000 年第 1 期。
② 参看高寿仙《用另一种眼光看清代江南农业经济》,《中国图书评论》2008 年第 1 期。
③ 李伯重:《江南农业的发展(1620—1850)》,上海古籍出版社 2007 年版,第 50—53 页。
④ 李伯重:《江南的早期工业化》,社会科学文献出版社 2000 年版,第 278—280 页。
⑤ (清)章学诚:《与吴胥石简》,载《章学诚遗书》卷 9《文史通义外篇三》,第 79 页。

学范围内探讨"义理"问题,却必须以"考据"为出发点,① 并在论证过程中始终坚持"无据不成史"的原则。就"考据史学"的发展而言,前辈学者依靠博览群书和博闻强识,做出了辉煌的成绩。现今进入"e 考据"时代,学者们可以接触到的史料范围,以及史料搜集的便利程度,都远非前辈学者所可想象。只要大家继承前辈学者严谨笃实的学风,勤勤恳恳地从事研究,就一定会做出大量"充实而有光辉"的成果。②

---

① 李天纲将从时间、空间、人物、事件入手的称为"历史考据",而将从文字、语言、概念、定义开始的称为"义理考据"。见氏撰《E 时代的考据之魅》,《书城》2007 年第 4 期。

② 这句话是杨联陞在称述一位史学工作者的成就时提到的,被严耕望采纳发挥以作为评价史学论著的标准。"充实"是指材料丰富、论断平允、踏踏实实、不发空论,"光辉"是指有"恢宏的意境,通豁的识力"。参看氏著《治史三书(增订本)》,第 63—66 页。

当代中国古史研究三题

——疑、默证及举证责任

袁 逢

但凡于中国古史、古文献及近现代的思想和学术史方面略有了解的研习者，对"疑""默证""举证责任"这几个概念就一定不会陌生。关于它们的讨论，虽自民国时期便已开始，[①] 但直到今日仍是难以回避的热议话题。其中，于时下相关问题的研究而言，似亦颇有不得不辩者，故不揣谫陋，献曝于此，若能质证于方家，有所教正，则幸甚。

一 疑——消极的持守

谈到"疑"，在近现代中国思想和学术史上，最为人所熟知的恐怕莫过于顾颉刚当年所倡导的"疑古"了。由"疑古"所引发的讨论，从80多年前《古史辨》第一册出版开始，一直延续到今天，热度不减。近年来大量简帛文献的出土，使不少过去的研究获得了进一步深入讨论的机会，故有学者举起了"走出疑古"的大旗。[②] 很多新的研究显示，那股"疑古"风潮中的不少结论确实需要重新审视。但与强调

[①] 其中，"举证责任"是近年来古史、古文献学界从法学领域借用过来的新名词。
[②] 1992年，李学勤先生在北京语言学院组织的座谈会上发表了题为《走出疑古时代》的演讲，刊于当年《中国文化》第7期，后此文作为"导论"收入其《走出疑古时代》一书中，参见李学勤《走出疑古时代——在一次学术座谈会上的发言》，《走出疑古时代》导论，长春出版社2007年版，第1—10页。对其较全面的评述可参见杨春梅《去向堪忧的中国古典学——"走出疑古时代"述评》，收入《文史哲》编辑部编《"疑古"与"走出疑古"》，《文史哲丛刊》，商务印书馆2010年版，第17—70页（原载《文史哲》2006年第2期）。

"疑古"之误相伴随着的,是在史学界出现了一种新的倾向,原来被认为学术所必须的"疑"好像也到了需要审查的地步。子曰:"名不正,则言不顺;言不顺,则事不成。"故行事之前,"必也正名"。① 我们便也不妨依先贤所教,就"疑"之一义,来做一点"正名"的工作。

一般而言,对待一事物的确定态度可以分为两种:反对或者赞同(以及是与非、信与不信等)。那么,这两极的中间状态是什么呢?"疑"。在《中庸》里,"中"最重要的特征为"之未发","疑"即此也。若借用《中庸》之义,从价值判断的层面讲,"疑"既非赞同,亦非反对,而是两者的中间状态。故自学术研究的角度而言,"疑"正是一个学者在展开具体研究前所应拥有的理想状态。近代史学大家王国维有言曰:"大抵学问常不悬目的而自生目的。"② 所说的便是这个道理。时下学界常见有人以"疑"为"信"之对立面,然如前所言,若稍作细究,便知所谓对立之论实似是而非,两者之间颇有些"关公战秦琼"的味道。因为,信与不信(以及赞同与反对、是与非等)属于结论,乃是"发"而后的结果,而在"疑"的阶段,二者皆未发生。也就是说,研究和论证完成之前,研究者所持的应该是中间状态,即"之未发"的"疑"。从学理上讲,在判断完成之后,于判断者而言,依其所存之"疑"便不存在了。对某一命题进行判断的两个终结为是与非,表现为个人态度则为赞同与反对(或者信和不信),而"疑"恰恰为两造之间,属于一种待定或者说不确定的状态。所以,无论将"疑"归结为确定状态的哪一极,都是不可取的。当然,正因为如此,其也蕴有向两极发展的可能性,只是作为判断完成后两极的赞同和反对(以及是与非、信与不信等),乃是"发"而后的结果,却不能将其与"疑"等同起来。不过,或因其兼蕴两极之性的缘故,本来既非此也非彼的"疑",在有心人那里,却可以是此而非彼,眼中所看到的,全都是自己想看到的,套用一句胡

---

① 《论语·子路》,(清)阮元校刻:《十三经注疏》,中华书局1980年版,第2506页。
② 此乃王氏高足姚名达在《哀余断忆之二》中记述的王氏之语,转引自刘宗汉《不悬目的而自生目的——从一封信谈王国维〈殷卜辞中所见先公先王考〉的撰写》,载孙敦恒、钱竞编《纪念王国维先生诞辰120周年学术论文集》,广东教育出版社1999年版,第56页。

适的话说，便是："你的成见偏向东，答案就会向东；你的成见偏向西，答案就会向西。"①

既然"信"的对立状态是"不信"，而非研究的先验存在——"疑"。那么，由此便可以推知，目下学界有人所说的"轻疑"一词在学理上恐难成立，因为"疑"根本不存在轻或者重的问题。事实上，在日常生活中，"轻信"倒是人们的口头语；这一点似乎亦与学术研究的情况类似。鉴于时下持"轻疑"之论者甚众，不妨就此稍作推解。

所谓"轻信"，是指相信的根据不够充分。反言之，所谓"轻疑"大概指的就是疑的理由不够充分了。但是，我们要注意的是，"信"是在研究论证之后所做出的判断，所以"信"这一结果会存在研究不充分、论证不严密的情况，而"疑"则是在具体的研究论证展开之前的先验存在，又怎可以轻、重言之呢？从认识论的角度讲，相对于"信"，"疑"乃是一消极立场，既非肯定，也非否定。所谓"疑"的证据不充分，或者给怀疑加上一个"轻"字，实际上已经化消极为积极，而进入是非论证的阶段了。故自此而言，从学术研究的角度来讲，只会是论证不充分，造成了错误的结果，却不能说是因"疑"造成了错误。时下古史学界的"轻疑"，其初意似是强调在缺乏证据或者证据不足的情况下，对古代文献中的某些记载不应轻易否定，这是一种值得肯定的审慎态度。但不少人尤其是某些传统文化的研习者，未解此中之义，径直将"疑"与"否定"等同起来，却是不可取的。

随着新材料的出现，自然需要对昔日"疑古"思潮中的一些问题和做法进行反思，这是极为必要的。但若将此继续前推，②连"疑"亦一并否定了，就不免有些倒洗脚水将孩子也一起倒掉了的味道。当

---

① 胡适：《评论近人考据〈老子〉年代的方法》，《诸子丛考续编》，罗根泽编著《古史辨》第六册下编，上海古籍出版社1982年版，第390页。

② 就像那句广为流传的话："只要再多走一小步，看来像是朝同一方向多走了一小步，真理就会变成错误。"列宁：《共产主义运动中的"左派"幼稚病》，《列宁选集》卷4，人民出版社2004年版，第257页。

研究者在面对前人的研究时，需要尽可能地将其还原到作者尚未得出结论时的状态，于是原本看似确定的结论或许便会变为待定，此即"疑"之表现。自此而言，"疑"实为学术研究之先验存在，几乎可以言无"疑"则无学术。然若有学者将"疑"之消极向前延伸，化消极为积极，而以"否定"视之，便已越出"疑"之界限而属态度先行；"疑古"之弊即由此而生也。"疑"在学习和研究中应处于一个贯穿始终的位置，并非一劳永逸，一"疑"百了。我们需要不断地从比较强烈的"否定"和"肯定"的态度回到"疑"的空间，让自己接近一种相对"清零"的状态。其中之义，颇与儒家所言的"时中"相通，读者不妨细品。"疑"的消极之性极为重要，下文所要涉及的"默证"亦与之紧密相关。

二　默证——无中之有

在中国近现代学术史上，"默证"① 是与张荫麟及其名文《评近人对于中国古史之讨论》联系在一起的。② 张氏发表此文时，尚在清

---

① 关于"默证"之说，可参阅［法］朗格诺瓦、瑟诺博斯《史学原论》下册，李思纯译，商务印书馆1931年版，第48—51页；［法］朗格诺瓦、瑟诺博斯《史学原论》第13章，余伟译，大象出版社2010年版，第153—154页。李思纯本中未见"默证"一词，其所使用的是"理想推度之属于消极式的"之说法。而关于"默证"的讨论，可参见张荫麟《评近人对于中国古史之讨论》，顾颉刚编著《古史辨》第六册，上海古籍出版社1982年版，第271—287页；彭国良《一个流行了八十多年的伪命题——对张荫麟"默证"说的重新审视》，《文史哲》编辑部编《"疑古"与"走出疑古"》，载《文史哲丛刊》，商务印书馆2010年版，第186—209页（原载《文史哲》2007年第1期）；宁镇疆《"层累"说之"默证"问题再讨论》，《学术探索》2010年第7期；乔治忠《张荫麟诘难顾颉刚"默证"问题之研判》，《史学月刊》2013年第8期；周书灿《"默证法"与古史研究》，《史学理论研究》2014年第2期；乔治忠《再评张荫麟主张的"默证之适用限度"及相关问题——兼评周书灿〈"默证法"与古史研究〉一文》，《史学月刊》2015年第10期。

② 张荫麟：《评近人顾颉刚对于中国古史之讨论：古史决疑录之一》，《学衡》1925年第40期。张氏此文刊于本期的"书评"部分。和一般杂志不同的是，《学衡》的每一个专栏都是重新起页，从第1页开始。此文后为顾颉刚收入其所编著的《古史辨》第二册之中，参见张荫麟《评近人对于中国古史之讨论》（《古史决疑录》之一），顾颉刚编著《古史辨》第二册下编，上海古籍出版社1982年版，第271—288页。

华大学读书，年不满二十，然其结论 80 多年来屹立不倒，谓为铁论。至近年彭国良《一个流行了八十多年的伪命题——对张荫麟"默证"说的重新审视》一文出，始风云再起。

张荫麟将"默证"定义为："若因某书或今存某时代之书无某史事之称述，遂断定某时代无此观念。此种方法，谓之'默证'（Argument from silence）。"张氏认为，因"顾氏之论证法几尽用默证，而什九皆违反其适用之限度"，故难以成立。① 张氏"默证"之说引自朗格诺瓦和瑟诺博斯所著之《史学原论》，书中关于"默证"的适用限度是这样说的：

要证明那些推理是正当的，必须每件事实都被观察到，被书面记录下来，并且所有的记录都被保存着。②

但事实上，"必须每件事实都被观察到，被书面记录下来，并且所有的记录都被保存着"，即要像张荫麟所言，找到研究对象的"总记录"以及证明其事"必当入于作者之观念中"，进而达到"默证"的适用限度，是不可能的。易言之，在具体的研究层面，无论史家如何努力，也无法达到适用"默证"的程度。所以，严格说来，"默证"根本就不存在适用限度的问题。或即因此之故，彭国良认为，张荫麟用以批评顾颉刚的"默证"适用限度的说法应为伪命题，因此其指控便不能成立。不过，彭氏似乎忽略了一点，"默证"的适用限度是一个伪命题，却不等于使用"默证"者可以免责。③ 何以如此而言呢？

我们知道，"默证"主要是在对现有资料进行归纳基础之上的演绎，既然史家无法找到关于其研究对象的"总记录"，并且在很多情

---

① 张荫麟：《评近人对于中国古史之讨论》（《古史决疑录》之一），顾颉刚编著《古史辨》第二册下编，第 271—272 页。
② ［法］朗格诺瓦、瑟诺博斯：《史学原论》第 13 章，余伟译，第 153 页。
③ 李锐对此已稍有触及，他说："其实他（彭国良）对于顾先生使用'默证'，没有异议——而这是问题的关键所在。"然可惜的是，其仅点到为止，并未就此展开讨论，参见氏著《"上古史重建的新路向暨〈古史辨〉第一册出版八十周年国际学术研讨会"侧记》，李锐、朱清华主编《学灯》第 2 期，"Confucius 2000·孔子 2000·21 世纪孔子"网（http://www.confucius2000.com/admin/list.asp?id=2982）。

况下也难以证明某事"必当入于作者之观念中",归纳便永远不可能完整。与此同时,文献记载大都存在谬误、失载或者佚失,史家所可依据的材料"仅为当时所遗存最小之一部",故历史研究便只能是"藉此残余断片,以窥测其全部结构",① 而这也就意味着史家的研究存在着难以弥补的先天缺陷。"默证"的论证方式之所以不被认可,其关键就在于史家虽然永远也难以获得其研究对象的"总记录",然却有意无意间默认其当下所掌握的史料为其事之"总记录",可以得到那个最终的"定论"。从证据使用和具体论证的层面讲,"默证"的主要问题在于忽视了现在所知的"无"之中其实还包含着那个可能的"有",即如有学者所指出的:"'层累'说之'默证'法往往是只就现有的文献立论,失却对佚失文献的估量:形象一点说,是只见了现有文献这样的'冰山'一角,而忽略'冰山'一角之下的存在。"② 也就是说,"默证"本身所体现的,是一种以偏概全、以或为必的逻辑谬误。既如此,其又如何能够免责?

如上所言,没有一个历史学家,也没有一项历史研究能够完全满足"默证"的适用条件。而这也就意味着,无论史家如何努力,也不可能得到那个最终的"定论"。如果在没有办法得到"定论"的情况下,务要以"或"为"必",执着于一,便只能强史料与逻辑所难了,这也是"默证"之误的一个重要表现。前文曾经提到,"默证"的关键在于只重视了当下所看到的"无",而忽视了将来可能会出现的"有",可是要如何来解决这个问题呢?既然史家都是在不完全的情况下进行研究的,那么,依据现存文献中的记载所得到的结论便只能是暂时和片面的,③ 因而史家的论证和结论也就更多代表的只是一

---

① 陈寅恪:《审查报告一》,载冯友兰《中国哲学史》下册附录,华东师范大学出版社2000年版,第432页。
② 宁镇疆:《"层累"说之"默证"问题再讨论》,《学术探索》2010年第7期。事实上,后来新出现的资料,完全有可能否定先前的论证和结论。近年来随着大批出土文献的发现,不少原来的研究得到了修正,其中一个主要的原因即出自此。
③ 遑论史料总是残缺的,即便得到了所有的史料,能否"正确"读解和表达也都是问题。鉴于我们的认识能力和表达能力都是不充分的(就每一个个体而言,更是如此),故史家应当对自己的研究持一种相对谨慎和开放的态度。

种可能性而已。① 这个暂时性和片面性表现在历史研究中，便是史学乃推理之学，非论定之学。也就是说，历史研究从本质上讲，是一种可能性论证与可信性评估。此亦提示我们，任何根据当下所掌握的资料所得到的结论，只能是一个暂时的判断，哪怕在史家已经对现有资料进行了充分考察的情况下，仍应为现在"无"预留一个"有"的空间。这是历史研究的无奈，同时也是其与神启的区别和界限所在。史家所当为与所能为者，便是在现有研究条件下，尽可能地收集相关资料，在充分考虑历史复杂性的情况下进行可能性的推测和可信性的评估，② 得出一个暂时的结论。③ 而在没有被更新的材料和更有力的论证推翻之前，这就是到目前为止最经得起考验的结论。其中的关键，便在于史家要保持一个相对开放的胸怀和视野，不以"或"为"必"而执着于那个看起来似乎很坚强但其实却未必如此的"定论"，而这也正是"默证"带给我们的重要启示。

或曰：原本的历史事实只有一个，为何画蛇添足，多此一举？从某一个具体的角度来看，历史事实或许只有一个，但关键是，关于某

---

① 彭国良也认识到了这一点，他说："需要特别指出的是，在这种情况下判断出的有或无，应该具有一种开放性，而不是'定于一尊'式的判断。如前所述，历史学的困境在于史料和客观历史的不对应性，意识到这个困境的历史学家应该对其作出的判断持一种开放的态度，即：任何对过去作出的判断都仅仅是当前条件下，基于当前能够看到的史料所作出的判断，这个判断虽然可以无限接近客观历史，却并不等于客观历史，因此，任何对过去的判断都应该是可以修改的，都需要随着史料的不断发现而随时订正。"彭国良：《一个流行了八十多年的伪命题——对张荫麟"默证"说的重新审视》，收入《文史哲》编辑部编《"疑古"与"走出疑古"》，《文史哲丛刊》，第189页。
② 赵轶峰便说："历史学家常常不能完全肯定地判断历史真相，不能完全透彻精准地解析历史真相的本质，但是他们必得有能力判断可见文本或陈说中哪些更为可取。"赵轶峰：《历史研究的新实证主义诉求》，《史学月刊》2018年第2期。
③ 宁镇疆便指出："'有一分材料说一分话'向来是历史研究者应该恪遵的戒律或操守，我们说历史认识的宿命是总不免藉'有限'的'已知'，去推论'未知'，但若就'已知'的局限性而言，这种所谓的'严谨'马上就会显出它的刻板和机械，运用得不好，很容易流于盲人摸象、'冰山'式的直观反映论。因此，'有一分材料说一分话'绝不能仅仅理解为只就当下、眼前的材料立论，而应该触类旁通地对相关文献以及'佚失'文献作合理的考量。'默证'法的错误往往就在于只见传世文献中的'冰山'一角，仅就当下、眼前的材料立论，这种意义上的'有一分材料说一分话'，其实是实证主义的极端表现……这种貌似严谨的推理，其结果必然是把本来可能的工作最终变为不可能。"宁镇疆：《"层累"说之"默证"问题再讨论》，《学术探索》2010年第7期。

一个历史现象的记载却不是只有一个（如果只有一个，其实仍然难以定论。因为那属于孤证，历史研究的一个原则就是"孤证不立"）。而史家是通过文献记载来研究历史的，同时历史上遗留下来的记载又是残缺的。① 在这样一个过程中，无论是具体问题的考据，抑或是意义的阐发，研究者都需要在现有资料条件下尽可能地去尝试不同的逻辑进路，并对这些不同的可能性进行可信性大小的评估。如此一来，在对历史复杂性充分考量的基础之上，我们不但对某一史事及其相关记载有了更为深入的了解，而且能够不拘于一事一情，对历史本身的复杂性或者说丰富性也有了进一步的认识。

三 举证责任——刃向两面

在"走出疑古"的过程中，部分研究者借用法学领域的概念，提出应对中国古代文献实行"无罪推定"，并由此引出了"举证责任"的问题。其他学科视角的引入，常能产生"烛照"的作用，不过也易出现"水土不服"的情况，论者不可不察。在前文中我们考察了"疑"和"默证"这两个概念，而接下来将要论及的"举证责任"等问题亦与二者颇有关联。

在法律上，"举证责任"是指当事人对自己提出的诉讼请求所依据的事实或者反驳对方诉讼请求所依据的事实，有责任提供证据加以证明。没有证据或者证据不足以证明当事人事实主张的，由负有举证责任的当事人承担不利后果。② 如同在司法实践中一样，史家提出观点的同时，也必须要提供相关的证据和论证。在当下中国史学界，对"疑古"进行批评的学者往往持"举证责任"为说，认为不能以"有罪推定"的方式来对待文献中的记载，这自然是很有必要的。因为在

---

① 在具体的史学实践中，情况远比这还要复杂。因为，史家看问题的角度和对文献记载的理解都是有不同的。甚至，即便是史家相对确定的情况下，由于不同的价值观和视角，人们对其之理解和解读也是有差别的，并且反过来对所谓的"史实"进行重新界定。

② 参见江伟、肖建国主编《民事诉讼法》，中国人民大学出版社 2008 年版，第 213 页。本文关于法学方面的知识，曾蒙任帅军兄和公建华师妹指导，谨此致谢！

没有充足理由的情况下,就对文献记载直接持否定态度的做法的确是不可取的。或因此之故,有学者认为,应该反过来对古代文献中的记载以"无罪推定"的态度待之,似乎如此一来,就可以拨误反正,则未免将问题想得太过于简单了些:虽然换了一个代入元素,可看待问题的思维方式并没有变,一样有问题。

在司法实践中,按照"无罪推定"的原则,应该"疑罪从无"。①"疑罪从无"的司法原则是现代刑事司法文明与进步的重要标志之一,体现了对公民人权的保障和尊重。但若放在历史研究中,却很可能起到相反的作用。在司法实践中,"疑罪从无"是一种谨慎的态度,而在历史研究中则是对学术的轻慢和不负责任。因为,在具体的操作方面,两者之间有着极为重要的不同,有学者即就此指出:

> 历史考证不是不可以参考司法证据学原则,但二者绝不是一回事。司法审判的结果,有罪和无罪二者必居其一,案件不容无限悬置。而历史考证的结果,却不必非有结果,不仅可以长期悬置,而且,只要有疑点,就不能当作确实的知识来认定。即使价值连城的意义象征符号,也不能要求考证学家在他工作的范围里对疑点放弃质疑,这是科学的基本品质,是不能让步的。②

在一定时效内,司法裁判必须要有一个结果。若是复查,原判正确还是错误,亦必居其一。同时,若其为"疑罪",则可以"从无",但在历史研究中,却不能如此。一般而言,史家对待那些在现有资料条件下一时难定的历史"疑案",有两种处理方式:一是,用"阙

---

① 参见陈光中主编《刑事诉讼法》(第三版),北京大学出版社、高等教育出版社2009年版,第93页。
② 杨春梅:《"走出疑古"与否定"五四"》,未刊稿。王力也曾说:"我们追求的是真理,而不是简单地要求学术界对某一个问题赶快作出结论。如果在训诂学上没有充分的科学根据,所谓定论也是建筑在沙滩上。"王力:《训诂学上的一些问题》,载《王力文集》第19卷,山东教育出版社1984年版,第185页。

疑"的方式处理,以等待后续可能会出现的新材料,再做判断;① 这也正是"默证"给我们的启示之一。② 二是,还可以将其视为历史的一种可能性,并在此基础之上,依据现有资料和一定的逻辑方式,由之出发,展开推理,呈现历史的另外一种可能性。当然,其结果是不能作为定论的。③

其实,从"举证责任"的角度来讲,关键不在于对具体文献记载的肯定和否定上,而在于肯定和否定都必须出示证据,而这也使得我们很难对数量庞大的古代文献做出某种肯定或者是否定的整体性判断。与此相应的便是,在面对古代文献中的记载时,应该具体问题具体分析,不可一概而论,首先便持有"否定"或者是"肯定"的态度;民国时期的"疑古"之所以为人诟病,便因为其中存在着这样的简单化思维。王国维在1926年给容庚的书信中即言:"今人勇于疑古,与昔人勇于信古,其不合论理正复相同,此弟所不敢赞同者也。"④ 说的便是这个意思。历史研究中有一个重要的原则:孤证不立。孤证之所以"不立",或即因其既难证实也难证伪,是以不足以

---

① 如胡适就曾劝冯友兰对某些一时不能下判断的地方不妨"展缓判断",以待新材料的发现。胡适:《评论近人考据〈老子〉年代的方法》,载罗根泽编著《古史辨》第6册,第410页。而与之相对应的便是胡适的"缩短论"和"拉长论",有学者即就此指出:"由今天的知识水准看来,胡适的'两阶段'理论正像一个最为杰出的研究计划,预见了20世纪学术发展的真实轨迹,胡适本人也因此应当占据一个极高的位置。近年来极为轰动的'夏商周断代工程'以及大部分的考古学、简帛学研究,所从事的实际上正是一种'拉长'的工作。'夏商周断代工程'的意义和目标是:'中华文明是人类历史上有数的独立起源的古文明之一,绵延流传,从未中断,世所罕见。但是,我国古书记载的上古确切年代,只能上推到(汉)司马迁《史记·十二诸侯年表》的开端——西周晚期共和元年(前841年)……夏商周断代工程的总目标,是制定有科学依据的夏商周时期年代学年表。'此处所使用的'上推'一词,无疑正是'拉长'的同义语。"张京华:《"缩短""拉长"的两阶段预言——胡适与顾颉刚的学术异同》,载《古史辨派与中国现代学术走向》,厦门大学出版社2009年版,第407页。

② 面对古代文献记载时,肯定或者否定必居其一的态度和研究方式,是典型的以情代理和态度先行。这种简单粗暴的思维方式,显然与史学"求真"的职志是相背离的。

③ 史家研究历史不能不有所论断,从严格意义上讲,恐多难免"默证"之讥。故以之作为批评的武器,简直是无往而不利。史学界常见有批评者以某种观点并非"定论"为基点而施之以批评之辞,然历史研究的一个特征就是结论无法得到完全的验证,根本不存在严格定义上的"定论",务以之相责,吾不知其可也。

④ 刘寅生、袁英光:《王国维全集·书信》,中华书局1984年版,第437页。

立论。易言之，便是史料审查的条件不具备，难以"举证"之故。从历史研究的角度来说，但凡提出问题，使用证据，都需要进行审查。① 在历史研究中，"有罪推定"固然不可取，"无罪推定"也同样要不得；而此正与前文所陈"疑"之义相合也：在具体的研究展开之前和研究进行的过程中，研究者需要不断地审视自己的预设，使其处于一种相对"清零"的状态。

是故，若言"举证责任"，则是与非、信与不信均须出示证据并以之进行论证而后方可。张荫麟便曾说："吾人非谓古不可疑，就研究之历程言，一切学问皆当以疑始，更何有于古？然若不广求证据而擅下断案，立一臆说，凡不与吾说合者则皆伪之，此与旧日策论家之好作翻案文章，其何以异？而今日之言疑古者大率类此。"② 同样是针对"疑古"的钱穆亦谓，"事有可疑，不专在古"，自己"愿以考古名，不愿以疑古名"，因为"考信必有疑，疑古终当考"，"疑与信皆须考"。③ 这便是说，持"有罪推定"者固然需要"举证责任"，而

---

① 如林沄便言："从古史辨派开创了疑古时代之后，中国的古典学，实际上就逐步进入了疑古和释古并重的古史重建时期。这种重建是以对史料的严格审查为基础，把古文献和考古资料融会贯通而进行的。因此无须另立一个释古时代，或另称考古时代。由于这个古史重建时期永远要保持对文献史料严格审查的精神，所以提'走出疑古时代'是完全没有必要的，甚至可以说是一种代表信古回潮的错误导向。"林先生"永远要保持对文献史料严格审查的精神"之语，尤值吾等后学小子警醒。参见林沄《真该走出疑古时代吗？——对当前中国古典学取向的看法》，《史学集刊》2007 年第 3 期。

② 张荫麟：《评顾颉刚〈秦汉统一的由来和战国人对于世界的想像〉》，顾颉刚编著《古史辨》第二册上编（1930 年 9 月 8 日），上海古籍出版社 1982 年版，第 15—16 页。此文又曾刊于《大公报·文学副刊》第八期（1928 年 2 月 27 日）与《中山大学〈语言历史研究所周刊〉》第二集第九期（1928 年 3 月 6 日）。

③ 钱穆：《师友杂忆》（与《八十忆双亲》合编本）第 10 章，《北京大学（附清华大学及北平师范大学）》，商务印书馆 2005 年版，第 156、160 页。李零亦曾说："历史有如疑案，无论主疑还是主信，都只是一种试探。'学术空白'是'怀疑的空间'，也是'信仰的空间'（'怀疑'和'信仰'都是最容易引起争论的地方，也是最不可以争论的地方），只有线索和证据才是破案的关键。"（李零：《学术"科索沃"——一场围绕巫鸿新作的讨论》，载《何枝可依：待兔轩读书记》，生活·读书·新知三联书店 2009 年版，第 160 页注②；原载刘东主编《中国学术》第二辑，商务印书馆 2000 年版，第 202—216 页。）不过，在此之上，似仍有可言者，杨春梅先生即言："信与疑的标准是证据加逻辑，而二者都有其难以克服的限度。知其限度所在而能自有主见，复能尊重异见，此乃真正学者心量。"杨春梅：《"走出疑古"与否定"五四"》，未刊稿。

持"无罪推定"者也同样如是,无论哪一方都不可以免责。①

四 余论——吾生有涯而知也无涯

佛家有"所知障"的说法,② 颇能给我们所讨论的问题一些启示。若拘于旧识,便很可能会因此而失去获得新知的机会。这提示我们,学者在面临研究对象时,须放开心量,不可以情代理,此正"疑"所昭示者也。

"疑"的产生,来自史料和人类认知的残缺性,乃天然局限。这种天然的残缺性提示我们,史学乃推理之学,非论定之学。史家的研究不是上帝的裁判,更多的是一种可能性论证和可信性评估,而非给予一个终极答案。忘记了这一点,史家离虚妄已不远矣。认为"歪打"也可以"正着",以是否"立见成效"的功利心态,执着于获得某种"定论",其实是一种面对历史的狂妄。以"客观"自况也以此而著称于世的傅斯年《史学方法导论》第一讲的首目即是"论史学非求结论之学问"。他还说,"应该充量用尚存的材料,而若干材料缺的地方,即让他缺着","找出证据来者,可断其为有,不曾找出证据来者,亦不能断其为无";"历史上有若干不能解决之问题,指

---

① 如章学诚便说:"天下但有学问家数,考据者,乃学问所有事,本无考据家。"(清)章学诚:《与吴胥石简》,载《文史通义·外篇三》,《章学诚遗书》卷9,文物出版社1985年版,第79页。李学勤也说:"在历史研究中,任何材料都要经过研究者的审核、分析与判断,要疑古,你得把发掘出来的材料研究清楚后再说话,不疑古,你也得把发掘出来的材料研究清楚了再说话。总之,对中国古史和历史传说、对'三皇五帝'疑与不疑、信与不信其实都没有关系,关键是拿出证据来……尤其是当今考古发掘出土了大量的中国古代遗存和史前遗存,对于古书、古史信与不信、伪与不伪,最终都要通过分析当前以及今后陆续出土的实物和文献为证。"李学勤:《简帛佚籍的发现与重写中国古代学术史》,《河北学刊》2013年第1期。赵轶峰也强调:"历史学家思考问题的基础永远是证据,而不是理论,当证据与理论冲突时,证据说话;证据不足时,判断存疑。"赵轶峰:《历史研究的新实证主义诉求》,《史学月刊》2018年第2期。

② 本文所使用的"所知障",重在其文字相之意,未必尽合经典原义。

出其不能解决,便是解决"。① 这些,都值得后辈史家三复其义。

在许多情况下,若执着于获得一个"定论",务要以"或"为"必",执着于一,便只能强材料和逻辑之所难了。李零在讨论古书成书时就说,由于其传流情况非常复杂,"所以我们的时间概念也就不能定得太死,与其不分类型、系统布一些点,还不如分类串联,通过序列和时段来定年代,能精确到什么范围就精确到什么范围。这样的年代也许比较模糊,但不一定就比定点差。这就像打靶,靶心定得太小,你枪枪都可能脱靶。但如果范围合适,则虽云不中,亦不远矣"②。以"或"为"必",乃"默证"软肋之所在,亦史学之大忌。此等关节处,正体现了历史研究的严肃性、客观性和公正性。此其一。其二,历史研究虽注重结论,但于研究本身而言,更重要的是过程。易言之,其并不以结论为务,借用法学领域的名词来讲,就是历史研究其实是一件属于"程序正义"的事情。历史研究中的很多结论,是无法验证的,我们总不能起古人于地下而问之吧? 就拿时下古史、古文献学界所热议的古书"原本"或者"定本"来说,先不说其是否存在,就是如何判定都是问题。③ 在这种情况下,以所谓的结论是否正确来作为判断历史研究的标准,既没有可能,也没有意义。

俗语云:"山川而能语,葬师食无所;肺腑而能语,医师色如

---

① 傅斯年:《史学方法导论》《评〈秦汉统一之由来和战国人对于世界的想像〉》《致胡适》,载欧阳哲生主编《傅斯年全集》第 2 卷、第 1 卷、第 7 卷,湖南教育出版社 2003 年版,第 307、474、40 页。

② 李零:《简帛古书与学术源流》(修订本)第 6 讲,《简帛古书的体例与分类》,生活·读书·新知三联书店 2008 年版,第 227 页。

③ 如美国学者夏含夷便说:"我们大概永远得不到子思之《缁衣》或是老聃之《老子》的亲手写本。即使能得到,我们大概也不会认得出来。况且,即便有一天能得到,这样的原本恐怕一点也不会像文献学家所想象的'原本'的样子。"夏含夷:《〈重写中国古代文献〉结论》,载《兴与象:中国古代文化史论集》,上海古籍出版社 2012 年版,第 287 页。关于此问题,除过上引之文外,其同书中还有《重写儒家经典——谈谈在中国古代写本文化中抄写的诠释作用》可以参看(第 285—292 页),以及夏含夷《夏含夷谈古代文献的不断重写》,黄晓峰采写,《东方早报·上海书评》编辑部编《上海书评》第 13 辑,《空虚双城记》,上海书店出版社 2010 年版,第 3—8 页。而关于这一问题的研究,还可参阅李若晖《郭店竹书老子论考》,齐鲁书社 2004 年版,第 73—111、214—215 页;谢维扬《古书成书的复杂情况与传说时期史料的品质》,《学术月刊》2015 年第 9 期。

土。"历史研究的一个特点,就是我们不能起古人于地下而问之,史家今日所得之史料乃昔日所存之残余断片,从一定意义上可以说是死无对证。在结论难以验证的情况下,对于历史研究的实践来说,除了学者的良知之外,所持证据和论证过程是重于最终结论的。或曰,在某种"理想"的条件下,有可能实现"默证"。但在现实中,那种理想的情况却几乎不可能存在,此即意味着"默证"的不可实现。"默证"的不可实现,对于研究者来说,一个重要的启示便是,永远要对自己的研究可能会出现的那个反证存留一份空间。所以,即便在现有条件下,所有证据都指向那一个答案,也应当为其保有一个怀疑的空间。此处所言之"怀疑的空间",既可以是主要由史料的记述、搜集、解读的"残缺"所带来的对结论的多种可能性的重视,也可以是对理性本身与自我认知局限的警惕。"默证"及"无罪推定"的错误,原因便在于此。我们常说史家应对历史保持一种敬畏,或亦因此而发。

"疑"乃是一种理想性的持守,现实运行中不免左摇右摆。但要是没有了这说有似无的"疑",则"学"将何存,恐怕便是一个问题了。它是秤杆上的定盘星和夜空中的启明星,是出发点,也是目标。这两"星"在,学者尚不致恣肆无忌,失所敬畏。而学者为学的良心和操守,亦可由此而生。纯粹的"疑"或许在现实中是难得一见的,可正如傅斯年所说:"社会科学在发达过程中,自然很多有社会文化之偏见,但,超阶级的见解,超阶级的事实,也是不少的。想以客观为理想而去努力,尚且弄得不客观,一旦完全把客观放弃了,认为是不可能的,不需要的,那真不得了,这样弄下去,不特学院的严肃失掉,而且必出来一种神经紧张病,是必然看不清事实的。"[①] 诚哉斯言,理想态的"理"虽不存在,但若无对此理的追求,则学术之义亦无存矣。

---

① 傅斯年:《"国立"台湾大学法学院〈社会科学论丛〉发刊词》,载欧阳哲生主编《傅斯年全集》第3卷,第368页(原载于《台大社会科学论丛》1950年4月第1期)。

《资治通鉴》研究中的史料批判问题

——从田浩、辛德勇二文论司马光建构史料谈起

卢庆辉

关于中国史家如何撰史，西方学者通常存在两种截然不同的看法。一种观点认为中国史家从事"发明传统"的工作；另一种观点认为中国传统史家运用"剪贴式"的修史方法，将早期文献中的叙述拼凑在一起，同时做到句句皆有所典。人们认为第一种观点"创造的"历史论述范式存在歪曲历史之嫌；第二种观点认为中国史家本质上不过是文抄公，中国的史学传统保守僵化，缺乏对历史的理解。[①] 随着国内外学者关于何伟亚《怀柔远人》一书的争论，后现代主义开始并逐步影响中国史学界。后现代主义派别林立，学说各异，没有明确定义。它集中突起于20世纪五六十年代，于20世纪70年代影响到历史学领域。关于后现代主义与历史学相关研究可参看张光华《大陆学界"后现代与历史学"研究述评》、王霞《后现代主义与历史学述评》等相关论著。[②]

近年"史料批判"或称"历史书写"，已成为时下中古史研究的热点，但相关理论研究较之如火如荼的个案研究略显迟滞。仅从名称来看，作为倡导者的安部聪一郎，基本一贯以"史料论式的研究"来概括自己的研究成果及日本学界的相关研究，他曾对"史料论式的

[①] 田浩：《史学与文化思想：司马光对诸葛亮故事的重建》，载《"中央研究院"历史语言研究所集刊》第73本第1分，2002年，第166—167页。

[②] 张光华：《大陆学界"后现代与历史学"研究述评》，《兰州学刊》2008年第3期；王霞：《后现代主义与历史学述评》，《齐齐哈尔大学学报》2013年第5期。

研究"定义和渊源有所陈述。① 孙正军则力主以"史料批判研究"称之，他曾反思和梳理了史料批判研究兴起的背景、贡献得失及途径和要旨。② 徐冲更倾向使用"历史书写"来研究中古史相关问题。③ 楼劲在回答澎湃新闻关于历史书写和史料批判研究的问题时回答道："实际上历史书写尤其是正史的书写，我更愿意把它叫做'史书的编纂'。"④

司马光的鸿篇巨制《资治通鉴》（下简称《通鉴》）甫一问世，便享有极高的声誉。历代学者或注、或续、或补、或评，遂使研究《通鉴》成为一门专门的学问，谓之"通鉴学"。近世以来，研究《通鉴》的文章可谓层出不穷。⑤ 近年，田浩与辛德勇关于司马光建

---

① 安部聪一郎：《三国西晋史研究的新动向》，《中国中古史研究》第1卷，中华书局2011年版；《日本学界"史料论"研究及其背景》，《中国史研究动态》2016年第4期。何谓"史料论式的研究"？安部聪一郎指出，即在理解史料内容的同时，重视史料的成书过程，主要从史料选择、文章构成和叙述形式等方面考察史料著者、编纂者的意图及其对历史的理解，同时将史料所要传达的内容与其成书的时代状况相结合。该研究主要通过对多种史料进行讨论，再将研究结果进行比较，进而窥探史料著者、编撰者的意图、历史理解的方向性及偏好，从而构建出新的"历史像"。

② 孙正军：《魏晋南北朝史研究中的史料批判研究》，《文史哲》2016年第1期；《通往史料批判研究之途》，《中国史研究动态》2016年第4期。

③ 徐冲：《历史书写与中古王权》，《中国史研究动态》2016年第4期。

④ 楼劲：《历史研究要抓住有限的真正重要的问题》，《澎湃新闻·私家历史》2017年2月18日。楼劲指出："最近热门的历史书写问题……说到底，这些东西仍属于基本功，仍是要强调史料需要进行分析，文献需要弄清楚它是怎么形成、发展的……历史书写和史料批判，我的解释就是，它属于重新发现问题过程中的一种现象。这种问题虽然并不新鲜，却仍可以拓展论域和方法……对历史书写来说，重要的依然是对历史和文献编纂学的认识，是要在文献的历史形成过程中加深对文献记载，包括其内容和形式的认识。只要始终抓住这个问题，就可以确切地推进研究。"

⑤ 宋衍申：《〈资治通鉴〉研究概述——为〈通鉴〉修成九百年而作》，载刘乃和、宋衍申主编《〈资治通鉴〉丛论》，河南人民出版社1985年版；汤勤福、李日升：《近三十年来大陆地区〈资治通鉴〉研究述评（1983—2011）》，《史学史研究》2011年第4期。二文细致梳理了大陆地区《通鉴》的研究成果。翟清福：《近四十年来台湾〈资治通鉴〉研究概述》，《中国史研究动态》1993年第11期；笔者：《近三十年来台湾地区〈资治通鉴〉研究述评（1986—2015）》，《历史文献研究》2016年第38辑，曾就台湾地区2015年前的《通鉴》研究成果作过评述。

构史料的两篇论著颇引人关注。[①] 二文观点是否正确，读者自有裁断，但他们在坚实的史料基础上，探讨传统中国历史著述中文献的自由度与限度之间的张力问题，对重大历史论断提出质疑，颇值得我们重视。

一 司马光是否重构历史

（一）司马光是否重建诸葛亮故事

诸葛亮作为三国时期刘备蜀汉政权中的谋士与主政者，史家保存了相对丰富的史料。田浩《史学与文化思想：司马光对诸葛亮故事的重建》一文重新审视陈寿《三国志》、裴松之《三国志注》以及《通鉴》有关诸葛亮故事的文本，将其中资料互相比较，分析司马光在早期资料取舍上的模式，探讨传统中国历史著述中文献运用的自由度与限度间的张力，并彰显其中的复杂性。作者声称本文是第一篇运用这种方法来讨论司马光有关诸葛亮叙事的文章。田浩认为司马光的历史叙事具有强化故事人物魅力的特质，叙事着重于事件的展开，所以司马光与其助手们在重新连缀早期史家支离破碎的故事时有相当的自由

[①] 田浩：《史学与文化思想：司马光对诸葛亮故事的重建》，载《"中央研究院"历史语言研究所集刊》第73本第1分，2002年。辛德勇：《汉武帝晚年政治取向与司马光的重构》，《清华大学学报》2014年第6期（后作者在此基础上出版了《制造汉武帝：由汉武帝晚年政治形象的塑造看〈资治通鉴〉的历史构建》，生活·读书·新知三联书店2015年版）。此外，仍有一些论著关涉《通鉴》的史料建构。褚文哲曾尝试以新文化史的方法，解读史书中的李显形象。参见褚文哲《制作李显——〈资治通鉴〉文本中的苦命王子·缺能帝王书写》，载卢建荣主编《社会/文化史集刊（四）·唐宋变革说及其宰制论述的猎獴》，时英出版社2010年版，第151—200页。姜鹏在分析、比较《通鉴》原文与明人严衍《资治通鉴补》改订文字的基础上，指出《通鉴》原本就不是"一种单纯的历史叙述文本"，而是"借历史叙述以表达施政理念"，《通鉴》中很多看似有"破绽"的地方，其实隐含了司马光表达自身理念的深意。参见姜鹏《司马光施政理念在历史编纂中的表达——从〈资治通鉴补〉对原作的改动说起》，《复旦学报》2015年第2期。张耐冬、刘后滨认为《通鉴》对李世民即位之初褒奖功臣出现纷争的相关叙述，是不同于唐代实录、国史与《旧唐书》的另一种叙事，是以"资治"史观为出发点，在原有史料基础上进行的历史想象与情景建构。参见张耐冬、刘后滨《〈资治通鉴〉叙事中的史事考订与历史重述——基于唐太宗即位之初"诸将争功"事件书写的个案分析》，《中国人民大学学报》2017年第1期。

度。在重建诸葛亮故事中，司马光不仅广从以前的文献中逐字抄录史料，还相当自由地在新文本中加进自己的文字，显示出传统的中国学者既努力忠实于传统，又试图把自己的价值镌刻在历史与文献的传统之中。司马光重建历史显然是为了用过去来服务现实，规划未来。因此，在这部由取舍文献资料而架构起来的巨著之上，司马光所作的添加，如果是审慎的话，将使他的叙事成为有助于自身政治文化目标的一种有力工具。

张元认为田文把《通鉴》文本与可能的资料加以对读，然后再对差异之处提出解释，目的在于表彰司马光在史学上的成就，指出司马光借资料的选取与增添，展现出别有风貌的解释模式。[①] 这实在不是田先生首创，早年间陈垣先生所倡"史源学"即用此法，这种方法应是研究《通鉴》最有效的办法。[②] 张元觉得比较重要的问题在对于《通鉴》编写的基本认识上，司马光的主要助手刘攽、刘恕、范祖禹扮演着重要角色。此外，张元针对田浩认为司马光"在历史叙事的很多地方加入了自己的话"的观点提出异议。张元通过对读资料，发现《通鉴》一字不易直抄原书者不多，加以改写存其大义而更为精简有力者不少，这种情形应该不能算是"加入了自己的话"。张元还引用周一良《北朝的民族问题与民族政策》、田余庆《论轮台诏》两篇文章有关《通鉴》资料来源的看法，力证《通鉴》编著资料搜集宏富，下笔态度严谨，言必有据。相信司马光或更可能是他的助手们，从一些史书中摘取资料，这些资料在北宋的司马光时代仍然可见，而后来却遗佚了。

张元曾在《司马光对东汉曹魏历史的理解》一文中指出，一般而

[①] 张元：《读田浩教授〈史学与文化思想：司马光对诸葛亮故事的重建〉一文》，载《"中央研究院"历史语言研究所集刊》第73本第1分，2002年。

[②] 值得一提的是，陈勇近年致力于《通鉴》十六国史料的整理研究，相继出版《〈资治通鉴〉十六国资料释证：汉赵、后赵、前燕国部分》《〈资治通鉴〉十六国资料释证：前秦、后秦国部分》，中国社会科学出版社2010、2015年版。二书将《通鉴》汉赵、后赵、前燕、前秦、后秦国资料全部辑出，逐条与相关文献对读，分析各种差异及其产生的背景，辨识诸史文字、内容的真伪，意在深入挖掘《通鉴》作者精心筛选、摘录或改编的这批珍贵史料，为十六国史研究提供一种基础性的资料。

言,温公删节资料,一方面为了约省篇幅,另一方面则有将论点辞句加以精炼的作用,每每删去浮辞赘语之后,不但文辞简练,意旨更为明确。但有时却将某些重要观念删除,读者的了解也会因之有所不同。① 张元在此论文中注意到"儒家化"是《通鉴》在选取资料时颇为清楚的倾向。本于此,针对田文关于司马光重建诸葛亮故事问题,张元力主《通鉴》著述自有其体例,本末轻重之间,必须掌握分寸,不是重点所在,都不妨用简化的方式加以处理。探讨历史叙事者的意图,似乎应该尽量体会叙事者心中的历史全局与表述重点,而不只是在一件件小事上加以"重构"。

(二) 司马光是否构建汉武帝形象

20世纪30年代,日本学者市村瓒次郎据《通鉴》所载,提出汉武帝晚年颁布的《轮台诏》体现了治国路线的转变,使得已经动荡的西汉王朝得以保全。其后,中国学者唐长孺在1956年开始编写的《秦汉史讲义》中述及相关问题时,亦持相同看法。1984年,田余庆发表《论轮台诏》一文,系统论述汉武帝刘彻在其去世前两年,即征和四年(前89年),汉武帝颁布轮台"哀痛之诏",大幅度转变政治取向,由横征暴敛,穷兵黩武,转向所谓的"守文",从而"澄清了纷乱局面,稳定了统治秩序,导致了所谓'昭宣中兴',使西汉统治得以再延续近百年之久"。

辛德勇发表《汉武帝晚年政治取向与司马光的重构》一文,认为"上述论断不能成立",理由如下:一是所谓"轮台诏"只是一种调整对外作战策略的权宜之计,而不是从根本上转变汉廷的政治路线;二是上述诸学者认为汉武帝晚年的治国路线出现重大转变,主要依据的史料是《通鉴》,而《通鉴》的相关记载不见于《史记》《汉书》等汉代基本史籍,而是出自南朝刘宋王俭著的小说《汉武故事》,完全不可信据;三是司马光在《通鉴》中采录《汉武故事》,是刻意构建符合其政治需要的汉武帝形象;四是王俭在《汉武故事》中塑造

---

① 张元:《司马光对东汉曹魏历史的理解》,《东吴文史学报》1986年第5号。

的汉武帝形象，是基于他对宋文帝刘义隆与太子刘劭之间政治斗争的感情倾向，是有意而为；五是《汉武故事》中的汉武帝形象，虽属艺术创作，但在西汉的历史上自有原型可寻。辛德勇从史源学角度论证了汉武帝晚年根本没有治国路线从穷兵黩武到"守文"的战略转变，国内外学者在此问题上的研究得出了错误结论，其根源在于盲信《通鉴》所采录的关于"汉武故事"的妄诞记载。他还进一步考证指出，司马光其实很清楚这些史料不可信据，但出于资以鉴戒的特殊需要而率以己意取舍史料。

辛论甫出便被学界注目，认同与质疑之声并存。刘大木、杨勇认同辛说。[①] 杨勇从政治史与思想史的角度重新审视《轮台诏》，乃至武帝晚年的政策调整。他认为汉武帝朝政治的核心内容是对外大规模征伐，对内各种兴利政策及酷吏政治，三者前后相续，迭为因果，构成了三位一体的有机整体。论及汉武帝晚年政治转折，必须以这三者为主要考察对象。从这一整体来看《轮台诏》乃至汉武帝晚年的政治态势，都不能得出汉武帝对其政治方略有根本转折的打算，更没有转向"守文"即转向儒家政治的意向。直到武帝去世六年后，盐铁会议才真正开启了政策转折。

李浩认为辛德勇的说法存在不少史料误读现象，其结论不能成立：一是汉武帝末年的政治转向体现在悔过、劝农、休兵等一系列见诸《盐铁论》《汉书》的实际行动里，《通鉴》叙事与上述原始史料高度吻合，不存在重构现象；二是遍检《通鉴》全书，叙事绝不采《汉武故事》，司马光仅将其作为史料异文和批判对象列入《考异》，原书俱在，不容置疑；三是历史阐释不等于历史重构，《通鉴》之叙事、议论仅是对公认史实不同视角的历史观察，司马光没有也不可能重构历史；四是《汉武故事》的作者和年代迄无定论，辛德勇以刘

[①] 刘大木：《王俭、司马光、田余庆：汉武帝形象的三个制造者》，《新京报》2016年3月5日。杨勇：《再论汉武帝晚年政治取向——一种政治史与思想史的联合考察》，《清华大学学报》2016年第2期。

宋比附西汉系悬拟之辞。① 胡文辉认为辛文所述司马光臆造汉武帝晚年政治形象仅基于假设之上，缺乏真正的文献证据，觉得是辛先生"制造"了司马光的学术形象。② 成祖明著文指出，以《轮台诏》的颁布为标志，汉帝国对内和对外政策出现重大转向。田余庆在《论轮台诏》中的基本结论难以动摇。③

李峰在《〈汉武故事〉作者及史料价值探析》中认为，④ 辛文认定《通鉴》关于汉武帝与戾太子纷争这段史事的论述，但凡不见于《史记》《汉书》，皆出自《汉武故事》的看法都是不严谨的。而且，通过王俭的儒家理念等原因论证王俭不可能有通过虚构汉武帝父子纷争之事，来表达他对刘劭反对宋文帝之举的同情的动机。就《汉武故事》的史料价值而言，辛德勇认为出自王俭的伪造，遂断言该书"绝非信史"、"纯属虚构故事"，以此来论证《通鉴》采录《汉武故事》史事来重构汉武帝晚年政治取向之误。李浩为驳辛德勇之非，则声称："司马光《通鉴》全不取《汉武故事》之叙事"，虽言辞刚健，却无说服力。李峰认为司马光《通鉴》虽说过《汉武故事》"语多诞妄"的话，但同时也不排斥《汉武故事》中有价值的史料。即如汉武帝征和四年罪己事，就是采录自《汉武故事》。只是学者对这条史料的认识不同，遂成聚讼。辛德勇为全面否定《汉武故事》的史料价值，以吕祖谦、王益之都觉得《汉武故事》的材料不可信为据为证，实则吕祖谦、王益之对《汉武故事》既有批判又有肯定。因此《汉武故事》中的许多叙述渊源有自，不可武断视之，又要谨慎引用。

---

① 李浩：《"司马光重构汉武帝晚年政治取向"说献疑——与辛德勇先生商榷》，《中南大学学报》2015年第6期。
② 胡文辉：《制造司马光》，《东方早报·上海书评》2016年3月13日；《〈制造司马光〉补记》，《东方早报·上海书评》2016年4月10日。
③ 成祖明：《内部秩序与外部战略：论〈轮台诏〉与汉帝国政策的转向——谨以此文纪念田余庆先生》，《清华大学学报》2016年第2期。
④ 李峰：《〈汉武故事〉作者及史料价值探析》，《枣庄学院学报》2016年第6期。值得一提的是，辛德勇近日在一次讲座中重申《汉武故事》作者乃南朝刘宋王俭的观点，参见辛德勇《〈制造汉武帝〉的后话》，微信"辛德勇自述"，2017年5月31日。

要之，田浩从司马光对诸葛亮故事的选取与增添中，寻绎出司马光试图把自己的价值镌刻在《通鉴》中，重新建构了诸葛亮的形象。辛德勇从史源学角度论证了汉武帝晚年的治国路线根本没有从穷兵黩武到"守文"的战略转变，国内外许多著名学者在此问题上的错误根源在于盲信《通鉴》所采录的小说《汉武故事》的妄诞记载。司马光出于鉴戒的特殊需要率以己意取舍史料，重构了汉武帝形象。二人以"考镜源流"、史料对读的方式探讨《通鉴》的叙事与意图，质疑重大历史论断，提出新颖观点，值得重视。然他们探讨历史叙事者的意图，似未体会叙事者心中的历史全局与表述重点，有过度演绎、"破有余而立不足"之嫌。

二 《通鉴》的史料批判研究

《通鉴》史源丰富，司马光曾创立"考异法"，并作《通鉴考异》一书。其参引的史籍达三百种之多，这些史籍主要以纪传体和编年体为主，同时也参引正史外的其他史籍。《四库全书总目》卷47《通鉴考异》条载："其间传闻异词，稗官既喜造虚言，正史亦不皆实录，光既择可信者从之，复参考同异，别为此书，辨正谬误，以祛将来之惑。"[①]《通鉴》为"祛将来之惑"将历史事件的时间、地点、人物、官职、史实等详加考辨。近人金毓黻言："今人征考正史以外之史实，往往于《通鉴》求之，以得梗概。"[②]《通鉴》地位之重要可见一斑。在史学研究的资料引用问题上，《通鉴》之地位次于正史，这已成为共识。追其原因，如严耕望所言："或许有人认为《通鉴》只是融铸正史材料，就史料观点言，价值并不很高。"[③] 然这不等于说《通鉴》的史料就不重要。《通鉴》撰述自有书法，兼具儒家史观意识，史料编纂手法多样，包括原文直接照录、删省和增补等，其中以删省手法

[①] （清）永瑢等：《四库全书总目》，中华书局1965年版，第421页。
[②] 金毓黻：《中国史学史》，商务印书馆2010年版，第248—249页。
[③] 严耕望：《〈资治通鉴〉的史料价值》，收入《严耕望史学论文集》（下册），上海古籍出版社2009年版，第1163页。

最为常见。经过司马光的删省，《通鉴》文风简洁，脉络清晰，文省而事全。同时不可否认的是，司马光的删省工作也存在一定的问题。作为一名严谨的史家，司马光也增补了许多重要的史料，这些史料应当引起我们的重视。《通鉴》是以文采见长的上乘之作，特色鲜明。《通鉴》网罗宏富、不遗巨细，为我们保存了丰富的历史史料。这些史料可以纠正他史之误，补他史之不足。当然，我们在肯定《通鉴》史料价值的同时，也要承认其有自身的缺陷，这样才能使我们更加客观、准确地使用《通鉴》。

关于《通鉴》之史料，试举两例论述之。如《通鉴》卷79，晋武帝泰始三年（267年），"春正月丁卯，立子衷为皇太子。诏以'近世每立太子必有赦。今世运将平，当示之以好恶，使百姓绝多幸之望。曲惠小人，朕无取焉！'遂不赦"[①]。此段史料乃删省《晋书·武帝纪》中以下文字而成："丁卯，立皇子衷为皇太子。诏曰：'……近世每建太子，宽宥施惠之事，间不获已，顺从王公卿士之议耳。方今世运垂平，将陈之以德义，示之以好恶，使百姓蠲多幸之虑，笃终始之行，曲惠小仁，故无取焉。'"[②]唯将《晋书》"曲惠小仁"记作"曲惠小人"，后世多沿袭《通鉴》之说。窃以为《通鉴》误，"小人"当为"小仁"。

"小人"在不同语境下意思各异。如"不知稼穑之艰难，不闻小人之劳"指"百姓"，"君子坦荡荡，小人长戚戚"[③]则指与君子对立的无德之人。司马光曾言，"君子小人之不相容，犹冰炭之不可同器而处也"[④]。问题的关键在"曲惠"上。《通鉴·晋纪》载惠帝永康元年（300年）"曲赦洛阳"，胡注曰"不普赦天下而独赦洛阳，故曰

---

① （宋）司马光：《资治通鉴》卷79《晋纪一》，武帝泰始三年正月丁卯，中华书局1956年版，第2502页。
② （唐）房玄龄等：《晋书》卷3《武帝纪》，中华书局1974年版，第55页。
③ 《尚书·无逸》，（清）阮元校刻《十三经注疏》，中华书局1980年版，第222页；《论语·述而》，（清）阮元校刻《十三经注疏》，中华书局1980年版，第2484页。
④ （宋）司马光：《资治通鉴》卷254《唐纪六一》，文宗太和八年之"臣光曰"，第7899页。

曲赦"。① 若"曲惠小人"作"不普惠天下而独惠小人",则无论"小人"何意均显不妥。"曲"字有局部的、小的之意。② 从晋武帝诏书看,朝廷意在不行小恩小惠,因此,"小人"应作"小仁",与"曲惠"并列。

"曲惠小仁",古已有之。据《三国志·陆逊传》,嘉禾五年(236年),陆逊因亲信韩扁被捕,遂佯攻襄阳城,诸葛瑾便引船退兵至白围,托言围猎,潜遣诸将奄袭小县,令市人骇奔,自相伤害。逊部斩首获生,凡千余人。其所生得,皆加营护。裴松之认为陆逊此举"无异残林覆巢,而全其遗鷇。曲惠小仁,何补大虐?"③ 又《贞观政要》载贞观七年(633年),唐太宗谓侍臣曰:"凡赦宥之恩,惟及不轨之辈。古语云:'小人之幸,君子之不幸。''一岁再赦,善人喑哑。'凡养稂莠者伤禾稼,惠奸宄者贼良人。"又援引"文王作罚,刑兹无赦"、诸葛亮治蜀十年不赦而蜀大化、梁武帝每年数赦卒至倾败故事,道"夫谋小仁者,大仁之贼,故我有天下已来,绝不放赦"之理。④

司马光重礼,且多从道德方面品评史实。他曾指责汉惠帝不忍母之残酷,弃国家而不恤,纵酒色以伤生,可谓"笃于小仁而未知大谊也"⑤。宋仁宗天圣五年(1027年),陕西大旱。朝廷下诏赦免抢劫粮仓的饥民,以致后来饥民为盗,多蒙怜悯而活命。司马光上奏朝廷,认为此举是务为小仁、劝民为盗。他引《周礼》言荒政于民多宽大之恩,独于盗贼,不可不除。建议百姓乏食,当轻徭薄赋、开仓赈贷,不当使之自相劫夺。声称:"臣恐国家始于宽仁,而终于酷暴,

---

① (宋)司马光:《资治通鉴》卷83《晋纪五》,惠帝永康元年八月,第2644页。
② 《礼记·中庸》"其次致曲,曲能有诚",(汉)郑玄注曰:"曲犹小小之事也。"见(清)阮元校刻《十三经注疏》,中华书局1980年版,第1632页。又,《汉书·礼乐志》有"事为之制,曲为之防",王念孙案曰:"大事曰事,小事曰曲。"见(清)王念孙《读书杂志》,《汉书》,北京市中国书店1985年版,第25页。
③ (晋)陈寿:《三国志》卷58《陆逊传》,中华书局1959年版,第1352页。
④ (唐)吴兢撰,谢保成集校:《贞观政要集校》卷8《论赦令》,中华书局2009年版,第447—448页。
⑤ (宋)司马光:《资治通鉴》卷12《汉纪四》,惠帝元年之"臣光曰",第410页。

意在活人而杀人更多也。"① 秦蕙田案:"温公所奏,深得周官除盗贼之旨。其云始于宽仁,终于酷暴,尤切中姑息之病。"②

要之,晋武帝本意乃吸取古来长治久安的经验教训,弃"曲惠",舍"小仁"。司马光《通鉴》出于鉴戒之目的著录此事,意在为君主言明为政之要。然司马光此处很可能受古语"小人之幸,君子之不幸"影响,而忽略"谋小仁者,大仁之贼",率意地改"曲惠小仁"为"曲惠小人"。

又如《通鉴》卷80载:"武帝泰始十年(274年)'诏又取良家及小将吏女五千人入宫选之,母子号哭于宫中,声闻于外'。"③ 关于此则史料,《宋书》卷31《五行志》载:"泰始十年四月,旱。去年秋冬,采择卿校诸葛冲等女,是春五十余人入殿简选。又取小将吏女数十人。母子号哭于宫中,声闻于外,行人悲酸。"④《晋书》卷28《五行志》载:"是春,五十余人入殿简选。又取小将吏女数十人,母子号哭于宫中,声闻于外,行人悲酸。"⑤ 对比以上史料可以发现,《晋书》的史料明显源自《宋书》。《通鉴》此段史料也极可能取自《宋书》,但秀女人数与《宋书》所记相去甚远。《通鉴》此则史料之前是如此记载的:泰始九年(273年)"诏选公卿以下女备六宫,有蔽匿者以不敬论;以律不敬论罪也。采择未毕,权禁天下嫁娶"⑥。显然,《通鉴》在此段史料上用"又取"的措辞,乃是承接了泰始九年的选女诏令。《晋书·后妃传》载:"泰始九年,帝多简良家子女以充内职,自择其美者以绛纱系臂……时帝多内宠,平吴之后,复纳孙皓宫人数千,自此掖庭殆将万人。而并宠者甚众,帝莫知所适,常乘羊车,恣其所之,至便宴寝。宫人乃取竹叶插户,以盐汁洒地,而

---

① (元)脱脱:《宋史》卷200《刑法志二》,中华书局1977年版,第4988页。
② (清)秦蕙田:《五礼通考》卷250《凶礼五·荒礼》,《文渊阁四库全书》第142册,商务印书馆1986年影印本,第149页。
③ (宋)司马光:《资治通鉴》卷80,武帝泰始十年三月,第2534页。
④ (南北朝)沈约:《宋书》卷31《五行志》,中华书局1974年版,第905页。
⑤ (唐)房玄龄:《晋书》卷28《五行志》,中华书局1974年版,第838页。
⑥ (宋)司马光:《资治通鉴》卷80,武帝泰始九年七月,第2532页。

引帝车。"① 可见晋武帝时期宫女人数之多。史称："魏代宫人猥多，晋又过之，燕游是涵，此其孽也。"② 此外，王育民先生认为永嘉之乱前夕西晋盛时人口总数将在 800 万户，4500 万口左右。③ 若王说为是，据此数目保守估计，当时有资格参选的适龄秀女数目当不在少数。因此，无论从当时西晋人口数量还是从晋武帝对此次选秀的重视程度与规模来看，《通鉴》所记"五千人"之数当比《宋书》合理。

三 余论

傅斯年在《历史语言研究所工作之旨趣》一文中曾指出，"近代的历史学只是史料学，利用自然科学供给我们的一切工具，整理一切可逢着的史料"④，强调史学研究的重心是对史料的考证和辨析，在理论和思想上树立了史料意识，使得现代历史学的发展有了一个重要保障。在实证史学中，史料决定着历史学的视界，研究者只能借助史料了解、还原过去的历史。浩如烟海的地上、地下史料具有各自独特的叙事特征。刘后滨认为不同史料所各自具有的叙事倾向与应用场合，也形成了史料的视界。史学家若未突破史料的视界，就永远无法窥见被其描述的历史本身。而史学的最终目的就是认识历史，并建立一种历史叙事。回到史料视界的原点、考察其叙事特征、分解其叙事结构，从而重建历史叙事，应是史学自身方法的核心。⑤

作为文本形式的史料，由于受后现代主义将史学文本化构成的对历史客观性的挑战，历史的文本变得随意阐释、虚无缥缈。针对某些

---

① （唐）房玄龄：《晋书》卷 31《后妃传》，第 962 页。
② （唐）房玄龄：《晋书》卷 29《五行志》，第 904 页。
③ 王育民：《西晋人口蠡测》，《中国史研究》1995 年第 2 期。
④ 傅斯年：《历史语言研究所工作之旨趣》，载欧阳哲生主编、傅斯年著《傅斯年全集》（第三卷），湖南教育出版社 2000 年版，第 3 页。罗新也指出史学的关键和基础是史料学，并提出一个新的说法："一切史料都是史学"，认为一切史料都应该当作史学来对待。参见罗新《一切史料都是史学》，《文汇报·文汇学人》2018 年 4 月 13 日。
⑤ 刘后滨：《如何面对"史料"：历史书写的不同文体与叙事特征》，《中国人民大学学报》2017 年第 1 期。

后现代主义者宣称的"重构重于事实",葛剑雄进行反驳:事实是评论的基础,重构应该是对不合事实的事物或人物进行的重构,如果合于事实则完全没有重构的必要。① 葛兆光认为,后现代主义将历史降格为叙述,但是各种考古证据、文献都是客观存在的,这表明历史叙述不能无中生有、随意虚构。② 彭刚认为未来的史学发展仍然应是客观的,但"不可能再回到实证主义的立场,而只有在历史叙事与历史事实之间重建有效的关联,才是唯一可能的出路"③,"他山之石,可以攻玉"。如张耕华所言,后现代主义让我们知道:"历史学的叙述不仅仅是一个修辞、编撰的问题,还与历史学的真实性、科学性等问题密切相关。"④ 赵世瑜从对待史料的态度进行分析:"从乾嘉时期的历史考据,到现代实证史学,再到后现代史学,人们始终关注史料,只不过在如何了解过去方面有着不同的看法,这并不仅仅表明学术史的断裂,同时也显示了一条连续的,一以贯之的思想链。"他指出:后现代史家将史料等同文本的做法未必恰当,他们不可能完全抛开史料去重构历史。事实上,柯文、何伟亚等后现代主义者在对待史料方面提出的新见解"可以鼓励史家更仔细地审视文献,更认真地去掉其表面的铜锈,以新的方式思考文本和叙事"⑤。张耕华认为后现代对历史叙述的建构和解构演化变迁的分析,颇能反映历史认识的特征和史学演变的本质,其实际的影响是建设性的,呼吁史学史研究不妨"拥抱"后现代主义,借用后现代的一些理论观点,转换新视角,开辟新课题。⑥ 基于此,学界对后现代史学当存"批判接受"的态度,

---

① 葛剑雄:《先应有事实,才能做评论——从钱钟书拒赴国宴一事谈起》,《东南学术》2002 年第 4 期。
② 葛兆光:《中国思想史导论》,复旦大学出版社 2001 年版,第 134—135 页。
③ 彭刚:《后现代主义与史学》,《史学理论研究》2004 年第 2 期。
④ 张耕华:《叙事研究引出的新问题》,《史学理论研究》2004 年第 2 期。此外,辛德勇亦指出历史是一门科学,其结论必须经得起检验。
⑤ 赵世瑜:《传说·历史·记忆——从 20 世纪的新史学到后现代史学》,《中国社会科学》2003 年第 2 期;《历史学即史料学:关于后现代史学反思》,《学术研究》2004 年第 4 期。
⑥ 张耕华:《后现代与史学史的新视角》,《学术研究》2008 年第 3 期。

即吸收后现代史学的优点发展现代史学。如葛兆光所言:"我们是不是可以站在现代和后现代之间'任凭弱水三千,我只取一瓢饮'?"① 或是主张让其与现代史学"互补短长,相得益彰"②,"并存而竞争"③。史学研究没有捷径可走,一切都要靠史学家自己去辛苦而耐心地摸索。

---

① 葛兆光:《历史学四题》,《历史研究》2004 年第 2 期。
② 张仲民:《后现代史学理论述论》,《重庆社会科学》2005 年第 3 期。
③ 罗志田:《后现代主义与中国研究》,《近代中国史学十论》,复旦大学出版社 2003 年版,第 302 页。

文本细节所见北宋大礼五使的任命与书写
——兼论史学研究中的碎片化

王 刚

南郊大礼五使源起唐代，由山陵诸使体系逐渐借鉴、演变而来。关于两个体系的形成、它们之间的关系和各使在仪式中的职责，前辈学者已有一些高水准的研究。[①] 五代前期，南郊大礼五使体系仍在不断演变，并与山陵五使体系相互影响。至后唐明宗时，南郊大礼五使已具相当规模，后周时期基本定型，进而被北宋继承。[②] 北宋时，与山陵诸使体系被推用至南郊大礼类似，南郊五使体系又被运用到明堂大礼中，形成明堂大礼五使。

值得关注的是，史料中记载北宋历次大礼五使选任情形的字里行

[①] 参见吴丽娱《唐代的皇帝丧葬与山陵使》，東方学会（日本）编《国際東方学者会議紀要》51，東方学会（Tōhō Gakkai）2006年版。该文后收入武汉大学编《魏晋南北朝隋唐史资料》第24辑，武汉大学文科学报编辑出版部2008年版，第110—137页；《唐代的礼仪使与大礼使》，中国社会科学院历史研究所学刊编委会编《中国社会科学院历史研究所学刊》第五集，商务印书馆2008年版，第127—156页。吴丽娱先生两篇专论均属长文，一方面，细致地梳理了唐至五代山陵五使和大礼五使产生及关联的过程，对各个时期的设置情况和担任官员作了详尽统计；另一方面，将这一制度同当时的政治事件、格局相结合，在更深层面上分析了制度演变的内在原因。

[②] 五代南郊大礼五使的设置详情可参拙文《唐五代时期南郊大礼五使考述》，《社会科学论坛》2015年第7期。此外，郭声波先生著《宋大礼五使系年》是研究该问题的早期成果，解决了一些系年方面的基本问题。郭声波：《宋大礼五使系年》，《宋代文化研究》第3辑，四川大学出版社1993年版。

间，隐含着丰富的文本细节。① 它表明文献对五位使臣的记叙，并非简单地随意罗列，而是在特定考量下刻意安排的结果。不同的行事原则或政治文化传统造成了任命结果和文献记载的差异。相较于文本具体内容上的细节，其形式上的细节同样值得重视，这也是本研究的切入点。本文将在梳理北宋南郊与明堂大礼五使体系演进过程的基础上，着重对其中蕴含的次序问题与政治文化取向进行分析。②

这种研讨方式所涉及的史学研究中的碎片化问题，已被中外学界广泛讨论。前辈学者们或从碎片、碎片化、整体等概念的辨析入手，或基于史学碎片化同现实社会多元化、全球化等之间的关系发声，或从史学本身的片段特质出发，展开热烈讨论，进而给出化解或超越此矛盾的多种学术路径。本文并非简单地表示赞同或反对碎片化的研究，而是期待通过一个研究实例，从两方面推进该议题的思考：其一，除却"内容碎片"，文本的某种"格式碎片"同样值得关注；其二，探讨碎片研究的意义，重点在于"碎片的归宿"，即其是否与某种内在的习惯、观念或倾向相关联。

一 北宋前中期大礼五使体系概况与次序之争

（一）端倪初现：宋初所承五代近制

宋初直接继承基本定型于后唐明宗朝的南郊大礼五使制度。这一原型见诸宋人明确记载。《太常因革礼》引《国朝会要》文曰："自建隆以来，承唐五代近制，以宰相为大礼使，太常卿为礼仪使，御史中丞为仪仗使，兵部尚书为卤簿使，开封尹为桥道顿递使。太常卿、

---

① 北宋前期（神宗朝以前），史料中稀见对明堂大礼五使任命情况的详细记载，难以针对文本细节进行研究，故本文讨论北宋前期大礼五使体系时，以南郊大礼五使为主。此外，存在若干次类于"郊"礼的大礼活动，如奏告、封禅等，其中亦存在五使体系，本文将其纳入大礼五使范畴探讨。

② 本文探讨的"政治文化"概念，主要指"政治思维的方式和政治行动的风格"。

御史中丞或阙，则以学士及他尚书、丞、郎为之。"① 类似表述又见于《续资治通鉴长编》，只是更加详细："宰相为大礼使，太常卿为礼仪使，御史中丞为仪仗使，兵部尚书为卤簿使，开封尹为桥道顿递使，国初循用此制。其后太常卿、御史中丞、兵部尚书或阙，乃以学士及他尚书、丞、郎领之，其职掌仍用礼院、御史台、兵部吏如故。仪卫名物，皆卤簿使所领，仪仗使唯督促诸司而已。"②

文献中亦不乏实例。《旧五代史》记天成四年（929年）八月："甲辰，以宰臣冯道为南郊大礼使，兵部尚书卢质为礼仪使，御史中丞许光义为仪仗使，兵部侍郎姚顗为卤簿使，河南尹从荣为桥道顿递使，客省使、卫尉卿张遵诲为修装法物使。"③ 又广顺三年（953年）十月："以中书令冯道为南郊大礼使，以开封尹、晋王荣为顿递使，权兵部尚书王易为卤簿使，御史中丞张煦为仪仗使，权判太常卿田敏为礼仪使。"④ 北宋乾德元年（963年）八月："癸未，司徒、兼侍中范质为南郊大礼使，翰林学士承旨、礼部尚书陶谷为礼仪使，吏部尚书张昭为卤簿使，御史中丞刘温叟为仪仗使，皇弟开封尹光义为桥道顿递使。"⑤ 其中，大礼使、仪仗使和桥道顿递使三者皆按规制由宰相、御史中丞和京尹担任，礼仪使和卤簿使则属"他尚书"之选。

然而，通过逐句比对可以发现，若干例证的文本记述与《太常因革礼》和《长编》中所记大礼使、礼仪使、仪仗使、卤簿使和桥道顿递使的顺序不尽相同。如前引后周广顺三年条，桥道顿递使排在第二位，而卤簿使排在仪仗使和礼仪使之前；乾德元年条，卤簿使排在仪仗

---

① （宋）欧阳修等：《太常因革礼》卷3《总例三》，（清）阮元辑《宛委别藏》，江苏古籍出版社1988年版，第25页。按，结合其他材料来看，这里的"郎"实际所指主要是尚书各部侍郎，而非郎中、员外郎。

② （宋）李焘：《续资治通鉴长编》卷102，天圣二年七月庚子，中华书局2004年版，第2362页。下文简称该书为《长编》。《长编》"其后"一词的表述，看似不够准确。因为这种遇员阙以他官替任的做法五代已有先例，非北宋新创，应同属"国初循用此制"的范畴内。但《长编》此处想强调的内容实际应是之后有关职掌和吏人来源的部分，而这部分细节可能的确与五代不同。

③ （宋）薛居正：《旧五代史》卷40《唐书十六》，中华书局1976年版，第553页。

④ （宋）薛居正：《旧五代史》卷113《周书四》，第1499页。

⑤ （宋）李焘：《续资治通鉴长编》卷4，乾德元年八月癸未，第102页。

使之前。此种细微差异究竟是随意书写的结果，还是遵循一定规则刻意排放而成？下文的讨论将一步步揭示，这些内容绝非随意写就。

（二）五使次序问题凸显：真宗大中祥符元年至天禧三年前

真宗于大中祥符元年（1008年）封禅泰山，面对这次超规格的"郊"礼，原本的五使官员配置远远无法满足，五使体系由此发生了重大变化。《太常因革礼》引《封禅记》载：

> 大中祥符元年封太山，真宗欲重祀事，五使通以中书、枢密院为之。仍令知开封府任中正同与桥道使事。有司更铸封禅五使印。旧制，礼仪使以下四使皆状申大礼使，至是诏令仍行此制。①

《长编》对封禅之前任命五使的经过记载更加详细，兹录于下：

> 王旦请依郊禋故事，面命五使。上曰："升中大礼五使之职，当于中书、枢密院以班次领之。"冯拯曰："臣等叨居重位，又忝使名，虑未为允，望仍旧贯。"上曰："大臣为之，盖重祀事也。"②
> 丙申，命王旦为大礼使，王钦若为礼仪使，冯拯为仪仗使，陈尧叟为卤簿使，赵安仁为桥道顿递使。③

据此，大中祥符元年封禅给大礼五使体系带来的首要变化即五使全部以宰执充任，打破了以往太常卿、御史中丞、京尹以及"他尚书、丞、郎"登场的惯例。结合各员当时官职，可知此次任命由宰相任大礼使，执政任其余四使。

最重要的是，五使体系内部的次序问题被正面提出："以班次领

---

① （宋）欧阳修等：《太常因革礼》卷3《总例三》，（清）阮元辑《宛委别藏》，第27页。
② （宋）李焘：《续资治通鉴长编》卷68，大中祥符元年四月乙未，第1531页。
③ （宋）李焘：《续资治通鉴长编》卷68，大中祥符元年四月丙申，第1531页。

之"是当时这种隐含规则的核心所在。这区区五个字内涵其实十分丰富，它意味着大礼五使体系中至少存在两个高低序列：其一是官员自身官职地位的高下之别；其二是大礼、礼仪、仪仗、卤簿和桥道顿递五使使职之间的高下之别。只有这两个序列同时存在，才能满足真宗对五位宰执以班次领受各自使职的要求。关于五个使职之间的高下区别，"礼仪使以下四使皆状申大礼使"一句是在一定程度上的印证。结合最终确定的人员名单，以及前节《长编》等史籍对宋初制度的总结性记载，基本可以断定五使之间的高下顺序即为大礼使、礼仪使、仪仗使、卤簿使和桥道顿递使。

大中祥符元年后，真宗创立的这种五使体系继续维持了一段时期。史籍中明显可见的例子有两处。《续资治通鉴长编》卷84记载：大中祥符七年十二月庚午，"命王旦为奏告大礼使，向敏中为仪仗使，寇准为卤簿使，丁谓为礼仪使，王嗣宗为桥道顿递使"①。同书卷87又载：大中祥符九年五月"乙丑，以王旦为恭上宝册南郊恭谢大礼使，向敏中为仪仗使，王钦若为礼仪使，张旻为卤簿使，曹利用为桥道顿递使"②。结合这些官员当时官职来看，这两次任命保持了宰执任五使的格局。需着重指出的是，这两次任命中礼仪、仪仗和卤簿三使的文本记载顺序仍旧不断变动。结合"以班次领之"的原则，以及前节所举实例中使额排列变动的事实，可将针对这一"格式碎片"的疑问进一步引向深入：即便是"以班次领之"这种一一对应的要求，在现实中也可能无法得到满足，③而任者自身的真实地位是影响文本细节的重要因素，或者说，在文本记述的语境中，比起五使使额的高下，同样，甚至更为看重的是官员个体真实地位的高低次序。

（三）引发讨论：真宗天禧三年至英宗治平二年

天禧三年（1019年），宰执任五使暂告一段落。当年七月戊辰，

---

① （宋）李焘：《续资治通鉴长编》卷84，大中祥符七年十二月庚午，第1907页。
② （宋）李焘：《续资治通鉴长编》卷87，大中祥符九年五月乙丑，第1993页。
③ 这种无法满足的情况可能在考虑各个使职在仪式中的特定职责、担任官员的功勋与身体状况等问题时出现。

"诏以十一月十九日有事于南郊,命向敏中为天书仪仗使、南郊大礼使,寇准为天书同仪仗使,丁谓为副使,李迪为扶持使,翰林学士承旨晁迥为南郊礼仪使,学士钱惟演为仪仗使,太子宾客王曙为卤簿使,权知开封府马元方为桥道顿递使,入内副都知周怀政为天书扶持都监。自封禅以来,特命辅臣兼五使之职。及是,始复旧制"①。不再以宰执任五使固然是一大变化,但这段文字中最值得注意之处实际上应是太子宾客任卤簿使。这既不在"他尚书、丞、郎"范围内,五代原型中也难寻先例,实在算不上是"旧制"。相反,这一任命实际上是大中祥符元年打破五代原型中各个使职与官员官职之间传统对应关系的继续。因此,天禧三年的五使任命,表面上是复旧制,实际上则是"以班次领之"的变相延续。

这一过程继续发展,在天圣二年(1024年)达到一个高峰,并引发了讨论。该年七月:

> 庚子,以宰臣王钦若为南郊大礼使,翰林学士承旨李维为礼仪使,翰林学士晏殊为仪仗使,权御史中丞薛奎为卤簿使,权知开封府王臻为桥道顿递使……又使领次第,则大礼、礼仪、仪仗、卤簿,而桥道顿递最居其下。真宗封禅,五使皆以辅臣为之,及上玉皇尊号,宰相向敏中当为礼仪使,以年老不任赞导,更命枢密使王钦若,而敏中乃领仪仗使,盖失其次第。今有中丞而换使名,非故事也。②

这段记载包含前后两部分。前半部分记述了天圣二年大礼五使人选,其中最关键的无疑是"权御史中丞薛奎为卤簿使"这一反常现象。后半部分是《长编》对这次任命的评论,其中援引了另一次五使任命情况。《长编》的观点通过"失其次第"和"非故事"两个词清晰地传递出来。李焘明确指出五使之间存在自大礼使至顿递使的高

---

① (宋)李焘:《续资治通鉴长编》卷94,天禧三年七月戊辰,第2160—2161页。
② (宋)李焘:《续资治通鉴长编》卷102,天圣二年七月庚子,第2362—2363页。

低次序，而五使全以宰执担任时，应该保持官职与使职由高到低一一对应的关系，向敏中降为仪仗使，虽然事出有因，但是破坏了其中的秩序。对于天圣二年御史中丞未能担任仪仗使而屈居卤簿使的现象，在《长编》看来是另一种错误，这种安排粗暴地斩断了五代原型中仪仗使与御史中丞之间的对应关系。①

治平二年（1065年）所上的《太常因革礼》引《国朝会要》同记此事：

> 天圣二年南郊，以司徒、兼门下侍郎、平章事王钦若为大礼使，翰林学士承旨、工部尚书李维为礼仪使，翰林学士、礼部侍郎晏殊为仪仗使，谏议大夫、权御史中丞薛奎为卤簿使，龙图阁待制、权知开封府王臻为桥道顿递使。旧制，五使不以官之高下，故祥符六年奉祀大礼，以平章事向敏中年老不任罄，折命枢密使王钦若为礼仪使，而敏中为仪仗使。至是，始以官之高下为五使之次，故御史中丞不得为仪仗使而为卤簿使。②

这则材料对向敏中事件的评述与《长编》背道而驰。这里认为此前不存在官职高下与使职高下一一对应的任命原则，故而向敏中才得以临时改任仪仗使。结合前文对大中祥符元年材料的探讨、《长编》的分析以及向敏中原本担任礼仪使的事实，《太常因革礼》这里的评述基本可以确定是失实的。但是，它对天圣二年五使体系的评论却一针见血。薛奎之所以官居权御史中丞担任卤簿使而非"正确"的仪仗使，是因为此时即便不再以宰执担任五使，但五位官员官职高低与

---

① 《长编》此处批评了有中丞而换使名，但未否定真宗封禅五使皆用宰执，可以看出李焘并非一味强调官职与使名之间的传统对应关系，他似乎更在意规则建立后的遵守状况。一旦五使全用宰执，那么"以班次领之"的一一对应关系就走上前台，最需严守，而向敏中退居仪仗使违背了规则。同理，一旦五使不再全用宰执而是恢复旧制，那就应当重新拾起御史中丞和仪仗使之间的捆绑关系，而非刻意追求高低次序的严谨。《长编》将这两件事放在一起评论，指出的是不同规则下各自所犯的错误。

② （宋）欧阳修等：《太常因革礼》卷3《总例三》，（清）阮元辑《宛委别藏》，第31页。

五使使名高低的一一对应关系依然被保留并强制执行了。文本的书写也严格保持了官职由高到低、使名由高到低的顺序。

在《太常因革礼》完成的治平二年，这种官职与使职对应关系不符的情况就被纠正了。《长编》记载：

> （治平二年七月）乙丑，右仆射、兼门下侍郎、平章事韩琦为南郊大礼使，翰林学士、谏议大夫王珪为礼仪使，给事中、权御史中丞贾黯为卤簿使，翰林学士、给事中范镇为仪仗使，端明殿学士、户部侍郎、权知开封府韩绛为桥道顿递使。既而贾黯言："故事，当以中丞领仪仗，天圣二年用中丞薛奎领卤簿，而翰林学士晏殊领仪仗，盖误也。"乃诏黯与镇对易使名。①

这条记载仍分前后两部分。前半部分是该年的原始任命，可以明显看出是直接套用天圣二年五使体系的"错误"结果。这也提示我们，自天圣二年至治平二年之间的很长一段时期内，很可能这种做法一直被沿用着。后半部分是被任命为卤簿使的权御史中丞贾黯自己直接上言指出错误，最终得以恢复御史中丞任仪仗使的传统。当然不能忽略的细节是，在最初的任命中，卤簿使排列在仪仗使之前。

通过以上三节对北宋前中期大礼五使体系的展示，可以看出五使体系内多维度的次序问题逐渐凸显出来，其背后遵循的隐性逻辑，以及落实在文本书写上的细节变化，都值得深思。而这正是深入认识宋代大礼五使问题的一个突破口。

二　开创新传统：北宋前中期大礼五使体系再审视

（一）大礼五使体系的三维度与二层面

上文已在一定程度上论及大礼五使体系内的若干组关系，它们主

---

① （宋）李焘：《续资治通鉴长编》卷205，治平二年七月乙丑，第4978页。

要是：各官员自身官职地位的高低顺序，五使使额本身的高低顺序，各个使额与它们在制度原型中的官职匹配与否。本文将它们作为理解两宋大礼五使体系特征的三个维度，分别称作官职维度、使额维度和职能对应维度。为便于直观展示，重现上文引用的天圣二年五使任命情况于表1：

表1　　　　　　　　天圣二年南郊大礼五使体系分析

人物	官职	使额		职能对应
王钦若	宰相	大礼使	高	宰相
李维	翰林学士承旨	礼仪使		太常卿（或学士及他尚书丞郎）
晏殊	翰林学士	仪仗使		御史中丞（或学士及他尚书丞郎）
薛奎	权御史中丞	卤簿使	低	兵部尚书（或学士及他尚书丞郎）
王臻	权知开封府	桥道顿递使		京尹

这三个维度中，官职维度和使额维度都暗含着一条由高到低的序列。很明显，只有依照真宗提出的"以班次领之"的方式，这两个维度才可能做到完全兼容，即最高官领大礼使，次官领礼仪使，再次领仪仗使，以此类推，官位最低者领桥道顿递使。此时，很显然职能对应维度由于从宰相至京尹本身不以排序为初衷设计，很容易产生抵牾。倘若依照五代近制，专注职能对应，则被舍弃的往往是使额维度的次序。此种秩序观的变动最终在文本记述上体现出来：或依照官员官位高低依次书写，或依五使使额顺序书写。①

以上三个维度是对大礼五使体系的初步剖析。而天禧三年和天圣二年的争论与纠错表明，对大礼五使体系的深刻理解最终应落脚于深层和表层两个层面。深层指对三个维度秩序的选择性遵循；表层则指五使官员真实官职的选择范围和组合形式。天禧三年和天圣二年两次任命，其表层已不再是大中祥符以来宰执任五使的状态，但文本记述

---

① 由于"学士及他尚书丞郎"这个变动范围存在，极少数情况下可以出现三个维度同时满足的任命和记载结果。

的细节反映出，它的深层依旧与封禅以来保持一致，即坚持"官职维度与使额维度的一一对应"。可以说，深层与表层特征综合起来，就是某个时段大礼五使体系在特定政治文化上的倾向，如果该综合特征被长期坚守，则亦可称之为一种传统。

下文即凭借这一分析方法，对五代至北宋前中期大礼五使体系的内在特征进行重新审视。

（二）后唐明宗朝的旧传统

大礼五使体系在后唐明宗时基本定型。从三个维度来分析，当时职能对应保持较好，能较忠实地反映制度设计初衷，几乎没有太常卿、御史中丞、兵部尚书、京尹以及他尚书丞郎之外官员担任五使的情况。唯其在文本上，刻意参照官职维度次序进行书写。除前引天成四年兵部侍郎任卤簿使排在仪仗使之后、广顺三年亲王任桥道顿递使排位第二而权判太常卿任礼仪使缀于末尾外，长兴四年（933年）山陵诸使任命情况亦可见一斑：

> 丁巳，以左仆射、平章事冯道为山陵使，户部尚书韩彦恽为副，中书舍人王延为判官，礼部尚书王权为礼仪使，兵部尚书李鏻为卤簿使，御史中丞龙敏为仪仗使，右仆射、权知河南府卢质为桥道顿递使。[①]

可见，兵部尚书任卤簿使时，又排回仪仗使之前。

这些记载虽然不能代表全部，但已可以反映出后唐明宗以来大礼五使体系的基本特征。即在深层次上，职能对应与官职次序并重；在表层上，以制度原貌之"常规"职官构成。

北宋直到真宗封禅之前，一直遵循这个旧传统行事。后唐明宗朝已经确立的旧传统支配了宋人大礼五使体系构造近五十年。

---

① （宋）薛居正：《旧五代史》卷45《唐书二十一》，第614页。

(三) 宋真宗朝的新传统

真宗对大礼五使体系的剧烈变革是其天书封祀以来激进礼制运动中的重要一环。他在深层和表层上双管齐下，对后唐旧传统进行了大刀阔斧的改造：表层上以宰执任五使取代常规的官员构成，深层上则以官职、使额高低次序的一一对应，即所谓"以班次领之"，取代了旧传统职能对应兼顾官职位序的做法。由此在文本书写上也大体上杜绝了使额顺序调整的现象。该变化特征显著，且对后世影响甚大。

摆脱了职能对应束缚的真宗新传统，虽在逻辑上成立，也给文本书写带来了便利，但现实中却无法完全避免矛盾。前引史料提到，大中祥符六年（1013年）由于向敏中年老体衰，由礼仪使改任不必登高赞导的仪仗使。大中祥符七年、九年向敏中依然任仪仗使，而仪仗使的记录顺序排在礼仪使之前。同样的情况其实还发生在寇准身上，他虽任卤簿使，但排名在礼仪使之前。[①] 由此可知，真宗新传统在实际运作中遇到此类矛盾时，倾向于放弃使额高低而优先遵守真实官职的位序。

天禧三年以后，新传统的表层特征——宰执任五使被取消，恢复为"常规构成"。其时种种天书、封禅活动带来的激情已逐渐消退，大礼五使亦没有充分理由再采取宰执充任的超高规格。直到治平二年之前，真宗朝新传统一直看似沉寂。但实际上，这反而是其深层特征"官位高低与使额高低一一对应"持续发展的重要阶段。

天禧三年以向敏中为大礼使，翰林学士承旨晁迥为礼仪使，学士钱惟演为仪仗使，太子宾客王曙为卤簿使，权知开封府马元方为桥道顿递使。其中太子宾客的出现显得十分突兀，超出"学士及他尚书丞郎"范围。然而细究起来其实并不突然：由于排在卤簿使太子宾客王曙之前的仪仗使由钱惟演担任，而查钱氏《宋史》本传，此时其本官当为工部侍郎。在卤簿使可以选任的"学士及他尚书丞郎"范围

[①] 遗憾的是这个书写细节，《长编》和《太常因革礼》在写作时并未自我意识到，否则他们的讨论将能为今天的研究带来更丰富的关键信息。

里，工部侍郎已经是最低一阶。为了保证官职与使额高下的一一对应，避免卤簿使官位高于仪仗使，只得突破"他尚书丞郎"的范围，选用更低一阶的太子宾客充任卤簿使。天禧三年的改变，表面上回归后唐旧传统，实质却在更深层面继承并加强了新传统，甚至不惜改动表层的选官范围。

在此种新传统隐秘发展的态势下，天圣二年"有中丞而换使名"当属意料之中。由于权御史中丞薛奎地位低于晏殊，朝廷在御史中丞在场的情况下强命其为卤簿使。至此，真宗朝新传统深层特征的生命强度，已非先朝"故事"所能匹及。

治平二年五使体系发生短暂的复归。初次任命虽然存在御史中丞任卤簿使的错误，但是仔细观察可以发现，这一错误只是机械复制先例的结果。该方案在深层次上已不符合真宗新传统的特征。

三 "旧"南郊而"新"明堂：北宋后期大礼五使体系的成熟

神宗熙宁年间的大礼五使任命情况，史料中记载较完备的有三次。第一次是熙宁四年（1071年）举行的明堂大礼，其五使人选为："宰臣王安石为明堂大礼使，枢密使文彦博为礼仪使，参知政事冯京为仪仗使，枢密副使吴充为卤簿使，参知政事王珪为桥道顿递使。"① 第二次是熙宁七年（1074年）七月："命宰臣韩绛为南郊大礼使，翰林学士元绛为礼仪使，翰林侍读学士陈绎为卤簿使，御史中丞邓绾为仪仗使，权知开封府孙永为桥道顿递使。"② 第三次为熙宁十年（1077年）七月："命宰臣吴充为南郊大礼使，权御史中丞邓润甫为仪仗使，判兵部许将为卤簿使，判太常寺陈襄为礼仪使，权知开封府孙固为桥道顿递使。"③

---

① （宋）李焘：《续资治通鉴长编》卷224，熙宁四年六月甲寅，第5439页。
② （宋）李焘：《续资治通鉴长编》卷254，熙宁七年七月壬寅，第6219页。
③ （宋）李焘：《续资治通鉴长编》卷283，熙宁十年七月乙卯，第6933页。

以上三则材料,第一则为明堂大礼,后两则为南郊大礼。可以看出,明堂大礼五使遵循典型的真宗新传统。南郊大礼则遵循后唐旧传统,故而再次出现卤簿使、仪仗使、礼仪使变换记述顺序的现象。这三次任命透露出在经历真、仁、英三朝的反复变动和调整后,神宗朝在五使任命问题上逐渐达到了一种成熟稳定的状态,并表现出对明堂大礼的格外看重。其表达重视的方式与真宗封禅时如出一辙。

元丰年间存有两次完整的五使任命记录。第一次是元丰三年(1080年)五月:"命宰臣王珪为明堂大礼使,知枢密院冯京为礼仪使,同知枢密院孙固为仪仗使,参知政事蔡确为卤簿使,章惇为桥道顿递使。"[①] 第二次在元丰六年:"命宰相王珪为南郊大礼使,礼部侍郎李常为礼仪使,御史中丞黄履为仪仗使,兵部侍郎许将为卤簿使,知开封府王存为桥道顿递使。"[②] 前者采用真宗新传统,后者则采取后唐旧传统,依旧是"旧南郊而新明堂"。其中,后者是较为少见的三个维度全部实现各自要求的情况,即其书写既符合官职由高到低的顺序(其时元丰官制已行,参考李昌宪的研究成果可知此时六部侍郎和御史中丞皆为从三品[③]),又符合五使由高到低的次序,同时各个官职也全数满足职能对应关系。

哲宗元祐元年五月,任命"尚书左仆射兼门下侍郎司马光为明堂大礼使,尚书右仆射兼中书侍郎吕公著为礼仪使,门下侍郎韩维为仪仗使,中书侍郎张璪为卤簿使,同知枢密院事安焘为桥道顿递使"[④],是标准的真宗新传统模式。

元祐四年明堂大礼由于相关官员不断辞免变动,所以记载多达四条。当年三月,最初人选产生:"左仆射吕大防为明堂大礼使,右仆射范纯仁为礼仪使,知枢密院事安焘为仪仗使,门下侍郎孙固为卤簿

[①] (宋)李焘:《续资治通鉴长编》卷304,元丰三年五月甲子,第7393页。
[②] (宋)李焘:《续资治通鉴长编》卷337,元丰六年七月丙辰,第8119页。
[③] 李昌宪:《宋朝官品令与合班之制复原研究》,上海古籍出版社2013年版,第68页。
[④] (宋)李焘:《续资治通鉴长编》卷377,元祐元年五月壬戌,第9155—9156页。

使，中书侍郎刘挚为桥道顿递使。"① 六月："改命知枢密院事安焘为明堂礼仪使，门下侍郎孙固为仪仗使，中书侍郎刘挚为卤簿使，同知枢密院事赵瞻为桥道顿递使。"② 由于范纯仁缺席，所以自安焘以下依次向前递补，同时增入同知枢密院事赵瞻。下月，五使人选再度发生变化："门下侍郎孙固为明堂礼仪使，中书侍郎刘挚为仪仗使，同知枢密院事赵瞻为卤簿使，尚书左丞韩忠彦为桥道顿递使。以礼仪使、知枢密院事安焘丁母忧故也。"③ 安焘缺席，其后各使再次依次向前递补，最后又按照官位增入尚书左丞一员。同年八月，明堂大礼五使官员连续第三次进行调整："诏中书侍郎刘挚为礼仪使，同知枢密院事赵瞻为仪仗使，尚书左丞韩忠彦为卤簿使，尚书右丞许将为桥道顿递使。以门下侍郎孙固乞免礼仪使故也。"④ 至此，明堂大礼五使人选最终确定。前后对比可以看出，原本排在末位担任桥道顿递使的刘挚经过三次调整已经递补到了礼仪使的位置，排在其后的赵瞻，原本作为增补进入的桥道顿递使，最终也成了仪仗使。无论人员怎样更迭，始终未曾丝毫偏离真宗朝新传统的轨道。这是制度走向成熟、被熟练运用的重要体现。

元祐七年（1092年）七月，"以尚书左仆射兼门下侍郎吕大防为南郊大礼使，礼部尚书胡宗愈为礼仪使，龙图阁学士苏轼为兵部尚书、充卤簿使，御史中丞李之纯为仪仗使，权知开封府韩宗道为桥道顿递使"⑤。南郊方面不出意外完全符合后唐旧传统。

元符年间可见元符元年（1098年）一次南郊大礼五使任命情况。当年七月，初次任命的结果是"左仆射章惇为南郊大礼使，权礼部尚书蹇序辰为礼仪使，御史中丞安惇为仪仗使，兵部侍郎黄裳为卤簿使，权知开封府路昌衡为桥道顿递使"⑥。可见，这次人选原本仍按

---

① （宋）李焘：《续资治通鉴长编》卷424，元祐四年三月乙未，第10254页。
② （宋）李焘：《续资治通鉴长编》卷429，元祐四年六月辛亥，第10371页。
③ （宋）李焘：《续资治通鉴长编》卷430，元祐四年七月庚辰，第10387页。
④ （宋）李焘：《续资治通鉴长编》卷432，元祐四年八月己未，第10426页。
⑤ （宋）李焘：《续资治通鉴长编》卷475，元祐七年七月癸卯，第11321—11322页。
⑥ （宋）李焘：《续资治通鉴长编》卷500，元符元年七月癸丑，第11906页。

旧传统对待。而且，由于官员官位高低得当，这一任命方案再次同时满足了三个维度的要求。不过，几天后朝廷改变了这一任命，"乙丑，诏：将来礼可自礼仪使以下改差执政官，仍著为令。以知枢密院事曾布为礼仪使，中书侍郎许将为仪仗使，尚书左丞蔡卞为卤簿使，尚书右丞黄履为桥道顿递使"[①]。通过这次改动以隆盛南郊大礼，与当年五月受宝、六月改元等一系列所谓昭应天命的行动密不可分。但无论如何，从后唐旧传统切换为真宗新传统的游刃自如明白无误。自真宗天禧三年后，直到此时南郊大礼五使复为宰执充任，重新走上真宗朝新传统的道路。

据《却扫编》记载："徽宗朝五使皆用执政，次第为之。"[②] 这表明，徽宗朝继承了元符元年南郊大礼五使改用新传统的做法。徽宗朝由此成为南郊、明堂两方面全部采用真宗新传统的时代。[③] 徽宗朝自政和七年（1117年）起，改为每年一次明堂礼。次数上升，仪式规格却有所降低，"不诣太庙、景灵宫，即车驾不出皇城，惟列仗于宣德门外，所有卤簿、仪仗更不排设"，由此"诏改仪仗使为礼卫使，卤簿使为礼器使，桥道顿递使为礼顿使"。[④] 南宋前期，在较为艰难的背景下，明堂大礼仪式规格亦不高，因此在大礼五使使名上顺理成章地继承了这一套新名称。

总的来说，神宗朝开始，伴随"旧"南郊"新"明堂模式的出现，标志着北宋后期大礼五使体系趋于成熟。而元符以后南郊大礼重启真宗新传统的做法，使得真宗天书封祀创制而成的大礼五使新传统，全面取代了后唐的制度遗产。徽宗朝虽表面礼制隆盛，但在大礼五使体系的开创制作方面未出真宗之右。

---

① （宋）李焘：《续资治通鉴长编》卷500，元符元年七月乙丑，第11914页。
② （宋）徐度：《却扫编》卷下，上海古籍出版社2012年版，第152页。按，此处五使皆用执政疑表述不准，当为宰执，或礼仪使以下四使皆用执政。
③ 遗憾的是，史料中难以见到完整的历次人选供进一步分析。对于徽宗时的北郊，本文暂未作讨论。
④ 宋礼部、太常寺纂修，（清）徐松辑：《中兴礼书》卷67《吉礼六十七》，《续修四库全书》第822册，上海古籍出版社1995年版，第284页。

四　余论

纵观五代至北宋大礼五使体系的发展演变过程，可以发现后唐明宗朝和北宋真宗朝是两个制度原创高峰。前者开创的旧传统，一直影响到哲宗朝的南郊大礼五使体系，而后者开创的新传统，则在元符以后全面取代了后唐旧传统。在这一问题上，真宗朝新传统所代表的秩序观，从文本细节的流露，进而实质性地影响礼制，最终演变为稳定且长期有效的核心制度理念，融入宋代政治文化乃至传统中国政治文化当中。从这个认识角度出发，真宗天书封祀活动的历史意义值得进一步思考。

本文对所谓"格式碎片"和"碎片的归宿"的讨论，只是一次初步尝试。事实上，正如许多学者曾指出的，当前史学研究或许仍处在"碎片"还不够多的阶段。与单纯考证细枝末节和跳过细节进行宏大叙事相比，选定一枚有价值的碎片（无论"内容碎片"或"格式碎片"）予以充分阐释，并追究其最终归宿，可能是更有助于史学研究推进的"中道"。

医学与社会文化之间

——百年来清代医疗史研究述评

余新忠　陈思言

中国医史是一门古老的学问，[①] 是较早也比较成熟的医史文献，应该可以追溯到《史记·扁鹊仓公列传》，此后的正史也往往都载有医者的传记。至唐代甘伯宗专著《名医录》，始有专门的医史著作，而后相关的著作代不绝书，直到清代。[②] 传统时期的医史著作，大抵以医学人物传记的形式出现，与近代的医史研究有着较大的差别。1919 年，陈邦贤将此前几年发表在杂志上的文章集结增补，出版了中国第一部近代意义上的医史著作《中国医学史》，开启了中国现代医学史研究。依此而言，近代意义上的包括清代医史在内的中国医史研究至今已近百年。当时及此后相当长一段时间内的医史研究，作为医学研究特别是中医学研究的一部分，不仅为呈现中国古代的医学技术和成就贡献良多，实际上也对建构中国现代中医产生了重要的影响。这一研究也基本以"内史"的面貌出现，几乎未成为历史学者

[①] 在当下的中文语境中，有关医学及其相关问题的历史的研究，往往有"医学史"、"医疗史"和"医史"等不同的称谓，这些称谓虽然内涵大体类同，也存在混用的情形，但在不同文本中，往往随着语境和作者使用目的的不同而拥有某些特定的内涵和旨趣。本文中，这三个名词往往交替使用，意涵也稍有不同。大体而言，立足内史的研究一般称为"医学史"，史学等人文社会科学的研究，则名之为"医疗史"，而使用"医史"时，基本是泛指，往往将两者都包含在内。

[②] 关于中国传统时期的医史撰述，可参阅祝平一《宋明之际的医史与"儒医"》，载《"中央研究院"历史语言研究所集刊》第 77 本第 3 分；范行准《名医传的探索及其流变》，载王咪咪编纂《范行准医学论文集》，学苑出版社 2011 年版，第 430—447 页。

关注的对象。直到20世纪80年代，医疗史才逐渐在史学界出现，所谓的"外史"研究日渐兴起。本文将对中国百年来，特别是20世纪80年代以来的医史研究做一概览性的梳理，力图在国际医史研究的脉络中对这一研究的历程、特征以及意义与趋向做一探讨。

一 百年来中国医史研究的国际学术背景

20世纪是中国现代学术研究逐步奠基并不断取得发展的重要历史时期，回首百年来的包括清代医疗史在内的中国医史研究，不难看到，虽然其不无自身演变逻辑和特征，但在中国学术不断靠拢和融入国际学术的大背景下，医史研究整体上显然也脱不开以欧美医史研究为代表的国际医史研究的影响，故此，本文将首先对20世纪以来的国际医史状况做一简要的梳理。

20世纪初，是医学史专业化、制度化的重要时期。此时，在德国医史学家卡尔·祖德霍夫（Karl Sudhoff）等人的努力下，医学史开始逐步成为医学院校课程的组成部分，祖德霍夫还创办了医学史领域内的一份重要刊物——《祖德霍夫档案》（Sudhoffs Archiv）。此外，国际医学史学会亦在1920—1921年产生。[1] 1925年，西格里斯特（Henry Ernest Sigerist）接替祖德霍夫担任莱比锡医疗史研究所主任，在继承前辈将医学史作为独立学科发展的同时，他转向了一种更具文化特色的研究路径，引导研究所的许多学术和教学活动避开传统主题，转向与医学相关的哲学、伦理、社会和经济问题。1932年，西格里斯特离开德国，接任美国约翰·霍普金斯医学史研究所主任一职，此时他更为明确地提倡医学史应该转向介入社会与政治的历史研究模式。[2] 20世纪40年

---

[1] 参见［美］约翰·伯纳姆《什么是医学史》，颜宜葳译，北京大学出版社2010年版，第3—5页。

[2] Elizabeth Fee and Theodore M. Brown, "Using Medical History to Shape a Profession: The Ideals of William Osler and Henry E. Sigerist." In Frank Huisman and John Harley Warner eds., *Locating Medicine History: the Stories and Their Meanings*, Baltimore and London: The Johns Hopkins University Press, 2006, pp. 139–164.

代,西格里斯特进一步呼吁医学史要开拓新的研究视野,应该将医学置于广阔的社会情境中。他提出:"每一项医学活动都有两方面的参与者,医师与病患,或者是广义上的医学群体和社会。医学无非就是这两个群体之间的复杂关联……这样,医学史就成了社会史。"① 他还特别强调,"医学并非科学的分支,也永远不会是。如果医学是一门科学,那它也只能是社会科学"②。

之后,查尔斯·罗森博格(Charles E. Rosenberg)等人拓展了西格里斯特倡导的社会史研究,但是直到20世纪60年代,这种研究取向还未能成为医学史研究的主流,医学史学者受到的训练仍集中在医学领域。这种情况在20世纪70年代晚期开始有很大改观,此时新一代的社会史学者以及医学人类学者开始大量介入医学史研究,医学史研究方向由技术、人物和文献等日益向社会文化延伸。随着关注非临床实践问题的年轻历史学者越来越多,传统医学史学者感到不安,指责这种研究为"没有医学的医学史",但这一趋势并没有因此停滞。20世纪80年代,随着年轻的社会史和人类学研究者的成长,他们逐渐占据了核心的科研岗位,老一代医学史家的退休也使得二者间的论争逐渐减弱,在医学史领域内历史学和医学的学科壁垒开始消解。与此同时,随着学术界语言转向和文化转向出现,新文化史、微观史、全球史等新兴研究亦对医学史产生了很大影响,受到后现代主义和后结构主义运动影响的学者,愈加关注有关身体与健康的文化论述与多重身份的理论思考,性别、阶级、种族被纳入医学史研究的范畴中,身体、疾病与医疗的社会文化属性,全球视野下的医学和药物知识的演变和建构,以及对现代医疗模式和体

---

① [美]朱迪斯·W. 莱维特:《情境中的医学——医学史研究述评》,载余新忠、杜丽红主编《医疗、社会与文化读本》,北京大学出版社2013年版,第25—40页。原文见 Judith W. Leavitt, "Medicine in Context: A Review Essay of the History of Medicine," *The American Historical Review*, Vol. 95 (5), 1990, pp. 1471 – 1484。

② Elizabeth Fee and Theodore M. Brown, "Using Medical History to Shape a Profession: The Ideals of William Osler and Henry E. Sigerist", pp. 139 – 164.

制的检讨和反省日渐成为新的研究热点。①

由此可见，20世纪以来的国际医史研究大体可分三个阶段：初期的传统科技史研究、中期的社会史研究和20世纪80年代以来的社会文化史研究。中国医史研究尽管与此并不同步，但大体未脱离这种趋势，而具体到清代医学史的研究历程又有自身的独特性。

二 斗转星移：百年来清代医史研究概览

现代中国医史的研究出现于1910年，大体是伴随中国现代学术的兴起而出现的。1914年，中国医史的开创者之一陈邦贤发文宣告创办"医史研究会"，并在创办小启中宣称：

> 东西洋医学昌明之国，莫不有医学史、疾病史、医学经验史、实用史、批判史等以纪其历朝医事之沿革及其进化之理由。吾国昔时亦有李濂《医史》、甘伯宗《名医传》发皇往哲之奥窔，然其体裁，咸秉传记，谓为美备，窃恐未能。盖吾国医学，上稽太古，下迄近世，其间虽多支派，而脉络隐然相通。传记体惟纪个人事略，不能纪历朝医事之沿革及其进化理由也。掌籍有阙，贻笑万邦，拥护国体，是在我辈。邦贤寝馈医典，历有年所，拟辑《中国医学史》。②

其中有两点信息显然可见：一是医学史的书写是医学昌明与否的

---

① Susan M. Reverby and David Rosner, "Beyond the Great Doctors" Revisited: A Generation of the "New" School History of Medicine, in Frank Huisman and John Harley Warner eds., *Locating Medicine History: the Stories and Their Meanings*, Baltimore and London: The Johns Hopkins University Press, 2006, pp. 167–193.

② 陈邦贤：《医史研究会小启》，《神州医药学报》1914年第9期。该文亦发表于由丁福保创办的《中西医学报》（1914年）上，其中有关医史的认识明显有当年丁福保编译的《西洋医学史》之"序言"的影子，而丁福保的认识则又可能与富士川游的相关论述有关。对此陈昊曾在其博士论文中有论述，可参阅陈昊《读写之间的身体经验与身份认同：唐代至北宋医学文化史述论》，博士学位论文，北京大学，2011年，第3—4页。

一个重要指标；二是之所以要努力撰写医史，乃是为了在这方面不落人后，贻笑万邦。正因如此，作为医生的作者要发动医界同仁组织医史研究会，撰著医史。以此为起点，数年后，他完成了中国第一部医学通史著作，中国现代医史研究就此展开。当时以及之后很长一段时间内，研究者大抵都是具有医学背景的医界人士。他们探究医学史，显然更多的是着眼于医学，特别是中医的演进和发展，在近代以来学界有关中医科学化或现代化的努力中，医学史的梳理和探究，对现代中医理论的建构来说，无疑是不可或缺的。

清代医学史研究作为中国医史研究的重要组成部分，在很大程度上以医学史通论性研究之一部分的形式呈现，研究议题主要集中在清代著名医家、医籍、中西医汇通等方面。陈邦贤的《中国医学史》则是其中的代表，其对清代医学有简明扼要的论述。他在书中设"近世医学"一篇，概括了清代诸名医张璐、喻昌、吴谦等人的成就；注意到叶天士、薛雪在温病学上的贡献，并把吴瑭、王孟英、周扬俊、吴子音、章虚谷等人都归入了温病一派；论述了徐灵胎、王清任在古书考订上的功绩。还设专章论述明清时期西洋医学、日本医学的传入；明清的医事制度，包括清代的太医院、御药房建制，刑律中关于医药的条文，医学教育及考试，清末东北鼠疫的防疫工作；梳理了近世明清时期各种现代病名的传统命名；还按照"医经、本草、藏象、诊法、明堂经脉、方论、史传、运气、西洋医学译本、日本医学译本"把明清时期的主要医籍进行归类。① 现代医学史研究的开创时期很难做到对具体问题深入细致的讨论，但是其涉及清代医学诸多方面，并在一些问题上颇具见地，至今仍有参考价值。

之后虽然有一些专论清代医家、医派的单篇论文，但是影响力较为有限。② 比较重要的是出版于 1932 年，王吉民、伍连德合著的《中国医史》（History of Chinese Medicine）认为，中医发展从明代开始

---

① 陈邦贤：《中国医学史》，上海书店 1984 年影印、商务印书馆 1937 年版，第 173—256 页。

② 杨焕文：《论清代之医派》，《医学杂志》1927 年第 38 期；严巍：《清叶薛二名医交恶之由》，《光华医药杂志》1936 年第 3 卷第 8 期。

衰落，到清代达到最低点。衰落的原因主要有两点：一是医学教育机构比唐宋时期大为减少，明清时期的太医院只是为培养御医而设，普通的医学从业者没有正规的学习机构，从业门槛不高导致医者素质下降；二是医者群体内部出现分裂，一部分医家遵从古典医学，另一部分服膺近世医学。此外，该书介绍了清代名医，喻昌、张璐、汪昂、张志聪、叶天士、薛雪、徐大椿、黄元御、陈修园等人的生平和成就，详细列举了他们的论著；概述了清末中西医论争的情况；重点介绍了清代编撰与医学相关的类书《古今图书集成医部全录》《四库全书医家类》《医宗金鉴》，并列举了清代其他重要的医籍。[①] 这种明清医学衰落的观点直接或间接影响了之后的医史学者。

20世纪30年代到50年代是医学史研究渐成体系的时期，中华医史学会的成立和《医史杂志》的创办是此时的重要事件。博医会和中华医学会是近代中国两个最为重要的医学共同体，1932年，两个学会正式合并，更名为中华医学会，总部位于上海。此后不久，成立了诸多分支学科的分会，医史学会亦是其中之一。[②] 1935年中华医学会医史委员会成立，1936年改组为中华医史学会。在1937年4月制定的学会工作大纲中计划发行医史杂志，但由于抗日战争爆发而搁浅。至1946年冬，经中华医史学会年会决议，发行《医史杂志》，作为学会的机关刊物，以"登载研究中外医学历史的译著为主旨"。《医史杂志》在1947年3月出版面世，为季刊，16开本，中英文合刊，每期页码不固定，由中华医史学会出版，在上海发行。之后因为种种原因多次停刊又复刊，直到1980年7月经卫生部和国家科委批准，《中华医史杂志》再次复刊，并稳定发展至今。[③] 所以，四五十年代有关医学史的专题论文大多发表在《医史杂志》（或《中华医史杂志》《医学史与保健组织》）上，但专门论述清代医学史的论文却不多，且主要集中在王清任、陈修园、徐大椿等几位名医身上，如宋

[①] 王吉民、伍连德：《中国医史》，上海辞书出版社2009年版，第132—177页。
[②] 参见陶飞亚、王皓《近代医学共同体的嬗变：从博医会到中华医学会》，《历史研究》2014年第5期。
[③] 参见陆肇基《〈中华医史杂志〉50年历程》，《中华医史杂志》1996年第4期。

向元的《王清任先生事迹琐探》①、丁鉴塘的《清代王清任对于解剖学的贡献》②、陈国清的《清代名医陈修园》③《清代江苏名医徐灵胎先生像传》④。值得注意的是，范行准的《中国预防医学思想史》分成6篇，以连载的形式发表在1951—1953年的《医史杂志》上，并于1953年结集出版。⑤他重点考察了明清时期对天花的预防措施，指出中国发明人痘约在明代中后期，而非传说中的11世纪，同时对牛痘传入中国的过程作了细致的论述。

六七十年代医学史的研究较为薄弱。进入80年代，医学史研究逐渐丰富起来，关于清代医学史的研究，不再局限于对著名医家生平及其成就的探讨。⑥朱先华的《清末的京城官医院》探讨了始建于光绪年间的北京最早的近代公立医院京城官医院的职能、运作、意义等。⑦陈可冀的《清宫档案与北京同仁堂的历史》利用清宫档案中同仁堂与大内御药房交往的公文，梳理了同仁堂为清廷服务的大致情况。⑧刘时觉的《明清时期徽州商业的繁荣和新安医学的崛起》探讨了明清时期徽商的兴盛、文化教育事业的发展以及印刷业的发达对新安医学兴起的促进作用。⑨该文的论述虽然较为简单，但是作者已经注意利用明清笔记小说、文集等材料，而不是单独使用医书。

---

① 宋向元：《王清任先生事迹琐探》，《医史杂志》1951年第2期。
② 丁鉴塘：《清代王清任对于解剖学的贡献》，《中华医学杂志》1955年第1—4期。
③ 陈国清：《清代名医陈修园》，《医学史与保健组织》1957年第1—4期。
④ 陈国清：《清代江苏名医徐灵胎先生像传》，《医学史与保健组织》1958年第1—4期。
⑤ 范行准：《中国预防医学思想史》，《医史杂志》1951年第2期；范行准：《中国预防医学思想史》，《医史杂志》1951年第4期；范行准：《中国预防医学思想史（四）》，《医史杂志》1952年第1—4期；范行准：《中国预防医学思想史（五）》，《医史杂志》1952年第1—4期；范行准：《中国预防医学思想史（六）》，《中华医史杂志》1953年第1—4期；范行准：《中国预防医学思想史》，华东医务生活社1953年版。
⑥ 仍有一些可参见陈天祥《清代名医赵晴初及其医学成就》，《中华医史杂志》1983年第1—4期；王立《名医喻嘉言传略及其生平著作考》，《中华医史杂志》1982年第1—2期。
⑦ 朱先华：《清末的京城官医院》，《中华医史杂志》1985年第1—4期。
⑧ 陈可冀：《清宫档案与北京同仁堂的历史》，《中华医史杂志》1986年第1—4期。
⑨ 刘时觉：《明清时期徽州商业的繁荣和新安医学的崛起》，《中华医史杂志》1987年第1—4期。

此时医学通史著作相继出版，如范行准的《中国医学史略》（1986 年）、李经纬、程之范主编的《中国医学百科全书·医学史》（1987 年）、李经纬等的《中国古代医学史略》（1989 年），等等，都包括对清代医学史的论述。其中值得注意的是范行准的《中国医学史略》，他仍然认为明清时期是医学的屡守时期，不过是金元医学的引申和继续，很少独立见解。虽然此时在本草学、解剖学、预防医学、治疗学等方面都有所发展，但对整个医学思想来说，都没有起主导作用。但该书在书写方面颇具特色，打破了以陈邦贤等人为代表的按照医家、医籍、医学机构论述一朝一代的医学史，而是有侧重地阐述历代医学最为突出的成就，如书中清晰地阐述了明清医学的流派，梳理了本草学和免疫学（主要是种痘技术）在此时的发展，其认为清代医家最突出的成就集中在温病学上，故进一步详细梳理了温病学的源流和清代诸医家在这方面的成就。[①] 范行准清晰的问题意识使得该书不再流于泛泛介绍历代医学的成就，其认识到社会文化对医学的影响，注意利用各类史料。

总体而言，从 20 世纪初到七八十年代，医学史的研究几乎全都由受过专业医学训练的人士担纲。他们对于清代医学史的研究关注点较多地局限在名医、医籍、技术与病理层面，除范行准等少数人外，资料利用上也基本限于历代医籍。且早期清代医学史的研究基本是简单的史实梳理，缺少明确的问题意识，直到 80 年代才有所改善。医家的这种研究理路对我们认识清代医学发展过程助益良多，但是在国家和社会对疫病的应对、疫病对社会及民众心态和信仰的影响、医者和病人的关系、医者群体的身份认同等方面，可供借鉴的内容还非常有限。20 世纪 80 年代以后，在医史学界的研究仍在继续和深入的同时，中外一批历史研究者的加入，使这一研究出现前所未有的新气象。

应该指出，疾病医疗研究在中国历史学界的兴起并非建立在对中国医学史研究的不满或反省的基础上。文章开头简要回顾了国际医学史在 20 世纪 70 年代开始明显转向医疗社会史研究，这种转向在一定程度上

---

① 范行准：《中国医学史略》，中医古籍出版社 1986 年版，第 196—257 页。

影响了中国医学史的研究,但国内对医疗社会史的关注更重要的因素在于20世纪80年代以来史学界不断反思并进行新的探索。自20世纪80年代以来,大陆和台湾史学界不约而同地开始对史学研究中各自存在的"教条公式主义的困境"或"社会科学方法的贫乏"展开了反思,大家似乎都对以往研究过于侧重政治、经济、阶级斗争及外交和军事等做法表现出强烈不满,提出了"还历史以血肉",或"由'骨骼'进而增益'血肉'"这样带有普遍性的诉求。① 在这一思潮的影响下,社会群体、社会生活、社会救济、社会环境等一些过去不被注意的课题开始纷纷进入历史研究者的视野,极大拓展了历史研究的界域,作为社会生活重要组成部分的医疗活动也由此受到历史学者的关注。

三 从社会到生命:史学界清代医疗史研究的演进

如前所述,中国史学界的清代医疗史研究大抵始于20世纪80年代,其出现是与中国社会史的兴起相伴而行的。此时在欧美学界,新文化史等受后现代史学影响的研究正日渐盛行。新文化史、微观史、日常生活史、物质文化史和全球史等新兴的史学思潮随后不断被引入华文学界并影响日盛。故中国史学界在此后的二三十年中,呈现传统史学、社会史、以新文化史为代表的新兴史学等诸种史学流派和思潮并存混杂的局面,中国医疗史作为一个新兴的研究领域,虽然与各种史学思潮、理念和方法都不无交集,但是整体而言,其基本上是诸种新史学的试验场。无论在台湾还是大陆,初期的医疗史研究往往社会史的色彩都较浓,稍后,则越来越多地出现了具有新文化史等新兴史学取向的研究,大体展现出了从社会史到文化史、从社会到生命的演进轨迹。

1987年,台湾学者梁其姿首先推出两篇明清医疗社会史方面的论文:《明清预防天花措施之演变》和《明清医疗组织:长江下游地区国家和民

---

① 参见杜正胜《什么是新社会史》,《新史学》1992年第4期;常建华《中国社会史研究十年》,《历史研究》1997年第1期。

间的医疗机构》。①梁教授长期从事明清慈善、救济事业这种与医药救疗密切相关的课题研究，同时又是留法博士，深谙法国年鉴学派的学术理路与当时西方史学的趋向，可能正是因为这两方面因素的结合，使她成了中国史学界涉足医疗社会史研究的先行者。稍后，杜正胜通过对以往史学研究的反省，提出"新社会史"这一概念，并研拟了一个表现新社会史研究对象和内涵的纲目，共12大项，其中"生命维护"（初作体认）一项"基本上仰赖医疗史的研究才能充实它的内容"。②而这一理念的践行则是在"疾病、医疗和文化"研讨小组成立之后。

自1992年以来，台湾中研院史语所一批历史学出身的学者投入医疗史研究，组成"疾病、医疗和文化"研讨小组，每年度大约举办10次讨论，主要围绕5个课题展开，杜正胜概括为：对身体的认识及其文化意义、医家归类（与巫、道、儒的关系）、男女夫妇与幼幼老老的家族史、医疗文化交流问题、疾病医疗所见的大众心态。③这些学者几乎全无医学背景，旨在"从医疗透视文化"，所以杜正胜把他们的医疗史研究称为"另类医疗史"。④目的是想借医疗史研究来认识社会面貌，把握文化特质，重点是一般的历史研究，不限于专业医学史的范围。另类医疗史涉及物质与精神的多种层次，没有一定的成法，唯随课题之发掘、资料之诠释，不断揭开文化的面貌，也深掘社会深层的心态。其与传统医学史的架构或课题有比较明显的差异，没有直接涉及关于医药经典与理论、医事制度与教育、医家典范与派别，以及诸病源侯的证析等问题。⑤

---

① 见陶希圣九秩荣庆祝寿论文集编辑委员会编《国史释论——陶希圣九秩荣庆祝寿论文集》，食货出版社1987年版，第239—253页；"Organized Medicine in Ming-Qing China: State and Private Medical Institutions in the Lower Yangzi Region", *Late Imperial China*, Vol. 8, No. 1, 1987, pp. 134 – 166。

② 杜正胜：《什么是新社会史》，《新史学》1992年第4期；杜正胜：《作为社会史的医疗史——并介绍"疾病、医疗和文化"研讨小组的成果》，《新史学》1995年第1期。

③ 杜正胜：《作为社会史的医疗史——并介绍"疾病、医疗和文化"研讨小组的成果》，《新史学》1995年第1期。

④ 杜正胜：《另类医疗史研究20年——史家与医家对话的台湾经验》，载生命医疗史研究室主编《中国史新论——医疗史分册》，台湾联经出版公司2015年版，第7—60页。

⑤ 参见杜正胜《医疗、社会与文化：另类医疗史的思考》，《新史学》1997年第4期。

杜正胜在《另类医疗史研究20年》后附有"疾病、医疗和文化"讨论会历年活动的时间、主讲人、演讲主题、参与者。从1992年到1997年，一共举行了49次活动，涉及清代医疗史的演讲只有7次，分别是：1993年5月Cameron Campbell（康文林）的"清末北京死亡原因研究"，1994年2月邱仲麟的"不孝之孝：'割骨疗亲'现象的社会史分析"，1994年7月蒋竹山的"从明清笔记小说看有关麻风病的民间疗法：'过癞'"，1996年6月雷祥麟的 When Chinese Medicine Encountered the State: 1900 – 1949，1996年11月张嘉凤的 Variolation and Vaccination（《人痘与牛痘》），1997年3月祝平一的"西学、医学与儒学：一位17世纪天主教医者的观点"，1997年7月Bridie J. Andrews（吴章）的 Tuberculosis and the Assimilation of Germ Theory in China, 1895 – 1937。其中康文林、吴章两位为欧美学者，所以这六年中由台湾学者担纲的关于清代医疗史研究的演讲只有五次，而这五位演讲者都是年轻学人。可能是此时史语所中从事医疗史研究的核心力量，如杜正胜、李贞德、李建民、林富士等，主要从事11世纪以前的研究，所以明清医疗史的研究成果并不算丰富。此外，值得注意的是梁其姿、熊秉真两位学者在此期间虽然只是以参与者的身份参加了小组活动，没有进行演讲，但是她们对明清医疗史的研究颇具深度和新意。梁其姿的《施善与教化：明清的慈善组织》追溯了明清慈善组织的渊源，描述了组织形态、主要活动，并探索了这一历史现象与明清社会经济及思想发展的关系。此外她还关注前近代中国的疾病史和女性医疗从业者。①熊秉真从小儿科医学出发书写了近世的儿童医史。②

随着研讨小组的壮大，1997年，"疾病、医疗和文化"讨论会蜕变为"生命医疗史"研究群。同年6月底，由史语所主办了第一次关

---

① 梁其姿：《施善与教化：明清的慈善组织》，台湾联经出版公司1997年版；Angela Ki Che Leung, "The History of Disease in Pre-modern China," in Kenneth F. Kiple, ed., The Cambridge History and Geography of Human Disease. Cambridge University Press, 1993, pp. 354 – 362.; Angela Ki Che Leung, "Women Practicing Medicine in Pre-modern China," in Harriet T. Zurndorfer, ed., Chinese Women in the Imperial Past: New Perspectives. Leiden, Boston: Brill, 1999, pp. 101 – 134。

② 参见熊秉真《幼幼：传统中国的襁褓之道》，台湾联经出版公司1995年版；熊秉真《安恙：近世中国儿童的疾病与健康》，台湾联经出版公司1999年版。

于医疗史的国际学术研讨会,主题是"医疗与中国社会",根据杜正胜的解释,这里的"社会"是新社会史的"社会",涵盖物质、社会和精神三层次而构成的有机整体的人群,也可以统称作"文化"。①之后"生命医疗史研究室"又举办了一系列关于医疗史的研讨会:1998年5月"华洋杂处:中国19世纪医学";1998年6月"洁净"的历史研讨会;1999年1月"养生、医疗与宗教"研讨会;1999年6月"健与美"的历史研讨会;2000年6月"疾病"的历史研讨会。但是纵观这些会议的论文列表,以清代为主要研究断代的论文仍然不多,但是议题上有所突破,且有新的年轻学者加入。②

2000年以后,一些年轻学人从欧美拿到博士学位后归台执教,加上原本从事医疗史研究的年轻学者不断成长,台湾的医疗史研究进入另一境界。欧美归台的学者大多以医疗史为专业,充分吸收了20世纪90年代以来欧美医史研究的新观念和新方法,③极大地拓展了医疗史研究的广度和深度。这些学者中,一些人具有医学背景或相近知识素养,所以研究的议题也不再局限于社会文化,而是涉及医学知识等"内史"议题。且不同于杜正胜、林富士等前辈史语所学者从事11世纪以前的研究,这些年轻学人多关注前近代的医疗史研究,清代医史研究成果日益丰富,如祝平一探讨了明清时期的医药市场、医药知识和医病关系,张哲嘉对清代宫廷医病关系进行了研究,王秀云从性别史、身体史的角度探讨了清末民初的传教士医学,李尚仁对传教医疗以及身体感做了关注,刘士永、范燕秋关注日据时期台湾的医

---

① 杜正胜:《另类医疗史研究20年——史家与医家对话的台湾经验》,载生命医疗史研究室主编《中国史新论——医疗史分册》,台湾联经出版公司2015年版,第7—60页。
② 涉及清代医疗史的论文主要有:祝平一《通贯天学、医学与儒学:王宏翰与明清之际中西医学的交会》,张哲嘉《从同治医案论清宫脉案的性质》,王道还《论王清任的医学研究》,蒋竹山《女体与战争——以明清厌炮之术"阴门阵"为例的探讨》,李尚仁《种族、性别与疾病:十九世纪英国医学论麻风病与中国》,刘铮云《疾病、医疗与社会:史语所所藏内阁大库档案相关史料介绍》,Marta Hanson, "According to the Person, Place, and Season: A Preliminary Discussion of Medical Conceptions of Local Bodies, Seasonal Geographies, and Regional Disorders in Late Imperial China"。
③ 杜正胜:《另类医疗史研究20年——史家与医家对话的台湾经验》,载生命医疗史研究室主编《中国史新论——医疗史分册》,台湾联经出版公司2015年版,第7—60页。

学史，注重对殖民现代性的反思等。

与台湾医疗社会史研究不同，自 20 世纪八九十年代起，大陆史学界对医疗史的关注基本是个别而缺乏理论自觉的。当然，这不是说大陆史学研究者关注疾病医疗完全出于偶然，实际上，它仍然是以上所说的史学界反省的结果。因为随着历史研究对象的扩展，研究者一旦涉足社会救济、民众生活、历史人口、地理环境等课题，疾病和医疗问题便不期而至了，同时在针对以上论题开展的文献搜集中，不可避免地会遭遇疾疫之类的资料，这些必然会促发部分学者开始关注这一课题。① 比如，笔者从事这一研究虽受台湾相关研究启发，但最初的动力则来自在从事救荒史研究时接触到的较多疫情资料。② 所以，在很长一段时间内，大陆史学界的医疗史研究基本都是在社会史的脉络下展开的。今天看来，拙著《清代江南的瘟疫与社会》就是一部比较纯粹的社会史作品，所关注的乃是清代江南瘟疫的流行情况及其相关分析、时人对瘟疫的认识以及由此显现出清代江南社会的社会构造和演变脉络，在追寻和阐释瘟疫文化意义和反省现代医疗卫生机制等方面，缺乏自觉意识。③ 曹树基、李玉尚也是大陆较早关注医疗史研究的学者，发表了一系列关于清代鼠疫的文章，他们从鼠疫的近代疫源地的活动规律出发，在疫病对人口损失研究的基础上，对近代人类群体活动的加强与疫源地活动频繁的关系做出了研究，从而揭示了疫源地、人口与社会变迁的关系。④ 可见，与台湾医疗史的主要研究

---

① 详参余新忠《中国疾病、医疗史探索的过去、现实与可能》，《历史研究》2003 年第 4 期。

② 余新忠：《清代江南疫病救疗事业探析——论清代国家和社会对瘟疫的反应》，《历史研究》2001 年第 6 期，第 45—57 页；余新忠：《清代江南瘟疫对人口之影响初探》，《中国人口科学》2001 年第 2 期；余新忠：《清人对瘟疫的认识初探——以江南地区为中心》，载《中国社会历史评论》第三卷，中华书局 2001 年版，第 238—258 页。

③ 余新忠：《清代江南的瘟疫与社会：一项医疗社会史的研究》，中国人民大学出版社 2003 年版。

④ 参见曹树基、李玉尚《鼠疫流行对近代中国社会的影响》，李玉尚、曹树基《18—19 世纪云南的鼠疫流行与社会变迁》，载复旦大学历史地理研究中心主编《自然灾害与中国社会历史结构》，复旦大学出版社 2001 年版；李玉尚、曹树基《咸同年间的鼠疫流行和云南人口死亡》，《清史研究》2001 年第 2 期。

时段从中古向明清乃至近代转变不同，大陆的医疗史研究从一开始就大体在明清至近代展开。

虽然在20世纪末和21世纪初，国内史学界只有很少的研究者从事疾病医疗史的研究，但转变却已渐渐开始，尤其在晚清近代医疗史研究中出现了具有新意识的作品。杨念群是国内个别较早具有一定新文化史理念从事医疗史研究的学者，他在20世纪末就推出了数篇颇具分量的医疗史论文，较为关注"地方感"和医学中的政治和文化权力等问题。他又于2006年在"新史学"系列丛书中推出了《再造"病人"——中西医冲突下的空间政治（1832—1985）》一书。① 这一被视为另类的医疗史论著，在当时产生了广泛的影响，其对晚清至现代医疗背后的政治运作和权力关系的关注、书写上对深描法的努力实践、对不假思索地将西方视为现代标准的警惕以及对中国现代化过程的复杂性的呈现等，无不展现出了明显的新文化史色彩。

稍后，笔者在《从社会到生命——中国疾病、医疗社会史探索的过去、现实与可能》一文中反思了之前医疗史研究中的问题，发现目前的研究无论是出发点还是归宿，其实基本都是在重构历史面相和勾勒社会变迁，即使涉及生命，那也不过是道具，真正关注的何尝是生命，实际只是社会而已。② 故倡导从身体史出发展开文化史取向的医疗史研究。正是在这一理念的指导下，南开大学中国社会史研究中心于2006年8月在天津召开国内首届"社会文化史视野下的中国疾病医疗史研究国际学术研讨会"③。之后又以这次会议的论文为基础，编辑出版了《清以来的疾病、医疗和卫生——以社会文化史为视角的探索》一书，该书收录的文章里不乏出自年轻学人之手的清代医疗史

---

① 杨念群：《再造"病人"——中西医冲突下的空间政治（1832—1985）》，中国人民大学出版社2006年版。

② 余新忠：《从社会到生命——中国疾病、医疗社会史探索的过去、现实与可能》，载杨念群、黄兴涛、毛丹主编《新史学——多学科对话的图景》，中国人民大学出版社2003年版，第706—737页。

③ 会议综述参见王涛锴《"社会文化视野下的中国疾病医疗史"国际学术研讨会综述》，《中国史研究动态》2006年第11期。

研究，如路彩霞对清末天津中医与《大公报》笔战事件的考察。① 此外，还有其他关注新文化史研究的年轻学人也开始在医疗史的研究中引入新文化史的理念与方法，比如张仲民关于晚清卫生书籍的研究。② 而胡成有关晚清卫生史的系列论文，虽然似并未特意引入新文化史的视角和理念，但凭借其扎实的史料功夫和对国际相关研究颇为深入的把握，也展现出了与国内一般研究不一样的风格以及相当高的水准。③ 最近，笔者积十余年研究清代卫生史之功，推出了新著《清代卫生防疫机制及其近代演变》，意图打破社会史与文化史研究的藩篱，在较为清晰系统地呈现相关历史经验的基础上，省思卫生的现代性。④

近年来，新文化史、微观史、日常生活史、物质文化史和全球史等史学思潮对医疗史的影响日渐深入，故南开大学中国社会史研究中心在2012年举办了"日常生活史视野下中国的生命与健康国际学术研讨会"，会议论文中有一些清代医疗史的研究颇具特色，如张瑞的《晚清日记中的病患体验与医患互动》、张华的《清末民初的体格检查论的兴起及其实践》、佳宏伟的《19世纪后期东南港埠的疾病与医疗社会——基于〈海关医报〉的分析》等。⑤

21世纪以来，中国大陆清代医疗史研究成果不断涌现，但与中国台湾或西方的研究相比，我们可以较为真切地感知到以下两点在国内医疗史研究中还不太被意识到的共识：一是现代生物医学和公卫机制的进步性和正当性并非不言自明，它的不断进步将能解决人类主要

---

① 路彩霞：《中医存废问题第一次大论争——清末天津中医与〈大公报〉笔战事件考察》，载余新忠编《清以来的疾病、医疗和卫生——以社会文化史为视角的探索》，生活·读书·新知三联书店2009年版，第216—233页。
② 张仲民：《出版与文化政治：晚清的"卫生"书籍研究》，上海世纪出版集团2009年版。
③ 这些研究主要包括：《"不卫生"的华人形象：中外之间的不同讲述——以上海公共卫生为中心的观察（1860—1911）》，载《"中央研究院"近代史研究所集刊》2007年6月第56期，第1—43页；《检疫、种族与租界政治——1910年上海鼠疫病例发现后的华洋冲突》，《近代史研究》2007年第4期，第74—90页。
④ 余新忠：《清代卫生防疫机制及其近代演变》，北京师范大学出版社2016年版。
⑤ 会议综述参见张瑞《日常生活史视野下中国的生命与健康国际学术研讨会综述》，《中国史研究动态》2013年第2期，第67—69页。

甚至全部的健康问题不过是一种现代性的迷思；二是疾病和医学并不仅仅是对生物世界秩序的客观反映，人类的社会文化因素在人类疾病的命名、诊断和治疗中，从来都未曾缺席。如果能秉持这样的认知，那必然会有助于我们更深入地去思考和探究中国历史上的疾病与医疗问题，并为当今医疗卫生体制建设中引入西方的制度提供批评性视角和可资反省的历史资源。不仅如此，立足史料和中国的经验，也可以让我们从内部思考新文化史研究理念和方法、优势与不足，包括众多以往不被关注的历史面相（比如疾病体验、疾病概念和医疗观念的文化意涵、疾病和医疗认识背后的文化权力等）以及这些面相对认识中国社会和文化的独特价值，进而在全球历史背景中凝练出具有独特价值的中国概念和中国经验。[①]

四 前沿与热点：当下清代医疗史研究的主要面相

中国医疗史作为史学界的新兴研究，受研究队伍、史料以及学术取向等诸多因素的影响，目前相关研究关注的时段大多集中在明清以降，特别是近现代。其中清代作为贯通古代和近代的最后一个王朝，研究成果也相对丰硕，也可以大体看作整体的中国医疗史研究的一个缩影。要全面地罗列清代医疗史的成果，不仅精力和篇幅不允许，恐怕也不利于我们抓住其基本的脉络和趋向，故而我们将借助多年来对该研究比较系统的观察和思考，力图通过下面的分类叙述来把握这一研究的热点以及可能的前沿发展态势。

（一）卫生及其现代性

清代卫生史研究以探讨近代港口城市的公共卫生问题为发端。20世纪80年代末，程凯礼（Kerrie L. Macpherson）对于上海公共卫生

[①] 详参余新忠《回到人间聚焦健康——新世纪中国医疗史研究刍议》，《历史教学》2012年第22期。

的开创性研究，探讨了上海开埠后，公共租界内卫生体系建立的过程。这一基于西文资料的研究，充分肯定了英国专家在公共租界建设中的作用，以及西方卫生观念对中国的影响；同时聚焦于市政建设，探讨了在工部局主导下上海供水事业的发展及新式医院的建立。[1] 程著虽提及了上海居民对新事物的排斥，但认为此现象只是近代化进程中的插曲，对于公共卫生体系的建立仍以积极评价为主，而未能充分意识到其背后的传统与现代冲突，以及隐藏于卫生话语下的规训等知识权力问题。21世纪初出版的罗芙芸（Ruth Rogaski）探讨近代天津卫生的力作，则弥补了程著上述的不足，也是目前西方研究中国卫生史的代表性著作。该著立足天津，通过对卫生的定义、晚清以降不同历史时期有关天津卫生行为和卫生管理的论述，探究了"卫生的现代性"是如何为洋人、士人精英、国家力量和革命所挪用的，进而揭示现代化背后的文化权力关系和"现代性"值得省思之处。[2]

继罗芙芸之后，清代卫生史研究逐渐深入并走向多元，更强调西方卫生机制引进后的权力关系与身体控制，以及试图从清代传统中国社会中探寻现代卫生机制的演进及其对日常生活的影响，但是学者们对公共卫生的考察仍然多集中在具体的城市。范燕秋《"卫生"看得见：1910年代台湾的卫生展览会》考察了20世纪初台湾"卫生展览会"的初期发展，以及殖民地卫生展览会促成卫生科技知识生产与流通的方式。作者指出台湾卫生展览会深受日本影响，殖民当局对当地民众施行身体卫生的规训，以改善殖民地的公共卫生。而殖民当局对卫生展品的"视觉化"处理，带有母国与殖民地、卫生与不卫生等深富殖民意涵的展示方式。此外，展览会的内外都掺杂着商业利益，展览会透过观念普及与卫生品消费，使卫生知识或概念向日常生活渗

---

[1] Kerrie Macpherson, *A Wilderness of Marshes: The Origins of Public Health in Shanghai, 1843–1893*, Hong Kong: Oxford University Press, 1987.

[2] Ruth Rogaski, *Hygienic Modernity: Meanings of Health and Disease in Treaty-port China*, University of California Press, 2004. 中译本，[美] 罗芙芸：《卫生的现代性：中国通商口岸卫生与疾病的含义》，向磊译，江苏人民出版社2007年版。

透。① 公共卫生行政的建立是清末中国走向近代的表征之一，路彩霞的《清末京津公共卫生机制演进研究（1900—1911）》分别从医药行政、卫生（清洁）行政、防疫行政三个方面探讨了该问题，并梳理了公共卫生行政近代演进过程中各种力量和关系的碰撞、冲突与调适，以展示公共卫生机制近代转型的复杂性，进而阐发这一历程带来的公共卫生行政专业化、制度化、合理化启示。通过对公共卫生行政创建、卫生意识开启及防疫冲突背后伦理转型的考察，作者力图重新界定"清末"在近代历史上的地位，并在区域视野下对近代化道路选择问题进行反思。② 朱慧颖的《天津公共卫生建设研究（1900—1937）》通过爬梳档案、地方志、报刊杂志和调查报告等大量资料，从卫生行政、医事管理、防疫机制、环境卫生、学校卫生和卫生运动五个方面，考察了清末民初天津的公共卫生建设，揭示了公共卫生推行下的社会变迁，并侧重发掘普通民众对公共卫生事业的反应及卫生现代化对其日常生活的影响。③ 杜丽红的《制度与日常生活：近代北京的公共卫生，1905—1937》以近代北京公共卫生制度变迁为研究对象，在考察组织层面的制度变迁过程的同时，探究日常生活与制度变迁的互动，以制度为中心构建出近代国家与社会互动的历史过程。其中，涉及清代的部分主要是第一章，考察警察卫生制度移植的主要内容及其演变概况。④

余新忠、张仲民两位学者的研究打破了在具体城市发展脉络中讨论公共卫生的传统书写模式，为卫生史的研究提供了新视角。余新忠的《清代卫生防疫机制及其近代演变》试图从清代传统中国社会中探寻现代卫生的观念、行为和机制的演进。晚清新"卫生"的登场，不仅逐渐引发了中国人对自己国家公共和个人生活的环境状况的不满，

---

① 范燕秋：《"卫生"看得见：1910年代台湾的卫生展览会》，《科技·医疗与社会》2008年第7期。
② 路彩霞：《清末京津公共卫生机制演进研究（1900—1911）》，湖北人民出版社2010年版。
③ 朱慧颖：《天津公共卫生建设研究（1900—1937）》，天津古籍出版社2015年版。
④ 杜丽红：《制度与日常生活：近代北京的公共卫生，1905—1937》，中国社会科学出版社2015年版。

还慢慢使国人对自己种族的健康失去信心，进而开始借由"卫生"来论述种族和国家的危机。该书首先从"卫生"概念的演变入手，以从概念到观念再到相关实践的思路逐次对清代防疫和城市环境卫生相关的诸多问题及其历史变迁展开探讨，借此展现中国近世社会的变动与特质，以及中国人有关身体的认识，并进一步探究传统在中国社会近代转型中的影响与作用，对现代化过程和"现代性"进行省思。① 张仲民的《出版与文化政治：晚清的"卫生"书籍研究》在索隐钩沉大量报刊资料的基础上，以书籍史与阅读史的视角，对晚清出版的生理卫生和生殖医学书籍进行了考察。作者着重探讨了卫生书籍出版的数量、价格、出版目的、时人阅读情况等问题。作者认为这些卫生书籍及其广告，实际上都在建构和想象其与身体、种族、国家的联系，都在打造一种新型的消费文化、阅读文化，而这种文化或可表明一种以国家为终极关怀的新政治文化已在清末中国成形，并开始发挥作用。②

清末以降，华人的生活习俗和居住环境被西方人冠以"不卫生"之名，胡成和李尚仁均关注这一问题。胡成的《"不卫生"的华人形象：中外之间的不同讲述——以上海公共卫生为中心的观察（1860—1911）》依次从"华人'不卫生'被定义为瘟疫之源和近代细菌学理论的传入"、"租界卫生景观的改善和华人社会的变革维新"、"文化优越感、民族主权诉求和主权之争"三个层面对1860—1911年上海公共卫生领域的"不卫生"华人形象论述展开了考察。作者指出关于华人"不卫生"的叙述，体现在外人方面，有明显的文化歧视和种族压迫；体现在华人精英方面，则是对自身社会及对殖民主义、帝国主义的再认识、再反省和再批评，其中包括对新文化的接受、引进和想象。③ 李尚仁的《腐物与肮脏感：19世纪西方人对中国环境的体验》梳理了西方人对中国城市公共卫生及华人个人卫生的认知和体

---

① 余新忠：《清代卫生防疫机制及其近代演变》，北京师范大学出版社2016年版。
② 张仲民：《出版与文化政治：晚清的"卫生"书籍研究》，上海世纪出版集团2009年版。
③ 胡成：《"不卫生"的华人形象：中外之间的不同讲述——以上海公共卫生为中心的观察（1860—1911）》，载《"中央研究院"近代史研究所集刊》2007年第56期。

验，并以"身体感"这一概念工具深入探究西方人"不卫生"和"肮脏"感产生的社会文化因素。① 不同于当时西方人对东方人卫生状况的负面评价的主流，德贞则赞扬中国人的健康情形和生活习俗，并以对中国的观察为基础反思英国公共卫生运动的局限，李尚仁的《健康的道德经济——德贞论中国人的生活习惯和卫生》即从分析德贞对中国卫生状况的独特观察和评论入手，继而讨论了19世纪晚期苏格兰出现的社会、经济与卫生问题对德贞观察中国生活卫生所产生的影响。通过德贞的个案，该文揭示了大英帝国中心的医学理论和海外医师的边陲经验的互动与张力。②

（二）性别、身体与医疗

关注生命是医疗史研究的旨归，而关注身体则是关注生命的重要组成部分。人类身体除了生理性的一面，还有社会文化性的一面，女性身体则被赋予了更多的文化意涵，诸多学者力图在具体研究中破解这种意涵。

女性生育往往被当作自然秩序的产物，有关于古代生育的各种风俗、仪式、接生行为常被认作是迷信和经验主义的产物，女性主义分析视角的加入使得健康和疾病的社会文化建构成为分析性别问题的重要方法。费侠莉（Charlotte Furth）的论文 Concepts of Pregnancy, Childbirth, and Infancy in Ch'ing Dynasty China 即采用这一视角，分析了晚清女性的怀孕、分娩及其与幼儿关系的社会文化建构。她认为妇科医学呈现了儒家性别关系的双重模型：一方面，在家长式社会秩序里面，妇女是病态、身体虚弱、依赖他人的性别角色；另一方面，她们是毁灭性的情绪和污染的源头，她们的能力足以使家庭陷入混乱。③

---

① 李尚仁：《腐物与肮脏感：19世纪西方人对中国环境的体验》，载余舜德主编《体物入微——物与身体感的研究》，台湾清华大学出版社2008年版，第45—82页。

② 李尚仁：《健康的道德经济——德贞论中国人的生活习惯和卫生》，载《"中央研究院"历史语言研究所集刊》第76本第3分，2005年9月。

③ Charlotte Furth, "Concepts of Pregnancy, Childbirth, and Infancy in Ch'ing Dynasty China", *The Journal of Asian Studies*, Vol. 46, No. 1 (Feb. 1987).

吴一立同样关注中医妇科，其 Reproducing Women: Medicine, Metaphor, and Childbirth in Late Imperial China 一书重在考察历史和文化语境中，基于文本的中医妇科知识的创建和合理化，以及文本背后的隐喻和清代妇科的变革。该书具体探讨了诸多重要议题，如作为女性疾病治疗者的男性医者如何正当化自身身份；印刷文化如何形塑妇科文本以及通俗妇科医疗知识的产生与流传；怀孕、妊娠背后的隐喻；社会、医学和技术因素如何共同合理化了处理产后并发症的新方法。①

在传统社会中，与女性身体相关的月经、怀孕、生产都存在一定的禁忌与想象，女性的裸体更具有污秽的象征意义，被认为有"厌炮"力量。蒋竹山的《女体与战争——明清厌炮之术"阴门阵"再探》从社会文化史和身体史的角度颇为深入系统地探讨了明清时期"阴门阵"的内容、特色以及历史情境中的独特意涵，并进一步阐释了在此个案中女性身体的隐喻，探究了明清妇女裸身所具有的污秽象征意义，以及此观念在明清战事上的应用。②

甲午战争之后，西医对中国社会的影响日渐深远，与女性身体相关的月经、怀孕、生产都发生了不同程度的改变，周春燕的《女体与国族——强国强种与近代中国的妇女卫生（1895—1949）》关注这一背景下女性卫生的变革问题，考察了在 1895 年至 1949 年间，女性在面临月经、怀孕、生产等生命历程时所运用的相关知识与照护方式。作者指出甲午战败后，西医大量传入，冲破了中国妇女的身体界限，使妇女卫生在"强国强种"的风潮下，得到改革的契机，同时造成近代妇产科医学的革新，这些变革对妇女的影响深入日常生活。③ 清末民初之际，不仅是单方面的西医、西医师对中国女性身体产生了影响，中国的性别规范同样也影响了西医传播者的活动。王秀云的《不就男医：

---

① Wu, Yi-li, Reproducing Women: Medicine, Metaphor, and Childbirth in Late Imperial China, University of California Press, 2010.
② 蒋竹山：《女体与战争——明清厌炮之术"阴门阵"再探》，《新史学》1999 年 9 月第 10 卷第 3 期。
③ 周春燕：《女体与国族——强国强种与近代中国的妇女卫生（1895—1949）》，台湾丽文文化事业股份有限公司 2010 年版。

清末民初的传道医学中的性别身体政治》以在中国的西洋传教医疗为例，探讨了在帝国主义扩张的脉络下，医者与求医者的身体性别政治。作者指出，我们不必将性别规范或所谓的礼教视为女性的困境，轻易将女性定义为受害者，因为西式中国女医的兴起正是这一性别规范或礼教的产物，而应理解历史中多重权力关系所编织出的复杂性。[1]

相对于文字，图像是展现身体状态更为直观的形式，对图像史料的运用拓宽了身体史研究范畴，韩依薇（Larissa N. Heinrich）的博士论文 The Pathological Body: Science, race and literary realism in China, 1770-1930 利用图像史料讨论了中国人病态身体的观念如何形成及传播。作者试图把 18 世纪晚期及整个 19 世纪西方科学医学观念和 20 世纪早期中国文学现实主义的出现结合考察，并利用了疾病的图像和历史、视觉、文学资料中有关中国人身体的材料，认为中国人种族认同和现代中国文学展示的某种病态的结合，在某种程度上起源于对身体和病理学的理解，这种理解植根于 19 世纪科学和医学观念，其传播依托于鸦片战争后医学殖民事业。第一章聚焦于 18 世纪时中国是天花的摇篮这一观念的传播。作者认为这种观念的扩散与中西方之间的相互误解和政治因素密不可分。第二章进行个案研究，作者力图结合传教士伯驾（Peter Parker）的文字记录和广东商业画家林华（Lam Qua）描绘的病人图像，分析了 19 世纪中期病态的观念和中国人的身份认同如何被诸如伯驾等传教士传播。第三、四章关注 19 世纪末 20 世纪初西方解剖学向中国的引介及其产生的影响，作者对比了合信（Benjamin Hobson）的《全体新论》中的身体观和《黄帝内经》呈现的传统意义上中国人对身体的认识，勾勒了时人对新式解剖学的不同反应。[2]

（三）疾病与社会文化

目前史学界对清代疾病史的研究仍集中在传染病上，其中除综合

---

[1] 王秀云：《不就男医：清末民初的传道医学中的性别身体政治》，载《"中央研究院"近代史研究所集刊》2008 年第 59 期。

[2] Larissa N. Heinrich, The Pathological Body: Science, race and literary realism in China, 1770-1930. Ph. D. dissetation, University of California-Berkeley, 2002.

性的探讨外，又以天花、鼠疫等急性传染病和含有一定道德意义的麻风病为主，早期的疾病史研究重在探讨疾病的社会影响和社会应对，较少透视疾病的文化意义、防疫制度对身体的规训等问题。

余新忠的论著《清代江南的瘟疫与社会》及相关文章《清代江南疫病救疗事业探析——论清代国家和社会对瘟疫的反应》《清代江南瘟疫对人口之影响初探》《清人对瘟疫的认识初探——以江南地区为中心》通论清代江南瘟疫的流行情况，分析了时人对瘟疫的认识以及由此显现出清代江南社会的社会构造和演变脉络。[1]

梁其姿、杜家骥、张嘉凤是较早从事清代天花研究的学者。梁其姿的《明清预防天花措施之演变》具有开拓性意义，该文对明代中后期至清代的人痘接种、清政府的防痘政策、牛痘的传入中国等问题作了论述，强调技术与社会的互动是考察医学史的重要维度。[2] 杜家骥《清代天花病之流行、防治及其对皇族人口的影响》在论述清代天花流行和防治的基础上，以北京的皇族为例，具体探讨了天花的危害与预防效果。[3] 张嘉凤对清代天花有深入细致的研究，他考察了清代官方避痘和查痘制度与措施的发展变化，指出这些预防与隔离制度的兴衰过程，展现了不同的民族间因不同的环境与疾病生态所产生的冲突与调试过程。[4]

早期清代鼠疫的研究多聚焦在19世纪后期的云南及两广、闽、港和清末东北等有限时空范围内。值得注意的是，班凯乐（Carol

---

[1] 余新忠：《清代江南的瘟疫与社会：一项医疗社会史的研究》，中国人民大学出版社2003年版；《清代江南疫病救疗事业探析——论清代国家和社会对瘟疫的反应》，《历史研究》2001年第6期；《清代江南瘟疫对人口之影响初探》，《中国人口科学》2001年第2期；《清人对瘟疫的认识初探——以江南地区为中心》，《中国社会历史评论》第三卷，中华书局2001年版，第238—258页。

[2] 梁其姿：《明清预防天花措施之演变》，载陶希圣九秩荣庆祝寿论文集编辑委员会编《国史释论——陶希圣九秩荣庆祝寿论文集》，食货出版社1987年版，第239—253页。

[3] 杜家骥：《清代天花病之流行、防治及其对皇族人口的影响》，载李中清、郭松义编《清代皇族的人口行为和社会环境》，北京大学出版社1994年版，第154—169页。

[4] 张嘉凤：《清初的避痘与查痘制度》，《汉学研究》1996年第1期；Chia-Feng Chang, "Strategies of Dealing with Smallpox in the Qing Imperial Family," in Hashimoto Keizo, Catherine Jami & Lowell Skar, eds., *East Asian Science: Tradition and Beyond*, Osaka: Kansai University Press, 1995, pp. 199–205。

Benedict) 的论著 *Bubonic Plague in Nineteenth Century China*，强调从历史、地理和传染病学等角度来观察晚清中国的鼠疫。作者相当细致地勾勒了云南鼠疫的流行路线和流行原因，对鼠疫造成的人口损失作了估计，并指出19世纪末中国有关鼠疫的历史图像不单是生物学现象，也是文化现象，强调国家权力全面介入公共卫生事业的必要性。① 曹树基、李玉尚是国内较早从事鼠疫研究的学者，有关清代鼠疫的研究主要集中于对清晚期鼠疫流行的云南地形与交通模式、闽粤城乡模式、东北铁路与城市模式的考察与分析，也有涉及鼠疫防疫及其相关卫生行政的讨论。②

另一种受到历史学者重视的疾病是今日俗称为麻风病的汉生病（Hansen's disease），蒋竹山的《明清华南地区有关麻风病的民间疗法》认为明清时期虽然医家对麻风病的认知和治疗方式较前代已有明显的发展，但整体来说，这些医疗观念仍不够普遍，民间最常见的办法是"以毒攻毒"的乌稍蛇酒治疗法，而盛行于两广的"过癞"习俗则影响到了正统医家对麻风病治疗法的改进。③

近些年来，因后现代主义、后结构主义及后殖民主义等多种思潮对历史研究的影响，疾病史的书写呈现多种面相，学者们不再仅限于考察社会影响、社会应对等问题，而或是力图从殖民主义的视角省思疫病事件，或是进行疫病文本的分析，反思现代化思维模式与叙事结构，抑或是以查尔斯·罗森博格的"界定疾病"（framing disease）为概念工具，考察一种疾病的概念如何形成。

胡成、梁其姿均注意将近代疾病的历史置于殖民主义和民族国家

---

① Carol Benedict, *Bubonic Plague in Nineteenth Century China*, Stanford: Stanford University Press, 1996. 中译本见 [美] 班凯乐：《十九世纪中国的鼠疫》，朱慧颖译，中国人民大学出版社2015年版。

② 曹树基、李玉尚：《鼠疫：战争与和平中国的环境与社会变迁（1230—1960年）》，山东画报出版社2006年版；李玉尚、曹树基：《咸同年间的鼠疫流行与云南人口的死亡》，《清史研究》2001年第2期；李玉尚、曹树基：《清代云南昆明的鼠疫流行》，《中华医史杂志》2003年第2期。

③ 蒋竹山：《明清华南地区有关麻风病的民间疗法》，《大陆杂志》1995年第90卷第4期。

建构的话语中考察。胡成对清末鼠疫有深入细致的研究，其中《检疫、种族与租界政治——1910年上海鼠疫病例发现后的华洋冲突》，借鉴殖民地次属群体研究的理论成果，从日常生活史的视角对1910年上海租界鼠疫检疫事件进行观察，试图揭示华人对洋人在租界统治秩序的冲击与挑战。① 《东北地区肺鼠疫蔓延期间的主权之争（1910.11—1911.4）》则将1910—1911年的东北鼠疫置于帝国主义、国族主义和民族国家建构的脉络中考察，试图从普通民众的感受中呈现国家权力向下伸展的角度来思考此次肺鼠疫问题。② 《近代检疫过程中"进步"与"落后"的反思——以1910—1911年冬春之际的东三省肺鼠疫为中心》通过东北鼠疫反思源自西方医学的，处于现代化思维模式与叙事结构中的强制性检疫与防疫制度。作者认为解构现代化迷思，需要加入"受难者与病人"的视角，倾听在当时社会情景之下多重的历史声音，同时应批判性地解读官方文书与权势者记载的历史文献，破解压抑他者声音的叙述结构，展现多样的历史面相。③梁其姿的《麻风：一种疾病的医疗社会史》探讨了传统时代麻风病文化的建构、形成过程，及其在近代社会中被污名化和在民族国家构建中所起的作用。该著的特色在于展现了传统因素在中国近代社会变迁中的力量，以及传统与现代间的复杂关系，并将自己的研究对象置于中西文化交流的脉络中，指出中国经验是如何影响西方认识和现代话语形成的。④

在中西互动的脉络中讨论与疾病相关的诸问题是疾病史研究的另一趋势。张嘉凤的《19世纪初牛痘的在地化》比较分析了欧洲与中

---

① 胡成：《检疫、种族与租界政治——1910年上海鼠疫病例发现后的华洋冲突》，《近代史研究》2007年第4期。
② 胡成：《东北地区肺鼠疫蔓延期间的主权之争（1910.11—1911.4）》，《中国社会历史评论》第九卷，天津古籍出版社2008年版，第214—232页。
③ 胡成：《近代检疫过程中"进步"与"落后"的反思——以1910—1911年冬春之际的东三省肺鼠疫为中心》，《开放时代》2011年第10期。
④ 梁其姿：《麻风：一种疾病的医疗社会史》，商务印书馆2013年版；书评见杨璐玮、余新忠《评梁其姿〈从疠风到麻风：一种疾病的社会文化史〉》，《历史研究》2012年第4期，第174—188页。

国作者如何介绍和表述西洋种痘新法，具体考察了中国作者如何理解和转化西洋种痘法的理论与技术，以及将之在地化的思维、策略与目的，凸显了清末中国人学习与观看西学的复杂目光，以及他们对待西方医疗技术与文化的多元态度，并借此呈现了19世纪中西医学技术与文化交流的实况。① 李尚仁的《十九世纪后期英国医学界对中国麻风病情的调查研究》指出19世纪欧洲医学界认为中国是麻风重要盛行区域之一，尤其是到了1890年年底麻风病传染说逐渐成为英国医学界的主流意见，越来越多的医师认为中国移民将麻风散播到世界各地。作者认为英国医师的这些研究主要依赖旧式的疾病问卷调查，而这正是19世纪英国殖民科学与医学常用的研究方法。②

一种疾病在不同的历史情境中涵盖的范围并不完全相同，祝平一的《清代的痧症——一个疾病范畴的诞生》即以查尔斯·罗森博格的"界定疾病"为概念工具，探讨了清代突然出现的众多和痧相关的文本，以及痧症成为疫病指称的原因，由此分析在传统中医中，文本在指称疾病所扮演的角色、医家借此构建其专业形象的努力、新疾病范畴构建引起的争议，以及在清代社会如何透过公德的概念刊刻医书、发放药丸，由士绅提供资源，医者和家庭提供照护，处理身染瘟疫的病患。③

（四）医生、病人与医病关系

在很长一段时间内，中西方医史学者的研究对象都是伟大的医生，20世纪80年代，英国学者罗伊波特（Roy Porter）提出"自下而上"的研究医学史，关注病患以及医学界边缘群体的历史，因为医疗活动的参与者并非只有精英医生，还有患者、家属及其他相关群体。④

---

① 张嘉凤：《十九世纪初牛痘的在地化——以〈（口英）咭唎国新出种痘奇书〉、〈西洋种痘论〉与〈引痘略〉为讨论中心》，载《"中央研究院"历史语言研究所集刊》第78本第4分，2007年。
② 李尚仁：《十九世纪后期英国医学界对中国麻风病情的调查研究》，载《"中央研究院"历史语言研究所集刊》第74本第3分，2003年。
③ 祝平一：《清代的痧症——一个疾病范畴的诞生》，《汉学研究》2013年第31卷第3期。
④ Roy Porter, "The Patient's View: Doing Medical History from below", *Theory and Society*, Vol. 14, No. 2 (Mar. 1985), pp. 175–198.

此后，医史学者的研究领域逐渐拓宽，西方出现了关于医患关系、非精英治疗者等研究。这种研究取向在中国医疗史领域内也得到了回应，如学者们对医者心态、医者地位与身份认同、医病关系、边缘医者群体等问题的探讨。

张哲嘉是较早从事医病关系研究的学者，其博士论文关注晚清慈禧太后时期的宫廷医病关系，运用慈禧、光绪的医案、日记、实录、起居注、笔记小说等材料，考察了治疗活动中医生和病人的互动关系，分析了影响这种关系的多种因素。作者认为医病关系而非技术知识在医疗活动中处于核心位置，医家的社会背景是宫廷医病互动关系中的重要影响因素。[1] 祝平一的《药医不死病佛度有缘人：明清时期的医药市场、医药知识和医病关系》从"药医不死病，佛度有缘人"一语，分析明、清的医疗情境，探索时人如何诠释医病关系与疾患的意义。作者认为"药医不死病，佛度有缘人"所指涉的心态源于医疗市场缺乏管制，医生素质不齐，医疗理论、文本与治方之多样性。在此情境下，择医仰赖口碑与推荐、市场上充斥过多的选择与讯息，使病家既轻信又难以专信医家；而医家则抱怨无法掌握医疗过程，双方遂将紧张的医病关系投射于宗教的宇宙观上。[2] 关于清代民间秘密宗教的医疗活动，邱丽娟进行了一系列的研究，她探讨了清代民间秘密宗教诵念经卷的治病方式，秘密宗教医疗活动中病患入教，以及清乾隆至道光年间秘密宗教医者群体的入教、授徒、医疗方法、医者身份等方面的问题。[3]

---

[1] Chang Che-chia（张哲嘉），*The Therapeutic Tug of War: The Imperial Physician-Patient Relationship in the Era of Empress Dowager Cixi*（1874 - 1908），Ph. D. the University of Pennsylvania, 1998. 张哲嘉：《为龙体把脉——名医力钧与光绪帝》，收入黄兰东主编《身体·心性·权力》，浙江人民出版社 2005 年版，第 211—235 页。

[2] 祝平一：《药医不死病佛度有缘人：明清时期的医药市场、医药知识和医病关系》，《"中央研究院"近代史研究所集刊》2010 年第 68 期。

[3] 邱丽娟：《清代民间秘密宗教的诵经疗法》，《人文研究学报》2006 年第 40 期；邱丽娟：《清代民间秘密宗教的医疗活动：以病患求医、入教为中心》，《师大历史学报》2007 年第 38 期；邱丽娟：《清乾隆至道光年间民间秘密宗教医者的研究》，《师大历史学报》2007 年第 37 期。

近年来有两篇强调从病患的角度书写医疗活动的博士论文,张瑞的博士论文《疾病、治疗与疾痛叙事——晚清日记中的医疗文化史》强调了日记在医疗史研究中的重要价值。她指出,透过日记,我们可以从病人的视角,清楚地看到医疗活动是如何在具体的生活中展开的。并且该文在医疗之外尤其关注到了病人的疾痛叙事,对病患叙事的分析深入细致,进入了病患的内心世界。[①] 张田生的博士论文《清代医病关系研究》主要关注清代民间的医病关系,探讨了清代民间的医家与病家的形象、各自获取医学知识的途径,病家的择医行为及医家的应对,以及社会文化对民间医病关系的影响。作者指出清代民间医病关系是医家与病家面对面交易的一种经济关系,制度和规范的影响甚微,且病家掌握着治疗的决定权。[②]

赵元玲、陈秀芬侧重于对医家的研究。赵元玲(Yüan-ling Chao)*Medicine and society in late imperial China: a study of physicians in Suzhou, 1600-1850*,将文化因素、经济趋势、国家政策和由实践及地域特性彰显的医学理论的发展相结合进行考察,揭示了存在于国家政策、精英话语、基于文本和系谱的正统构成、医学理论及普遍观念和实践所关注的疾病和治疗方式之间的流动性。该书具体考察了知识精英传统和儒医理念建构的相互作用;三皇庙的起源、发展及向药王庙转变过程中体现的医学和国家关系;明清社会经济因素影响下的苏州精英医学从业者的增多,以及医者团体的出现及扩张;苏州具有专业化功能的"医"的出现,以及医学专门化和医学知识专业化的发展对医者的影响。[③] 陈秀芬关注明清医家对"邪祟"的态度,其文《当病人见到鬼:试论明清医者对于"邪祟"的态度》指出当时受过儒学与医学训练的文人医者对于"邪祟"的病因、候诊与治理等虽或有异,但多半均试图将"邪祟"现象"病理化"、"医疗化",并以方药与针

---

① 张瑞:《疾病、治疗与疾痛叙事——晚清日记中的医疗文化史》,博士学位论文,南开大学,2014年。
② 张田生:《清代医病关系研究》,博士学位论文,南开大学,2013年。
③ Yüan-ling Chao, *Medicine and society in late imperial China: a study of physicians in Suzhou, 1600-1850*, New York: Peter Lang, 2009.

灸作为对付"邪祟"的主要手段，同时辅以"祝由"等古老的禁术。作者认为这样的医疗观展现了传统中医"身心一元"的特色，但又有别于倚重仪式医疗的巫、卜及术士的特征。①

（五）医药的全球史与物质文化史

全球史是近年来史学研究的新取向，在清代医疗史领域内，全球史的趋势主要表现为医药的物质文化史研究和中外医学交流研究。

医药的物质文化史研究起初是个别学者自发进行的，集中于对大黄、人参等药物的探讨。张哲嘉的《"大黄迷思"——清代制裁西洋禁运大黄的策略思维与文化意涵》从清廷在鸦片战争前研议对英实施大黄禁运入手，探讨清代"控制大黄即足使西洋人无以维生"此一想法的历史渊源，并具体分析了这种观念产生的背景、造成误解的主要原因和偶然原因，认为大黄迷思的起源不在中国人无根臆测，而在历史事实为无效问题提供假证据，指出大黄制敌的思想源于明代以来以茶马贸易控制周边民族的有效模式，而无论茶、马或大黄，背后均有一套涉及药性、食物、身体，乃至自然环境等因素组成的世界观作为其思想基础。② 蒋竹山的《人参帝国：清代人参的生产、消费与医疗》虽然最近才以专著的形式出版，但是里面的诸多文章早先都已发表。作者首先考察了清代人参的书写及分类方式，指出随着人参商品化的过程，关于人参的书写出现了从博物学调查到商品指南式的转向；随后聚焦于清代人参生产层面的专采专卖制度的讨论及其所牵涉的政治博弈；接着分析清代江南温补文化形塑人参医疗消费的过程，以及作为珍贵商品的人参在商品市场流通和消费的面貌。最后作者以人参为例，从全球史的角度省思了医疗史研究。③

近年来医学的物质文化研究逐渐成为一种共同的研究取向，台湾

---

① 陈秀芬：《当病人见到鬼：试论明清医者对于"邪祟"的态度》，《"国立"政治大学历史学报》2008年第30期。

② 张哲嘉：《"大黄迷思"——清代制裁西洋禁运大黄的策略思维与文化意涵》，《近代史研究所集刊》2005年第47期。

③ 蒋竹山：《人参帝国：清代人参的生产、消费与医疗》，浙江大学出版社2015年版。

中研院史语所"生命医疗史研究室"于2013年至2015年展开了为期三年的"医学的物质文化——历史的考察"计划,李尚仁、李贞德、刘士永、张哲嘉等学者参与其中,各自负责一个分支项目,定期举行学术活动。① 以医学的物质文化为主题的会议近年来也在中国大陆、香港、台湾多次举行,2014年,"身体、文化与社会:中国药物史"国际学术研讨会在香港浸会大学召开,刘士永、胡成、李玉尚、陈明、李尚仁的会议论文都与清代医学的物质文化研究相关;② 2015年"医学的物质文化史"国际学术研讨会在台湾中研院史语所举行,亦有关于清代的探讨。③

中外医学交流研究侧重于探讨清代西方传教士在华的医疗活动及西医在华传播。王秀云是较早关注这一议题的学者,其博士论文 Stranger bodies: Women, gender and missionary medicine in China, 1870s–1930s,关注19世纪末到20世纪初美国女性医疗传教士和中国女性的相遇,主要利用美国女性医疗传教士留下的信件、日记、医院报告等资料,考察了在改良者、革命者、传教士、保皇党人的驱动下,医疗保健和性别如何共同卷入改变中国历史进程的活动中。④ 杨念群的《再造"病人"——中西医冲突下的空间政治(1832—1985)》从医疗和身体入手,借助"空间"、"地方"与疾病隐喻等概念,梳理了晚清以来100多年中,主要源自西方的现代医疗卫生机制植入中国社会的原理,以及此过程中中国的政治和社会运作机制。⑤ 李尚仁的《展示、

---

① 详细内容见 http://www.ihp.sinica.edu.tw/~medicine/medicinehistory/index.html,其中张哲嘉主要进行清代医学物质文化研究,主题为"明清毒物的文化构图"。
② 这几位学者的研究议题分别是:刘士永"土茯苓、山归来,与墨西哥菝葜:近代前期东西梅毒治疗药物之交流与反思";胡成"西洋医生与华人医药——以19世纪的医疗传教士为中心";李玉尚"手术与药物:清代云南鼠疫流行中的治疗";陈明"从'阿勃参'到'拔尔撒摩'——全球史视野下近代中外药物交流之例证";李尚仁"十九世纪来华传教医疗中的药物"。
③ 如梁其姿"光绪十三年《脚气刍言》建构脚气症候的'方'与'法'"。
④ Wang, Hsiu-Yun, Stranger bodies: Women, gender and missionary medicine in China, 1870s–1930s. Ph. D. dissertation, University of Wisconsin-Madison, 2003.
⑤ 杨念群:《再造"病人"——中西医冲突下的空间政治(1832—1985)》,中国人民大学出版社2006年版。

说服与谣言：19世纪传教医疗在中国》探讨了19世纪西方医疗传教士在中国的活动以及他们所激起的争议与冲突。① 高晞的《德贞传：一个英国传教士与晚清医学近代化》上篇以时间为主线，着重阐述德贞个人的求学成长和担当医学传教士的经历，以及德贞在晚清时期北京的社交活动；下篇分别从医院建设、医学教育、身体知识及学科形成等方面，分析西医在华的传播模式及其引发的中国医学近代化变革道路。作者注重把中国医学近代化置于世界医学发展的全球框架下，力图从思想文化史角度审视19世纪西方医学在中国的传播。② 董少新的《形神之间：早期西洋医学入华史稿》关注明末清初西洋传教士在华的行医活动。该书上编试图从宗教传播史和社会史的角度探讨传教士在华的行医活动；下编所论不局限于医学层面，也注意随天主教神学思想传入的西洋医学给中国传统思想和观念带来的变化。作者认为中西医学根本性区别在于中西方人体观念不同，在其相遇时彼此间会产生影响，试图从观念史的角度解读明末清初由西洋传教士带来的西方人体知识，并分析其对中国固有人体知识的影响。③

相较于清代西医在华的研究，关于中医在海外传播的研究成果却不够丰富。陈明发现学者们较多地把中医在东亚的传播置于医学史、明清史和文化交流史的脉络中进行梳理，往往忽视了这种复杂的文化结构在当时中医学发展史上的构成原因及其作用。在《"医药反求之于东夷"——朝天使与燕行使旅程中的医事交往》一文中，陈明主要利用燕行录，试图从外在或"他者"（日、朝、西洋）的角度，探讨明末清初中医文化的真实历史镜像以及东亚医学内部所呈现的互动态势。④ 高晞的《15世纪以来中医在西方的传播与研究》指出15世纪地理大发现后，西方来华的药剂师、传教士和医生不仅

---

① 李尚仁：《展示、说服与谣言：19世纪传教医疗在中国》，《科技·医疗与社会》2009年第8期。
② 高晞：《德贞传：一个英国传教士与晚清医学近代化》，复旦大学出版社2009年版。
③ 董少新：《形神之间：早期西洋医学入华史稿》，上海古籍出版社2008年版。
④ 陈明：《"医药反求之于东夷"——朝天使与燕行使旅程中的医事交往》，《中国社会历史评论》第十四卷，天津古籍出版社2013年版，第77—102页。

将西医传到中国，亦将中医传播到西方，从草药的采撷、辨识、命名以及《本草纲目》的翻译研究，到中医脉学的翻译，再到《内经》《难经》等中医经典译解。她认为中医西传本质上是中医西化的一个过程。[1]

（六）医学知识的建构、传承与传播

随着医疗史研究走向深入，一些历史学出身的医疗史研究者开始不断充实医学知识，进而拓宽了医疗史的研究领域，使得医学知识史这一颇具"内史"意味的议题开始逐渐走入史家的视野。医学知识系谱的建构是医学知识史研究的重要议题，韩嵩（Marta Hanson）和张哲嘉等学者已有一定的研究。韩嵩的专著 *Speaking of Epidemics in Chinese Medicine: Disease and the Geographic Imagination in Late Imperial China* 的清代部分从清初满洲皇族以长城为界来划分天花的风土观念说起，继而叙述17、18世纪之交，江南医者群体开始对吴有性《瘟疫论》重新进行阐释，以建立江南地方经验的疫病学。而至18世纪晚期，北方医者也加入讨论，同时江南医者群体也出现了支持《伤寒论》的正统派与重视实践的温病派，而这些来自民间的讨论也促使清廷官方逐渐接受吴有性的"温病"和疫病学创新。到了19世纪，医者因为辩护"温病"之于"伤寒"的合法性，而为之建立学术系谱。[2] 张哲嘉的《清代检验典范的转型——人身骨节论辨说反映的清代知识地图》借由分析清代检验官员有关人身骨节的议论，呈现西学冲击前中国知识主流与专门之学的互动关系。虽然是以检验文献作为讨论核心，但是该文却特别探讨了"检验"与"医学"这两种专门之学的牵涉。这两种学问在现代学科分类下关系密切，本土脉络却迥然有别。作者对清代人身骨节论辨过程的知识考古，展现了中国原有知识网络中各种专门之学相互沟通的困难，以及主流知识传统对于专

---

[1] 高晞：《15世纪以来中医在西方的传播与研究》，《中医药文化》2015年第6期。
[2] Marta Hanson, *Speaking of Epidemics in Chinese Medicine: Disease and the Geographic Imagination in Late Imperial China*, London and New York: Routledge, 2011.

门之学的渗透力。①

晚清民国中医知识的转型也是医学知识史研究的重点。皮国立《气与细菌的近代中国医疗史——外感热病的知识转型与日常生活》引入"重层医史"的分析概念，强调内外史的沟通和联结，以气与细菌为切入点，考察了中医外感热病的转型及其与普通民众日常生活的关联。作者首先叙述细菌学普及中国之前，中西医对热病面貌的描述，继而探讨民国时期中医外热病学相关医籍的出版状况，在此基础上重点分析热病逐渐成形及"再正典化"的过程，以及伤寒之新解释，试图回答中医学界选择性的接受与回应西医细菌学说，最后作者从日常生活史的角度探讨外感热病的转型对一般人判断疾病、日常养生与防疫措施的影响。②

吴章和雷祥麟共同关注现代性、科学性和民族主义在中国医学发展过程中的相互作用。但二者讨论的具体问题不同，吴章侧重于解释日本对中国医学变革的影响，雷祥麟则阐明了国家在中医变革方面起到的作用。吴章 The Making of Modern Chinese Medicine, 1850 – 1960，这一综合性研究考察了从 19 世纪中期至 20 世纪中期，中国医学由多元的私人性活动转变为标准化的、由国家支持的双轨系统，解释了西医和中医如何相遇及现代化的问题。具体而言，作者考察了中国医学领域由草药师、巫医、接骨大夫、产婆及医学传教士等多种力量构成，逐渐转变为单一的中西医竞争。在此过程中，力量逐渐增强的西医力图控制医疗领域，而从日本针灸学中吸取经验的中医尝试合理化，最后中国医学领域形成了一种在很大程度上屈从于民族主义政治策略的新医疗方式（TCM）。③ 雷祥麟试图在 Neither Donkey nor Horse: Medicine in the Struggle over China's Modernity 一书中回答中医是如何从

---

① 张哲嘉：《清代检验典范的转型——人身骨节论辨说反映的清代知识地图》，载生命医疗史研究室主编《中国史新论：医疗史分册》，台湾联经出版事业股份有限公司 2015 年版，第 431—473 页。

② 皮国立：《气与细菌的近代中国医疗史——外感热病的知识转型与日常生活》，台湾"国立"中国医药研究所 2012 年版。

③ Andrews, Bridie Jane, *The Making of Modern Chinese Medicine, 1850 – 1960*, UBC Press, 2013.

现代性的对立面转变成中国探索自身现代性的标志。他认为中国医学的独特之处恰恰在于它和现代性既相互竞争又边界模糊的关系。中医并没有像很多传统事物一样逐渐消逝，它是一个独特的案例，因为它不仅在现代性和科学的冲击下留存了下来，还受到了国家认可。作者认为相对于把中医看作科学和现代性的"幸存者"而言，物种形成的概念更适合用来书写现代中医的历史。因为中医的支持者们并不是想保存传统医学，也不是想简单进行现代化，而是努力创造一种"新中医"。为了超越之前的书写模式，作者强调中医、西医和国家三者是相互作用的关系，应该把三者进行综合叙述，而不是书写三部独立的历史。①

蒋熙德（Volker Scheid）、梁其姿则侧重探讨医学知识的传承问题。前者的 Currents of Tradition in Chinese Medicine 1626 – 2006 一书对孟河医派的历史人类学研究深化了对医学派别的理解。作者并不把医派当作一个理所当然的分类，而是一种知识和认同创造的动态过程。孟河医派在不同历史时期的内涵与外延不断变化，而其内部的认同仍通过个人及其社会网络不断传承。这一长时段的研究时间从 17 世纪跨越到 21 世纪，其中第一部分主要讲述清代孟河医派的形成与传衍，通过对费氏家族的个案研究，分析家族内部知识与儒医性格的传承，及其通过家族社会网络在地域社会的传播。② 梁其姿发现明清时期有一些被归入不同门类的医学教科书，它们基于同样的医学经典，文字内容有明显的简单化，且大部分书籍的作者会在卷首注明著书的目的在于教导初学者。她试图透过这类书籍呈现明清医学入门教育的变迁。③

（七）医疗组织、行为与日常生活

除了以上几个较为集中的议题外，还有一些关于医疗组织、行为

---

① Sean Hsiang-lin Lei, *Neither Donkey nor Horse: Medicine in the Struggle over China's Modernity*, University of Chicago Press, 2014.
② Volker Scheid, *Currents of Tradition in Chinese Medicine 1626 – 2006*, Eastland Press, 2007.
③ 梁其姿：《明清中国的医学入门与普及化》，载氏著《面对疾病：传统中国社会的医疗观念与组织》，中国人民大学出版社 2011 年版，第 29—47 页。

活动的论述。梁其姿的《明清医疗组织：长江下游地区国家和民间的医疗机构》主要关注明清两代卫生政策的演变和明清之际民间组织对国家的逐渐取代过程。作者指出明清时期国家医疗政策出现退步，官方医疗机构变得无足轻重，官方医疗教育也退缩。在此种国家角色下降的领域，地方精英则逐渐渗透，通过组织民间医疗慈善团体，将善举集中到医药之上，来展现其在地方的领导地位和乡威。① 董琳的博士论文《"文弱"的身体——从体质风俗看明清医学的诊治之道》以"文弱"为主线，以生活状态为基点，通过分析明清时期医学知识和诊治思维的细微变化，管窥"弱"的文化感如何延伸至医学的身体认知，考察了文人文化感的变化对医药观念变迁产生的重要影响。② 范燕秋的《疫病、医学与殖民现代性：日治台湾医学史》以几个有关传染病和医学的议题，试图勾勒日治时期台湾医学史的重要面貌，全书涉及的层面甚广，包括：殖民者日本人在台湾维持健康的优越感；台湾医师运用社会医学争取台湾人的政治权力；日本帝国中央掌控台湾殖民行政的动态，以及殖民地卫生基层行政的运作动态；处于社会弱势的族群，如癞病患者以及泰雅族群，在殖民政府强势管理过程中，形塑特有的身份认同以及造成的文化变迁等。通过这些主题，作者试图阐明日治医学活动所展现的殖民现代性。③ 杨祥银的《近代香港医疗服务网络的形成与发展（1841—1941）》力图通过考察近代香港医疗服务网络的形成与发展，了解医疗服务与殖民政府、医疗服务与慈善组织、中医与西医、殖民政府与地方社会、医疗服务与社会经济等诸多复杂方面的内容。④

---

① 梁其姿：《明清医疗组织：长江下游地区国家和民间的医疗机构》，原文题为"Organized Medicine in Ming-Qing China: State and Private Medical Institutions in the Lower Yangzi Region", *Late Imperial China*, Vol. 8, No. 1, 1987, pp. 134–166。
② 董琳：《"文弱"的身体——从体质风俗看明清医学的诊治之道》，博士学位论文，南开大学，2014年。
③ 范燕秋：《疫病、医学与殖民现代性：日治台湾医学史》，台湾稻乡出版社2005年版。
④ 杨祥银：《近代香港医疗服务网络的形成与发展（1841—1941）》，载李建民主编《从医疗看中国史》，中华书局2012年版，第557—627页。

五 在医学与社会文化之间：新世纪清代医疗史研究前瞻

历史学者介入疾病医疗史研究基本肇始于 20 世纪 80 年代中期，发展至今已有 30 余年，出现了一些高质量的研究成果，但医疗史研究的妥当性在中国史研究中仍会受到质疑。[①] 这种质疑并不仅限于史学界的同侪，同样来自医学出身的医史研究者，更有学者把这种医史研究称为"没有医学的医学史"。[②] 20 年前，台湾的医疗史研究开创者杜正胜曾对郑金生将他们的研究视为"外史"，似乎颇有些耿耿于怀，认为他们的研究"固非内史，但也不等于外史吧"。并提出了一个新的名词——另类（alternative）医学史，意思是这类研究虽还未被大众接受成为社会主流，但是带有高度尝试精神，企图寻找新的方向的探索。[③] 尽管如此，时至今日，由于医学和史学的学科壁垒而造成的相互之间缺乏认同的情况依然严重，人们似乎仍更习惯于使用"内史"与"外史"这样的名称来区分医学界与史学界的医史探索。对于绝大多数医学界的研究者来说，外史的研究，根本上无关医学；对于医学来说，其意义顶多不过是有利于真正的医学史研究者更好地了解医学的社会文化背景而已。而众多对疾病医疗感兴趣的历史研究者，也往往会将专业的医学知识视为自己不敢碰触的"圣地"，而自觉地以"外史"自居，仅希望从与疾病医疗相关的议题切入，更好地理解历史的演变，而无意于将自己的研究与医学真正关联起来。

在分科分类日渐细密、学术研究专业化程度不断加深的今天，出现这种疏离应该不难理解，但若我们安于这一现状，那就不可避免地

[①] 梁其姿：《为中国医疗史研究请命（代序）》，载氏著《面对疾病：传统中国社会的医疗观念和组织》，中国人民大学出版社 2012 年版，第 3 页。

[②] 参见廖育群《医史研究"三人行"——读梁其姿〈面对疾病〉与〈麻风〉》，《中国科技史杂志》2015 年第 3 期；廖育群《医者意也：认识中国传统医学》，台湾东大图书公司 2003 年版，第 224 页。

[③] 杜正胜：《医疗、社会与文化——另类医学史的思考》，《新史学》2007 年第 4 期。

会出现下面这样的问题,按当下一般的理解,医疗史研究无疑属于跨学科研究,而跨学科研究正是当前学术研究中特别受到肯定的追求,以跨学科相标榜和诉求的医疗史研究,若基本还是各自为政,那跨学科的意义又在哪里,跨学科又如何可能实现呢?毫无疑问,跨学科并不是要完全打破学科主体和立场,而是需要研究者以开放包容的心态,相互吸收和渗透。不同学科的研究者共同介入医史的研究,肯定是必要的,但要真正展现跨学科的意义,就需要:一方面,促动不同学科的研究者去努力破解自身学科以外的相关学科训练不足的难题,以及对自己学科的自以为是;另一方面,则应该尽可能地创建包容有不同学科背景研究者的医史研究中心,通过实际而频繁的接触交流,来渐进实现相互吸收和渗透,并进而通过彰显这一研究的价值和意义推动其成为一个广被接受的、具有相对独立性的学科。而要做到这些,最根本的还在于需要研究者充分意识到,无论是对疾病的界定(framing)还是医学本身,即便是当代,也都不只是科学和专业知识,而也是现代整体知识认识下形成的社会文化建构和利益博弈与协商结果,而历史上的医学,在很多方面就更是如此。既然其并非只是所谓的专业知识,那么关于其形成和演变的历史,其参与整体历史演进的地位和角色等,自然就需要不同专业知识背景的研究者共同参与才能梳理清楚,即便是疾病与医学的知识和技术史,恐怕也就不再是所谓的"内史"研究者的专利。这一点,其实可能并非医学如此,科学本身同样并不单纯,[①] 而这实际上是由知识本身的性质决定的。福柯在《知识考古学》中称:

> 我们所谓的知识是由某种话语实践按其规则构成的并为某门科学的建立所不可缺少的成分整体。知识是在详述的话语实践中可以谈论的东西:这是不同的对象构成的范围,它们将获得或者不能获得科学的地位;知识,也是一个空间,在这个空间里主体

---

① 对此可参阅 [英] 罗杰·库特《大众科学的文化意义》,张卫良、施义慧译,商务印书馆 2011 年版。

可以占一席之地，以便谈论它在自己的话语中所涉及的对象；知识，还是一个陈述的并列和从属的范围，概念在这个范围中产生、消失、被使用和转换；最后，知识是由话语所提供的使用和适应的可能性确定的。有一些知识是独立于科学的，但是，不具有确定的话语实践的知识是不存在的，而每一个话语实践都可以由它所形成的知识来确定。[①]

由此可见，知识的形成经历了话语实践按其规则构成的过程，并非凭空产生，亦非生来就具备权威性和科学性。卢德米拉·卓德诺娃阐述得更为清晰，她认为："知识"很难被视为一个中性词，因为其中隐含了一些经过某种方法验证的诉求，也隐含了把医学和科学实践置于认知维度最显要位置的做法。把医学知识与其实践、制度等诸如此类的因素区分开来的做法，无疑是错误的。所有一切都是在社会中型塑而成的。[②] 而对于医学这样直接关乎生命本身的科学或学问来说，更是如此。因而，今天呈现在我们眼前的"知识"并不仅仅是医生习得专业技能的源头，其背后实则是社会文化发展的过程。由此而言，文史等学科出身的研究介入被医学界的医史研究者视为"核心地带"的中医知识史研究，特别是包括清代医学知识史在内的明清以降中医知识的演变和建构，不但是可能的，而且完全有可能从自身的角度对于当今中医知识的认识和省思提供有益的思想资源，不仅如此，还能借此打破内外史的学科壁垒，展现跨学科的意趣和价值，并为推动未来创立相对独立的医史学找到一个可能的发展路径。

从历史学的角度而言，包括清代医疗史在内的中国医疗史研究兴起乃是20世纪八九十年代以来出现的新动向，作为新史学的一分子，虽然目前有相当多的研究仍存在着旧瓶装新酒的问题，不过从总体来看，不难发现，其作为史学界的新兴前沿性研究，在引入和践行国际

---

① [法]米歇尔·福柯：《知识考古学》，谢强、马月译，生活·读书·新知三联书店2007年版，第203页。
② [英]卢德米拉·卓德诺娃：《医学知识的社会建构》，载余新忠、杜丽红主编《医疗、社会与文化读本》，北京大学出版社2013年版，第42页。

新兴学术理念和方法上，明显扮演了先行者的角色。仔细梳理近二三十年来中国医疗史的研究，便不难看到，在中文学界，相当一部分对国际前沿的史学思潮，比如新文化史、日常生活史、物质文化史、微观史和全球史等的引介和实践，往往都与医疗史研究者不无相关。[①] 学术的生命力在于创新，医疗史未来的发展，不仅应该为医学人文的发展做出自己的贡献，同时也应在现代中国史学发展的脉络中，在引入新理念、实践新方法、探究新问题和展现新气象等方面发挥更大的作用。

　　固然，立足不同的学科，自然就会形成其特定的诉求，我们可能很难要求文史出身的研究者在医史的探究中，将包括中医在内的医学发展作为自己最根本的出发点，同样，也可能无法要求医学出身的研究者借此研究去真正关心史学的发展。但是只要我们真正明了医学知识和实践本身就是生命科学与社会文化的交汇，而人类对疾病的应对和健康的追求从来未曾缺席历史的演进和社会文化的变迁，就会发现，无论是所谓的"内史"还是"外史"，医史所探究的本来就都在医学和社会文化之间。在这样的中间地带，具体的学术光谱或因个人和学科的因素，而对医学或社会文化有所偏向，但必定都需兼顾双方，才可能贡献出真正具有价值的医史研究。有鉴于此，笔者认为，对于医疗史的发展来说，若能在国际学术发展新理念的观照和指引下，打通学科壁垒，以跨学科的视野和理念，在医学与社会文化之间发现、思考和解决问题，创建相对独立的医史学科，无论是对医学还是历史学的深入发展来说，都将具有重要的意义。

[①] 这比较典型地体现在台湾学者蒋竹山的相关研究成果上：《当代史学研究的趋势、方法与实践：从新文化史到全球史》，台湾五南图书出版股份有限公司2012年版；《人参帝国：清代人参的生产、消费与医疗》，浙江大学出版社2015年版。

物质文化史、全球史观照下的中国古代博物学史学科

——"物"研究的比较、启发与回应

周金泰

中国古代博物学史是时下刚刚兴起的研究领域，其学理背景自有独立脉络可循，但其以"物"作为历史考察对象，这样的问题意识偏好，使人不免将之与物质文化史等同起来。与此同时，近来西方史界另一重要动向——全球史研究的如火如荼，也有将"物"作为主要考察对象的研究趋势。中国古代博物学史、物质文化史和全球史，尽管三者学术背景与研究旨趣可能互不相涉，特别是中国古代博物学史，可以判定其兴起绝非西方史学思潮刺激下的产物，但问题意识的相似性还是使得探讨三者间的联系与区别成为一种必要，特别是对于中国古代博物学史这样一个新兴学科而言，此类探讨对于厘清其学科边界、展望其学科前景不无意义。本文的意图即在于回应：第一，中国古代博物学史的学术内涵与兴起背景为何？第二，同着眼于"物"的研究，中国古代博物学史与物质文化史、全球史有何异同，彼此又有何方法论借鉴？第三，如何在世界史学思潮变动的背景下安放中国古代博物学史的学科位置？

一 中国古代博物学史学科的兴起：概念与语境

我们讨论中国古代博物学史，首先要解决的就是如何定义"博物

学",特别是如何定义"中国古代博物学"的问题。以《辞海》为例,"博物学"释义为:"研究动物、植物、矿物、生理等的学科。1802年,法国博物学家拉马克和德国博物学家威拉纳斯分别提出'生物学'(Biologic)一词以后,生物学逐渐成为一门独立的学科。19世纪后半期起,'博物学'一词渐见少用。"① 此定义指明博物学所涵盖的知识范围为动物、植物、矿物、生理诸科,并将其视作"前生物学"阶段,这定义其实是把生物学当作最本质的博物学了。不消说,《辞海》的释义源自西方老普林尼(Gaius Plinius Secundus)以来所谓"自然志"(Natural History)的传统,并与民国以来作为近代学科的博物学的内涵一脉相承。老普林尼的多卷本《博物志》(*Natural History*),内容涵括天文学、地理学、人类学、动物学、植物学、矿物学诸科,大体就是以后世生物学为主体的。② 另需指出,老普林尼以"志"(history)为体裁,表明他的博物学只描述性状,不追究原因,易言之,是低于自然哲学的"唯象"研究层次。③ 近代,"博物学"一词经由日本对译"Natural History"而输入国内,④ 并大约于20年代形成一个学科。⑤ 纵观彼时以博物学为名的书籍、杂志和机构协

---

① 夏征农、陈至立主编:《辞海》,上海辞书出版社2009年版,第188页。
② 关于老普林尼《博物志》一书的详细介绍,可参考李雅书、路辰《古罗马百科全书式的作家——普林尼》,《历史教学》1984年第7期。
③ 吴国盛:《自然史还是博物学》,《读书》2016年第1期。
④ 在日语中,"Natural History"被译作"博物学",有时亦译作"自然志"或"自然史",参余欣《中国博物学传统的重建》,《中国图书评论》2013年第10期。
⑤ 华勒斯坦(Immanuel Wallerstein)认为三种主要方法把学科制度化:大学以这些学科名称设立学系(或至少设立教授职位),成立国家学者机构(后来更成立国际学者机构),图书馆亦开始以这些学科作为书籍分类的系统。见[美]华勒斯坦等《学科·知识·权力》,刘健芝等编译,生活·读书·新知三联书店1999年版。以此标准视之,清末学制改革后,博物学就已进入了国民教育体系;民国时期的大学,特别是师范类大学,如北平师范学院、武昌高等师范学校等,均设置了"博物系";1914年上海成立了中华博物研究会;在20年代比较流行的图书分类法,如刘国钧《中国图书分类法》(1929年)中亦有"博物学"名目。因此大体可说,20年代左右作为近代学科的博物学在中国成立了。此外亦应指出,学者研究近代博物学学科成立问题时,常将其作为生物学学科成立的前史而加以讨论,参见罗桂环《中国近代生物学的发展》,中国科学技术出版社2014年版。

会，基本也都以动物、植物、矿物和生理作为四大分支。[①] 这种照搬西方"Natural History"概念的做法多少反映出那个时代学者的普遍心态，例如，1897年康有为编辑《日本书目志》时，便将博物学置于理学门下，并特地在几本博物学著作下作"开民智"一类评论，可见在康氏眼中，博物学是带有进化论与现代性色彩的西学。[②] 而其后博物学在近代中国学科分类中的失位，在某种程度上也可视作追求学术现代性的产物，因为随着时间的深入，越来越多的知识人察觉到侧重通识博雅与表层探究的博物学似乎也不怎么现代，于是博物学就逐步让位于更加专业化和理性化的动物学、植物学、矿物学和生理学这些具体学科了。

如果单纯定义西方学术语境下的"博物学"，争议并不大，基本就是老普林尼以来（甚至还可上溯至亚里士多德《动物志》）作为近代数理科学对立面的那套对动物、植物、矿物和生理进行表层探究的学问。[③] 但如何定义中国古代博物学，问题则复杂得多，显然再像民国学者那样直接比附是行不通的。业师余欣教授是国内较早提倡中国古代博物学史研究的学者，他主张："博物学是指关于物象（外部事物）以及人与物的关系的整体认知、研究范式与心智体验的集合。博物与方术同为构建传统中国知识与信仰世界的基底性要素。"[④] 并进一步申明其内涵，要旨有四：第一，中国博物学不是科学的简陋形态，而是自成体系的知识传统；第二，数千年来博物与方术形成复杂

[①] 最具代表性的应是吴家煦（署名吴冰心）1914年为《博物学杂志》所撰发刊词，他认为：人类、动物、植物、矿物，"合此四类而世界以成"。参看吴冰心《博物学杂志发刊词》，《博物学杂志》1914年第1期。

[②] 有意思的是，时人甚至依次从矿物、植物、动物、人体的博物学分类中推演出进化论逻辑，并赋予博物学以"强国强种"功能，关于这一问题可进一步参看朱慈恩《论清末民初的博物学》，《江苏科技大学学报》2016年第2期。

[③] 除以亚里士多德、老普林尼作为西方博物学源头外，在西方博物学概念的成立过程中，林奈（Carl von Linné）的贡献亦应引起重视，他将自然界分为动、植、矿三界，直接促成博物学学科范式形成，相关讨论可参看徐保军《建构自然秩序：林奈的博物学》，博士学位论文，北京大学，2012年，第44—50页。

[④] 余欣：《中古异相：写本时代的学术、信仰与社会》，上海古籍出版社2011年版，第10页。

的"共生文明",成为中国学术的基调;第三,中国博物学不但是一个知识体系,而且是理解世界的基本方式;第四,中国博物学的关切点并不在"物",不是一堆关于自然物的知识,而是镕铄"天道""人事"与"物象"的直面自身生存世界的理解方式、人生实践和情感体验。① 这一定义从中国本土经验出发,与西方"Natural History"及中国传统儒家"多识之学"既有联系,又有区别,并且特别注重挖掘博物学的文化含义。时下,关于何为中国古代博物学的讨论仍在继续,② 而且可以预料,短期内恐不会有统一答案,笔者这里仅就如何定义中国古代博物学提供若干建议:坚持两个前提。第一,承认中西博物学存在区别的同时,也必须承认西方博物学中动物、植物、矿物、生理这四大分支仍构成中国古代博物学关注的对象主体;③ 第二,讨论中国古代博物学,并不意味着中国古代存在博物学科,易言之,中国古代可能没有博物学科,但却有博物知识与博物观念。④ 若坚持这两个前提,那么博物学就只是用来统摄古代某类知识或观念的"现代"概念,由此也可避免陷入"中国古代是否存在×学"一类的定义"泥塘"。做到两个自觉。第一,自觉从本土文献出发定义博物学含义,汉刘歆《上山海经表》、西晋张华《博物志》、清《古今图书集成·博物汇编》尤其值得注意,⑤ 从中不难发现中国古代博物学范围一直在扩大,不仅亦以动、植、矿、人为主体,还囊括"名物"与"异物"两个大宗,实际是把博物学范围扩大了;第二,要有博物学的文化自觉,将博物学置入古代丰富的文化情境中,充分挖掘其

---

① 余欣:《敦煌的博物学世界·前言》,甘肃教育出版社2013年版,第1—13页。
② 相关成果主要有:彭兆荣《此"博物"抑或彼"博物":这是一个问题》,《文化遗产》2009年第4期;周远方《中国传统博物学的变迁及其特征》,《科学技术哲学研究》2011年第5期;江晓原《中国文化中的博物学传统》,《广西民族大学学报》2011年第6期;吴国盛《博物学:传统中国的科学》,《学术月刊》2016年第4期。
③ 需指出,这并非以今律古,亦非无缝对接,只是在现代学术框架内,以开放的心态视"博物学"为区分某类史域的范畴。况且后文亦将指出,即便从中国传统学术语境出发定义博物学,动物、植物、矿物、生理仍构成其主干知识。
④ 于翠玲:《从"博物"观念到"博物"学科》,《华中科技大学学报》2006年第3期。
⑤ 余欣师曾讨论了刘歆《上山海经表》、张华《博物志》与中古博物学的关系,参余欣《中古异相:写本时代的学术、信仰与社会》,上海古籍出版社2011年版,第10—11页。

人文性。有这两点自觉，才能凸显博物学史研究的中国特色。

尽管如何从中国语境出发定义博物学还存有争议，但是博物学在当下中国正形成一股学术热潮却是毫无争议的。仅以图书出版为例，近几年就有上海交通大学出版社的"博物学文化丛书"（2014年）、北京出版社的"博物学经典译丛"（2015年）、商务印书馆的"博物之旅丛书"（2016年）、北京大学出版社的"博物学经典丛书"（2016年）等。与此同时，各类野外动植物辨识手册、高校植物志也顺势推出，共同构成当下出版市场里一股名副其实的"博物学热"。① 博物学突然"走红"，我想这背后的原因既有学理层面的，但更多的恐怕还是现实层面的。古老的博物学传统在当下复兴，是与人类对工业文明以来精确数理科学传统的持续反思分不开的。诚然，作为与工业文明配套的意识形态，现代数理科学自诞生之日起就以雷霆万钧之势席卷全球并极大推动了文明进步，但其无情而傲慢的一面也随之渐显，特别是由于极端人类中心主义作祟而造成的全球性生态破坏和能源危机问题。在这样的背景下，博物学以亲近自然的诗意形象浪漫回归，并构成对现代性反思的重要面相之一。在博物学兴起的不同时间节点，其面貌也有所不同，如果说博物学上次兴起是出于16世纪地理大发现以来发现未知世界的需要，那么它在随后帝国殖民扩张中所扮演的角色则多少有些负面，而今日之博物学又摇身一变被包装成拯救人类灵魂的"醒心剂"。② 且不论这是否高估了博物学的现实意义，毋庸讳言的是，针对博物学的历史学研究归根结底还是一个从现实中生发出的新课题，它同环境史、全球史、情感史等各类前沿史域一样，其兴起亦可视作时代反思的产物。而在这股反思浪潮中，中国文明——作为人类唯一没有中断的文明单元，并且基于农耕社会背景而发展出了亲和万物的天人哲学传统，理所应当须为时下方兴未艾的博物学史研究提供独特且合理的例证与经验。

---

① 媒体也对当下出版界的这股"博物学热"表现出极大关注，参佚名《学术界为何对博物学兴趣大增?》，《中国图书商报》2012年4月10日第9版；许旸《"小众"博物学何以悄然升温》，《文汇报》2016年5月15日第3版。

② 田松：《博物学：人类拯救灵魂的一条小路》，《广西民族大学学报》2011年第6期。

但也应注意到，具体至中国古代博物学史研究，情况又比较特殊，它的兴起，毋宁说更多来自学理层面。以较早展开中国古代博物学史研究的余欣师为例，就对博物学是否有助于救治人类现代性弊端的现实价值表示忧虑，他主张："既可以有纯粹学术研究层面的博物学，也可以有作为知识陶冶情操的公众博物学。"[①] 正如其所著《中古异相》一书所展示的，作者之所以从"自我突围"转向博物学史研究，更多还是从学术内在理路出发的，特别与史料的刺激有关，这些史料包括：第一，出土文献主要是秦汉简帛和西陲出土写本；第二，本草、医药、农家、志怪、字书、类书、杂抄等前人关注不多的传世文献；第三，东亚域外汉籍。受上述史料之惠，中国古代博物学史研究才成为可能，并融入博物学复兴的现实背景中，才形成当下中国古代史研究中一个新兴史域。

二 从物质文化史到博物学史："此物"非"彼物"

作为新文化史重要分支的物质文化史，其核心研究旨趣就是透过对具体物的考察，揭示一个时代经济、政治、社会之变迁。物质文化史作为新文化史的重要分支，可理解为物质史的文化转向，但同时也可理解为文化史的物质转向：一方面，它使得物不再是经济史或社会史的研究专利；另一方面，也使得文化这个精神层面的概念具有了物质内涵。[②] 它自20世纪中叶兴起以来，无论是在彼得·伯克（Peter Burke）所谓经典三重奏"衣、食、住"领域，还是在生活必需品特别是书籍与药物领域，都积累了大量研究成果。[③] 同着眼于物质世界，

[①] 余欣：《中国博物学传统的世界价值》，《中国社会科学报》2014年12月26日第A04版。

[②] 对西方物质文化史的基本介绍可参考周兵《新文化史：历史学的"文化转向"》，复旦大学出版社2012年版，第115—118页。

[③] 相关研究成果介绍可参看［英］彼得·伯克《什么是文化史》，蔡玉辉译，北京大学出版社2009年版，第79—82页。

物质文化史所关怀的问题域自然与博物学史互有重合。但不能简单将二者等同起来,更不能视博物学史是物质文化史中新出现的分支。确认两者区别,有助于进一步厘清博物学概念,也有助于进一步理解中国古代博物学史的研究特色。

若从广义层面看,物质文化史与博物学史关注的对象都是"万物",那么它们也就没有区别可言,但精确至狭义层面,二者的区别则凸显出来。彼得·伯克曾在一篇概述西方新文化史的文章中将新文化史分出七个子课题,首当其冲的就是物质文化史,他定义道:"物质文化史,亦即饮食、服装、居所、家具及其他消费品如书的历史。"① 由此可见,物质文化史关切的物集中见于人类生活领域,特别是与人类生活密切相关的衣、食、住领域(正如上文提到彼得·伯克"经典三重奏"理论),其中尤以日用品、消费品居多,它们大多呈现如下特征:常见性、经过人类加工并且广泛参与人类活动。一些耳熟能详的物质文化史论著,如《时装生活史》《甜与权力》《厕神》《启蒙运动的生意》等②,它们的取材莫不如此。从学术渊源来看,这类物的选题偏好可上溯至马克思(Karl Heinrich Marx)与布罗代尔(Fernand Braudel):众所周知,马克思经典的"拜物教"理论即是以商品为中心而展开论述的③;布罗代尔的名著《十五至十八世纪的物质文明、经济和资本主义》所关注的物质文明亦侧重经济领域④。只不过在物质文化史家那里,物跳脱出经济范畴而进入更广阔的文化世界中,但具体考察对象则没发生改变,物质文化史扩

---

① [英]彼得·伯克:《西方新社会文化史》,刘华译,《历史教学问题》2000年第4期。
② [英]普兰温·科斯格拉芙:《时装生活史:人类炫耀自我3500年》,龙靖遥等译,东方出版中心2004年版;[美]西敏司:《甜与权力:糖在近代史上的地位》,王超、朱健刚译,商务印书馆2010年版;[美]朱莉·霍兰:《厕神:厕所的文明史》,许世鹏译,上海人民出版社2006年版;[美]罗伯特·达恩顿:《启蒙运动的生意:〈百科全书〉出版史(1775—1800)》,叶桐、顾杭译,生活·读书·新知三联书店2005年版。
③ [德]马克思:《资本论》第1卷,郭大力、王亚南译,人民出版社2002年版,第88—89页。
④ [法]布罗代尔:《十五至十八世纪的物质文明、经济和资本主义》,顾良、施康强译,生活·读书·新知三联书店2002年版。

展了物的外延,却没有扩展物的本身。而博物学史所关注的物,侧重点明显不同:第一,它关注的物不怎么常见,最好是"异物",方能凸显辨识者的雅趣博学;第二,它关注的物很"天然",一般很少被人类动过"手脚";第三,它关注的物一般不具备商品属性,很少凝结人与人之间的关系,而更多凝结人与自然之间的关系。由于物的类属侧重不同,我们也可略窥两者学科脉络的差异。物质文化史与经济社会史、艺术史表现出渊源:一方面,物质文化史延续了经济社会史的选题兴趣并作出发挥,例如,罗什(Daniel Roche)《平常事情的历史》探讨了法国大革命中林林总总的日用品,但问题意识已不局限于物的生产与消费,而是将其嵌入民众日常生活特别是精神生活中,从而凸显出物的"符号性";[①] 另一方面,物质文化史也延续了艺术史特别是鉴赏学的学术传统,在英国,物质文化史最初便是归入设计史(design history)的专门学科,学者探讨那些比较高品质的物,如家具、服饰、陶瓷等,继而探讨其背后的审美取向。[②] 而博物学史,正如上节指出的,一种普遍的观点是视其为"前生物史",那么与之关系最紧密的学科应是生物史,在下节我还要指出,它与环境史也渊源颇深。不同的物类侧重与学科背景,也直接导致两者研究取向上的差异。应当承认,物质文化史与博物学史都不是就物论物的,扩展开去,它们的问题关怀不尽相同:对于物质文化史,学者指出:"西方关于'物质文化'的研究与对消费行为(consumerism)的研究密切相关。"[③] 物质文化史虽不囿于物之消费的纯经济学视角,但仍热衷于消费行为背后的文化,包括消费观念、身份认同、消费所联结的人际关系等。同时,由于物质文化史关注的物大多深入参与人类活动,研究者就顺势讨论了这些物在文明进

---

① [法]达尼埃尔·罗什:《平常事情的历史:消费自传统社会中的诞生(17世纪初—19世纪初)》,吴鼐译,百花文艺出版社2005年版。
② [英]柯律格:《物质文化——在东西二元论之外》,廖宜方译,《新史学》(台北)2006年12月第17卷第4期。
③ 潘玮琳:《海外中国研究的"物质文化转向"》,《中国学》第6辑,上海人民出版社2015年版,第269页。

程中的意义,"××改变历史"是常见的分析模式。① 博物学史的问题意识外延则远没有物质文化史丰富,因为它关注的物在人类活动中参与度较低,特别是与经济生活联系不大,除外延至自然、环境、科技等领域,博物学史的大宗其实是学术史研究,特别是人类体认世界的方式与经验。②

虽然物质文化史与博物学史不能简单等同,但也应指出,二者毕竟同以物为研究主体,所以有时界限并不明显:在一些物质文化史读本中,非人类加工品的自然物也会被列入;③ 上文定义中国古代博物学时,指出一些经过人类加工的非自然物也应考虑在内;一些特定的物,如作为药物的本草,本身就同时具备物质文化与博物学双重内涵。况且物质文化史经过数十年积累,特别是在这股风气输入中国后,中国物质文化史研究迅速回应,已有相当的学术积累与研究经验。④ 那么作为新兴学科的中国古代博物学史可以从中得到哪些借鉴呢?中国物质文化史研究大体可分出两条脉络:第一,较多借鉴西方物质文化史理论方法,关注消费观念、文化记忆、社会生活等议题,同时也摸索出几个比较有本土特色的议题,如奢侈风气、士大夫精英文化、中国的现代性等;⑤ 第二,如沈从文、孙机、扬之水这一脉的学人,他们对传统中国名物的考证可能并未直接受到西方物质文化史刺激,而是延续了传统雅学、名物学的治学理路。⑥ 综观这些成果,

---

① 例如[英]艾力克·查林:《改变历史的50种机器》,古又羽译,积木文化2016年版;[英]乔尔·利维:《改变历史的50种武器》,王建铠译,积木文化2016年版。

② 例如[美]保罗·劳伦斯·法伯:《探寻自然的秩序:从林奈到E.O.威尔逊的博物学传统》,杨莎译,商务印书馆2017年版。

③ 例如罗钢、孟悦选编的《物质文化读本》(北京大学出版社2008年版)中就有关于植物和矿物的内容。

④ 重要的学术综述参见张仲民《新世纪以来大陆的新文化史研究》,载复旦大学历史系编《近代中国的物质文化》,上海古籍出版社2015年版,第436—450页;重要的学术会议参见张陆卅《"中国史上的日常生活与物质文化"学术研讨会综述》,《东岳论丛》2016年第1期。

⑤ 代表性作品有:巫仁恕《品味奢华:晚明的消费社会与士大夫》,中华书局2008年版;赵强《"物"的崛起:前现代晚期中国审美风尚的变迁》,商务印书馆2016年版。

⑥ 代表性作品有:沈从文《中国古代服饰研究》,上海书店出版社2011年版;孙机《汉代物质文化资料图说》(增订本),上海古籍出版社2011年版;扬之水《诗经名物新证》,北京古籍出版社2000年版。

至少有两点启示：第一，它们进入问题的视角大多很讨巧，是典型的"小口子进，大口子出"的研究方法，面对五花八门的选题，无论专业史家还是普通读者，常会发出"这也可以写成一本书"的感慨。这是因为它们最大限度地扩展了物的外延，将物的象征性及背后承载的社会关系纳入考察视野，从而使笔下的物变得更加立体。第二，中国物质文化史研究已经形成了几个相对成熟的问题域，反观中国古代博物学史研究，由于尚处于学科发展初期，问题意识还比较淡薄，那些物的个案考证虽然也会延展出不同讨论视角，但大多比较分散且尚未形成普遍的研究范式。

三 从全球史眼光审视博物学史："自然"与"物"作为史学课题

全球史旨在突破以民族国家为单位的历史书写范式，它兴起于20世纪60年代的美国，最初只是一种从新角度讲授世界历史课程的教学方法，后又演变成编史理论和史学流派。① 全球史的兴起，从现实层面看，与经济全球化的刺激有关，从学理层面看，则是对史学研究碎片化的反动。② 近年来，全球史相关出版多，学者讨论也多，大有进军史界中心的架势。③ 学者注意到，目前这股全球史浪潮已经波及

---

① ［美］杰里·本特利、赫伯特·齐格勒：《新全球史：文明的传承与交流》，魏凤莲译，刘新成"中文版序"，北京大学出版社2014年版，第V页。

② 关于全球史兴起的这两点背景可进一步参看夏继果《理解全球史》，《史学理论研究》2010年第1期。关于全球史中的宏大叙事倾向也可参看［美］柯娇燕《什么是全球史》，刘文明译，北京大学出版社2009年版，第12—27页。

③ 中文世界有两部论文集可以比较方便地帮助我们理解全球史的概观，分别是：夏继果、［美］杰里·本特利主编《全球史读本》，北京大学出版社2010年版；刘新成主编《全球史论集》，中国社会科学出版社2015年版。在中国古代研究如何回应全球史的讨论中，用力颇勤的是王永平和蒋竹山两位学者，参见王永平《面对全球史的中国史研究》，《历史研究》2013年第1期；王永平《从"天下"到"世界"：汉唐时期的中国与世界》，中国社会科学出版社2015年版；蒋竹山《探寻世界的关联：全球史研究趋势与实践》，《历史研究》2013年第1期；蒋竹山《超越民族国家的历史书写——试论晚近西方史学研究中的"全球转向"》，《新史学》（台北）2012年9月第23卷第3期；蒋竹山《当代史学研究的趋势、方法与实践：从新文化史到全球史》，台湾五南图书出版有限公司2012年版。

诸多史域："举凡社会史、性别史、经济史、环境史、外交史、物质文化史都纷纷强调全球视野。"① 全球史理论自20世纪90年代输入中国后，自然地，中国史研究如何对之进行回应就成为学者普遍关心的议题。目前学界已经开始注意在全球史框架内重新审视医疗史、环境史、中西交通史等旧有史域，希冀刺激学科新增长点出现。②

在这股重审大潮中，我认为博物学史亦应参与进去。尽管博物学史是一个新兴史域，但它与全球史在学术兴趣上却有许多相通之处。全球史除其超越民族国家的叙史野心外，另一比较有辨识度的特征就是其独特的选题兴趣。有学者概括全球史已经形成自己比较有特色的研究主题，包括跨文化贸易、大规模人口迁徙、物种传播、宗教和思想的流传、疾病的传播、环境变迁等。③ 从这些选题关切中不难看出："物"与"自然"正逐步成为全球史家聚焦的两大热点，而这些问题本身就与博物学重合。我们熟知的一些全球史论著，如《病菌、种子和动物》《枪炮、病菌与钢铁》《郁金香热》等④，若单从题目来看，说它们是博物学史论著似乎也不会有多少人反对。以《枪炮、病菌与钢铁》为例，这部颇有影响力的全球史论著从地理和环境要素论述了物种交换对于人类历史进程的意义。有意思的是，翻看此书中译本作者介绍，我们发现贾雷德·戴蒙德（Jared Diamond）其实就曾将不少文章发在《博物学》（*Natural History*）杂志上。⑤ 除此，还应提到全

---

① 蒋竹山：《探寻世界的关联：全球史研究趋势与实践》，《历史研究》2013年第1期。

② 代表性成果有：王利华《全球学术版图上的中国环境史研究——第一届世界环境史大会之后的几点思考》，《南开学报》2010年第1期；蒋竹山《"全球转向"：全球视野下的医疗史研究初探》，《人文杂志》2013年第10期；王永平《从"天下"到"世界"：汉代中国对世界的探索与认知》，《全球史评论》第5辑，中国社会科学出版社2012年版，第144—175页。

③ 施诚：《全球史研究主题评介》，《史学理论研究》2012年第2期。

④ Alfred W. Crosby, *Germs, Seeds and Animals: Studies in Ecological History*. M. E. Sharpe, 1994；[美]贾雷德·戴蒙德：《枪炮、病菌与钢铁》，谢延光译，上海译文出版社2014年版；[英]迈克·达什：《郁金香热》，冯璇译，社会科学文献出版社2015年版。

⑤ [美]贾雷德·戴蒙德：《枪炮、病菌与钢铁》，封二。举例戴蒙德发表于《博物学》杂志的代表文章有 Jared Diamond, "Spacious Skies and Tilted Axes." *Natural History* (May 1994): 16-23。

球史的重要奠基人麦克尼尔（William H. McNeill），他关于寄生物、鼠疫的经典研究，事实上也可视作博物学史研究。①

史学发展的历史，在某种程度上也是一部不断与其他学科进行对话的历史，并且史学也在这种对话中逐渐辨明了自身、充实了自身。如果说史学范式的更新一度让其从"社会科学的奴仆"变成了"文学与人类学的朋友"，那么在当下这股全球转向中，史学可能又交上了一位陌生朋友——博物学。倘若博物学可能由于自身学科建设尚不健全，还算不上一位够格的朋友，我们或许还可以找到生物学、环境学或地理学作为替代，不过无论祭出何种学科，它们都隐约传达出一种共识：自然科学正大规模地向历史学进行渗透。相比社会科学、文学和人类学，这位新朋友与人文学科历史学的关系似乎更加疏远，因为它完全走向了"人"与"国家"的对立面，关注"物"与"自然"。

全球史关注"物"，这多少让人感到意外，因为作为一种学术范式反动的全球史，其主要批判的对象恰是后现代史学以来那种碎片化的叙史倾向。全球转向的内涵之一是空间转向（Spatial turn），它以跨越国家疆土的区域、大陆和半球作为历史单位，② 这实际是对碎片化史学的致命回击。而物研究则将历史单位细化至微观的物层面，这种"没有人的历史"（history without people）向来被认为是碎片化史学最显著的特征。③ 从实证主义史学到后现代主义史学，尽管学术性格不尽相同，但是"小的即是好的"却是一以贯之的学术真理，因此物从未淡出史家视野。但在追求宏大叙事的全球史家那里，物仍未遭到唾弃，如何解释这种吊诡呢？有学者提出全球微观史（Global Microhistory）概念，可视作对此问题的回应。④ 除此也应看到，全球史主要致力的目标就是通过跨民族、跨地区、跨文化研究来探讨全球

---

① ［美］威廉·麦克尼尔：《瘟疫与人》，余新忠、毕会成译，中国环境科学出版社2010年版。

② 蒋竹山：《探寻世界的关联：全球史研究趋势与实践》，《历史研究》2013年第1期。

③ 王晴佳：《历史研究的碎片化与现代史学思潮》，《近代史研究》2012年第5期。

④ Tonio Andrade, "A Chinese Farmer, Two African Boys, and a Warlord: Toward a Global Microhistory", *Journal of World History*, 21: 4 (2010): 573 – 591.

文明的深层次变动，所以物——特别是被不同文明所共同拥有的物，就特别适合作为尺度用来在一个广阔的关系情境中讨论不同文明间的联动。①"互动"是全球史的核心概念②，而物往往在互动中扮演着核心角色，在物的碰触中，文明得以超越民族国家。由此我们不难发现，尽管同着眼于物，全球史与博物学史还是有侧重点的不同，前者的物只是用来探讨文明联系的媒介，相比于"物性"，其背后的"全球性"更受到重视。

全球史关注"自然"，则是其试图超越民族国家的必然结果，因为自然界不仅是大于民族国家的单位存在，同时也不具备民族国家的特定属性。可以说，全球史的这一倾向正日益使得史学变成介于人文学科与自然科学之间的中间学科。而对自然的关注正是架起全球史与博物学史联系的又一重要桥梁，甚至在全球史的这种追求下，连人也已经生物化了，由于人体生理本就属于博物学的重要分支，所以全球史的生物人视角也可视作一种博物学传统的回归。例如，克罗斯比（Alfred W. Crosby）在《哥伦布交流史》中，首先把人当成生物性的存在，然后才是天主教徒或殖民者，那么当哥伦布发现新大陆后，饮食、传染病、物种交换等与环境互为联动的历史面相便得到了更大关注。③ 由此可见，全球史对自然的关注正使得越来越多的博物学史的问题意识凸显出来。

全球史观会为中国古代博物学史研究带来什么？应当承认，这可能是一个为时尚早的话题。尽管已有不少学者开始自觉或不自觉地在

---

① 彭慕兰（Kenneth Pomeranz）曾区分三种层次的社会史：日常生活史、社会团体史和社会运动史。其中最能反映史学碎片化倾向的第一类社会史反而更适合全球史研究，这是因为：第一，日常生活史所关注的消费、寿命、犯罪等问题出现在很多社会，几乎不受时空限制；第二，这一类历史与民族国家关联最少。此两点使得区域间的比较成为可能。这一观点极具启发性，因为物的研究同日常生活史研究一样也具有这两点特征。参［美］彭慕兰《社会史与世界史：从日常生活到变化模式》，载夏继果、［美］杰里·本特利主编《全球史读本》，第267—291页。

② 刘新成：《互动：全球史观的核心理念》，《全球史评论》第2辑，中国社会科学出版社2009年版，第3—12页。

③ Alfred W. Crosby, *The Columbian Exchange: Biological and Cultural Consequences of 1492*. Westport, Conn.: Greenwood Publishing Company, 1972.

全球史框架内进行中国古代博物学史的相关研究了：蒋竹山对清代人参史的研究以及班凯乐（Carol Benedict）对于明以降烟草史的研究便提供了很好的范例。[①] 在承认全球史与博物学史存在学术旨趣差异的同时，我们还是能在其中找到一些启示的：第一，避免博物学史研究走向碎片化。若中国古代博物学史有朝一日成长为相对成熟的史域，那么支撑起它的必将是数量庞大的博物个案研究，可以预料，届时的批评声会主要集中在选题的碎片化倾向上。而全球史在研究物时所倡导的"小地方—大世界"理念[②]，或可提供化解此类危机的启示。正如有学者指出的："全球史不会成为微观史学发展的坟墓，相反，还会为其带来回答'宏大历史问题'的新契机。"[③] 第二，注意在跨文明的交流中理解中国古代博物学史。全球史特别注意在大范围的互动网络中考察世界范围内的物质交流。中国古代并非封闭国度，无论是丝路史研究，还是大航海时代以来将中国纳入全球贸易体系的研究，都为这类博物学史研究的展开提供了条件。事实上，早期劳费尔（Berthold Laufer）和薛爱华（Edward Hetzel Schafer）关于中国古代博物学史的经典研究，便是在中西交通史的脉络中展开的。[④] 在全球史的新背景下，中西已不再是互动的唯一视角，我们应当沿着这样的学术积淀重新定义此类物之互动研究的学科规范。第三，注意凸显中国古代博物学史的本土性。全球化是一股思潮，现在它还没发育完全，逆全球化的声音就已经出现。应当指出，全球化并不简单等同于同质化或去个性化。全球史观的对立面恰是长期占据主流的欧洲中心论史

[①] 蒋竹山：《人参帝国：清代人参的生产、消费与医疗》，浙江大学出版社2015年版；Carol Benedict, *Golden-silk Smoke: A History of Tobacco in China, 1550－2010*, Berkeley: University of California Press, 2011. 对此书的介绍参韩昇、皇甫秋实《多重视野下的中国烟草史——读 *Golden-silk Smoke: A History of Tobacco in China, 1550－2010*》，复旦大学历史系编《近代中国的物质文化》，第467—477页。

[②] 刘新成：《〈全球史评论〉发刊词》，《全球史评论》第1辑，商务印书馆2008年版，第3页。

[③] 邓京力：《微观史学的理论视野》，《天津社会科学》2016年第1期。

[④] [美]劳费尔：《中国伊朗编》，林筠因译，商务印书馆2015年版；[美]薛爱华：《撒马尔罕的金桃：唐代舶来品研究》，吴玉贵译，社会科学文献出版社2016年版。

观，可以说在这次史学范式更新中，中国正在获得比以往更多的关注。因此我们就更要注意挖掘中国古代博物学史的特色，以提供不同于西方文明的新经验。例如，麦克尼尔（John R. McNeill）在讨论中国环境史时，分别设置了"中国特殊论"与"中国相同论"这互为表里的两个讨论视角，便为我们如何在全球史背景下坚持中国古代博物学史的本土性提供了例证。①

四 当孔子遇上亚里士多德：新学科和新理论的焦虑

本文就中国古代博物学史学科如何预流时下西方史学理论提出了若干浅见，一方是刚刚起步的新学科，一方是仍处于变动中的新理论，不消说，目前就急于做此类对接式探讨多少有些不合时宜，其结论也略显浮泛。事实上，就如何回应西方史学理论而进行讨论，讨论来讨论去，最后往往呈现一个最"政治正确"的答案：我们一方面要吸收借鉴，另一方面也要与本土学术传统结合。这一暧昧的表述多少令人感到无奈。就回应西方史学理论而言，中国史是不及世界史的，而在中国史内部，古代史又是不及近代史的，结果就造成中国古代史沦为理论最为滞后的史学分支。但我们检视近代中国史学科学化进程，引导风气的王国维、胡适等人，却无一不是古史学者出身，因此说中国古代史是率先回应西方史学理论的史学分支似乎也并不为过。但是近一个世纪以来，中国古代史学者对西方史学理论的态度却是欲拒还迎的：一方面，古代中国作为现代西方的对立面，似乎不宜将二者混为一谈；另一方面，中国古代史研究的学科规范仍然源自西方，历史虽然是旧的，但历史学却是常新的。

回到本文开头对"中国古代博物学"概念界定的讨论，1914年《博物学杂志》创刊，发刊词的开头是这样一段有趣的文字："博物

---

① ［美］约翰·麦克尼尔：《全球视野下的中国环境史》，载夏继果、［美］杰里·本特利主编《全球史读本》，北京大学出版社2010年版，第370—387页。

之学，盖兴于上古孔子作《易·大传》曰庖牺氏之王天下也，仰以观于天文，俯以察于地理，观鸟兽之文与地之宜。近取诸身，远取诸物，固已举博物学之全部。"① 亚里士多德《动物志》被视作西方博物学源头，近代学者则抬出与亚里士多德同处于"轴心时代"的孔子相抗衡，并努力证明博物学乃中国之固有学术。这种微妙的"西学中源"观念从明清之际西方科学初渐中国起就一直萦绕于学人心头挥之不去，这背后是自信还是焦虑，似乎不必多表。值得注意的是，当我们讨论中国史如何回应西方史学理论问题时，这种"西学中源"观念仍然隐隐作祟。以本文所论物质文化史和全球史为例，就有不少学者指出这样的理论取向中国学者早已有之，而全然不顾其兴起背景与研究理路上的差异。或许，中国史如何回应西方史学理论，对这一问题的回答已经超越了学术本身，而带有了其他层面的焦虑。

因此，本文无意也无力在这个大话题上做出整体回应，只想透过中国古代博物学史研究这一个案提供若干具体观点。

第一，中国古代博物学史由于尚处于学科起步期，最大问题是其概念界定，通过与物质文化史这一相近概念对比，认为不能因同以物为研究对象而将两者简单等同，应在对比中明确博物学史关注的物以自然物为主，并具有稀见性特征。但物质文化史作为成熟学科，在延展物之研究层次、扩展问题意识方面，仍可为中国古代博物学史提供借鉴。

第二，由于全球史对自然、物种、环境等的关注，因而在治史理念上与博物学史表现出相关性，全球史也使得越来越多的博物学史问题意识凸显出来。中国古代博物学史研究应具有全球视野，拿出参与世界学术对话的底气。

第三，中国古代博物学史学科在今后建设过程中应借鉴物质文化史与全球史学科经验，避免可能出现的误区，包括缺乏成熟研究范式、个案研究碎片化倾向以及丧失本土博物学文化特色的问题。

---

① 吴冰心：《博物学杂志发刊词》，《博物学杂志》1914 年第 1 期。

日本"中国学"界的"淮南子学"研究述略

——兼谈 21 世纪《淮南子》研究的世界性视野

高　旭

　　20 世纪以来，对汉代道家经典《淮南子》一书的研究，不仅在中国逐渐得到越来越多的关注和重视，并日益趋向于"淮南子学"的新的现代人文学术的构建、发展与形成，[①] 而且在国外学界（欧美、日韩为主）也有着一定的学术反映和表现，产生出一些具有代表性的学者和成果，日渐累积起较为丰富的研究成果。由此而来，一方面，国内、国外学者关于《淮南子》的学术研究共同成为 21 世纪世界性"淮南子学"研究的历史前提和基础；另一方面，国内、国外学者对《淮南子》的学术研究，也产生亟须深入沟通与交流的现实

---

　　① 　基金项目：本文系 2018 年度安徽省高校优秀青年人才支持计划重点项目"《淮南子》黄老思想义涵及历史价值研究"（gxyqZD2018035）、2016 年度安徽省哲学社会科学规划项目"《淮南子》中儒家政治哲学及其儒学史意义研究"（AHSKY2016D122）、2015 年度安徽省高校人文社科研究重点项目"《淮南子》与汉代黄老思想之嬗变研究"（SK2015A326）的阶段性研究成果。

　　"淮南子学"的学术史概念，有广、狭之分。广义是指从西汉武帝之后，直至现代，国内外学者以《淮南子》为中心所展开的各种相关问题的学术研究，除《淮南子》本身的文献、思想、文化方面的研究外，还包括与淮南王刘安、汉代淮南国相关的一切问题；狭义则仅指围绕《淮南子》一书进行的学术研究。本文主要指后者。对这一学术史概念的实际运用可参见笔者所著《熊十力视界中的〈淮南子〉》，《中国矿业大学学报》2015 年第 6 期；《晚清时期曾国藩"淮南子学"研究述论》，《汕头大学学报》2016 年第 2 期；《明末清初王船山"淮南子学"研究述评——以〈读通鉴〉为中心》，《广州大学学报》2017 年第 3 期；《回顾、反思与前瞻——二千年"淮南子学史"纲要》，《山东师范大学学报》2017 年第 3 期；《民国时期萧公权"淮南子学"研究述论——以〈中国政治思想史〉为中心》，《社会科学论坛》2017 年第 11 期。

要求，有待于以新的世界性视野共同重新审视这一东方道家巨著及其丰富深刻的思想智慧。

在国外"淮南子学"的研究中，日本由于与中国自古以来"一衣带水"的地缘政治关系和极其密切的历史文化渊源，其"中国学"界长期积极致力于中国思想文化的研究，所以在《淮南子》研究方面也有较为突出的表现，成为中国以外"淮南子学"研究最为发达的国家。尤其是20世纪以来，随着东亚地区历史发展整体近代化进程的出现，日本关注和从事于《淮南子》研究的学者也较以往大为增加，而其研究理念及范式也无不体现出自身现代学术的内涵特点。因此，适时对日本"中国学"界的"淮南子学"研究进行回顾、总结与反思，[1] 既能对中国学术界起到有力的借鉴促进作用，也能对源生于中国的"淮南子学"在21世纪真正走向世界性的繁荣发展，产生积极而重要的现实影响。

一　日本"中国学"界对《淮南子》的文献研究

日本"中国学"界最早对《淮南子》一书的关注，表现在文献的研究与传播方面。较早者有17世纪鹈饲信之点《淮南鸿烈集解训点》（京都前川权兵卫刊本，1664年）。18世纪，则有根逊志《手校淮南鸿烈解》（二十一卷，1764年，据明代叶近山本）、恩田维舟《淮南指迷》（抄本，1790年，"台湾故宫博物院"藏；恩田氏另有

---

[1] 中、日学界对日本《淮南子》研究的成果著录情况，迄今为止主要有：陈丽桂主编：《两汉诸子研究论著目录》（1912—1996年、1997—2001年、2002—2009年），汉学研究中心1998年、2003年、2010年编印；陈广忠主编：《淮南子研究书目》，黄山书社2011年版；池田知久编著：《淮南子研究文献目录》（日本の部，1885—1984年，稿本）。以上三种著录书籍中，除池田氏的不易为学者所见外，其他两种皆正式出版，但要指出的是，《淮南子研究书目》虽然在搜集日本学者《淮南子》研究论著上有积极贡献，但其中仍存在瑕疵之处，个别著者姓名、刊物名称与论著页数不尽准确。随着现代"淮南子学"研究的不断深入发展，对日本"中国学"界的研究成果已难以继续停留在论著的简单罗列和著录上，而是迫切需要有更进一步的梳理、反思和总结，从中阐明其得失利弊，为其在21世纪的更好发展提供有益的建言。

《淮南子考》，二卷，1790年，《著述集览》著录)、澁井孝德《淮南子考》(1786年，《著述集览》著录)、久保爱《淮南子注考》(十二卷，1795年，吴则虞《淮南子书录》著录①)、宇野东山《标注淮南鸿烈集解》(二十一卷，河内屋茂兵卫刊本，日本宽正十年，1798年)、宇野成之等校《改正淮南鸿烈解》(二十一卷，京都额田胜兵卫额田正三郎同刊本，1798年)、作者佚名的《标注改正淮南鸿烈》(二十一卷，浪华书林刊本，1798年)、猪饲彦博《淮南子校正》(一卷，1798年，吴则虞《淮南子书录》著录)。19世纪前期，有萩原万世《淮南子考》(1811年，《著述集览》著录)、田园雄《淮南子考》(1826年，《著述集览》著录)、诸葛晁《淮南子音义》(一卷，1844年，《著述集览》著录)、《淮南鸿烈解摘注》(一卷，1844年，《著述集览》著录)、《增注淮南子》(二十一卷，1844年，《著述集览》著录)；后期，则有铃木弘《淮南子考》(一卷，1870年，《著述集览》著录)，而冈本保孝在这一时期的《淮南子》文献研究上有着突出成绩，著有《淮南子纂评》(抄本，1878年，"台湾故宫博物院"藏，内含《淮南子重言重意考》)、《校淮南子》(1878年，日本《上野图书馆藏汉籍目录》著录)、《淮南子音读出典考》(抄本，1878年，"台湾故宫博物院"藏)等书；此外，还有藤川贞《淮南鸿烈解考证》(1869年，《著述集览》著录)，以及作者佚名的《淮南子讲义》(1892年，《枝那文学全书》著录，东京，博文馆)。

进入20世纪，日本"中国学"界在《淮南子》文献研究方面愈益深入发展：(1)在版本源流上，有仓石武四郎《淮南子考》(原名《〈淮南子〉的历史》，《支那学》，3卷，5、6号，1923年2、8月；江侠庵译，收入其所编《先秦经籍考》②)；(2)在考证校释上，有岛田翰《淮南鸿烈解旧书考》《淮南出典考》(均收入1904年《古文旧书考》，东京，民友社，1950年)、竹添光鸿《淮南子笺释》(二十一卷，1917年，吴则虞《淮南子书录》著录；竹添氏另有《增注淮

---

① 吴则虞：《淮南子书录》，《文史》第2辑，中华书局1963年版，第291—315页。
② 江侠庵编译：《先秦经籍考》，商务印书馆1933年版，第311—361页。

南子》一书，日本《静嘉堂文库》《汉籍分类目录》著录）、永井袭《淮南子考》（二卷，1918年，吴则虞《淮南子书录》著录）、长沢规矩也《吕氏春秋·淮南鸿烈解·淮南子笺释》（汲谷书院，和刻本诸子大成8，1976年）；（3）在音韵探讨上，有橘纯信《高诱〈淮南子〉的音韵分析》（沼尻正隆先生古稀纪念事业会编，东京，汲古书院，1990年）；（4）在辑录译注上，有田冈佐代治《和译淮南子》（一卷，收入《和译汉文丛书》，东京，玄黄社，1910年），田冈岭云《和译淮南子》（东京，玄黄社，1911年），服部宇之吉《淮南子》（收入《有朋堂汉文丛书》，东京，有朋堂，1911年；服部氏另有《校订眉评淮南子》，1914年），菊池三九郎《淮南子国字解》（收入《汉籍国字解全书》，东京，早稻田大学出版部，1913年），菊地晚香《淮南子》（《汉籍国字解全书》第43—44卷，东京，早稻田大学出版部，1917年），后藤朝太郎《国译淮南子》（《国译汉文大成·经子史部》第11卷，东京，国民文库刊行会，1920年），小野机太郎译注的《淮南子》（《现代语译支那哲学丛书》刊行会，1925年6月），岩垂宪德辑《淮南子抄》（东京，帝国书院，1933年），户川芳郎、本山英雄、泽谷昭次等编著《淮南子》（《中国古典文学大系》，东京，平凡社，1974年），楠山春树《淮南子》（东京，明德出版社，1971年；《新释汉文大系》第1卷，东京，明治书屋，1980年）；（5）在书目索引上，有铃木隆一编《淮南子索引》（手稿本，京都大学人文科学研究所，1974年）、池田知久《淮南子研究文献目录》（日本の部，1885—1984年，稿本）。21世纪以来的成果主要有上坂氏彰会史料出版部出版的《淮南子笺释》（理想日本，リつリソト，第76卷，2002年4月）。

此外，还有一些著述时间不详的著作值得一提，例如：冈木况离《淮南子疏证附补遗》（一卷）、澁井太保《淮南子考》（二卷）、井太室《淮南子考》（二卷）、永保筑水《淮南子注考》（二卷）、永川星渚《淮南子考》（二卷）、荻原大麓《淮南子考》、恩田蕙楼《淮南子考》（二卷）、园山酉山《淮南子考》等。

从上述可知，日本"中国学"界从17世纪至今，在近400年的时间里，累积了《淮南子》文献研究方面的丰富成果，尤其是20世纪，广泛涉及《淮南子》文献研究的各个方面，为《淮南子》一书在日本的流布、传播与研究提供了便利条件。作为一部中国学术发展史上长久被"排斥""忽略""沉埋不显"的"绝代奇书",[①]《淮南子》能在异国他乡得到如此关注和重视，并历时长久地形成自身的学术发展源流，不能不说是件幸事！对现今中国"淮南子学"的研究发展而言，以更为认真和深切的态度，关注、梳理、总结与借鉴日本"中国学"界的《淮南子》文献研究成果,[②] 对中国"淮南子学"的世界性发展具有极为重要的意义。

二 日本"中国学"界对《淮南子》的思想文化研究

与文献研究的源远流长不同，日本"中国学"界对《淮南子》思想文化的研究主要体现在20世纪以来的学术发展中，总的来看，在多维视野的探讨中也日益取得了异常丰硕的成果，充分展现出日本学者对《淮南子》博大精深的思想学说及文化蕴涵的独到深刻的认识和把握。

1. 在哲学思想上，探讨《淮南子》的"自然"哲学及思维者有马场英雄、田中麻纱已、辛贤、片仓望等。[③] 其中马场英雄、田中麻

[①] 刘文典：《淮南鸿烈集解·胡适序》，中华书局1989年版，第2页。

[②] 国内学界目前虽无系统总结和探讨日本"淮南子学"研究成果的专题论著，但对此议题也偶有涉及。例如：刘韶军在阐述岛邦男的《老子》研究成就时，就论及后者对"《淮南子》时的老子"的学术认识（《日本现代老子研究》，福建人民出版社2006年版，第509—511页）；庄庭兰在比较中、日学者的"墨学"研究异同时，对二者关于"《淮南子》与墨学的关系"也进行了具体讨论，认为："中国学者主要是通过《淮南子》说明墨家思想在西汉的延续，日本学者则是通过《淮南子》研究墨家对汉代道家的影响。"（庄庭兰：《中日墨学比较研究》，博士学位论文，山东大学文史哲研究院，2011年）

[③] 马场英雄：《〈淮南子〉の"自然"について》，《汉文学会会报》（国学院大学）1998年第32期；田中麻纱已：《〈淮南子〉の"自然"いついて——前汉道家思想の一面》，《集刊东洋学》1976年第36号；辛贤：《〈淮南子〉の"道"と"事"——その自然法の思维をめぐつて》，《中国文化（研究教育）》1996年第54期；片仓望：《〈列子〉と〈淮南子〉の"自然"》，《论集》2004年第11号。

纱已着眼于道家思想的演变,论述了《淮南子》中"自然"的特定意涵,辛贤通过辨析"道"、"事"的关系,对《淮南子》的自然主义思维有所阐明,片仓望则比较了《列子》与《淮南子》关于"自然"的认识;探讨《淮南子》的"气论"、"宇宙论"与"天人论"者有久富木成大、福永光司、平冈祯吉、高田哲太郎[1],其中尤以平冈祯吉所著最为深细,其以"气论"为中心,从天道、阴阳五行、社会生活、精神信仰等视角较为全面地研究了《淮南子》一书中"气论"的丰富意涵;探讨《淮南子》生命与养生哲学者有平冈祯吉、马场英雄、森三树三郎、楠山春树、矢田尚子、川津康弘等[2],其中马场英雄围绕《淮南子》生命哲学中的"神""精""精神""形""心""性"等核心概念展开讨论,森三树三郎着眼于先秦至汉代"性命观"的发展演变,对《淮南子》的生命哲学有所关涉,楠山春树以"祸福论"为中心探讨了《淮南子》生命哲学的人间观念,矢田尚子则以《原道》《览冥》为中心对《淮南子》中生命个体的"天界游行表现"深入剖析;川津康弘从认识论的角度对《淮南子》进行了系统研究,认为后者"是对先秦及秦汉诸子思想的融合与总结,它以早期道家提出的'道'为主干,吸取阴阳理论、气论以及天人感应观等当时盛行的思潮而形成了自身独特的世界观与宇宙观"[3]。

---

[1] 久富木成大:《気の循環と他界の形成——「淮南子」における他界観念について》,载《金沢大学教养部论集》(人文科学版)1988年第26卷第1号;福永光司:《道家の気论と〈淮南子〉的気》,东京大学出版会1978年版;平冈祯吉:《淮南子に現われた気の研究》,汉魏文化学会1961年版;《现代ょりた見《淮南子》に現われ気について》,汲古书院1998年版;高田哲太郎:《〈淮南子〉の天人》,载《名古屋大学中国哲学论集》2014年第14号。

[2] 平冈祯吉:《淮南子に見えた生命观》,《九州中国学会报》1955年第1期;马场英雄:《"神·形"と"心·性"の問題について——〈淮南子〉の人間観》,《国学院杂志》1986年第87卷第1号;《淮南子における"精神""神""精"の概念について》,《东洋文化》1985年第55号;森三树三郎:《上古ょソ汉代い至す性命观の展开》,《东洋学丛书》,创文社1971年版;楠山春树:《〈淮南子〉における人間観——祸福论を中心して》,载于《道家思想と道教》,平河出版社1992年版,第538—558页;矢田尚子:《〈淮南子〉に見える天界游行表现について——原道篇·览冥篇を中心に》,《早稻田大学中国文学会报》2005年第31号。

[3] 川津康弘:《〈淮南子〉认识论研究——以把握本质的方法为中心》,博士学位论文,西北大学,2008年。

2. 在政治思想上，有马卓也、渡东部一郎等著有系统研究《淮南子》政治思想的专题论著；① 村田近、谷中信一、小井理惠、南部英彦、宫本胜等分别结合《淮南子》的具体篇章，如《原道》《主术》《氾论》《诠言》《泰族》等，深入探讨了《淮南子》的治身治国思想、"权变"思想、治身治国论的学术立场与世界观、统治思想特色，及其政治思想的"理论构造"；② 池田知久、高田哲太郎对《淮南子》所反映的地方王权与中央皇权的政治关系有所探讨，前者通过比较睡虎地《语书》与《淮南子·齐俗》，对二者围绕着"风俗"问题所反映出的中央集权和地方分权的政治观点进行深入揭示，认为《淮南子》实质上属于"倡导天下、国家承认地方的各种'风俗'，并且应该依照其风俗施行政治"的"地方分权思想"，③ 后者则强调淮南国的自治性及其所谓的"篡夺"意图；铃木喜一考察了《淮南子》中的"法"及法家思想因素；④ 村田浩对《淮南子》中"灾异"思想的政治内涵有所剖析；⑤ 田中麻纱已、板野长八、楠山春树等从世俗性的"人间观"出发，对《淮南子》政治思想进行阐论。⑥

---

① 有马卓也：《淮南子の政治思想》，汲古书院1998年版；《新语と统治理念——〈淮南子〉とのかかわりを中心に》，《中国哲学论集》1992年第18期；《〈淮南子〉人间训の位置》，《東方學》1995年第90辑；渡东部一郎、有马卓也：《淮南子の政治思想》，《集刊东洋学》1998年第80期。

② 村田近：《〈淮南子〉にみえる治身治国论——原道训と诠言训·泰族训との比较》，《学林》2002年第35号；谷中信一：《权と变思想——〈淮南子〉氾论训の思想》，《早稻田大学大学院文学研究科纪要别册》5，1978年；南部英彦：《〈淮南子·泰族篇〉の治身治国论とその学问的立场》，《研究论丛》（第1部·第2部·人文科学·社会科学·自然科学）2007年第57号；小井理惠：《〈淮南子〉における治身·治国论と世界观——精神を轴として》，《集刊东洋学》1988年第60号；南部英彦：《〈淮南子·原道篇〉に见える"二皇"の统治の特色》，《研究论丛》（人文科学·社会科学），2010年；宫本胜：《〈淮南子〉主术训の政治思想とその理论构造》，《中国哲学》1967年第4期。

③ 池田知久：《睡虎地〈语书〉与〈淮南子·齐俗〉篇——围绕着"风俗"的中央集权和地方分权》，《湖南大学学报》2013年第6期；高田哲太郎：《〈淮南子〉の己：国家篡夺の书》，《名古屋大学中国哲学论集》2016年第15号。

④ 铃木喜一：《〈淮南子〉の论法に关する一考察》，《怀德》1959年第30号。

⑤ 村田浩：《〈淮南子〉の灾异说》，《中国思想史研究》1991年第14号。

⑥ 田中麻纱已：《淮南子の人间观について——原道篇を中心にして》，《鹤舞工业高等专门学校纪要》1974年第9号；板野长八：《中国古代いおけす人间观の展开》，岩波书店1972年版，第424—444页；金谷治编：《淮南子——いおける人间观》，创文社1983年版。

3. 在学术思想上，池田知久通过对《史记》《汉书》史实的综合分析，探讨了《淮南子》的著述目的与成书时间，① 认为"要在汉朝所统治天下的各种思想、各种势力全都容许的同时，而实现这些更缓和的大调和、大统一，这就是这本书的主旨"，而且其"中心位置"是"预定为道家思想或体会了道家思想的帝王所占据"，② 并分析了西汉中期儒学的国教化对《淮南子》的历史影响。③ 齐木哲郎、金谷治、津田左右吉、楠山春树、沢田喜多男等也都深入论述了《淮南子》的道家思想内涵及特点。④ 其中金谷治、楠山春树尤为着重剖析了老庄因素对《淮南子》的深刻影响，岩佐昌暲、内山俊彦、谷中信一等则考察了《淮南子》思想的黄老因素及其历史变化，⑤ 而沢田喜多男对《淮南子》中"道家的倾向"与"儒家的倾向"有着较为深入的对比分析；有马卓也、谷中信一具体探讨了《淮南子》中《原道》《氾论》《人间》等篇中的"因循"、"应时耦化"、"循天"

---

① 池田知久：《从〈史记〉、〈汉书〉看〈淮南子〉的成书年代》（节译），刘兴邦译，林树校，《湘潭大学学报》1988 年第 2 期；池田氏此文在日本分别以《〈淮南子〉の成立——〈史记〉と〈汉书〉とによる检讨》、《〈淮南子〉の成立——〈史记〉と〈汉书〉の检讨》为题，刊发于《岐阜大学教育学部研究报告（人文科学）》1980 年第 28 号，以及《東方學》1980 年第 59 号。

② 池田知久：《道家思想的新研究——以〈庄子〉为中心》，中州古籍出版社 2009 年版，第 75 页。

③ 池田知久：《儒学的国脚化与〈淮南子〉》，载罗安宪主编《儒学评论》（第 10 辑），河北大学出版社 2014 年版，第 16—30 页。

④ 齐木哲郎：《汉代道家のパトロン刘安》，《中国思想の流れ》（上），晃洋书房 1996 年版；金谷治：《老庄の世界——淮南子の思想》，平乐寺书店 1959 年版；金谷治：《汉初の道家思潮》，《东北大学文学部研究年报》1959 年第 9 号；津田左右吉：《道家の思想と其の展开》，东洋文库 1927 年版；楠山春树：《〈淮南王庄子略要·庄子后解〉考》，《フィロソフィア》1960 年第 38 期；《淮南子よソ见た庄子の成立》，《フィロソフィア》1961 年第 41 期；沢田喜多男：《〈淮南子〉いおけち道家的倾向と儒家的倾向》，《东海大学纪要》（文学部）24，1950 年。

⑤ 岩佐昌暲：《黄老の轮廓——道家学派成立史试论》，《怀德》1970 年第 41 号；内山俊彦：《汉初黄老思想の考察》（1）（2），《山口大学文学会志》13—1、14—1，1962 年、1963 年；谷中信一：《论西汉黄老道家的去向——以〈淮南子·道应训〉所引〈老子〉为中心》，孙佩霞译，《文史哲》2016 年第 3 期。

等思想要因及其倾向。① 田中麻纱已、渡边大、高桥睦美、田中柚美子、向井哲夫、田中智幸、西川靖二等则基于思想史的比较视野，从不同角度对《淮南子》与先秦两汉学派及文献展开深入研讨。② 其中田中麻纱已着眼汉初道家思想发展过程，探讨了《淮南子》与"杂家"陆贾《新语》思想的历史关系，及其对《吕氏春秋》的思想承袭与文字引用；渡边大通过比较《吕氏春秋》《淮南子》与《说苑》等书，对帛书《缪和》的易学思想进行了考察；高桥睦美参照《淮南子》的思想，对《老子指归》的思想价值地位进行了界定；田中柚美子考察了《淮南子》与先秦阴阳家邹衍思想之间的理论渊源，向井哲夫对此有着更为深入的探讨，而且后者还对《淮南子》与墨家思想的关系也有所论析；田中智幸、西川靖二则辨析了《淮南子》与《文子》的文本思想异同；宇野茂彦从思想的整体性出发，探讨《淮南子》的学术内涵及特点。③ 很值得一提的是，池田秀三在日本"中国学"界较早明确提出和使用"淮南学"的学术史概念，并通过

---

① 有马卓也：《〈淮南子〉原道训の位置——"因循"思想をめぐって》，《日本中国学会报》1987年第39号；《〈淮南子〉本经训について——因循思想の分歧点》，《东方宗教》1991年第77集；《"应时耦化"说の成立に关して——〈淮南子〉氾论训を中心に》，《東方學》1988年第75辑；《〈淮南子〉览冥・精神两篇について——〈淮南子〉に於ける「循天」思想の位置》，载《町田三郎教授退官纪念・中国思想史论丛》，1995年；谷中信一：《〈淮南子〉人间训の思想倾向について》，《早稻田大学高等学院研究年志》1981年第25号。

② 田中麻纱已：《陆贾、道家思想和〈淮南子〉》，邓红译，《甘肃社会科学》1992年第2期；《杂家とレての〈淮南子〉》，《九州中国学会报》1989年第27号；《〈吕氏春秋〉からの〈淮南子〉の引用》，《〈吕氏春秋〉研究》1988年第2号；渡边大：《帛书〈缪和〉第二十四章にみえる说话と易の引用について——〈吕氏春秋〉〈淮南子〉〈说苑〉との比较を中心に》，《中国文化》2002年第60号；高桥睦美：《〈老子指归〉の思想位置——淮南子との比较を手挂かりに》，《文化》2008年第71卷第3、4期；田中柚美子：《邹衍の世界观と〈淮南子・地形训〉》，《东方宗教》1973年第41期；向井哲夫：《〈淮南子〉と陰陽五行家思想——〈览冥训〉と〈本经训〉を中心に》，《日本中国学会报》1982年第34集；《淮南子と诸子百家思想》，朋友书店2002年版；《〈淮南子〉と墨家思想》，《日本中国学会报》1979年第31号；田中智幸：《〈文子〉と〈淮南子〉との关系について》，《樱美林大学中国文学论丛》1986年第11期；西川靖二：《〈文子〉略考》，《东方宗教》1983年第61号。

③ 宇野茂彦：《〈淮南子〉の综合とその整合管见》，《名古屋大学文学部研究論集》1988年第105期。

对刘向、许慎与《淮南子》历史关联的考察，剖析了《淮南子》一书的思想内涵及流变。①

4. 在伦理、文学、音乐、地理等思想上，日本学者的专题论著仍然较少。就伦理思想看，南部英彦、内山俊彦等分别对《淮南子》的处世观、"报应"思想进行了深入讨论。② 就文学思想看，谷口洋对《淮南子》的文辞表达特点有所关注，并深入探讨了后者与汉赋之间的文学演变关系；③ 户川芳郎寻索和探讨了《淮南子》中所引诗句的来源；④ 就音乐思想看，田边尚雄、玉木尚之等对《淮南子》中十二律数的正误问题以及具体的音乐观进行了辨析讨论。⑤ 就地理思想看，薄井俊二对《淮南子·地形》中地理学思想有所关注和研究。⑥

5. 在军事思想上，木村英一、谷中信一都以《兵略》为中心，对《淮南子》的军事思想进行深入探讨，前者主要是从日本现存的古钞本《淮南子·兵略》来着眼，后者则是从齐文化的视角出发，重新审视《兵略》所具有的区域文化因素、渊源及独特价值，认为《淮南子》"与无疑是在齐地思想文化中发展起来的孙武、孙膑之兵法，有着最为密切的联系"⑦。

---

① 池田秀三：《汉代の淮南学——刘向与许慎》，《中国思想史研究》1989年第11集。
② 南部英彦：《〈淮南子·人间篇〉の处世观とその思想的背景》，《研究论丛》（第1部·第2部·人文科学·社会科学·自然科学）2008年第58号；内山俊彦：《汉代の応报思想》，《东京支那学报》1960年第6号。
③ 谷口洋：《〈淮南子〉の文辞について——汉初における诸学の统合と汉赋の成立》，《日本中国学会报》1995年第47期。
④ 户川芳郎：《〈淮南子〉所引诗句について》，《日本中国学会报》1991年第43集。
⑤ 田边尚雄：《〈淮南子〉十二律数之正误》，郑心南译，《学艺杂志》1992年第3卷第9期；玉木尚之：《〈淮南子〉に见える音乐观》，《东洋古典学研究》2007年第23号。
⑥ 薄井俊二：《淮南子地形训の基础的研究》，《中国哲学论集》（秦汉特辑）1984年第10号；《中国古代の地理思想の思想史研究——淮南子地形训と汉书地理志について》，《中国：社会と文化》1989年第4号。
⑦ 木村英一：《古钞本淮南子兵略篇就ハて》（上）（下），《支那学》1940年、1941年第10—2、3号；谷中信一：《从〈兵略训〉看齐文化对〈淮南子〉成书的影响》，王海清译，《管子学刊》1993年第3期；谷中信一：《先秦秦汉思想史研究》，孙佩霞译，上海古籍出版社2015年版，第345—373页。

6. 在其他文化蕴涵上，赤塚忠、齐木哲郎、有马卓也等对淮南王刘安展开讨论，[①] 前二者侧重于评价其政治生平与思想学说，后者对刘安升仙的民间传说进行了梳理和探讨；友纳义德、静慈圆、金谷治、池田知久、宇野哲人、本田济、户川芳郎、大久保庄太郎等都从思想文化上对淮南王刘安及《淮南子》历史情况有所阐介，[②] 其中友纳义德从中国文化史的发展视角，剖析了《淮南子》的学术内涵及价值，静慈圆则从日本密教与中国文化的关系方面，论及《淮南子》对日本历史上的著名高僧空海（774—835 年）的影响，而金谷治、池田知久、宇野哲人、本田济、户川芳郎、大久保庄太郎等分别对《淮南子》的思想文化进行了具体系统的介绍，池田知久还特别指出《淮南子》一书当之无愧于中国古代"知识的百科"；冈阪猛雄对《淮南子》中"言"的思想文化蕴涵有所讨论；[③] 松田稔、黄明月等对《淮南子》中神话进行了不同视角的探讨，前者对《淮南子》与《山海经》中十日并出、共工、大禹治水、昆仑、西王母等神话传说展开对比剖析，后者则主要关注早期创世神话的演生内涵；[④] 加藤阿幸在阐述汉文化中阴阳五行观念对日本民俗的影响时，将《淮南子》

[①] 赤塚忠：《刘安》，载《宇野哲人博士米寿纪念论集——中国の思想家》（上），劲草书房 1963 年版，第 247—261 页；齐木哲郎：《汉代道家のパトロン——刘安》，载《中国思想の流れ》（上），晃洋书房 1996 年版，第 23—28 页；有马卓也：《刘安登仙传说の成立と传播》，《中国研究集刊》2008 年第 46 号。

[②] 友纳义德：《支那古代文化史いおける〈淮南子〉》，《历史教育》1930 年 5—1；静慈圆：《日本密教与中国文化》（第 2 版），刘建英、韩昇译，文汇出版社 2010 年版，第 256—272 页；金谷治：《秦汉思想史研究·淮南子の研究》，日本学术振兴会 1961 年版，第 429—593 页；池田知久：《淮南子——知识的百科》，讲谈社 1989 年版；宇野哲人：《支那哲学讲话》，大同馆 1925 年版，第 215—221 页；本田济：《淮南子の一面》，《人文研究》1953 年第 4 卷第 8 期；户川芳郎：《淮南子》，姜镇庆译，载《古代中国的思想》，北京大学出版社 1994 年版，第 84—85 页；大久保庄太郎：《淮南子の周边》，《羽衣学院短期大学纪要》1972 年第 8 号。

[③] 冈阪猛雄：《淮南子における"言"の意识》，《东洋学论集：内野博士还暦记念》，汉魏文化研究会 1964 年版，第 31—44 页。

[④] 松田稔：《〈山海经〉の比较的研究》，笠间书院 2006 年版；《〈淮南子〉の昆仑、西王母と〈山海经〉》，《东洋文化》2001 年第 86 期；黄明月：《记纪神话の冒头と神生み段に见える水について——中国神话との比较を通じて》，《人间·环境学》2006 年第 15 卷。

作为重要的研讨对象;① 津田左右吉、平山久雄分别对《淮南子》与《吕氏春秋》,以及东汉高诱所著《淮南子》注、《吕氏春秋》注进行了专题的比较研究;② 杉田正树以《淮南子》为线索,讨论了语言的文化意涵;③ 柳濑喜代志讨论了《淮南子》中有关"东海孝妇"事迹的文化意涵;④ 那波利贞还对《淮南子·泰族》中"教之以金目则快射"一语进行了思想文化的阐析;⑤ 蜂屋邦夫探讨了《淮南子》中"水"的哲学思想。⑥ 此外,楠山春树对《淮南中篇》与《淮南万毕》二书也有一定深入的探讨。⑦

三 日本"中国学"界《淮南子》研究的特点及局限

从17世纪以来,日本"中国学"界对来自中国的《淮南子》一书不断给予关注和重视,尤其是进入20世纪后,日渐得到新的拓展和推进,取得更为丰富多元的学术成果。从前述日本"中国学"界的"淮南子学"发展历程来看,既可较为充分地了解日本学者在这一"中国学"研究领域所获得的可贵成就,也能清楚地认识到其研究的学术特点及局限。具体而论,有如下几个方面需要着重指出。

第一,日本"中国学"界的《淮南子》研究已形成自身的学术发展源流,也产生出一些具有代表性的学者和著作,因此完全可以日

---

① 加藤阿幸:《从阴阳五行看汉文化对日本民俗的影响》,《池州师专学报》1996年第1期。
② 津田左右吉:《吕氏春秋及び淮南子》,载《道家の思想と其の展开》,岩波书店1939年版,第80—102页;平山久雄:《高诱注〈淮南子〉〈吕氏春秋〉的"急气言"与"缓气言"》,曲翰章译,《古代汉语研究》1991年第3期。
③ 杉田正树:《语言的秘密——以〈淮南子〉为线索》,载卞崇道主编《东方文化的现代承诺》,沈阳出版社1997年版,第316—325页。
④ 柳濑喜代志:《〈淮南子〉所出"东海孝妇"话をめぐてつ》,《中国诗文论丛》1993年第12期。
⑤ 那波利贞:《淮南子いえた见金目い就ハて》,《支那学》1922年第3卷第8号。
⑥ 蜂屋邦夫:《淮南子に见える水の思想》,《季刊河川レビュー》2009年第38卷第1号。
⑦ 楠山春树:《淮南中篇と淮南万毕》,载《道家思想と道教》,平河出版社1992年版,第252—269页。

本"淮南子学"来审视和对待，将其看作为源生于中国的"淮南子学"在世界范围内的重要派流分支。据公元9世纪日本学者藤原佐世所编《日本国见在书目》记载，《淮南子》一书（二十一卷）作为汉代道家思想的鸿篇巨制，早在唐代便已传入日本。但在17世纪以前，关于《淮南子》的研究论著仍然并不多见，主要表现为典籍自身不同的版本流布与传播。从17世纪以来，日本学者关于《淮南子》文献的考证性著作及思想研究论著逐渐出现和增多。尤其是20世纪，此两方面的研究成果更是达到前所未有的丰富繁荣，形成自身特有的源流脉络，焕发出勃勃生机。与此同时，日本"中国学"界也在不同时期出现了如冈本保孝、仓石武四郎、福永光司、平冈祯吉、楠山春树、金谷治、南部英彦、有马卓也、池田知久、谷中信一等具有影响力的知名学者，以及如《淮南子》（楠山春树本）、《淮南子考》（仓石武四郎）、《淮南子に现われた気の研究》（平冈祯吉）、《淮南子の政治思想》（有马卓也）、《秦汉思想史研究》（金谷治）、《道家思想的新研究——以〈庄子〉为中心》（池田知久）等日本"淮南子学"研究的代表性论著。从《淮南子》研究的世界性视域来看，在中国以外的学术界，能够形成长达近400年的学术发展历程，而且始终能产生卓然可为代表的重要学者与论著，日本"中国学"界可谓是独此一家！因此，即使仅从日本"中国学"界研究《淮南子》的历史着眼，便可在很大程度上认为其实际已形成别具日本人文学术特色的中国学研究特定领域——"淮南子学"。就此意义而言，日本理应被视为世界性的"淮南子学"发展的亚洲重镇之一。

第二，日本学者的《淮南子》研究普遍表现出对文献考证的重视，能对《淮南子》文本思想进行准确深透的理论阐释，但其研究议题的选择与中国学者较为接近，缺少更具启发性的独特学术视域。日本"中国学"界从17世纪以来，在《淮南子》研究上就已形成重视文献考证的朴实学风，历代学人所著《淮南子考》或《淮南子注考》等著作甚多，这对20世纪之后的日本学者产生深远影响，故此"日本学者往往擅长以文献、史料为基础，对专题、概念进行了深入细致的阐释",① 如平冈祯吉、福永光司对《淮南子》的"气"论的剖析,马场英雄对《淮南子》"心"、"性"的探讨,内山俊彦对《淮南子》中"报应"思想的论述,等等。但也要指出的是,由于同属于东洋儒家文化圈,所以日本"中国学"界对《淮南子》研究的选题视角与学术思维,跟中国学术界较为相近,其所关注的哲学、政治、伦理、文学、军事、文化等方面的议题,在后者的"淮南子学"研究中也时常看到,甚至有更为丰富的学术表现。相比之下,欧美汉学界则能够让中国学者更直接地感受到异质学术思维的别样冲击,如安乐哲的《主术——中国古代政治艺术之研究》②、加拿大学者方丽特(Griet Vankeerberghen)的《〈淮南子〉及刘安对道德权威的追求》③、美国学者普鸣(Michael Puett)的《创造的矛盾:早期中国有关创新与诡计的争辩》④,马绛(John S. Major)、罗浩(Harold Roth)等合著的《〈淮南子〉:汉代早期统治的理论与实践》等⑤。但得失往往交织在一起,日本学者虽然无法在《淮南子》研究上展现出更为独特而颇具启发性的学术视域,但其对中国学者较为熟悉的《淮南子》研究议题却往往能表现出更为精深的阐释力度,比欧美学者更能准确把握《淮南子》一书的思想文化实态及历史特质。不夸张地说,日本"中国学"界在"淮南子学"研究的深度方面,确实有其所长之处,值得中国学者反思和重视。

　　第三,日本"中国学"界的《淮南子》研究成果虽然比较丰富,但是总体而言,其多元化的学术内涵仍存在不少薄弱之处,有待于更多日本学者的积极参与与开拓发展。从现有的研究成果来看,一方面

---

① 戴黍:《国外的〈淮南子〉研究》,《哲学动态》2003年第4期。
② [美]安乐哲:《主术——中国古代政治艺术之研究》,滕复译,北京大学出版社1995年版。
③ Griet Vankeerberghen: *The Huainanzi and Liu An's Claim to Moral Authority*, Albany: State University of New York Press, 2001.
④ Michael Puett: *The Ambivalence of Creation: Debates concerning Innovation and Artifice in Early China*, Palo Alto, CA: Stanford University Press, 2001.
⑤ John S. Major, Sarah Queen, Andrew Meyer and Harold Roth: *A Guide to the Theory and Practice of Government in Early Han China*, New York: Columbia University Press, 2010.

日本"中国学"界在《淮南子》研究上已取得不斐的成就，并且其学术内容涉及文献学与思想文化的诸多方面，具有一定的多元化内涵；另一方面也不可否认，日本"中国学"界对《淮南子》思想文化的研究长期以来仍然偏重于哲学、政治、学术思想等方面，而对伦理、文学、艺术、科学、文化等方面缺少更为广泛深入的关注和探讨，因此这些方面的专题研究成果也显得有些单薄。与之相关的是，日本"中国学"界对《淮南子》研究也缺乏较为明确的跨学科意识，未能更多地重视和展开边际化的交叉学科选题的探讨。此种研究局限的产生既与日本"中国学"界的主流研究倾向有关，又与日本"中国学"界从事《淮南子》研究者较少直接相关。因为对日本的中国学研究来说，《淮南子》一书毕竟并非最为核心的研究对象，对其学术的重视程度难及先秦诸子（尤其是老、庄），所以能够较长时期的关注和研讨《淮南子》者，总体来看还是十分有限的。这种研究者的相对缺少，对日本"中国学"界形成人数更多更稳定的《淮南子》研究群体产生了现实的瓶颈作用。反观而言，日本"中国学"界的这种研究局限，在现代中国学术界的"淮南子学"研究中实则也有一定程度的反映，同样制约着后者的更好发展。

第四，日本"中国学"界在《淮南子》研究上同中国学术界一样，都存在跨国性学术交流的主动意识较为缺乏的问题，有一定的封闭性，无法让其在适时的域外传播中发挥出更为积极的学术影响。在长期的《淮南子》研究发展中，日本"中国学"界累积起丰富客观的学术成果，但与此并不相适应的是，这些成果绝大多数并未能及时有效地进入国际学界的视野，特别是未能得到隔海相望的中国学术界的了解和认知，由此也使其学术价值在很大程度上难以被充分发掘出来，对世界性的"淮南子学"发展产生更为有力的促进作用。就目前中国学术界所见日本"中国学"界的《淮南子》研究成果，能译为中文传播者仅有金谷治、池田知久、谷中信一、田边尚雄、户川芳郎等少数几人，而绝大多数日本学者的《淮南子》研究译著仍付阙如，特别是其中的代表性论著，因语言条件限制，无缘为更多的中国学者所知晓。这种研究局限，不论是对日本"中国学"界的国际化发展，还是对中国在内的"淮南子学"的世界性发展，都是亟待关注和解决的重要的现实问题。而且，还要指出的是，日本"中国学"界由于缺乏积极主动的跨国性交流意识，特别是较少举办中、日两国的专题学术研讨会，因此长期以来，也未能与中国学术界就《淮南子》研究展开密切深入的学术沟通，使自身的"淮南子学"发展产生更大的学术影响。日本"中国学"界存在的此种问题同样在中国学术界有所反映，因此中、日两国作为世界范围内"淮南子学"研究的重镇所在，理应加强双方的交流与合作，在"引进来"和"走出去"的同步并举中，逐渐实现《淮南子》研究资源的共享利用，在优势互补中共同推动"淮南子学"更好地走向世界性的发展。

第五，日本"中国学"界对自身《淮南子》研究的学术史总结仍然缺少应有的自觉意识。日本"中国学"界虽然在《淮南子》研究上有着长期的发展历程，成就斐然，但从现有的成果来看，却少有对其"淮南子学"进行学术史的回顾、梳理、反思与总结的专题性论著，现有的池田知久所著《淮南子研究文献目录》（日本の部，1885—1984年），也只是以稿本形式存在，并未见到公开出版发行。因此，对日本"中国学"界而言，实际上已到亟须全面总结自身"淮南子学"发展历程及成就的时期，而此种学术史的自我审视与定位，有助于促使日本"中国学"界明确日后的发展方向，推动其"淮南子学"形成更加合理的研究结构，取得更为丰硕多元的学术成果。

综上所论，在亚洲地区，日本是除中国以外少有的长期关注、重视和研究《淮南子》一书的国家，而且其"中国学"界在"淮南子学"上的卓越成就，从整体到局部，实际上都已成为中国学术界需要认真对待的学术存在，对后者有着极为重要的借鉴启示作用。虽然日本学者对《淮南子》的研究仍然存在一些难以避免的现实局限，但总体而言，瑕不掩瑜，其可贵的学术价值更为显著突出。凭借深厚的学术发展成就及底蕴，日本"中国学"界与中国学术界（含台湾地区）、欧美学界共同成为现今世界意义上的"淮南子学"研究的三大支柱，理应给予充分的学术肯定和鼓励，并期待其在已有的基础上获得更好的发展前景。尽管在 21 世纪中国人文学术走向世界性发展的过程中,"淮南子学"并不具有核心的地位及影响,而且与其他人文学术相比,其国际化的学术内涵仍稍显薄弱,但不可否认的是,随着关注和从事《淮南子》研究的各国学者的日渐增多,源生于中国的"淮南子学"在历史与现实的基础上,正在迎来更为广阔的世界性发展前景。

"西番帝师"与"亡国先兆"

——日本康永四年山门嗷诉叙述中的宋元佛教

康　昊

近年来,"域外汉籍"及"从周边看中国"成为中国史研究中日益受到关注的关键词。其中日本所藏汉籍中有关中国的记录,历来受到众多研究者的重视。除了流入日本或在日本被传抄、再版的汉籍以外,由日本僧侣,尤其是日本中世的五山禅僧所创作的,被称为"五山文学"的史料也引起了国内学者的关注。2013年由西南师范大学出版社出版的14卷《日本五山版汉籍善本集刊》及由江静主编的《日藏宋元禅僧墨迹选编》就是这样的例子。但以上研究有一个共同的问题是,使用的史料集中于中世五山禅宗的史料。禅宗自平安后期、镰仓初期传入日本,其本身就被视为"宋风佛教",其佛事作法、僧职名称、建筑格局无一不与当时的中国佛教相似。但是,至少在日本南北朝时代以前,禅宗尚未获得佛教主流的地位。当时,在日本佛教中居于主流地位的"八宗"即显密佛教(譬如以延历寺为代表的天台宗、以兴福寺为代表的法相宗及真言宗等),更能够代表日本佛教及公家社会的中国认识。因此,在进行"从周边看中国"的研究时,仅仅使用五山禅宗的史料,而不使用显密佛教及与其密切关联的公家社会的史料,是有问题的。

显密佛教的史料较之五山禅宗,数量更为庞大。为数众多的寺社文书、寺院圣教,至今仍在陆续整理之中,其中与中国有关的史料数量并不少。当中既有用汉文写成的"准汉籍",也有用假名写成的

"和书"。本文采取一个事例,即康永四年(1345年)山门(延历寺)嗷诉事件①,根据此事件相关的记载,包括延历寺提交的诉状、公卿会议的记录,以及军记物语《太平记》②对此事件的记录等,通过其中对宋元佛教的叙述来一窥中世(特别是日本南北朝时期)日本显密佛教界对中国佛教的认识。藤田明良利用《太平记》的记载,对高丽来使的记述与元末局势的关系作了分析。③本文则从佛教的视角对《太平记》所载的宋元史事加以考察。需要特别说明的是,本文关注的主要是日本当时对中国佛教的认识,以及此种认识与历史真实有怎样的不同——可以说,日本史料中"违背史实"的部分是本文的关注点。

日本的南北朝时代,受到幕府庇护的五山禅宗地位日益上升,与显密佛教冲突不断。最突出的冲突莫过于康永四年和应安元年(1368年)由天台宗延历寺发动的两次嗷诉。其中,康永四年的山门(天台宗)嗷诉,起于当年的天龙寺开堂法会。天龙寺是幕府为了追悼后醍醐天皇而建立的禅宗寺院。光严上皇接受武家的邀请,计划行幸天龙寺。此举遭到延历寺的反对。延历寺在诉状中称禅宗为亡国邪法、"法灭之妖怪",对上皇将天龙寺作为敕愿寺的行为加以非难,而后又发动暴力嗷诉,要求拆毁天龙寺、流放住持梦窗疏石。起初,法会预定在八月十六日举行,但因为延历寺的阻挠不得不延期。但最后,幕府还是不顾延历寺的反对,于八月二十九日强行举行了天龙寺开堂法会,光严上皇于次日临幸,梦窗疏石当日升座说法。这就是康永四年嗷诉。

在事件的过程中,延历寺方的诉状及公卿会议的审议过程,较多援引了中国事例为佐证。樱井英雄、原田正俊等研究者虽然对山门嗷

---

① 嗷诉,即寺社势力以佛力神威为后盾,向当权者发动的集团暴力示威行为。
② 《太平记》基本分为古本系、流布本系和两者之间的诸本(比如天正本、梵舜本、米泽本、毛利本、京大本等)三类。本论文主要使用古本系的西源院本(岩波文库),并参考以天正本为底本的小学馆《新编日本古典文学全集》本。
③ [日]藤田明良:《東アジア世界のなかの太平記》,《太平記を読む》,吉川弘文馆2008年版。

诉的过程进行了梳理①，但是对于诉状的内容，至今仍缺乏全面的分析，对其中宋元佛教形象的研究也有所不足。

一 显密僧笔下的"拈花付法"与《人天眼目》

著名的南北朝军记物语《太平记》对康永四年山门嗷诉一事有详细的记载。《太平记》虽为军记物语，但其史料价值历来都受到南北朝研究者的重视。《太平记》记录了延历寺在提出诉状之后，朝廷对其进行的审议经过。渡边守顺指出，《太平记》中出现了大量天台宗的词汇，作者对天台教学的关心度很高，并指出其作者应是天台僧。②松尾刚次则进一步指出，《太平记》的作者可能是以惠镇为首的天台系的律僧集团。③因而，《太平记》的这段记载虽然是以朝廷的会议为对象，却收录了较多天台宗一方的信息。在卷 25 中提到了北宋时期发生的一次天台宗与禅宗的论争。这是在公卿会议时，大纳言三条通冬（中院通冬）（1315—1363 年）所述内容④，其中有这样一段话：

> 禅宗立宗之处，是说释尊依大梵王请，升忉利天说法，彼时释尊拈花，会中比丘不解其意，唯摩诃迦叶一人破颜微笑，以心应心。此事见于《大梵天王问佛决疑经》。宋朝舒王王安石为翰林学士时，将此经秘收入库之后，此经遂不传。天台宗认为（禅宗所说之事）他宗无证，于是以此向禅宗发难。⑤

---

① ［日］樱井英雄：《康永・応安の山門嗷訴について》，《禅宗文化史の研究》，思文閣 1986 年版；［日］原田正俊：《中世後期の国家と仏教》，《日本中世の禅宗と社会》，吉川弘文館 2014 年版；［日］佐々木容道：《夢窓国師の言葉と生涯》，春秋社 2000 年版。
② ［日］渡辺守順：《『太平記』における天台》，《説話文学の叡山仏教》，和泉書院 1996 年版。
③ ［日］松尾剛次：《太平記》，中央公論新社 2001 年版。
④ 天正本记为洞院公贤述。
⑤ ［日］兵藤裕己校注：《太平記》（四）卷25，岩波書店 2015 年版，第 141 頁。

这里说，禅宗立宗根源之处在于"拈花付法"，其出典为《大梵天王问佛决疑经》，北宋时王安石曾寻此经。此事在中国方面的文献中首先见于《人天眼目》，然而所载内容及意旨却大相径庭：

> 王荆公问佛慧泉禅师云：禅家所谓世尊拈花，出在何典？泉云：藏经亦不载。公曰：余顷在翰苑，偶见《大梵天王问佛决疑经》三卷，因阅之，经文所载甚详。梵王至灵山，以金色波罗花献佛，舍身为床座，请佛为众生说法，世尊登座拈花示众，人天百万，悉皆罔措，独有金色头陀，破颜微笑。世尊云，吾有正法眼藏涅盘妙心实相无相，分付摩诃大迦叶，此经多谈帝王事佛请问。所以秘藏世无闻者。①

据禅籍《人天眼目》的记载，《大梵天王问佛决疑经》并非遗失，而是由王安石寻得，此后才广为人知。很显然，《太平记》的记述是由《人天眼目》而来，但是其解读方式与立意却截然相反。《人天眼目》的记载原本站在禅宗的立场，以王安石发现《大梵天王问佛决疑经》作为"拈花付法"一事存在的证据。《大梵天王问佛决疑经》原本隐而不现，经王安石发现才为人所知。而《太平记》的描述则完全颠倒过来，认为王安石将《大梵天王问佛决疑经》秘收入库，此经于是失传，"拈花付法"也就失去了证据。这显然是站在了天台宗的立场上，叙述主旨完全反了过来。《太平记》对《人天眼目》选择性地吸收和改编非常值得注意。日本天台宗显然刻意篡改了《人天眼目》的记述。

关于《大梵天王问佛决疑经》，同时代的东寺学僧杲宝（1306—1362年）在《开心抄》中也说："但《大梵天王问佛决疑经》者，近代禅者自录中虽引载之，此经古今大藏目录未见之。又和汉诸师章疏不引之，故他家不足信受矣。"② 杲宝是真言僧，作为南北朝时期

---

① 智昭：《人天眼目》卷5，载《卍续藏经》第113册，新文丰出版社1992年版，第880页。
② ［日］杲宝：《開心抄》，载《大正藏》第77册，新文丰出版社1992年版，第738页。

显密佛教的代表人物，其反对禅宗、批判禅宗的立场与天台宗一致。《开心抄》的上卷正是针对日本禅僧虎关师练、梦窗疏石等的议论所作的回击。杲宝引用北宋契嵩和吴兴子昉的论争史实，对禅宗的二十八祖说进行批判。① 杲宝还引用吴兴子昉所著《止讹》（应是摘录自《佛祖统纪》）②，对佛日契嵩《传法正宗论》加以批判。

镰仓后期的天台座主良助（1268—1318 年）同样也在其《天台一宗超过达摩章》中对"拈花付法"进行过批判。③ 良助曾住在龟山法皇的离宫禅林寺殿下御所，这时禅林寺殿的上御所已经改建为禅院，即南禅寺。④ 良助曾陪同龟山法皇到访南禅寺⑤，大约因为这样的机会，得以接触到禅宗文献。宋代的禅教论争中，"拈花付法"及付法、祖统说历来就是争论的焦点。尤其是契嵩著《传法正宗记》《传法正宗论》《传法正宗定祖图》成功入藏，对天台宗造成了极大的刺激。契嵩被宋道发视为"禅宗正统史观"的创始者。⑥ 此事亦为当时日本的显密佛教所知。宋代的禅教论争中有关"拈花付法"和西天祖统的争论，为日本显密佛教所继承。《太平记》所载康永四年的山门嗷诉史事中对《人天眼目》"拈花付法"相关记述的引用及篡改，以及良助的禅宗批判，正是延续了这个传统。

二 《太平记》的八思巴形象与禅僧

康永四年山门嗷诉的相关记载中，元代佛教的形象又是怎样的

---

① ［日］千葉正：《杲宝の禅宗批判について》，東京《宗学研究》1995 年第 37 号。
② 志磐：《佛祖统纪》卷 21，《大正藏》第 49 册，新文丰出版社 1992 年版，第 242 页。
③ LICHA Stephan：《『天台一宗超過達磨章』に見られる禅宗批判》，《印度學佛教學研究》63（2）号，2015 年。
④ ［日］原田正俊：《鎌倉時代の南禅寺と一山国師：一山国師七百年遠諱記念》，大本山南禅寺 2015 年版。
⑤ ［日］三条实躬：《実躬卿記》卷 5，见東京大学史料編纂所编《大日本古記録》，岩波書店 1991 年版，嘉元元年 7 月 14 日条，第 55 页。
⑥ 宋道发：《禅宗的正统史观》，《佛教史观研究》，宗教文化出版社 2009 年版。

呢？事实上，同样在前面提到的《太平记》卷25的记载中，元代首任帝师、萨迦派僧人八思巴也出场了。在公卿会议之中，日野资明（1297—1353年）说了这样一段话：

> 如今，禅僧的心操法则，皆与之相悖。因此，宋朝有位真言师，作为西番帝师，修摩诃迦罗天法，护持朝廷。帝师上天之下，一人之上，因而禅僧无论是怎样的大寺长老、大耆旧，若是途中遇到帝师，也只能屈膝跪地，参会朝廷时，则伸手脱履为礼。①

日野资明这段话是说，当代宋朝（其实是元朝）的禅僧，行为已违背祖师的法则，而在元朝有一位"西番帝师（八思巴）"，修摩诃迦罗天法，护持王权。禅僧之中，无论是哪里的大刹长老，见到帝师都必须俯伏下拜。这其实是在一定程度上反映了忽必烈政权时期蒙元皇室对藏传密教的崇信。类似的记载我们在《佛祖历代通载》中也能看到：

> 时国家尊宠西僧，其徒甚盛。出入骑从，拟迹王公。其人赤氀峨冠，岸然自居。诸名德辈，莫不为之致礼。或磬折而前，抠衣接足，匄其按顶。②

可以看到，《太平记》所反映的情况与《佛祖历代通载》的记载颇为一致。至于《太平记》的作者是否参考了《佛祖历代通载》，笔者不得而知。但需要注意的一点是，《佛祖历代通载》的这一记载出自大林了性的卒传，大林了性并不是一位禅僧。但《太平记》中述的对象却是禅僧。这是日野资明，或者更可能是《太平记》的作者将其移花接木到了禅僧的头上。《太平记》的叙述意图显而易见。

---

① ［日］兵藤裕己校注：《太平记》（四）卷25，第131页。
② 念常：《佛祖历代通载》卷22，见《大正藏》第49册，第733页。

此外,《太平记》里面提到的"摩诃迦罗天",即大黑天,在元代的史料中被记作"摩诃葛剌(玛哈噶拉)"。据那木吉拉的研究,忽必烈时期曾在五台山造摩诃葛剌像,在八思巴著作中也有《摩诃葛剌及其伴神颂》《摩诃葛剌颂》,蒙古灭宋前八思巴曾塑摩诃葛剌像,忽必烈还曾命八思巴的弟子胆巴在五台山建道场,行密法,祀摩诃葛剌。① 张羽新也指出,元朝在统一全国的战争中,曾把摩诃葛剌作为战神供奉。在大都《护国寺碑铭》中,还记载说至元十年(1273 年)襄阳守军投降前,曾有武当山真武神避大黑天的传说。② 可见《太平记》对元代帝王崇信萨迦派密法的记录,在一定程度上反映了当时的实际情况。

元代中日两国来往僧侣众多,几乎都是禅僧,最有可能将元代佛教的情报传到日本的就是这些禅僧。至元二十五年(1288 年),江淮释教都总统、萨迦派僧人杨琏真加召集江南禅教僧人于忽必烈御前辩论,禅宗失败。彼时禅宗代表二人,一为云峰妙高,二为虎严净伏,二人都是与元廷关系密切的禅僧。③ 云峰妙高为灵隐寺住持,次年,西涧子昙在其门下担任首座,而后西涧子昙与一山一宁一同东渡日本。另一人虎严净伏,门下弟子明极楚俊也于镰仓末期来到日本,并在镰仓、京都两地行化,得后醍醐天皇皈依。除了僧侣之外,东渡日本或从事贸易活动的宋人、元人也为数不少。一些关于中国的情报也通过他们传入日本。譬如在凝然《五教章通路记》中就记录了渡来宋人向他讲述太原府被蒙古攻占一事。④ 应安三年(1370 年),元朝灭亡的消息也曾经渡海而来的元人之口传到日本僧义堂周信耳中。⑤ 可见,许多有关元代及元代佛教的情报,得以通过入元僧和元朝渡来者传到日本。

---

① 那木吉拉:《论元代蒙古人摩诃葛剌神崇拜及其文学作品》,《中央民族大学学报》2000 年第 4 期。
② 《玛哈嘎拉——元朝的护国神》,《世界宗教研究》1997 年第 1 期。
③ 念常:《佛祖历代通载》卷 22,《大正藏》第 49 册,第 720 页。
④ [日]凝然:《五教章通路记》,《大正藏》第 72 册,第 296 页。
⑤ [日]義堂周信著,辻善之助编:《空華日用工夫略集》應安 3 年 9 月 22 日条,太洋社 1939 年版。

伴随着入元僧的归国，元代禅僧东阳德辉编纂的《敕修百丈清规》（1338 年完成）也随之传入日本，并于文和五年（1356 年）在日本开版。①日本 15 世纪还出现了对《敕修百丈清规》的注释。②原田正俊认为，《敕修百丈清规》对 14 世纪的日本禅宗产生了很大的影响。《敕修百丈清规》里面就有"帝师涅槃"一节，其中有八思巴的传记，记录其"统领天下释教"，每逢八思巴涅槃日，禅寺都要依照清规，敬安牌位，集众说法。③这一状况自然也通过《敕修百丈清规》的东传为日本禅林所熟知。日本的《百丈清规抄》中也有对帝师八思巴创蒙古国字之事的介绍。④

除了《太平记》康永四年嗷诉记载的部分对八思巴的记述之外，《太平记》卷 38 还有一段"太元军之事"，在这一部分，西番帝师再次登场。《太平记》诸本对此事的记载大致相同。关于这部分记载已有釜田喜三郎的研究，釜田氏认为，这段记述在中国史籍中并无出处，《太平记》的记载全是虚构。⑤此外增田欣则指出这段记载反映了《太平记》"广泛的国际关心"。⑥但是二人均未说明这里的"西番帝师"就是八思巴。

这一段记载非常荒唐，与我们所了解的八思巴形象迥异，但并不是说全无价值。这一段叙述从对细川清氏在与细川赖之的战斗中战死的叙述开始。康安元年（1361 年）幕府要人细川清氏归降南朝，转而进攻京都，次年战死于赞岐。而后为了说明细川赖之的谋略，《太平记》举八思巴的例子作为比较："大宋国四百州一时灭亡，为蒙古

---

① ［日］川瀬一馬：《五山版の研究》上，日本古書籍商協會 1970 年版。
② ［日］原田正俊：《中世仏教再編期としての一四世紀》，《日本史研究》2007 年第 540 号；［日］雲章一慶述，桃源瑞仙記：《百丈清規抄》，大塚光信編《続抄物資料集成》第八卷，清文堂 1980 年版。
③ 《敕修百丈清规》，中州古籍出版社 2011 年版，第 36 页。
④ ［日］雲章一慶述，桃源瑞仙記：《百丈清規抄》，大塚光信編《続抄物資料集成》第八卷，第 124 页。
⑤ ［日］釜田喜三郎：《文芸とは何であるか―楠木正成の神謀鬼策―》，《太平記研究》，新典社 1992 年版。
⑥ ［日］増田欣：《太平記作者の国際的関心》，《説話論集　二　説話と軍記物語》，清文堂 1992 年版。

夺国，皆是西番帝师之谋略。"① 这里将帝师八思巴描述为蒙古谋士一般的人物。这段记载当中还有十分丰富的内容，其记录更类似于一个传奇故事。下面对其内容进行一个概括。

元朝皇帝忽必烈最初不过是吐蕃的一个诸侯（按：作者将蒙古和吐蕃混淆了）。忽必烈一日在梦中与宋帝对峙。有趣的是，忽必烈与宋帝开始像《贤愚经》中劳度叉与舍利弗斗法一样开始变化起来。宋帝变化为狮子，忽必烈化身为羊，羊惊恐万分，两只角和尾骨也折了。梦醒，忽必烈惊魂未定，于是找来帝师八思巴。八思巴为忽必烈解梦说，羊这个汉字就是王上面两点，下面一竖，折的两只角就是两点，尾骨就是一竖，因此这个梦就是说您要做天下之王的意思。宋帝虽然如狮子，但是却已有自灭之相。其身中有毒虫，必危害其身。宋人之中，必有人怀有二心，能与我军里应外合。

随后，蒙宋两军正式在扬子江两岸对战。《太平记》对于参战人物的记载出现了混乱，将蒙古的将领伯颜记成了宋朝的丞相、上将军，贾似道成了宋朝的副将军，但对于襄阳守将吕文焕的记述是正确的。此后，蒙军因中宋军计策大败，损失三百万骑。这应该是指鄂州之战。战败之后的忽必烈再次寻求八思巴的意见。得到八思巴的献计之后，忽必烈与他约定，使他代代为帝师。随后，八思巴乔装打扮，亲赴江南，巧施手段，招募宋人死士一名，并以离间计除吕文焕、伯颜、贾似道，宋军不战而降，临安开城，南宋灭亡。最后《太平记》的作者再次总结道：蒙古灭宋，完全是帝师一人之谋略。②

可以说在《太平记》的这段记载中，帝师八思巴的作用十分重要。忽必烈在征伐南宋前曾请求八思巴的意见，此事在《汉藏史集》中有记载。《汉藏史集》中说："蒙古地方的南面，有叫做蛮子的国王，其治下百姓富庶。我朝若派兵攻取，依靠佛法之气力，能否攻克？"八思巴答道："现今陛下身前尚无能建功立业之人，故不宜骤行，我将访查

---

① ［日］兵藤裕己校注：《太平记》（六）卷38，第119页。
② ［日］兵藤裕己校注：《太平记》（六）卷38，第119页。

之。"不仅如此，《汉藏史集》还记载说八思巴所举荐的就是伯颜。① 此外，中村淳指出，八思巴被任命为帝师前后（1270年），正是忽必烈征伐南宋、营建大都、创立大护国仁王寺的时期。② 因此，《太平记》这段荒诞的记载，其实背后仍反映了一定程度的史实。

此外，《太平记》称八思巴使用离间计使宋帝对主要将领产生猜疑，具体细节的记载虽然与史实差异较大，但屈超立指出，忽必烈在至元十一年（1274年）伐宋诏谕中编造"鄂州和议"一事，实质就是为了造成宋廷混乱而施的离间计。③

但笔者想要说明的是，对西番帝师八思巴的记载是否符合宋元易代的真实情况并不是《太平记》作者关心的重点。可以说以上《太平记》中八思巴的形象反映的是对显密佛教僧侣的认识。那么，《太平记》塑造这样的八思巴形象，究竟有何用意呢？

正如前举卷25中的记述一样，八思巴被视为"真言师（密教僧）"，这对于以密教修行为中心的日本显密僧而言是比禅宗更容易有亲近感的身份。自平安时代以来，日本显密诸宗已全面密教化。而与真言师八思巴的位高权重、足智多谋形成对照的形象，是禅僧。因此可以说，元之胜宋，在《太平记》的理解中包含了"真言师"胜"禅僧"的意思。因此，《太平记》卷38的记载与前面提到的卷25的记载，虽然背景不同，但用意却有共通之处，即通过对元代佛教的状况及宋元易代史事的书写，来揭示"真言"胜于"禅""真言师"高于"禅僧"这一意图。若不将这两段记述放在当时日本禅教之争的语境下解读，就无法得知其用意。

三 作为"敌国异人"的元代禅宗

康永四年山门嗷诉前后的过程、山门诉状的大致内容及公卿之间

---

① 达仓宗巴·班觉桑布：《汉藏史集》，陈庆英译，西藏人民出版社1986年版，第171页。
② ［日］中村淳：《モンゴル時代におけるパクパの諸相》，《駒澤大學文學部研究紀要》2010年第68号。
③ 屈超立：《简析宋蒙鄂州之战与"鄂州和议"》，《西南民族大学学报》1986年第S1期。

的合议结果，比较详细地记载在当时的太政大臣洞院公贤（1290—1360年）的日记《园太历》当中。康永四年七月八日，延历寺在向朝廷提出的诉状中说："远访宋朝之风，兴牛头宗之后，被夺王位于蒙古，亲见东关之仪，归达摩教之刻，失命运于片时。"① 在《太平记》中也引用了类似的诉状：

> 近年来禅法兴盛，世间喧哗，弘显密之道者无人。此乃亡国法灭之先兆，世人不察。我等格外惊叹于此。访异国之例，宋朝幼帝尊崇禅宗，江山为蒙古所夺。访我国之例，武臣相模守尊崇禅法，竟遭家族倾覆。前事不忘后事之师。②

此外，《大日本史料》康永四年七月八日条也收录了山门嗷诉前后若干的延历寺诉状。③ 譬如在康永三年十二月二十七日《叡山本院众会事书》中，天台僧称禅宗为"异类异形"、"亡国之因缘"，而在康永四年七月三日《山门申状》中，则说"宋朝此宗兴盛而蒙古忽夺国"。同为七月、具体日期不详的《山门申状》中则说禅宗是"魔作沙门，坏乱吾道"。七月二十日《山门申状》又说"亡国之先兆，法灭之瑞相"。"亡国"不单单是指南宋灭亡，也指此前覆灭的镰仓幕府和被逐出京都的大觉寺皇统。需要注意的是，南宋朝廷在这里为日本天台僧所批判，但这并非天台僧的真正意图，他们的真实意图是批判禅宗。

如平雅行所说，蒙古袭来和南宋灭亡，使得日本禅宗一度陷入窘境。④ 松波直弘认为，显密佛教称禅宗为亡国邪法，与其王法佛法相依的理论不无关系，也就是说，禅宗的兴盛致使镇护国家的显密佛教

---

① ［日］洞院公賢：《園太曆》卷1，斎木一馬、岩橋小弥太校訂，續群書類叢完成会1970年版，康永四年7月8日条，第301頁。
② ［日］兵藤裕己校注：《太平記》（四）卷25，第123頁。
③ ［日］東京帝國大學文科大學史料編纂掛編：《大日本史料》第六編之九，東京大学出版会1910年版，康永四年7月8日条，第121頁。
④ ［日］平雅行：《神仏と中世文化》，《日本史講座四中世社会の構造》，東京大学出版会2004年版。

衰败，国家因而灭亡，南宋灭亡就是这一原因所致。① 南宋佛教就是在这样一个"王法佛法相依论"的逻辑之下，被当作了批判的对象。

称禅宗为亡国之邪法，将皈依禅宗视为宋朝灭亡的直接原因，这一观点在镰仓后期的显密佛教文献之中已经出现，并非肇始于康永四年嗷诉之时。在大约镰仓末期的台密口传法门集《溪岚拾叶集》中，延历寺大众合议时，称"兴禅宗佛法可衰微，若亡国基"②，显然这也是联想到南宋亡于蒙元的结果。此外，同为镰仓后期的《七天狗绘》中，也说"宋朝之所以亡国，是因为其教法衰退，禅法盛之故"③。《七天狗绘》指出，宋朝灭亡是因为其宗教政策偏重禅宗忽视教宗所致。同样的文献还有《野守镜》，显密佛教以"亡国先兆"、"邪宗邪法"来攻击禅宗，可以说在镰仓末期至南北朝之际是个十分普遍的现象。不过这并不代表说，当时的显密佛教对于南宋禅宗完全是负面的印象。④ 这些显密佛教文献对南宋的批判，也只有在禅教之争的语境之下才能解释。

康永四年的山门诉状和《太平记》一脉相承，反映的都是延历寺的主张。在公卿会议之中，大纳言劝修寺经显提出了不同的意见，认为宋朝立国三百一十七年，"国家安静"，宋朝亡于蒙古，并非皈依禅宗所致。劝修寺经显是当时的天龙寺供养奉行⑤，也就是天皇行幸天龙寺的实际负责人。劝修寺经显采取了禅宗方面的说法。可见，南宋因扶持禅宗而灭亡并非通行观点，更多反映的是宗派之争。《愚管记》中也曾提到，山门曾在奏状中说，公武当权者皈依禅宗，将会遭

---

① ［日］松波直弘：《円爾弁円と鎌倉後半期の禅宗》，《鎌倉期禅宗思想史の研究》，ぺりかん社2010年版。
② ［日］光宗：《溪嵐拾葉集》，末木文美士、高橋秀榮編《禅教交渉論》，臨川書店2016年版，第395頁。
③ 《七天狗绘（七）》，［日］末木文美士、高橋秀榮編《禅教交渉論》，臨川書店2016年版，第463頁。
④ ［日］北川真寬：《『渓嵐拾葉集』における禅宗観について》，《印度學佛教學研究》2004年第53号（1）。
⑤ ［日］洞院公賢：《園太暦》卷1，斎木一馬、岩橋小弥太校訂，康永四年6月9日条，第274頁。

致"当宗"的"衰微",对天台宗等显密佛教构成了现实的威胁。①

另外,就在康永的山门嗷诉爆发之前两个月,延历寺内还曾发生过"不灭的法灯"熄灭事件。② 延历寺根本中堂的法灯是其法脉传承的象征,因而法灯的熄灭对于延历寺而言是重大的打击。此后朝廷为此进行了反复的合议,最终天皇宸笔手书告文一篇,由天台座主承胤法亲王亲自带上比叡山。③ 而在六月天龙寺供养一事决定之后,七月四日又出现了彗星。④ 这使得朝廷大为紧张,并作出了要实施诸社奉币、百座仁王讲、山陵书、改元、读经等措施,并修孔雀经法、七佛药师法、炽盛光法、五坛法等密教大法。仅仅在彗星出现四天之后,延历寺就向朝廷提出了前述的"山门诉申"。因而,我们不得不怀疑这之间存在某种关联性。

此外,康永四年之前,被视为延历寺衰退的事件接连发生⑤,佐佐木道誉烧毁妙法院、康永元年法胜寺被烧毁,妙法院为天台宗三门迹之一,法胜寺则为天台律僧的据点,二者对延历寺的打击可想而知。加之南北朝内乱中,延历寺曾与幕府敌对,其后延历寺与幕府关系紧张,纠纷不断。因而,康永四年山门嗷诉中对宋元佛教的描述,就是在这样特定的情况之下的"法灭"危机感的产物。当然,如前所述,崇信禅宗的南宋的灭亡,确实给这时的延历寺僧造成了一定的影响。

除了"禅宗亡国论"之外,在其他的显密佛教文献中还记载了较多有关禅宗的史事。譬如《溪岚拾叶集》记载了比叡山无动寺谷玄誉阿阇梨传达摩法钵之事。⑥ 其中记载六祖慧能不传衣钵,而后法钵

---

① [日]近衞道嗣:《愚管记》卷2,竹内理三编《增補続史料大成》,臨川書店1967年版,贞治6年8月3日条,第164页。
② [日]洞院公賢:《園太暦》卷1,斎木一馬、岩橋小弥太校訂,康永四年4月14日条,第255页。
③ [日]洞院公賢:《園太暦》卷1,斎木一馬、岩橋小弥太校訂,康永四年5月29日条,第274页。
④ [日]洞院公賢:《園太暦》卷1,斎木一馬、岩橋小弥太校訂,康永四年7月4日、6日条,第299页。
⑤ [日]原田正俊:《仏教と太平记》,《太平记を読む》,吉川弘文館2008年版。
⑥ [日]光宗:《渓嵐拾葉集》,末木文美士、高橋秀榮编《禅教交渉論》,第391页。

由玄誉阿阇梨传入日本，纳入延历寺法藏。因达摩衣钵对中国禅宗极为重要，被视为"法信"，延历寺的这一言说，意在证明自己对宋元禅宗的优越性。此外在祈祷、佛事作法方面，杲宝在《开心抄》中还批驳宋代所传之楞严咒、大悲心咒等为"宋代讹音非天竺正音"①。因宋代佛教中悉昙学已不如日本密教隆盛，故日本密教往往以此攻击宋代佛教。同样的事例在入宋僧俊芿（1166—1227年）的《不可弃法师传》中也可以见到，这部僧传记录道，俊芿在宋地曾逢秦里封（真里富）国僧，能识其所书梵字，而宋僧不识，故对其连连称赞。②

再者，康永四年的山门诉状中还有对南宋或元代禅僧状况进行描述的内容，如："求之异域，搜之远方，或称门徒结朋党于权家，或号佛事尽财产于民屋。如此行迹，逐日倍增。好之狂愚，何时休息。是岂直指单传之正宗，见性悟道之本意哉。"③ 显然，这里的"异域"、"远方"并非他国，就是南宋或元朝。天台僧批判宋元禅僧攀附权贵，劳民伤财，甚至还引用了达摩见梁武帝的禅宗公案，以抨击宋元及日本禅宗之腐化奢靡。这当然不能说完全合乎史实。

二十余年后的应安元年（1368年），延历寺与禅宗再次爆发激烈冲突。这次冲突是直接由南禅寺住持定山祖禅所撰的《续正法论》引起，更早之前，园城寺曾与南禅寺发生冲突。当时在南禅寺兴建山门过程中，一园城寺稚儿遭到杀害。在这一事件的处理过程中，定山祖禅写了这篇文章。定山祖禅在文章中对显密佛教大肆攻击，因而遭致延历寺的愤怒。在这次延历寺提出的诉状之中，仍然有与康永四年类似的"亡国之先兆，本朝之衰微"、"亡国兆之宗门"、"宋朝风之异体"这样的词句。④ 这一年闰六月的《南禅寺对治诉讼》中，甚至可以看到这样的描述：

---

① ［日］杲寶：《開心抄》，《大正藏》第77册，新文豐出版社1992年版，第740頁。
② ［日］信瑞：《泉涌寺不可棄法師伝》，塙保己一編《続群書類従》九卷上，續群書類従完成會1958年版，第52頁。
③ ［日］東京帝國大學文科大學史料編纂掛編：《大日本史料》第六編之九，東京大学出版会1910年版，康永四年7月8日条，第121頁。
④ ［日］東京帝國大學文科大學史料編纂掛編：《大日本史料》第六編二十九，東京大学出版会1952年版，應安元年7月26日，第475頁。

是则弘安以后新渡之僧，来朝之客，是皆宋土之异类，蒙古之伴党也。禅法停废、禅堂破却，以往之严禁惟重，数度之制令频下。近代之再兴甚不可然，当时之横行尤可有治罚条条矣……

谤法之禅宗，敌国之异人，师檀皈依之条，恐北辕将适楚，缄石自为实之谓钦。凡上所好下必随，彼齐桓公好紫，人皆服紫，桓公舍紫，人皆弃紫，是则恶紫之夺朱，悲丝之变黑……①

在这里，延历寺僧将元以后渡来僧与之前区分开来。说"弘安以后（元以后）"的渡来禅僧都是"蒙古之伴党"、"敌国之异人"，将其置于敌对的位置。禅宗不仅仅是康永四年诉状中的使宋朝灭亡的罪魁祸首，还是敌国的异类，也是"夺朱"的"恶紫"。其言辞较之康永四年更为激烈，而延历寺僧笔下的元代禅僧也具有了双重身份，其一是"谤法"、"异类"——为南宋招来亡国之祸者，其二则是"敌国"蒙元的党类。这是一个十分有趣的形象。虽然蒙古的两次来袭，距离应安元年已过去数十年，但在这一年五月，其实仍然有"蒙古再次袭来"的传闻。②

美国学者艾尔曼曾提出，18世纪的日本学者中既存在"颂华者"，又有"贬华者"，当然，即便是"颂华者"，也希望能与中国并驾齐驱。艾尔曼还认为，在明治以前，"贬华者"从未占据上风。③然而，14世纪居于日本佛教主流地位的显密佛教，尤其是天台宗延历寺，就发出了这样"贬华"的声音。

禅宗可以认为是"颂华者"，他们直接与宋元佛教界有密切的联系，无论是佛事作法，还是传法系谱，都与当时的中国分不开。当

---

① ［日］東京帝國大學文科大學史料編纂掛编：《大日本史料》第六編二十九，東京大学出版会1952年版，應安元年7月26日，第475頁。同《後愚昧記》卷1，見《大日本古記録》，岩波書店1980年版，應安元年7月23日条，第170頁。
② 《後愚昧記》卷1，《大日本古記録》，岩波書店1980年版，應安元年5月21日条，第168頁。
③ ［美］艾尔曼：《日本是第二个罗马（小中华）吗？18世纪德川日本"颂华者"和"贬华者"的问题——以中医和汉方为主》，载复旦大学文史研究院《从周边看中国》，中华书局2009年版，第1页。

然，即便是这些"颂华者"，也依然会主张本国佛教的优越性，譬如虎关师练、瑞溪周凤就是这样的例子。与之相反的是，占据日本佛教主流的显密佛教，则相当一部分是"贬华者"，这种心态的出现，必须要放在禅教之争的语境之中才能解读。随着蒙古袭来和禅宗传入日本，其在与显密佛教的冲突中，显密佛教的"贬华"心态得以升级。不过即便如此，显密僧可能一面全面否定宋元禅宗，一面仍然对宋元时期的天台宗，甚至对藏传佛教抱有好感。

四　结语：禅宗文献以外的日本佛教史料与中国

本文从三个角度对康永四年山门嗷诉叙述中的宋元佛教形象作了分析，并将其与镰仓后期至南北朝期间其他的显密佛教文献进行了比较。

首先，宋元佛教的禅教论争有关信息被传到日本之后，也为当时的显密佛教所利用，借以作为攻击新传入的禅宗的证据。禅籍《人天眼目》更是被显密僧篡改，作为攻击禅僧的武器。其次，元代佛教中萨迦派密教兴盛的状况，也通过当时的入元僧和渡来僧得以为日本显密僧所知。在显密佛教的叙述中，大元首代帝师八思巴是一位足智多谋的高僧，在灭南宋的战役中立有大功，并依靠护法神摩诃葛剌护持元皇室。《太平记》这一书写的意图其实旨在说明"元朝密教战胜宋朝之禅宗"，也就是密教优于禅宗这一意思。最后，在禅宗与显密佛教的冲突与竞争之中，南宋禅宗被视为"亡国邪法"，南宋帝王崇信禅宗的行为也成为显密佛教攻击的对象。而到了应安年间的山门诉状中，元代的禅僧则更是被视为"敌国之异人"。在激烈的宗派冲突中，宋元禅宗在显密佛教的叙述中被彻底污名化。

本文所选取的是一个非常细小的例子，但仍能够在很大程度上反映日本中世显密佛教对宋元佛教的认识。显而易见的是，由于宗派斗争（禅教之争）的原因，显密僧对宋代、佛教的这些记载与史实相去甚远，甚至有明显的篡改。这反而正是其史料价值所在。同时，这个小例子也提醒我们，在利用域外史料进行"从周边看中国"研究之时，不应该忽视其史料本身所处的语境。

朝鲜王朝官修《高丽史》对元东征日本的历史书写

孙卫国

至元十一年（1274年）和至元十八年（1281年），忽必烈两次派大军征讨日本，乃近世东亚史上一件大事，对后世有着深远影响，而高丽王朝是东征日本的重要参与者。作为元朝的藩国，高丽王朝被迫为东征建造战舰、准备物资，高丽军队也随元军征讨。检视朝鲜王朝官修《高丽史》中对这一历史事件的叙述，既可以获取考察高丽王朝在这次征讨中地位的重要史料，也可以查见朝鲜王朝对这场战争的认识。[①]

[①] 本文系国家社科基金项目"中韩（朝）古代史学之交流与比较研究"（项目批号：13BZS008）的阶段性成果。于梦衍：《中国学术界关于〈高丽史〉的研究：成果与展望》（载中国朝鲜史研究会、延边大学朝鲜·韩国历史研究所编《朝鲜·韩国历史研究》第11辑，延边大学出版社2011年版），介绍了中国学术界对《高丽史》的研究以及通过《高丽史》所进行的历史研究。其中，从史学史角度对《高丽史》的研究，如王小盾、刘玉珺：《从〈高丽史·乐志〉"唐乐"看宋代音乐》（《中国音乐学》2005年第1期）；吴熊和：《〈高丽史·乐志〉中宋人词曲的传入时间与两国的文化交流》（载沈善洪主编《韩国研究》，杭州大学出版社1994年版）等。研究《高丽史》纂修的，如卢南乔：《高丽史编纂的史学基础和它所反映的中朝人民友好关系》（《文史哲》1958年第11期）；崔岩：《朝鲜王朝官修〈高丽史〉与中华传统史学》（《西北师大学报》2012年第4期）等。韩国对于《高丽史》的研究成果甚多，如边太燮：《有关高丽史编纂客观性问题：对高丽史给予肯定的评价》（《震檀学报》1975年第40辑）；韩永愚：《朝鲜初期的历史叙述与历史认识》（《韩国学报》1977年第7辑）。这两篇文章都收入三贵文化社编《朝鲜前期论文选集13·史学史》（三贵文化社1996年版）。中国学术界有关蒙古东征日本的研究成果不多，参看：李乃赓《十三世纪末蒙元征日事件考议》（《松辽学刊》1985年第3期）；乌云高娃《忽必烈的东亚海外政策及禅宗影响》（《海交史研究》2015年第2期）；陈得芝《忽必烈的高丽政策与元丽关系的转折点》（载刘迎胜主编《元史及民族与边疆研究集刊》第24辑，上海古籍出版社2012年版）；徐黎丽《元朝对日本的东征及其失败》（《西北民族学院学报》1999年第1期）；王金林《元朝忽必烈两次东征日本及其失败原因》（《东北亚学刊》2012年第4期）；等等。

《高丽史》有关这场战争的历史叙述，散见于《元宗世家》《忠烈王世家》《兵志》《金方庆传》等相关篇章中。尽管零散，若仔细分析，有助于我们理解这场战争，且通过分析战争中高丽如何巧妙地与元朝周旋，可以具体而微地解剖元丽宗藩关系的特质。本文从历史书写的视角，以《高丽史》为中心，探讨朝鲜王朝官方对于这段历史的认识，并对影响这种历史书写的思想和文化根源略做探讨，以就教于海内外方家。

一 朝鲜王朝官修《高丽史》的意图与历程

1392年，李成桂取代高丽幼主，自立为王。为了尽快树立王朝的正统性，一方面，李成桂当即以"权知国事"的名义，派韩尚质以"和宁"、"朝鲜"请定国号于明朝，积极谋求建立以明朝为宗主国的宗藩关系。明太祖朱元璋以为，"东夷之号，惟朝鲜之称美，且其来远矣，可以本其名而祖之"[①]，乃赐其国号为"朝鲜"，李成桂君臣欣然接受。[②] 同时，立国之初，李成桂就把编修高丽王朝史作为要务，试图从本国历史中寻找新朝的合法性。诚如有韩国学者指出："通过对高丽时期的整理，指出高丽王朝存在的问题，以此不仅可以体现为克服这些问题而建国的朝鲜的正当性，还可以确定新统治理念的方向。"[③] 在这种政治诉求下，朝鲜王朝开始了高丽史的编纂。

太祖四年（1395年），李成桂令郑道传等人以高丽实录等史料为据，纂成编年体《高丽国史》，全书37卷。此书现已失传，有曾校雠者论之曰：

> 恭惟我太祖开国之初，即命奉化伯臣郑道传、西原君臣郑摠修高丽国史。于是，采掇各朝实录，及检校侍中文仁公闵渍《纲

[①] [朝鲜王朝] 鱼叔权：《考事撮要》卷上，《大明纪年》，南文阁1974年影印本。
[②] 陈尚胜：《论朝鲜王朝对明朝的事大观》，载陈尚胜主编《第三届韩国传统文化国际学术研讨会论文集》，山东大学出版社1999年版，第924页。
[③] [韩] 朴仁镐：《韩国史学史》，全莹等译，香港亚洲出版社2012年版，第55页。

目》、侍中文忠公李齐贤《史略》、侍中文靖公李穑《金镜录》，汇而辑之。仿左氏编年之体，三年而成，为卷三十有七。顾其书，颇有舛误。至于凡例，以元宗以上，事多僭拟，往往有所追改者。①

此书成书虽快，但史料搜集有限，且当时以为此书对李成桂史实记载不真，"事多僭拟"，因而受到批评。不过，该书史论大多被《高丽史节要》采用，因而得以留存，也为随后高丽史的编纂奠定了基础。②

太宗十四年（1414年），太宗命春秋馆事河仑、卞季良等重修《高丽国史》。两年后，河仑去世，重修停止。世宗元年（1419年），再令重修，三年（1421年）书成，世宗仍不满意。五年（1423年），令卞季良、柳观、尹淮等继续改撰，次年成《校雠高丽史》，因意见分歧，未能颁行。世宗十三年（1431年），世宗令监春秋馆事申概、权蹈等编纂高丽史长篇，广泛采纳高丽史料。世宗二十四年（1442年）八月，书成，名为《高丽史全文》。此书初印于世宗三十年（1448年），史料相当丰富，但以编纂主旨不明，后亦停止颁行。不过，此书为以后《高丽史》和《高丽史节要》的编纂准备了丰富资料。③

最初几十年，朝鲜王朝官方为编高丽史不遗余力，却并未编成一部满意的史书。世宗三十一年（1449年），金宗瑞、郑麟趾等奉旨再次纂修《高丽史》，变编年体为纪传体。《进高丽史笺》载：

>我太祖康献大王……顾丽社虽已丘墟，其史策不可芜没。命

---

① ［朝鲜王朝］卞季良：《进雠校〈高丽史〉序》，载［朝鲜王朝］徐居正等编《东文选》卷93，《朝鲜群书大系》三编第12册，朝鲜古书刊行会1914年版，第63页。

② ［韩］朴仁镐：《韩国史学史》，全莹等译，第55页；曹中屏：《朝鲜朝历史学与编纂学考》，载复旦大学韩国研究中心编《韩国研究论丛》第22辑，世界知识出版社2010年版，第27页。

③ ［韩］朴仁镐：《韩国史学史》，全莹等译，第57页。

史氏而秉笔，仿《通鉴》之编年；及太宗之继承，委辅臣以雠校。作者非一，书竟未成。世宗庄献大王遹追先猷，载宣文化，谓修史要须该备，复开局再令编摩。尚纪载之非精，且脱漏者亦伙。况编年有异于纪、传、表、志，而叙事未悉其本末始终，更命庸愚，俾任纂述。凡例皆法于迁史，大义悉禀于圣裁。避本纪为世家，所以示名分之重。降伪辛于列传，所以严僭窃之诛。忠佞邪正之汇分，制度文为之类聚，统纪不紊，年代可稽。事迹务尽其详明，阙谬期就于补正。①

尽管朝鲜王朝从太祖开始，历经数代，陆续编过几部史书，但因编年体并不利于王朝正统性的塑造，只得采用纪传体重编。文宗元年（1451年）八月，《高丽史》终于完稿。全书139卷，其中目录2卷、世家46卷、志39卷、年表2卷、列传50卷。接着，金宗瑞在纪传体《高丽史》基础上用编年体改撰，次年二月，编成35卷本《高丽史节要》。这两部书都得以流传，终于实现了编纂《高丽史》以塑造王朝正统性的意图。

《高丽史》虽然用"世家"载国王史实，以示名分，然而全书并没有用宋、元等中国皇帝的纪年，而是用高丽国王在位年为全书纪年方式，表明高丽王朝的相对独立性。其实，高丽立国以后，先后采纳过五代、宋、辽、金年号。高丽元宗开始，行蒙古年号；忠烈王开始，行元朝年号，一直到被李成桂推翻。尽管在文化上，高丽与朝鲜王朝都有强烈的慕华之风，但高丽与宋朝的宗藩关系持续时间并不长。高丽开国，太祖王建即教导："惟我东方，旧慕唐风，文物礼乐，悉遵其制。"② 因而确立慕华之道，展开与宋朝的交往，对于辽、金则虽有交往，但视之为"禽兽之国"，不得效仿其制度。对于元朝，"今元氏之主中国，未闻用夏变夷，脱落菱甲，涤去腥膻。徒能窃据

---

① ［朝鲜王朝］南秀文：《进〈高丽史〉笺》，载［朝鲜王朝］徐居正等编《东文选》卷44，《朝鲜群书大系》三编第9册，第425—426页。

② ［朝鲜王朝］郑麟趾等：《高丽史》卷2《太祖世家》，《四库全书存目丛书》史部第159册，齐鲁书社1997年版，第66页。

疆土，肆然以令于衣冠之族，则是乃阴反统阳，天地古今之变逆，岂复有大于此哉"①，亦视同夷狄。

可见，在高丽与中原王朝交往的岁月里，在文化上，高丽只臣服宋朝，但与宋朝宗藩关系持续时间最短，后来就先后被辽、金和元取代。对于这些游牧民族所建立的中原王朝，高丽王朝尽管政治和军事上不得不臣服，但文化心态上始终有着高昂的心态，并不臣服。朝鲜王朝官方修纂的《高丽史》，尽管国王用世家体裁，不用本纪，以显示藩王的本色，但是全书不用中国皇帝的纪年，而是用高丽国王的在位年作为纪年方式。这种折中办法，显示朝鲜王朝的一种基本认识：既承认高丽藩国的地位，又不完全臣服，且保持一种强烈的独立自主意识。这两种意识的结合，构成了《高丽史》历史书写的基调。朝鲜王朝秉承强烈的华夷思想，将元朝视作蛮夷，即便高丽王朝是元朝藩国，在朝鲜王朝所编高丽史书中，亦不采用蒙古与元朝皇帝的年号。事实上，官修纪传体断代史本身即凸显王朝的自主性和正统诉求，这也是朝鲜王朝君臣经过几十年摸索后，最终采纳纪传体的原因。

高丽王朝与蒙古帝国的接触从1218年开始，与元朝的交往则从高丽元宗开始。高宗五年（1218年），蒙古军队追击契丹遗民进入高丽境内，其后开始正式与高丽政权接触。不久，双方缔结兄弟盟约，正式交往。但蒙古屡向高丽索取财物，引起高丽不满，并曾发生蒙古使臣归国途中被杀事件，终于引发战争。从1231年到1258年，蒙古出兵攻打朝鲜竟有7次之多。高宗四十六年（1259年），高宗王皞派太子王倎前往蒙古，双方议和。恰在此时，蒙古大汗崩逝，王倎亲迎忽必烈，忽必烈继位，建立元朝。不久，高丽高宗去世，忽必烈遣使将王倎送回高丽继位，是为元宗。正是从元宗时期开始，忽必烈在高丽帮助下，开始了征讨日本的准备。以高丽为中心进行历史书写的意识，贯穿于整部《高丽史》，其对元东征日本的历史书写，也就呈现

---

① ［朝鲜王朝］李恒老等：《宋元华东史合编纲目》附录4《发明下》，大由文化社1998年版，第1381页。

出一个朝鲜王朝版本的"蒙古袭来"故事。

二 《高丽史·世家》对元东征日本战争之书写原则与史实选择

元东征日本之前，忽必烈派使臣前往日本，希望建立一种密切的关系，这个过程相当长。从一开始，高丽王朝几乎就被绑在元朝东征的马车上，成为马前卒。对于这个过程，《高丽史》不遗余力，尽力记述，字里行间，饱含着无奈却又不甘的意识，显示高丽王朝在元朝高压下，试图寻求一种独立性。以高丽王朝为中心，凸显本国意识与本国立场，成为《高丽史》书写的最基本原则。对于元东征高丽的史实，《高丽史》是选择性地书写①，而支配其选择的原则，就是以高丽及其利益为中心。主要体现在以下几方面。

第一，战争准备阶段，面对元朝的无端要求，高丽被动应付，全面地予以叙述。

元宗七年（1266年），在征讨日本之前，忽必烈派遣使臣，途经高丽，出使日本。《高丽史》曰：

> 癸丑，蒙古遣黑的、殷弘等来诏曰："今尔国人赵彝来告，日本与尔国为近邻，典章政治有足嘉者，汉唐而下亦或通使中国，故今遣黑的等往日本，欲与通和。卿其道达去使，以彻彼疆，开悟东方，向风慕义。兹事之责，卿宜任之。勿以风涛险阻为辞，勿以未尝通好为解！恐彼不顺命，有阻去使为托，卿之忠诚，于斯可见！卿其勉之。"②

因为高丽人赵彝告密，忽必烈知悉高丽与日本常通往来，于是派

---

① 有关韩国史书有选择性的历史书写，学术界有所关注，参见李扬帆《韩国对中韩历史的选择性叙述与中韩关系》，《国际政治研究》2009年第1期。
② ［朝鲜王朝］郑麟趾等：《高丽史》卷26《元宗世家》，《四库全书存目丛书》史部第159册，第528页。

遣使臣黑的、殷弘带诏书前来，令高丽必须派使臣陪同前往，威胁说若不听令，即其忠诚可疑。高丽无法，只得命枢密院副使宋君斐、侍御史金赞等与黑的等前往日本。但这次使行并未到达日本，元宗八年（1267 年）正月，宋君斐、金赞与蒙古使节至巨济松边浦，畏"风涛之险，遂还"。元宗只得令宋君斐随黑的去元朝复命，奏曰：

> 诏旨所谕道达使臣，通好日本事，谨遣陪臣宋君斐等伴使臣以往。至巨济县，遥望对马岛，见大洋万里，风涛蹴天，意谓危险若此，安可奉上国使臣冒险轻进？虽至对马岛，彼俗顽犷无礼义，设有不轨，将如之何？是以与俱而还。且日本素与小邦未尝通好，但对马岛人时因贸易往来金州耳。小邦自陛下即祚以来，深蒙仁恤，三十年兵革之余，稍得苏息。绵绵存喘，圣恩天大，誓欲报效，如有可为之势而不尽心力，有如天日。①

这篇奏疏文，表达着几层意思：第一，先对此次使行未能如期抵达日本，加以解释。认为风涛骇浪，极度危险，担心使臣安全；加上日本人"顽犷无礼义"，对于蒙古使臣的安全难以保证，故而只能半途而废。第二，对于蒙古听信赵彝之言，以为高丽常与日本通好，予以辩白。特别强调"日本素与小邦未尝通好"，只是偶尔与对马岛人稍有贸易，对于其他日本人，则根本没有往来，故而赵彝之言不确。第三，自从元世祖即位以来，高丽就深受隆恩，并铭记于心，只期望能报之于万一。这是一篇表决心的奏疏，也是一篇为高丽开脱罪责自我辩白的奏疏，充满了外交辞令。蒙古第一次通使日本，就这样落空了。可见，高丽当时对于此事，实在没兴趣，只是应付而已。

蒙古对高丽的这种刻意推脱非常清楚。八月初一，黑的、殷弘及宋君斐等再次来到高丽，并携来忽必烈的问罪谕旨。忽必烈在谕中，一针见血地指出高丽的推脱诡计，严词指责高丽敷衍塞责与不诚实，

---

① ［朝鲜王朝］郑麟趾等：《高丽史》卷 26《元宗世家》，《四库全书存目丛书》史部第 159 册，第 528—529 页。

"天命难谌,人道贵诚,卿先后食言多矣,宜自省焉",对高丽给予严重警告,并进一步表达了通使日本的决心,"以必得要领为期",否则不会善罢甘休。最后追问高丽"誓欲报效"的说法①,明确点出当时正是报效之时!软硬兼施,高丽毫无办法,只得硬着头皮派使臣前往日本,充当东征日本的马前卒。

过了十数天,高丽元宗遣起居舍人潘阜赍元国书及高丽国王书去日本。元国书有曰:"高丽,朕之东藩也。日本密迩,开国以来,亦时通中国。至于朕躬,而无一乘之使以通和好,尚恐王国知之未审,故遣使持书布告朕志。冀自今以往,通问结好,以相亲睦。且圣人以四海为家,不相通好,岂一家之理哉?以至用兵,夫孰所好,王其图之。"②忽必烈向日本表达一种通使往来的愿望,希望日本能够上表通好,"以相亲睦"。若置之不理,就要兴兵问候,以示威胁。同时,高丽亦给日本奉上国书,现身说法,将其对蒙古的看法,向日本表露,规劝日本向元帝国遣使称臣。高丽王国尽管并不大愿意充当媒介,但在蒙古帝国的高压之下,只能将忽必烈帝诏书送达日本,同时附上高丽国书,表达通使愿望,但日本对此并不理睬。

可见,《高丽史》在《元宗世家》中,将高丽在蒙古的威吓下被迫遣使前往日本的史实细致陈述出来。在史实陈述的背后,有种无奈与被动的感觉,字里行间,显示出蒙古帝国的威力,尽管并无评论,但元朝的威吓相当明显。这是朝鲜王朝史官在书写这段历史时,所流露出来的厌恶情感。其实,通过高丽使节传话只是先声,忽必烈对日本的遐想远不只是通使往来就能满足的。

元宗十二年(1271年)正月,"蒙古遣日本国信使秘书监赵良弼及忽林赤、王国昌、洪茶丘等四十人来",并带来忽必烈诏书,诏曰:

"朕惟日本自昔通好中国,又与卿国地相密迩,故尝诏卿道

---

① [朝鲜王朝]郑麟趾等:《高丽史》卷26《元宗世家》,《四库全书存目丛书》史部第159册,第529页。
② [朝鲜王朝]郑麟趾等:《高丽史》卷26《元宗世家》,《四库全书存目丛书》史部第159册,第529页。

达去使,讲信修睦,为渠疆吏所梗,不获明谕朕意。后以林衍之故不暇,及今既辑尔家,复遣赵良弼充国信使,期于必达。仍以忽林赤、王国昌、洪茶丘将兵送抵海上。比国信使还,姑令金州等处屯住,所需粮饷,卿专委官赴彼,逐近供给,鸠集船舰,待于金州,无致稽缓匮乏。"王迎诏于郊,茶丘见王不拜。又出示中书省牒曰:据洪茶丘告说,父洪福源,钦奉累朝圣旨,王国有父母兄弟亲属曾教取发,今有叔父洪百寿等五户尚未曾得,今钦奉圣旨:洪百寿等并取发来。①

这段史料有几点值得注意:第一,这是蒙古帝国通过高丽派往日本的第一个使团。使团实际上分两批:第一批以赵良弼为国信使,并以高丽"幸臣"康允绍偕同前往;第二批忽林赤、王国昌和洪茶丘,将兵送到海上,作为后备使臣。洪茶丘原本是高丽人,因为其父投靠蒙古人,他也就成了蒙古将领。第二,史料中特别提及,洪茶丘见到郊迎的高丽国王元宗"不拜",也就是不再向国王称臣。书中特别提及这个细节,显示洪茶丘的傲慢,也映衬出高丽君臣与朝鲜史官的不满。第三,中书省牒文称,因洪茶丘之父洪福源为蒙古功臣,故召其叔父洪百寿等五人一并去蒙古帝国定居。可见此次洪茶丘来时,是公私兼顾。

因为日本对蒙古之通使要求不予理睬,蒙古开始用兵准备。军队未动,粮草先行。为了准备粮草,蒙古派忻都率兵前往高丽屯田,并要求高丽予以配合,准备三千头牛,并农器、种子之类备用。随之,高丽遣殿中监郭汝弼前往蒙古上陈情表,对于蒙古所需之物,表示颇有困难,尽量回绝:

承中书省牒,凤州屯田,农牛、农器、种子、军粮等事。若乃农牛,如前表奏,小邦京中鲜有畜使者,外方农民虽产之,饶

---

① [朝鲜王朝] 郑麟趾等:《高丽史》卷27《元宗世家》,《四库全书存目丛书》史部第159册,第545—546页。

者畜养亦不过一二头，贫者多以耒耕，或相赁牛而使之。今外方牛畜，悉因全罗道粮饷转输，以至饥困，损失者大半。农器，则小邦人民元来未有赡庀者，此皆虽不得如数，并当随力供办。种子，则百姓趁年畊作，以修贡赋用，其余以为粮料。稍存若干斗斛，以备明年耕种，以故虽或户敛，殆是不多硕耳。军粮，则大军之后，小邦元来蓄积，除逆贼攘夺外，悉因供亿留屯军马及追讨军马，馨竭无余。中外臣民征敛者累度，犹不连续，且又泛计种子、蒭秣，接秋军粮凡几万硕，此则何从而致之耶！况今逆贼日益蔓衍，侵及庆尚道金州、密城，加又掠取南海彰善、巨济、合浦、珍岛等处，至于滨海部落悉皆侵夺，以故凡所征敛，难于应副。而庆尚、全罗贡赋，皆未得陆输，必以水运。今逆贼据于珍岛，兹乃水程之咽喉，使往来船楫，不得过行。其军粮牛料种子虽欲征敛，致之无路。然不敢违命，当以力尽为限。但念所谓农器、农牛、谷种、粮料，则斯皆百姓之资生，如尽夺而供给，乃此三韩之遗噍，实荐饥以耗沦！愚情悯望之在兹，睿鉴裁量之何似。①

高丽所上陈情表可谓百般推诿，通篇都在讲其困难。《高丽史》对于这类陈情表，以及高丽如何应付蒙古需索的情况，作为重点叙说内容。尽管没有评论的言辞，但其立场相当明显，充满对于高丽的同情与理解。朝鲜王朝史官在编此书之时，寄托着对宗主国明朝同样的情感。尽管明朝对朝鲜王朝并没有与元朝对高丽同样的索取，但是明初连年的处女与火者需索，宦官的来使，也使得当时朝鲜王朝疲于奔命，不堪重负。② 所以《高丽史》对于这类史实的叙述，既表达着藩

---

① ［朝鲜王朝］郑麟趾等：《高丽史》卷27《元宗世家》，《四库全书存目丛书》史部第159册，第549页。
② 有关此问题，陈学霖先生有过研究，参见陈学霖《永乐朝宦祸举偶——黄俨出使朝鲜事迹缀辑》《洪武朝朝鲜籍宦官史料考释——〈高丽史〉、李朝〈太祖实录〉摘抄》《宣宗朝鲜选妃与朝鲜政治》《海寿——永乐朝一位朝鲜籍宦官》，皆见氏著《明代人物与传说》，香港中文大学出版社1997年版；并请参看陈学霖《明初朝鲜"入朝"宦官举隅：海寿事迹探索》，《故宫学术季刊》1999年第4期。

国的无奈，也显示着藩国并非逆来顺受的自主和抗争意识。

陈情表不够，高丽接着派断事官沈浑上表，继续请命，力图使忽必烈汗解除这种需索。其曰：

> 经略使史枢与忽林赤、赵良弼、王国昌、洪茶丘等议农牛、农器、种子，必定其成数，多般诘责。兹用约以农牛一千一十头、农器一千三百事、种子一千五百硕，寻委中外，当及农时。又于今年内续后须索，仅可得农牛九百九十头，以定其数。使臣沈浑继至，复谕之以农牛等事。窃念向件元约数外，农牛农器之今未足办者，渐次当依元数。其军马接秋粮饷，限以力尽，不令受饥。噫！此百姓皆是皇帝之百姓。乃此农牛、农器、种子一皆收夺，使失其业，则恐百姓决定饥死。其又在此者役烦力竭，不堪困苦，而从逆贼者，靡有歎艰，则焉知愚民有所贰于彼哉！圣鉴若知如此，必曰何不撰力陈实，早达宸所，使我百姓至于此极？然则谁当任其责？兹用昧死，庶几一晓于哀惊！①

此表中，尽管高丽表示尽力置办，但更重要的是在为百姓申诉苦楚，申说一旦农牛、农器、种子都被收走，百姓将无以为生，只能干坐等死，或许因此而走向叛逆，而"此百姓皆是皇帝之百姓"，相信皇帝也不愿发生这样的事情。实际上这是表达对需索的抗争，表示无论高丽君臣还是百姓，都不堪其扰，无法承受此重负。

元宗十三年（1272年）正月，赵良弼从日本回到高丽，并带来日本使臣12人。元宗国王马上派使臣前往大都报告，上表祝贺。同年十二月，元复遣赵良弼前往日本招谕，这次却不如第一次顺利。元宗十四年（1273年）三月，赵良弼抵达日本大宰府，不得入国都，只得再次回到高丽。赵良弼的两次出使日本都经高丽前往，高丽国王给予了很大的方便和帮助。在蒙古派使臣前往日本之同时，蒙古大军

---

① ［朝鲜王朝］郑麟趾等：《高丽史》卷27《元宗世家》，《四库全书存目丛书》史部第159册，第550页。

在忻都、洪茶丘的指挥下，截至元宗十四年（1273年）四月，攻占了三别抄所占领的朝鲜半岛东南沿海诸岛，珍岛、耽罗先后平定，扫清了朝鲜半岛东南诸岛的障碍，为征讨日本做了准备。《高丽史·忠烈王世家》对于征讨经过的叙述相当简略。

有鉴于第一次征讨日本前，高丽只是被动应对元朝的需索，在第二次征讨前，高丽国王主动出击，试图参与其决策过程，以尽可能地限制蒙古将领的权限及其对高丽的侵扰。第二次征讨日本决策之际，高丽忠烈王正在大都，亲受谕旨。《高丽史》对决策过程作如下记述：

> 王至上都时，帝在阇干那兀，王遂如行在。乙未，谒帝。帝宴王，仍命从臣赴宴。先是，王使朴义奏曰："东征之事，臣请入朝禀旨。"帝许之。忻都、茶丘、范文虎皆先受命。茶丘曰："臣若不举日本，何面目复见陛下！"于是约束曰："茶丘、忻都率蒙、丽、汉四万军发合浦，范文虎率蛮军十万发江南，俱会日本一歧岛。两军毕集，直抵日本，破之必矣。"王以七事请："一、以我军镇戍耽罗者，补东征之师；二、减丽、汉军，使阇里帖木儿益发蒙军以进；三、勿加洪茶丘职任，待其成功赏之，且令阇里帖木儿与臣管征东省事；四、小国军官皆赐牌面；五、汉地滨海之人并充梢工水手；六、遣按察使廉问百姓疾苦；七、臣躬至合浦阅送军马。"帝曰："已领所奏。"①

从中看出几点：第一，高丽国王对参与东征之事非常重视，他先让大臣上奏，要入朝亲受东征之旨，不想由其他朝臣传旨，以争取主动。第二，对于排兵布局，忠烈王提出他的七点见解，直接参与决策过程，这是高丽国王变被动为主动的一种努力。从他所提出的七点建议看，一方面希望少用汉军和高丽军，多用蒙古军队，于水手也希望

---

① ［朝鲜王朝］郑麟趾等：《高丽史》卷29《忠烈王世家》，《四库全书存目丛书》史部第159册，第600页。

多用汉地之人，不要专门依靠高丽水手，以减少高丽王朝的负担；二则削弱洪茶丘的职位，因为洪茶丘是其死敌。与此同时，忠烈王希望由阇里帖木儿与他共同掌管征东事项。忠烈王这么做，意图十分明显，就是不希望在东征过程中受制于人，更不希望因为这次出征让政敌得以再次掌权从而影响高丽的国政。尽管忽必烈并未采纳忠烈王之建议，但对他的意见还是给予了重视。九月丙辰，征东元帅府镇抚也速达赍二份文书来，乃是专为约束蒙古征东军队，严禁蒙军中作奸犯科者：

> 其一，奉圣旨：委忻都、茶丘、范右丞、李左丞征收日本行中书省事，即目军马调度，据本国见管粮储船只梢工水手，一切军须，请照验行下合属如法准备，听候区用，勿值临时失误。其一，经行去处，窃恐不畏公法之人，放火烧草，事系利害，请照验行下合属出榜禁约。如违，罪有所归。①

这两条约束，可以说是对忠烈王所提七条建议的回应，免得征东将领胡作非为，伤害高丽。尽管《高丽史》对蒙古东征军之危害并没有详述，但从忠烈王在第二次东征之前的积极努力可以看出，为了避免东征军的危害，忠烈王的主动努力，受到忽必烈重视，获得了回报。

可见，第一，《高丽史》对在战争准备阶段，高丽王朝如何从被动应对，巧妙周旋，极陈困难，到第二次征讨前，高丽国王争取主动，做了系统的书写，凸显了高丽王朝对于宗主国元朝的敷衍、抗争，与其争取独立自主的努力。

第二，《高丽史》对高丽于战争前后所耗费的人工、粮食、马料及遭遇的困难予以详述。

《高丽史》对于高丽为元征日本耗费物资、人工，造成对百姓的

---

① ［朝鲜王朝］郑麟趾等：《高丽史》卷29《忠烈王世家》，《四库全书存目丛书》史部第159册，第600页。

妨碍等情况，不厌其详地加以叙述，充分显示高丽为元征日本付出了巨大代价。如：元宗"十五年春正月，元遣总管察忽监造战舰三百艘，其工匠役徒一切对象，全委本国应副……兴役催督甚严……于交州道各为部夫，使征集工匠役徒三万五百余名，起赴造船所。是时，驿骑络绎，庶务烦剧，期限急迫，疾如雷电，民甚苦之"①。元宗十五年（1274年）二月甲子，高丽国王派遣别将李仁前往元朝汇报准备情况，将他们所做的事情和所耗粮饷，无分巨细，一一上奏，特别表明高丽面临巨大困难，百姓因之更加穷困，"乞皆蠲免，以惠远人"②。督造船只者是洪茶丘，他虽出身高丽，但任元将领，只为元朝办事，对于高丽所提要求，并不予以重视，高丽对他深恶痛绝。

高丽常常跟元朝算经济账，对于他们所提供的粮草数目，时时向元朝禀报，一笔一笔地算清。忠烈王三年（1277年），高丽遣使上书中书省，其中有言："小邦自至元七年以来，征讨珍岛、耽罗、日本大军粮饷，悉于百姓科收，而后见在合浦镇边军、耽罗防护军、盐白州归附军并阔端赤，一年都支人粮一万八千六百二十九石二斗，马牛料三万二千九百五十二石六斗，皆以汉斗计，亦于百姓科收。今者所遣屯田军三千二百并阔端赤等粮料，更于何处索之？"③ 特别提及是以汉斗计，可见，高丽是多么在乎这些粮草。这是在第一次东征时，高丽所筹集的粮草。《高丽史·兵志》更详细叙述了高丽如何为第二次东征筹集军粮而费尽心机。

> 忠烈王三年二月，令诸王百官以至庶民，出米有差，以充洪茶丘军粮。四年正月，以西海道丁丑年转米给元帅茶丘军。五年四月，遣使诸道审检兵粮。七年三月，分给官绢二万匹于两班及

---

① ［朝鲜王朝］郑麟趾等：《高丽史》卷27《元宗世家》，《四库全书存目丛书》史部第159册，第565页。
② ［朝鲜王朝］郑麟趾等：《高丽史》卷27《元宗世家》，《四库全书存目丛书》史部第159册，第566页。
③ ［朝鲜王朝］郑麟趾等：《高丽史》卷28《忠烈王世家》，《四库全书存目丛书》史部第159册，第579页。

京外民户籴兵粮。十月，发龙门仓兵粮给领府。八年四月，东征所支兵粮十二万三千五百六十余石。九年二月，命各道禄转未输京者悉充军粮。三月，令诸王、百官及工商、奴隶、僧徒出军粮有差。诸王、宰枢、仆射、承旨，米二十石；致仕宰枢、显官三品十五石；致仕三品显官、文武四五品十石；文武六品、侍卫护军八石；文武七八品参上解官六石；东班九品参外副使校尉南班九品四石；正杂权务队正三石；东西散职业中僧一石；白丁抄奴所由丁吏诸司下典独女官寺奴婢十斗；贾人大户七石；中户五石；小户三石。唯年七十以上男女勿敛。①

这段史料记录高丽王朝为筹集军粮不得不采取的办法。其中可见几点：1. 东征日本期间，为了筹集军粮，高丽王朝上至国王，下至贩夫走卒，都必须筹集定量的军粮，以保证前线军需。2. 充分说明，征讨日本给高丽社会带来的损害是全方位的，几乎无人可逃。第一次征讨之前，蒙古军队来高丽军屯，生产粮食，可以给高丽减轻军粮的负担；第二次出征之前，似乎并没有再行军屯之事，故而高丽王朝只得全民动员，人人出力。3.《高丽史》在《兵志》中将筹集军粮的问题予以陈述，可印证《世家》部分对于军粮等物资供应的细致叙述，充分说明关注这部分史实之必要性。

《高丽史》卷二十九《忠烈王世家二》忠烈王六年（1280年）十月戊戌条，特地收录一份元东征军事牒文书，主要涉及士卒逃亡事故及其处置办法。较之叙述征讨日本的战事经过，此牒文书篇幅长出数倍。这一方面说明这是当时一件大事，同时也反映朝鲜王朝修史官一种特别的心态，似乎有些幸灾乐祸。同年十一月，高丽再次上书中书省，汇报准备情况，曰："小国已备兵船九百艘，梢工水手一万五千名，正军一万名。兵粮以汉石计者十一万，什物、机械不可缕数，

---

① ［朝鲜王朝］郑麟趾等：《高丽史》卷82《兵志·屯田》，《四库全书存目丛书》史部第161册，第219—220页。

庶几尽力，以报圣德。"① 这也是一篇极长的表文。同一卷中收录这两个极长的表文，显示高丽为征讨日本付出了巨大努力和代价。在朝鲜王朝修史官看来，元征高丽，如果没有高丽的准备与付出，大概也是不可行的，此举对高丽社会的影响也是深远的。

第三，《高丽史·忠烈王世家》对两次元东征日本经过叙述简略，且所记史实以高丽将领为中心。

至元十一年（1274年）十月，元丽联军第一次征讨日本，日本称之为"文永之役"。《高丽史·忠烈王世家》叙述此次战争，只有数行：

> 冬十月乙巳，都督使金方庆将中军，朴之亮、金忻知兵马事，任恺为副使；金侁为左军使，韦得儒知兵马事，孙世贞为副使；金文庇为右军使，罗裕、朴保知兵马事，潘阜为副使，号三翼军。与元都元帅忽敦、右副元帅洪茶丘、左副元帅刘复亨，以蒙汉军二万五千、我军八千、梢工引海水手六千七百、战舰九百余艘征日本。至一歧岛，击杀千余级，分道以进，倭却走，伏尸如麻，及暮乃解。会夜大风雨，战舰触岩崖多败，金侁溺死。②

至元十八年（1281年），元朝第二次东征，日本称之为"弘安之役"。对于此次征讨日本的经过，《高丽史·忠烈王世家》也只有寥寥数行字，其曰：

> 七年五月戊戌，忻都、茶丘及金方庆、朴球、金周鼎等以舟师征日本。
>
> 癸亥，行省总把报：是月二十六日，诸军向一歧岛，忽鲁勿塔船军一百十三人、梢手三十六人，遭风失其所之。遣郎将柳庇

---

① ［朝鲜王朝］郑麟趾等：《高丽史》卷29《忠烈王世家》，《四库全书存目丛书》史部第159册，第605页。
② ［朝鲜王朝］郑麟趾等：《高丽史》卷28《忠烈王世家》，《四库全书存目丛书》史部第159册，第570—571页。

告于元。

六月壬申，金方庆等与日本战，斩首三百余级；翼日复战，茶丘军败绩，范文虎亦以战舰三千五百艘、蛮军十余万来会，值大风，蛮军皆溺死。

八月己卯，别将金洪柱自合浦至行宫，告东征军败，元帅等还至合浦。

……

是月，忻都、茶丘、范文虎等还，元官军不返者，无虑十万有几。

十一月壬午，各道按廉使启：东征军九千九百六十名、梢工水手一万七千二十九名，其生还者一万九千三百九十七名。[①]

综合这两段史料可知几点：第一，叙述相当简略，说明《高丽史·忠烈王世家》对于这次征讨日本的战争并不重视。第二，在如此简单的叙述中，其内容选择值得关注，即重点介绍高丽军队的将领以及建制情况。首次东征，高丽军队尽管只有八千人，但是分左、中、右三路，各有将领指挥，对于元军将领，一笔带过。尽管从人数上看，高丽军队是绝对的少数，但是在《高丽史》的叙述中，却是主要关注的对象。第二次东征的叙述，依然是以高丽将领优先，既点出了随军征讨高丽将领的名字，书中所记录的唯一一场胜仗，也是高丽将领金方庆所指挥的高丽军队所赢得，对于元军战事情况，则未提一场胜仗，只述其败仗。第三，具体战事情况叙述极其简略，两次战败，都提及了"大风"，在一定程度上说明了东征失败的直接原因。第四，两次战争的叙述都提及了具体的损失。首段史料中，除提及战舰败没外，特别提及左军使金侁溺死，这是高丽溺死的最高指挥官。而在随后的《年表》中则曰："十月，金方庆与元元帅忽敦、洪茶丘

---

① ［朝鲜王朝］郑麟趾等：《高丽史》卷29《忠烈王世家》，《四库全书存目丛书》史部第159册，第609—611页。

等征日本，至一歧战败，军不还者万三千五百余人。"① 第二段史料对于元军伤亡情况有多个数据，十分清晰地呈现出东征伤亡之惨重。在下文《年表》中则曰："元至元十八年，忠烈王七年五月，金方庆与忻笃（都）、茶丘征日本，至霸家台战败，军不还者十万有奇。"② 这与第一次征讨的叙述类似，字数不多，叙述简略，但是丝毫不掩饰其漠视的态度。

可见，在《高丽史·忠烈王世家》对这场战争的叙述中，高丽军队是主角，蒙古军队只是配角，日本海战则作为背景而已，这显示《高丽史》并未全面叙述这场战争，而是重在揭示高丽军队在其中的作用，做一种选择性的历史书写。

《高丽史节要》继承和发挥了《高丽史》的这种叙述原则。以首次东征的叙述为例，其曰：

> 冬十月，都督使金方庆将中军，朴之亮、金忻知兵马事，任恺为副使；枢密院副使金侁为左军使，韦得儒知兵马事，孙世贞为副使；上将军金文庇为右军使，罗裕、朴保知兵马使，潘阜为副使，号三翼军。与元都元帅忽敦、右副元帅洪茶丘、左副元帅刘复亨，以蒙汉军二万五千、我军八千、梢工引海水手六千七百，战舰九百余艘，发合浦。越十一日，船至一歧岛，倭兵阵于岸上。朴之亮、赵抃逐之，倭请降而复战。茶丘与之亮、抃，击杀千余级。舍舟三郎浦，分道以进，所杀过当。倭兵突至冲中军，方庆拔一嚆矢，厉声大喝，倭辟易而走。之亮、忻、抃、李唐公、金天禄、申奕等殊死战，倭兵大败，伏尸如麻。忽敦曰：虽蒙人习战，何以加此！诸军终日战，及暮乃解。方庆谓忽敦、茶丘曰：我兵虽少，已入敌境，人自为战，即孟明焚舟、淮阴背水者也，请复决战。忽敦曰：小敌之坚，大敌之擒，策疲战大

---

① ［朝鲜王朝］郑麟趾等：《高丽史》卷87《年表》，《四库全书存目丛书》史部第161册，第307页。
② ［朝鲜王朝］郑麟趾等：《高丽史》卷87《年表》，《四库全书存目丛书》史部第161册，第307页。

敌，非完计也。而刘复亨中流矢，先登舟故，遂引兵还。会夜大风雨，战舰触岩崖多败，金侁堕水死。①

此处叙述，主要有几点内容和特点：第一，高丽军队的作战表现为主要关注的对象，从军队的将官以及部队的安排、分布，再到死伤，所记全部是高丽军队的情况，元朝军队的情况只是简单提及。从这段历史书写看，这场大战似乎高丽军队是主力。第二，在全面介绍高丽军队的情况下，重点突出了金方庆的战功。当日军攻击中军时，中军主将金方庆厉声大叫，率领士卒英勇奋战，"倭兵大败，伏尸如麻"，且得到元军主帅忽敦（忻都）的称赞："虽蒙人习战，何以加此。"金方庆且进言希望速战速决，但未被采纳，以至于夜晚大风雨，战舰触岩而败。这实际上是吸收了《高丽史·金方庆传》中的内容，后文会加以讨论。第三，由此看来，战事失败，应该由元军主帅负责。随后提到人员损失惨重，"东征军师还合浦，遣同知枢密院张镒劳之，军不还者，无虑万三千五百余人"。这段叙述乃是综合了《高丽史》的叙述而来，二者在叙述原则上是一致的。

综上所述，《高丽史》对元东征日本之事的历史书写中，关于战争前后高丽如何应对元朝的需索与压力、高丽为此次战争耗费过多少物资与人工，都极尽其详，而对战争经过的叙述相当简单，即便提及战事，也主要是写高丽将领的战功。呈现高丽在这场战争中所付出的代价和主要表现，是其书写的最主要动因。

三 《高丽史》对高丽参与元东征将领之书写

纪传体史书，人物是中心；各种历史事件的叙述，也都贯彻到人物传记的书写之中。高丽参与这场战争的将领，《高丽史》中有专传的人不多，主要有《金方庆传》，其子《金忻付传》、部将《朴球附

---

① ［朝鲜王朝］金宗瑞等：《高丽史节要》卷19，元宗十五年冬十月，亚细亚文化社1973年版，第502—503页。

传》;《金周鼎传》《罗裕传》,及《金文庇传》附《李贞传》。另外,一些相关人物如李藏用、洪福源、赵彝也有传。在这些传中,比较详细讨论这次战争的是《金方庆传》,其他人物传对这场战争只是一笔带过,甚至根本未曾提及。根据人物的生前表现,有正面叙述的,如《金方庆传》;有反面典型的,如《叛逆传》中的《赵彝传》和《洪福源传》。可见,《高丽史》对这些人物的选择与书写,都是有着强烈政治诉求的。

《高丽史》中《叛逆传》占很大篇幅,共有 6 卷。序曰:"孔子作《春秋》,尤严于乱臣贼子及据地以叛者,其诛死者而不贷,所以戒生者于后也。夫人臣忠顺,则荣其身、保其宗,而美名流于后;叛逆者未有不脂润鼎镬,赤其族而覆其祀者,可不戒哉!作《叛逆传》。"①《高丽史》中,对于那些投靠元朝、危害高丽之人,大多列入《叛逆传》中,如东征将领中以《洪福源传》与《赵彝传》为代表。赵彝"中进士,后反,入元称秀才,能解诸国语,出入帝所"。他并未率兵前来高丽征讨,《高丽史》中所记,只是他向忽必烈进言:"高丽与日本邻好,元遣使日本,令本国乡导。"这才导致高丽派使臣宋君斐陪同元使前往。后来又有几次进"谗言",故而《高丽史》曰:"彝常以谗毁为事,竟不得志而死。"他以言辞加害高丽,《高丽史》编纂者对之深恶痛绝,予以贬斥。另有"金裕、李枢者,亦反人也"②。《高丽史》也将之列于《叛逆传》,称为"反人"。

洪福源,洪茶丘之父,亦被列入《叛逆传》中。《高丽史》中无洪茶丘传,乃是将洪茶丘看成元朝人,但在《洪福源传》中,对洪茶丘所做事情多有记述。洪福源原本为高丽西京郎将,高宗二十年(1233 年)起兵反宣谕使郑毅,失败后逃到蒙古。"福源在元为东京总管,领高丽军民,凡降附四十余城民皆属焉。逸构本国,随兵往来……然自是元兵岁至,攻陷州郡,皆福源导之也。"后洪福源得罪

---

① [朝鲜王朝]郑麟趾等:《高丽史》卷 127《叛逆传·序》,《四库全书存目丛书》史部第 162 册,第 288 页。
② [朝鲜王朝]郑麟趾等:《高丽史》卷 130《叛逆传·赵彝传》,《四库全书存目丛书》史部第 162 册,第 361 页。

高丽人质永宁公王綧之蒙古妃子，被处死。"籍没家产，械其妻及子茶丘、君祥等以归。福源诸子憾父之死，谋陷本国，无所不至。"①元宗二年（1261年），忽必烈即位后，才为洪福源雪冤，并令洪茶丘袭其父职，"管领归附高丽军民总管"，此后洪茶丘一直担任元朝官职。因其来自高丽，凡涉及高丽事务，元朝大多委托洪茶丘办理。洪茶丘对高丽从不顾恤，处处与高丽为难，高丽君臣恨之入骨。

高丽国王忠烈王对于洪茶丘相当忌惮，他曾亲自向忽必烈进言，希望将洪茶丘召回元朝，不能留置高丽。"然茶丘在焉，臣之为国，不亦难哉？如茶丘者，只宜理会军事，至于国家之事，皆欲擅断。其置达鲁花赤于南方，亦非臣所知也。上国必欲置军于小邦，宁以鞑靼汉儿军，无论多小（少）而遣之。如茶丘之军，惟望召还。"② 这数言已将他们之间的矛盾暴露无遗。忽必烈问忠烈王以忻都替换茶丘如何，忠烈王曰："忻都，鞑靼人也，可则可矣。使茶丘在，则与高丽军妄构是非，虽忻都不能不信，望令茶丘与高丽军皆还于朝，以鞑靼汉儿军代之。"③ 可见，忠烈王宁可让鞑靼人忻都取代洪茶丘，也不让他在高丽搬弄是非，致使他难以为政。其时，洪茶丘镇守耽罗，于是忽必烈下令，将忻都与洪茶丘等皆召回，免生事端。高丽趁此机会，接管耽罗镇守任务，也进而将耽罗置于其控制之下。

关于洪茶丘在东征时期的表现，《高丽史》作如下书写：

> 十五年，帝将征日本，以茶丘为监督造船官军民总管。茶丘克期催督甚急，分遣部夫，使征集工匠，诸道骚然。帝又命茶丘提点高丽农事，又命为东征副元帅。茶丘以忠清道梢工水手不及期，杖部夫，使大将军崔沔以大府卿朴晖代之。茶丘与忽敦、金

---

① ［朝鲜王朝］郑麟趾等：《高丽史》卷130《叛逆传·洪福源传》，《四库全书存目丛书》史部第162册，第350页。
② ［朝鲜王朝］郑麟趾等：《高丽史》卷28《忠烈王世家》，《四库全书存目丛书》史部第159册，第586页。
③ ［朝鲜王朝］郑麟趾等：《高丽史》卷28《忠烈王世家》，《四库全书存目丛书》史部第159册，第586页。

方庆等征日本。忠烈三年，帝欲复征日本，以茶丘为征东都元帅，时韦得儒等诬构方庆大狱起，茶丘在东京闻之，奏帝来问，欲令方庆诬服，嫁祸于国，拷讯极惨酷。未几，帝召还，语在《方庆传》。①

这段记载虽涉及元征高丽之事，但主要是讲洪茶丘借战事而危害高丽的种种恶行。《高丽史》虽然没有给洪茶丘单独立传，但在《洪福源传》中清楚地交代了洪茶丘的所作所为。该传所述元征高丽事，只是作为说明洪茶丘作为的背景而已。《高丽史》将洪茶丘之父列入《叛逆传》，视作叛逆，也充分显示着鄙视与痛斥。这与前面所提到的赵彝被归入《叛逆传》一样，反映朝鲜王朝史官为高丽王朝抒发对于投靠元蒙帝国高丽人的一种批判性评价。

与把洪福源、赵彝列入《叛逆传》相对照，金方庆则是作为肯定的对象被记述的。金方庆，字本然，安东人，新罗敬顺王之远孙。父孝印，性严毅，少志学，善书登第，官至兵部尚书翰林学士。在两次东征日本过程中，金方庆都任高丽军队的最高统帅，因此在其传中，对两场战争都做了篇幅较长的描述。关于第一次东征，《金方庆传》述曰：

（元宗）十五年，帝欲征日本，诏方庆与茶丘监造战舰。造船若依蛮样，则工费多，将不及期，一国忧之。方庆为东南道都督使，先到全罗，遣人咨受省檄，用本国船样督造。是年元宗薨，忠烈即位，方庆与茶丘单骑来陈慰，还到合浦，与都元帅忽敦及副元帅茶丘、刘复亨阅战舰。方庆将中军，朴之亮、金忻知兵马事，任恺为副使，枢密院副使金侁为左军使，韦得儒知兵马事，孙世贞为副使；上将军金文庇为右军使，罗佑、朴保知兵马事，潘阜为副使，号三翼军，忻即绶也。

---

① ［朝鲜王朝］郑麟趾等：《高丽史》卷130《叛逆传·洪福源传》，《四库全书存目丛书》史部第162册，第351页。

以蒙汉军二万五千、我军八千、梢工引海水手六千七百、战舰九百余艘，留合浦以待女真军，女真后期。乃发船入对马岛，击杀甚众。至一歧岛，倭兵陈于岸上，之亮及方庆增赵抃逐之，倭请降，复来战。茶丘与之亮、抃击杀千余级，舍舟三郎浦，分道而进，所杀过当。倭兵突至，冲中军，长剑交左右。方庆如植，不少却，拔一嚆矢，厉声大喝，倭辟易而走。之亮、忻、抃、李唐公、金天禄、申奕等力战，倭兵大败，伏尸如麻。忽敦曰：蒙人虽习战，何以加此！诸军与战，及暮乃解。方庆谓忽敦、茶丘曰："兵法：千里县军，其锋不可当。我师虽少，已入敌境，人自为战，即孟明焚船、淮阴背水也，请复战。"忽敦曰："兵法小敌之坚，大敌之擒，策疲乏之兵，敌日滋之众，非完计也，不若回军。"复亨中流矢，先登舟，遂引兵还。会夜大风雨，战舰触岩崖多败，侁堕水死。到合浦，以俘获器仗献帝及王，王遣枢密副使张镒慰谕，命方庆先还，加上柱国判御史台事。[①]

关于第二次征讨情况，《金方庆传》如斯写道：

七年三月，出师东征。方庆先到义安军阅兵仗，王至合浦，大阅诸军。方庆与忻都、茶丘、朴球、金周鼎等发，至日本世界村大明浦，使通事金贮檄谕之。周鼎先与倭交锋，诸军皆下与战，郎将康彦（康师子）等死之。六月，方庆、周鼎、球、朴之亮、荆万户等与日本兵合战，斩三百余级。日本兵突进，官军溃，茶丘弃马走，王万户复横击之，斩五十余级，日本兵乃退，茶丘仅免。翼日复战，败绩。军中又大疫，死者凡三千余人。忻都、茶丘等以累战不利，且范文虎过期不至，议回军，曰："圣旨令江南军与东路军必及，是月望会一歧岛。今南军不至，我军先到数战，船腐粮尽，其将奈何？"方庆默然。旬余，又议如初。

---

① ［朝鲜王朝］郑麟趾等：《高丽史》卷104《金方庆传》，《四库全书存目丛书》史部第161册，第592—593页。

方庆曰:"奉圣旨,赍三月粮,今一月粮尚在,俟南军来合攻,必灭之。"诸将不敢复言。既而,文虎以蛮军十余万至,船凡九千艘。八月,值大风,蛮军皆溺死,尸随潮汐入浦,浦为之塞,可践而行。遂还军。①

这两段书写,清晰地呈现了东征战场的另一个版本,有几个特点:第一,这是《高丽史》有关元东征作战情节叙述的最详细版本,较之《忠烈王世家》的叙述更为详细,也更为形象。这段书写以金方庆为中心,意在凸显金方庆的战功及其英勇事迹。诚如前面所提到的,金方庆是高丽名将,出身名门,战功赫赫,也是与忻都、洪茶丘一道剿灭三别抄的高丽主将,在击败耽罗三别抄后,得高丽王专门下谕褒奖。金方庆在这两次战争中的表现,充分说明他是位英勇善战的栋梁之才,值得倚重。第二,从这段史料看,金方庆似乎是战争的主宰,第一次战斗正酣之际,金方庆"拔一嚆矢,厉声大喝,倭辟易而走……倭兵大败,伏尸如麻",甚至蒙古主帅也称赞他比骁勇善战的蒙古人更为勇武。在战事有利之时,他建议乘胜追击,可惜不被采纳,以至于遭遇风暴,战舰损坏,因而大败。第二次征伐之时,也是金方庆指挥高丽军队,"斩三百余级",取得一场胜仗。蒙古军队则屡打败仗,洪茶丘仅以身免,最终遭遇大风,军士多溺死。这种强烈对比的书写,凸显了金方庆的战功。第三,这段描述与《高丽史》其他记载一样,呈现的主要是高丽军队在战场上的表现。如果只看《高丽史》,读者并不能全面掌握战事情况,只能了解朝鲜王朝官方所塑造的高丽军队的表现而已。事实上,抛开这些史料的片面书写,而从战事的角度来考虑,这场战争是元朝发动的,高丽被迫跟随,高丽军队只能是辅助而已,不可能成为战争胜负的主宰。因此,《高丽史》将某些情节夸大,甚至有可能杜撰一些情节。如金方庆与主帅的对话,就很难说是真实存在的。朝鲜王朝的编纂者固然不可能听到这

---

① [朝鲜王朝]郑麟趾等:《高丽史》卷104《金方庆传》,《四库全书存目丛书》史部第161册,第598页。

些对话，即便高丽王朝留下的相关档案资料，也不大可能有这样的对话记录。

综上所述，《高丽史》以是否忠于高丽作为判定人物的标准。凡是背叛高丽，投身元朝者，都会被视作"反人"而打入《叛逆传》中，赵彝、洪福源就是典型代表。金方庆是东征日本时高丽级别最高的将领，也是高丽东征的代表人物，被塑造成英雄典范。他的传记通过对话等方式，在塑造蒙古东征的一个更为生动版本的同时，也把金方庆塑造成为东征战事的主宰，蒙古将领则是失败的化身，对东征失败要负最主要责任。

四 结语

朝鲜王朝官修《高丽史》，对于元东征日本史事，在《忠烈王世家》与《金方庆传》中，呈现出两个相似而又有细微差别的版本，但二者的主旨相同，都是凸显高丽王朝在这场战争中的贡献，宣扬高丽将领的战功。这种叙事呈现给读者的是，高丽是这场战争胜负的关键，只因元朝统帅一意孤行，不听高丽将领的忠言，东征军才遭遇大风雨而败。诚如法国历史学家米歇尔·德·塞尔托（Michel de Certeau）所指出的那样，官方的历史书写，是由国家理性来完成的，"它要依据一些现成的材料，通过专门手法，来'处理'某个'环境'下的各种因素，以构建缜密的叙述"[①]。《高丽史》的相关叙述，正是朝鲜王朝官方史家所构建出来的。如果将《高丽史》与《元史》两相对比，我们会发现有很大的不同。即如所谓洪茶丘诬陷金方庆案，《高丽史》载：金方庆有功得赏，随之受到朝中党人排挤，被诬告欲谋反。"茶丘与本国有宿憾，欲伺衅嫁祸，闻方庆事，请中书省来鞠。"[②] 洪茶丘对其百般迫害，试图置之于死地，金方庆受尽折磨，

[①] ［法］米歇尔·德·塞尔托：《历史书写》，倪复生译，中国人民大学出版社2012年版，第11页。

[②] ［朝鲜王朝］郑麟趾等：《高丽史》卷104《金方庆传》，《四库全书存目丛书》史部第161册，第595页。

忽必烈过问后，才将金方庆莫须有的罪名去除。《元史·高丽传》则曰："十四年正月，金方庆等为乱，命王惟治之，仍命忻都、洪茶丘饬兵御备。"①《元史》将金方庆视作叛乱者，而《高丽史》将金方庆之事说成遭洪茶丘诬陷，二者看法截然相反。《高丽史》与《元史》对许多事情的记述相左，金方庆案件仅是其中一个典型事例。金方庆在《高丽史》中作为重臣而有传，《元史》则站在洪茶丘一边，将其视作叛乱嫌疑者。而洪福源在《元史》中被视作功臣，《高丽史》则将他列入《叛逆传》中。无论是《高丽史》还是《元史》，都没有洪茶丘的传，尽管他是一个很重要的人物。《元史》中甚至见不到洪茶丘多少事迹，而《高丽史》则将他的事迹放入《洪福源传》，相当于被置于《叛逆传》中了。

如此巨大的差别，不能不引起我们的警觉。要在处理涉及东亚三国的历史事件时避免类似的问题，或者在使用史书记载时避免受一些刻意构建的影响，就不能只从一国立场和视角来思考问题。② 史料上，既要如陈寅恪所说的"取异族之故书与吾国之旧籍互相补正"③，更重要的是，要跳出国族的窠臼，摆脱一国史的羁绊，采取"东亚史"的视角，方有可能趋近历史的真相。

---

① （明）宋濂等：《元史》卷208《高丽传》，中华书局1976年版，第4620页。
② 葛兆光在《在"一国史"与"东亚史"之间：以13—16世纪东亚三个历史事件为例》（《中国文化研究》2016年冬之卷）中指出："如果仅仅站在一国历史的立场、角度和视野来观看发生在东亚的历史，会出现'死角'或'盲点'。因为，只有一个圆心（国家）的历史叙述，会使得历史有中心有边缘，中心虽然清晰，但边缘常常含糊甚至舍弃。"因此，要舍弃一国史的视角，而从东亚史的角度来重新审视这些历史事件。
③ 陈寅恪：《王静安先生遗书序》指出此"轨则"有三：1. "取地下之实物与纸上之遗文互相释证"；2. "取异族之故书与吾国之旧籍互相补正"；3. "取外来之观念，与固有之材料互相参证"。参见《陈寅恪集》之《金明馆丛稿二编》，生活·读书·新知三联书店2001年版，第247页。

书籍与治教：朝鲜王朝对华书籍交流与“小中华”意识

黄修志

学界针对朝鲜王朝对华书籍交流已有不少研究成果①，但多是从

---

① 本文系国家社科基金青年项目（“朝鲜王朝‘小中华’意识与对华‘书籍外交’研究”，15CSS027）阶段性研究成果，得到中国博士后基金面上项目（2016M592168）的资助，谨致谢意。

管见所及，学界关于朝鲜王朝对华书籍交流的代表性研究有：［韩］郑锡元：《朝鲜之中国书籍输入与燕行机能》，《文镜》1992 年第 4 号；［韩］郑沃根：《中国古代小说在韩国的流传和影响》，《华东师范大学学报》1994 年第 4 期；张升：《明代的外交赐书》，《江苏图书馆学报》1995 年第 1 期；［韩］郑亨愚：《朝鲜朝书籍文化研究》，九美贸易株式会社出版部 1995 年版；［韩］辛良善：《조선시대 17세기 서적 수집정책》，韩《历史与实学》1995 年第5—6 期；邹振环：《明末清初朝鲜的赴京使团与汉文西书的东传》，《韩国研究论丛》第 4 辑，上海人民出版社 1998 年版；张升：《明代朝鲜的求书》，《文献》1996 年第 4 期；黄建国：《古代中韩典籍交流概说》，《韩国研究》第 3 辑，杭州出版社 1996 年版；［韩］闽宽东：《中国古典小说在韩国之传播》，学林出版社 1998 年版；邹振环：《西方地理学的学术挑战与中韩学人的应战——明末清初地理学汉文西书的东传及其在中韩文化史上的意义》，《复旦学报》1999 年第 3 期；［韩］辛良善：《15 세기 조선시대의 서적수입정책》，韩《历史与实学》1999 年第 12 期；［韩］李元淳：《燕京琉璃厂与朝鲜学人》，《韩国传统文化（历史卷）》，学苑出版社 2000 年版；葛承雍、李文遴：《中朝汉籍交流的文化史章》，《西北大学学报》2000 年第 3 期；［韩］朴现圭：《朝鲜使臣与北京琉璃厂》，《文献》2003 年第 1 期；郑成宏：《中国与朝鲜半岛儒学典籍的相互交流管窥》，《当代韩国》2003 年第 4 期；张伯伟：《朝鲜书目与时代及地域之关系》，《延边大学学报》2004 年第 4 期；张伯伟编：《朝鲜书目丛刊》，中华书局 2004 年版；王鸿军：《明代汉籍流入朝鲜李朝及其影响》，《鸡西大学学报》2006 年第 6 期；［韩］洪善杓主编：《17 · 18 세기 조선의 외국서적 수용과 독서문화》，慧眼出版社 2006 年版；［韩］洪善杓主编：《 17 · 18 세기 조선의 외국서적 수용과 독서실태》，慧眼出版社 2006 年版；［韩］李民熙：《16—19 世纪韩中书籍中介商和书籍流通文化研究》，《东方学志》2008 年第 141 号；刁书仁：《朝鲜王朝对中国书籍的购求及其对儒家文化的吸收》，《古代文明》2009 年第 2 期；孙卫国：《明清时期中国史学对朝鲜的影响》，上海辞书出版社 2009 年版；杨雨蕾：《燕行与中朝文化关系》，上海辞书出版社 2011 年版；王振忠：《朝鲜燕行使者与 18 世纪北京的琉璃厂》，《安徽史学》2011 年第 5 期；郭美善：《中韩两国的书籍交流考论》，《语文学刊》2012 年第 10 期；吴冰：《明代汉籍对朝鲜李朝文明的影响及其回馈》，《图书馆学刊》2014 年第 8 期；季南：《朝鲜王朝与明清书籍交流研究》，博士学位论文，延边大学，2015 年；［韩］金镐：《18 世纪后期朝鲜朝廷的中国图书收集及其学术风尚》，《中国典籍与文化》2016 年第 1 期。

文献交流、文学交流、史学交流、学术交流或文化交流的层面梳理朝鲜对华书籍交流的种类、数量、过程、结果等，较少从政治文化的角度纵深理解朝鲜对华书籍交流的原因、脉络和影响。在笔者看来，研究朝鲜对华书籍交流，需注重整体观照、脉络勾索和政治解读，其中有三个问题值得进一步探索：一是从政治视角解读朝鲜大规模的对华书籍交流，尤其是王权在此间所扮演的重要角色；二是从"小中华"意识的视野理解朝鲜对华书籍交流，阐释两者之间存在怎样的互动关系；三是从历时角度区分朝鲜前期与朝鲜后期对华书籍交流的差异，即朝鲜在明清两代输入中国书籍的态度发生了怎样的变化，这种变化背后的政治诉求和思想动力又是什么，又如何影响了"小中华"意识的转变。我们有理由认为，在不同的时代问题的笼罩下，朝鲜对华书籍交流明显与"小中华"意识相互纠缠，同时又隐含着两根政治、思想链条，牵制着书籍交流和"小中华"意识的走向，并随着不同时代产生剧烈的晃动。

揆诸史料，朝鲜对华书籍交流主要有三种形式：一是明清王朝主动或者应朝鲜请求赐书；二是朝鲜使臣赴华购书；三是朝鲜使臣在华接受中国士人的赠书。得到中国书籍后，朝鲜便展开大规模的编选、印刷，巩固书籍交流的成果，扩大中国书籍的再生产和传播。但从数量和质量上来说，朝鲜对华书籍交流主要以赐书和购书为主。

一 嘉其同文：明清王朝对朝鲜的赐书与"小中华"意识

朝鲜甫立，正值洪武年间，因两国尚处于紧张的磨合期，明廷赐书较少，自永乐始，两位太宗在权力正统问题上一拍即合，遂推动两国进入稳定的宗藩关系，明廷赐书渐多。因朝鲜奉明为正朔，所以明朝每年都在年底赐朝鲜《大统历》一百本。[①] 除历书外，明朝颁赐最多的是儒家经典、史地、教化类书籍。永乐元年（1403 年），朝鲜太

---

① 张升：《明代的外交赐书》，《江苏图书馆学报》1995 年第 1 期。

宗李芳远遣使成石璘上奏朱棣，请赐冕服及书籍："我殿下性本好学，而元子亦年十岁，入学成均，常患书册之少。"① 对此，朱棣欣然嘉许："奏请国王冕服及书籍，这是他知慕中国圣人之道、礼文之事，此意可嘉。冕服照依父皇旧例体制造，书籍整理给与他。"② 经过明初的礼俗改革和外交努力，朝鲜在洪武年间就请赐冕服，明朝以颁赐冕服为契机，将朝鲜视为与郡县内臣并列的外臣。请赐冕服是朝鲜从礼制上自愿加入明朝的天下体系，而请赐书籍则是朝鲜从思想上主动接受明朝的文化制度。必须看到，朝鲜接受冕服和书籍，并非受到明朝的压力，而是朝鲜多次主动请赐的结果，在这个意义上，"由于在自诩为'小中华'的朝鲜使用了明朝也即'中华'的衣冠，从而使两国形成了同质的文化秩序"③。所以在朱棣看来，冕服同制，书籍同文，朝鲜请颁冕服和书籍乃是慕华事大之诚，理应允请。

很快，朱棣派使臣黄俨等人赴朝鲜颁赐冕服、饰品及元子书册，朝鲜举行盛大迎接典礼，受赐《元史》《十八史略》《山堂考索》《诸臣奏议》《大学衍义》《春秋会通》《真西山读书记》《朱子全书》。④ 次年，朝鲜在宗系辩诬之时，朱棣又赐朝鲜《大统历》一百本、《古今烈女传》一百一十部。⑤ 永乐四年（1406 年），朱棣遣使韩帖木儿、杨宁等赴朝鲜颁赐《通鉴纲目》《四书衍义》《大学衍义》。⑥ 十五年，朱棣赐《为善阴骘书》六百本。朝鲜在永乐年间多次获赐如此多的明朝书籍，主要是因为朱棣对李芳远支持其皇权合法性的嘉奖。李芳远在太平馆曾专门询问明使黄俨："皇帝何以厚我至此极也？"黄俨一语道破原因："新登宝位，天下诸侯未有朝者，独

---

① 《太宗实录》卷 6，太宗三年八月壬申，《朝鲜王朝实录》第 1 册，国史编纂委员会 1968 年版，第 275 页。
② 《太宗实录》卷 6，太宗三年九月甲申，《朝鲜王朝实录》第 1 册，第 276 页。
③ [日] 夫马进：《朝鲜燕行使与朝鲜通信使》，伍跃译，上海古籍出版社 2010 年版，第 50 页。
④ 《太宗实录》卷 6，太宗三年十月辛未，《朝鲜王朝实录》第 1 册，第 282 页。
⑤ 《太宗实录》卷 7，太宗四年三月戊辰，《朝鲜王朝实录》第 1 册，第 292 页。
⑥ 《太宗实录》卷 12，太宗六年十二月丁未，《朝鲜王朝实录》第 1 册，第 381 页。

朝鲜遣上相进贺，帝嘉其忠诚，是以厚之。"① 当然，朱棣的丰厚赏赐也进一步巩固了李芳远在朝鲜的王权合法性。所以，此时期的书籍交流成为两位太宗合法性互动的一个媒介。

世宗初期，儒臣势力已基本占据朝野，朝廷政局逐渐平稳下来，对倭寇、女真的军事征服取得胜利，边疆威胁也减轻不少，故而朝鲜此时急需建立完善各项典章制度，以便更好地治理国家，明朝书籍便成为最重要的政治文化资源。所以，时代需求和个人性格共同决定了世宗时代的文化气象。世宗勤学好读，尤为慕华，文治武功皆有建树，有"海东尧舜"之称，使朝鲜"自世宗朝以后，始事学问，儒者亦知崇尚学问矣"②，他十分留意中国书籍的最新进展并积极输入。随着明朝纂成《四书大全》《五经大全》《性理大全》（朝鲜称之为"永乐三大全"），世宗即位后，永乐帝又特赐三部大全③，后在世宗的请求下，明宣宗即位后又专门颁赐四书五经及《性理大全》一部共一百二十册、《通鉴纲目》一部计十四册④，并褒奖世宗："圣人之道与前代得失，俱在此书，有天下国家者不可不读，闻祹勤学，朕故赐之，若使小国之民得蒙其惠，亦朕心所乐也。"⑤ 宣德八年，世宗又奏请让其子弟"入学中国"，到北京国子监或辽东乡学读书学习，明朝婉拒并赐书："且见务善求道之心，朕甚嘉之。但念山川修远，气候不同，子弟之来，或不能久安客外，或父子思忆之情，两不能已，不若就本国中务学之便也。今赐王《五经四书大全》一部、《性理大全》一部、《通鉴纲目》二部，以为教子弟之用。"⑥ 世宗受赐三部大全及诸多书籍后，在朝鲜各道广为印刷传布，这是因为在世宗时期，文化制度需要进一步整备，而且儒教理念的确立和社会教化的需

---

① 《太宗实录》卷6，太宗三年十一月丙子，《朝鲜王朝实录》第1册，第282页。
② 《宣祖实录》卷1，宣祖即位年十一月戊辰，《朝鲜王朝实录》第21册，第181页。
③ 《世宗实录》卷6，世宗远年十二月丁丑，《朝鲜王朝实录》第2册，第348页。
④ 《世宗实录》卷34，世宗八年十一月癸丑，《朝鲜王朝实录》第3册，第49页。
⑤ 《明宣宗实录》卷22，宣德元年十月辛未，"中央研究院"历史语言研究所1962年版。
⑥ 《世宗实录》卷62，世宗十五年十二月壬戌，《朝鲜王朝实录》第3册，第531页。

求也要求儒教经典的广泛普及。①

世宗在位期间，博涉经史，除勤采经书外，亦汲汲于史地书籍之搜访，如遣使奏请颁赐胡三省《音注资治通鉴》，最终明廷赐之。② 再如朝鲜无《宋史》，世宗在位期间屡向明廷求赐《宋史》未果，端宗即位后，明廷刊印《宋史》颁赐朝鲜。③ 睿宗即位后，明廷遣使赴朝鲜颁赐《五伦书》《五经大全》《性理大全》《四书》。成宗即位后，朝鲜左议政韩明浍担任谢恩使赴明朝贡，明廷又颁赐《新增纲目通鉴》《名臣言行录》《新增本草》《辽史》《金史》《说苑》《欧阳文忠公集》诸书。④ 在朝鲜初期，国家草创，典章未备，朝鲜向明朝请赐书籍，一方面是由于政权建设的迫切需要，学习发展治理经验。如除经史子集外，世宗时期还大量引进了天文历法、农业、医药等中国书籍。⑤ 另一方面，朝鲜大量引进中国书籍也是向明朝表明慕华事大的忠心，获得明朝支持，争取稳定的改革环境。明廷对其请求一般都是积极回应，嘉其同文，褒其慕华，多次将大量有益治国和教化的书籍颁赐给朝鲜，中国书籍成为两国外交的重要媒介。

同样，在清代康熙、雍正、乾隆年间，清廷亦有几次大规模的赐书。康熙五十二年（1713年，肃宗三十九年），金昌业赴京朝贡，康熙帝欲观朝鲜使臣所携带书籍，金昌业等人慌忙择选许筠《国朝诗删》等诗文书籍呈上，又连夜修改抄写燕行日记以防意外。康熙帝览毕后传旨："尔国书册少，清朝多新书，今赐四部，毋怀伤，归致国王，东国诗赋、杂文，朕欲览，可付来使。"⑥ 经使臣查阅，康熙帝此次颁赐给朝鲜使臣的书籍有《渊鉴类函》20套、《全唐诗》20套、

---

① ［韩］郑亨愚：《朝鲜朝书籍文化研究》，九美贸易株式会社出版部1995年版，第74页。
② 《世宗实录》卷71，世宗十八年正月乙酉，《朝鲜王朝实录》第3册，第664页。
③ 《端宗实录》卷12，端宗二年九月己未，《朝鲜王朝实录》第6册，第707页。
④ 《成宗实录》卷56，成宗六年六月壬午，《朝鲜王朝实录》第9册，第232页。
⑤ 崔竹山：《试论世宗时期朝鲜与中国的关系》，硕士学位论文，延边大学，2007年，第52—70页。
⑥ ［朝鲜王朝］金昌业：《老稼斋燕行日记》，载林基中编《燕行录全集》第33册，东国大学校出版部2001年版，第200页。

《佩文韵府》12套、《古文渊鉴》4套共4部,最新纂修的大型书籍凡370卷,且每部书的题目和序言皆由康熙帝亲笔书写。金昌业在4部书籍中各抽首卷阅览,对其精美赅博感到震撼:"《渊鉴类函》以《唐类函》演成,盖类聚也;《佩文韵府》凡例一如《韵府群玉》,而极其该博;《全唐诗》即尽取唐人之诗者;《古文渊鉴》即选自左国以至宋人之文者。其序皆皇帝亲制也。"① 雍正即位当年,雍正帝赐朝鲜《御纂周易折中》《御纂朱子全书》,雍正七年(1729年,英祖五年),雍正帝再赐《康熙字典》《性理精义》《诗经传说汇纂》《音韵阐微》。② 乾隆时期又根据朝鲜特别请求,专门把最新修成的《明史》颁赐给朝鲜。

对比明清王朝颁赐朝鲜书籍,我们可以发现以下差异。首先,明朝颁赐书籍,多是顺应朝鲜请求而为,故次数较多,而朝鲜除了请颁《明史》外,很少向清朝提出颁赐请求,故次数较少,反是清朝主动颁赐书籍。这主要是因为朝鲜前期对明朝的政治依赖和文化依赖较强,急需输入明朝书籍完善本国制度,但明清易代后,朝鲜的文化制度和书籍收藏已然完备,发展了朝鲜特色的性理学,印刷技术也不让清朝,尤其是基于强烈的华夷观念,朝鲜耻于向清廷求书,而清廷有怀柔优待之意,所以多次颁赐。其次,明朝颁赐书籍多以经史书籍为主,而清朝颁赐书籍多以诗文大型类书和小学训诂著作为主。朝鲜立国初期,多依靠经史书籍构建本国礼制,君臣又常于经筵将经史中的治乱事迹与治理教化结合起来,所以对经史书籍渴求较强。清朝前期在平定天下后,一为了笼络天下士子参与书籍纂修,二为了显示盛世修典的大一统格局,所以编纂了诸多大型类书、丛书等工具书,且由于推崇程朱理学和汉学,所以朝廷主导编纂了一些小学训诂著作。清朝通过颁赐朝鲜最新纂修的大型书籍以示怀柔,也以强势的文化力量冲击着朝鲜的对华观念。

---

① [朝鲜王朝]金昌业:《老稼斋燕行日记》,载林基中编《燕行录全集》第33册,第205页。
② [朝鲜王朝]李德懋:《青庄馆全书》卷55《中国书来东国》,载《韩国历代文集丛刊》第258册,第522页。

无论有多少差异，明清王朝颁赐的诸多类型的书籍都深刻影响了朝鲜王朝，直接为朝鲜的政权建设、文化建设提供了战略资源，也加深了"大中华"与"小中华"之间最终的互相体认，虽然这一体认历经坎坷，几经波折。虽然赐书是一种书籍交流，却隐含着两国政治合作的深意，也表明朝鲜正式加入明清主导的"文化秩序"。所以，明清赐书朝鲜并"嘉其同文"的背后，实为两国政治互信、文化贴近、民心相通的见证。但是，正如夫马进所说，朝鲜与明清形成的同质的文化秩序，与伴随着压力而形成的政治秩序和贸易秩序不同，且"朝鲜对于是否加入明朝或清朝的文化秩序是有选择地进行的"①。

第一是每年都要颁赐的历书，这是最能体现两国宗藩关系的赐书行为，因为"服正朔"表明朝鲜在时间秩序上服从明清王朝。在某种意义上，时间秩序代表着一种政治秩序和文化秩序，掌握时间，不仅能掌握现在和未来，还能掌握过去，掌握对历史的书写权，而对历史的书写权直接决定了现在和未来的政治认同。朝鲜在空间上虽未被明清王朝直接控制，但在时间上要遵从中原，这对同为农耕文明的国家来说，朝鲜的一切生产生活、政治礼仪都须遵循中原的时间秩序。所以，朝鲜使臣每年都要赴京领取明清王朝颁赐的历书，意味着"小中华"对"大中华"的政治服从。②

第二是身为朝鲜"文化母国"和"制度母国"的明清王朝颁赐的一系列经史书籍，提供了"小中华"从"大中华"中汲取的最富营养的资源。对于儒教立国的朝鲜来说，儒家经典和经史书籍是至关重要的政治资源和制度依据，朝鲜急需从这些书籍中寻找治国之道和教化之义，了解中国儒学和制度的最新进展，从而发展出契合本国实际的儒学和政策。尤其是内乱和外侵造成书籍毁亡之时，这些书籍便成为战略性的文化储备，所以朝鲜往往派出专门使团恳请颁赐书籍。

第三是颁赐的新修大型丛书和大型类书，这是最能体现明清王朝

---

① ［日］夫马进：《朝鲜燕行使与朝鲜通信使》，伍跃译，第50—51页。
② 虽然在清代，朝鲜在国内存在暗用明朝年号的情况，但对外仍然使用清朝年号，表达对清朝皇权的服从。

向朝鲜展示文化昌盛、学术日新的赐书行为,明清王朝通过颁赐这些大型书籍,增强了朝鲜对明清文化的向心力和认同感。尤其是在清朝,虽然朝鲜对清朝充满了仇恨鄙夷之情,甚至一度积蓄力量北伐中原,但朝鲜的这种仇清情绪随着清代修书事业的昌盛和对朝鲜的优待而有所消减,尤其是自康熙晚年始,朝鲜的仇清意识开始有所波动。如前所述,朝鲜使臣对清帝颁赐的诸多类书表示震撼,恰是"小中华"意识开始重新认同中原政权的表征。

第四是应朝鲜辩诬的请求颁赐刊改书籍,如《大明会典》《明史》等,这是最能体现明清王朝主导历史书写权力和朝鲜政治话语的赐书行为。朝鲜王朝发现书中所涉本国敏感事件的记载后,往往专门派遣使团赴京辩诬,其最终要求就是恳请明清王朝颁布刊改的书籍,明清王朝往往同意朝鲜的请求而颁赐朝书籍,巩固了两国的宗藩关系。朝鲜王朝四百余年的书籍辩诬,深刻体现并影响了朝鲜的"小中华"意识。[①]

二 覃思文教:明代朝鲜的购书与"小中华"意识

朝鲜对中国书籍之需求如此迫切,坐等颁赐无非杯水车薪,难解燃眉之急,亦非长久之计,所以,朝鲜对华书籍交流的主要途径还是派遣使臣专门购买。自太宗时期,朝鲜便遣使臣赴京购买书籍,自此之后,购书成为朝鲜使臣赴京的重要任务,已成为不成文的使命,使臣归国后多有献书之举。世宗时期,为满足朝廷及王室的藏书需求,朝鲜专门设立购求遗典官,又以集贤殿为中心广泛搜集或编纂书籍。而且,朝鲜放开了对书籍贸易的限制,鼓励使团人员在华期间多买书籍:"前此药材书册等物,若私自贸易者为之,亦为未便,药材与书,

---

[①] 黄修志:《"书籍外交":明清时期朝鲜的"书籍辩诬"述论》,《史林》2013 年第 6 期。

不可不贸也。自今药材书册，移咨礼部，公然贸易可也。"① 宣德十年（1435年），世宗专门就购书重点，包括新书信息、购书原则、印刷刊刻对燕行使做详细指示：

一，太宗皇帝朝撰集《四书五经大全》等书久矣，本国初不得闻，逮至庚子，敬宁君赴京受赐，其后累蒙钦赐，披阅观览，详悉精微，实无余蕴，乃知朝廷所撰书史类此者应多，但未到本国耳。须细问以来，可买则买。

一，今奏请胡三省《音注资治通鉴》、赵完璧《源委》、金履祥《通鉴前编》、陈桱《历代笔记》等书，若蒙钦赐，则不可私买。礼部如云御府所无，则亦不可显求。

一，理学则五经四书《性理大全》，无余蕴矣，史学则后人所撰，考之该博，故必过前人，如有本国所无有益学者，则买之。《纲目》《书法》《国语》，亦可买来。凡买书，必买两件，以备脱落。

一，北京若有大全板本，则措办纸墨可私印与否，并问之。

一，曩者传云："已撰《永乐大典》，简帙甚多，未即刊行。"今已刊行与否及书中所该，亦并细问。

一，本国铸字用蜡，功颇多，后改铸字，四隅平正，其铸字体制二样矣。中朝铸字字体印出施为，备细访问。②

世宗二十二年（1440年），世宗听闻北京礼部有《大明集礼》一书，下令燕行使无论购买还是抄写，务必得来。当然，世宗对明朝书籍的孜孜热情并非仅仅满足于购买，他更关心书籍的版本是否精良，以便服务于经筵讲读和日后在本国大规模印刷。如当时经筵所藏《国语》与《音义》"颇有脱落"，世宗命使臣到明朝"求得中国别本"，

---

① 《世宗实录》卷58，世宗十四年十月己丑，《朝鲜王朝实录》第3册，第419页。
② 《世宗实录》卷69，世宗十七年八月癸亥，《朝鲜王朝实录》第3册，第648—649页。

但"阙漏尚多，批注亦略"，又命"购求日本，又得详略二本及补音三卷以来，亦且不完"。如此，世宗便同时拥有了朝鲜本、中国本、日本本，便命令集贤殿学者进行一次系统的版本校勘和文献整理工作，"命集贤殿以经筵所藏旧本为主，参考诸本，正其讹谬，补其脱落，仍将音义补音，芟夷烦乱，分入逐节之下，其不完者，以韵书补之"。经过整理，此书俨然成为东亚最好的善本，对书籍最好的保存就是大量印刷传播，所以世宗"遂命铸字所，模印广布"①。由此可见，世宗的书籍购求是一个有步骤的过程：首先是力求善本，为此不惜在东亚诸国中辗转多方购买；其次是重新整理，在诸多版本基础上组织学者进行校勘、订正和补充；最后是大量印刷，使整理好的善本借助本国先进的印刷技术得以大规模传播国内。后来的集贤殿名臣梁诚之就在书籍收藏政策上进行了继承和发展，比如他主张，无论是中国书籍还是东国书籍，只要经典校署印刷后，须将每书10件，分别藏到弘文馆2件，春秋馆、外三库（全州、星州、忠州三史库）、典校署、文武楼、艺文馆、成均馆各1件。②

在国王主导下，朝鲜实施的一系列积极的书籍政策使朝鲜燕行使的购书活动进一步制度化，大大鼓励了燕行使的购书激情，每次出使前，使团常拟定购书清单，在华期间多方购求，自此使两国在官私两方面的书籍贸易兴旺起来，赴京买书成为朝鲜国策。成宗即位后，针对燕行使停买书籍的行为，院相申叔舟上奏："前此，令赴京书状官收买我国所无书籍，近年停废，甚未便。且中朝必有新撰书行世者，请令正朝使行次，书状官买来，弘文、艺文两馆书籍帙未具者，亦令收买。"③

燕山君在位时，朝鲜几次士祸内乱导致典籍散亡殆尽。中宗反正后的第九年，一场大火又烧毁了成均馆尊经阁。④面对如此书籍形势，弘文馆大臣上奏：

---

① 《抚松轩先生文集》卷5《年谱》，载《韩国历代文集丛刊续集》第1册，第186页。
② ［朝鲜王朝］梁诚之：《讷斋集》卷3《书籍十事》，载《韩国历代文集丛刊》第9册，第328页。
③ 《成宗实录》卷8，成宗元年十月丙午，《朝鲜王朝实录》第8册，第534页。
④ 《中宗实录》卷21，中宗九年十二月辛卯，《朝鲜王朝实录》第15册，第46页。

书籍之藏，其来尚矣。有志致治者，莫不以斯为重，盖圣贤之立言、垂教，历代之治乱、兴亡，俱在于斯。世宗大王覃思文教，极意书籍，藏无阙书，书无不布，范铜为字，极其精致，纸洁印精，前古所罕。节目之详，且尽如是，而其文治焕然，高出百王者，亦可因是而想见矣。第以世远年久，全编整秩，所存无几，加之废朝，散亡殆尽，诚可痛惜。殿下即祚以来，锐意文治，殆将十年，购求遗书，不远上国，使臣之行，年再往返，而帑须物货，严科督纳，至于书籍，视为余事，求之不勤，此岂非贵物货而贱书籍耶？……伏愿殿下，上述圣祖之事，下起今日之废，下教求书，傍及僻远，我国虽偏，文献旧家，岂无所蓄？且驰奏天朝，以请秘籍，诚心购求，不惜兼价，则遗经逸书，庶几有得。且别立都监，以董其事，优廪其工，俾速就功，校书废职，严加申纠，一切追复世宗朝故事，岂非斯文之一大幸耶？①

这篇奏文突出表彰世宗"覃思文教，极意书籍"的榜样作用，不仅强调世宗搜集书籍的全面，也赞叹世宗印刷书籍的精致。弘文馆认为世宗时期出现"文治焕然"的局面，正是他"覃思文教，极意书籍"的结果，所以弘文馆建议中宗以世宗为榜样，积极求书购书，以重振斯文。中宗看到后，果断批示，指出：

书籍，治道所寓，历代攸重。汉之天禄、石渠，唐之秘书、四库，无非裒集书籍，以为一代之宝藏……我朝自祖宗以来，代尚儒术，圣经贤传、诸史子集，以至遗经逸书，无不鸠聚，非但为内府之秘藏，亦且广布于闾巷。顷因国运中否，典守不谨，御府书籍，多致散落，秘阁所藏，完书盖寡，言念及此，深切痛惜……予欲秘府之内，无书不藏，士庶之家，无书不布。兹令使价之往返中朝者，广求书籍以来。至于我国，壤地虽褊，文献世

---

① 《中宗实录》卷23，中宗十年十一月甲申，《朝鲜王朝实录》第15册，第118—119页。

家，亦岂无所蓄？如有遗经逸书，可以资博问、裨治道者，不惜来献，予当厚赏。其以此意，晓谕中外。①

后来，朝鲜针对购书行为又制定了优厚的赏格和具体的典藏措施②，且在刊刻书籍之时更加精美清楚，朝鲜的书籍再度充实起来。"壬辰倭乱"时期，朝鲜大量典籍因日军劫掠或焚烧而损失殆尽，宣祖和光海君又加强了搜求中国书籍的力度。光海君时期，著名文人许筠多次担任远接使迎接明使，也多次担任燕行使出使明朝，常利用各种机会购买收集明朝书籍。有次他在华期间就一次性购买了三千多册总共八驮书籍③，数量之浩大，反映出其背后有朝鲜政府的支持。

燕行使渡江之后就多方打听书籍信息，从地方官员到举人秀才皆是他们问询的对象，即使到了布衣百姓之家，他们也多会刻意观察家中是否有相关藏书，这在使臣写下的众多燕行文献中都有表现。随着购书经验的日渐丰富，燕行使的购书方式更加灵活④，基本上都能如愿买到中国书籍。对此，明末清初的姜绍书曾敏锐观察到："朝鲜国人最好书，凡使臣入贡限五六十人，或旧典或新书，或稗官小说，在彼所缺者，日出市中，各写书目，逢人遍问，不惜重直购回，故彼国反有异书藏本。"⑤

明代正是朝鲜前期，朝鲜此时国家草创，百废待兴。掌握朝廷政治、信奉朱子学的儒臣希望全面引进明朝制度，革除亲元势力和高丽旧俗，发展文教，达到"用夏变夷"的目标，而李氏国王因为依靠兵变篡权而建国即位，一直面临着权力的合法性危机，迫切需要明朝皇权的承认和保护，以确保王权稳固和政权稳定。所以朝鲜立国之初

---

① 《中宗实录》卷23，中宗十年十一月丙戌，《朝鲜王朝实录》第15册，第119页。
② 《中宗实录》卷99，中宗三十七年十月戊寅，《朝鲜王朝实录》第18册，第623页。
③ [朝鲜王朝]金中清：《朝天录》，载林基中编《燕行录全集》第11册，东国大学出版部2001年版，第557页。
④ [韩]李民熙：《16—19世纪韩中书籍中介商和书籍流通文化研究》，《东方学志》2008年第141号。
⑤ 姜绍书：《韵石斋笔谈》，《景印文渊阁四库全书》第872册，台湾商务印书馆1986年版，第95页。

确立"慕华事大"的政策实乃君臣共同的愿景，这个共同的愿景，要言之，就是建设一个具体而微的"小中华"。朝鲜前期正是"小中华"意识正式形成、走向体制化的时期，而在此过程中，朝鲜对明朝书籍的大力购求成为一个关键性的角色，带有更多的"慕华"与"尊王"色彩，对朝鲜前期"小中华"意识产生了重要影响。

首先，明代朝鲜的购书促进了朝鲜的政权建设和文化建设，完成了儒化政治的建立和儒教伦理的普及，使"小中华"意识在朝鲜前期就成为一个完备的思想形态。朝鲜大力购求明朝书籍，主要通过三种途径进行消化吸收，以便服务于本国治教。一是直接照搬明朝典章礼制书籍，改革朝鲜制度，如朝鲜的法律几乎全部照搬《大明律》；二是君臣在经筵中研读明朝书籍，为本国治理和教化提供借鉴、启发和反思，加深政治与礼教的紧密结合；三是发展本国印刷术，大量印刷传播明朝书籍，在地方书院、乡校或民间基层社会传播朱子学和儒家伦理，使"慕华"不仅成为对华方针，更成为深入人心的统治政策；四是以明朝书籍为蓝本编纂切合本国实际的礼制典章，从世宗到成宗，以郑麟趾、申叔舟、梁诚之等为代表的儒臣编纂出了诸多确立礼法体制和统治依据的典籍，如《经国大典》《国朝五礼仪》《高丽史》《东国舆地胜览》《东国正韵》《治平要览》《东国通鉴》《海东诸国纪》《八道地理志》《龙飞御天歌》《时政记》《皇极治平图》《东文选》《海东姓氏录》《三纲行实图》等。在明朝书籍的鼓舞、激励下，朝鲜在具体的治教实践中不断探索，终于使"小中华"意识走向体制化。当时主管朝鲜军政和文教的名臣梁诚之，被世祖称为"王佐之才，至比诸葛亮"[1]，他主持或参与编纂了前述典籍中的大部分，对朝鲜前期的书籍搜求、编纂和收藏都做出了重大功绩。[2] 早在1454年（景泰五年，端宗二年），梁诚之遍考经史典籍，结合朝鲜实

---

[1] 《成宗实录》卷142，成宗十三年六月戊申，《朝鲜王朝实录》第10册，第342页。
[2] ［朝鲜王朝］李肯翊：《燃藜室记述》卷5，《世祖朝世祖朝名臣》，韩国民族文化促进会1966年版，第784页；［韩］郑亨愚：《朝鲜朝书籍文化研究》第二章，《朝鲜初期书籍编纂与藏书制度整备——以梁诚之的文化业绩为中心》，九美贸易株式会社出版部1995年版，第155—214页。

际,将纂成的《皇极治平图》献给幼冲之年的端宗,希望端宗能以此图治理朝鲜。他按照《尚书·洪范》模式和皇极方位将治国理念画成人形图:居中曰皇极,上曰敬天,下曰爱民,左肩曰奉先,右肩曰事大,左足曰交邻,右足曰备边。① 其中,皇极、敬天、爱民、奉先,主要是儒学治教观念,事大专指礼事中国,交邻主要指朝聘日本,备边主要针对女真和倭寇。在此图中,朝鲜已将儒学理念贯彻在治国实践中,同时又把与中国、日本及周边政权的关系放在极重要的位置,这充分表明朝鲜的"小中华"意识已经体制化,形成了包含"慕华"、"事大"、"交邻"等要素在内的完备的思想形态。

其次,明代朝鲜的购书使朝鲜增强了对本国文教的自信,强化了朝鲜在东亚世界中对自身荣登"小中华"的优越感。第一,朝鲜大量购入明朝书籍,对之进行再生产,在此基础上大量编纂本国书籍,丰富了本国藏书,强化了朝鲜对"文献旧家""文献世家""文献之邦"的体认。不少国王喜爱读书得到明朝皇帝的赞誉,朝鲜官私文献收藏之盛甚至也引起了明朝和日本的兴趣。第二,朝鲜的各级教育机构如成均馆、书院、乡校等收藏的大量书籍,培养了一大批才华出众的人才,这些人才在与明朝、日本、琉球、安南等使臣的诗文酬唱等文化交流活动中表现出非凡的汉文修养,为朝鲜赢得了"君子之国"、"东国有人"的美称。② 亦在朝日"文化间的比赛"中占据上风。③ 甚至当时明朝翰林出使朝鲜,与其国文人唱和,都几次落入下风,对此,明人沈德符认为此乃"皇华之辱":

> 朝鲜俗最崇诗文,亦举乡会试,其来朝贡陪臣多大僚,称议政者即宰相,必有一御史监之,皆妙选文学著称者充使介。至阙必收买图籍,偶欲《弇州四部稿》,书肆故靳之,增价至十倍,

---

① 《端宗实录》卷10,端宗二年一月己卯,《朝鲜王朝实录》第10册,第342页。
② 左江:《明代朝鲜燕行使臣"东国有人"的理想与现实》,载张伯伟编《域外汉籍研究集刊》第5辑,中华书局2009年版,第119—140页。
③ 葛兆光:《文化间的比赛:朝鲜赴日通信使文献的意义》,《中华文史论丛》2014年第2期。

其笃好如此。天朝使其国，以一翰林、一给事往，欲行者即乘四牡，彼国濡毫以待唱和，我之衔命者，才或反逊之。前辈一二北扉，遭其姗侮非一，大为皇华之辱。此后似宜遴择而使，勿为元菟四郡人所笑可也。①

《东文选》《皇华集》及燕行使、通信使等书写的文献，充分体现出当时东亚诸国使臣诗赋交流的盛况及朝鲜使臣的自信情绪。这背后很重要的原因，正如沈德符所提，是对收买中国书籍的笃好。最后，朝鲜借助明朝书籍发展了本国儒学，涌现出一大批性理学大师和性理学著作，完成了朱子学的朝鲜化，在中央和地方较彻底地完成了儒学的礼俗化和政治化，使朝鲜增强了对"礼仪之邦"和东国儒学的自信，如梁诚之就不断建议朝廷在配享文庙时应多列本国贤者。②尤其是在16世纪朝鲜朱子学如日中天的时代，恰逢明朝朱子学衰落、世风日下、政治糜烂、阳明学兴起之时，朝鲜越发感觉到自身乃东亚世界中朱子学的唯一坚守者。所以，朝鲜大量购求明朝书籍的历史文化后果，便是对自身在东亚世界中身份秩序和文教地位的日渐自信，切实体认到"小中华"的实至名归。

三 斯文在兹：清代朝鲜的购书与"小中华"意识

在清代，朝鲜燕行使赴华购书又掀起一轮比明朝更甚的狂潮，这由多方面因素共同促成。

---

① （明）沈德符：《万历野获编》卷30《朝鲜国诗文》，中华书局1959年版，第786页。

② 梁诚之说："盖东方自箕子受封以后，《洪范》遗教久而不坠，唐为君子之国，宋称礼义之邦，文献之美侔拟中华，而配食文庙者，独新罗之薛聪、崔致远，高丽之安珦三人而已。臣闻学士双冀在前朝始设科举以振文风，文献公崔冲又设九斋以教诸生，至于文忠公李齐贤、文忠公郑梦周、本朝文忠公权近，其文章道德，人皆可以垂范万世，乞皆配享先圣，以劝后人。若曰：'东方贤者，焉能如古之人？'则孔孟之后，亦有程朱，且贤者如是其难也，则后人何学为圣贤乎？中国之配享者，果皆如孔、孟、程、朱乎？东方之士，皆不可如中国人乎？"《世祖实录》卷3，世祖二年三月丁酉，《朝鲜王朝实录》第7册，第123页。

第一，清代的图书事业无论在整理、典藏、编纂、刊印还是书籍研究方面都取得了空前的成就。① 尤其是乾嘉时期，清廷的支持、江浙藏书楼的建设、江南印刷业的发展及考证学、目录学的崛起使260多年间图书事业的突飞猛进令人惊叹，即使把历代藏书业成就加起来都无法与之匹敌。② 清代考证学及18世纪的繁荣使获取书籍的条件得到极大改善③，"到18世纪，社会上书籍的数量比之前任何时期都要大"④，所以清代的普通读者无论在社会还是地理层面上都享受着更广泛更深入的书籍传播。⑤

第二，乾隆时期因修《四库全书》，各省进献书籍，北京琉璃厂繁荣起来，书肆林立，善本密集，北京文人无不求之，外省士子趋之若鹜，"已隐然为文化之中心，其地不特著闻于首都，亦且驰誉于全国也"⑥。朝鲜燕行使进入北京后，多在此驻足，广泛购书，结交文人⑦，正所谓"青史年年载使车，琉璃厂里觉空虚"⑧。

第三，朝鲜虽对清朝心怀芥蒂，然基于"尊周思明"之政治心态，编纂了大量宋、元、明史书⑨，需要从中国获取大量书籍作为参

---

① 来新夏：《中国图书事业史》，上海人民出版社2009年版，第195—236页。

② ［美］艾尔曼：《从理学到朴学：中华帝国晚期思想与社会变化面面观》，赵刚译，江苏人民出版社2012年版，第114—133页。

③ ［美］周绍明：《书籍的社会史：中华帝国晚期的书籍与士人文化》，何朝晖译，北京大学出版社2009年版，第147页。

④ ［加］卜正民：《明代的社会与国家》，陈时龙译，黄山书社2009年版，第190页。

⑤ Lucille Chia, *Printing for profit: the commercial publishers of Jianyang, Fujian（11th - 17th centuries）*, Cambridge: Harvard University Asia Center for Harvard-Yenching Institute, 2002, pp. 11, 39.

⑥ 孙殿起：《琉璃厂小志》，上海书店出版社2010年版，第1页。

⑦ ［韩］朴现圭：《朝鲜使臣与北京琉璃厂》，《文献》2003年第1期；［韩］朴现圭《北京琉璃厂的印刷与朝鲜文献》，《东方汉文学》2010年2月；杨雨蕾：《燕行与中朝文化关系》，上海辞书出版社2011年版，第118—125页；王振忠：《朝鲜燕行使者与18世纪的北京琉璃厂》，《安徽史学》2011年第5期；王振忠：《朝鲜燕行使者所见十八世纪之盛清社会——以李德懋的〈入燕记〉为例》（下），载复旦大学韩国研究中心编《韩国研究论丛》（第二十四辑），社会科学文献出版社2012年版。

⑧ ［朝鲜王朝］成祐曾：《茗山燕诗录》，载林基中编《燕行录全集》第69册，东国大学校出版部2001年版，第258页。

⑨ 孙卫国：《大明旗号与小中华意识——朝鲜王朝尊周思明问题研究（1637—1800）》，商务印书馆2007年版，第256—359页。

考，且基于探听中国情报的需要，朝鲜亦需购买史地典章书籍以备外交之用。

第四，英祖和正祖都采取了右文政策，振兴和复兴了文艺事业，在书籍交流上用力颇勤。① 英祖在晚年设立了奎章阁，奎章阁检书官多随使团赴京采购书籍，李德懋、朴齐家、柳得恭、徐浩修等著名文人皆曾担任此职，赴京购书，为朝鲜购买了大量书籍。

第五，随着清代文化、学术的进展，一些新型书籍激起了燕行使的强烈好奇心，燕行使除了政府交代的经史典籍和程朱理学书籍之外，还对小说②、戏曲、文集、野史等倾囊购买，而且对新兴的西学天主教书籍也青睐有加，由此，西学书籍也跟随燕行使大量进入朝鲜。③

第六，虽然朝鲜对清朝的夷狄出身耿耿于怀，但对于燕行使来说，书籍贸易仍是渡江之后便迫不及待进行的文化活动。尤其是随着清朝统治地位的稳固和中国空前大一统局面的形成，清朝逐渐放松了对朝鲜的警惕，"康熙末年以后，对于朝鲜使臣门禁几乎没有。使臣可任意出入，随意交往，随意游观"④。在如此宽松而便利的外交气氛中，朝鲜燕行使更加投入狂热的书籍贸易中，且"实学派的兴盛、北学思想的繁荣都证明了朝鲜使团文化交流活动的巨大成功"⑤。

---

① [韩]郑亨愚：《朝鲜朝书籍文化研究》，九美贸易株式会社出版部1995年版，第241—345页。[韩]金聖七：《燕行小攷》，《歷史學報》1960年第16辑。

② [韩]闵宽东：《中国古典小说在韩国之传播》，学林出版社1998年版。

③ [日]鈴木信昭：《朝鮮に傳來した漢譯天主教書——1801年辛酉教難の時期まで》，《朝鮮學報》1995年第154辑，第57—95页；邹振环：《明末清初朝鲜的赴京使团与汉文西书的东传》，《韩国研究论丛》第四辑，上海人民出版社1998年版，第348—373页；邹振环：《西方地理学的学术挑战与中韩学人的应战——明末清初地理学汉文西书的东传及其在中韩文化史上的意义》，《复旦学报》1999年第3期；[韩]李元淳：《朝鲜西学史研究》，王玉洁、朴英姬、洪军译，邹振环校订，中国社会科学出版社2001年版，第48—56、74—77页；[韩]洪善杓主编：《17·18세기 조선의 외국서적 수용과 독서문화》，惠安出版社2006年版；杨雨蕾：《燕行与中朝文化关系》，上海辞书出版社2011年版，第159—168页。

④ 孙卫国：《〈朝天录〉与〈燕行录〉——朝鲜使臣的中国使行纪录》，《中国典籍与文化》2002年第1期。

⑤ 刘为：《清代中朝使者往来研究》，黑龙江教育出版社2002年版，第139页。

所以，朝鲜在清代无论是政府购书还是私人购书方面都取得了空前进展，《古今图书集成》《明实录》这样的大型书籍先后被燕行使购入朝鲜①，由此可见朝鲜购书的规模。经过燕行使长年累月的购书努力，在18世纪晚期的正祖年代，奎章阁所藏书籍已经洋洋大观，不但在购书制度上进一步完善，而且在藏书建设上也进一步扩充，形成了一套《奎章总目》：

> 《奎章总目》成。上雅尚经籍，自在春邸，购求遗编，拓尊贤阁之傍而储之，取孔子《系易》之辞，名其堂曰贞䞉。及夫御极，规模寖广，丙申初载，首先购求《图书集成》五千余卷于燕肆，又移旧弘文馆藏本及江华府行宫所藏皇明赐书诸种以益之。又仿唐、宋故事，撰《访书录》二卷，使内阁诸臣，按而购贸。凡山经、海志，秘牒稀种之昔无今有者，无虑数千百种。乃建阅古观于昌庆宫内苑奎章阁之西南，以峙华本。又建西序于阅古观之北，以藏东本，总三万余卷。经用红签，史用青签，子用黄签，集用白签，汇分类别，各整位置。凡其曝晒出纳，皆令阁臣主之，在直阁臣，或有事考览，则许令用牙牌请出。至是命阁臣徐浩修，撰著书目，凡经之类九，史之类八，子之类十五，集之类二，《阅古观书目》六卷，《西序书目》二卷，总名之曰《奎章总目》。②

藏书目录可反映收藏者的思想世界和知识图景。一方面，《奎章总目》所收录的书籍，基本是程朱理学所认可的正统经史书籍，这既反映出正祖的阅读趣味和对华购书的主要类型，也暗藏着他对私人购书嗜好和社会阅读风气的批判和整饬。若结合正祖时代的政治结构和权力演进，《奎章总目》的背后实际上表达了正祖为巩固名分秩序、

---

① [日]末松保和：《正祖朝と古今圖書集成の傳輸》，载氏著《青丘史草》第2册，笠井出版印刷社1965年版，第213—222页；孙卫国：《〈明实录〉之东传朝鲜及其影响》，载氏著《明清时期中国史学对朝鲜的影响》，上海辞书出版社2009年版，第22—30页。

② 《正祖实录》卷11，正祖五年六月庚子，《朝鲜王朝实录》第45册，第249页。

伸张王权利益的诉求，正祖言："挽回澄治之道，惟在乎明正学。明正学之方，又在乎尊朱子……尊朱所以尊经也，尊经所以尊王也。王道尊于上，然后学术明于下。"① 另一方面，《奎章总目》的图书分类方法基本遵循清代《四库全书总目》的模式，在具体藏书楼的建设上，正祖专门建阅古观储藏华本，建西序储藏东本，这反映出当时朝鲜对清代的图书事业有所学习，也体现了燕行使购买中国书籍的成果不断扩大，朝鲜对中国书籍的印刷和对本国书籍的编纂也已蔚然可观，已经出现华本和东本并峙的状况。

朝鲜清代燕行使购书，主要集中在北京会同馆开市、琉璃厂书肆和途中所遇文士。② 与政府购书相比，燕行使出于个人兴趣和爱好的私人购书活动则更是不可胜计，在清代，随着购书种类的多样化，一些小说、小品、戏曲、别集、野史、西书也进入朝鲜。尤其是如《天学初函》《天主实义》等西书的传播得到了许多著名士人的支持，如李晬光、李瀷、李颐命、安鼎福、慎后聃、柳梦寅、李承薰、李檗、李家焕、丁若钟、丁若镛等，皆有购求、介绍、编著或传播这些书籍的活动。

这些"异端"、"邪学"书籍的传播，引发了朝鲜统治者担忧，由此朝鲜在一方面鼓励使臣书籍贸易的同时，又在另一方面制定了相关的禁书政策，禁止使臣购买非正统类书籍。1794 年（乾隆五十九年，正祖十八年），正祖在召见即将出发的冬至使臣时说："我国文献之邦，书册岂可禁之？而近来出来之书，即稗官小品，今人耽好小品，有此购贸，乌可不严禁乎？虽圣经贤传，已出来者足可诵读。今番使行，则自经书以下，切勿购来。"③ 正祖忧叹士人爱读《水浒传》《西厢记》及稗官小品，使士风日下，文风日卑。他认为这些书籍及西学是毒害程朱"正学"的"邪学"，如洪水猛兽一般。④ 他针对燕行使的购书活动提出"拔本塞源论"：

---

① 李祘：《弘斋全书》卷 182《群书标记朱子书节约二十卷》，载《韩国历代文集丛刊》第 267 册，第 545 页。
② 杨雨蕾：《燕行与中朝文化关系》，上海辞书出版社 2011 年版，第 116 页。
③ 《正祖实录》卷 41，正祖十八年十月癸未，《朝鲜王朝实录》第 46 册，第 517 页。
④ ［韩］郑锡元：《朝鲜之中国书籍输入与燕行机能》，《文镜》1992 年第 4 号。

如欲拔本而塞源，则莫如杂书之初不购来。前此使行，固已屡饬，而今行则益加严饬。稗官小记姑无论，虽经书、史记，凡系唐板者，切勿持来。还渡江时，一一搜验，虽军官译员辈，如有带来者，使即属公于校馆，俾无广布之弊。经史则异于杂书，如是严禁，虽似过矣，而我国所存，咸备无阙，诵此读此，何事不稽，何文不为？况我国书册，纸韧而可以久阅，字大而便于常目，何必远求薄小纤细之唐板乎？此不过便于卧看，必取于此，而所谓卧看，亦岂尊圣言之义乎？①

此番"拔本塞源论"透露出正祖对赴华购书的态度发生了转变。第一是实行越来越严厉的购书政策，从初期的全面鼓励，购书类型无所不包，到中期的有选择性购买，限定在经书之内，再到后来的全面禁止，为防杂书之害，即便经史书籍，也不许购入。这种变化，说明当时的"杂书"确实对朝鲜产生了冲击，当然，经过前期的不断购书和正祖大规模的编书，朝鲜所藏书籍确实洋洋大观，正祖才自认为本国书籍无所不包，无须再买。第二是对朝鲜版本越来越自信，对中国版本越来越轻视。在正祖看来，中国版本不仅不如朝鲜版本精良，还因其"薄小纤细"，容易导致"卧看"这种不端正的阅读习惯，对圣贤是一种不尊重，禁购唐本也是为矫正此弊。② 这实际上深刻体现出正祖深受朱子读书理念的影响，认为从读书须敬的角度来说，朝鲜版本可以傲视中国版本。其实，正祖所谓"拔本塞源"，表面上是用程朱理学的理念对当时的书籍交流和阅读风气进行严厉整饬，担心不良的杂书和不恭的阅读对人心和秩序的危害，实际上是基于王权体制对君臣秩序这个"本""源"的强化，后期发动的"文体反正"运动亦是如此，因为历史上改革文风的背后，往往是改革吏治。尽管如

---

① 《正祖实录》卷36，正祖十六年十月甲申，《朝鲜王朝实录》第46册，第349页。
② 正祖对筵臣说："年来唐本书册之禁其贸来，盖欲矫此弊也。且士大夫子弟，凡于书册，当尊阁丌上，正坐看读，而懒惰成习，喜于偃卧。唐本则便于卧看。而乡本则不便。故举取唐本，虽圣经贤传，亦多卧看，士夫风习，乌可如此。唐本之严禁，兼欲正其懒习也。"李祘：《弘斋全书》卷164《日得录文学》，载《韩国历代文集丛刊》第267册，第211页。

此，正祖严厉的购书政策仍不能阻挡"杂书"和"异端"西书如潮水般地涌向朝鲜，最后，西书的传播导致了朝鲜天主教的发展，朝鲜接连出现了几次惨烈的教案。

清代正值朝鲜王朝后期，朝鲜须解决一个重大的时代问题：如何面对明亡清兴这一华夷错位的东亚大变局。因浸淫朱子学和华夷观念已久，清代的朝鲜为了解决正统危机，缓解内部矛盾，刻意表现出"尊周思明""尊周攘夷"的文化心态，怀念明朝，攘斥清朝。① 可以说，清代朝鲜的政治主旋律是"攘夷"，但按照程度和对象的变化，"攘夷"又有阶段区别：前期主要是"攘清夷"，仇清情绪非常浓厚，后期随着与清朝关系缓和，"攘西夷"取而代之，对西学和天主教异常警惕。所以，清代朝鲜的对华购书体现着鲜明的"尊周"和"攘夷"色彩，对朝鲜后期"小中华"意识的变迁起到重要作用。

首先，清代朝鲜的购书使朝鲜所藏典籍历经倭乱和胡乱后再度恢复繁荣，加之对明代遗旧文献的搜求和对"尊周思明"类文献的编纂，促使朝鲜产生了"鲁存周礼"和"斯文在兹"的观念，反映出朝鲜自认为继承中华文化正统的心态，处处体现出"攘清夷"的特点。所谓"鲁存周礼"，在朝鲜看来，明朝虽亡，但幸赖朝鲜未亡，保存了明朝典籍和礼制，就像鲁国保存周礼一般。正祖在修《奎章总目》时说："周有藏史典册，鲁有御书在象魏，汉有石渠东观，宋有龙图崇文。考古论世之士，每以是占其治之污隆焉，书籍之重于天下也尚矣。"② 他认为朝鲜的奎章阁可以媲美周、鲁、汉、宋的藏书机构，其隐喻在于朝鲜在典籍上继承了中华文化正统，"斯文在兹"。朝鲜与清代确立朝贡关系之后，虽然仇视清朝，但由于倭乱、胡乱摧残了朝鲜的图书事业，所以不影响朝鲜赴华购书的热情，且怀念明朝的情绪反而激发了朝鲜搜集明代典籍的热情，把明朝遗物当作宝物收

---

① 孙卫国：《大明旗号与小中华意识——朝鲜王朝尊周思明问题研究（1637—1800）》，商务印书馆2007年版，第77页。

② 李祘：《弘斋全书》卷183《群书标记五命撰一》，载《韩国文集丛刊》第267册，第558页。

藏，"几近痴迷"。① 随着赴华购书的增多和本国印刷、编纂的扩大，朝鲜的藏书建设再度兴盛，以至于正祖已经开始认为朝鲜藏书无所不包，无须再赴华购书，且朝鲜版本胜过中国版本。再者，为了论证明亡之后自身仍然具备的合法性，朝鲜纂修了大量反映宋、明等朝的中国史书和尊周思明类的文献②，正祖时期的官方修史尤为发达。③ 这些史书和文献包括《宋史筌》《明史纲目》《皇明遗民传》《尊周汇编》《国朝宝鉴别编》《小华外史》《尊华录》等。编纂此类典籍虽然出于思明仇清的情绪，但难题是，编纂此类典籍首先需要大量有关宋明的历史文献作为资料，所以朝鲜仍然不得不赴清搜集，由此，大量被清朝禁毁的书籍反而为朝鲜所保存。④ 值得注意的是，清代燕行使在购求书籍时，了解到中国书籍销售种类因学术风气的转变而有所增减。朝鲜英祖、正祖实行右文政策，加强图书建设，高扬程朱理学的时期大体相当于清代乾隆时期，而此时清朝正处于从理学到朴学的学术转变时期。⑤ 对比《奎章总目》和《四库总目》，前者体现朝鲜遵循宋学的主张，而后者代表了清朝崇奉汉学的倾向。所以，燕行使在华期间观察到，程朱理学的书籍被束之高阁，销售不多，《尔雅》《说文》等考证类书籍充斥于琉璃厂。⑥ 这在一定程度上加深了朝鲜与清朝的学术隔阂，也使之更加坚信自身乃朱子学的唯一坚守者。

---

① 孙卫国：《大明旗号与小中华意识——朝鲜王朝尊周思明问题研究（1637—1800）》，第14页。

② 孙卫国：《大明旗号与小中华意识——朝鲜王朝尊周思明问题研究（1637—1800）》，第256—359页。

③ 张光宇：《朝鲜王朝正祖时期官方史学研究（1776—1800）》，博士学位论文，南开大学，2016年。

④ 关于传入朝鲜的清代禁毁书籍，参见杨雨蕾《燕行与中朝文化关系》，上海辞书出版社2011年版，第126—138页。

⑤ ［美］艾尔曼：《从理学到朴学：中华帝国晚期思想与社会变化面面观》，赵刚译，江苏人民出版社2012年版。

⑥ 如当时朝鲜奎章阁检书官柳得恭于1801年赴京购买朱子书，入京后次日拜访纪昀。柳得恭问纪昀："生为购朱子书而来，大约《语类》《类编》等帙，外此如《读书记》，载在《简明书目》，此来可见否？"纪昀答："此皆通行之书，而迩来风纪趋《尔雅》《说文》一派，此等书遂为坊间所无，久为贵副使四处托人购之，略有着落矣。"［朝鲜王朝］柳得恭：《燕台再游录》，载《辽海丛书》第1册，辽沈书社1985年版，第334页。

其次，清代朝鲜的购书在后期逐渐走向严厉和封闭，通过强化程朱理学攘斥通俗文艺作品和被视为"异端"、"邪学"的西学书籍，反映出"小中华"意识出现了具有强烈排他性的儒学正统主义，开始从"攘清夷"转向"攘西夷"，但朝鲜购买西学书籍也刺激了朝鲜自身学术的发展和近代的民族主义倾向。自光海君时代，晚明时期的大量小品文、通俗文艺、阳明学、李贽文集、西学书籍等就传入了朝鲜。朝鲜为了恢复藏书，鼓励使臣的购书热情，对此类书籍并未严格禁止，政府的弘文馆甚至也收藏了不少西学书籍。但随着图书事业的完成，此类书籍日渐被视作惑乱人心、动摇秩序的根源，被严厉批判和排斥，因为天主教借助西学书籍得到广泛传播，在正祖时期已正式形成天主教教会。当时司谏议李师濂建议"天主妖术，流入国中，不无蛊惑民心之虑。请严饬象译，作为禁条，俾绝妖书贸来之弊"[①]。正祖亦认为，此类"妖书"的扩散严重威胁朝鲜的稳固，若听之任之，会导致朝鲜失去"小中华"身份，沦为夷狄禽兽之邦："西洋之学，学而差者也。小品之文，文而差者也。原其始，岂欲自陷于诐淫邪遁之地，一转而甚于洪水猛兽。且其势必自小品，浸浸入于邪学。路脉虽殊，线络相引。今之攻文者，畏小品如畏邪学，然后可免夷狄禽兽之归也。"[②] 所以，正祖开始全面禁止赴华购书的行为。然而并不能消除燕行世家和京华世族对稗官小说的狂购热情。[③] 正祖虽然将此类书籍定为"邪学"，也因"辛亥珍山事件"而搜查焚毁了包括弘文馆所藏在内的不少西学书籍，但正祖主要是教谕多读经传，远离邪学，并未阻挡西学书籍和天主教的继续传播。直到纯祖时期，由于"黄嗣永帛书"事件，朝鲜发动了镇压天主教的"辛酉邪狱"，此后朝鲜又发动了己亥邪狱、丙午邪狱、丙寅邪狱等多次镇压行动，把西学书籍列为禁书。这表明朝鲜政府逐渐意识到，随着与清朝关系的缓

---

① 《正祖实录》卷23，正祖十一年四月甲子，《朝鲜王朝实录》第45册，第649页。
② 李祘：《弘斋全书》卷164《日得录文学》，载《韩国历代文集丛刊》第267册，第211页。
③ [韩] 姜明官：《조선후기 서적의 수입 유통과 장서가의 출현: 18, 19 세기京華世族》，《民族文学史研究》1996年第9期。

和与融洽，西洋势力逐渐替代清朝成为威胁政权稳定的大患。实际上随着19世纪资本主义的发展和西方列强的崛起，西洋势力成为东亚世界面临的共同威胁。当然，购买西书不仅引发朝鲜王朝的严厉制裁，还因士人寻求克服国内现实矛盾的需求，直接促进了对西学文化的认可，如星湖学派、实学派、北学派就受到这些西学书籍的影响。随着西学书籍所带来的异质文化的历史性冲击，朝鲜晚期产生了更具排他性的"辟邪卫正"思想和"东学党"①，使"小中华"意识逐渐进入近代民族主义的畛域。

四 结语

在明清时期，东北亚存在一个"书籍环流"②，书籍通过"海上书籍之路"和"陆上书籍之路"③在江南、北京、辽东、朝鲜、日本之间流转成一个国际性的圈形网络，但在这个书籍环流的网络中，朝鲜是关键性和桥梁性的角色。朝鲜王朝与明清王朝展开的书籍交流，在广度和深度上，是日本、琉球、安南等同文政权无法望其项背的。一个王朝，从立国到灭亡，五百余年坚持不渝地大规模输入他国两个不同王朝的书籍，这在世界文明史上也是罕见的，只有放在儒学礼治主义的中华世界中方可被理解。

归纳言之，朝鲜王朝大规模的对华书籍交流，是由地缘格局、政治结构、治国理念共同决定的。在地缘格局上，朝鲜半岛乃东亚的四战之区，受到大陆上的农耕、游牧势力及三个方向的海洋势力的威胁和争夺，尤其在元明交替或明清鼎革这种东亚大变局之中，朝鲜不可能置身事外，必须做出抉择，采取事大的现实主义策略，方可保国图

---

① ［韩］李元淳：《朝鲜西学史研究》，王玉洁、朴英姬、洪军译，邹振环校订，第82页。
② 关于"书籍环流"的概念，参见张伯伟《书籍环流与东亚诗学——以〈清脾录〉为例》，《中国社会科学》2014年第2期。
③ 关于"书籍之路"的概念，参见王勇《"丝绸之路"与"书籍之路"——试论东亚文化交流的独特模式》，《浙江大学学报》2003年第5期。在笔者看来，受地理交通和时代政治的影响，"书籍之路"仍可进一步划分为"海上书籍之路"和"陆上书籍之路"。

存，否则只会导致外敌入侵或王朝覆灭。由于采取事大的现实主义策略，朝鲜王朝在元明交替的背景下未被明朝吞并，在壬辰倭乱的背景下未被日本吞并，在明清鼎革的背景下未被清朝吞并，一直延续至近代。在政治结构上，朝鲜王朝是以儒臣势力为基石的王权体制，只有采取慕华的改革策略，全面学习明朝制度，完成儒化政治，方可扫清政治障碍，巩固王朝根基，稳固王权地位，这也决定了程朱理学成为朝鲜王朝始终如一的治国理念。只有广泛引进中国书籍，方可在学习程朱理学的基础上，结合朝鲜实际，将之发展为朝鲜特色的性理学，指导朝鲜的政治实践。无论地缘格局、政治结构还是治国理念，要言之，朝鲜须以"大中华"为样板建设一个朝鲜化的"小中华"，方可维持政权稳定。也正因为这种"小中华"意识，才使朝鲜对华书籍交流得以大规模展开，最终使朝鲜主动而有选择地加入明清主导的同质的"文化秩序"中。

朝鲜"小中华"意识刺激了对华书籍交流，而朝鲜对华书籍交流又促进了"小中华"意识的发展和变迁。在明代，朝鲜为了保住新生果实，全面建设"小中华"，引进作为战略性政治资源和文化资源的中国书籍。朝鲜通过学习中国书籍，在消化和创新的过程中，最终建立了本国礼法制度，完成了儒化政治，壮大了儒林势力，普及了儒教伦理。[①] 这使"小中华"意识在朝鲜前期就成为一个完备的思想形态，增强了朝鲜的文教自信，强化了朝鲜在东亚世界中对自身荣登"小中华"的优越感。在清代，朝鲜为了维持"小中华"政权而不坠，恢复因战乱而毁坏的图书事业，编纂书籍以适应新形势，仍然需要从清朝大量输入书籍。在这个过程中，朝鲜恢复甚至超越了原来的图书事业，在尊周思明的情绪中，逐渐产生了继承中华文化正统的"鲁存周礼"和"斯文在兹"的文化心态，日益强化"小中华"意识中的"攘清夷"色彩。但另一方面，大量西学天主教等与程朱理学相悖的异质性书籍广泛传入后，朝鲜又从"攘清夷"转向"攘西夷"，最终诱发了

---

① 刁书仁：《朝鲜王朝对中国书籍的购求及其对儒家文化的吸收》，《古代文明》2009年第3期。

近代民族主义。总体来说，明代朝鲜的对华书籍交流带有更多的"尊王"和"慕华"色彩，而清代朝鲜对华书籍交流则带有更多的"尊周"和"攘夷"味道，但共同之处是都摆脱不了"事大"的影子，最终使朝鲜保持了政权稳定，开启了近代民族主义思潮。

无论是对华书籍交流还是"小中华"意识，在整个朝鲜王朝历史中，王权和儒学是贯穿于其中的两条巨大链条，从政治和思想的层面影响了朝鲜对华书籍交流和"小中华"意识的发展和走向。朝鲜之所以不遗余力地求访中国书籍，是因为书籍有关治教：治乃治理，主要关涉王权；教乃文教，主要关涉儒学。

王权的升降浮沉，是朝鲜王朝政治中的核心命题，也是对华书籍交流和"小中华"意识中的核心要素。朝鲜王权受各种复杂因素的左右，可以归结为两个方面：一是王权常常陷入合法性危机①；二是王权深受其他政治力量的挑战和压制②。所以，王权需要通过对华书籍交流，建立有利于王权的政治制度和思想观念，强调君臣大义和华夷秩序，以保证王权在国内和国外的名分地位。世宗充分发扬了集贤殿制度和经筵制度，聚集人才，用来收藏书籍并编纂官方文献，在经筵上研读消化，其实质是巩固王权，后来的世祖、成宗、中宗等亦多模仿世宗。朝鲜后期的国王主要困扰于外部清朝和内部党争的压力，所以在书籍交流的基础上编纂诸多尊周文献，高举"攘夷"大旗，强化理学控制，严斥西洋书籍。从明代到清代，朝鲜求赐和购求书籍，大多是燕行使奉王命而进行的，大批官方文献的编纂也多受王权监控，凝聚了君王意志。所以，在一定程度上，朝鲜对华书籍交流和"小中华"意识的现实诉求，便是维护王权体制。相对于王权的升降，儒学的进退转型，从士林儒学的兴起、性理学的壮大、礼学派的

---

① 因朝鲜王朝是兵变篡权的产物，王权谱系一开始就自带合法性危机，此后的多数国王在王位更迭上也面临不同程度的合法性问题。尤其是明朝灭亡后，王权失去了合法性来源，既要强调"攘夷"缓解思想危机，又要实行"事大"保证清朝的继续册封。

② 在国内，王权在立国之初面临着崇佛亲元势力和勋旧派的威胁，在扶植勋旧派铲除崇佛亲元势力，扶植士林派铲除勋旧派后，王权又陷入士林派所分化而成的各种党争势力的束缚之中。在国外，王权不仅深受中国皇权的束缚，还需时刻提防周边如女真、日本等争霸势力的威胁。皇权可以直接决定王权的生死存亡，周边争霸势力也可影响王权的稳定。

抬头、学派与党派的结合、义理论和华夷论的高涨到斥邪卫正论的强化等，既深受对华书籍交流和"小中华"意识的影响，又左右了两者的内容和走向。即使在清代乾嘉朱子学转为低潮的时期，朝鲜仍大力辑印朱子书，表彰朱子学，走向朱子学之复兴。[1] 在一定程度上，朝鲜对华书籍交流和"小中华"意识的思想动力，便是朝鲜化的儒学。

应该说，赐书、购书、赠书、抄书、校书、印书、编书，构成了朝鲜全面的对华书籍交流，朝鲜前期以"海东尧舜"世宗为顶峰，朝鲜后期以"读书大王"正祖为顶峰。朝鲜王朝通过对华书籍交流，促进了文化塑造和身份认同，其最终成果便是"小中华"意识。在搜集和阅读中国书籍的同时，朝鲜不断编纂具备朝鲜特色的书籍，如编纂了大量以"海东"、"东国"冠名的书籍，这种编纂活动进一步通过典章文献的形式彰显了"小中华"。正是这些中国书籍的东传，使明朝不仅成为朝鲜的文化母国，也成为制度母国。这增强了明清王朝对朝鲜王朝的文化体认，"大率朝鲜附近，中土声名文物日浸有斐，不类于夷，国家复加优礼，锡赉濒渥，他藩不敢望焉"[2]，"虽称属国，而无异域内"[3]，"有华国之称"[4]。

不可否认，两国之间的书籍交流是双向的，明清王朝的书籍大量输入朝鲜的同时，朝鲜书籍也或多或少地通过赠书流入了明清王朝，但从规模、数量和质量言之，中国书籍输入朝鲜是压倒性的。为何燕行使很少将朝鲜书籍携入中原？一方面，与明清王朝相比，朝鲜王朝总体上处于文化守势，明清之际又屡经倭乱、胡乱，书籍多遭毁坏，所以朝鲜的书籍需求大大超过明清。另一方面，朝鲜担心本国书籍的敏感记载会妨害两国之间的宗藩关系，这些敏感记载包括朝鲜对明清

---

[1] 陈祖武：《〈李朝实录〉所见乾嘉年间中朝两国之文献与学术》，载郑吉雄编《东亚视域中的近世儒学文献与思想》，华东师范大学出版社 2008 年版，第 297—302 页。
[2] （明）严从简：《殊域周咨录》卷 1《朝鲜》，余思黎点校，中华书局 1993 年版，第 46 页。
[3] （清）张廷玉等：《明史》卷 320《朝鲜传》，中华书局 1974 年版，第 8307 页。
[4] 《肃宗实录》卷 8，肃宗五年八月乙丑，《朝鲜王朝实录》第 38 册，第 421 页。

史实的评论、朝鲜暗用本国庙号①、清代朝鲜暗用明朝年号等。对此，清代道光年间的赴京使臣金永爵曾向清人解释："我国书籍未尝不多，而无一携带入京者，于明季国初事多有忌讳故也。启、祯以前，书亦未入中国者，敝邦恪守候度，敬奉正朔，独祖宗庙号本国所尊，以是不敢携带持赠耳。"②

面对朝鲜如此大规模的书籍求购活动，明清政府也有所感知，虽然将史书与弓角、硫磺并列在一起作为违禁品，在使臣路过关口也进行严格的查勘，但其严禁使臣购买书册的政策并没有削弱朝鲜的购书热情，朝鲜仍然想尽办法购得书册，以至于各种五花八门的书册皆在使臣的搜罗范围之内。除了经典书籍、文集、小说、戏曲、方志、西书外，装订成册的塘报、通报、邸报、题本等，甚至明清官员手册如《缙绅录》《缙绅便览》等也是燕行使重点收购的对象③，以应外交情报搜集和外交公关之需。另外，明清官员士人也赠送燕行使不少诗文集等书。所以，朝鲜所得书籍不仅是一种政治资源，还是一种情报，也是一种礼物。

但另一方面，有些书籍也是一种威胁。正因为严格的王权正统主义和儒学道德主义，朝鲜在广泛的对华书籍交流中，发现不少有害王权正统和宗藩关系的书籍。对此，朝鲜与明清王朝展开了长达四百余年的书籍辩诬，它以政府外交的形式出现，形成了中朝宗藩体制下特有的"书籍外交"现象。

---

① 朝鲜王朝在国内一直使用庙号，不敢让明清王朝知道。但在万历朝鲜之役中，明朝官员丁应泰得到一本名为《海东诸国纪》的朝鲜书籍，了解到朝鲜竟然使用只有中原皇帝才使用的庙号，于是将此书作为证据，向万历皇帝弹劾朝鲜国王。参见黄修志《万历朝鲜之役后期的中朝党争与外交》，《韩国研究论丛》2013年第1期。

② 董文涣编，李豫、[韩]崔永禧辑校：《韩客诗存》，书目文献出版社1996年版，第266页。

③ "缙绅录"是古代记录全国职官的职掌、姓名、籍贯、字号、升迁履历等基本情况的册子，大约发源于南宋，明清时期广泛流行，数量庞大，由于其准确性、时效性和实用性，官刻、坊刻竞相刊印。它在文献中有多种称呼，如《缙绅录》《缙绅便览》《爵秩全览》《缙绅全书》《职官录》《文武缙绅》等。清华大学科技史暨古文献研究所将清华大学图书馆所藏缙绅录整理汇编成《清代缙绅录集成》，大象出版社2008年版。相关研究见阚红柳《清代缙绅录的内容、特点与史料价值探析》，《清史纂修研究与评论》，上海古籍出版社2012年版。

敦煌文书与出土墓志的关联解读

——以侯莫陈琰《顿悟真宗要诀》为例

龙成松

敦煌所出侯莫陈琰撰《顿悟真宗要诀》是禅宗北宗早期的重要文献，它的出现在一定程度上颠覆了禅宗早期历史研究的基本看法，现存有 S. 5533、P. 2799、P. 3922、北 8375、龙谷 58、P. t. 116 这 6 个写卷及另外两种异本。① 自其面世以来，日本早期禅宗研究者铃木大拙、柳田圣山等人即对该文献有过局部的介绍，然而诸写卷之间的关系并未被破解。至 1976 年，上山大峻译出 P. t. 116 号藏文本《顿悟真宗要诀》，诸写本之间的关系始初步厘清。但关于该文献与敦煌所出另外一种禅宗文献《顿悟真宗论》之先后、传承关系则有误解。直到西方禅学研究者佛尔从中国石刻文献中发现开元二年涅槃之侯莫陈琰塔铭（《六度寺侯莫陈大师寿塔铭文并序》），才确定了《顿悟真宗要诀》序中"先天元年（712 年）十一月五日棣州刺史刘无得叙"这一说法的真实性。根据这一重要证据，禅学研究者马克瑞认为菏泽神会顿悟思想有北宗思想之渊源，顿悟理论与北宗教法之间在初期没有任何互相冲突或矛盾的看法。② 在西方学者的启发下，20 世纪 90 年代，日本学者伊吹敦对《顿悟真宗要诀》诸本传抄顺序及相关问题做了更为透彻的研究，尤其在《〈顿悟真宗金刚般若修行达彼岸法

---

① 韩传强：《禅宗北宗研究》，宗教文化出版社 2013 年版，第 129 页。
② [美] 马克瑞：《神会与初期禅学中的顿悟说》，冯焕珍译，收入格里高瑞编《顿与渐：中国思想中通往觉悟的不同法门》，上海古籍出版社 2010 年版，第 222 页。

门要诀〉和荷泽神会》一文中，对《顿悟真宗要诀》与《顿悟真宗论》的关系、《顿悟真宗要诀》与《侯莫陈大师寿塔铭》的对比、侯莫陈居士的传记、侯莫陈与神会的关系等几个问题的探讨，进一步推进了马克瑞等人的观点。① 关于侯莫陈琰与《顿悟真宗要诀》相关问题的讨论，中外学者一致看到了其重要性。从20世纪90年代以来，中外学者在北宗文献和思想的整理研究上取得了突破性进展，但似乎并未从侯莫陈琰本人之角度做出更多背景阐释。

中国学者在相关问题的研究上起步较晚，而且并未深入展开。较早发现侯莫陈琰塔铭之顾燮光、叶昌炽、罗振玉等人皆未注意到此石刻之重要，亦未将之与敦煌文献取得联系。② 20世纪八九十年代，西方、日本学者利用石刻文献解决了一些关键的问题，惜当时出土文献尚未集中涌现，所以有关问题并未得以圆满解决。如今，新出石刻文献在国内大量涌现，对文史研究是一次新生之机会，而国内有天然之优势，为相关研究提供了有力支撑。③ 新出墓志中出现了更多有关侯莫陈氏族源、谱系、宗教、婚宦的重要信息，可以推进侯莫陈琰及《顿悟真宗要诀》相关问题的研究。本文试图利用近年来新出石刻文献，围绕侯莫陈家族之佛教信仰有关问题做一番考察，希望对相关研究有所裨益。

---

① 伊吹敦之研究成果，参考韩传强《禅宗北宗研究》的有关评述，第144—145页。
② 最早发现侯莫陈琰塔铭者为顾燮光，其《河朔访古新录》卷一"汲县"下载："县西北三十五里陈召村六度寺（俗名罗头寺）。唐开元间建，门寺外西壁上有唐开元二年六月六度寺侯莫陈大师寿塔铭。（正书，崔宽撰，王玄贞书，金石诸家未著录）书法朴茂，为唐刻至精致之品。"顾氏发现该塔铭之后，寄与好友叶昌炽。叶氏在《缘督庐日记抄》中记录了发现的过程，其卷十五乙卯年："九月初五日。又得顾鼎梅一函，言游香泉寺……寺西南五里有六度寺。又访得唐张莫陈禅师塔，开元时刻。张疑为侯字误释，侯莫陈北朝房姓也。"罗振玉当在很久之后才获拓片，其《雪堂类稿》戊《长物簿录塔志征存目录》有《六度寺侯莫陈大师寿塔铭文并序》，其后编入《邙洛冢墓遗文》四编卷五。
③ 伊吹敦近年来亦在运用新出石刻文献延伸其早期禅宗研究，其论文《墓志铭所见之初期禅宗》即是这方面的代表，收入方立天主编《宗教研究（2010）》，宗教文化出版社2012年版。

一 侯莫陈家族主要支系及侯莫陈琰之可能归属

侯莫陈部自塞外内附以来，转迁南北，割据东西，侯莫陈氏涌现出一代又一代历史风云人物，其中以八柱国侯莫陈崇最为显赫闻名，而这一系也最能代表家族在北朝隋唐时期总体的演进特征，此外还有一些短暂活跃过的支系。

（一）侯莫陈氏主要支系

侯莫陈部内附之后，以部落首领（领民酋长）之角色出现，早期之世系已不可考。其中有侯莫陈悦一系。据《魏书》卷八十本传："侯莫陈悦，代郡人也。父婆罗门，为驼牛都尉，故悦长于河西。好田猎，便骑射。会牧子逆乱，遂归尔朱荣，荣引为都督府长流参军，稍迁大都督。"① 侯莫陈悦追随尔朱荣，战功累累，官鄜州刺史。尔朱荣卒后，悦复随尔朱天光，事元晔为秦州刺史。高欢义军西讨，悦与贺拔岳倒戈，尔朱天光覆灭，悦重掌秦州刺史。后贺拔岳欲招悦讨灵州，悦反诱岳杀之，同时被害者众，遂屯永洛城。岳部下召回宇文泰聚合部众攻悦，悦部众离散，逃往灵州。途中，"追骑将及，望见之，遂缢死野中。弟、息、部下悉见擒杀"。此系此后遂不显。

另外有侯莫陈相系。《北史》卷五十三本传：

> 侯莫陈相，代人也。祖社伏颓，魏第一领人酋长。父斛古提，朔州刺史，白水公。相七岁丧父，号慕过人。及长，性雄杰。后从神武起兵，破四胡于韩陵，力战有功，封阳平县伯，后改封白水郡公。天保初，累迁司空公，进爵白水王。又迁大将军，拜太尉公，兼瀛州刺史。历太保、朔州刺史，又授太傅，别封义宁郡公。薨于州，赠假黄钺、右丞相、太宰、太尉、都督、朔州刺史。次子晋贵，严重有文武干略，袭爵白水王，武卫将

---

① （北齐）魏收：《魏书》卷80《列传第六十八》，中华书局1974年版，第1784页。

军、开府仪同三司、梁州刺史。归周，授上大将军，封信安县公。子仲宣，太常丞。子弘颖、弘信，雍州司士参军。子行方、行俭、行恭。①

《北史》《元和姓纂》皆据家状谱牒，内容当有很大的一致性，侯莫陈相一系从高欢奠基北齐，位至王公，但《北史》有传而《姓纂》不录，不可理解。今本《姓纂》卷三陈姓河南望条载："《官氏志》，侯莫陈氏改为陈。后魏汾州刺史、长蚍公陈绍；生弘，唐泉州刺史。龙川公陈贺略，端州首领也。"②此条脱误问题严重。侯莫陈相在东魏时曾为汾州刺史③，《姓纂》此系或即侯莫陈相家族改从陈氏者。

侯莫陈氏最显要且传承不断者为侯莫陈崇一系。《周书》卷16《侯莫陈崇传》："侯莫陈崇字尚乐，代郡武川人。其先，魏之别部，居库斛真水。五世祖曰太骨都侯。其后，世为渠帅。祖允，以良家子镇武川，因家焉。父兴，殿中将军、羽林监。"④侯莫陈崇与侯莫陈悦同事尔朱荣，后同随贺拔岳征伐，而悦后反，以至灭亡；崇收复悦余部，随宇文泰定鼎关中，位至八柱国。虽然侯莫陈崇因为"错误"的预言，招致杀身之祸，但是其子孙并未受到牵连，所以这一系势力周隋唐以来延续不断。《元和姓纂》详载侯莫陈崇一系世系如下：

> 后魏有侯莫陈白，生延，京兆公。延生提，相州刺史。提生允，武川镇将、北平王。允生兴，羽林监、清河公。兴生顺、崇、琼、凯。崇，八上柱国、尚书令、司徒、太保、梁国公，生芮、颖。芮，周司空，生奕。颖，桂州总管，生肃、文骞。肃，

---

① （唐）李延寿：《北史》卷53《列传第四十一》，中华书局1974年版，第1910—1911页。
② （唐）林宝：《元和姓纂》，岑仲勉校记，中华书局1994年版，第351页。
③ 《北齐书》载："顷之，出为汾州刺史。别封安次县男，又别封始平县公。天保初，除太师，转司空公，进爵为白水王。"见（唐）李百药《北齐书》卷19《侯莫陈相传》，中华书局1972年版，第259页。
④ （唐）令狐德棻等：《周书》卷16《侯莫陈崇传》，中华书局1971年版，第268页。

字虔会，唐考功郎中、相州刺史、升平县男。生璀、玮、嗣忠。嗣忠，丹州刺史，生知节、知道。知节，汝州刺史，生澄、涣、涉。澄，生起、超、越。起，唐州刺史，生嵒、昌。超，都官郎中，生遥、昙、昇、（晏）。遥，生愿、懋、恁。懋，醴泉令、同州长史。昙生怷、恕、协、应。升，璧州刺史。涣，都官郎中，生逈、懔。涉，相州刺史，生进。

知道生济。济生杰、俊。

崇兄顺，顺孙诠，右卫率。①

按：这一谱系脱误、讹误的问题颇多，罗振宇、岑仲勉等已有校订，但尚未厘清，今据新出墓志，可进一步补正。

（1）永徽三年《侯莫陈毅墓志》：曾祖兴，魏殿中将军、柱国、太保、司空、特进、定相云并殷五州刺史、清河公；祖崇，周八柱国大都督、雍州牧、尚书令、大宗伯、大司空、大司徒、太保、梁国公，谥曰刚公，食邑万户；父晖，周车骑将军、骠骑将军，食邑二千三百户，随大将军、易州刺史、左武候大将军、长利郡宜公，大业二年上柱国。②侯莫陈毅为第六子，夫人萧氏为隋炀帝萧皇后之姊，本应显赫一时。但据志文："大业元年，以第三兄惠仕于杨谅，缘坐，听家。"在这次宫廷内斗中，侯莫陈毅虽未受到严厉处罚，但显然受到打击，此后仕途不显。

（2）开元二年《侯莫陈思义墓志》：曾祖晖，隋左武候大将军，上柱国，长利郡开国公；祖裔，隋朝议大夫，豪州刺史，袭封长利公；父莵，皇朝明威将军，上柱国，赵王府典军。思义有子休征。③此志与上面一志所载侯莫陈晖一支，皆不见于《姓纂》。

（3）贞元七年徐申撰《徐浩夫人侯莫陈氏墓志》：曾祖知节，银

---

① （唐）林宝：《元和姓纂》卷5，岑仲勉校记，第734—736页。
② 吴钢主编：《全唐文补遗》（千唐志斋新藏专辑），三秦出版社2006年版，第7—8页。
③ 胡戟、荣新江主编：《大唐西市博物馆藏墓志》，北京大学出版社2012年版，第377页。

青光禄大夫、汝州刺史；祖超，正议大夫、颍王府咨议，赠荥阳郡太守；父昙，左卫率府长史。夫人为第二女。墓志为夫人之侄通直郎、行河南府功曹参军侯莫陈顼书。①

（4）元和二年于佶撰《侯莫陈恕墓志》：四代祖文謇，皇郢州刺史；曾祖知节，醴泉令、汝州刺史；祖超，颍王府咨议，赠荥阳太守；父昙，右卫率府长史。志主为次子，有子济。② 上二志志主为兄妹，所叙家族族源和谱系相同，当据同一家状。侯莫陈恕志称四代祖文謇，当即《姓纂》"文謇"。今据墓志，知节、知道当为文謇之子，而不是嗣忠之子。换言之，《姓纂》侯莫陈肃一支叙述完之后，接着叙述其弟侯莫陈文謇一支，而今本《姓纂》脱其名讳、官爵，遂造成嗣忠生知道、知节的情况。

（5）大和二年郭行余撰《汤贲君夫人侯莫陈约墓志》：五代颖，隋开府仪同三司、持节总管桂、韶、交、广十八州诸军事、桂州都督、谥定公。高祖知节，皇银青光禄大夫、汝州刺史。曾冽，阆州南部县令，赠阆州刺史。祖超，朝议大夫、恒王府咨议，赠荥阳太守。考遥，恒王府司马、陇州别驾。世父、季父有：昙、晕、通、懔、昌。昆弟、族昆弟有：愿、恕、忩、慹、恁、协、厦、应、基。姑姊妹为王妃，为县君、郡君、郡夫人者十八九焉。③ 此墓志涉及人物众多，可补正者颇多。此志侯莫陈知节与侯莫陈超之间有侯莫陈冽，正对应《姓纂》侯莫陈澄（字形或以石刻为正），可证《姓纂》不误，前面（3）（4）志俱阙书此代。志中其他一些人物多有旁证：侯莫陈厦，《历代名画记》卷十云："侯莫陈厦，字重构，工山水，用意极精。"侯莫陈恁，又见于新出贞元十四年《袁杰墓志》，署"朝请郎行河南府告成县尉侯莫陈恁书"④。

---

① 胡戟、荣新江主编：《大唐西市博物馆藏墓志》，第683页。
② 赵君平、赵文成编：《秦晋豫新出土墓志蒐佚》，国家图书馆出版社2012年版，第862页。
③ 郭茂育、赵水森编著：《洛阳出土鸳鸯志辑录》，国家图书馆出版社2012年版，第150页。
④ 齐运通编：《洛阳新获七朝墓志》，中华书局2012年版，第303页。

(6) 会昌元年秦书撰《张公夫人侯莫陈氏墓志》：曾祖讳涉，银□光禄大夫、使持节相州诸军事、守相州刺史、上柱国、萧县开□子。祖讳倚，宣德郎、守绵州昌明县令。考讳谓，征事郎、守□州司仓参军。夫人为长女。① 侯莫陈涉见与《姓纂》，此志可补其后。

　　侯莫陈崇一系支派蕃衍，尚有一些可以确定出于侯莫陈崇一系者，如唐代《女孝经》作者郑氏之夫侯莫陈邈。② 郑氏《进〈女孝经〉表》称"妾侄女特天恩策为永王妃"，永王妃本侯莫陈超之女③，可知侯莫陈邈与侯莫陈超为兄弟。又《金石录》卷九目录第一千六百四《唐秋日登戏马台诗》："侯莫陈遂等正书，无姓名，贞元七年六月。"此侯莫陈遂极有可能为侯莫陈邈兄弟行人物。

（二）侯莫陈琰的可能归属

据敦煌写卷 P. 2799《顿悟真宗金刚般若修行达彼岸法门要诀》：

　　侯莫陈居士者，雍州长安人也，俗名琰，法号智达。不顾荣利，志求菩提。在嵩山廿余年，初事安闍梨，后事秀和尚，皆亲承口诀，蜜登教旨……先天元年十一月五日，棣州刺史刘无得叙录琰问。④

　　又据《六度寺侯莫陈大师寿塔铭文并序》：

---

① 四川省文物局、四川省文物考古研究所编：《四川文物志》，巴蜀书社 2005 年版，第 265—266 页。
② 《女孝经》，《崇文总目》著录，但无撰人姓氏。元刘氏学礼堂刻本孙奕《示儿编》卷 7 说是郑氏撰，小注"唐侯莫陈□妻"。《宋史·艺文志》著录《女孝经》第 1 卷，为侯莫陈邈妻郑氏撰。
③ （北宋）宋敏求：《唐大诏令集》卷 40，《册永王侯莫陈妃文》："维开元二十六年，岁次戊寅，正月庚午朔，十八日丁亥……咨尔右羽林军长侯莫陈超第五女……持节册尔为永王妃。"商务印书馆 1959 年版，第 186 页。
④ 上海古籍出版社、法国国家图书馆编：《法藏敦煌西域文献》第 18 册，上海古籍出版社 1995 年版，第 278 页。

大师姓侯莫陈，讳琰之，法名智达，京兆长安人……年甫弱冠，便如嵩山。初事安阇梨，晚归秀和上。并理符心会，意授口诀。二十余年，遂获道果……开元二年六月十日入涅槃。①

前后两个文本的内容正好对应。前面所述侯莫陈各支系，及出土侯莫陈氏人物墓志，都未见侯莫陈琰此人，但我们结合他的活动时间和姓名规则，可以找到一些线索。从活动时代来看，侯莫陈崇之后代可考者如下：

第一代：芮，大业初流配岭南；昭，大业二年为柱国；颖，大业九年卒。②

第二代：肃，碑在贞观二十一年；昭第六子毅，永徽元年卒；文謇。

第三代：知道，知节，璀，玮，嗣忠。

第四代：涣，开元六年为濮州刺史③；涉，神龙二年授吴郡守④，葬开元二十三年⑤；嗣忠女天宝十三载卒。

第五代：起，开元前期为唐州刺史⑥；超，开元二十六年（738年）为羽林长上；遂，贞元七年六月《秋日登戏马台诗》题名。

---

① 吴钢主编：《全唐文补遗》第六辑，三秦出版社1999年版，第26—27页。
② 陈思：《宝刻丛编》卷8"咸阳县"：《隋桂州总管侯莫陈颖墓志》："君讳颖，字遵道，彭城人。大业六年为南海太守，九年十月薨于郡治。以唐武德八年七月，迁葬于雍州咸阳县。"（《石刻史料新编》第1辑第24册，台湾新文丰出版公司1982年版，第18239页。按："颍"当作"颖"，此版本误）
③ （北宋）王钦若等：《册府元龟》卷658《奉使部》"论荐"门："刘知柔，开元中为河南道巡察使。奏陈州刺史韦嗣立、汝州刺史崔日用、兖州刺史韦元珪、亳州刺史萧宪、濮州刺史侯莫陈涣……等，清白可陟之状。"中华书局1960年版，第6880页。郁贤皓考在开元六年。见郁贤皓《唐刺史考全编》卷67，安徽大学出版社2000年版，第979页。
④ 谈钥：《吴兴志》卷14，郡守题名："侯莫陈涉，神龙二年自睦州刺史授；迁商州刺史，《统记》云：开元九年。"郁贤皓以为开元九年较可信。见《唐刺史考全编》，第1940页。
⑤ 《宝刻丛编》卷二十不详所在唐石刻引《复斋碑录》："《相州刺史侯莫陈涉墓志》，郑同升撰，卢自励正书，开元二十三年乙亥十一月壬子朔九日庚申。"（《石刻史料新编》第1辑，第18393页）
⑥ 郁贤皓：《唐刺史考全编》，第2620页。

第六代：遥，大历二年卒①；超第五女，开元二十六年册永王妃，至德元年被害②。

第七代：昙第二女徐浩夫人，贞元七年卒；恁，贞元十四年八月五日为告城县尉，书《袁杰墓志》；昙次子恕，元和元年卒；遥女汤贲夫人，大和二年卒；侯莫陈涉曾孙女，会昌元年卒。

根据这一时间坐标，若侯莫陈琰（琰之）属侯莫陈崇一系，最有可能在第三代与第四代之间。侯莫陈琰，石刻作"琰之"，唐人名多省行或以字行。"琰"与"瓘"、"玮"同偏旁，可能为同行兄弟命名。琰者，上端尖之圭也。《周礼·春官·典瑞》："琰圭以易行，以除慝。"《郑注》："琰圭有锋芒，伤害征伐，诛讨之象。故以易行除慝，易恶行令为善者。"古人命名有琰者颇多，除了与珪互训之外，有取其忠节之寓意者。同在开元时期，有赵琼琰，字忠，河南人③；宋代《海录碎事》作者叶庭珪，字嗣忠。这些名字从训诂上看，都是切"琰"之象征寓意。侯莫陈瓘、玮同行正好有"嗣忠"。侯莫陈琰与侯莫陈嗣忠，从名字训诂之相关及活跃时间之相当而言，可能有莫大的关系：这虽然只是我们的一种推测，更多的证据还有待新出史料，但侯莫陈琰出于侯莫陈氏家族无疑，其家族奉佛之经历是其佛学成果之渊源。

二　北朝时期侯莫陈氏奉佛之渊源

北朝以来，侯莫陈累世奉佛。前引《魏书·侯莫陈悦传》："代郡人也。父婆罗门，为驼牛都尉，故悦长于河西。"侯莫陈悦之父以婆罗门名，或本即婆罗门教士；且生长佛教入华之中转地河西，其家

---

① 据郭行余撰《汤贲夫人侯莫陈氏墓志》，夫人始十岁时父卒。夫人春秋七十二，大和二年四月廿三日卒。据此推算，夫人之父侯莫陈遥卒在大历二年。
② 《旧唐书》载，至德元年七月丁卯，"逆胡害霍国长公主、永王妃侯莫陈氏、义王妃阎氏、陈王妃韦氏、信王妃任氏、驸马杨朏等八十余人于崇仁之街。"见（北宋）宋祁、欧阳修等《旧唐书》，中华书局1975年版，第243页。
③ 开元廿九年《赵琼琰墓志》："公讳琼琰，字忠，河南人也。"见吴钢主编《全唐文补遗》第一辑，三秦出版社1994年版，第149页。

族与佛教关系之长久深远可以想见。法琳《辩正论》卷 4 "十代奉佛篇"下所叙录北朝时期奉佛者有：

> 魏宁远将军侯莫陈引，造祇园寺：
> 本汉中山靖王之胤，涉汉已来，肇有丰国，因侯而氏，遂号陈焉。造祇园等寺，常营斋讲，及施悲田。
> 周使持节太傅柱国大将军清河公侯莫陈休：
> 文武兼施，忠孝备举；生而念善，常行慈恕。于大乘寺受戒，发心写一切经，造丈六夹纻无量寿像，俸禄所致，咸举檀那。
> 隋上柱国武卫将军梁国公侯莫陈芮，造舍卫寺：
> 卓荦不群，骨梗无辈。参谋王室，首建义旗。去烦就简之功，佐命平暴之力。任居闱闼，有积炎凉；宿卫宫城，频移气序。用心恭谨，独美当朝。文物具瞻，声猷遐布。一门昆季，三人驸马。敬信崇重，造寺书经，每以法言，备修善事。①

侯莫陈引、侯莫陈休所属支系不详。侯莫陈芮为侯莫陈崇之子。从《辩正论》来看，北朝时期侯莫陈氏家族人物之奉佛活动，不仅限于一般的造像写经，还扩展到建造寺院，营习斋讲。

2002 年 11 月于山西省太原市汾河西岸晋阳古城遗址发现天保六年侯莫陈洞室墓碑，据发掘报告称：

> 质地为沉积的沙岩，碑体的下半截仍是毛坯石，碑首半圆形。在平整碑面的中央处，雕出一个浮雕的立人像。人像正面站立，头顶束双髻，身穿右衽长襦，双手拱于身前。下着裤，蹬圆头鞋。人像旁阴刻碑文（石面粗陋、字迹漫漶）。②

---

① 《大正新修大藏经》卷 52《史传部》4，河北金智慧文化传播有限公司 2008 年版，第 516—519 页。
② 商彤流、周建、李爱国：《太原西南郊北齐洞室墓》，《文物》2004 年第 6 期。

毛远明先生考校之释文如下：

> 唯大齐天保六年，大将军□，癸酉，岁次乙亥，二月壬子朔，廿七日戊辰，骠骑大军、直阁都督、高平县开国子、西舞县开国男□莫陈阿（仁）伏薄祐少宾，亡妻叱列弃（圣），进念无逻，殡（葬）并州城西山陵，（女）奴益钱，乃为守墓，且铭记之。①

碑主姓名中所缺字，报告认为是"侯"，即侯莫陈，当无疑义。报告说："又以石碑造像且'为守墓'，是本地区同类别墓葬中的罕有发现。"这是侯莫陈氏家族信佛的一种体现。该碑文中还有一些重要信息，如侯莫陈阿伏之妻为叱列氏。叱列氏，即高车十二姓之泣伏利氏之省译，该族在北魏、周齐时期亦多显达之人，且多信佛。二氏之联姻，不仅有种族上的原因，可能还有宗教上的亲缘。

此外，1984年在甘肃正宁县罗川镇聂店村出土的北周保定元年石雕佛立像，造像下台基四面发愿文及造像人题名。其东面题名中有"邑生侯莫陈阿显"、"邑生侯莫陈康果"两人。② 从该造像中的题名来看，当地为一个胡、汉大杂居地区，其中的胡姓涉及的部族有鲜卑、匈奴、羌、氐、西域胡等，他们通过合邑造像来维系地方社会，侯莫陈氏即为当地的佛教信众。

三　隋唐时期侯莫陈氏奉佛之传承

隋唐时期，侯莫陈氏家族之佛教信仰并未有所减弱，也正是因为这种累世之积淀，才会有侯莫陈琰《顿悟真宗要诀》这一重要的佛学成果。侯莫陈氏家族的宗教渊源，除了自身传承之外，另外有一个重要渊源是来自婚偶家族。关于中古时期宗教信仰的家族化倾向，陈

---

① 毛远明编著：《汉魏六朝碑刻校注》第8册，线装书局2009年版，第357—358页。
② 陈瑞林：《甘肃正宁县出土北周佛像》，《考古与文物》1985年第4期。

寅恪先生曾以天师道为例，有过精彩之分析，而其"地域熏习，家世遗传"二端尤为通识。今举碑铭所见唐代侯莫陈氏家族及婚偶家族之奉佛史料申述如下。

（一）侯莫陈氏与萧岿家族

前引《侯莫陈毅墓志》："夫人兰陵县君萧氏，梁世祖明帝第七女。"侯莫陈毅夫人兰陵县君萧氏，即梁世祖明帝萧岿第七女，萧詧之孙女，萧统之曾孙女。关于侯莫陈氏与萧氏之联姻，史传有一段故事。《隋书》卷79《萧琮传》载：

> 琮性澹雅，不以职务自婴，退朝纵酒而已。内史令杨约与琮同列，帝令约宣旨诫励，约复以私情喻之。琮答曰："琮若复事事，则何异于公哉！"约笑而退。约兄素，时为尚书令，见琮嫁从父妹于钳耳氏，因谓琮曰："公，帝王之族，望高戚美，何乃适妹钳耳氏乎？"琮曰："前已嫁妹于侯莫陈氏，此复何疑？"素曰："钳耳，羌也；侯莫陈，虏也，何得相比？"素意以虏优羌劣。琮曰："以羌异虏，未之前闻。"素惭而止。①

萧琮嫁妹侯莫陈氏，即侯莫陈毅。杨素对于萧琮家族婚姻之质疑，萧琮其实并没有正面回答。中古时期，婚姻之清望是阀阅的基本追求，萧琮家族以帝王之后，门第清华冠当时，但却选择钳耳氏、侯莫陈氏"羌、虏"族裔联姻，这是很难解释的，其中当有未发之覆。超越门第的婚姻往往有宗教等其他原因，萧氏家族为南朝以来典型的佛教世家，而侯莫陈氏家族亦累世奉佛，这是两个家族联姻的重要纽带。

侯莫陈氏与萧氏家族基于佛教信仰的关系，在侯莫陈琰身上也可以得到印证。据《比丘尼惠源和上神空志》：

---

① （唐）魏徵等：《隋书》卷79《列传第四十四》，中华书局1973年版，第1794页。

大师讳惠源，俗姓萧氏，南兰陵人也。曾门梁孝明皇帝；大父讳瑀，皇中书令、尚书左右仆射、司空、宋国公；父讳钗，给事中、利州刺史……年廿二，诏度为济度寺尼，如始愿也……后遇高僧义福者，常晏坐清禅止观传明，殊礼印可。①

尼惠源为萧岿的曾孙女，开元二十五年坐化，其活动的时间稍后于侯莫陈琰。她师从义福，可谓神秀的再传弟子；而侯莫陈琰则为神秀之弟子。侯莫陈毅为侯莫陈崇孙辈，与侯莫陈琰相隔大致一两代。侯莫陈琰与尼惠源的关系如下：

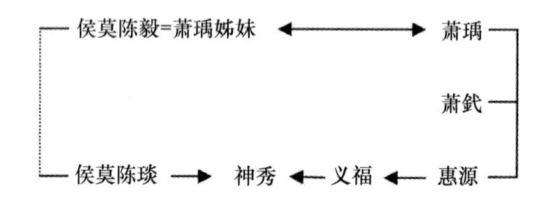

```
┌─ 侯莫陈毅=萧瑀姊妹 ◄────► 萧瑀 ─┐
│                                   │
│                                  萧钗
│                                   │
└─ 侯莫陈琰 ──► 神秀 ◄── 义福 ◄── 惠源 ─┘
```

（按：侯莫陈毅、侯莫陈琰之间并非亲祖、孙关系，只是可能存在这种代际关系。）

由此可见，侯莫陈氏家族和萧氏家族不仅有共同的信仰取向，而且连传法谱系也存在密切关系，这也为理解《顿悟真宗要诀》的思想渊源提供了新的阐释方向。

（二）侯莫陈氏与徐锷家族

前引《徐浩夫人侯莫陈氏墓志》，夫人母高平徐氏，外曾祖徐彦伯，太子宾客，高平郡公；外祖徐锷，司封郎中，洛阳县令。志又云："逮吏部薨泊葬，瑀等辍哀而抗者数四。猗欤，憾结于忘恩，疾生于积毁，以同穴之义重，宜家之情切，低首含恨，属犷不言。乃泊心玄元，坚志空寂，道究希夷至理，法穷定慧之源。轻币妙色，不被于躬者二纪；珍肴杂荤，不茹于口者十祀，遂遘疾于胜业里。将欲脱

---

① 周绍良主编：《唐代墓志汇编》，上海古籍出版社1992年版，第1473页。

迹尘累,栖身道门,徒寓于咸宜观,以贞元七年六月十日寝疾,竟终于净宇,享年卅九……夫人将瞑之际,谓左右曰:'可安我城南,不必远袝。'盖欲徇崇道之愿……以其年八月廿六日权厝于万年县凤栖原。"咸宜观为唐代长安著名道观。《南部新书》卷5:"(长安)士大夫之家入道尽在咸宜。"据志文"玄元"、"空寂"、"希夷"云云,亦指向道教,但又云"定慧之源",则似为佛教。在古代,母亲家族(外族)的信仰对于子女的影响非常大,因母亲多为家族教育之负责者,所以其信仰很容易为子女所传承。徐锷家族与佛教有密切的联系。《宋高僧传》卷3《宝思惟传》载:

> 释阿你真那,华言宝思惟,北印度迦湿蜜罗国人,刹帝利种……以天后长寿二年,届于洛都,敕于天宫寺安置。即以其年创译至中宗神龙景午,于佛授记、天宫、福先等寺,出《不空胃索陀罗尼经》等七部。睿宗太极元年四月,太子洗马张齐贤等缮写进内。其年六月,敕令礼部尚书晋国公薛稷、右常侍高平侯徐彦伯等详定入目施行。①

徐彦伯为当时文宗,其负责编定释教目录,或有家世宗教信仰之缘故。其《柏梯寺碑铭》《唐万回神迹记》等文,可见其对佛学之精熟,徐氏家族固为佛教世家。

徐彦伯子徐锷,继承了父亲佛典叙录的工作,其《大宝积经述》介绍了改经翻译、呈进的过程。文中也反映出其本人的佛学修养,非一般文士浅尝之表现。文中提到:

> 今所新翻经凡有四十九会七十七品,合一十二帙,以类相从,撰写咸毕。以先天二年六月三十日进太上皇,八月二十一日进皇帝……复有清信佛弟子前右拾遗徐锛等,皇朝银青光禄大夫太子宾客昭文馆学士高平公子也;咸属彼穹降祸,私门坠构,陟

---

① (宋)赞宁:《宋高僧传》,中华书局1987年版,第42页。

遥岵而崩心，瞻冥途而献福。于是肱篚探笥，檀波罗蜜，广叠简笺，首崇书写，不变槐火，遽盈苔袂。然后装之镂轴，缀以琼签，罗彩蕈而霓舒，播珠函而锦缛。方使猛风吹岳，长存妒路之文；劫火烧天，不坏多罗之典。①

"清信佛弟子前右拾遗徐峤"即徐彦伯子，徐锷之兄，明称为"佛弟子"。《大宝积经》进呈睿宗时，徐峤等人为书手。据《旧唐书》徐彦伯本传："先天元年，以疾乞骸骨，许之。开元二年卒。"徐锷文中说"彼穹降祸，私门坠构，陟遥岵而崩心，瞻冥途而献福"，正是籍编录缮写佛经为父祈福。另外，宝思惟翻《不空罥索陀罗尼经》等七部在长寿至神龙年间，而唐新翻《大宝积经》正好始于神龙二年，毕于先天二年，过程前后相续。前番徐彦伯参与，后或因彦伯病，故徐氏兄弟参与，这正是承家学渊源之故。

徐彦伯与侯莫陈琰卒同年。徐锷家族的佛教信仰及佛学活动，集中在武周到开元初，正好与侯莫陈琰《顿悟真宗要诀》成书之时代相当。其中是否有联系，尚待考索。

（三）侯莫陈氏与徐浩家族

徐浩继室侯莫陈氏卒在咸宜观入道，这是比较"费解"的一个问题。这或许与徐浩家族的信仰有关。徐浩家族与佛、道皆有密切的关系，三教融合在这里体现得非常明显。与佛教的关系，可以注意之处有如下一些方面：首先，徐浩家族人物多为佛教徒，对佛教大德亦颇为礼遇崇奉。会稽及周围地区，南朝以来为佛教兴盛之所，徐氏入佛者颇多。虽然不可考是否为徐浩家族人物，但系出同一地域，当有莫大关系。如衢州龙兴寺律师体公，俗姓蒋，母徐氏，兄弟俱出家。其居衢州期间，徐峤之②请居龙兴寺。又会稽玄俨律师，俗姓徐氏，为诸暨县族，徐峤之称之为"宗室"。其次，徐浩家族创作的佛教主题

---

① 《全唐文》卷295，中华书局1983年版，第2993页。
② 徐浩之父。

书法、诗文作品，尤其是碑铭，为数众多。徐浩本人不但为高僧书写碑铭，而且还有写经。王安石曾见徐浩书《法华经》，《宝刻类编》卷3著录徐浩写经有《金刚经》《心经》《注大乘起信论》。孔延之《会稽掇英总集》卷8录徐浩《宝林寺作》诗，大有发愿超脱之心，可见徐浩于佛法情深。《金陵新志》卷12下载徐浩书《祭酒史公仲谟碑》，引《溧阳志县》云："县治南百许步，士人家尝厮地得片石，乃徐季海诗刻云：'祖德道场下，往来三十秋。白头方问法，朗月特相留。大唐徐浩书。'"① 此为徐浩佚诗，亦关佛事。

贞元九年张叔弼撰《徐潎夫人郏氏墓志》，郏氏贞元八年十一月卒永宁寺西北隅旅舍。② 徐潎为徐浩之弟，其夫人卒于佛寺，或亦因崇佛之缘故。总之，徐浩家族之佛教姻缘，有家世传承、地域薰习、婚偶结合诸端。其娶侯莫陈氏为继室，且不计声名宠溺之，其主要原因当从二者家族信仰中寻找。

徐浩家族与道教也有密切的关系，可以找到如下一些线索。其一，徐氏在南朝时期为天师道世家，滨海地域为天师道传教区；其二，徐浩家族人物名字有天师道命名方式；③ 其三，徐浩家族以书法为世业；其四，徐浩家族有不少道教碑铭作品，并与道教关系密切之贺知章、康希铣家族等人交游。此外还有重要的一点，《唐朝名画录》陈闳传云：

> 陈闳会稽人也，善写真及画人物士女，本道荐之于上国。明皇开元中召入供奉，每令写御容，冠绝当代……今咸宜观内天尊殿中画上仙，及图当时供奉道士、庖丁等真容，皆奇绝。曾画故吏部徐侍郎本行经幡十二口，今在焉。④

---

① （元）张铉纂修：《至正金陵新志》，载《宋元珍稀地方志丛刊》乙编第四册，四川大学出版社2009年版，第1463页。
② 郭茂育、赵水森编著：《洛阳出土鸳鸯志辑录》，第154页。
③ 徐浩祖名"师道"，为天师道命名方式。另外，朱长文《墨池编》卷3载徐师道"弃官归隐"及私谥"高行先生"，也可证徐师道奉道。
④ 朱景玄：《唐朝名画录》，四川美术出版社1985年版，第22页。

可见徐浩与咸宜观之关系颇为密切，徐浩继室终于此观，正是徐浩的缘故。但徐浩让陈闳所画之经幡，本佛教法物体。张彦远《历代名画记》卷3"记两京外州寺观画壁"亦载陈闳所画"廳间写真及明皇帝上佛公主等图"，亦是佛画入道观。这些都是唐代佛道融合的证据，也能解释为何出身累世奉佛家族之侯莫陈氏，也能接受卒于咸宜道观。

（四）侯莫陈氏与汤贲家族

汤贲夫人侯莫陈氏墓志及其子孙墓志的出土，为我们理解侯莫陈氏家族文化的多侧面提供了更多的资料。① 据《汤贲夫人侯莫陈氏墓志》，夫人为侯莫陈遥女，母良原县君张氏。汤贲家族墓志皆云为范阳人，但《新唐书·艺文志》集部著录《汤贲集》十五卷，注云："字文叔，润州丹阳人，贞元宋州刺史。"② 郑樵《氏族略》"汤氏"条云："《南史》道人汤休，唐贞元道人汤灵澈，宋州刺史汤桑，并吴人。宋汤氏为著姓，望出中山、范阳。"③ 汤桑即汤贲之讹。据此，范阳为汤氏姓望，而丹阳、吴越则为汤贲著籍。南朝以来江南汤氏闻人颇多。出土墓志亦可为证。但汤贲家族祖茔在偃师，这又不同于江南地区汤氏人物，或其家族已早迁长安之故耶？

汤贲夫人侯莫陈约大和二年四月廿三日终于长安县善和里福寿之佛寺。按，夫人本家私第在东都从善里，此善和里之佛寺，或夫人长安依靠女婿郭行余时寄身之所。这也说明侯莫陈氏夫人崇信佛教。从北朝以来，历初盛唐，至大和年间，侯莫陈氏族人依稀还见奉佛者，可见家世信仰的延续性。

汤贲家族与佛教的关系亦可推知，这或许是其与侯莫陈氏家族通婚的原因之一。如前所说，汤贲家族当为润州丹阳人或吴人。会昌三

---

① 《汤贲墓志》，见《洛阳出土鸳鸯志辑录》，第148页；汤贲曾孙汤珂墓志见《洛阳新获七朝墓志》，第370页。

② （北宋）欧阳修、宋祁等：《新唐书》卷60《艺文志》，中华书局1975年版，第1604页。

③ （宋）郑樵撰：《通志二十略》，王树民点校，中华书局1995年版，第123页。

年李文举撰《故范阳汤氏夫人权厝记文》："汤氏远祖，本自幽蓟，属国多难，从宦播迁，因漂寓江南，遂累代坟墓，多在吴兴、丹阳。"① 吴兴、丹阳地区，或为汤氏聚居之地。而这一地区也出现了不少著名的汤氏佛教徒，远有南朝汤惠休，近有唐诗僧灵澈，高僧传中汤氏高僧亦不少。两浙地区的汤氏佛教信仰，在当地金石遗物中有更直观的反映。以《两浙金石志》为例：仁和县唐开成二年《龙兴寺经幢》助缘人有汤简文、汤述（卷二）；归安县会昌三年天宁寺经幢助缘人汤济、汤全立、汤□（卷三）；天宁寺尚有题"范阳汤夫"所建经幢（卷三）；等等。在当地经幢上，更多见徐氏捐建即助缘者，说明这些家族信佛之深，这也是地方文化影响的结果。吴会地区汤氏、徐氏，同为崇佛世家。有趣的是，汤贲夫人侯莫陈氏墓志中记载了夫人向徐浩习书之事："夫人未读诗书而知阴教，未鼓琴瑟而辨断弦。学会稽公徐浩书，人称妙绝。其笔势古淡，有异浩处，浩顾之，不觉坠地，辄出愧语。"汤贲夫人即徐浩夫人侯莫陈氏之堂姊妹，其从徐浩学书，这是三个家族密切关系的直接证据。汤贲、徐浩家族既同出会稽地区，而祖茔又同在偃师，其间的联系令人遐想。

附带一说，侯莫陈氏家族之奉佛渊源，在女性身上有突出的表现，前文提到的徐浩继室、汤贲夫人等皆是如此。前引《郑倡伾夫人侯莫陈氏墓志》亦云："郑公亡后，夫人孀居。及乎慕道，遂悟色空。执持大象之尊，适出世尘之路。"此亦奉佛之明证。

四 侯莫陈琰与北宗关系的重要线索 ——陈宏《六祖禅师像》

前文对侯莫陈琰家族奉佛之渊源作了背景性的交代，但皆未触及禅宗具体人物。侯莫陈琰"初事安阇梨，后事秀和尚"，在其家族之奉佛渊源中是否有体现呢？这涉及唐代一个重要画家陈宏的"解

---

① 吴钢主编：《全唐文补遗》第四辑，三秦出版社1997年版，第167页。

密"。陈宏或陈闳,本姓侯莫陈氏。①《宣和画谱》卷5著录陈闳《六祖禅师像》六幅,在南北禅宗分化时期,此"六祖禅师"的提法是一个重要线索。

陈宏开元中入宫供奉绘画,上元二年参与嗣岐王乱被杀,此期间禅宗禅法传承谱系有两个问题:首先,五祖、六祖、七祖这样的谱系出现在什么时候?其次,"六祖",尤其是第六祖,究竟为谁。这一时期禅宗"尊祖"的问题颇为复杂。通常认为,神秀、慧能之后,北宗尊神秀为六祖,而南宗尊慧能为六祖,此外还有尊法如为六祖者。但我们注意到,这一时期未曾出现明确尊奉"六祖慧能"或者"六祖神秀"之说。虽然南北两派的传法统系皆自言其说,但皆"克制"地谨守这一底线。②之所以慧能之后(主要是神会)和神秀之后(主要是义福、普寂)皆不直言"六祖",其中不仅有教内之法统依据问题,也有教外之博弈,此禅宗史上一段公案。在这"混乱"时期,陈闳《六祖禅师》图的出现意义重大:如果这是陈闳个人之所为,那就可以代表他个人的宗派观念及家族的佛学统系;如果这一作品为供奉宫廷时奉旨所绘,那也可印证官方对禅宗宗派的态度。

南宗在开元天宝中并未得到官方(主要是皇家)的认同,但宗派自身的努力非常活跃。开元二十二年神会在滑台大云寺无遮大会上为南宗复振做了一次宣传,此后天宝四年兵部侍郎宋鼎请神会入东都。神会开始有意识强化禅宗传承谱系,先后请王维(天宝五六年)、宋鼎作慧能碑(天宝七年)。宋鼎之文不传,但王维之文却只字不提南宗传承谱系。值得注意的是,神会这一时期还做了两件重要的事,据《宋高僧传》卷8《慧能传》:

---

① 陈闳本出侯莫陈氏,论证过程颇为复杂,主要依据是《元和姓纂》卷三"陈"姓河南望条所载侯莫陈氏改为陈氏内容的脱误,陈闳与永王府、徐浩家族的关系,陈闳之佛教信仰和画学渊源等,参考笔者《唐代画家陈闳新考》,《文艺研究》2017年第6期。

② 今题"六祖慧能"的不少文献实为后人改题,造成我们对这一重要事实的误会。如王维作于天宝五、六年间之《能禅师碑》,原无"六祖"之号,宋人编《唐文粹》始作《六祖慧能禅师碑铭》。

会于洛阳荷泽寺崇树能之真堂。兵部侍郎宋鼎为《碑》焉。会序宗脉，从如来下西域诸祖外，震旦凡六祖，尽图缋其影。太尉房琯作《六叶图序》。又以能端形不散，如入禅定，后加漆布矣。复次蜀僧方辩塑小样真，肖同畴昔。①

《宋高僧传》中所说"六祖"，疑非神会当时用语。但神会将"震旦凡六祖，尽图缋其影"，同时对慧能真身的保存做了一番工作，这两件事非同小可。在神会之前，不知是否有人成统系地图绘禅宗祖师，但碑铭和图像都是凝固本宗正法地位的手段。神会所"图缋"之六祖，有房琯之序，惜不传。1983年12月中旬，在龙门西山唐宝应寺遗址出土了神会门人比丘慧空所撰神会塔铭，题《大唐东都荷泽寺殁故第七祖国师大德于龙门宝应寺龙岗腹建身塔铭并序》，其中也提到："有皇唐兵部侍郎宋公讳鼎，迎请洛城广开法眼，树碑立影，道俗归心。宇宙苍生，无不回向。"②"树碑立影"正是神会强化本宗传法谱系的重要方式，出土文献与传世文献可以相互印证。但神会天宝中的努力，并未改变当时本宗的地位，这从出土神会塔铭之形制、内容都可以看出。史载云神会之贬废，"此北宗门下之所毁也"，这是南宗在开元天宝中命运的写照。通常认为，官方确定曹溪六祖以来传法谱系晚至贞元中。宗密《禅门师资承袭图》载：

（裴休）问：既荷泽为第七祖，何不立第八乃至九、十？后既不立，何妨据传衣为凭，但止第六？

（宗密）答：若据真谛，本绝名数，一犹不存，何言六七？今约俗谛，师资相传，顺世之法，有其所表。如国立七庙，七月而葬，丧服七代，福资七祖（道释皆同），经说七佛。持念遍数，坛场物色，作法方便，礼佛远佛，请僧之限，皆止于七，过则二

---

① （宋）赞宁：《宋高僧传》，第175页。
② 洛阳市文物工作队：《从洛阳出土历代墓志辑绳》图版567，中国社会科学出版社1991年版。

七，乃至七七，不止于六，不至八九。今传受仪式，顺世生信，何所疑焉？故德宗皇帝贞元十二年敕皇太子集诸禅师，楷定禅门宗旨，搜求传法傍正。遂有敕下，立菏泽大师为第七祖，内神龙寺见有铭记。又御制七代祖师赞文，见行于世。①

很有意思的是，宗密回避了"六祖"之说，而大肆宣扬"七"，可见"六祖"之争讼当时亦未停。官方统一尊奉南禅宗是否晚至贞元中还有待商榷，但南宗在陈闳的时代非正统则无疑义。虽然如此，神会图绘祖师画像的做法启发了"尊祖"运动中对于画像的重视。下面的例子可以说明禅宗祖师图像在宗派博弈中的重要性。徐岱《唐故招圣寺大德慧坚禅师碑铭并序》：

> 菩提达摩舍天竺之王位，绍释门之法胤，远诣中夏，大阐上乘。云自释迦迦叶师师相授，至于其身，乃以心印密传惠可，四叶相授。至弘忍大师奉菩提之记，当次补之位，至乃荷忍大师之付嘱，承本师之绪业，则能大师居漕溪。其授人也，顿示佛心，直入法界。教离次第，行无处所。厥后奉漕溪之统记，为道俗之归依，则菏泽大师讳神会，谓之七祖……禅师俗姓朱氏，陈州淮阳人也……大历中，睿文孝武皇帝以大道驭万国，至化统群元，闻禅师僧腊之高，法门之秀，特降诏命，移居招圣。俾领学者且为宗师。遂命造观音堂，并馈七祖遗像。②

坚禅师为神会弟子，贞元八年圆寂，元和元年起塔。从碑铭宗可以看到，自官方态度统一之后，祖师佛像亦由官方配发。这一"传统"直接渊源于神会在天宝中的"图缋"六祖佛影。陈闳自然没有赶上南宗成为正宗的时代，但其《六祖禅师像》或许受到了神会等影响。

---

① （唐）宗密：《禅源诸诠集都序》，中州古籍出版社2008年版，第109—110页。
② 吴钢主编：《全唐文补遗》第四辑，第10—11页。

更多的证据指向陈闳所画为北宗六祖。早在武则天、中宗、睿宗时期，神秀、玄赜就相继受诏入京为国师，北宗被定为官禅，但当时南北之争并未激烈展开，官方亦未明确禅宗传法谱系，而且陈闳之绘画生涯似乎也未开启。至开元天宝中，北宗全盛，谱系意识亦加强，同时是陈闳供奉朝廷的重要时期及画作最丰富的时期，其《六祖禅师图》出于这一时期的可能最大。陈闳《六祖禅师像》所绘北宗谱系，既是官方的意志，也是家族信仰的延伸。侯莫陈琰初师道安，后师神秀，皆北宗祖师，其圆寂在开元二年，为侯莫陈氏家族宗教信仰的重要奠基者。

赋役故事[*]

——明末清初松江一个秀才的经历和记忆

冯贤亮

一 被奉入报功祠中的秀才

明朝末年，江南的松江府城虽然不大，但东西南北"非官家栉比，即商贾杂居"，然而在明清鼎革之后，"昔日繁华，已减十分之七"。[①]

在附郭府城的华亭县东南的濒海地方，从柘林堡延袤而西数里，即为漕泾，中间地势拗入之所习称漴阙。[②] 据说早在宋代，这里的乡民就以栽桑为生，故地名"桑阙"。在明初，这里已有市集，比较繁荣，所谓"外泊海舶，商贾咸集"。但在遭受明清之际的兵燹后，当地商人被迫避往上海，漴阙商业因而衰落。[③]

在漴阙东面，有一个报功祠，原称"方太守祠"。[④] 从基层系统来看，它位于十二保十八图，由天启四年举人、弘光时期曾任户部主

---

[*] 本文系教育部人文社科重点研究基地重大项目"近世江南的城乡环境、地域经济与政治变迁研究"（批准号：15JJDZONGHE005）之阶段性成果。

① （清）曾羽王：《乙酉笔记》，旧抄本，载上海人民出版社编《清代日记汇抄》，上海人民出版社1982年版，第14页。

② （清）何刚：《续筑海塘记》，嘉庆《松江府志》卷12《山川志·海塘》，嘉庆二十二年松江府学刻本，第5b页。

③ （清）章鸣鹤：《谷水旧闻》，载上海市松江区博物馆、华东师范大学古籍研究所编《明清松江稀见文献丛刊》第一辑，上海古籍出版社2015年版，第30页。

④ 光绪《重修华亭县志》卷6《祠祀·褉祀》，光绪四年刊本，第17a页。

事的松江人吴嘉胤所建，专祀明末松江知府方岳贡。①

方岳贡，字四长，湖北襄阳谷城人，天启二年（1622年）进士，曾授户部主事；崇祯元年（1628年）出任松江知府，时长十四年，令人印象深刻。无论在地方史志的叙述中，还是在《明史》中的评价，方岳贡都有着良好的官声。他在任期间，"明敏强记，案牍过目不忘，谢绝馈问，罢诸征索"，以致"廉能之誉，腾于远迩"。《明史》中说他是以"廉谨闻"。方岳贡在松江为官的政绩，多次被朝廷评定为"卓异"，主要表现在重视捕盗以加强治安、强化海塘筑堤工作、为储存数十万石漕粮的仓库建筑城垣（时称"仓城"或"西仓城"），以及救荒助役、修学课士等方面。虽然后来被人诬告行贿，但经地方士民与巡抚王希的辩诬，方岳贡便很快得以还清白之身，且被提拔到北京任职至左副都御史，兼东阁大学士。② 方岳贡在松工作期间，不但使当地的"法纪"得到强化，而且风俗为之一变。③

在江南一般士人看来，方岳贡"清酷非凡"，地方政事较为"周折"，但对民间"无害"。④ 在重大工程中，总体上他能做到"不费公帑，不扰民财"，且设法捐输、委任得人，是一位"才大而量优"的清介之官，受到后任知府特别是顺治年间李正华的钦慕。⑤

按清代后期当地人的观察，在报功祠中一并奉祀的，除了方岳贡外，后来还加入了吴嘉胤（清代地方志为避讳，一般写作吴嘉允或吴嘉印）、曾任遵义府知府的何刚以及诸生曹家驹、举人吴钦章（吴嘉胤之子）、圣公府司乐宋际、贡生庄征麒等人。⑥ 地方上这样崇祀的

---

① 嘉庆《松江府志》卷17《建置志·坛庙》，嘉庆二十二年松江府学刻本，第23b页。

② 参叶梦珠《阅世编》卷4《士风》，上海古籍出版社1981年版，第88页；嘉庆《松江府志》卷42《名宦传》，第36a—36b页；（清）张廷玉等：《明史》卷251《方岳贡传》，中华书局1974年版，第6504—6505页。

③ （清）叶梦珠：《阅世编》卷4《士风》，第84页。

④ （清）姚廷遴：《历年记》"历年记上"，稿本，载上海人民出版社编《清代日记汇抄》，第44页。

⑤ （清）叶梦珠：《阅世编》卷4《宦迹》，第90页。

⑥ 光绪《重修华亭县志》卷6《祠祀·襐祀》，光绪四年刊本，第17a页；光绪《重修奉贤县志》卷12《人物志三·行谊》，光绪四年刊本，第34b页。

举动,也许迎合了清初王朝统治中褒扬忠孝节义、"正人心、维风俗"的宏旨。①另外值得注意的是,乾隆《江南通志》中有关报功祠的记述,略具意味:"报功祠,在府治濛阙,祀明知府方岳贡、邑人曹家驹、吴嘉允、何刚,国朝邑人吴含文(按:即吴钦章)、宋际、庄征麒。"②

从上述这些记载来看,在彼时官方的视野下,曹家驹的身份相对低微。即如奉贤县青村人宋际(字羕修),曾有任职至山东孔府司乐这样的荣衔,且在诗学方面曾从吴骐游,有一定的文学成就。宋际与庄征麒、曹家驹一样,都是在修筑海塘工作中因表现杰出而被后人奉入报功祠的。③庄征麒也是华亭人,出身家世较好、族多业贾的"庄家行",其功名为诸生,因奏销案被斥革,年五十二卒。④他们都成了城乡地方的模范式人物,在明末清初这个特定的历史时期,曾维持着政治体制的有效运转与城乡生活的秩序稳定,具有"精英"色彩。这为进一步讨论传统社会结构与演进形态,⑤展现了实证性的论述事例。

有趣的是,曹家驹虽然在康熙朝后期仍在世,但被明确地认作明朝人。在后人的记忆中,一般都是这样认同的,称他为"前明诸生"。⑥相对而言,秀才在明末社会的公共场域中也属最热心的支持者与参与者,为考察社会整体的继承性,提供了很重要的样例。⑦而

---

① (清)叶梦珠:《阅世编》卷4《名节一》,第101页。
② 乾隆《江南通志》卷39《舆地志·坛庙三》,《景印文渊阁四库全书》第508册,商务印书馆1986年版,第255页。需要说明的是,《通志》中将庄征麒写作庄征麟(光绪《重修华亭县志》卷8《田赋下·役法》中的记述也是如此)、吴嘉允作吴嘉印,这里据府、县志所载的一般通行写法改。
③ 光绪《重修华亭县志》卷6《祠祀·褉祀》,光绪四年刊本,第17a页;光绪《重修奉贤县志》卷11《人物志二·文苑》,光绪四年刊本,第13a页。
④ (清)姜兆翀辑:《国朝松江诗钞》卷8《庄征麒》,嘉庆十四年刻本,第8a页。
⑤ 有关明清社会形态的具体分析与理论思考,可参赵轶峰《明清帝制农商社会论纲》,《古代文明》2011年第3期。
⑥ (清)章鸣鹤:《谷水旧闻》,载上海市松江区博物馆、华东师范大学古籍研究所编《明清松江稀见文献丛刊》第一辑,第30页。
⑦ 陈宝良:《明代生员与地方社会:以政治参与为例》,《明史研究》第8辑,黄山书社2003年版,第17—37页。

且确实能为地方官府于民间的财政工作与秩序整顿，承担起相应的责任，且很受那些能臣循吏们的重视。① 秀才可视为与乡绅、衙役等特殊阶层一起，构成了地域社会的主要力量。②

关于曹氏生平和活动的有限论述，显得十分破碎散乱，不成系统，也无专门的研究。曹氏的家世与生平情况并不清楚③，曹氏也非地方上的显要人物，没有荣耀的头衔，但在王朝更替之际直至康熙年间，他是一个可以代表多数人命运的普通士人，经历了王朝秩序在地方由乱到治的全过程。他晚年留下的笔记《说梦》，掺杂了很多自传性质的材料，足以显示其生平概要与地方情势。

曹家驹应该能切身地感受到，从明末至清初的王朝统治者，既想追求赋役政策稳定在比较高的征收水平上，又想达到社会秩序正常化的目的。④ 故而对于这样一位地方士人的考察，就显得别有意趣。酒井忠夫很早就提出，举人以下未入仕者称为"士人"。这与有官职经历者的乡绅们相比，更契合"士民阶层"的论说，也可看作平民中的指导层，从而可以从比较广泛的层面上，探讨国家与社会的课题。⑤ 而且，曹家驹亲身参与了地方的赋役制度改革。这为了解明末清初的这一重大变化，提供了地方人事与社会变革的细致样例⑥，以及制度沿革史不能呈现的社会实践内容。

---

① 瞿红伟：《化民与从俗——国家与社会中的清代生员》，《河北师范大学学报》2013年第3期。
② 陈宝良：《明代生员新论》，《史学集刊》2001年第3期。
③ 曾记有曹家驹等人生平资料的《曹氏家谱》已佚。参上海市奉贤县县志修编委员会编著《奉贤县志》，上海人民出版社1987年版，第1094页。
④ 李洵：《四十天与一百年——论明清两王朝交替的历史对中国社会发展的影响》，《史学集刊》1985年第1期。
⑤ ［韩］吴金成：《明、清时代绅士层研究的诸问题》，载［韩］朴元熇主编《韩国的中国史研究成果与展望》，中国社会科学出版社2015年版，第177—180页。
⑥ 本文考察的重点主要在地方赋役问题，有关曹家驹参与松江海塘公共工程的情况，可参王大学的《明清"江南海塘"的建设与环境》（上海人民出版社2008年版，第42—60页）、冯玉荣的《明末清初松江士人与地方社会》（中国社会科学出版社2011年版，第108—133页）中的相关考察，文中不作赘述。

二　曹家驹与地方豪绅

综合有关资料的记载，号称"茧庵"的曹家驹，字千里，晚年完成了一部《说梦》的书稿，可以获知时为康熙四十八年，曹氏八十岁。① 按年推算，曹家驹约生于崇祯三年（1630 年）。倘若他活到八十七岁②，那么约终于康熙五十五年（1716 年）。如果据这样的计算，在崇祯末年，曹氏不到十五岁，显然太过年轻，但仍然符合生员进学的正常年龄范围③，与"神童"、夏允彝之子完淳（1631—1647 年）的年纪相近。但完淳因地下抗清而死④，与曹家驹的结局太不相同。

曹家驹一般被认为是华亭人，居于柘林之西村⑤，实际上是在曹家市。曹家市后来属于雍正二年（1724 年）从华亭县分置的新县奉贤⑥，具体位于奉贤县城西南六十里阮巷的东北，近华亭县境⑦。作为明末清初的松江人，曹家驹虽然在科考上一直十分努力，⑧ 但功名只是一个未进阶至举人的诸生，还停留在普通"士民"的生活圈中。⑨

---

① （清）曹家驹：《说梦》，曹家驹"说梦叙言"、姚济题识，载雷瑨辑《清人说荟》初集，扫叶山房 1913 年石印本。另据上海图书所藏钞本《说梦》卷首陈璇的序，参杜怡顺《上海清代中前期著述研究》，博士学位论文，复旦大学，2012 年，第 135 页。
② （清）蔡显：《闲渔闲闲錄》卷 2，民国嘉业堂丛书本，第 6b 页。
③ 左松涛：《清代生员的进学年龄》，《史学月刊》2010 年第 1 期。
④ 冯贤亮：《清初嘉定侯氏的"抗清"生活与江南社会》，《学术月刊》2011 年第 8 期。
⑤ 王文珪：《听莺仙馆随笔》卷 1 "均田"条，收入上海市松江区博物馆、华东师范大学古籍研究所《明清松江稀见文献丛刊》第一辑，第 240 页。
⑥ 《清世宗实录》卷 24，雍正二年九月甲辰，中华书局 1987 年版，第 379 页。
⑦ 光绪《重修奉贤县志》卷 1《疆域志·市镇》，光绪四年刊本，第 4a 页；光绪《重修华亭县志》卷 6《祠祀·襟祀》，光绪四年刊本，第 17a 页。
⑧ （清）曹家驹：《说梦》，曹家驹"说梦叙言"，载雷瑨辑《清人说荟》初集，第 1b 页。
⑨ 松江人、曾任遵义府知府的何刚，就是这样认同曹家驹的身份的。参（清）何刚《续筑海塘记》，载嘉庆《松江府志》卷 12《山川志·海塘》。何刚的《续筑海塘记》，也见诸乾隆《华亭县志》卷 3《海塘志·筑修》（乾隆五十六年刊本），但十分简单，题目即称《续筑记略》。

曹家驹被人誉为"亢直负气，有经济才"，但要在豪族聚居、顶级乡绅丛杂的松江地方社会中，在关乎国家与地方公共利益、关乎社会影响较大的松江公共工程的开展过程中，有他这个小秀才发声的机缘，甚至能被举荐承担当地重要事务的董事，没有地方精英领袖的赏拔、推赞，是根本不可能的。

明末的松江城虽小，聚居的名宦却甚多，"旗杆稠密，牌坊满路"①。特别是在崇祯年间，松江缙绅大僚最多，子弟僮仆借势横行，"兼并小民，侵渔百姓"，凡触犯他们利益或与他们对抗的，即使是中人之产，也无不立破。②那些包含了广泛士绅阶层、可以泛称"士大夫"的势力集团，是16世纪以来"中国历史上有特点的社会势力"，更是江南地区政治的核心，既有政治上的特殊地位，又有乡里社会的牢固基础，并有能力从政治利益共同性的层面，突破地域性的限制。③

松江著名乡绅夏允彝（1596—1645年）即属当地领袖人物。在其为诸生时，即与陈子龙齐名，两人一起同登进士后，声气益盛。时人有所谓"天下莫不知云间陈、夏"之论。④在夏允彝主盟"几社"时，据说恒以气节自许，有俯视松江地方的豪气，却独与曹家驹有着忘年之交谊，并将曹氏视为"国士"，评价甚高。⑤而在后人的记忆中，曹氏确实"有经济才"，到顺治年间修筑海塘时，他又出力较多，⑥为此也一直为后世所称道。毕竟松江滨海地域，"民命寄于水利"，从崇祯年间方岳贡主导海塘修护工作后，到康熙初年，海塘不断崩坏，"地方患之"⑦，但凡有功于海塘公共事业的，当然令人敬仰。

另外，许霞城、吴嘉胤、陈继儒等人对曹家驹都很看重，评价亦

---

① （清）姚廷遴：《历年记》"历年记上"，稿本，载上海人民出版社编《清代日记汇抄》，第59页。
② （清）叶梦珠：《阅世编》卷4《宦蹟》，第89页。
③ 李洵：《论明代江南地区士大夫势力的兴衰》，《史学集刊》1987年第4期。
④ （清）叶梦珠：《阅世编》卷5《门祚一》，第121页。
⑤ 光绪《重修奉贤县志》卷12《人物志三·行谊》，光绪四年刊本，第34b页。
⑥ （清）章鸣鹤：《谷水旧闻》，载上海市松江区博物馆、华东师范大学古籍研究所编《明清松江稀见文献丛刊》第一辑，第31页。
⑦ （清）叶梦珠：《阅世编》卷1《水利》，第10页。

高。如"名重海内"、有"山中宰相"之称的陈继儒，寓居佘山，与曹家驹时有过往。陈氏虽奔走豪杰之间，平时对于地方利弊"极肯昌言"，对于赋役问题"尤讲求不倦"。曹家驹通过陈继儒，还结识了在苏州抵抗过税官的葛诚。① 他们在曹家驹遭遇困境的时候，还能及时地回护他。特别是许霞城（誉卿），以其巨大的影响力，在赋役工作中极力支持曹家驹。许氏为隆庆五年（1571 年）进士，乃曾任巡按直隶御史等职的许惺所（乐善）之从孙，经历万历、泰昌、天启、崇祯四朝，因好直谏，屡次罢归。但居乡期间对于地方公事仍侃侃而论，"郡邑长及缙绅俱惮之"。明清鼎革后削发为僧，但其从弟许缵曾考中了顺治六年进士，并出任过高官（云南按察使），直至康熙十二年（1673 年）告归松江，仍维持了许氏家族在当地的鼎盛之态。②

明末的社会和政治形势危难而多变，常令人有无所适从之感。在松江地方士人眼中，夏允彝的"文章节义"可与日月争光，堪为明末士人的楷模。在清兵下江南前夕，夏允彝就曾与小友曹家驹说过"天下必归清朝无疑"，又说"我唯有一死，但争迟速耳"。平时在家中常告诫家人："我若赴水，汝辈决不可捞救，救起必甦，甦而复死，是两次死矣，非所以爱我！"因此在他投池自尽之际，家人都是"环视"之。因池塘水浅，允彝低头伏水气绝时，背上的衣裳还是干的。其绝命词有云："卓哉吾友，虞求、广成、勿斋、绳如、子才、蕴生！"夏允彝最后提到的这六位明末江南的忠义之士，分别是徐石麒、侯峒曾、徐汧、吴嘉胤、盛玉赞和黄淳耀，都是与其砥砺有素之友朋。在曹家驹的记忆中，清兵南下时，吴嘉胤面对危难时局，也慨然有揽辔之意，对曹说："我非乐仕进，特欲觅一死所耳。"③ 这些人都有晚明以来"士大夫"的忧危意识，表现出普遍的救世情怀，并付

---

① （清）曹家驹：《说梦》，道光八年醉沤居士钞本，《四库未收书辑刊》第 10 辑第 12 册，北京出版社 2000 年版，第 265、275 页。

② （清）叶梦珠：《阅世编》卷 5《门祚一》，第 109—110 页。

③ （清）曹家驹：《说梦》，《四库未收书辑刊》第 10 辑第 12 册，第 253—254 页；（清）黄宗羲：《弘光实录钞》卷 4，《续修四库全书》史部第 367 册，上海古籍出版社 2002 年版，第 413 页。

诸相关实践行动中。①

正因有夏允彝、吴嘉胤等这样可以领袖群伦的乡绅的照护,有"国士"之誉的曹家驹,在明末以来的松江地方敢于担当,任事杰出。所以在地方志中的形象,曹氏就是一个"遇事敢言,不畏权势"的年轻秀才。而所谓不畏其他权势的背后,当然有夏、吴这样的权势人物撑腰,也就会有邑中每逢大事,当事暨缙绅必曰"曹生云何,请与商榷",以示曹氏远较同侪为杰出和重要。曹家驹的表现是积极努力的,后来于地方史志中描述的形象就是"奋髯抵掌,区画较然,或以身任,不辞劳勚"。在他所参与的地方重大事务中,像白粮之官收官解、漕米之官收官兑、里中之均田均役以及松江沿海石塘之修筑,他皆出力甚多,很为地方官府所依赖。② 其基本情形,主要见诸曹家驹所撰的笔记《说梦》中。

三 关于《说梦》

曹家驹晚年所著的《说梦》③内容并不复杂,呈现的基本是明清之际的王朝制度与地方生活之变化、政治变革与家族兴衰,以及社会文化的评述等内容,当然也包括了曹家驹本人在地方政治、经济、生活中的表现,并且鲜明地表达出他对于利益冲突、社会变化的好恶。通过阅读《说梦》这样的文本,可以探究明末至清初地方历史的进程中这类人物所秉持的家国情怀和政治态度,特别是从明末过渡至新的清王朝过程中的历史感受。

就王朝的更替史而言,旧王朝的终结至新王朝统治秩序的稳固并赢得社会认同,其实有一个较长的过程。尤其对于地方知识阶层或精

---

① 赵轶峰:《晚明士大夫的救世情怀》,《吉林大学社会科学学报》2012年第5期。
② 光绪《重修奉贤县志》卷12《人物志三·行谊》,光绪四年刊本,第34b页。另外可以一提的是,在报功祠附近,即十二保十图,曹家驹还负责主建过一个迎龙庙,直到清代道光三年(1823年)由顾廷和重修。参光绪《松江府续志》卷10《建置志·坛庙补遗》,光绪九年刊本,第26a页。
③ 本文使用的《说梦》主要是道光八年醉沤居士钞本,《四库未收书辑刊》第10辑第12册,北京出版社2000年影印版。

英群体而言，这个过程在其日常生活与心理容受层面，更显曲折而漫长。倘从这样的思考出发，对于17世纪中叶以来地方社会的变动和王朝统治在底层社会的渗透，就十分值得重新检讨。

17世纪中国的富庶、官僚系统的成熟与社会的复杂变化，① 使这一时期的历史地位变得十分重要，司徒琳认为在整个中国历史中，"十七世纪是头等重要的时期之一"②。魏斐德指出，此际明朝政治的衰败与满清政权的兴起，是中国历史上最具浓墨重彩、最富戏剧性的朝代更替。③ 这一时期的中国，正处在政治、经济、社会及思想文化诸方面都产生巨变的16世纪与17世纪，正是因政府的腐败、商业经济的迅猛发展、农村中旧的等级关系的瓦解、对正统理学的普遍怀疑，使明清之际既面临着巨大的机遇，又充满着极大的不安。④ 当然，对明末清初江南地方社会的深入理解，史料的钩索和史事的呈现，仍是最基本、最重要的工作。脱离了这些层面的细致考察，就只能停留在通史式的简单描述，或者依旧徘徊在"遗民"故事的复述、抗清历史的书写层面。

对于《说梦》这个文本，清末地方的官绅们认为，"文直事核，议论平允，可以广见闻、备法戒"⑤。这个评价不可谓不高。不过，这个书长期以钞本流传⑥，清代后期的松江人都说此书"罕见"⑦，至清末才有整理标目的石印本⑧。

---

① [美]史景迁：《追寻现代中国：1600—1912年的中国历史》，黄纯艳译，上海远东出版社2005年版，第9—15页。
② [美]司徒琳：《南明史（1644—1662）》"英文版序言"，李荣庆等译，上海古籍出版社1992年版，第3页。
③ [美]魏斐德：《讲述中国历史》，梁禾译，东方出版社2008年版，第36页。
④ [美]包筠雅：《功过格：明清社会的道德秩序》"序论"，杜正贞、张林译，浙江人民出版社1999年版，第1页。
⑤ 光绪《重修奉贤县志》卷12《人物志三·行谊》，光绪四年刊本，第34b页。
⑥ 有关《说梦》文本流传的基本情况，可参杜怡顺《上海清代中前期著述研究》，博士学位论文，复旦大学，2012年，第134—135页。
⑦ （清）王文珪：《听莺仙馆随笔》卷1"均田"条，收入上海市松江区博物馆、华东师范大学古籍研究所编《明清松江稀见文献丛刊》第一辑，第241页。
⑧ 清人雷瑨辑《清人说荟》初集（扫叶山房1913年石印本）中收有整理本《说梦》，后附有《华亭县均田均役碑记》《募建均田均役碑亭小引》《论开国功臣》《论靖难功臣》四条，为有些钞本所无。本文在相关论述中予以征引。

据杜怡顺的考察，上海图书所藏钞本《说梦》（一卷，半叶十行、行二十二字）卷首有陈璇的序云："曹茧庵先生天资明敏，博学多才，洵为俭岁丰年之谷玉，盖不惟家丞之秋实，亦兼擅庶子之春华。"陈璇认为曹家驹的文章与经济之才是"卓然可观"的，指出曹氏在松江海塘建设方面的卓越贡献，尤以曹氏所著《海塘纪略》一书为代表，"则先生济世利物之老谋已见一斑"。至于这本《说梦》，"又何其叙述之典雅，机趣之悠扬。至其飞辨骋词，殊不减马迁、孟坚之笔法也"。而上海图书馆所藏的另一种钞本《说梦》（一册，半叶十行、行二十四字），卷首则是僧人志莹的序。序文同样比较简单。但他的序文中提供了很重要的信息，特别点出了在康熙四十八年（1709 年）夏季避暑于旷心丈室时，曹家驹与他"畅谭禅旨，深得三昧"。在曹氏看来，"世人好梦，快心之事为吉梦，拂逆之遭为恶梦，区区灵府，被他汩没殆尽，是可哀也"，并拿出《说梦》书稿给志莹看。志莹认为，书中援引多为松江地方故事，且"备详颠末"，可谓有"醒梦"之义。①

无论是吉梦、恶梦，还是醒梦之说，显然在《说梦》中都有不同层面的表达。曹家驹自拟的《说梦叙言》这样讲道："人生一梦也。夜之所梦，且以告人，曰此梦也。惟人亦曰此梦也，彼此皆知为梦，而何以言之者娓娓、听之者津津也，则此一刻之顷，分明以梦缘为觉缘。夫梦既可以为觉，安见觉不可以为梦。"曹氏这种人生如梦的言说，倒也平淡无奇，但他讲到这一生的亲历，从明末至康熙年间的种种过往，都是为梦所驱役，并付啼笑间，却令人既哀且慨。他说："试从数年后追忆数年前事，恍同一梦，而况岁月迁流，变故百出，积之既久，其为梦也，不既多乎？百年之内，劳劳攘攘，尽为梦所驱役，而为啼为笑，不克自主，亦可哀矣。余行年八十，每燕居，深念少时攻贴括，困于公车，不能博一官，又承先人之业，不能积粟帛、广田园，徒为乡间小儿所姗笑。惟是天假之年，偷生长视，使得纵观

---

① 参杜怡顺《上海清代中前期著述研究》，博士学位论文，复旦大学，2012 年，第 135 页。

夫升沉荣瘁之变态，举所见修富贵容而炫赫耳目者，莫不化为烟云，荡为冷风，而茕茕老儒，犹得抵掌而谈其遗事，是若辈之梦境已尽，而我之听其告者犹流连而未去也。"晚年已是老儒之态的曹家驹，对年轻时不能在举业上有更高的成就，在家庭经营上无法博取更高的经济收益，虽有愧意，但毕竟已属烟云过往，升沉荣瘁，都已看淡。最后，他道出了撰写《说梦》的目的，谓可以使人对他这一代的经历与感受得以寓目，以增广旧闻，且备法戒，以为后事之师："夫既能听之，必能说之，则何不以笔代舌，使后人得寓目焉，广其旧闻乎？间有可以备法戒者，是亦后事之师也。昔左邱明作传，羽翼《春秋》，而论者讥其失之诬，岂育史不免耳食之过乎？余则非目覩不敢述，匪曰传信，或不至梦中说梦云尔。"①

当然，曹氏所谓的生活记忆与社会经历，多系王朝更替之际的变革或松江故事，"非目睹不敢述"，令人感受良深、并有人生如梦之叹的感怀。

而在乾隆年间，松江名士蔡显（1697—1767年）偶然言及曹氏的这个稿本，却评价一般，大概认为多有梦说之嫌："《说梦》上、下卷七十三条，皆我郡事，《楚梼杌》、《碧云騢》之类也。"②

到道光八年（1828年）冬天，有个号称"醉沤居士"的人抄录了这个《说梦》，并作了这样的总结：

> 《说梦》一编，漕泾曹千里先生取云间旧事而著之为书者也。其名"说梦"者，盖先生身当鼎革，而追思少壮之措施与夫畴昔之交际，诚为一梦矣。然其事俱身所亲历，说之信而有征，而善善恶恶之旨，亦时时寓于其间，洵乎吾松之文献也。书仅一卷，而止有钞本，且诸家各有异同，并有号为《说梦》者。兹择其善

---

① （清）曹家驹：《说梦》，曹家驹"说梦叙言"，载雷瑨辑《清人说荟》初集，扫叶山房1913年石印本，第1b页。
② （清）蔡显：《闲渔闲闲録》卷2，民国嘉业堂丛书本，第6b页。

本，录而附于《退庵志逸》之后，溯五茸逸事者，庶得以互证焉。①

当中所谓的漕泾，与曹家市不远，可能传抄者并不太了解当地的聚落情况而有这样的误写，但说在《说梦》中"善善恶恶之旨，亦时时寓于其间"，确实是把握到了曹家驹的真正旨趣。另外，在这个总结性的说明中，还提供出一个重要的信息，即晚至道光年间，《说梦》一直是以钞本流传，且版本多样，内容各有异同。至于"醉沤居士"提供的《说梦》，或许是其所谓的"善本"罢。

后来当地有人再次读到这个《说梦》，讲述前后世事，更令人感慨。那时已在咸丰三年（1853年），太平军攻陷了南京，松江地方颇受震动，再次打破了江南人长久安逸的好梦。当时自称"昨非庵道人"的陈锦绣说：

> 癸丑之春，逆匪陷金陵，吾松骚动，城内外居民纷纷若鸟兽散，予适与耕山火子下榻旷怡草堂，为主人作守望之助，昼则扫地焚香，夜则挑灯煮茗，恬如也。主人因眷属避迹乡间，频往来其际，坐是愈形其寂。一日，偶于翟棲翁案头检得曹千里《说梦》一集，互相翻帉，觉乡先达之兴废盛衰，历历在人耳目。予因顾火子而叹曰：举世皆梦中人也。是书可以资考订，可以备劝惩。苦世无刊本，瑟居多暇，子又健于笔者，盖抄诸以供披览。火子曰：善。于是毕半月之力，缮写成帙，丐予数语弁其首，畀主人什袭而藏之。予故不揣梼昧，序其缘起如是。噫，烽烟屡警，危如巢幕之乌，我辈淡焉若忘，可谓达矣。后之览者，必将谓若而人者想从邯郸道上来，参透个中消息者乎？主人为谁，盖吴兴沈子小莲也。②

---

① （清）曹家驹：《说梦》，《四库未收书辑刊》第10辑第12册，北京出版社2000年版，第277页。

② （清）曹家驹：《说梦》，陈锦绣"叙"，载雷瑨辑《清人说荟》初集，扫叶山房1913年石印本，第1a页。

陈锦绣与友人沈小莲躲避战乱之际，看到前贤这样的故事，自然有许多感触，让他们感到"乡先达之兴废盛衰，历历在人耳目"，更触动他们要将这个抄本刊印出来，以资考订、以备劝惩。

到咸丰八年（1858年）元夕，松江人、号"铁梅"的姚济作了一首《卖花声》词，专述《说梦》："同是梦中身，欲说难真，多君直笔替传神，转漕、平徭诸大政，几费艰辛。有酒且重斟，望古逡巡，开编恍遇杖朝人，二百年前兴废事，今又身亲。"[1] 大概身历社会巨变，仿佛有类似的感受和体悟可以暗通曹家驹的生活经历。

四 漕运与赋役问题"三大事"的回忆

像曹家驹这样对国家政治长期抱持关注之姿，对地方事务又秉持积极参与之态的士人，对王朝生活中最为繁杂而长期困扰地方的赋役问题，怀有极为深刻的记忆。松江地方的徭役征派、漕粮转输、田地清丈等内容，都有曹氏的亲历，在《说梦》中屡屡述及。

明王朝的漕运，历经五次大的变更而逐步稳定。在地方而言，自有其感受和比较。曹家驹清晰地指出这些变化：

第一，洪武开国，因元之旧，每年海运粮七十万石，"专以饷边"。第二，从永乐建都北平后，转输遥远，海陆兼运，"陆之劳，不啻海之险也"。第三，到永乐十三年（1415年），平江伯陈瑄负责开会通河，令江浙之米全部运至淮安交收，各拨官军再接运至北京，这就是所谓的"支运"。[2] 第四，永乐末年，根据周忱的建议，[3] 民运止于瓜州（今扬州市南），兑与运军衙所，出给通关付缴，此称"兑运"。第五，在成化七年，都御史滕昭（字自明）建议废去瓜州兑

---

[1] （清）曹家驹：《说梦》，姚济题识，载雷瑨辑《清人说荟》初集，扫叶山房1913年石印本，第22b页。

[2] 具体而言，在宣德六年，陈瑄明确指出："江南民运粮诸仓，往返几一年，误农业。令民运至淮安、瓜洲，兑与卫所。官军运载至北，给与路费耗米，则军民两便。是为兑运。"参（清）张廷玉等《明史》卷79《漕运》，第1917页。

[3] 宣德五年，周忱正式以巡抚的身份被派往江南，总督税粮工作。参《明宣宗实录》卷70，宣德五年九月丙午，"中研院"历史语言研究所1962年版。

运，由官军竟至各州县水次仓领兑，时称"长运"，此后漕运一直沿用此法。曹家驹认为，永乐十三年至成化七年（1471年），漕运方式从十分艰险的海运到支运，以迄兑运，共达56年之久，此时江南小民可谓"备尝劳瘁"，当中周忱等人的工作就是"移远而就近"，但不管怎样，小民的风波舟楫之苦仍未真正得以摆脱。而滕昭的官军至各地水次仓领兑之法，方便官民接运，使民间疾痛一朝尽除，其功德堪称无量，曹氏认为自当百世尸祝，可惜的是，在他生活的明末清初时代，一般人根本不知道滕昭的德政。[①]

确实，对于江南来说，记忆较深的，仍在周忱巡抚时期。[②] 松江人章鸣鹤认为：周忱巡抚十九年间，多有惠政。苏、松、常三府地区，积欠粮数十万石，周即疏请蠲免。因漕政渐坏，周忱莅任后推行的新举措是：正粮一石只加耗一斗，金花银一两折米四斗。另外又设济农仓，以为赈济、贷粮之储备。结果"民咸德之"[③]。

朝廷税收的绝大部分，当然都来自开发较好的地区。仅江苏、浙江两地的税收之和，几乎占了全国田赋收入的四分之一。[④] 因而这些地方，特别是江南核心区的田地管理与赋税征解一直极受官方重视。

在田地丈量清理方面，松江人对周文襄"称土起粮"，有"口碑百世"的赞颂。当然，所谓"称土"的做法，不过是"异人作用"罢了，但确实可以使地方确认划定上、中、下三乡的田土差异等级。至于田亩的科则，更无划一之法。曹家驹认为："昔年之粮，民间得以意为轻重，如某人有田若干亩，该粮若干石，及其欲售，人乘其急而要之曰：非五升粮，田不卖。其人迫欲得银，即书五升以付之。迨一而再，再而三，田将去尽，而存粮尚多，力不能支，因而逃亡。于是里中公分其田，代偿其税，此绝田之名所由起也。"民间随意确定

[①] （清）曹家驹：《说梦》，道光八年醉沤居士钞本，《四库未收书辑刊》第10辑第12册，第249页。

[②] 有关这方面的详细研究，可参郁维明《明代周忱对江南地区经济社会的改革》，台湾商务印书馆1990年版。

[③] （清）章鸣鹤：《谷水旧闻》，载上海市松江区博物馆、华东师范大学古籍研究所编《明清松江稀见文献丛刊》第一辑，第8页。

[④] 王业键：《清代田赋刍论（1750—1911）》，人民出版社2008年版，第116页。

粮额之轻重，严重干扰了乡民的生计安排，逼使乡民逃亡他乡。在万历初期张居正主政之际，巡抚江南的林润下决心要均划田亩科则，但碰到的实际问题，仍在地方势豪利益的平衡。① 其间的私人利益与公共利益产生了鲜明的对抗。

松江地方自嘉靖、隆庆以后，最鼎盛的簪缨之族，莫如徐阶家族。徐家的衰败，一直要到易代之后。② 徐阶在罢相里居时，据说所占田园最广。万历十七年（1589 年）进士、曾任礼部尚书等职的南浔人朱国祯（1558—1632 年）说徐家有良田十八万亩，而且"诸子嗜利，奴仆多藉势纵横"。在苏州知府蔡国熙"清劲执法"的过程中，徐氏奴仆"出没其间，有所干请"，势焰较炽。③ 更厉害的批评来自万历八年（1580 年）进士、吴县人伍袁萃的笔录："华亭（按：指徐阶）在政府久，富于分宜（按：指严嵩），有田二十四万，子弟家奴暴横闾里，一方病之，如坐水火。"④ 徐家在乡间的名声较坏。当时徐家的田一般是每亩五升税粮，倘要划一科则，徐家自然不乐有此举。林润就上书给张居正，据说张的回信中有"方今主上幼冲，仆以一身荷天下之重，倘事关国计而有挠之者，则国法具在"等语，语气严厉。林氏得此信，胆气愈壮，徐家因此慑息，而税粮始均。从此，官方丈明某号田若干，每亩该纳粮若干，"粮因田起，不复移在别则"，被后人视为良法。⑤

其实早在嘉靖时期，深受嘉靖帝信任的松江籍官员是嘉靖八年（1529 年）进士、侍御公徐宗鲁，被奉为御史界的楷模。据说他乘舟外出时，船舱口悬有一牌，上书"本职虽系云间，并非阁下徐族"，虽然有趣，但彰显了不附权贵之志。在巡按福建时，因持法太严，下

---

① （清）曹家驹：《说梦》，《四库未收书辑刊》第 10 辑第 12 册，第 249 页。
② （清）叶梦珠：《阅世编》卷 5《门祚一》，第 115 页。
③ （清）朱国祯：《皇明史概》卷 38《大事记》，文海出版社有限公司 1984 年版，第 6059 页。
④ （清）伍袁萃：《林居漫录》前集卷 1《续修四库全书》子部第 1172 册，上海古籍出版社 2002 年版，第 108 页。
⑤ （清）曹家驹：《说梦》，道光八年醉沤居士钞本，《四库未收书辑刊》第 10 辑第 12 册，第 249 页。

属居然以蛊毒置于安息香中，结果烟触其目，徐宗鲁因而失明，被迫告休归乡。与之交情素厚的巡抚林润到松江拜访他，"长跪请教"。徐宗鲁裹出一帙示之，题曰"均粮拙议"，林润大悦。此事为徐阶知晓，徐召来宗鲁之子、太学生、曾官通判的徐绍南，说："尊公老人但当吃白米饭，炖烂肉，如何好管闲事曰'均粮均粮'？"绍南十分紧张，归以告宗鲁。宗鲁说："恨我今病废，若在官，即特疏请均，又何畏徐存斋哉！"根据曹家驹所述的这个故事，似可推知均田均粮的发端实在徐宗鲁。非常巧的是，在曹家驹的生活时代，徐宗鲁的孙子龙衢，是曹氏内戚，曹氏亦曾向龙衢问学，所以这段故事曹氏最熟悉。不过，曹氏知道，在他这个时代一般人已不知道林润，更不会知道有徐宗鲁，以及上述地方官绅势豪之间存在的冲突和矛盾了。①

另外，曹家驹讲了一段吴嘉胤家族的往事，值得注意。

在曹家驹一次登临华亭秦山（在干巷与张堰二镇之间）的过程中，② 于山巅偶然发现有废址断碑四五尺，被弃于蔓草之中。虽经仔细搜视，但碑文已湮灭不可读。曹家驹问及山寺僧人，也是茫然不知。后来他遇到吴含文，询及此事，因而就出现了下述这样一番对话。

曹问道："秦山为君家输粮，必能知其遗事。"吴答："此毕抚台生祠基也。"曹问："抚台生祠何因在此？"吴说："当其筑海塘，予家上世有吴克平者，筑塘一百四十余里，抚公高其义，欲疏请授一官，力辞不受，乃以此山并绕山河港悉给牒归之，以为娱老计。遂建祠以报之。今河已为势家夺去，唯荒山尚存，累我赔粮耳。"曹接着问道："君既知有毕公，能知其名乎？"吴说："不知也。"曹说："此公名亨，为成化朝名臣，松江筑塘，当以此公为开山祖，而君家上代即与其事。今君父子两世，宣力海疆，俱不愧云礽之允，但松之人不

---

① （清）曹家驹：《说梦》，道光八年醉沤居士钞本，《四库未收书辑刊》第10辑第12册，第249页。
② 民国年间的石印本《说梦》中，"秦山"误作"泰山"。

知有毕公,可谓饮水而忘源矣。"①

　　曹、吴之间的对话,不仅讲述了秦山及绕山河港地域,是巡抚毕亨念及吴家上代人帮助官府筑塘有较多贡献,而划给吴家以为"娱老"之保障,吴家也感念毕亨的厚恩,建了毕公祠以为报答,而且揭示出了地方权势的变化与赋税的关系,也就是本属吴家的这一绕山河港区域,后来竟为地方"势家"夺去,但赋税仍由吴家承担的事实。从这个故事的叙述中,还可以探知,在地方士人的记忆中,毕亨是松江地方修筑海塘的开山之祖,到明末时,吴嘉胤与吴含文父子仍与吴家祖上一样,都为松江海塘的修护做出了积极的贡献,令人感怀。

　　在曹家驹的感觉而言,更值得书写的,是他本人在地方赋役三大事中的作为。作为当地人,年轻的曹家驹对于时政一直有着清醒的认识。他能从容地周旋于松江地方势豪之间,并且在官府与民间之间,以勇于任事之心担负着十分重要的联系媒介作用,甚至充任了基层领袖的角色。在这个过程中,面对繁重的社会工作和复杂的地方情势,曹家驹必然会引起一些人的不满,但因有了夏允彝、许霞城、吴嘉胤等人的强力支持,总体上工作还算顺利,且较有成效。

　　可以发现,从巡抚、知府、知县、地方权势人物到曹家驹,国家权力的呈现与官绅权益的交织,既明显又复杂。虽然如曹氏所言"爱、憎、毁、誉四字,即大圣贤亦脱不过,况中材以下者乎",而且坦陈"性好多言,自知憎我者众",容易得罪人,但总是有人对他特别偏爱,甚至爱得"过情",推赞他至少有"三大事"方面对于松江地方颇有贡献,即白粮之官收官解、漕米之官收官兑、里甲之均田均役。有趣的是,曹家驹对于这样的赞誉因恐言过其实、犯造物之忌,所以在《说梦》中对这"三大事"原委,不惮烦琐作了详细说明。

　　第一,是关于官收官兑,巡按马腾升到文庙礼拜时由曹家驹在明伦堂简要申说其措施,后到官衙中进公呈,曹氏列名在首位。结果在

---

① (清)曹家驹:《说梦》,道光八年醉沤居士钞本,《四库未收书辑刊》第10辑第12册,第249—250页。

官收官兑工作完成之后,地方奸讼不已。曹氏颇觉苦闷,认为自己"履危涉险,不惮撄锋",很是费力,其中苦心讲求、调停布置时,又赖庄征麒之力颇多。曹氏觉得假如没有庄征麒的助力,他应该是孤掌难鸣的。第二,是关于均田均役,在娄县地方的推动已有成规后,华亭县则仿而行之。① 这方面的工作,曹氏十分谦虚。他说:"予处强弩之末,不能随富人后,间有咨访,仅竭一得,以佐所不逮耳。"所以他觉得自己功劳不大,"何敢居以为功"?第三,真正让他觉得有功而可无愧的,是白粮的官解工作,且由他一手做成,"并无有起而佐之者"。按曹氏的记述,江南白粮的北运至明季已然困极,粮船到山东临清以上,就有宫中的太监来提催,"擒粮长,挞以臣梃,至不敢登舟,昼伏菽园中,终日不能得食",可谓困苦。崇祯十三年(1640年)冬天,粮船冻阻于德州,巡漕使者庐世淮下令起米上岸囤储。华亭县一位龚姓的粮长,往陈不便,被责打三十棍后即死于运河岸边。自此人人以性命为忧。后来江西人、巡抚黄希宪提议白粮官解,要求府县地方讨论。曹家驹听说后,为避困扰,雇船往杭州,逍遥于西湖风光一月后,估计松江地方事情终结可以返回,不料刚入松城,即被临川人、崇祯十年(1637年)进士、知县李茹春延请商议白粮解运问题。原来旧任华亭知县,后任常、镇兵备的福建人张调鼎,曾向李知县讲述江南利弊等事,而李又向夏允彝请教,夏说"此事非曹生不能了",所以才有了上述两人会面商讨之事。曹家驹自忖"此担既不可卸,而胸中未得长策",也不是简单举出二十八名粮长的累费问题就可以让官府解决的,但如果再以加派的方式来赡给粮长,彼时东北边事正在吃紧,辽饷日增,谁敢复开此口?因此辗转踌躇。在详阅苏州、常州两地的白粮解运事例过程中,曹家驹发现有夫船一项,常州地方是有米而无银,而苏州是银米相半,只有松江有银而无米。再查经赋全书,知晓松江原本是安排有夫船米的,但在万历

---

① 有关明末至康熙年间松江地区均田均役改革的研究,可参 [日] 濱島敦俊《明代江南農村社會の研究》第六章"明末南直隸の均田均役法"与第七章"清初的均田均役法",東京大学出版会1982年版,第337—417页。

十六年（1588年）遭遇灾荒后已被改折。由此他找到了应对办法，即提出剪除夫船银四千五百余两、恢复夫船米九千余石的方案。此时正是米价腾贵之际，这一转移间，获利倍蓰，民间可以无加赋之名，协部也有了展布之地。他的方案获得巡抚的批准，但华亭县的册书向曹家驹说："今会计久定，而减银增米，大是费手，纸张工食，从何而出？"曹氏居然拿出五十两白银，册书即欣然而去。但册书中存在婪贿舞弊分子，仍让曹氏十分愤慨，正值浙江人、巡抚周一敬莅松，曹氏揭发了这一问题，结果使诸册书大窘。当中就有天启二年（1622年）进士、曾官御史的冯明玠的仆人兼任册书，就向冯氏诬言曹家驹私增粮米，于是冯氏就怂恿万历四十四年（1616年）进士、曾官太仆少卿的"大老"王陛一起出面，向曹氏诘难。按照旧例，巡按在衙门处理公事完毕，诸乡绅可以公谒。当日冯明玠即手持公函告诸老："今日进院，必要讲明曹千里擅增粮额一事。"辈分较王陛为高的万历四十一年（1613年）进士、曾官都给事中的许霞城却毅然道："此事旧冬曹生曾问予可行否，予谓请复而非请加，有何不可行；今若此，是我误曹生矣。且凡所谓公书者，必推一大老秉笔，以其稿送各绅阅之，中有未妥处，不妨改窜，然后誊真，用图记，此体也。未有写就而硬押要用图记者，且请问此稿出何人之手？"许氏强调曹家驹的方案是请复，而不是增粮，而且乡绅们的公书要经诸乡绅的公议方可。但冯明玠说："乃管数人送稿，不佞为之润色。"许霞城大怒："若管数人可做公书，予许霞城断不受奴才差使！"冯明玠十分难堪，不觉色变，旁有解劝者道："此地方公事，明日当请曹生于公所会议，以定行止，何必缙绅先伤和气哉。"这份公书就被硬生生挡了回去。冯氏本是嘉靖五年（1526年）进士、大理寺丞、号称"铁御史"的冯恩的仆从，本姓赵。许霞城所谓"断不受奴才差使"，正是刺中了冯氏的忌讳。次日，许霞城专门又写信给知府陈莲石，[①]终使夫船米得以恢复，协部也踊跃从事。曹家驹对此一直十分感怀：

---

① 陈莲石，名亨，福建侯官人，崇祯庚辰进士，后来在弘光初为饷科，参罢吴兴姚瞿园，以清兵将至，委印而遁。参（清）叶梦珠《阅世编》卷4《士风》，第88、93页。

方始事时，合邑粮长趾错于余户。及见冯作难，一足不顾。松人之薄，大率如此。霞老事后绝不责报，余亦不敢渎以私，此外厚有所费，且以身试风波中。由今思之，殊为多事。然三十年来，所保全实多，自谓薄有微功，故志之，且以志霞翁之高谊，令后人无忘之也。①

通过曹氏的自述，清晰地呈现出了曹氏在"三大事"中具体工作的成绩，凸显了许霞城对于曹氏的回护之态，地方权势矛盾的复杂性，以及所谓"松人之薄"、粮长们见风使舵的社会实际。同样是普通士民的上海人叶梦珠的感喟，也可为之补注："世当叔季，政出多门，直道不容，动多掣肘……为治于盛世易，为治于衰世难，良非虚语……予生明季，旋遭鼎革，草昧之初，俗难遽改，廉吏可为而不可为也。乃有介然自守，独立不惧，泽在民生，功垂奕世者，虽诗书所称，又何以加？"②

五　顺治年间的变革与旷银问题

虽然清初政府确立以万历年间则例征收赋税的原则，试图使赋税征收克制在农民可以接受的范围内，同时继续采用一条鞭法，简明赋役条款与程序，③ 但实际情形十分复杂。

顺治二年（1645年），在松江知府张铫的申请下，当地每亩开始加编八厘税收，用于修筑漴阙、柘林两地土塘，主要工作由进士陆庆衍督责修筑柘林坍塘106丈7尺4寸，而曹家驹、鞠俨基、唐大典、钱鼎新与王臣五人则负责管筑漴阙坍塘401丈2尺6寸，两项工程共计508丈，前后一月告竣。④

---

① （清）曹家驹：《说梦》，《四库未收书辑刊》第10辑第12册，第250—251页。
② （清）叶梦珠：《阅世编》卷4《宦迹》，第89页。
③ 陈支平：《清代赋役制度演变新探》，厦门大学出版社1988年版，第3—5页。
④ 乾隆《华亭县志》卷3《海塘志·筑修》，乾隆五十六年刊本，第8a页；光绪《重修华亭县志》卷4《海塘·修筑》，光绪四年刊本，第14b页。

至于南运粗细布各色解户以及收银总催诸役，都在这一年被罢去，改为吏收官解，不过，仍需要量亩均编，经卖银以供领解官吏役匠之费。顺治三年（1646年），巡抚土国宝根据常熟绅士许国贤的请求，仿照明末巡抚黄希宪的做法，题请改白粮为官运，使江南地方的民运之累得以停息。但在仓收兑工作，仍是佥派殷实富户主持。到顺治四年（1647年），华亭知县潘必镜改行图收图兑，即以里长收粮兑军，但不久复故。顺治六年（1649年），巡按秦世祯再次奏请官收官兑，每正耗一百石，加米五石、钱五两，得到朝廷批准执行。有意思的是，各县地方依然阳奉阴违，仍佥民户承役。①

顺治七年（1650年），松江府知府廖文元以存库旷银，申请修筑草庵西默林泾、李市泾、邬邱泾、曲湾、周公墩等处土塘，具体工作由吴含文（钦章）总负责，曹家驹、鞠俨基、唐大典、邹瑚璧、蔡之蛟、宋道洽、陈寀、庄邻仲、张善祥、吴道光、蒋公贤、钱瑞珩、郁抑之、于益之、潘公琛、杨忆甫、王元明、单毓奇、宋子扬、陆文仁、顾孟仁、蒋文甲、叶华新、蒋宗白、蒋君选、叶元芝、顾甫、袁新臣、张绍浦、庄伯古、陆欣、董象升、吴祖、徐柱相、张襄、袁平宇36人主持修筑患口169丈、平地塘460丈，共计629丈的工程，从正月开始，当年八月即告竣了。②

地方公共工程中被官方选择管理具体事务的这些人物，可能都是松江府境内的士民代表。像董象升，本身就出自华亭巨族，是董其昌的从曾孙、曾任刑部主事的董传策之从孙、董传史之嫡孙，但明清鼎革之后就渐趋衰落，他不过是一个华亭县学的庠生罢了。③

自顺治二年以来，守松的知府主要有张铫、傅世烈、林永盛、卢士俊、廖文元、李正华、郭启凤等人。当中据说最贤的是顺治十年（1653年）莅任的李正华，号称"廉能"，在任四载，最终也以讦误

---

① 乾隆《娄县志》卷7《民赋志下·徭役》，乾隆五十三年刊本，第5a—5b页。
② 乾隆《华亭县志》卷3《海塘志·筑修》，乾隆五十六年刊本，第8a—8b页。
③ （明）董宜阳、董传性等编：《董氏族谱》卷2《世谱》，康熙五十八年光训堂新刻板、雍正二年周錞元序本，第38a页；（清）叶梦珠：《阅世编》卷5《门祚一》，第117页。

积逋而去职。于此亦可见松江地方政务的烦难。①

除了李正华被认为是鼎革以来松江"最清正"的知府（顺治十年至十四年）外，后面的祖永勋、于汝翼、刘洪宗等，都是一般而言的"牧民之官"。其中，刘氏较受松人喜受，是所谓"清廉中更寓浑厚"；至于"不肖"的知府，就是卢士俊、廖文元、郭启凤、郭廷弼了，"皆贪婪厌"；而口碑最差的，是康熙时上任的张羽明，曾自称是平西王吴三桂的部下，"贪而济以酷，杀人如草菅"，"奢侈淫纵，靡所不至"，作为知府已是斯文扫地了。②

正是在李正华的主导下，以华亭县积逋多而徭役繁重，提出分置新县，为巡抚张中元赞同，终于在顺治十三年（1656年）分出华亭县的西半部为娄县，新的县衙最初安排在西仓城，最后移入城中的朱太史第，改造成娄县县衙。③

也许李正华的用心在当时的情境下是正确的，将松江府原属的三县分成了四县，即华亭、娄县、上海与青浦，希望解决钱粮额度大、征比难度高的华亭县，不再出现县官常常被参罚的局面。④尽管如此，这四县每年除漕粮负担，额征地丁银也有百万万两。在时人看来："倘遇凶年，为民上者难矣，地方安得不穷？官府定必参罚，安得不坏？"⑤

实际上，随着新县的建立，因两县为附郭县，同城而治，举凡学宫衙署、官吏廪饩不得不因而增加，许多游手无赖投充衙门胥役，反而使弊端愈繁、民生愈困，"积逋如故"。⑥这是李正华没有预见到的

---

① （清）叶梦珠：《阅世编》卷4《士风》《宦迹》，第88页。
② （清）曾羽王：《乙酉笔记》，旧抄本，载上海人民出版社编《清代日记汇抄》，第8页。
③ （清）叶梦珠：《阅世编》卷3《建设》，第69页。
④ （清）姚廷遴：《历年记》"记事拾遗"，稿本，载上海人民出版社编《清代日记汇抄》，第166页。
⑤ （清）姚廷遴：《历年记》"记事拾遗"，稿本，载上海人民出版社编《清代日记汇抄》，第166页。
⑥ （清）董含：《三冈识略》卷2"分县"条，清钞本，《四库未收书辑刊》第4辑第29册，第644页。

结果，也应该是江南地方所有增县都会遇到的难局。更有意思的是，顺治十八年（1661年）进士（后被奏销斥革）、出身华亭巨族的董含，曾以民间俗谣的形式，指出履任当地的官员"往往不能廉洁"："秀野原来不入城，凤凰飞不到华亭。明星出在东关外，月到云间便不明。"董含所举的例子，就是力行增设娄县的李正华，言其"矫廉饰诈"，刚来时"行李萧然"，去任时却"方舟不能载"。①

新的娄县建立后，管辖了原来华亭县西部三百一十里的编户区域，里役中的收兑工作，也从原编中分隶出来。当时民户一般在水次仓（即西仓城）兑粮，②胥吏积蠹则与旗军勾结，对乡民横行需索。到顺治十四、十五年间，兑粮一石，加耗杂费银已多至八钱余，而米一石不到六钱，所以当时承担此役的，靡不立尽。面对这样的恶劣情势，华亭方面的曹家驹与庄征麒、娄县方面的诸生杨金贵等人，联合到各行台衙门申诉，适逢巡按马腾升，即极力请求解决兑粮中的民困问题，最后经过朝廷的讨论才得以解决，要求地方严禁收兑工作中的加派需索。顺治十六年（1659年），松江知府祖永勋安排下属各县筹定相关条例，推行官收官兑法。在地方社会而言，前代重役之病民者，到此际似乎已厘剔无余了。另外，官方还要求禁革提充徭役以及塘长纳旷银。③祖永勋在地方行政工作中，曾有"不支公帑，不扰民间"之说，④口碑较好。

顺治十六年官方在漕粮方面推行的官收官兑工作，⑤对地方影响颇深。其实，有关禁革提充徭役与塘长纳旷银之事，前后纠结颇久。在此前，巡按御史秦世祯为此已经上奏，获得朝廷允准，要求通行严

---

① （清）董含：《三冈识略》卷3"谣谶"条，清钞本，《四库未收书辑刊》第4辑第29册，第655页。
② 华亭水次仓在西郊跨塘桥之内，秀州塘之南，土旷水深，便于漕船停泊交运。清代析出娄县后，就以城中市河为界，北属华亭而南属娄县。参（清）叶梦珠《阅世编》卷3《建设》，第65页。
③ 详参乾隆《娄县志》卷7《民赋志下·徭役》，乾隆五十三年刊本，第5b页。
④ （清）叶梦珠：《阅世编》卷3《建设》，第69页。
⑤ （清）姚廷遴：《历年记》"历年记中"，稿本，载上海人民出版社编《清代日记汇抄》，第81页。

禁。但实际问题依然存在，关键仍在所谓的杂费无从取办，故地方官府一般仍是阳奉阴违，照旧佥派民户承值水次仓，如上文所言，乡民遭受的需索之累一直存在。巡按御史马腾升最后的解决办法是商议添设官役，一应俸银工食、修仓、铺垫、串纸、油朱等费用，皆在漕粮耗费中支给。知府祖永勋、华亭知县张超会同上海、娄县、青浦三县知县一起酌定条例，使民间的压力得以纾缓。① 不过像祖永勋这样的知府，在康熙年间照样以讳误及被论去职。②

曹家驹曾经专门撰写了《旷银说》，细述前后因革。他说："明制，里役十年，践更通而复始，本年者曰经催，专令罗办漕、白。于经催之中，择一历练者为一图领袖，曰总催，至次年改经催曰该年，改总催曰塘长。"这些基层赋役工作代理人的责任主要是："该年所司者，督率一图之人夫；塘长所司者，督率一区之该年。大小相维，以供开浚修筑。此力役之征也。"在这些常年的徭役工作安排中，出现了"衙役之包侵，势要之干乞"等问题，复杂难详。而且，"间有拨派赴工者，又果委员之腹，且费无定额，强者反持其短长，弱者则诛求无厌"，小民生活因而殊为困苦。方岳贡曾经要求"该年"可以输免役银十八两贮于府库，遇有兴作，再估价发银。曹家驹认为："此法立而积弊顿清，公私两尽。流风善政，令人有遐思焉。"③

曹氏对前朝曾有的"流风善政"，在后来确实只有"遐思"了。因为在清代初期，里役工作中的问题又出现了反弹。乾隆年间编的《娄县志》记载得十分清楚："后以役繁，改五年或二年，二年又或临期暂佥一年，但将旧役抽点，名为提充。明年又踵行之，遂为故事，民不胜困。至塘长，原为本图浚筑，其后差助远方，致各图水利不修，已非初意。"明末已然出现的"以差助为常，其不点差者，名为旷役"，每名纳银若干，即称"纳旷"。山东道御史施维翰为此曾

---

① 光绪《重修奉贤县志》卷3《赋役志·均田均役》，光绪四年刊本，第35b—36a页。
② （清）叶梦珠：《阅世编》卷4《士风》，第88页。
③ 乾隆《华亭县志》卷3《海塘志·筑修》，乾隆五十六年刊本，第8b—9a页。

经上奏朝廷，并得以敕令抚按官禁革这种行为。① 最后，就出现了前文所述的到顺治十六年在府县地方着力禁革的实态。

六　均田均役的评述

对于赋役史上有重大变革的均田均役活动，②后来由曹家驹撰写前后历史，刻有《华亭县均田均役碑》，以示地方社会之舆论，并企望传述久远，成为后人的一种共同记忆。碑文内容从历史上的周忱抚吴时期的相关工作开始，直至康熙初期松江地方赋役变革工作的成功。

有意思的是，号称抚吴最久的周忱，在接到松江士人杜宗桓提出的苏、松、常、镇四府壤地相接而苏、松田赋畸重，要求周忱向朝廷上疏请求均平的上书后，却是"格其议不行"，但为当地成功蠲免了数十万的积欠。所以后人对周忱的评价，是"能苏一时之困，不能系万世之思"，而深以为惜。松江地方的赋役历史，自然是与整个王朝的历史变化相契合的。在曹家驹等人的概括中，松江府地区幅员狭而赋额广，民困于赋极久："有赋则有役，赋之不均也，此极重难返之势也。役之不均也，尤官民交困之道也。"③ 早在万历后期华亭知县聂绍昌的行政指导工作中，是无论官民，都要照田编役的，并分出上、中、下三则。④ 然而均田均役工作的实际处境，决定其必然存在难局：

图田之多寡不齐，小民之贫富不一，加以绅衿之优免，黠猾之规避，如理乱丝，十年践更，每遇佥审，沿习"照田编役"四

---

① 乾隆《娄县志》卷7《民赋志下·徭役》，乾隆五十三年刊本，第5b—6a页。
② （清）姚廷遴：《历年记》"记事拾遗"，稿本，载上海人民出版社编《清代日记汇抄》，第164页。
③ （清）曹家驹：《说梦》"华亭县均田均役碑记"条，载雷瑨辑《清人说荟》初集，扫叶山房1913年石印本，第20b—21a页。
④ （明）聂绍昌：《均役全书叙略》，载崇祯《松江府志》卷12《役议》，崇祯三年刊本，第48b—49b页。

字，下既以此欺官，官亦以此自欺人，遂使田连阡陌，坐享豪华。而寡妇之子，伊吾之士，与夫不辨菽麦之夫，苟有数亩，鲜不竭泽而渔矣。及届承役，号曰"年首"，举一里之田赋，惟斯人是问。初则仰鼻息于里书，是制裘而与狐谋也。继则寄司命于隶卒，犹委肉而当馁虎也。迫计穷而哀恳急公于豪右，犹排阊阖而叫九阍也。中人之产立消，而公家之欠如故。县官按籍贯而诛，徒闻敲扑之声，终宵达旦，犹箠楚不足，禁之圜扉，于是死不择地，缳可投也，鱼腹可葬也。求缓须臾之计，莫若背乡井，捐坟墓。而比邻姻党，下逮治其田者，兔举鹰击，鲜有遗类。白望四出，不至村落成墟、蓬蒿满眼不止也。①

再按叶梦珠的记忆，晚明以来繁重的赋役让很多人倾家荡产。在一个县域社会中，官府审役时需要慎重推求，安排的各种役类及其相关工作主要有："一图内先要开报公正一名，管理里役。图书一名，管理册籍并稽核田之多寡。又有总催一名，管收本区钱粮。细布一名，管买官布解京。北运一名，管收白粮解北。收兑一名，管收本图漕粮。分催一名，管收本图白银，以答官府比较。总甲一名，管本图地方杂事、呈报人命强盗。塘长一名，管开河筑造及力役之征。其余谓之排年，分五年为五囤，轮年催办细户。"其他各种差徭、杂派，如辽饷练饷、沿海城垣、烟墩寨台、桥梁马路、修筑护塘、打造战舡、制合火药、置造军器，及一应匠班棘刺、弓箭棕麻、小夫水夫钻夫、图马槽刀、草豆青树梗木等项，按每亩出银五六钱的标准征派。而正额钱粮，要加二三火耗，漕、白二粮，每石是二两七八钱。在这样的处境下，"当役破家，业户受累"，所以出现了空写文契，将产业送人的普遍现象。② 当然，明末至清初，均田均役还是在确保赋税

---

① （清）曹家驹：《说梦》"华亭县均田均役碑记"条，载雷瑨辑《清人说荟》初集，第20b—21a页。
② （清）姚廷遴：《历年记》"记事拾遗"，稿本，载上海人民出版社编《清代日记汇抄》，第163页。

徭役征收总额不变的前提下展开的，也暂时导致了以田为累的现象。①

可是，"粮役之望城邑如畏途"，仍是清初社会的普遍实态。② 而且"一人亡命，破及千家"，在赋役生活中随处可见。但只要地方官吏不会激起民众的强烈反抗，或者在地方社会生活中，乡绅们享受的优惠赋税待遇，能让已经觉得不公平的乡民们保持在一个可以容忍的范围内，地方行政的秩序和府县长官的前途仍是可以有保障的。③ 地方上所谓的有识之士常说："吴民竭力以供惟正，此朝廷之孝子顺孙，天意必不绝之。"④ 所言天意，就是后来真的有地方官员如娄县知县李复兴推动了均田均役工作。在他之后，此项工作被勒为成格，到乾隆年间使地方民众一直蒙宽大之泽者，就是从娄县开始的。⑤

此前，邻近的嘉兴、湖州二府，实行均田均役之法已久，且比较成功，⑥ 松江地方士民一直希望也能在本地推行。李复兴移文嘉、湖二府，关请彼处役法举措以及能干经承、吏书二人到松江商议，采取合乎人情、宜乎土俗的办法，向上级官府提出了均田均役的具体方案。⑦

李复兴的办法是："其区图里甲，仍仿旧制。惟甲田限以定数，毋盈毋啬，汇甲成图，汇图成区，汇区成保，纲举目张。较若画一，而田无不均矣。田均则役自均，且初无所谓役也。"在这样的措施推行中，可以避免很多弊端的产生，有着良好的效应："人各自并其田，里书之弊窦，不攻而自破矣。人各自完其粮，年首之祸根，拔本而塞源矣。设按月一分之印单，以稽完欠。单去而知其为淳良，单存而责其顽抗。奸胥不得上下其手，狞差不得鸱张其威。"里书、年首、奸

---

① 陈支平：《清代赋役制度演变新探》，第65—66页。
② （清）叶梦珠：《阅世编》卷6《徭役》，第149页。
③ 王业键：《清代田赋刍论（1750—1911）》，第45页。
④ （清）曹家驹：《说梦》"华亭县均田均役碑记"条，载雷瑨辑《清人说荟》初集，第21a—21b页。
⑤ 乾隆《娄县志》卷6《民赋志上·蠲免浮粮》，第24a—25b页。
⑥ 具体考察，可参［日］滨岛敦俊《明代江南农村社会の研究》第五章"明末浙江的均田均役法"，第263—328页。
⑦ （清）叶梦珠：《阅世编》卷6《徭役》，第150—151页。

胥、狁差这些乡村社会中应该让民众比较痛恶的群体，在均田均役的设计下，基本没有机会上下其手、营私舞弊了。在曹家驹看来，地方上对均田均役工作苦心讲求、合理调剂的最重要者是吴含文，"厥功懋焉"。在娄县均田均役工作告成后，华亭县完全依则仿行，乡间对于知县李复兴的颂声不断，莫不称"李侯活吾"。但就在这样的情境下，地方上仍存在对于均田均役工作指导或推动者的不满和诬蔑，"毒焰复炽，鼓邪说以惑上听，几几乎摇之矣"。曹家驹说，幸亏"士大夫合词以争，卒不能摇"。新任巡抚慕天颜还在朝廷之上，① 对于江南的均田均役极力疏请支持，"敷陈未尽，退而补牍，剀切淋漓，几夺敬舆之席，复请天语申饬，勒石永遵"。②

早在康熙十三年（1674年），慕天颜的上疏中，就抛出地方赋税征收中实际存在的大问题，即"无一官曾经征足，无一县可以全完，无一岁偶能及额"。③ 而均田均役的工作，可以解决这样的困局。当年，慕天颜请求以均田均役为定制的奏疏内容主要如下：

> 臣惟则壤定赋，各有应输之科征，而计亩当差，始无偏枯之病累。江南州县，每里为一图，每图有十甲，此历来额定之赋役也。乃民间贫富不等，所有田地多寡不齐，若田多至数十顷，而占籍止一图，或穷民仅有田几亩，而亦当差于一甲。是豪户避役，卸累小民，而隐占之弊生矣。又或贫民苦累不堪，将本名田地寄籍于豪强户下，以免差徭，而诡寄之弊生矣。又或蠹胥奸里，觇知小民不谙户役之事，包当里递，替纳钱粮，代应比较，而包揽之弊生矣。种种弊端，皆因赋役不能均平之故。夫均田均役之法，通计该州县田地总额与里甲之数，将田地均分每图若干

---

① 慕天颜于康熙十五年正式升任江苏布政使、江宁巡抚。参《清圣祖实录》卷62，康熙十五年七月癸卯，第801页。
② （清）曹家驹：《说梦》"华亭县均田均役碑记"条，载雷瑨辑《清人说荟》初集，第21a—21b页。
③ （清）陈其元：《庸闲斋笔记》卷6"江苏督抚请减苏松太浮粮疏"，中华书局1989年版，第142页。

顷，编为定制，办粮当差。田地既均，则赋役自平。此法自科臣柯耸条议，娄县故令李复兴行之，最为得宜，松民至今称便，苏、松等属仿照均编。但民间田地买卖不常，每遇编审之期，必应推收过割，□有积蠹，乘机炫惑有司，变乱成法，则贻害无穷。创□□收编审，请照均田均役，听民自相品搭，充足里甲之数，不许多田少役，则隐占、诡寄、包揽诸弊可以永清。①

每里编制固定的办粮当差田亩数额，均平赋役，允许民间自愿搭配里甲之数，不许田多而役少，并真正解决豪户的隐占、贫民的诡寄与"蠹胥奸里"的包揽之弊。就从康熙十三年开始，江南地方永行均田均役之法。②

这样看来，"天意"还在于李复兴遇到了巡抚慕天颜（1624—1696年），也得到了知府张羽明的支持，"废旧日之区图，革前日之陋习，免诸项之苦役，禁额外之科派，任从民便，归并当差"，③使松江地方的均田均役工作得以很好的推动。《华亭县均田均役碑》最后这样写道：

今日均田均役，法诚尽美，而拂民从欲违道干誉者，往往而有。慕公一疏，寝贪夫溪壑之源，束才士躐张之气，意良深矣。余因是而重有感也。县令身司民社，间有贤者，亦奋励有为，无如事权掣肘，不免垂成而挠败，即幸而成，而法因人立，人去而法随亡矣。李侯建树虽奇，设不遇慕公，彼墨吏肆志而图逞翻局，又何能泽被邻邑，俾吾华承庥袭庆于无穷哉！信乎，慕公保护良法，再造东南，他年并文襄俎豆千秋可也。④

---

① 乾隆《娄县志》卷7《民赋志下·徭役》，第10a—11a页。
② 嘉庆《松江府志》卷21《田赋志下》，第14a页。
③ （清）姚廷遴：《历年记》"记事拾遗"，稿本，载上海人民出版社编《清代日记汇抄》，第163—164页。
④ （清）曹家驹：《说梦》"华亭县均田均役碑记"条，载雷瑨辑《清人说荟》初集，第21a—21b页。

实际上，在地方上讨论均田均役的具体工作时，远较上述内容复杂。地方上的布解、北运、南运、运军等大役，制度要求是所谓五年一编审；而小役是十年一编审，编定的排年、分催等役，都需要"有土之民"充任。缙绅家庭例有优免，自然不在这个充任之列，更不要说两榜乡绅无论官阶及田之多寡，更无金役之事。①

但官府安排的"杂差"，就有所谓布解、北运、收兑与收银四大役，本来也是止编民户而不及官甲，在均田均役工作进行过程中，"奸民"们竟为诡寄，导致官甲之田日增、民户之田日减，"巧者倖脱，拙者偏累"的问题十分突出。这些内容于地方论议之时，就出现了很多矛盾和冲突。晚年的曹家驹这样回忆道：

> 当均田均役初行，议杂差一事，予曰："令总甲废矣，塘长、该年废矣，将来杂差势必从图甲均派。"予意宜将缙绅另编一牌，凡有杂差，概不派及，方为稳当。庄武秋怫然曰："彼富贵之家，即岁捐几十金，何啻太仓一粟，若小民则减其分厘，亦可苏困，何得异同乃尔？"旁有佐之者曰：兵、工两房，向以杂派为市，今得官甲亦在其内，庶有所顾忌而不敢肆。予曰：君辈未尝一考故事耳。昔年吾郡有布解、北运、收兑、收银四大役，历来止编民户，不及官甲，由是奸民竟为诡寄，以致官甲之田日增、民户之田日减，巧者幸脱，拙者偏累。徐公检吾（名民式，浦城人），初任松司理，深知此弊。后抚吴，即上疏请定官户优免之则，如文官一品，免田一万亩，台省、词林、铨部各免田四千亩，其免外之田，与民一体编役。此时常州科第最盛，乃上公函于抚公曰："凡通仕籍者必革职，然后与齐民一体当差。今吾辈俱现任，自宜优免，安得从革职之例。"抚公复书曰："所谓优免者，免其杂泛、差徭，如排门夫之类，从烟笼户口起见，此即生员，且复其身，况缙绅乎。今之所谓役者，乃朝廷之赋役也，况既有优免，而于免外金役，是役其田，非役其人也。"士夫之说乃绌，

---

① （清）叶梦珠：《阅世编》卷6《徭役》，第146页。

而其法遂行。然则杂差之当免，前贤议之详矣，而武秋坚执不可夺，后以开浚吴淞江，明伦堂哗噪，予在乡闻之，叹曰："若早从余言，何至抢攘如此。且以贱妨贵，左氏谓为六逆之一，清平世界，何得兆此乱萌乎？如海塘一役，关系匪细，乃宵人造谤，义户受辱，士大夫莫肯出一公言者，皆因立法之不善，有以致之也。窃恐将来之贻祸地方有不可言者。余老矣，不敢复谈天下事，姑存其说，以俟后之有识者。"①

赋中有役、役中有赋的复杂状况，以图甲均派、缙绅优免工作的艰难推行等，曾使地方社会长期困苦不堪。松江司理徐民式的工作是确认地方官户优免之则，优免外的田地，则需要与庶民一体编役。"所谓役者，乃朝廷之赋役"，免外金役是役田，并非役人。一切从田亩的额度为金派的出发点。清初官府即与民更始，均役于田，计亩当差，但地方以此为不便者仍倚阁其事。② 在这些工作中，曹家驹与好友庄征麒也存在不同看法。曹氏的观点是要妥善立法，并建议将缙绅另编一牌，凡有杂差，"概不派及，方为稳当"，以免真的出现"以贱妨贵"的秩序悖乱。

按照当时松江府地方均田均役的原则，华亭每图均编田三千五百二十一亩，娄县每图均编田二千八百零四亩，上海每图均编田四千九百零四亩，青浦则照旧额二百二十三图，每图均编田三千三百八十二亩。可是此制仍是日久弊生，各届官吏最好的办法，不过是"仿其意而因时斟酌以补偏救弊而已"。③ 康熙六年（1667年）的措施，具体来说，是编田五十亩为一甲，一百甲为一区，三十区为一保。上海县是归入一处完粮，时人姚廷遴大赞这是大除往日之害。就这样，松江一府四县，亿万粮户及有田业者，可以俱受此项政策的优惠。④

---

① （清）曹家驹：《说梦》，《四库未收书辑刊》第10辑第12册，第251页。
② 乾隆《娄县志》卷6《民赋志上》，第1a—1b页。
③ （清）叶梦珠：《阅世编》卷6《徭役》，第152页。
④ （清）姚廷遴：《历年记》"记事拾遗"，稿本，载上海人民出版社编《清代日记汇抄》，第163—164页。

当然，北运之役的裁革工作，从崇祯十四年（1641年）就开始了，号称改民运为官运，但以收催充任，所以虽无北运之名，但仍有北运之实，民困仍未停息。在顺治三年巡抚土国宝的要求下，地方府县确实详细讨论过布解、北运、收催三大役的问题，并下令白粮官收官解。可是就像叶梦珠讲的一样，表面上收兑之役全部废止，民间只剩里催之役，号称"小役无伤于民"，但实际上流弊已极，里催之累更甚于大役，除了编审之际吏胥的腐败、勒索外，地方大户土豪可花钱承担轻役，最终还是要由中小户来充任，小民的负担依然很重。因此，从制度上看，大役裁革后而杂役始起，到康熙三四年间，小民比户弃业逃遁。在巡抚韩世琦微服巡查各地实际情况后，对那些奸胥大蠹往往立置重典，"杂派差徭从此顿息"。①

松江地方总是强调，这个府域一直是饱受役困之区。顺治十八年考中进士后很快被奏销的当地人董含就说："吾乡财赋之区，困于徭役，前明编审大役，有细布、北运、南运种种名色，赔累者不乏。"但他指出，由于一般官吏较为"廉谨"，且当地户口丰足，没有太多的横索与苛捐，"故民犹乐于趋事"。入清后，赋役工作不断调整，最后所谓的大役只在收兑一项，然而破家亡身者十户有九户之多。主要原因就在于兑役一名，就起码要耗费一千二百两，民生因而惴惴不安，朝不保夕。松江官方讨论后的方案，是"主户充客户贴，大户充小户贴"，可是董含又明确地指出："富足必诡寄，而充者必穷民矣，客户或殷实而免脱，主户反赤贫而承值矣。"② 问题仍然得不到很好的解决。

在当地人的共有记忆中，直至康熙六年，娄县知县李复兴大力推动均田均役之法后，民困始苏，而邻近各府多有仿行者。③ 比较而言，曹家驹对于这段变革的记忆，在《说梦》中写述太过简单，也不太

---

① （清）叶梦珠：《阅世编》卷6《徭役》，第148、150—151页。
② （清）董含：《三冈识略》卷2"均田均役"条，《四库未收书辑刊》第4辑第29册，第639页。
③ （清）章鸣鹤：《谷水旧闻》，载上海市松江区博物馆、华东师范大学古籍研究所编《明清松江稀见文献丛刊》第一辑，第14页。

确切。同样是身历这一时代的叶梦珠,记录稍详:

> 邑令李复兴,字应斗,山东济南府滨州人也。举顺治丙戌孝廉,屡困公车,不得已而谒选。康熙四、五年间,除授娄县令。娄县故政繁赋重,又附郭满、汉大臣,不时巡历,军伍充斥,供顿迎送不遑……时吴中积逋县必数十万,令长如治乱丝,苦无其绪。民间十年并征,疲于奔命。吏胥乘间作奸,或田少而反充囷首,则一人而办十图之粮,小户而催大户之税,完课者日受鞭笞,逋赋者逍遥局外,兼之征调不时,工役不息,富以贿得脱,贫户重叠而当差,前工未竟,后役又轮,一票未销,数牌叠至,差役势同狼虎,小民时被雷霆。民自受田三百亩以上者,即有厘头囷首之虞,中人之产无论已。黠者以遁脱,愚者以命殉,一人逃去,累及三党,故有全里举乡为瓯脱者。公向已忧之,及再来令娄,细心计之,众议佥同,谋所以救之者,莫如仿嘉兴、湖州均田均役之法。力请于郡守张公升衢羽明、抚院心康韩公世琦移咨浙属,礼聘嘉、湖精于会计者到松,仿彼成例,斟酌立法,悉除收兑、囷首、厘头、总甲、塘长诸役名色。凡有田者,各自立户完粮;自完粮外,别无杂派徭役……自公立法,而华、上、青三县皆效之,则公之利民溥矣。①

李复兴在推进具体工作时,当然是得到了地方士人的积极配合。曹家驹补充说:"李公去官后,绅民立李公生祠于白龙潭生生阁之东。当李公建议时,王农山广心实左右之,而吴孝廉钦章、庄茂才徵儒,其赞成尤为力。"② 李复兴死于任上时,华亭与娄县两县民众呈请上台,将李复兴奉为娄县城隍神,"千百年瞻仰靡穷"③。显然,李复兴

---

① (清)叶梦珠:《阅世编》卷4《宦迹》,第94页。
② (清)章鸣鹤:《谷水旧闻》,载上海市松江区博物馆、华东师范大学古籍研究所编《明清松江稀见文献丛刊》第一辑,第14页。
③ (清)姚廷遴:《历年记》"记事拾遗",稿本,载上海人民出版社编《清代日记汇抄》,第164页。

的赋役工作是比较成功的，而地方绅士们的襄助显得十分重要。

地方士民对上述《华亭县均田均役碑》，觉得有必要为之建立专门碑亭，以示对已成碑记的均田均役大事的维护态度。而兴建费用是需要由民间自愿捐助的。曹家驹希望当地人"各捐昔年里催一限之费"，便可共襄这一美举，以完聚沙成塔的功德。他为此又撰写了《募建均田均役碑亭小引》。小引的内容略显啰唆，但曹氏反复强调的，是推进均田均役工作的艰难，华亭县即历时七年之久，而民间的疑问仍在"将来如何而永无苦"。所以，对于当时"创始之贤父母，调剂之贤孝廉"等官绅，更值得纪念和宣扬，也不必过于计较其间的利益得失了。①

七　余论

在明清中国地方社会的日常生活中，赋役问题一直缠结不清，令人困扰不安。② 当明清交替之际，新王朝伊始，其实并未在这方面有太多的减免工作，③ 制度上的所谓祛除明末弊政，常停留在言说的层面，倘有实际的禁革举措，地方上往往会出现阳奉阴违甚至阻挠的现象，也让底层民众深感紧张。但由于顺治末年奏销案的爆发，竟使绅士们强化了钱粮必须早完的观念，④ 并积极付诸行动，"新旧白银，完足无余，以后置田之家，须早以钱粮为计"⑤。地方新的权力结构与士人的经世实践，使新王朝的秩序得以稳固、社会经济进一步发展。

---

① （清）曹家驹：《说梦》"募建均田均役碑亭小引"条，载雷瑨辑《清人说荟》初集，第22a页。
② ［日］濱島敦俊：《明代江南農村社会の研究》第四章"明末的均困——均田均役法的前提"，第209—253页。
③ 笔者曾以顺治至康熙前期的嘉善县政实态论述过这一问题，参拙作《清初的地方社会危机与官吏活动——以〈武塘野史〉的记述为中心》，《江海学刊》2016年第1期。
④ （清）陆文衡：《啬庵随笔》卷3《时事》，台湾广文书局1969年版，第7b页。
⑤ （清）曾羽王：《乙酉笔记》，旧抄本，载上海人民出版社编《清代日记汇抄》，第11、25页。

曹家驹所述故事的时段，基本在崇祯至顺治朝。但曹家驹在《说梦》中并未讲述明清鼎革对于江南社会的打击程度。顺治五年（1648年），江南的抗清活动被大清洗后，巡抚土国宝坐在松江西仓城内，对当地有反清嫌疑的，仍是"日杀百人，半月方止"，[①] 令人惊怖，民情依然紧张。曹家驹也未说明顺治末年与康熙初年奏销案对于地方社会的影响问题。像为亲友所累而也在奏销之列的叶梦珠，所言"人心震惧"、"功名之志亦衰"的感受，[②] 在曹氏那儿基本看不到，或许是故意回避了这段史事。但由曹家驹参与地方政治与赋役工作的经历与记忆，可以探知很多关乎地方社会赋役问题的艰难与复杂，及其背后人事的影响，特别是其论述的均田均役改革，在奏销案之后，完全是此案影响后的财政制度大调整。[③] 有关曹家驹的社会活动表现，主要见诸清代松江地区若干方志的零星记述。在这些资料的记录中，涉及曹氏的记述与评判，从清初至清末，形象表达基本一致。

从明末至清初，社会可谓动荡不安，士人生活复杂多样。松江地方的杰出乡绅，如吴嘉胤、夏允彝、沈犹龙、李待问、陈子龙等，都在鼎革之际殉节或死难。[④] 这一世代，很快过渡到了康熙朝。很多人确实在政治的高压打击下，有绝意仕进或退隐江湖的表现。他们内心之压抑、心灵之苦痛，都可想见。但在曹氏等人身上，还没表现出因王朝更替而产生政治上鲜明的断裂感，并深入社会生活的日常轨道中。

实际上，地方士人的大多数，并不太在乎王朝的更替，也并未切

---

① （清）姚廷遴：《历年记》"历年记上"，稿本，载上海人民出版社编《清代日记汇抄》，第65页。
② （清）叶梦珠：《阅世编》卷6《赋税》，第138页。
③ 邓尔麟在论述奏销案问题时谈及均田均役新法在娄县的试验情况，举出的参与人员就有吴钦章、徐孚远的侄子徐允贞、杜登春的兄弟杜及春与杜恒春，但没有提及曹家驹等人。参 [美] 邓尔麟《嘉定忠臣——十七世纪中国士大夫之统治与社会变迁》，宋华丽译，中央编译出版社2012年版，第298页。
④ （清）曾羽王：《乙酉笔记》，旧抄本，载上海人民出版社编《清代日记汇抄》，第32页。

实遭受1644年至1645年间因王朝鼎革带来的大冲击，且怀揣着新希望，从顺治三年开始，又充满热情地投身至新王朝的科举之途，① 依然企望像晚明一样，可以参与地方公事，热衷于地方公议，在地方政治场域中保持活跃的身影，在乡间日常生活中尽力依循公议诸事的习惯，借此获得比较尊崇的社会地位，总体上对于历史大变动后的现实生活没有呈现太多的消沉和放弃之举。

曹家驹交游范围相当广泛，与松江地方的不少权贵势豪有着良好的关系，时或得以在地方社会的重大事件与重要的政治场合中施展其经济之才，且表现极为活跃，与一般的生员处境颇有不同。像这样的生员，可能已自认为有强大责任感的地方士大夫中的一员，而且社会上也认可他们是士大夫中的一分子。事实上，在乡村舆论宣传、公共工程监督、官民之间的调停和行使影响力，以及凑集必要的劳力或经费等工作方面，他们确实履行着极重要的职责。② 也可以说，江南地区包含着中国社会总体变革的早期因子，以及所处的整个明清两朝的国家体系之演变，特别是因赋役之困而在江南地区表现出更多的调整或抗议之态，③ 会隐含于曹家驹等人的社会活动中。

《说梦》中可以窥见的曹家驹等人的心理，在赋役生活中仍多以"前朝"为比照，并检选出那些重视地方民生的官绅代表、有利于纾缓民困的策略，作为他们努力维护地方社会利益的理论凭借。一方面，绅士阶层虽与州县官僚集团会存在形似相互依存的关系，但又各自以不同的方式行使着自己的权利。④ 他们的政治参与程度或政治竞争的能力，其实会威胁到州县官员的施政权威，压缩官府权力的影响范围。而且从明末以来，衙门官吏真如叶梦珠所言："其才之长短，品之贪廉，心之邪正，政之仁暴，学之博陋，或人人各殊，或一人而始终异辙，要皆座未及暖，参罚随至，因催科拙者之十之七八，因不

---

① 冯贤亮：《清初地方士人的生活空间与场境变换》，《学术月刊》2016年第5期。
② [韩]吴金成：《明、清时代绅士层研究的诸问题》，收入[韩]朴元熇主编《韩国的中国史研究成果与展望》，第181、195页。
③ 赵轶峰：《明清江南研究的问题意识》，《探索与争鸣》2016年第4期。
④ 瞿同祖：《清代地方政府》，法律出版社2003年版，第282页。

职劾者十之二三，从未有一人报最升迁。"① 州县官流动得太快，对地方产生深刻印记的实在太少。

另一方面，自永乐朝以后，王朝政治中心远离了江南，路途遥远，控制力当相应弱化。为了保持这种与距离远近不相关的控制力度，王朝政治生活中制定与调整了相应措施，维持了原有的赋役压力，并通过比较严密的垂直控制系统，使这种压力持续渗透至基层社会，强力维续中央与地方的赋役关系。据叶梦珠从地方"故老"们那里得来的口述，至少在隆庆、万历年间，地方上可谓"物阜民熙，居官无逋赋之罚，百姓无催科之扰"，且终明之世，"官以八分为考成，民间完至八分者便称良户，完六七分者亦不甚顽梗也"②。但此后赋役关系的紧张感愈益普遍，时人都在设法予以消弭，以免在财政责任的分配中产生新的利益纠葛或矛盾冲突。比较妥当的，就是像陈龙正所论的，"本之乡老仁心，参之士衿公论，质诸氓庶隐情"而得出的"质直稳当"之法，③适时而必要地进行赋役调整，使制度施行具有一定的弹性，在地方社会生活中显得十分重要。江南地区长期存在的重赋，具体亦如"生长田间，深知其苦"的冯桂芬所言，"大抵一亩之税，苏、松、太最重者几及二斗，轻者犹一斗，视常州六七升、镇江五升相悬绝"。④ 重赋问题带来的积困，从明末至清代中期，在逐步改善，特别是太平天国战争危机之后，在李鸿章等人的努力下，朝廷同意苏州、松江、太仓减三分之一，常州、镇江二府与杭州、嘉兴、湖州三府均减十分之一。⑤

虽然清初王朝统治江南的力度远较晚明为大，但地方社会的重心仍在绅士阶层，并且是以城市生活为中心的。曹家驹的《说梦》就

---

① （清）叶梦珠：《阅世编》卷4《士风》，第87页。
② （清）叶梦珠：《阅世编》卷6《赋税》，第135页。
③ （明）陈龙正：《几亭全书》卷27《政书·乡筹五》"辛未均役条议"条，《四库禁毁书丛刊》集部第12册，北京出版社1997年版，第209—210页。
④ （清）冯桂芬：《显志堂稿》卷4《江苏减赋记》，《续修四库全书》集部第1535册，上海古籍出版社2002年版，第543—547页。
⑤ （清）陈其元：《庸闲斋笔记》卷6"江苏督抚请减苏松太浮粮疏"，第140—141页。

提供出很多这方面的史事，充分表现出在地方政治场域，在官绅阶层的协调下，王朝统治急需的赋役工作才得到了有力的推行。具体工作中，人事的因素又起了较大的作用。地方官中的最重要而具代表者，仍是娄县知县李复兴，能够广泛采纳舆论，实力倡行均田均役之法，使地方百年之弊基本得以一朝而革，直到康熙晚期，城乡殷实人家与故宦子孙仍能得以各保其产、各安其生，李知县的功德可谓大矣。[①] 总体而观，从明末转换至康熙时代，不到百年，确实令时人有"废兴显晦，如浮云之变幻，俯仰改观，几同隔世"之感。[②] 一个旧王朝影响的影子逐渐消逝于地方归入新朝的漫长进程中。那些与赋役问题相关的思想与行动也成了历史故事，凝结于像曹氏这样知识人的经历和记忆之中。

[①] （清）董含：《三冈识略》卷2"均田均役"条，《四库未收书辑刊》第4辑第29册，第639页。

[②] （清）叶梦珠：《阅世编》卷5《门祚一》，第114页。

明代余姚科举中的《礼记》与《易》

陈时龙

在明代诸省中，浙江科举最发达，而浙江又以余姚县为最。万历《新修余姚县志》云："（乡贡）浙额九十人，越每居三之一，而姚两之"；"其试于春宫成进士，则海内以为前茅矣"。① 据多洛肯统计，作为绍兴府属县之一的余姚在明代共产生了进士339人，高居浙江第一。余姚人孙𬭤也夸赞余姚士人擅长以经学取科第，在嘉靖年间更是闻名海内。他说："姚之俗雅尚经学。嘉靖初，姚艺脍炙天下。"② 之前已有学者对明代余姚科举的兴盛及其与科举家族间的关系进行研究，也谈到明代余姚士子在科举中擅长《礼记》。③ 不过，明代余姚士子在科举中不仅擅长《礼记》，也擅长《易》，这却是人们所未注意的。余姚人倪宗正（1505年进士）云："我余姚故称文献，学《三礼》而显名者无论数十家……余姚又有《周易》之学，与《三礼》

---

① 万历《新修余姚县志》卷13《选举志上·乡贡》，《中国方志丛书》，成文出版社1983年版，第333页；卷14《选举志下·进士》，第363页。
② （明）孙𬭤：《月峰先生居业次编》卷2《长松阁草序》，《四库禁毁书丛刊》集部第126册，北京出版社1997年版，第160页。
③ 朱帅的硕士论文对余姚科举发达的状况以及烛湖孙氏、四门谢氏和上塘王氏的科第状况均有所描述。日本学者鹤成久章则曾撰文谈到明代余姚的科举史上《礼记》一经有特别的地位。参见朱帅《论明代绍兴府余姚县科第蔚盛与地域社会》，硕士学位论文，复旦大学，2010年；［日］鹤成久章：《明代餘姚の「禮記」学と王守仁——陽明學成立の一背景について》，《東方學》第111辑，2006年。该文中译本见吴震、吾妻重二主编《思想与文献：日本学者宋明儒学研究》，华东师范大学出版社2010年版，第356—367页。

之学并盛。《周易》之学，其始亦有数十家。"① 因此，人们自然有兴趣追问：在余姚县士子中，到底以《礼记》为本经者多，还是以《易》为本经者多一些？《礼记》与《易》在余姚是同时并起，抑或是替代性地崛起？在余姚的科举家族中，哪些家族专经《礼记》，哪些专经于《易》？

一 从《礼记》到《易》：烛湖孙氏家学的演变

余姚的科举是由众多科举家族支撑起来，其中最突出的有孙、王、谢三个家族。清初邵廷采（1648—1711 年）说："余姚人物之盛，自宪、孝、武三朝始，其著姓多，莫盛于孙、王、谢，而孙氏尤盛。"② 孙氏在宋初迁居余姚，以"后唐称廉吏三司使岳殁葬余姚烛湖之北，子孙遂家焉"③，世称烛湖孙氏。烛湖在余姚邑治之东三十里处，"群山攒秀，蜿蜒而郁积"④。孙氏世居湖西，号称望族，而其地又无他姓相杂，故乡人称孙家境。⑤ 在明代，孙氏科举极发达。清人黄璋说，烛湖孙氏"前明登甲第者凡五十四人"⑥。科第延绵自然带来宦绩隆盛。明人称烛湖孙氏与晋江林氏、齐城王氏、灵宝许氏族望相近："吾越姚江之有孙氏，犹闽莆田之有林氏，齐新城之有王氏，豫灵宝之有许氏。四姓之科甲联绵，官阶赫奕，大略相等。"⑦ 官宦

---

① （明）倪宗正：《倪小野先生全集》卷 1《送张惠民序》，《四库全书存目丛书》集部第 58 册，齐鲁书社 1997 年版，第 446 页。
② （清）邵廷采：《思复堂文集》卷 3《姚江孙氏世传》，浙江古籍出版社 2011 年版，第 150 页。
③ （明）胡世宁：《大中丞赠尚书忠烈孙公行述》，载孙仰唐《余姚孙境宗谱》卷 2《传赞类》，中国社会科学院历史研究所图书馆藏清光绪二十五年燕翼堂活字本，第 72 页。
④ 佚名：《心泉公五旬寿序》，载孙仰唐《余姚孙境宗谱》卷 4《艺文志》，第 67 页。
⑤ （明）孙升：《先伯兄都督伯泉先生行状》，载（清）孙仰唐《余姚孙境宗谱》卷 2《传赞类》，第 78 页。
⑥ （清）黄璋：《传文序》，载（清）孙仰唐《余姚孙境宗谱》卷 4《艺文志》，第 55—56 页。
⑦ （清）余缙：《户部主事念劬孙公行状》，载（清）孙仰唐《余姚孙境宗谱》卷 2《传赞类》，第 135 页。

门第进而又为子孙读书应举提供了大量的文化资源和经济支持，从而进入良性的循环之中。

烛湖孙氏最有名的人物，是正德年间宁王之乱中不屈而死的孙燧（1460—1519 年）。从孙燧到其六代孙孙嘉绩，数代均以《易》经取功名。因此，烛湖孙氏给人的印象是一个始终以《易》为本经的家族，而与谢氏、王氏以《礼记》为家学相区别。然而，实际上烛湖孙氏在孙燧之前获取功名主要凭借的本经却是《礼记》。在这个家族内，存在着一个从《礼记》到《易经》的专经变化。在清人所修《余姚孙境宗谱》（以下简称《宗谱》）的传记材料中，记载了不少孙氏家族获取功名者的本经信息，兹对这些科举功名获得者及其本经信息按其中举人或中进士的时间大致排列如下：

1. 公讳泓，字孟容，右涵其号，晚翠公长子也……以《礼经》中永乐庚子（1420 年）乡贡、甲辰（1424 年）进士，任江西道监察御史。

2. 公讳珩，字文玉……习《礼经》，以儒士中景泰丙子（1456 年）乡贡，任学正，升教授，五典文衡，得人为多，仕至南监博士……世称公为戴《礼》名家，多著述焉。赞曰："公邃戴礼，号为名家，以经淑性，学粹行嘉。"

3. 公讳兰，行守一，律身严谨，治事精勤，明《春秋》《三礼》之学，邃识卓诣，为时领袖，中景泰丙子（1456 年）乡试。

4. 公讳燧，字德成，号一川，以《易》中弘治壬子（1492 年）经元，癸亥（当为癸丑 1493 年）进士。

5. 公讳清，字直卿，号平泉，少英敏，擅文名，以《书经》中弘治戊午（1498 年）北闱解元，壬戌（1502 年）榜眼，授翰林编修。

6. 公讳继先，字维烈，号南木，嗜学博通经史，尤专习《礼》。中正德庚午（1510 年）顺天解元，授丹陵知县。

7. 公讳蕙，字志翀，号凤泉……以《易经》中正德己卯（1519 年）浙江经元。

8. 公讳升，字志高，号季泉……以《易》中嘉靖乙酉（1525年）乡试，乙未（1535年）榜眼，授翰林院编修……终南京礼部尚书。

9. 公讳佳，字志完，号舜泉……尤专于《易》，中顺天庚子（1540年）亚魁，弟真泉公亦魁畿榜，时称双凤，成庚戌（1550年）进士，任兴化府推官。

10. 公讳坊，字志礼，号真泉……以《易》中嘉靖丁酉（1537年）顺天乡试，甲辰（1544年）进士，任福建邵武知县，擢工部主事，升郎中。

11. 公讳鑨，字文忠，号立峰，以《易》中嘉靖癸卯（1543年）顺天乡试，丙辰（1556年）进士。

12. 公讳铤，字文和，初号前峰，后更号正峰……中嘉靖丁酉（1537年）顺天解元，癸丑（1553年）进士，选翰林院庶吉士，授编修……终南京礼部侍郎，卒……尤邃《易》义，学者多宗之。

13. 公讳钧，避御名改讳錝，字文秉……以《易》中嘉靖戊午（1558年）顺天乡试，隆庆戊辰（1568年）进士，初任长垣知县。

14. 公讳如游，字景文，又字景贤，居与鉴湖邻，因号为鉴湖……以《易》中万历丙子（1576年）乡贡，乙未（1595年）进士。

15. 公讳应龙，字宗德，号屏湖……精《易》理，由郡庠生中万历乙酉（1585年）浙江乡试经魁，任山东莱芜县知县，改直隶颍上县知县。

16. 公讳光弼，又讳嘉绩，字辅之，号硕肤……习《礼经》，中崇祯癸酉（1633年）乡试，丁丑（1637年）进士，授南京工部主事。①

---

① （清）孙仰唐：《余姚孙境宗谱》卷1《仪形图》，第41—89页。

虽然《宗谱》列举的 16 位科举成功人士并不是烛湖孙氏科举成功者的完整名录，因为很多缺乏本经信息的人物在此没有列举，但相信这种排列仍然可以看出问题。在这 16 人之中，5 人肄习《礼记》，1 人肄习《尚书》，而包括孙燧在内的另外 10 人都是学习《易》。因此，《易》是孙氏取得功名的利器是无疑义的。然而，在上述的第 6 人孙继先以《礼》中正德五年（1510 年）举人以前，除了孙燧在弘治六年（1493 年）以《易》中进士、孙清以《书》中弘治十五年（1502 年）进士外，余外 4 人均治《礼记》。孙氏以《礼记》获得功名者 6 人：15 世纪前 3 人；16 世纪初 1 人；最后一位以《礼记》通过乡、会试的族人是崇祯十年（1637 年）的进士孙光弼。相应的是，在整个 16 世纪，孙氏族人都是以《易》为本经来应科举考试。因此，从 16 位科举成功者的本经分布及其时间变化来看，从 15 世纪到 16 世纪，孙氏家族的本经取向发生过一个由《礼记》到《易》的转变，时间点则是在 15、16 世纪之交。

如果将视野放宽一点，从科举功名获得者下移到那些读书入庠但却最后没有通过科举考试的读书人来观察孙氏族人治经，大概能得到相似的结论。《宗谱》还记载了不少族内读书人的本经：

17.（十七世）轮，行怀十一，习《礼记》，屡试秋闱不售，年三十卒。

18.（十七世）恢，开长子，行武二，邑庠生，以《礼经》屡试不售。

19.（十八世）纯，行纬六，号曲泉，邑庠生，习《礼》，以戴经补博士，蜚声黉序。连困公车，享年八十。

20.（十八世）绷，行经五，早岁习《书》，配赵氏，子一。

21.（十八世）华谏，字廷忠，号玉泉，增广生，习《书》，例贡，授山东青州府诸城县二尹。

22.（十九世）国相，字惟肖，号海桑，习《易经》，邑庠生。

23.（十九世）国友，字惟尚，号小川，习《易经》，邑庠生。

24.（二十世）学孟，字汝醇，号绍海，习《易经》，庠生。（按，孙国相次子）

25.（二十世）大霖，行穆十，字汝济，号双湖，由廪生以《易经》中嘉靖乙卯乡试，丙辰进士，初授保定府推官，钦擢刑部主事。历升员外、郎中。

26.（二十世）应龙，行鸾廿三，字宗德，号屏湖，郡庠生，以《易》中万历乙酉浙江乡试经魁，知册东莱芜、直隶颍上两县。①

27.梅湖公讳思述，以文章雄黔中，万历丙子（1576年）以《书经》擢省元，兄亦于壬午（1582年）领《易》魁，人以公棣萼继锦，显庸未艾也。②

虽然按照世系排列在年代上未必科学，但其大致时代先后还是可以作为参照的。在烛湖孙氏十七世中，也就是孙燧所在的辈行内，孙恢、孙轮也还都是以《礼记》为本经的，而十八世的孙纯仍习《礼记》，孙绅、孙华谏均习《尚书》。然而，至十九世、二十世，在一般读书人的本经选择上，孙氏族人便基本上均以《易》为本经。孙思述以《书》魁的事情，可能发生在贵州，以其有"以文章雄黔中"的说法，则可能是已移民至西南的孙氏族人，而其兄以《易》魁的事实，或者说明还受到孙氏宗族《易》学的影响。这或者说明，在孙燧的世系生活的主要年代，孙氏家学仍然以《礼记》为主，但同时出现了《书》《易》的不同的选择，但孙燧的影响最终确立了《易》的崛起。

孙氏家学由《礼记》向《易》的转变中，关键人物是孙燧。从以上列举的总共27个例子来看，在孙燧之前，孙泓、孙珩、孙兰都

---

① （清）孙仰唐：《余姚孙境宗谱》卷6《世系图》，第53、23、124—125、85、45、48、46、87、129页。

② （清）孙仰唐：《余姚孙境宗谱》卷4《丛谈录》，第150页。

肄习《礼记》或者精于《三礼》，而孙泓更明确地说乃是以《礼记》中举人、进士。孙泓有弟孙溥。孙溥即孙燧的祖父，故孙泓为孙燧的从祖父，治《礼记》。① 从《南国贤书》的记载看，孙珩、孙兰也都是以《礼记》一经在应天乡试中举的。② 而且，孙珩还被世人称为"戴《礼》名家"，有较高的声誉。然而，在即将进入 16 世纪时，孙氏族人所肄习的经典开始出现新的迹象，不但有孙继先延续家族的《礼记》传统，在正德五年（1510 年）的顺天乡试中获得第一名的好成绩，而且孙燧以《易》在之前的弘治五年（1492 年）成为浙江乡试的《易》经魁，而孙清则以《尚书》在弘治十一年顺天乡试第一名、弘治十五年（1502 年）进士第二名。可以想见，一时孙氏的经学取向呈现不同的指向。但是，最终还是孙燧的影响最大。孙燧的影响，不但在本族，而且在整个浙江地区。胡世宁记载："公讳燧，字德成，别号一川……弘治壬子以《易》魁乡荐，癸丑登进士，前后学者争师事之。"③ 陈有年《忠烈公年谱》记载孙燧十五岁开始治《易经》，二十五岁开始授经，而门人多以《易》中进士者，包括同邑倪宗正、鄞县张邦奇："（成化）二十年甲辰（1484 年），公二十五岁，兼经授徒于信安。按，公楼居櫺门可十年，浸淫博士业，日新富有。学既茂矣，于是出授经信安，益发愤增修，渊弘奥博，尤精邃于《易》。尝著讲义十卷，名曰《四圣糟粕》，阐前人所未发，昕夕以口授诸弟子。四方抱艺之士，闻之莫不感发兴起，肩摩踵接，北面争师事之。岁每至数百人，随材训迪，曲意裁成。故浙中誉髦士多出其门，籍仕版者如倪宗正、蔡中孚、黄嘉爱、潘援、李长、谢显、张邦奇、徐金陵、李玠、钱宏、邵经邦诸公，无虑数十辈，皆铮铮岳立，廊庙间无不感公玉成之德，以为皋比之遗宗云……孝宗弘治五年壬子（1492 年）公三十三岁，举浙江乡试第三人。按公是年授徒于

---

① （清）孙仰唐：《余姚孙境宗谱》卷 5《世系图》，第 18 页。
② （明）张朝瑞：《南国贤书》，《景泰七年丙子科》，台北"国家图书馆"藏旧钞本。
③ （明）胡世宁：《大中丞赠尚书忠烈孙公行述》，载（清）孙仰唐《余姚孙境宗谱》卷 2《传赞类》，第 72 页。

钱塘谢氏，秋当大校……公以羲经魁其伦。"① 从二十五岁到三十三岁，治《易》有名的孙燧无一日不在授徒讲经。

孙燧的巨大影响，使烛湖孙氏完成了家族专经由《礼记》向《易》的转变。之后孙氏族内每有擅长《易经》的名家。孙燧之子孙墀著有《易学衍义》。② 孙升亦在传播《易》学方面成绩甚大，嘉靖甲午年（1534年）未第时，居京师，"传经都下"，"授诸生《易》"，京师从游者中可考的有直隶兴济人孙显祖，锦衣卫籍人梁木，南直隶长洲的杨观光，以及浙江崇德的徐梁、徐栋兄弟。③ 余姚人沈谱也从孙升学《易》，后其子沈应文以《易》中进士。孙燧之孙孙𨱔似乎也曾有撰写一部《易》学著作的想法。吕坤在给孙𨱔的信中和他讨论《易》，说："兄谓伊川易非周孔之易，乃程氏之易，甚是。弟谓周、孔易未必文王之易，文王易未必伏羲之易。各有所指，而道无不同……今只就一部《周易》作训诂，须会四圣之意指，如持符券，始为经学本义，切近而浅。"④ 孙燧的另一位孙子孙铤"于兄弟中最警敏，毕读中秘书，尤精《易》义"⑤，孙𨰿"从兄铤受《易》，经术醇正"。孙铤家居时，"兄子如法以议储礼谪潮阳，归而侍公，商榷今古，兄子如汪、如洵亦执经问业"⑥。一门之内，兄弟、叔侄，相与谈经究义，《易经》家学在孙氏族内形成了很好的传授、讨论的风气。在这种风气影响下，烛湖孙氏自孙燧后，族人取得功名者，除明末孙嘉绩治《礼记》、孙思述治《书》外，其他人均治《易》。而且，孙氏后人在《易》上的成绩也非常地突出：孙升榜眼，孙铤解

---

① （明）陈有年：《忠烈公年谱》，载（清）孙仰唐《余姚孙境宗谱》卷4《艺文志》，第108页。
② （清）孙仰唐：《余姚孙境宗谱》卷4《翰墨志》，第3页。
③ （明）孙升：《孙文恪公集》卷6《尚宝司卿孙公合葬墓志铭》，《四库全书存目丛书》集部第99册，第685页；卷7《明锦衣右所百户梁君墓志铭》，第693页；卷7《明故杨君惟素合葬墓志铭》，第696页。
④ （明）吕坤：《去伪斋集》卷5《又答孙月峰》，载《吕坤全集》，中华书局2008年版，第215—216页。
⑤ （清）孙仰唐：《余姚孙境宗谱》卷2《传赞类》，第46页。
⑥ （明）吕胤昌：《大司马月峰孙公行状》，载（清）孙仰唐《余姚孙境宗谱》卷2《传赞类》，第113—114页。

元,孙鼒、孙应龙乡试经魁,孙佳乡试亚魁。一个家族治《易》科举成绩如此耀眼,在全国也算极少见的了。

烛湖孙氏家学的演变,是余姚士子的专经由《礼记》向《易》延展的一个缩影。这样的个案不是唯一的,余姚诸氏的改经也是一例。诸氏族人诸谏最早在成化十年(1474 年)以《礼记》中举人,其子诸绚以《礼记》中弘治十八年(1505 年)进士。① 然而,诸绚之孙诸大圭则以《易》中嘉靖三十一年(1552 年)浙江解元、万历五年(1577 年)进士;诸绚的从孙诸大伦亦以《易》中隆庆五年(1571 年)进士。② 这表明诸氏家族的治经取向也在 16 世纪初已经由《礼记》转向了《易》。

二　科举录所见余姚士人专经之变化

要了解余姚士子在科举中的本经选择在明代经历过什么样的变化,要对科举录的材料进行考察。首先看余姚士子在浙江乡试中的本经选择。《天一阁明代科举录选刊》内辑录了 18 种浙江乡试录,但相对于明朝 270 多年的历史而言材料还是少了一点。明人陈汝元在《皇明浙士登科考》中对浙江乡试作了较为完整的辑录,始洪武二十三年(1390 年),终天启元年(1621 年),共 72 科。③ 因此,利用《皇明浙士登科考》即可以比较全面地看到余姚士子在浙江乡试中的表现。《皇明浙士登科考》所辑录的 72 科浙江乡试之中,共录取举人 6611 名,其中以《礼记》为本经的举人数为 557 人,约占 8.4%。在 557 名以《礼记》为本经的举人中,余姚籍士子 222 人,占到了 40%。

---

① (明)王世懋:《王奉常集》文卷 19《明承德郎工部营缮司主事曙海诸公墓志铭》,《四库全书存目丛书》集部第 133 册,第 406 页。
② 《弘治十八年进士登科录》,载《天一阁藏明代科举录选刊·登科录》,宁波出版社 2007 年版,第 27 页(后文征引明代各朝登科录除另外标注者外皆出《天一阁藏明代科举录选刊·登科录》,不再一一注出);《隆庆五年进士登科录》,第 37 页;《万历五年进士登科录》,第 19 页。
③ (明)陈汝元:《皇明浙士登科考序》,载《皇明浙士登科考》,国家图书馆藏明万历三十一年自刻本天启补刻本。

这表明余姚《礼记》在浙江乡试中有很强的竞争力。从乡试中余姚举人在五经上的分布看，以《礼记》为本经的举人最多（222 人），其次依次为《易》（152 人）、《书》（94 人）、《春秋》（25 人）、《诗》（11 人），比率依次为 44%、30%、19%、5% 和 2%。这表明，在明代余姚，《礼记》是第一大经，其次才是《易》。

在余姚的乡试史上，《礼记》和《易》的关系还可以作以下的梳理：其一，《礼记》作为余姚士人肄习的第一大经，在建文元年（1399 年）到万历四十三年（1615 年）连续 69 科浙江乡试中，都有余姚县以《礼记》为本经的中式者，体现了余姚《礼记》在乡试中强劲的延续性。其二，15 世纪最初 20 年里，余姚《礼记》开始呈上升势头，但在当时与《春秋》《尚书》等经处于一个相对平衡的状态，并未形成绝对优势。改变是在永乐末年发生的。从永乐二十一年（1423 年）乡试起，《礼记》一枝独秀的局面开始逐渐在余姚形成。从正统六年（1441 年）到弘治十四年（1501 年），21 科浙江乡试共产生了 117 名《礼记》经的举人，平均每科近 6 人，而几乎每科余姚《礼记》经举人数都在 4 人以上，表明 15 世纪下半叶是余姚《礼记》最发达的阶段。其三，建文元年（1399 年）乡试，已有 2 名以《礼记》为本经的举人，即叶翚和倪怀敬，但余姚的《易》在 15 世纪初期还完全没有崭露的迹象。余姚的治《易》者是在成化四年（1468 年）后开始逐渐兴起，在经过一个相对缓慢的发展期后，于弘治十七年（1504 年）到嘉靖二十八年（1549 年）间达到其发展的高峰阶段。其四，从治《易》者与治《礼记》者的科举成绩的比较来看，在弘治十四年（1501 年）之前，余姚县治《礼记》者的乡试成绩远远超过治《易》者，但在弘治十七年（1504 年）乡试治《易》者首次以 5 人中举的成绩压倒治《礼记》者 3 人中举的成绩之后，治《易》者的成绩从此一直优于治《礼记》者，直至嘉靖二十八年（1549 年）。换言之，以 1501 年为界限，之前余姚治《礼记》者辉煌了 50 年，而之后治《易》者获得超越《礼记》的优势，又近 50 年。之后的 70 年，则是治《礼记》者和治《易》者互有胜负的阶段（参见图 1）。

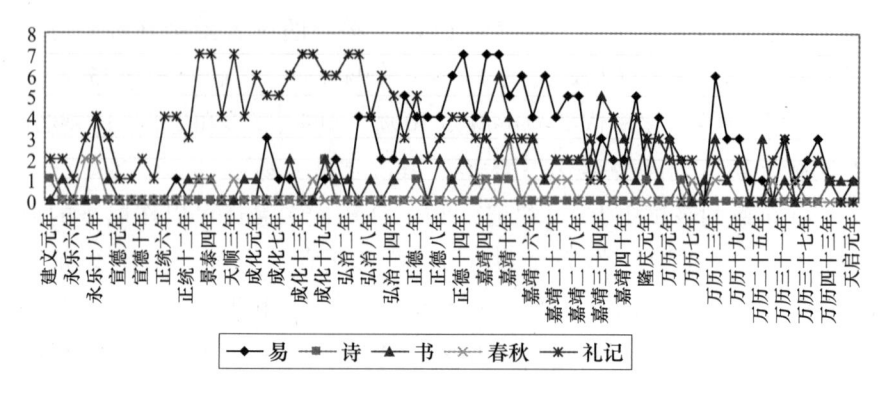

图 1 余姚乡试举人本经分布

其次利用《会试录》来考察余姚肄业不同本经的士子在会试中的表现。对 46 科《会试录》的分析发现：其一，在总共 174 名余姚县的会试中式者中，以《礼记》为本经者 82 人，占 47%，以《易》为本经者 50 人，占 29%，以《书》为本经者 30 人，占 17%，而以《诗》和《春秋》为本经者分别为 5 人和 7 人，所占比例几乎可以忽略不计。这表明余姚县士子近一半以《礼记》会试中式，远超以《易》《书》为本经者。如果考虑到科举考试录取名额按经分配的情况——会试中《礼记》名额通常是《易》名额的三分之一到四分之一，而余姚县以《礼记》中式的人数却反是以《易》中式者的将近两倍——则《礼记》在余姚县科举中第一大经的地位一目了然。其二，从宣德五年（1430 年）的计南杰、宣德八年（1433 年）的舒曈开始，余姚专经《礼记》的方向开始明显。到正统七年（1442 年），余姚县一科便有 3 名《礼记》中式者，自此以后一直到万历十四年（1586 年），在我们统计的 38 科中，在长达 140 多年的时间跨度中，持续地有余姚的《礼记》中式者，只有嘉靖二十九年（1550 年）、嘉靖三十二年（1553 年）、嘉靖四十四年（1565 年）三科例外。这反映了余姚《礼记》在会试中也有持续的、较强的竞争力。其三，以成化十一年会试（1475 年）为界，之前的 17 科会试余姚中式者 35

人，30 人治《礼记》，反映了 15 世纪前中叶《礼记》在余姚的地位。其四，从成化十七年（1481 年）的翁迪开始，余姚才有治《易》经的会试中式者，相对于余姚治《易》者在成化四年（1468 年）乡试开始慢慢兴起，余姚《易》在会试上的兴起有一个极为自然的滞后。其五，经过数十年的缓慢发展，余姚的《易》在弘治十五年（1502 年）会试中第一次取得超过余姚《礼记》的成绩，该科会试余姚《易》经中式者 3 人，而余姚治《礼记》者仅 1 人中式。但是，与浙江乡试不同，这次会试大概是一个偶然。余姚的《易》并没能够在此后的 50 年时间里取得对余姚《礼记》的压倒性优势。余姚的治《易》者与治《礼记》者在会试中的成绩此后是迭有胜负（参见图2）。这或许说明，余姚的治《易》者在数量上可能不输于治《礼记》者（因此在乡试中的成绩胜过《礼记》），但质量上却未必能超越《礼记》。这种印象从余姚治《易》和《礼记》的士子会试中获经魁次数上的差距可以获得补充：明代会试中，余姚共摘得《礼记》经魁 14 次，①而在我们统计的 46 科会试中，获《礼记》经魁的余姚士子也有 8 人，分别是景泰二年（1451 年）陈嘉猷、成化二年（1466

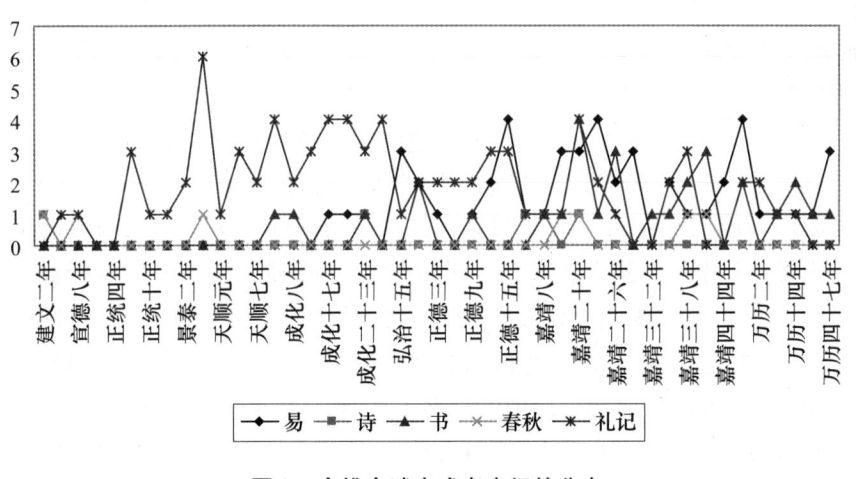

图 2 余姚会试中式者本经的分布

---

① [日] 鹤成久章：《明代余姚的〈礼记〉学与王守仁——阳明学成立的一个背景》，载吴震、吾妻重二主编《思想与文献：日本学者宋明儒学研究》，第 356—367 页。

年）陈清、成化十一年（1475年）谢迁、弘治十二年（1499年）王守仁、弘治十八年（1505年）谢丕、嘉靖二十三年（1544年）胡安、嘉靖二十六年（1547年）胡正蒙以及隆庆五年（1571年）史钶，而获得《易》经经魁的余姚士子则只有成化二十年（1484年）的华福。《易经》在全国范围内肄业者甚多而带来的更激烈的竞争固然是一个因素，但余姚在《礼记》这一孤经上突出的优势却亦更为彰显。

在关注完《易》和《礼记》两种经典在余姚县的表现后，把注意力稍稍投向另外三种经典。在46科会试中，明初的洪武四年（1371年）余姚没有中式者，而建文二年（1400年）的2名会试中式者——潘义和刘寿慜，却分别是以《诗》和《春秋》为本经。《诗》和《春秋》在明初短暂的科举上的成功，并没有使它们成为余姚县士子的专经方向，这两种经典在明代余姚士子中间从来就不曾扎下根来。接下来数十年的会试中式者中，《诗》的肄业者根本就没有出现过，《春秋》的情况稍好一些，但也不强。15世纪初期，余姚以《尚书》《春秋》为本经的士子在乡试中表现也很不错，其成绩几乎与《礼记》相近。此后余姚治《尚书》的科举成功者陆续有一些，到晚明更有稳定的增长。但是，它也无法撼动《礼记》和《易》在余姚的位置。

最后对明代余姚士人选择本经的情况大概可以做以下的总结：其一，总体说，余姚士子虽然专经于《礼记》和《易》，但是《礼记》崛起的时间更早，持续的时间更长，获得的成绩也更高，是余姚的第一大经，《易》在其次。其二，明初50年，余姚士人的专经选择较为多元，似尚未形成明确的专经方向，此后则陆续是《礼记》专擅的时代、《礼记》和《易》并擅的时代。其三，《易》在余姚的崛起始于明成化年间，并在15世纪初获得与《礼记》相近似的地位，不但在会试成绩上可以与《礼记》相媲美，而且在乡试中的成绩还保持了50年左右的对《礼记》的相对优势。于是，16世纪的余姚同时以两种经典擅名于科场。其四，《礼记》和《易》在晚明余姚县的优势地位仍然存在，但士子的专经选择明显更多元化。

三 余姚专经《礼记》的家族

光绪《余姚县志》说余姚"科第最多,巨宗盘互"[1]。对余姚《礼记》起支撑作用的是一个个科举家族。这些家族中,著名的有四门谢氏、王氏、江南徐氏、马堰徐氏、眉山陈氏、开原陈氏、烛溪胡氏、顾氏、邵氏等家族。

四门谢氏。谢迁是余姚《礼记》经崛起的代表性人物。谢氏家族宋末自浙江临海迁到余姚,"自始祖定居来,子孙繁衍,多至数千百指,遂为一巨族,而世业耕读,安分自守,无怨恶于乡人,雅称善门"[2]。但谢氏在明初尚未崛起,谢迁的祖、父辈都没有获得高级功名。谢迁(1449—1531年),字于乔,号木斋,乡试、会试均为《礼记》经魁,成化十一年(1475年)进士第一名。[3]之后王华、黄珣二人分中成化十七年(1481年)的状元与榜眼,两人均治《礼记》,而其会试时亦均由林瀚渊、谢迁同考的《礼记》房取中,故一时余姚《礼记》之名籍甚。谢迁的《礼记》学源自其父谢恩。《文正谢公年谱》说谢迁"年十二,父简庵公以《礼经》授之,即成章,不烦改削"[4]。谢迁的弟弟谢迪,弘治十二年(1499年)进士,亦治《礼记》。谢迁之子谢丕,嗣谢选,在功名上几乎延续了生父谢迁的辉煌,为乡试解元、会试《礼记》经魁、进士第三名探花。

王氏。王阳明的家族亦以《礼记》为本经。王阳明高祖父王与准,"精《礼》、《易》,尝著《易微》数千言。永乐间朝廷举遗逸,

---

[1] 光绪《余姚县志》卷5《风俗》,载《中国方志丛书》,成文出版社1983年版,第115页。
[2] (明)谢迁:《归田稿》卷2《曾祖考妣行实》,《景印文渊阁四库全书》,商务印书馆1986年版,第25页。
[3] 《成化十一年进士登科录》,第7页。
[4] (明)倪宗正原编,(清)谢钟和重编:《文正谢公年谱》,《北京图书馆藏珍本年谱丛刊》第41册,北京图书馆出版社1999年版,第604页。

不起,号遁石翁"①。曾祖父王杰著有《春秋说》五卷、《周礼考正》六卷,而据《两浙著述考》还著有《周易说》四卷。② 王阳明的父亲王华,字德辉,以《礼记》为本经取成化十七年(1481年)进士第一名。王华未中举前,已以治《礼记》闻名,四处授徒。罗玘说:"(王华)少有重名,勾吴以西、湖湘以东,使日月争迎聘致,以公至卜宠辱焉。"③ 成化十年(1474年),王华乡试落第,应聘至湖广祁阳教经。王华《瑞梦堂记》自记云:"成化甲午,岁当大比。于时松江张公时敏为吾浙提学,首以华与谢公于乔荐于主司。其年谢公发解第一,华见黜归,读书龙泉山中。方伯祁阳宁公良以书帑聘为其子竑讲学,乃自抵祁阳,居于梅庄书屋。明年乙未(1475年),谢公状元及第……是夜,予就寝息,梦归吾邑,如童稚然逐众迎春郊门外。众异白色土牛一,覆以赭盖,旌纛幡节,鼓吹前导,方伯昌黎杜公肩舆随于后,自东门入,至予家乃止。既寤,未详所梦。质明,是为端阳前一日,竑侍予晨铺,因语之梦。竑俯不应,久之,屈指轮回者再,作而言曰:'是状元之兆也,家君之贺非诬矣!'……岁丁酉(1477年),予复黜于有司,奔走江湖,梦之真妄不复记忆。庚子,乃领乡闱,明年辛丑,试春官,得隽。入奉,临轩之对,果叨进士第一……竑乃易扁'梅庄书屋'为'瑞梦堂'。"④ 王华以《礼记》获隽,中状元,也确立了《礼记》在王氏中的家学地位。王华还留下了《礼经大义》的著作。⑤ 之后,王阳明在弘治十二年(1499年)会试中列第二名,《礼记》经魁。⑥ 王华、王守仁父子对余姚士子的

---

① (明)钱德洪:《年谱》,载《王阳明全集》卷33,上海古籍出版社1992年版,第1220页。

② 光绪《余姚县志》卷17《艺文上》,第330页;宋慈抱:《两浙著述考》,浙江人民出版社1985年版,第100页。

③ (明)罗玘:《圭峰集》卷10《送冢宰王公归余姚序》,《景印文渊阁四库全书》集部第1259册,第142页。

④ 康熙《永州府志》卷20《艺文三·记》,岳麓书社2008年版,第572—573页。

⑤ 光绪《余姚县志》卷17《艺文上》,第330页。按,黄虞稷《千顷堂书目》卷2作"《礼记大义》",上海古籍出版社2001年版,第39页。

⑥ 《弘治十二年会试录》,第14页。

影响不小，不少士子向他们学习，以《礼记》为本经从事科举。例如，牧相，字时庸，从王华学习《礼记》，并在弘治十二年（1499年）以《礼记》与王守仁同登进士。①

江南徐氏。江南徐氏的科第兴起，在谢迁、王华之前。首先为徐氏家族取得最高级的科举功名者是天顺四年（1460年）的进士徐瓒。徐生祥在万历二十年（1592年）《姚江江南徐氏宗谱实录》中历叙了明代族内的著名人物，说："至洪武明兴一统，始相继而起。伯庸以明经应洪武征，任定远知县，政以文学应，选任蓬莱知州。登顺天庚辰进士，历仕汀州府知府者，瓒也。登成化辛丑进士，历仕大理寺正，忤中贵，改茶陵别驾者，谏也。登弘治壬戌进士，历仕桂林府知府者，天泽也。文元登正德戊辰进士，子龙登正德丁丑进士，授南昌知县。子贞登正德庚辰进士，历仕福建佥事。珊登嘉靖壬午乡进士，任辰州同知。一鸣登嘉靖辛丑进士，任赣州知府。震（字起之）登丁丑进士，任增城知县。此则以科甲显者也。"② 据此统计，江南徐氏有进士8人，即徐瓒、徐谏、徐天泽、徐子贞、徐文元、徐子龙（1517年进士）、徐一鸣（1541年进士）、徐震（1577年进士）；又有举人2人，即徐云凤（1492年举人）、徐珊（1522年举人）。③ 从科举录材料看，徐瓒在天顺三年（1459年）中浙江乡试举人时的本经为《礼记》；徐谏则是成化十七年（1481年）会试《礼记》房的亚魁；徐天泽（1482—?）虽然入籍顺天府昌平县，校尉籍，但本经依然是《礼记》，乡试第十六名，会试第八十三名，且在致仕乡居时归余姚；徐文元以《礼记》经正德三年（1508年）会试中式；徐子龙（1487—?），字中夫，徐谏子，娶谢迁的侄女为妻，④ 正德十二年（1517年）以《礼记》中进士；徐一鸣（1504—?），字原默，会试

---

① 万历《新修余姚县志》卷17，第487页；《弘治十二年会试录》，第16页。
② （明）徐生祥：《（余姚）徐氏宗谱》卷2，载《姚江江南徐氏宗谱实录》，上海图书馆藏民国五年木活字本，第32页。
③ 常建华：《宗族与风俗：明代中后期社会变迁的缩影——以浙江余姚江南徐氏为例》，载氏著《观念、史料与视野：中国社会史研究再探》，北京大学出版社2013年版，第286页。
④ （明）谢丕：《西白徐公赞》，载《（余姚）徐氏宗谱》卷5，像赞十六。

时本经为《礼记》；徐震在万历五年（1577年）的会试中为第一百四十一名，本经也是《礼记》；2名举人中，徐珊确定是以《礼记》中正德十六年浙江乡试举人。① 在这进士8人、举人2人中，只有进士徐子贞、举人徐云凤本经不详，另外8人的本经均为《礼记》。家谱的信息还反映，徐珊的父亲百拙公曾以《礼记》中举人，所谓"父子礼魁"。②

徐氏的《礼记》对余姚后学影响不小。胡洪《锡斋公赞》云："公（徐瓒）袭《三礼》，独得圣贤奥趣，后学共宗其旨，以传于世……处则倡明三礼，为来学宗。"③ 徐谏与其叔父徐天锡对余姚《礼记》学的影响也不小。谢迁在正德元年（1506年）为徐谏所写墓表中说："君姓徐氏，讳谏，廷忠其字也，别号慎庵……徐为吾邑望族，世家业儒。从父汀州太守天锡，攻《三礼》，为后学所宗。廷忠传其业，益加发挥，故其在庠舍时，乡邦子弟请业者不下数十百人。及官于京，四方从游者户外屦常满。君勤于讲授，善诱掖，及门之士成就者甚众。"④ 徐震在《礼记》学上的影响，更远及三吴。孙铲《徐增城传》云："徐增城者，讳震，字起之，邑之荼縻里人也。尤精二戴《礼》。姚故称二戴渊源，然皆沿袭训诂，转相引为冗蔓，而增城独尽洗俗调，抒新局，以简练胜。一时博士家矜其语，谓为创获，传写辄令纸贵。三吴业《礼》者争重玄纁延致之，所陶铸多名士矣。"⑤ 可见，徐氏家族是一个典型的以《礼记》为本经的家族，而且从1460年延伸到1577年，肄习《礼记》并获得科举功名的历史延续百余年。

---

① （明）陈汝元：《皇明浙士登科考》卷4，天顺三年己卯科，第2页；《弘治十五年进士登科录》，第12页；《正德三年会试录》，第482页；《正德十二年进士登科录》，第49页；《嘉靖二十年进士登科录》，第20页；（明）陈汝元：《皇明浙士登科考》卷6，嘉靖元年壬午科，第22页。

② （明）胡安：《百拙徐公赞》，载《（余姚）徐氏宗谱》卷5，像赞八。

③ （明）胡洪：《锡斋公赞》，载《（余姚）徐氏宗谱》卷5，像赞六。

④ （明）谢迁：《明茶陵州同知廷忠徐君墓表》，载《（余姚）徐氏宗谱》卷7，第11页。

⑤ （明）孙铲：《徐增城传》，载《（余姚）徐氏宗谱》卷7，第19页。

马堰徐氏。马堰徐氏族人徐凤、徐爱、徐建、徐绍卿等人，均治《礼记》。徐凤，字德辉，据称他的内弟陈雍曾随其习《礼记》。徐氏又有徐爱（1489—1517年），字曰仁，号横山，是王守仁的妹夫，同时也是王守仁门人，正德二年（1507年）浙江乡试举人，次年会试中式，本经亦为《礼记》。① 徐建，字曰中，号桐湖，精于《礼》，以经学教人，嘉靖七年（1528年）以《礼记》中举人。② 胡直《寿徐桐湖年伯先生七十叙》云："余姚徐桐湖先生少治《礼经》，不为训诂，而好研其旨归。凡受经先生门者，类陟显仕。已乃魁乡士，先后令福清、古田，治教节养，一切以礼。"③ 徐建的次子徐绍卿以《礼记》中嘉靖二十八年（1549年）举人、嘉靖三十五年（1556年）进士，官至兴化府知府。④

眉山陈氏。眉山陈氏"世居眉山，素业儒修善，自明兴率潜德未耀"⑤。其在《礼记》上的科举功名之崛起，始于族人陈雍（1451—1542年）。陈雍，字希冉，号简庵。他十八岁起"受业于姊夫郡博徐德辉公（即马堰徐凤），习《礼记》，始作文"，之后随同邑项铨、陈伦（1481年进士）等学《礼记》，复"与徐德辉公、张抚宇民、韩守清假馆于建初寺会课"，研讨经义，至成化十九年（1483年）"以《礼记》中浙江乡试十名"，次年会试第二百零七名。直到陈雍取进士，才实现家族取科第的梦想。据叶向高言，陈雍未举之前，曾游北京，"以《三礼》倾都人士，争辟馆延致之矣"⑥。陈雍中进士，实现了眉山陈氏在科举上的兴起，其子陈文匡于正德二年（1507）"以

---

① （明）陈汝元：《皇明浙士登科考》卷6，正德二年丁卯科，第2页；《正德三年会试录》，第479页。
② （明）陈汝元：《皇明浙士登科考》卷6，嘉靖七年戊子科，第30页。
③ （明）胡直：《衡庐精舍藏稿》卷8，《景印文渊四库全书》第1287册，第297页。
④ 《嘉靖三十五年进士登科录》，第17页；吕本：《期斋吕先生集》卷11《封承德郎兵部武库清吏司主事桐湖徐公墓志铭》，《四库全书存目丛书》集部第99册，第547页。
⑤ （明）叶向高：《南京工部尚书简庵陈公神道碑铭》，载陈垲编，王孙荣点校《陈雍年谱》，上林书社2014年版，第23页。
⑥ （明）叶向高：《南京工部尚书简庵陈公神道碑铭》，载陈垲编，王孙荣点校《陈雍年谱》，第23页。

《礼记》中浙江乡试"①。

开原陈氏。开原陈氏"世家余姚,以宦业称"②。其族科第兴盛,族人陈焕、陈墀、陈升、陈觐均中进士,父子、兄弟蔚然兴起,"称余姚右族"③。陈焕(1478—1550年),字子文,号西愚。正德八年(1513年),陈焕为浙江乡试《礼记》经魁。严嵩称陈焕"初以《礼经》魁浙士"④。吕本记载说:"(陈焕)为诸生,有名翘然起。正德癸酉以《三礼》魁浙士,丁丑登进士第。"⑤丁丑即正德十二年(1517年),该年陈焕以《礼记》中进士,会试成绩第十八名,于《礼记》房中仅次于黄冈王廷陈,故其《礼记》"器用陶匏以象天地之性也"一篇经义文字亦入选该科的会试录。陈焕子陈墀、陈升、陈觐兄弟三人均以《礼记》中进士。陈墀、陈升兄弟为嘉靖二十年(1541年)同科进士。陈墀(1510—?),字宣甫,"应天府乡试第一百一名,会试第一百七十四名";陈升(1512—?),字晋甫,"浙江乡试第五名,会试第五名"。可见,陈升还是浙江乡试和会试的双料《礼记》经魁。18年之后,陈焕的幼子陈觐再中进士。陈觐(1522—?),字忠甫,顺天府乡试中式,嘉靖三十八年(1559年)进士。⑥严嵩言及于此,感慨地说:"其胤嗣昌繁,科第踵接,则所以章及人之报,纾用世之欿者有在矣。"之外,严嵩还提到,陈焕有"女一,适建宁知府王正思"⑦。王正思(1496—?)字仲行,嘉靖八

---

① (明)陈垲编,陈文匡等辑:《明南京工部尚书进阶荣禄大夫简庵陈公年谱》,《北京图书馆藏珍本年谱丛刊》第41册,北京图书馆出版社1999年版,第688—689页。
② (明)严嵩:《钤山堂集》卷38《明大中大夫光禄寺卿致仕西愚陈公神道碑》,《四库全书存目丛书》集部第56册,第328页。
③ (明)吕本:《期斋吕先生集》卷10《大中大夫光禄寺卿西愚陈公墓志铭》,第537页。
④ (明)严嵩:《钤山堂集》卷38《明大中大夫光禄寺卿致仕西愚陈公神道碑》,第328页。
⑤ (明)吕本:《期斋吕先生集》卷10《大中大夫光禄寺卿西愚陈公墓志铭》,第537页。
⑥ 《嘉靖二十年进士登科录》,第9、73页;《嘉靖三十八年进士登科录》,第14页。
⑦ (明)严嵩:《钤山堂集》卷38《明大中大夫光禄寺卿致仕西愚陈公神道碑》,第329页。

年（1529年）进士，正是出自王阳明的家族，是王阳明从弟王守礼之子，也毫不意外的是以《礼记》为本经。① 同族的陈垲（1502—?），与陈墀等人在兄弟行，嘉靖十一年（1532年）以《礼记》登进士，且其进士家状中著录其"弟墀"，而陈墀在嘉靖二十年进士家状中更是著录"兄垲，布政司右参议"，则表明陈垲、陈墀等人在族中应非常相近。陈垲"乡试第五名，会试第五名"② 的成绩，也表明他是乡、会试的《礼记》经魁。陈垲著有《周礼存疑》《戴记存疑》等书。③

烛溪胡氏。烛溪胡氏是《礼记》世家。胡轩（1470—?）、胡安、胡维新、胡敬辰四代均以《礼记》中进士：胡轩是弘治十五年（1502年）进士；胡安是嘉靖二十三年（1544年）进士。④ 涂泽民在为胡安《趋庭集》所撰引言中说："余姚乐山胡先生以《礼经》起家。谈经者谓先生独步都运大夫踪趾，而衍藻于侍御之脱衔超筏，盖断断乎猎王、郑而参两戴矣……先生名安，余同举进士；侍御名维新，登己未上第，盖先生冢子云。"⑤ 胡维新为嘉靖三十八年（1559年）进士。⑥ 胡敬辰为天启二年（1622年）进士，其在会试中的本经不详，但其在万历四十年（1612年）浙江乡试中举时的本经为《礼记》，而且是乡试的《礼记》经魁。⑦

顾氏。顾氏有顾兰、顾遂父子，均治《礼记》。顾兰（1565—1532年），字斯馨，号似斋，从学于其伯父顾骈，以《礼记》闻名，为弘治十七年（1504年）浙江乡试《礼记》经魁，其门人遍及南方诸省。蒋山卿《有明奉政大夫直隶庐州府同知似斋顾先生墓志铭》记载："（顾兰）明《礼经》，稚齿即以文著誉，中遭疾废业，善自

---

① 《嘉靖八年进士登科录》，第30页。
② 《嘉靖十一年进士登科录》，第31页。
③ 光绪《余姚县志》卷17《艺文上》，第336页。
④ 《弘治十五年进士登科录》，第14页；《嘉靖二十三年进士登科录》，第23页。
⑤ （明）涂泽民：《刻趋庭集引》，载胡安《趋庭集》，《四库未收书辑刊》第5辑第20册，北京出版社2000年版，第570—571页。
⑥ 《嘉靖三十八年进士登科录》，第32页。
⑦ （明）陈汝元：《皇明浙士登科考》，"万历四十年壬子科"。

疗，乃愈。弘治甲子魁乡试，四方学者时先生之说《礼经》多及门受业。其高第弟子：同邑吴迪，庐江尹；婺郡俞大有，举进士；杭郡沈永年，南康郡判；桂林蒋淦，惠郡守；郑琬，兵部郎；屠楷，吏部郎。先后登科者三十余人，此其最知名者。"①欧阳衢在《明庐州府同知赠通议大夫都察院右副都御史似斋顾公墓表》中说："公（顾兰）……从伯父骗学《礼经》，继游督陕西学政邵公文盛之门，师资自得，充然益裕，人咸以发解之望……文誉籍籍，执经问难者日众，若工侍蒋君淦、屠君楷、兵部郎郑君琬俱出其门，凡先后登庸者三十有余人。"②可见，顾兰之《礼记》学，来自伯父顾骗及邵蕃（1453—1545年），而其门人中既有同邑人吴迪，也有同在浙江的杭州府人、南直徽州府的婺源县人，而远者有来自广西桂林府的学者。顾兰之子顾遂，字德伸，号秋山，正德十二年（1517年）以《礼记》中进士。

邵氏。邵氏有邵蕃、邵漳祖孙二人，分别在成化二十年（1484年）和嘉靖二十三年（1544年）以《礼记》中进士，前后相距正一甲子。吕本《中宪大夫陕西督学副使东里邵公暨配恭人合葬墓志铭》记载："公讳蕃，字文盛，世家吾姚东南隅，族属繁衍，先后多显达人，不能具载……过目辄成诵，是以学无所不通，尤深于《礼经》。年十二，为举子业，通三场，声名籍籍以起。老师宿儒，莫能与校得失。年十五督学张公试诸生，首取公入邑庠，自是每试必居首，无能易之者。成化癸卯（1483年）以《礼经》举于乡。明年甲辰登进士第，知建平县……公孙漳高才雅望，足趾公美，嘉靖癸卯（1543年）以《礼经》魁于乡，明年甲辰登进士第，知六合。"③顾兰即邵蕃的门人。不过，邵蕃之弟邵贲（1490年进士），字文实，号南皋，则以

---

① （明）欧阳衢：《明庐州府同知赠通议大夫都察院右副都御史似斋顾公墓表》，参见 http://blog.sina.com.cn/s/blog_ a0da035601010b2z.html（2012年2月21日）。
② 光绪《余姚县志》卷16《金石下》，第303页。
③ （明）吕本：《期斋吕先生集》卷10，第528—529页。

治《易》名，①且中进士的本经也是《易》。②可见邵氏家族内其实除邵蕃、邵漳祖孙传《礼记》之学外，邵蕃之精于《易》又是另一个面相，倒展示了余姚的科举家族内对于本经选择的多样性。

此外，即便未形成家族性共肄一经以取科第的规模效应，余姚人中以《礼记》名家的人尚多，并留下不少《礼记》学著作。例如，闻人德润"于学无所不窥，尤邃于《三礼》"，著《礼记要旨》，"为四方学者缮写传诵"。③闻人德行著有《礼记要旨补》，虽被批评为乡塾讲章，"每节下缀以破题，最为猥陋"④，但亦书坊间畅行者。史立模（1477—1538年）亦擅《礼记》之学，"甫总角，遂遣师乡先达。读《三礼》，即了悟经传，文思汪洋，下笔有奇句。未弱冠，赵提学考居首选，补廪膳生，声动士林。远方学《礼》者咸趋讲下。正德丁卯科乡试荐魁，刻文以昭程式。中庚辰会试，登杨慎榜进士"⑤。余姚的《礼记》学著作中，著名者尚有徐克纯《礼记心说》、李安世（1643年进士）《礼记约言》、许兆金《说礼约》等。⑥

四 余姚的《易》经家族与《易》经名家

余姚专经《礼记》的家族众多，号称堪与《礼记》相提并论的《易》又在余姚哪些科举家族中生根发芽呢？前述烛湖孙氏，自然是16世纪余姚最著名的《易》学家族。孙氏之外，翁氏、虹桥叶氏、诸氏、黄氏亦以《易》名家。倪宗正《送张惠民序》一文叙及余姚《周易》之学"其始亦有数十家"后，接续又说："至于孔安氏以《周易》教于乡。济民氏兄弟惠民氏、育民氏学于其所，而惠民氏又

---

① 光绪《余姚县志》卷23《列传八》，第575页。
② 《弘治三年进士登科录》，第20页。
③ （明）吕本：《礼记要旨序略》，载光绪《余姚县志》卷17《艺文上》，第338页。
④ （清）永瑢：《四库全书总目》卷24《礼记要旨补》，中华书局1965年版，第193页。按，《明史·艺文志》载闻人德润《礼记要旨补》十六卷，不知孰是，书此以待考。
⑤ （明）吕本：《期斋吕先生集》卷9《中宪大夫雁峰史公神道碑铭》，第508页。
⑥ （清）永瑢：《四库全书总目》卷24，第195页；宋慈抱：《两浙著述考》，第335、339页。

以所学《周易》教于乡，门弟子不下数百。近世《周易》之学以猎取科举为习，饰文词而止。至于孔安氏始以义理发挥，而惠民氏又以笃实之质、体验之功，因象以观理，推占以定变，识微以达显，究实以待虚……于是余姚《周易》之学始不专于科举之习也，惠民氏之功居多。惠民氏亦乡试显名，今为内黄县教谕。"① 显然，张氏是一个学习《易》而且传播《易》的余姚家族。以下略述翁氏、叶氏、诸氏、黄氏等家族及诸《易》经名家。

翁氏。早于烛湖孙氏兴起的余姚《易经》家族是翁氏。在对46科会试录的考察中，我们能看到的余姚最早以《易》中进士的也是王华的同年进士翁迪。翁迪，字允吉，浙江乡试第五十名，成化十七年（1481年）会试第二百四十四名。② 翁迪之《易》学，渊源于其父翁赐，而翁赐之《易》学不但开其《易经》之家学，而且为余姚《易经》学之倡。费宏在赠翁犍之的序中说："翁君之先大父介石先生以《易》倡于其乡。"③ 可见，虽然余姚在元末明初曾经有过宋棠、赵谦那样的精于《易》的学者，但重新拾起《易》学并使它在科举上发挥作用的，则是成化年间的翁氏家族。6年后，翁迪之子翁健之再以《易》成进士。《成化二十三年进士登科录》载："翁健之，贯浙江绍兴府余姚县，民籍。县学增广生，治《易经》。字应乾，行一，年二十三，七月初十日生……父迪，刑部主事……浙江乡试第三名，会试第三十四名。"④ 照此言，翁健之在前一年中举人时还是浙江乡试的《易》经魁。在浙江宁波府鄞县等地《易》经高手如云的情况下，这种成绩又是何其不易！

虹桥叶氏。虹桥叶氏功名宦业最著者当为叶逢春，然其家族之《易》学传统则自其祖父已然开始。叶逢春的祖父叶景贤"精《易》学，尝应举不第"，其父叶选（1503—?）以《易》中嘉靖十七年

---

① （明）倪宗正：《倪小野先生全集》卷1《送张惠民序》，第446页。
② 《成化十七年进士登科录》，第17页。
③ （明）费宏：《费宏集》卷9《送大参君应乾之任广东序》，上海古籍出版社2007年版，第292页。
④ 《成化二十三年进士登科录》，第50页。

(1538年)进士,叶逢春本人以《易》中嘉靖四十四年(1565年)进士。① 叶逢春之子叶宪祖中万历四十七年(1619年)进士,本经不详,然尝著有《大易玉匙》六卷,② 似是《易经》类的科举参考书。③ 因此,虹桥叶氏至少三代以《易》取进士,是比较成功的专经于《易》的家族。叶宪祖曾与孙燧的曾孙孙如汪结社研讨《易》义。叶宪祖《巩昌郡丞仁宅孙公行状》记载说:"公讳如汪,一之字,仁宅其号……壬辰(1592年)不第,公下键僻室,探幽索奥,约同社鲁雅存、戴镇朴、张复斋及余讲学课艺,誓必拔帜。"④ 叶宪祖虽然没有明言此社研讨经义,然而孙如汪曾随其叔父孙𨰻学《易》,而叶宪祖亦世代学《易》,其社集聚讲《易经》的经义应是很常见的。

诸氏。余姚诸氏在16世纪以前专经《礼记》,16世纪后则转而专经《易》,渐成一《易》学之名族。张元忭说:"今海内谭《易》者并推姚江,而诸氏尤号专门。"⑤ 族人诸大圭治《易》最有名。诸大圭(1526—1583年),字信夫,号曙海,嘉靖元年(1522年)浙江解元,七上春官不第,最终在万历五年(1577年)成进士。当诸大圭居乡时,"日坐皋比授弟子,诸弟子拾其余唾以掇青紫者日益众"⑥。当诸大圭寓居北京时,王世懋、张元忭曾随他学《易》。张元忭记载说:"吾师曙海诸先生殁既逾年,其子国子生某以状属不肖某,将以请铭于太仓王学宪敬美,盖某与敬美当弱冠时从先生受《易》于长安邸中。"⑦ 敬美即王世贞的弟弟王世懋。王世懋《明承德郎工部营缮司主事曙海诸公墓志铭》云:"诸先生者讳大圭,字信夫,初

---

① 叶美衔:《余姚虹桥叶氏宗谱》卷14《叶逢春传》,中国社会科学院历史研究所图书馆藏民国五年刊本;《嘉靖十七年进士登科录》,第20页;《嘉靖四十四年会试录》,第26页。
② (清)张廷玉等:《明史》卷96《艺文一》,中华书局1974年版,第2350页。
③ 宋慈抱:《两浙著述考》,第127页。
④ (明)叶宪祖:《巩昌郡丞仁宅孙公行状》,载《余姚孙境宗谱》卷2《传赞类》,第132页。
⑤ (明)张元忭:《张元忭集》卷12《工部主事余姚诸公行状》,上海古籍出版社2015年版,第319—320页。
⑥ (明)张元忭:《张元忭集》卷12《工部主事余姚诸公行状》,第320页。
⑦ (明)张元忭:《张元忭集》卷12《工部主事余姚诸公行状》,第319页。

号紫桥,海内习经生义者盛称紫桥先生,已改称曙海……先生当茂龄发解,天下士争艳慕之,亡不愿出门下者。然数奇,六上春官皆不第,而天下不以晚暮薄先生。其弟子后先成进士,自世懋三人(即王世懋、张元忭、张道明)外不下六七人云。"①

黄氏。余姚黄宗羲的家族亦以《易》相传。黄宗羲的五世祖黄尚质(1549年举人)"以《易》为大师",甚至能吸引湖州府的胡姓知府遣子来学,②中浙江乡试举人时本经亦是《易》。③黄宗羲祖父黄曰中,字鲲溟,同样"以《易》为大师,诸生以应试文来质,预定其高下次第,无不奇中"④。黄宗羲父亲黄尊素(1616年进士),在万历四十三年(1615年)中举人时的本经为《易》。⑤黄宗羲本人著有《易学象数论》,大概其中有家传《易》学的影响。

相对来说,以《易》传家的家族在余姚可能较《礼记》要少一些。但是,余姚也有不少的《易》学名家,对余姚《易》的传播也做出了较大的贡献。孙燧是15世纪末、16世纪初的《易》学名家,影响甚巨。其门人中有倪宗正,亦精于《易》。孙铲为倪宗正写的小传中也说他"有夙慧,精于《易》学"⑥。另据翁大立《倪小野先生传》载,"孙忠烈(燧)未第时,以《易》学拥皋比。先生(倪宗正)年甫十七,而执经门墙,七日而升诸弟子上。忠烈叹曰:'继吾传者,必子也。'后与于公廷寅、胡公铎有《三先生易说》行于世,至今学者宗之"⑦。倪宗正之《易》学,源于孙燧,又在余姚传与其友人之子钱德洪(1496—1574年)、张元等人。翁大立《倪小野先生

---

① (明)王世懋:《王奉常集》卷19《明承德郎工部营缮司主事曙海诸公墓志铭》,第406—407页。
② (清)黄宗羲:《南雷诗文集》传状类《黄醒泉府君传》,载《黄宗羲全集》第10册,浙江古籍出版社2012年版,第578页。
③ (明)陈汝元:《皇明浙士登科考》卷7,嘉靖二十八年己酉科,第30页。
④ (清)黄百家:《先遗献文孝公梨洲府君行略》,载《黄宗羲全集》第11册,《南雷诗文集附录》,第401页。
⑤ (明)陈汝元:《皇明浙士登科考》卷10,万历四十三年乙卯科,第27页。
⑥ (明)孙铲:《邑志文苑(倪宗正)小传》,载倪宗正《倪小野先生全集》小传叙,第431页。
⑦ (明)倪宗正:《倪小野先生全集》附录,第432页。

传》云："（先生）与钱心渔、吕醉梦敦布衣交，二公各以其子来受业。钱绪山，心渔子也；吕文安，醉梦子也。先生以国器期二公……张小越元以羲经受业门下，朝夕请益。"①邵国麟《倪文忠公传》亦云："（倪宗正）尝居私第，教授后学。时则圣人之徒有若钱绪山宽，时则礼乐名家有若诸理斋燮，时则博士业名士有若张小越元，时则宰相才有若吕文安本，一经文忠公品题，无不悉验。"②钱德洪是王阳明高第弟子，其举业师则是倪宗正。钱德洪自称"尝受业于小野倪先生之门"③，而其最终也是以《易》考取进士。④张元嘉靖十三年（1534年）以《易》中举人。⑤孙燧之子孙升也是《易》经名家，在家乡亦培养了不少门人。半霖沈氏的沈谱曾从孙升习举业，通过顺天乡试，因占籍之议而被黜回绍兴府学，再试浙江乡试，又因顺天乡试被黜之事在填榜时不予录取。⑥然而沈谱子沈应文在隆庆二年（1568年）以《易》中进士。⑦又如，俞澜（1516年举人），字有源，精《易》。⑧于廷寅（1532年进士）以《尚书》为本经，其父于东溪却"聪睿过人，弱冠通《周易》、四书，兼通各经，旁涉子史群典，故其为文举业冠一时"⑨。

余姚人精《易》，故寓居或迁徙外地者往往为《易》师，授业于外者比比皆是，如前述诸大圭等人在京师的授徒。余姚人胡忠（1464—1546年）从其姊夫苏孔新学《易》，年十八时，以家贫"往上海为童子师"，渐有名，而后余姚大姓"亦争迎致公，公不外出者

---

① （明）倪宗正：《倪小野先生全集》，第432页。
② （清）邵国麟：《倪文忠公传》，载倪宗正《倪小野先生全集》，第717页。
③ （明）钱德洪：《突兀稿旧跋》，载倪宗正《倪小野先生全集》，第429页。
④ 《嘉靖十一年进士登科录》，第86页。
⑤ （明）陈汝元：《皇明浙士登科考》卷7，嘉靖十三年甲子科，第6页。
⑥ （明）孙鑛：《月峰先生居业次编》卷4《封通议大夫南京大理寺卿中霖沈公行状》，《四库禁毁书丛刊》集部第126册，北京出版社1997年版，第254—256页。
⑦ 《隆庆二年进士登科录》，《明代登科录汇编》第17册，学生书局1969年版，第8998页。
⑧ 光绪《余姚县志》卷23《列传十》，第597页。
⑨ （明）倪宗正：《倪小野先生全集》卷1《东溪杂著序》，第455页。

数年"。① 胡忠精于《易》，授教外地，转而又被余姚的大姓请回来教授子弟《易》经。吕本也记载他的同乡好友诸燮（1535 年进士）曾寓居北京，"善说《易》，四方高弟云集"②。晚明余姚人胡廷试传其父之《易》，后移居杭州，以《易》教授于杭州、苏州、京师等地。黄宗羲记载："先生名廷试，字玉吕，别号敬所，世家余姚，迁而之武林。父贞，字云龙，以《易》名家。先生传其学，补仁和学生，为《易》大师。经其指授者，制义即有师法，往往登第去……弇州闻其名，聘之为子师……已又走京师，馆于其族龙山家。胡龙山者，天下之大贾也。入其门者，莫不出为富人。先生自束修以外，不取纤介。"③ 胡廷试的《易》经传授不仅传到了徙居地杭州，还到了太仓王世贞家，又传经于京师。

五 结语

明代科举一经取士和分经录取政策，使各地士子往往追求选择同一种经来应对科举考试，从而形成明代科举文化中有趣的地域专经现象。余姚则因其科举之特别发达，士子不仅专经于《礼记》，也专经于《易》。余姚肄习《礼记》的传统是在与《春秋》《尚书》等经的平衡中，在 15 世纪 20 年代逐渐脱颖而出的，其专经优势一直持续到明末，可谓余姚第一大经，不但崛起早，而且在数量、质量以及影响力上都要胜过《易》。余姚肄习《易》经传统的崛起，则要晚到成化末年。此后基于余姚士子对《易》的热情、孙氏家族的号召力，以及晚明以《易》为本经中式者数量居五经之首的客观情况，余姚县以《易》经中式基本能保证此后诸科会试中的延续，而且总体上数量也在逐步地增加，至嘉、隆年间最盛，是余姚县的第二大经。两种

---

① （明）吕本：《期斋吕先生集》卷 11《封承德郎礼部祠祭清吏司主事素斋胡公墓志铭》，第 550 页。
② （明）吕本：《期斋吕先生集》卷 5《送黄桐山判崖州序》，第 420 页。
③ （清）黄宗羲：《南雷诗文集》传状类《胡玉吕传》，载《黄宗羲全集》第 10 册，第 621 页。

经典的肄习在余姚都很有基础,既有科举家族为之支撑,也有数量不菲的经学名家为之张目,产生了不少的科举化经学成果,构成了明代余姚县独特的学术景观。

黄景昉《国史唯疑》探微

朱曦林

黄景昉（1596—1662年），字太穉，号东崖，福建晋江人。天启五年（1625年）进士，官至礼部尚书兼东阁大学士。①据黄氏晚年自述，其著述颇丰，"总数百万言"，但存世至今的屈指可数，②《国史唯疑》是黄景昉现存著作中最为著名的一部，是书共12卷，自洪武以迄天启为11卷，第12卷为补遗，体例与《宦梦录》相同，③皆为分条记述，合计共得1840条。④《国史唯疑》自问世以来，即为学者所关注，清初学人如张岱、徐乾学、温睿临等已在各自著作中提及此书，朱彝尊在《日下旧闻考》中更是引用该书的记载，此后全祖望、傅以礼、缪荃孙、傅增湘、孟森、谢国桢等学人皆曾为该书写过跋文、提要，并对该书的版本、内容提出各自的看法。然而迄今为止，

---

① 本文原刊于《史学史研究》2017年第4期，在撰写和修订过程中得到了陈祖武、赵轶峰、吴光兴、杨艳秋等先生的宝贵建议和帮助，在此谨致谢忱！黄景昉生平梗概，可参见朱曦林《黄景昉年谱简编》，《明史研究论丛》第14辑。

② （明）黄景昉：《屏居十二课·著书》，载王荣国、王清原编《罗氏雪堂藏书遗珍》第9册，中华全国图书馆文献缩微复制中心2001年版，第344页。据笔者考察，现存世的黄景昉著作有：《瓯安馆诗集》《读史唯疑》《国史唯疑》《宦梦录》《古今明堂记》《馆阁旧事》《屏居十二课》《夜问九章》《刻黄太穉先生四书宜照解》《新镌三太史评选历代名文凤采文集》《纷纭行释》八首（附《金陵叹释》二首和《三山口号释》二首）。

③ 关于《宦梦录》，可参见朱曦林《黄景昉〈宦梦录〉史料价值初探》，《古代文明》2015年第3期。

④ 卷一洪武、建文150条，卷二永乐、洪熙、宣德146条，卷三正统、景泰、天顺144条（实计143条），卷四成化、弘治149条，卷五正德148条，卷六嘉靖148条，卷七嘉靖146条，卷八隆庆、万历150条（实计151条），卷九万历146条，卷十万历150条，卷十一万历、泰昌、天启159条，卷十二补遗198条，实计得1840条。

学界对《国史唯疑》的记载虽多有采择,却罕有专门研究者。① 有鉴于此,本文拟从卷数的辨析着手,澄清既往研究中的讹误,并通过细致梳理《国史唯疑》的内容,还原该书的史源,在此基础上探究黄景昉撰著是书的原则、方法及其史学思想,以此请教于方家。

一 《国史唯疑》的卷数辨析

《国史唯疑》的成书时间,由于史料的阙如,尚难定论,但黄景昉在其晚年著作《屏居十二课》中已著录此书,因此,至迟在清顺治年间已经成书。② 然而,由于黄氏著作在生前未便刊行,卒后其子又谋刻不果,仅有抄本行世,③ 以致在流传过程中,后人因获见的版本不一,而产生了关于十二卷本《国史唯疑》是否为足本的论争。这一问题的提出,缘于全祖望在其所作跋文中称:"晋江黄相国东厓《国史唯疑》,黎媿曾尝见之,云有一尺许。周栎园许为之刻而不果。相国殁后,媿曾访之其子知章,云经乱散失不全矣。李化舒曰:'三山高云客抄有副本。'雍正壬子,予从同里范太守笔山家抄之,祗四

---

① 学界对《国史唯疑》的专门研究较少,相关的研究仅有熊德基先生的《〈国史唯疑〉序言》(点校本《国史唯疑》卷首)、杨艳秋先生的《〈国史唯疑〉双云堂抄本传藏考略》(《汉学研究学刊》第2辑)。

② 按:黄景昉的好友林胤昌曾为《屏居十二课》写过跋文,据乾隆《泉州府志》记载,林胤昌卒于顺治十四年,故此文撰写必早于是年,而黄景昉在《屏居十二课》已言及《国史唯疑》,故至迟在顺治十四年《国史唯疑》已经成书。参看郭庚武、怀荫布等的乾隆《泉州府志》卷44《林孕昌传》,上海书店出版社2000年版,第465—470页。

③ 按:黄晋良在序文中称黄景昉"独留其副于高云客氏",而傅燮调在《国史唯疑》的跋文中称:"未授梓人而公捐馆。久之,公之令嗣携是书及他著作十余种出游四方,幸谒故旧,欲谋不朽计,迄无所遇。间有一二投赠,又不足供其缠头之挥霍,竟至狼狈而归,途穷无告,乃典是书于延津质库。追后榕城学士有知之者,备价购回。"(汤蔓媛辑:《傅斯年图书馆善本古籍题跋辑录》第1册,"中研院"历史语言研究所2008年印行,第43页)。又据高兆《宦梦录》跋文云:"(《宦梦录》)湘隐先生著撰,尝从其长公元虚教授所借观请抄,教授许刻成寄贻,遂载之豫章。越二载,教授客死,书散逸。吾友郭君殿见于延平,语余。访之,仅得此四卷,命用溪纳环峰抄归,为之三叹。"(黄景昉:《宦梦录》附录,载《罗氏雪堂藏书遗珍》第9册,第348页)高兆在此所言虽指《宦梦录》,但由于《国史唯疑》兹时亦被景昉之子典质于延津当铺中,因此《国史唯疑》很可能是高兆将之与《宦梦录》一同访寻抄归,而非所谓的"独留其副于高云客氏"。

册，殆亦非足本也。"① 此后，傅以礼承袭全氏的说法，认为："今是编十二卷四册，殆即全氏所云节抄之本。书中纪有明一代事实，起洪武迄崇祯，逐则胪列。于治乱得失，直书无隐，盖成书在易代后也。惟无一语及国变后事，其非足本，即此可证。"② 由于全、傅相传，遂致四册十二卷本被认为是"节抄本"。而孟森先生通过对书中内容的分析③、熊德基先生则通过比对最早的抄本"高兆本"和"麓原林氏藏本"④，认为十二卷本即为足本。笔者虽认同孟、熊二位先生的观点，但由于二位先生仅据书中的内容或早期的版本，因此，仍有必要通过比对现存的版本，结合黄氏的《屏居十二课》和《宦梦录》进行梳理，方能较为全面地说明十二卷本为足本。

据《中国古籍总目》《傅斯年图书馆善本古籍题跋辑录》《（台湾）"国家"图书馆善本书志初稿》以及熊德基先生在《国史唯疑》前言中所著录的诸多版本，现存《国史唯疑》的版本有：南京图书馆所藏"高兆本"，福建师范大学所藏"麓原林氏藏本"，上海图书馆所藏"虹亭本"，宁波天一阁所藏"双云堂本"，国家图书馆所藏"烟屿楼抄本"、"周星诒校本"，北京大学图书馆所藏"杞菊轩抄本"，黑龙江省图书馆所藏"抱经楼抄本"，台湾"中研院"傅斯年图书馆所藏"杨氏冠悔堂抄本"、"史语所蓝丝栏抄本"、"傅燮调抄本"，以及台湾中央图书馆所藏"杞菊轩抄本"，共十二种版本。其中，就册数和卷数而言，除"麓原林氏藏本"、"傅燮调抄本"、"周星诒校本"和"史语所蓝丝栏抄本"⑤ 外，其余版本皆为四册十二

---

① （清）全祖望撰，朱铸禹汇校集注：《鲒埼亭集外编》卷29《题跋三》，载《全祖望集汇校集注》，上海古籍出版社2000年版，第1317页。

② （清）傅以礼：《华延年室题跋》卷上，上海古籍出版社2009年版，第120页。

③ 孟森：《传抄本黄景昉〈国史唯疑〉跋》，载孟森《明清史论著集刊》，中华书局2006年版，第12页。

④ 这两种抄本即黄晋良在序言所提到的副本："独留其副于高云客氏。云客，公之高足弟子也，沧桑之后，云客以授林同人、吉人兄弟，同人又授郑宫允几亭及予，于是三山始有抄本，凡四家。"（黄晋良：《国史唯疑抄本原序》，（明）黄景昉：《国史唯疑》，陈士楷、熊德基点校，上海古籍出版社2002年版，第1—2页）

⑤ "史语所蓝丝栏抄本"乃据"嘉业堂藏本"传抄而成，属晚出之本，且亦为十二卷，故不在讨论之列。

卷，而"麓原林氏藏本"仅有卷十和卷十二是原抄本，其余为补抄，难以确认原抄本的册数；"傅燮詷抄本"则据"高兆本"过录；"周星诒校本"则是六册重订为四册，但不管是哪个抄本，最多的卷数即为十二卷，并无超过此卷数的版本。并且全祖望所见之"双云堂本"、傅以礼所见之"周星诒校本"与黄景昉的副本"高兆本"卷数相同，皆为十二卷。而黄景昉在其晚年著作《屏居十二课》中说"《国史唯疑》十二卷"①，张岱、温睿临等明清之际的史家也著录为十二卷②，如此则卷数上已相同，此其一。其二，从《国史唯疑》的内容分析，黄景昉在其自述仕宦经历的著作《宦梦录》中，虽言所记"始乙卯，讫癸未"③，但书中的记载主要集中在崇祯朝，并且该书在体例方面一本于《国史唯疑》，仅仅是每卷内容的编排上较《国史唯疑》更有条理而已。而《宦梦录》的内容则恰恰补充了《国史唯疑》所缺的崇祯朝部分，孟森先生说"（《国史唯疑》）不及崇祯朝者，崇祯朝无实录，无国史可'唯'与'疑'也……崇祯朝局因感慨而涉之"更接近于实情。④ 另外，傅氏所谓"无一语及国变后事"，在甲申之变后，黄景昉虽曾在隆武年间短暂复出，但不久即"决意终隐，或询朝政，弗答"。⑤ 并且黄氏由于其外孙郭显在永历年间谋反，还曾被赵国祚系狱，⑥ "一举足则阖门受祸"⑦，自叹"声名转大忧方始，文网多繁梦未安"⑧，即如所作《金陵叹释》《三山口号释》中也仅以诗隐喻，故而假使《国史唯疑》成书于甲申之变后，要其在书

---

① （明）黄景昉：《屏居十二课·著书》，第 343—344 页。
② （明）张岱：《石匮书后集》卷 13《黄景昉传》，中华书局 1959 年版，第 100 页；温睿临：《南疆逸史》卷 20《黄景昉传》，中华书局 1959 年版，第 140 页。
③ 案："始乙卯，讫癸未"，乙卯为万历四十三年（1615 年），即黄景昉乡试中式之年；癸未（1643 年）为崇祯十六年，为黄景昉致仕之年。
④ 孟森：《传钞本黄景昉〈国史唯疑〉跋》，第 12 页。
⑤ 《檗谷黄氏族谱》不分卷，《景昉公传》，檗谷村村委会藏清光绪二十六年（1900年）长房家乘钞本影印本。
⑥ 同治《福建通志》卷 268《国朝外纪》，华文书局 1968 年版，第 5083 页。
⑦ （明）王忠撰：《王忠孝公集》卷 8，《相国黄景昉来书》，福建人民出版社 2010 年版，第 211 页。
⑧ （清）黄晋良：《国史唯疑抄本原序》，第 2 页。

中谈及国变后事，实属勉为其难。故据以上分析，笔者认为十二卷本的《国史唯疑》应为足本，并非所谓的"节抄本"。

二 《国史唯疑》的史源概述

《国史唯疑》的取材不限于"国史"，而是参阅了诸多官、私著作，诚如熊德基先生所说："除'节取《国史》旧文'外，并曾参考诏令、奏疏、私史、方志、别集、笔记，以及个人的亲见亲闻。"[1] 此外，该书还参阅了家谱、行状、碑文和墓志，如解缙的《家谱》、倪岳所撰的《于肃愍碑》、汤显祖撰的《龙宗武墓志》等，[2] 足见取材之丰。以下谨就《国史唯疑》的史料来源略作梳理，概述如下。

（一）明代历朝实录。有明一代无成书的"国史"，所谓"国史"在无特指的情况下，一般即指"历朝实录"，如李维桢即言："本朝无史，而遂以《实录》为史。"[3] 明末李建泰的看法亦同："因怃然于国家历祀几三百年迄今，成史无闻。问其所用传信者，不过曰累朝之《实录》。"[4] 故而《国史唯疑》所疑之"国史"，主要仍应是指明代历朝实录。在是书中，黄景昉亦多次直接谈及"实录"，如称"惟谦与王文初拟凌迟，用瑄言，改斩，出《实录》"，"当于《实录》《宝训》征之"，"今《实录》业经改正"，[5] 可见许多史事的辨析是源于历朝实录。

（二）万历官修"国史"。黄景昉撰著《国史唯疑》，除了参考"历朝实录"外，还曾参引过万历年间陈于陛等奉敕纂修的"国史"，如卷四所载"《国史》称余肃敏榆林之功，修筑边墙，延袤二千余

---

[1] 熊德基：《国史唯疑序言》，载黄景昉《国史唯疑》，序言第6页。
[2] （明）黄景昉：《国史唯疑》卷2，第35页；卷3，第79页；卷8，第247页。
[3] （明）李维桢：《大泌山房集》卷8《史料序》，《四库全书存目丛书》集部第159册，齐鲁书社1997年版，第466页。
[4] （明）李建泰：《名山藏》序，（明）何乔远：《名山藏》卷首，福建人民出版社2010年版，序言第3页。
[5] （明）黄景昉：《国史唯疑》卷3，第84页；卷5，第143页；卷8，第224页。

里,髣髴啮指去"①。又如卷7所载"董份、万寀、王材、唐汝楫、白启常,国史列为严世蕃私人……"② 这些记载应即出自吴道南所说的《国史》"弘治诸臣"、"嘉靖诸臣"列传。③

需要指出的是,熊德基先生认为书中提到的《水利志》《俺答志》皆出自"明代所修《国史》草稿无疑"④。但据参与"国史"编纂的吴道南记载,已成各稿中,《志》凡二十二,计有"郊祀、庙祀、典礼、乐律、天文、历法、宗藩、学校、选举、职官、经籍、赋役、货币、漕运、河渠、盐法、军政、兵制、马政、刑法、郡国、九边"⑤,并无《水利志》和《俺答志》,而李小林先生的《万历官修本朝正史研究》中论及相关修史成果时亦未涉及此二《志》,⑥ 可见此二《志》实非出自"国史"。

(三)其他官、私著作。通过梳理各卷中可考见名称的文献,黄景昉除参考"明实录"和"国史"外,所涉文献尚有历代正史、儒家经典、诏令、奏疏、私史、文集、笔记、方志、碑文和墓志铭等,其中值得注意的是对以下几类文献的征引。

首先,是对墓志铭、墓碑、墓表、行状的重视,据笔者统计,全书对此类文献的征引多达36人次。这类文献虽然史料价值高,但是由于执笔者多为墓主生前好友、门生,因而在涉及墓主声名的事情上,多有曲笔之处,而黄景昉于此多所辩证,如龙宗武杀吴仕期,汤显祖在墓志中为其曲笔,黄氏即称:"汤于龙凤相欢好,事关千载,讵容为故交曲笔!"⑦ 又如何观弹劾王直、胡濙等老滑宜罢,给事中毛玉议重罪何观,致"观坐杖谪",但岳正为毛玉作行状却盛加奖

---

① (明)黄景昉:《国史唯疑》卷4,第97页。
② (明)黄景昉:《国史唯疑》卷7,第207页。
③ (明)吴道南:《吴文恪公文集》卷2《正史议》,《四库禁毁书丛刊》集部第31册,北京出版社1997年版,第313页。
④ 熊德基:《国史唯疑序言》,载黄景昉《国史唯疑》,序言第6页。
⑤ (明)吴道南:《吴文恪公文集》卷2《正史议》,《四库禁毁书丛刊》集部第31册,第313页。
⑥ 李小林:《万历官修本朝正史研究》,南开大学出版社1999年版,第25—33页。
⑦ (明)黄景昉:《国史唯疑》卷8,第247页。

饰，黄氏即称："玉品行可知……岂正稍以维桑谊曲笔欤？抑果有可观者乎？"①

其次，对于明人私修当代史的征引，如《吾学编》《鸿猷录》《名山藏》等。黄氏在征引的同时，对于私史中的疑、误之处亦一并指出，如《吾学编》中关于英宗晚年有意更换太子的记载，黄氏就辩道："按事鲜经见。太子初废于景泰，复辟始还，堪再摇动乎？英庙末，驭宦侍峻，后宫静谧，讵有夺嫡之谋？疑讹传。"②《鸿猷录》记武宗崩后，杨廷和等秘不发丧，密旨召江彬事，黄氏亦持怀疑态度："考彬业出成服，值坤宁宫安脊吻，遣祭见收，宁不知鼎湖信，大丧讵可秘耶？更以曹爽释兵归第事为比，益去之远。"③

最后，文集、笔记史料亦是其主要参考文献，如《世经堂集》《李廷机集》《冯时可集》《涌幢小品》《谷山笔麈》等。但黄景昉对于这类文献的去取十分谨慎，从对《涌幢小品》的征引即可看出，黄氏于是书荒诞之处当即指出，而称道之处亦为表彰，如书中关于明太祖为志公后身的记载，黄氏就认为"诞罔不伦"④；但对于王世贞借文报仇，黄氏则认为"惟朱国桢《涌幢小品》中，颇能阐之"⑤。此外，方志也是《国史唯疑》重要的参考文献，书中提及的就有《松江志》《福建通志》《泉州府志》《顺德志》等。⑥

（四）个人的见闻。在《国史唯疑》中，黄景昉还通过个人的亲见亲闻与"国史"等书的记载互证，或辨史书之误，或补充史书记载的缺失，或与史书记载对比，区分异同之处。

1. 辨史书之误。如长陵明楼碑在万历年间重修已改为碑石，但史书仍称其为木袭，黄景昉则指出："（长陵明楼碑）至万历乙巳重修，业改竖碑石。今人犹循声称木袭，非是。"⑦ 又如万历四十二年，

---

① （明）黄景昉：《国史唯疑》卷3，第76页。
② （明）黄景昉：《国史唯疑》卷3，第84页。
③ （明）黄景昉：《国史唯疑》卷5，第146页。
④ （明）黄景昉：《国史唯疑》卷1，第20页。
⑤ （明）黄景昉：《国史唯疑》卷7，第196页。
⑥ （明）黄景昉：《国史唯疑》卷4，第115页；卷7，第204页；卷12，第365页。
⑦ （明）黄景昉：《国史唯疑》卷2，第46页。

刘光复弹劾李三才盗皇木营建私第、侵夺官厂为园囿一事，黄氏亲过李三才的"废园"，认为李三才"虽不能持廉"，但并非巨富，实则辨此事为诬枉，称："李废园旧存，余过之，荒榛满地而已，其家亦非甚巨富。"①

2. 辨别异同。黄景昉通过其见闻，指出所见与史书记载的差异之处，如对《太常考》关于四孟享太庙时辰的记载称"四孟享太庙，惟孟秋以子时，余皆用午"，"至神庙初年，秋享亦改用午时，而以其日寅时省牲"，而黄氏所见则已是"四孟俱昧爽行礼，在寅卯间，惟岁暮袷祭一用午耳"。② 而明初朝班本不以阁部为序，如李贤以侍郎入阁但仍居尚书王翱之后，而黄氏"点朝班日"所见则已与此不同，是时"阁臣自为一班，冢卿虽加一品，仍缀于阁臣二三品之末"。③

3. 补充史书之缺载。黄景昉自通籍即任职于翰林，自编修以迄阁臣，故有些亲历见闻足补于史书，如关于御用柴炭"红萝炭"的记载即是一例："易州厂专司柴炭供御用者，询止三种木：曰青㭎、曰白枣、曰牛肋，总谓之甲木，尊其名也。惟紫荆关六十里至金水口产此……炭长尺大如小椽，火力可竟日不衰。每召对阁臣，直房中纯烧此。俗呼为'红萝炭'。"④ 另外，如阎立本所画《十八学士真像》，亦是黄氏在崇祯四年廷试掌卷时所亲见，通过黄氏的记载可知其概貌及在明代的流传贮存情况。⑤

三 《国史唯疑》的撰著原则与方法略论

明中叶以降，在"崇实黜虚"的实学思潮影响下，随着考据学的

---

① （明）黄景昉：《国史唯疑》卷11，第323页。
② （明）黄景昉：《国史唯疑》卷10，第282页。
③ （明）黄景昉：《国史唯疑》卷3，第80页。
④ （明）黄景昉：《国史唯疑》卷9，第276页。
⑤ （明）黄景昉：《国史唯疑》卷12，第369页。

发展,"理学化史学风逐渐衰落,传统的实证史学风气开始盛行"①,这一学风突出地表现为"对本朝《实录》的批评"和"私家著史开始采取客观态度",迄于明代后期,"许多史书都能以客观的态度,以《实录》为本位,兼采私家史著,互相印证"②。黄景昉之撰著《国史唯疑》"于《国史》旧文,节取成编"③,虽志在经世,但其对史事的考辨则持以客观的态度,对于未详之事则曰"当续考",并曾多次批评王世贞"轻持论"、何乔远有"轻信好奇之过",可见其深受史学考证之风的影响。④ 黄晋良在序文中曾云,黄景昉于是书的撰著"始终必以理为衡,固不容微有偏倚"⑤,通过对该书内容的梳理,这一宗旨主要体现在以下两个方面。

(一)"详考证,存阙疑"的撰著方法。在《国史唯疑》中,黄景昉对可考的史事据实而证,而无法下定论的史事则采取阙疑的态度。其中,对于史事的考订,主要有以下三种方式:其一,是从所据文献本身进行考辨。如李文忠之非善终即是一例,黄氏从诰词中考证其并非善终:"李岐阳文忠识礼张玄,玄以延其宗,亦其平生好文重士之报。阅诰词云:'非智非谦,几累社稷,身不免而自终。'当非善卒也。或如宋、颍二公例耶?"⑥ 其二,则是据其他文献证史传之误。如黄景昉据林俊弹劾刘瑾的奏疏证史传之误即是一例:"林贞肃劾刘瑾疏云,张敷华以忧死,又差出都给事中许天锡,寻事吓勒,逼令自杀。二端足证史传讹。"⑦ 其三,则是据其见闻进行辩证。如前

---

① 钱茂伟:《明代史学的历程》,社会科学文献出版社2003年版,第138页。
② 杨艳秋:《明代史学探研》,人民出版社2005年版,第80—81页。
③ (清)黄晋良:《国史唯疑抄本原序》,第1页。
④ 值得注意的是,黄景昉也深受复古思潮的影响,论及者如林胤昌在《屏居十二课跋》中称其"先生文必师古"(《罗氏雪堂藏书遗珍》第9册,第347页),《国史唯疑》周校本中的蒋香山按语也说:"晋江笔墨坚涩,意在复古。"(《国史唯疑》卷5,第149页)而关于复古思潮与实证史学思潮之间的关系,林庆彰(《明代考据学研究》,华东师范大学出版社2015年版,第21—27页)、钱茂伟(《明代史学的历程》,第212—216页)、杨艳秋(《明代史学探研》,第70—82页)等都曾详细论及。
⑤ (清)黄晋良:《国史唯疑抄本原序》,第1页。
⑥ (明)黄景昉:《国史唯疑》卷1,第6页。
⑦ (明)黄景昉:《国史唯疑》卷5,第127页。

述长陵明楼碑在万历年间重修已改为碑石事,即是黄氏据其所见证史书之误。① 又如祝允明在《野记》中记洪武年间,御史与校尉"同居官舍重屋",欲使之"互相纠察",王世贞驳其误,认为"此时原不设校尉刺事",而黄氏则以其所见证其非误:"余闻近税珰杨某之在扬州,其把牌与权关户部,同分处上下楼屋,视枝山语乃不甚殊,往来多见之者。今南京御史廊尚在,云旧是台官住处。"②

而对于难以下定论的史事,黄景昉皆予以存疑,并以"当续考"、"俟熟考"、"未知信否"阙之。王世贞曾言:"《春秋》,圣人之书也,其有疑焉者,阙之。阙之,尊之也。"③ 黄氏对王世贞此法颇为遵循,如《名山藏》中载哈铭之语,以为也先有复立英宗之举,黄氏即认为何乔远"属轻信好奇之过"④。而对于传闻之言,黄氏亦不轻信,如陆深从靳贵处听闻杨士奇、杨导父子之事,即认为"如陆言,是以文贞为卖友,导为杀兄也。余不敢信"⑤。再就因俗传或好事者文饰之事,虽传闻已久,但若未经考辨,亦不轻信,如"刘子钦由省元会元,以过自负,为解缙所抑"事,黄氏即认为"出俗传",而其"一日之间,自庶吉士充工部办事吏,复还原职,色不少动者"之事,经黄氏考辨后,认为:"本朝无此高品,恐非子钦所办,疑好事家故文饰之。"⑥此外,对于一时难以下定论的史事,黄氏则存之以待考,如武宗祭靳贵之文,即云:"按史,仅遣番僧绕咒之,不闻祭文。而辞气高古曲折,尽六言中,又非杜撰所办,当于《实录》《宝训》征之。"⑦

(二)"据实而论,不擅褒贬"的撰著原则。在《国史唯疑》中,黄景昉除对史事进行考辨外,对涉及的人物、事件亦多有评论,他主

---

① (明)黄景昉:《国史唯疑》卷2,第46页。
② (明)黄景昉:《国史唯疑》卷1,第14—15页。
③ (明)王世贞:《弇州四部稿》卷111《读春秋四》,《景印文渊阁四库全书》集部第1280册,台北商务印书馆1986年版,第746页。
④ (明)黄景昉:《国史唯疑》卷3,第71页。
⑤ (明)黄景昉:《国史唯疑》卷3,第63页。
⑥ (明)黄景昉:《国史唯疑》卷3,第39—40页。
⑦ (明)黄景昉:《国史唯疑》卷5,第143页。

张"凡评论古今人，忌从私意起见"，如对王琼的评价，黄景昉就认为不当过扬亦不当过抑，称："王晋溪生平，扬之则为名臣，抑之则为奸党，两非定论，视王威宁同。晋溪与杨新都为仇，桂文襄、霍文敏特誉不容口，过誉晋溪，正为巧抑新都地。度才诚过人，守劣矣。"① 而王世贞为李本作传"誉不啻口"，黄氏就认为必定是其颂父冤时得到李本的帮助，并以杨继盛的奏疏"李本软熟庸鄙，奔走严嵩门下，沈炼劾嵩疏本，先送世番票拟，后封进"驳斥王世贞之誉。② 高拱则因未予王忬恤典，而遭王世贞丑诋，但黄氏赞同孙钅广的看法，认为评论高拱语出王世贞则"多不足信"。③

此外，黄景昉在史评中"不擅褒贬"，还体现在对已有共识的逆臣上，如其有可褒扬的行径，则不以其奸佞而抹灭，如论胡惟庸云："方克勤守济宁，会所部指挥非时役民筑城，力争之不能得，自署名密上之中书，丞相胡惟庸以闻，即罢役。见惟庸亦有可喜处，难以人废。"④ 又如王振，黄氏认为其在宣德、正统年间亦有善举："陆容《菽园杂记》有云：'自宣德年间，朝廷起取花木鸟兽诸玩好物，内官道接踵，扰甚！至王振悉禁绝之，未尝轻差一人，民赖休息。'考正统中，尝敕禁内使毋得与外庭私交，嘱托营求，又特严饶州府私造异色瓷器之刑。前说颇非虚。"⑤ 同时，名臣不善之举，黄景昉则据其事而论，如杨士奇虽为名臣，但为人所不齿的行径亦不少："罗汝敬素不满其（杨士奇）所为，数面斥之，西杨因荐罗巡抚宁夏，罗年老遇房丧师，明故陷之死地，作好恶甚矣，非止谤方孝孺、沮王直罪过已也。"⑥ 又如南宫之变，于谦身为兵部尚书，对此却毫不知情，黄氏评道："于（谦）身大司马，统兵政，致人半夜纳兵禁城，毫无闻知。职掌谓何？"⑦

---

① （明）黄景昉：《国史唯疑》卷5，第146页。
② （明）黄景昉：《国史唯疑》卷7，第199页。
③ （明）黄景昉：《国史唯疑》卷8，第226页。
④ （明）黄景昉：《国史唯疑》卷1，第21页。
⑤ （明）黄景昉：《国史唯疑》卷3，第69页。
⑥ （明）黄景昉：《国史唯疑》卷2，第51—52页。
⑦ （明）黄景昉：《国史唯疑》卷3，第79页。

四 《国史唯疑》的以史经世思想探析

明中叶以降,随着内忧外患的日益深重,促使了经世思潮的兴起,在郑晓、陈建、何良俊等有识之士的倡导下,史学的研究逐渐转向当代史,出现了以史经世的思潮,认为"镜治理以方今,则不必袭太上之空言,览先达之献替,则不必起贾董于异代"[1]。黄景昉亦深受此思潮的影响,"特别强调历史的经验教训对当世的实际作用"[2],据清人平步青的考证,《国史唯疑》以"唯疑"命名之义"盖本之鬻子"[3],考鬻子答君王之问皆以"唯疑,请以上世之政诏于君王"启答[4],其内容则涉及国家之治乱,而黄景昉亦曾言,"不但诸侯之政事得失,即卿士大夫之升降黜陟,于此而定"[5],可见以"唯疑"命名即体现了黄氏以史经世之志。

黄景昉的仕宦生涯主要在崇祯年间,是时明王朝处于空前的危机之中,面对危机,救世成为晚明经世思潮的中心,亦是晚明士大夫探讨的焦点。而从本朝史事中探求"世道之盛衰,人物之升降,风俗之隆替"[6],则是史以经世的重要途径。如黄景昉所鉴定过的《皇明经世文编》,徐孚远在序文中就说道:"向者圣祖之制,所谓如绳贯如丝连,一经一纬,不复可识也。然则,欲追复祖制,当先观列圣以来诸名贤之议论,推其所以,出入于祖宗之制度,其为损为益,轻重较如,则今日所以补救之宜,可得而知也。"[7] 在《国史唯疑》中,黄

---

[1] (明)李幼兹:《序》,(明)顾尔行:《皇明两朝疏抄》卷首,《四库全书存目丛书》史部第73册,第518页。
[2] 葛兆光:《明代中后期的三股史学思潮》,《史学史研究》1985年第1期。
[3] (清)平步青:《霞外攟屑》卷6,上海古籍出版社1982年版,第407页。
[4] (西汉)贾谊:《新书·修政语下》,载《贾谊集》,上海人民出版社1976年版,第165—170页。
[5] (清)黄晋良:《国史唯疑抄本原序》,第1页。
[6] (明)何良俊:《四友斋丛说》卷5,中华书局1959年版,第41页。
[7] (明)徐孚远:《序》,载陈子龙、徐孚远等编《皇明经世文编》序言,中华书局1962年版,第36—37页。

景昉亦不乏类似的主张,并试图从前代经验中探求救世之道,如对明初"每蠲赋,皆预免见征,非追赦积逋"的方式,黄氏颇为认同,而对于崇祯朝的蠲赋方式则认为"仅托空言"①。对于官员选择及任用,黄景昉认为大臣保举之法"法久弊生,递为循环",应该废止,并以崇祯八年行保举法"茫无寸效",而未几即废为证。②他认为三途并用之说,于崇祯朝已不可行,称"然如近日并用三途,有徼幸混淆弊,不若加恩广额,俾人人甲榜自命之为愈也"③。而对于吏员不得应考科举的规制,黄氏颇为认可,并以"其后有阑入言路者"暗指崇祯年间陈启新由"淮安漕运理刑胥役"授给事中事,认为"吏员心术已坏"不可用。④另外,对于宦官的任用,黄景昉则以王振用事为例,认为是"误国的祸根"⑤,赞同明初诸帝严于制宦的方式。⑥并对明世宗撤回镇守内臣之举多有称赞,即如力主其议的张璁、李承勋等亦称其"功难泯"⑦,实乃黄景昉借此反思、总结先朝任用宦官的教训。

诸如此类推崇祖制、借鉴前贤的言论,在《国史唯疑》中颇多,可见黄景昉著书之目的实欲从前代的经验中探求挽救时局之道。黄氏这种以史经世的思想在《国史唯疑》中具体表现为以下几个方面。

1. 扬忠斥逆。在《国史唯疑》中,黄景昉对忠义之臣的表彰、奸佞之臣的斥责,从其对靖难殉主、纳降诸臣的不同评骘上即能体现,如盛赞殉难的方孝孺、徐辉祖为"三代人物"。⑧并对于方孝孺不肯草拟明成祖登极诏、楼琏具草而自经,赞许道:"以文皇排山倒海之威,不能没烈士之名,可以观人心焉。"认为真正的"烈士"不

---

① (明)黄景昉:《国史唯疑》卷12,第360页。
② (明)黄景昉:《国史唯疑》卷3,第66页。
③ (明)黄景昉:《国史唯疑》卷6,第160页。
④ (明)黄景昉:《国史唯疑》卷2,第36页。
⑤ (明)黄景昉:《国史唯疑》卷3,第70页。
⑥ (明)黄景昉:《国史唯疑》卷2,第53页。
⑦ (明)黄景昉:《国史唯疑》卷6,第160页。
⑧ (明)黄景昉:《国史唯疑》卷1,第23页。

惧于刑戮，以此告诫"抑徒逞刑戮者"。① 而对于奸佞之臣的斥责，其着眼处更多地在大臣是否忠君，如对泄谋的李友直就甚为鄙夷，称："李友直，一北平按察司掾耳，以阴泄张昺谋，受知，官至尚书。"并赞同许相卿在《革朝志》中将蹇义、夏原吉等名臣视为与"亦李友直之类焉尔"②。复如陈瑄，虽董理海运、漕运有功，但于建文时暗通燕王，以防江之舟迎降，黄氏对此亦毫不讳言："瑄才自可观，恨卖国名难浣耳。"③

2. 奖掖能臣。晚明士大夫因受王学空谈之风的影响，多为"有学无能"之士，崇祯皇帝虽屡次改革，如改革庶吉士考选、申言"三途并用"、恢复保举法等，但都难获真才。黄景昉深悉此中情形，故而在《国史唯疑》中，对于能臣的阐扬，自首辅以迄知县皆有论及，以此"多录示劝"。④ 黄景昉对能臣的关注，重点在于中央官员，特别是辅弼大臣，如张居正即因其能将王崇古、戚继光、李成梁、潘季驯、杨博、谭纶等人适得其用，而称赞其"最能知人用人"。⑤ 而对于徐阶、高拱、张居正能倾心于边事，自养探报人"分布各边"之举，亦颇有赞誉，但也感慨此后的大学士因时局所致"那得有此心力"。⑥ 而对于地方官员有宦绩可嘉奖者亦多有记载，正如其在"毕亨"条中评论所言，其着眼处即在于士大夫对其所治理的辖区是否有贡献，如杨云才不增费而城增二尺许之举，黄氏即详录其事以示赞许。⑦

3. 推重礼制。黄景昉在入仕之初即言："他日稍有补于国家，无得罪于名教足矣。"⑧ "名教"的核心在于定尊卑、别名分，而礼则是

---

① （明）黄景昉：《国史唯疑》卷2，第34页。
② （明）黄景昉：《国史唯疑》卷1，第23—24页。
③ （明）黄景昉：《国史唯疑》卷2，第48页。
④ （明）黄景昉：《国史唯疑》卷12，第365页。
⑤ （明）黄景昉：《国史唯疑》卷8，第239页。
⑥ （明）黄景昉：《国史唯疑》卷8，第239页。
⑦ （明）黄景昉：《国史唯疑》卷12，第364页。
⑧ （明）黄景昉：《宦梦录》卷1，第74页。

"万世经也",① 是维持"名教"的途径:"民之所由生,礼为大,非礼无以节事天地之神也,非礼无以辨君臣、上下、长幼之位也,非礼无以别男女、父子、兄弟之亲,昏姻疏数之交也。"②《国史唯疑》中对于尊卑之礼极为重视,如黄景昉认为明太祖革去正一派道教首领张正常"天师"之称是"极洗千古蒙陋"即是一例。③ 对张智不以懿文太子之丧而废祭祀之乐的建议,黄氏则认为"议最明妥"。④ 而对于隆庆初年议祧宣宗之举则不苟同,认为:"给事陆树德请毋祧宣宗,而祧睿宗,以旧所建世室奉祀,最确论也。格不行。将无以子改父、孙议祖为疑乎?"⑤

此外,大臣之体也是黄景昉瞩目之处,如对大臣摧抑勋臣以"自雄"的做法,黄氏即认为"非礼",并以"武臣黄福为交阯二司带尚书衔,犹以属官礼事黔、英二公"为劝。⑥ 朱裳屈膝于东夷王台,黄氏则认为其"宜以辱国论"。⑦ 而对于杨俊民作为礼官能守礼,则颇有赞许:"杨俊民初为礼部郎,有诏赐戚里,黄门趣召宣给,杨曰:'此内赐也,宜于迎和门颁之,非礼官所得与。'上闻是之。礼官守礼,又名臣子,谙习旧章,称盛事。"⑧ 鱼宏亮先生认为:"'三礼'之学既为国家提供了制度设计的方案,同时也为规范普通人的日常生活提供了伦理教条。"黄景昉对"礼"的重视于此两方面兼有,但更多地注重于上层,而非下层,并欲借礼"恢复专制秩序的指导理论"。⑨

4. 重视士风。明代士大夫之风气自嘉靖"大礼议"而变,⑩ 即如

----

① (明)黄景昉:《国史唯疑》卷8,第224页。
② 《礼记注疏》,载(清)阮元校刻《十三经注疏》,中华书局2011年版,第3496页。
③ (明)黄景昉:《国史唯疑》卷1,第17页。
④ (明)黄景昉:《国史唯疑》卷1,第19页。
⑤ (明)黄景昉:《国史唯疑》卷8,第224页。
⑥ (明)黄景昉:《国史唯疑》卷2,第44页。
⑦ (明)黄景昉:《国史唯疑》卷10,第288—289页。
⑧ (明)黄景昉:《国史唯疑》卷8,第234页。
⑨ 鱼宏亮:《知识与救世:明清之际经世之学研究》,北京大学出版社2008年版,第120页。
⑩ (明)黄景昉:《国史唯疑》卷6,第154页。关于明中后期士风的嬗变,可参见赵轶峰先生的《明代嘉隆万时期政治文化的嬗变》,《社会科学辑刊》2012年第4期。

有贤臣之称的胡世宁亦须结上自固："每先为将顺亲昵之言，以自结于上，徐引之正，讲义三章，几同告密。挟术任数行已在通介之间。疑一时风气使然，贤者不免。"① 黄景昉在《国史唯疑》中对士风的关注则是基于崇祯朝而回溯前代，其在钱习礼、王直由学士出理部事条，就曾感叹道："昔日恨夺风台遗意，今求之，恐不克矣。世风日下，即此是其一端。"②

黄景昉对晚明"世风日下"充满担忧，而其恢复士风的主张从其所推崇的士大夫行止中即可看出，首先，他认为士大夫在朝不当以追求富贵为业，而应安贫持廉，从他对李渭拒赂之事的评论，即不难看出其对士大夫为官当持清廉的推重，他说："有能知金珠之为吾蛇蝎者，吾与之论政，与之论学。"③ 其次，在实际的施政中，黄氏则认为应当持正，不应以"私恩掩公义"，并借袁袠不德张璁，而张氏仍以其置于鼎甲事为例，感叹崇祯朝士大夫以一己之私而掩公义的行径。④ 再次，黄氏主张士大夫应勇于任事，不当遇事推诿，并以常居敬、叶梦熊、梅国桢的例子，批评崇祯朝的士风，认为："曩值方隅警，辄不乏慷慨请缨之士，今即当局人避之恐不克矣。"⑤ 复次，黄景昉还主张士大夫"贵兢持晚节"，并以邹应龙等人晚年威望渐损之事作警醒："邹应龙初极论分宜著声，其抚滇乃以墨败，吴时来、董传策望亦渐损，是故君子贵兢持晚节也。"⑥ 最后，黄氏借顾清"牧羊于郊，豢豕于圈，非爱之，须其肥而食之也；无因之馈，其将羊豕我乎？逢蛇而奔，遇虎而伏，非敬之，知其毒而避之也；不情之礼，其将蛇虎我乎"之语，认为士大夫所宜复者在"爱敬畏"。

5. 究心军事。黄景昉虽未曾任过兵部之职，但对于兵事却颇为关注，自两京以至九边、浙、闽形势在《国史唯疑》中皆有论及。

---

① （明）黄景昉：《国史唯疑》卷6，第158页。
② （明）黄景昉：《国史唯疑》卷3，第67页。
③ （明）黄景昉：《国史唯疑》卷12，第366页。
④ （明）黄景昉：《国史唯疑》卷6，第158页。
⑤ （明）黄景昉：《国史唯疑》卷10，第284页。
⑥ （明）黄景昉：《国史唯疑》卷9，第261页。

如北京的城防及粮饷供应，黄景昉即借蔡汝楠之语，认为无须在京城之外筑罗城，①并认为通州之粮不宜搬运入京，以便于发援。②对于靳学颜疏请京军轮戍宣府、蓟镇的建议，黄景昉则认为："禁旅远征，恐胎唐人神策之变，即边兵入卫亦非制，且虑虏衅生。惟用戍近畿，每岁惟防秋三阅月耳，事毕，仍回营。法较可行。"③而对于南京的沿江防卫，则以靖难时明成祖直取南京为警戒，认为"平时沿江防守，全不济事，最要害不过数著耳"④。对于九边的论述，黄景昉主要借助前代的论议或大臣的奏疏，如对于紫荆关、居庸关的战守形势，即借元人阿鲁图的《进金史表》中所言"劲卒捣居庸关，北拊其背，大军出紫荆口，南搤其吭"为警示，认为"是千古都燕炯鉴"。⑤关于浙、闽的论述，黄景昉则多借事而述，如认为国初所设的昌国卫是倭寇"出入所由道"，汤和裁撤此卫是"千虑一失"；⑥而对于福建海防，黄氏认为"类山东登莱形势"，并赞同胡宗宪"闽诸郡，兴、泉二面当海，福、漳一面当海，险莫如福宁州。于地势东南尽处，突出海中，如人吐舌"，应"独当东南北三面"的主张。⑦

此外，黄景昉对于战守之法也颇有评骘，如守边之法，则认可王琼"不欲多创城堡，虑力分；不欲多用民壮，虑势扰；不欲虚设总制，虑致拘牵；不欲广行征调，虑滋劳费"的观点。⑧对于骑兵，黄氏则认可夏良胜"除边军外，勿给与马匹，非惟夺其逃生之具，亦且坚其必死之心"的说法，认为"总骑战中国所短，法当避短击长"。⑨并反对将战车之法用于边防，认为"若夫中国与夷狄战，其地则险

---

① （明）黄景昉：《国史唯疑》卷12，第356页。
② （明）黄景昉：《国史唯疑》卷12，第357页。
③ （明）黄景昉：《国史唯疑》卷8，第233页。
④ （明）黄景昉：《国史唯疑》卷2，第33页。
⑤ （明）黄景昉：《国史唯疑》卷3，第70页。
⑥ （明）黄景昉：《国史唯疑》卷7，第204页。
⑦ （明）黄景昉：《国史唯疑》卷12，第359页。
⑧ （明）黄景昉：《国史唯疑》卷5，第136页。
⑨ （明）黄景昉：《国史唯疑》卷6，第170页。

阻，其人则步与骑，而我之车布不能成列，动不能疾驰，是坐而待困也"①。《国史唯疑》中关乎军事的记载尚多，而其所关注之处则在虏与寇，足见其对明代边防困境的思考。

当然，《国史唯疑》同诸多私人撰述一样，不免存在一些纰漏之处，这些孟森、谢国桢、熊德基等先生都曾分别指出，② 但作为明中叶以降实证史学思潮影响下的史以经世之作，该书对于明代史事的研究仍具有较高的史料价值。

---

① （明）黄景昉：《国史唯疑》卷12，第362页。
② 可参见前引孟森《传钞本黄景昉〈国史唯疑〉跋》、熊德基《国史唯疑序言》以及谢国桢《增订晚明史籍考》（上海古籍出版社1981年版，第58—61页）。

尴尬的历史际遇
——明代藩王的政治诉求及其精神出路

梁曼容

一　问题缘起

以明代藩王为代表的明代宗室成员，在明代历史上的绝大多数时间和政治场域中都沉默寡闻，一直作为一个特殊的群体而存在。有关明代宗室及其相关问题的研究成果大量集中于 20 世纪八九十年代，涉及宗藩制度、宗禄人口、庄田等诸多方面，[①] 对藩王精神世界的细致考察却一直付之阙如。而且过去的这些研究多是从政治、经济或社会视角下对明代宗藩问题进行宏观考察，其背后往往有一种宏大的理论为观照。这样的考察集中体现了宏大叙事的利弊，一方面使得学人

[①] 有关明代宗藩制度研究的成果非常多，其代表性的有：顾诚：《明代的宗室》，《明清史国际学术讨论会论文集》，天津人民出版社 1982 年版；暴鸿昌：《明代宗藩特权的演变》，《北方论丛》1984 年第 5 期；暴鸿昌：《明代藩禁简论》，《江汉论坛》1989 年第 4 期；张德信：《明代诸王分封制度述论》，《历史研究》1985 年第 5 期；张德信：《明代诸王与明代军事——略论明代诸王军权的变迁》，《河北学刊》1989 年第 5 期；张显清：《明代亲藩由盛到衰的历史演变》，《社会科学战线》1987 年第 2 期；赵毅：《明代宗室政策初探》，《东北师大学报》1988 年第 1 期；蒋兆成：《明代宗藩制度述评》，《中国社会经济史研究》1988 年第 3 期；王春瑜：《"弃物"论——谈明代宗藩》，《学术月刊》1988 年第 4 期；周积明：《封藩制与初明军权的转移》，《湖北大学学报》1986 年第 1 期；赵中男：《明宣宗的削藩活动及其社会意义》，《社会科学辑刊》1998 年第 2 期；刘晓东：《王府文官与明初中央集权》，《东北师大学报》2008 年第 5 期；王毓铨：《明代的王府庄田》，《历史论丛（第一辑）》，中华书局 1964 年版；郑克晟：《明代的官店、权贵私店和皇庄》，《明史研究论丛（第一辑）》，江苏人民出版社 1982 年版。

对明代藩王制度有了高屋建瓴式的透视和把握；另一方面却有以论代史之嫌，使藩王人物的生活细节和精神情感被淹没在理论建构之中，从而导致学界对藩王这一群体的认知过于笼统和失之偏颇。因此，在20世纪明代藩王制度研究较为丰富的基础上，从藩王自身入手，尝试对人物和群体进行细致的研究，探寻其精神诉求既是可能的，也是有意义的；这有益于从一个新的切入点对明代宗室制度与贵族政治进行再审视。

此外，过去有关宗藩问题的研究，其背后所观照的理论大致可分为"封建社会衰落论"、"资本主义萌芽"说，或者"中国早期近代"说。这些观点虽存在着根本的理论分疏，却在解读明代宗藩问题上有高度的一致性，基本上都将明代的分封制度视作历史发展的"阻碍"或者"落后"因素；加之，过去学界缺少对宗藩具体人物的考察，学界对藩王及宗室的评价，也存在程度不同却基调一致的负面的价值批判色彩。特别是在20世纪八九十年代的研究中，明代藩王毫无例外被有意或无意地描述为"腐朽"、"贪婪"和"残暴"的形象，[①]这一近于脸谱化的形象，使得新世纪的相关研究成果也难以不落窠臼。[②]藩王"腐朽"的一面自然存在和毋庸置疑，但这种脸谱化导致藩王其他更丰富的面相被忽视了。所以，有必要改变过去从外部社会结构对藩王进行观察的视角，从藩王自身去看藩王群体，以期由此还

[①] 例如：李国华在《明代的宗藩》（《江西师范大学学报》1985年第1期）一文中，指出明代宗藩的"腐朽寄生性与残暴性"，"激化了封建社会后期日益尖锐的阶级矛盾"，"也阻碍了明朝后期资本主义萌芽的正常成长"；王春瑜在《"弃物"论——谈明代宗藩》（《学术月刊》1988年第4期）一文中叙述了明代宗藩生活奢侈腐朽、作恶多端以及明中后期穷困潦倒的情形；覃延欢在《明代藩王经商当议》（《中国社会经济史研究》1993年第2期）一文中认为明代商品经济空前发展，是资本主义萌芽的时代，藩王经商正是随着商品经济的发展而出现的，但是藩王作为腐朽的特权阶层，其经商行为带有巨大的垄断性和破坏性，因此严重地阻碍了资本主义萌芽。

[②] 自21世纪以来，"资本主义萌芽发生障碍论"和"封建社会衰落论"的理论局限性已为学人所共识，但藩王负面形象的刻画却从未中断。雷炳炎有多篇论文研究明代宗藩犯罪，他认为亲郡王犯罪的根源"多出于贪婪的本性"（《明代宗藩经济犯罪述论》，《暨南史学》2009年第6辑）。近些年论述宗藩与地方社会的硕士学位论文也基本秉承了原先一边倒的评价。

原他们逼真鲜活的真实形象，展现他们身处复杂历史环境下的精神诉求与自我纠葛。

本文并不着意于对某一位或某几位贤王进行描绘式的写真，而是欲从数位藩王入手做群体的共性研究。将藩王这一群体作为一个整体的研究对象，去考察藩王因时势和政治处境所致而产生的共有的政治诉求与价值情怀。① 本文所要追寻的问题是，靖难之后，在政治权力被极度削夺的历史境遇下，藩王是否确如过去研究所呈现的那样，不再关心政治，自甘"弃物"，骄奢淫逸；他们还存有哪些政治诉求，是否还有强烈的用世意愿和抱负？当他们时刻身处于藩禁政策主导下的政治隔离与监视中时，他们是如何曲折地表达对时政的看法的？与上述问题相反相成的另一个问题即是：在明代如履薄冰的政治生态中，藩王已然注定志不得伸的悲剧命运，那么他们又是如何寻求精神出路的？这相反相成的两面恰构成了明代藩王的尴尬历史际遇。最后，本文从明代政治体制建构对藩王这一尴尬境地做些尝试性解读，这亦是明代贵族政治存续状态的一个有意义的注脚。

二 文献基础与研究对象

为了更好地了解藩王的政治诉求与精神世界，本文选取藩王诗文集作为主要史料。众所周知，明代藩王著述丰富，涉及经史子集，胜于前代，传世也颇多，这是了解明代藩王生活的一手资料。然而这些资料一直未得到充分的利用。基于明代藩王多数都会作诗，相对于戏剧、散曲更具有普遍性；且所谓诗以言志，诗歌也能较好地反映出藩王的志向和

---

① 自 21 世纪以来，也有若干研究成果对明代藩王展开细致入微的研究，但研究对象都是限于单个人物，而且多是文学性研究，诸如创作背景和文学成就等，间有涉及某位藩王的精神世界，却无法展示藩王这个群体的特征。这方面的研究也主要是围绕明宗室中几位著名的贤王展开，如朱万曙：《论朱权的戏曲创作与理论贡献》，《安徽大学学报》2000年第 4 期；赵晓红：《朱有燉杂剧研究》，博士学位论文，南京大学，2002 年；朱仰东：《朱有燉研究》，博士学位论文，山东师范大学，2013 年；闫春：《朱有燉诗歌研究》，硕士学位论文，广西师范大学，2006 年；滑丽坤：《朱载堉〈醒世词〉研究》，硕士学位论文，河北大学，2010 年；等等。

情感；故本文主要围绕藩王诗作展开，对这些尘封的诗作做历史学的审视。以下就将所使用的藩王诗文集及其版本作一简单交代。

表1

藩王	著述	刻本
周宪王朱有燉	《诚斋录》《诚斋新录》	明嘉靖十二年周藩刻本
秦简王朱诚泳	《小鸣稿》	《景印文渊阁四库全书》本
唐藩文城王朱弥钳	《谦光堂诗集》	明嘉靖二十年唐藩刻本
沈藩灵川王朱诠铁	《凝斋稿》	明崇祯元年沈国勉学书院刻本
蜀成王朱让栩	《长春竞辰稿》	嘉靖二十八年蜀藩刻本
沈宪王朱胤㭎	《保和斋稿》①	明崇祯元年沈国勉学书院刻本
楚藩武冈王朱显槐	《宗室武冈王集》	明嘉靖隆庆间刻本
沈宣王朱恬烄	《绿筠轩稿》	明崇祯元年沈国勉学书院刻本
沈定王朱珵尧	《修业堂稿》	明崇祯元年沈国勉学书院刻本
晋藩庆成王朱慎钟	《宝善堂稿》	明万历三年刻本
赵藩江宁王朱载墣	《绍易诗集》	明直敬堂刻本
周藩上洛王朱朝瞌	《青藜斋集》	明万历刻本

从表1可以看出，本文考察范围涉及了周、秦、唐、沈、蜀、晋、赵、楚8个藩封的6位亲王和6位郡王，共13种文献。其中，除周宪王朱有燉的2种外，其他11种几乎不为史学界所注意，更没有得到充分的使用。本文就以上述诗文集为主要文献基础，同时参酌钱谦益《列朝诗集》、朱彝尊《明诗综》和陈田《明诗纪事》中所载除上述12位藩王之外其他藩王的诗歌，② 展开对前述问题的梳理和回

---

① 《保和斋稿》五卷，《中国古籍善本书目》作"朱允楷撰"，查《明史·诸王表》，朱允楷为沈怀王；朱孟震所写《敕赐勉学书院集叙》中介绍《沈国勉学书院集》卷12"安王一，宪王五，宣王四，今王二"，并未有怀王；且该书院集所收《保和斋稿》，署名"沈宪王南山道人"。故推测《中国古籍善本书目》的记录可能是整理时搞错了。参见《中国古籍善本书目》（集部），上海古籍出版社1996年版，第1827页；（清）张廷玉等：《明史》卷102《诸王世表三》，中华书局1974年版，第2781页；朱珵尧编：《沈国勉学书院集》，国家图书馆藏明崇祯元年沈国勉学书院刻本。

② （明）钱谦益：《列朝诗集》，中华书局2007年版；（清）朱彝尊：《明诗综》，中华书局2007年版；（清）陈田：《明诗纪事》，上海古籍出版社1993年版。

答。由于本文涉及的人物较多，特将文中所出现的 25 位藩王世系及生平述略列入表 2，以便清晰人物的历史关系，展开论述。

表 2　　　　　　　　　　本文所述藩王生平述略①

藩王	爵位	生平
周王朱有燉 （1379—1439 年）	亲王	朱元璋之孙、周定王朱橚之子。洪武十二年生，②正统元年袭周王，四年薨。
肃王朱瞻焰 （1406—1464 年）	亲王	朱元璋之孙，肃庄王朱楧之子，永乐四年生，二十二年袭封肃王，天顺八年薨。
安塞王朱秩炅 （？—1473 年）	郡王	朱元璋孙，庆靖王朱㮵子，正统九年封安塞王，成化九年薨。
襄陵王朱冲烋 （？—1477 年）	郡王	朱元璋孙，韩宪王朱松子。永乐二年封襄陵王，成化十三年薨。
秦王朱诚泳 （1458—1498 年）	亲王	朱元璋五世孙，秦愍王朱樉玄孙。天顺二年生，成化四年封镇安王，弘治元年袭秦封，十一年薨。
文城王朱弥钳 （？—1516 年）	郡王 追封亲王	朱元璋玄孙，唐定王朱桱曾孙。成化十五年封文城王，正德十一年薨，后子嗣唐王，被追封为亲王。
灵川王朱诠钵 （1474—1509 年）	郡王 追封亲王	朱元璋玄孙，沈简王朱模曾孙。成化十年生，十九年封，正德四年薨，后孙嗣沈王，被追封为亲王。
钟陵王朱觐锥 （？—1518 年）	郡王	朱元璋玄孙，宁献王朱权曾孙，成化九年封，弘治十八年，罪降庶人，送凤阳，正德十三年卒，封除。
唐王朱弥鍗 （？—1523 年）	亲王	朱元璋玄孙，唐定王朱桱曾孙。成化十五年封颍昌王，二十三年袭唐王，嘉靖二年薨。
肃王朱真淤 （？—1526 年）	世子	朱元璋五世孙，肃庄王朱楧玄孙。身前为肃世子，嘉靖五年薨，以子袭肃封，被追封亲王。

---

①　据张廷玉《明史·诸王表》及《明实录》。《明实录》，台北"中央研究院"历史语言研究所 1962 年版。
②　据《明太祖实录》卷 122，洪武十二年春正月丁亥："皇第六孙有燉生，周王世子也。"

续表

藩王	爵位	生平
蜀王朱让栩 （？—1547年）	亲王	朱元璋六世孙，蜀献王朱椿来孙。正德五年袭封蜀王，嘉靖二十六年薨。
沈王朱胤栘 （？—1549年）	亲王	朱元璋六世孙，沈王朱模来孙。嘉靖五年袭封灵川王，十年嗣沈封，二十八年薨。
赵王朱厚煜 （1498—1560年）	亲王	成祖朱棣六世孙，赵简王朱高燧来孙。正德十六年袭赵封，嘉靖三十九年薨。
鲁王朱颐坦 （？—1594年）	亲王	朱元璋八世孙，鲁荒王朱檀七世孙。嘉靖二十四年封宝庆王，三十年袭封鲁王，万历二十二年薨。
樊山王朱载垺 （？—1597年）	郡王	成祖朱棣七世孙，仁宗朱高炽六世孙，荆宪王朱瞻堈来孙。嘉靖三十六年袭封樊山王，万历二十五年薨。
武冈王朱显槐 （？—1590年）	郡王	朱元璋六世孙，楚昭王桢来孙。嘉靖十七年封武冈王，万历十八年薨。
沈王朱恬烄 （？—1582年）	亲王	朱元璋七世孙，沈王朱模六世孙。嘉靖三十一年袭沈封，万历十年薨。
沈王朱珵尧 （？—1621年）	亲王	朱元璋八世孙，沈王朱模七世孙。万历十二年袭封，天启元年薨。①
庆成王朱慎钟 （？—1606年）	郡王	朱元璋九世孙，晋恭王朱㭎八世孙。嘉靖四十二年以奉国将军改封长孙，隆庆六年袭封，万历三十四年薨。
江宁王朱载璞 （？—1581年）	郡王	成祖朱棣七世孙，赵简王朱高燧六世孙。嘉靖四十四年袭江宁王，万历九年薨。
山阴王朱俊栅 （？—1603年）	郡王	朱元璋六世孙，代简王朱桂来孙。嘉靖三十七年袭封山阴王，万历三十一年薨。
上洛王朱朝瞴 （生卒不详）	郡王	朱元璋八世孙，周定王朱橚七世孙。万历六年封长子，三十二年袭封。

---

① 关于朱珵尧薨年，《明史·诸王表》无记载，钱谦益《列朝诗集小传》记载为"天启元年"。参见钱谦益《列朝诗集小传》，上海古籍出版社2008年版，第11页。

续表

藩王	爵位	生平
德平王朱胤樘 （？—1582）	郡王	朱元璋六世孙，沈王朱模来孙。嘉靖三十七年封德平王，万历十年薨。
安庆王朱恬烿 （？—1594）	郡王	朱元璋七世孙，沈王朱模六世孙。嘉靖三十一年封安庆王，① 万历二十二年薨。

三 隐晦的政治诉求

靖难之后，随着明成祖与明宣宗的削藩，藩王的政治与军事权力被全面削夺，皇族宗室不得参与政事，不得议论朝政，几乎处于与朝廷政治相隔离的境地。因此，在有明一代200多年的政治生活中，除了明初洪武朝与明中后期的几次藩王叛乱，很难听闻宗室的声音。这也导致在过去的研究中，藩王的经济与社会行为多为史家所诟病，而藩王的政治表现却基本淡出史家的视野。但事实上，藩王的政治诉求并没有因朝廷的政治高压而彻底消亡，而是以一种隐晦曲折的方式表达出来，或隐或显。

1. 辅国经邦的政治抱负

朱元璋大兴分封，以分封制为重要开国建制，本意即在令诸王藩屏帝室，保国祚久远。靖难之后，藩王权力被削夺殆尽，事实上已经完全沦落为皇权的附庸，但藩王之中不乏有志之士，他们仍视辅国经邦为自身责任和对皇帝忠孝的应有之义。这种"经国之志"普遍显示在藩王的诗作当中。

秦简王朱诚泳在《自题小像》一诗中自白一腔报国热忱："报国寸心元自赤，流年双鬓欲成银。"② 历经成弘正三朝的唐藩文城王

---

① 朱恬烿授封郡王时间，《明实录》作"嘉靖三十年十二月"，参见《明世宗实录》卷380，嘉靖三十年十二月乙亥："册封沈王胤栘……第七子恬烿为安庆王。"
② （明）朱诚泳：《自题小像》，《小鸣稿》卷5，《景印文渊阁四库全书》集部第1260册，台湾商务印书馆1986年版，第263页。

（后封恭王）朱弥钳和生活在嘉靖朝的沈宪王朱胤栘对自己的匡国之志更是直言不讳。朱弥钳颇爱菊花，有《咏菊》百首，他通过咏菊来表达自己的情感，其中有一首《赤心黄》道出了自己匡辅国家的志向："菊花呈艳占中央，习习清香独向阳。忠烈久怀匡国志，风霜偏显赤心黄。"① 他自比菊花，称自己长久以来便怀有匡国之志。朱弥钳怀有强烈的忧国意识，他在《写怀》一诗中还表达了他的政见："乾坤荡荡浩无涯，万里风云际遇时。四海乱离须择将，一身颠沛必求医。爱君日日劳千虑，忧国时时蹙二眉。顷刻不忘忠孝事，此心惟有老天知。"② 他认为国家离乱需要甄拔人才，正如人生病需要求医；为国担忧恰是藩王忠孝分内之事。不过朱弥钳也不得不感慨，唯有天才能明白他的心意。沈宪王朱胤栘亦有经天纬地之抱负，他在诗中甚至直言欲为皇帝出谋划策："遥知圣德图宵旰，尚想宏才献典坟。"③ 朱胤栘一直认为藩王享受朝廷厚禄，为国家建功立业乃是应尽之义："夜分犹不寐，积雪尚余寒。坐久一灯晦，愁多双鬓残。自知叨厚禄，徒说济时难。试看幽巢雀，林深能自安。"④ 由于事实上他不可能有任何建树，他夜不能寐，自嘲自己是躲在深林之中苟安的鸟雀。需要说明的是，这种从对国事的关切而产生的惭愧之情并非朱胤栘的一时之感，在他五卷本的《保和斋稿》中随处可见："报国徒深虑，关心岂别情。锦衣兼玉食，辗转愧平生"⑤，"防边犹报警，筹国愧无方"⑥，"回首天门万里情，十年叨禄叹虚名。自惭报国无涓滴，敢意

---

① （明）朱弥钳：《赤心黄》，《谦光堂诗集》卷8，《四库全书存目丛书》集部第60册，齐鲁书社1997年版，第405页。
② （明）朱弥钳：《写怀》，《谦光堂诗集》卷2，《四库全书存目丛书》集部第60册，第362页。
③ （明）朱胤栘：《秋日有怀薛翠轩黄门》，《保和斋稿》，载朱珵尧编《沈国勉学书院集》卷2，中国国家图书馆藏明崇祯元年沈国勉学书院刻本，第8页。
④ （明）朱胤栘：《雪夜》，《保和斋稿》，载朱珵尧编《沈国勉学书院集》卷2，中国国家图书馆藏明崇祯元年沈国勉学书院刻本，第15页。
⑤ （明）朱胤栘：《秋梦》，《保和斋稿》，载朱珵尧编《沈国勉学书院集》卷2，第20页。
⑥ （明）朱胤栘：《十月一日家园漫兴》，《保和斋稿》，载朱珵尧编《沈国勉学书院集》卷3，第24页。

推恩及弟兄"①，"受恩食禄惭虚名，碌碌株守维藩城"②。可以看出，虽然朝廷严格禁止宗室参与政治，但在朱胤楷的意识里，报国是藩王的职责所在。

这种藩屏帝室的政治抱负还体现在，在国家局势紧张之时，一些藩王毛遂自荐，主动要求参与到国家事务中。比如土木之变后，韩藩襄陵王朱冲烁上奏"欲奋身勤王"③，肃王朱瞻焰也"以京师戒严……欲遣官部率勤王"④，结果皆被阻止。又如弘治中，宁藩钟陵王朱觐锥上章"自陈骁勇，善骑射，熟于韬略，愿备将帅之选，以身报国"，却引起兵部尚书马文升的疑虑："今钟陵王无故自荐……或生异图"，乞孝宗降旨严加责查，孝宗于是以"义不可许"拒王所请。⑤还有荆藩樊山王朱载垯，曾于隆庆六年"上书请自试效用"，疏留中不报。⑥藩王表现出对政事的关切，自然与当时明朝边塞剑拔弩张、内地人民叛乱的客观形势密切相关；但也说明，虽然明朝藩禁政策严苛，宗室被边缘于政治事务之外，辅国经邦的政治诉求却一直在藩王的政治意识和精神世界中存续下来。

不过众所周知，在明代严苛的宗室政策之下，藩王毫无施展空间。他们的"踌躇满志"在某种意义上就是"志不得伸"，因此他们只能将一腔情绪诉诸于"苦闷"和"无奈"的诗意之中。周宪王朱有燉历经洪武、建文、永乐、洪熙、宣德和正统六朝，目睹和经历了藩王跌宕起伏的历史，他有数首描写王昭君的诗作，借王昭君典故抒发自己的不得志："自信花颜独占春，那知漂泊委胡尘。"⑦昭君之

---

① （明）朱胤楷：《得舍弟封信寄谏垣诸公》，《保和斋稿》，载朱珵尧编《沈国勉学书院集》卷4，第12页。
② （明）朱胤楷：《初度日酬太守诗韵》，《保和斋稿》，载朱珵尧编《沈国勉学书院集》卷6，第15页。
③ 《明英宗实录》卷186，正统十四年十二月丁未。
④ 《明英宗实录》卷186，正统十四年十二月乙丑。
⑤ 《明孝宗实录》卷159，弘治十三年二月壬辰。
⑥ （明）朱谋㙔：《藩献记》卷3，《北京图书馆古籍珍本丛刊》第19册，第770页。
⑦ （明）朱有燉：《昭君怨》，《诚斋录》卷1，《续修四库全书》第1328册，上海古籍出版社2002年版，第160—161页。

美，无人可及，她本应留在"深宫"，可是事情恰恰相反，不得不"漂泊胡尘"。朱有燉似是为王昭君鸣不平，实则隐晦地表达自己有才而不被用事的愤懑。另一首《临安偶成》，朱有燉将自己郁郁不得志的情绪表达得更为明晰："贾谊不须偏吊楚，仲宣何事独登楼。愁怀自惜年华晚，回首江山动早秋。"①这里朱有燉化用了贾谊作《吊屈原赋》和王粲作《登楼赋》的典故，此二人都是在不得志时写就上述二文，朱有燉也将自己不得志的愁怀都赋予此诗中。这种不得志的苦闷并非朱有燉一人的境遇所致，其后的藩王依然以诗赋愁。生活在成弘正时代的沈安王朱诠钵就曾感慨"独抱鱼龙志，难逢际遇时"②；生活于嘉隆万时代的赵藩江宁王朱载墣，也常常因不得志而叹惋："徒负排空志"，"无奈壮心何"。③

上述"踌躇满志"的一厢情愿与"志不得伸"的抑郁情绪在本文所考察的藩王身上都能捕捉到，是为一种群体共相。之所以形成一种群体共相，原因当归结于明代禁止宗藩参政的藩禁政策。明初，太祖恢复分封制，令诸王坐镇边地大邑，直接参与朝廷的重要政治和军事举措；同时，太祖也为后世子孙参政的方式和途径做了安排，并将相关规定明确写在垂训后世的《皇明祖训》之中："凡郡王子孙有文武材能堪任用者，宗人府具以名闻，朝廷考验，换授官职，其升转如常选法。"④应当说，在太祖的整套开国建制和政治设想中，藩王及所有宗室成员扮演着重要的政治角色。但靖难之后，藩王实际上已经不能参与朝政。到了宣德初年，宗藩出仕之禁也作为成文的制度正式出台。出仕之禁起于朱高煦谋反，"当时大

---

① （明）朱有燉：《临安偶成》，《诚斋录》卷2，《续修四库全书》第1328册，第290页。

② （明）朱诠钵：《春日写怀》，《凝斋稿》，载朱珵尧编《沈国勉学书院集》卷1，中国国家图书馆藏明崇祯元年沈国勉学书院刻本，第2页。

③ （明）朱载墣：《雪中乌题扇》，《绍易诗集》卷1，《四库未收书辑刊》第5辑第21册，北京出版社2000年版，第537页；《早秋遣兴》，《绍易诗集》卷2，《四库未收书辑刊》第5辑第21册，第547页。

④ （明）朱元璋：《皇明祖训》，《四库全书存目丛书》史部第264册，齐鲁书社1996年版，第182页。

臣倡为疏忌宗室之说，遂废出仕之令"①。至此，宗藩在制度层面已经不再具有参与朝政的途径。可以说，靖难以及削藩是对朱元璋政治蓝图的一次改弦更张。万历末年，朝廷虽开宗室出仕之禁，其范围却十分有限。除了明朝最初和最后的几十年，有明一代的宗室都被排除在政治行政运作体制之外；且防嫌之甚，有过之而无不及。因此，纵然藩王中有佼佼者，皆不能出仕为官，难怪乎藩王多有"志不得伸"的苦闷和无奈了。

明代宗室不得志的苦闷之情在同时代士人的笔下也有反映。谢肇淛在其所撰《五杂俎》中表达了对宗室贤者郁郁不得志的同情："今天下宗室之多莫如秦中、洛中、楚中。贤者赋诗能文，礼贤下士，而常郁郁有青云无路之叹。"② 魏广国在给《藩献记》写的序文中亦云："余尝叹，宗臣中精忠强学彬彬若而人，宁不堪绾半通之绂，展采就列。乃锢之一城，使优游縻禄以老，亦足悲也！"③ 出仕之禁直到万历后期才逐步放开，宗室得以参加科举，宗室出仕之禁得到十分有限的放开。所以，当得知堂弟"印月"被录取为生员，周藩上洛王朱朝瞡非常欢喜，为此写了《贺萃亭叔仲嗣印月弟游泮》一诗，"萃亭"和"印月"应是别号，由题目可知，朱朝瞡堂叔的二子考取生员，朱朝瞡写诗庆贺，诗云"吾家今喜出刘向"，喜宗室有用武之地。④

2. 关心时局的忧患意识

朱元璋分封诸王，选择边境要塞和名都大邑。因此，有明一代藩王往往都目睹和亲身经历了边境或内地的战事纷争。碍于藩禁，藩王不能亲自戎马，他们却忧心忡忡，用文字记录了当时的战况；除此之外，他们当中一些藩王以友人身份写信给军事大员表达对战事的关切；一些藩王还用诗歌的形式委婉地对战局或朝廷军事策略进行评

---

① （明）霍韬：《天戒疏》，载陈子龙《皇明经世文编》卷186，中华书局1962年版，第1915页。
② （明）谢肇淛：《五杂俎》卷15"事部三"，中华书局1959年版，第425页。
③ 魏广国：《藩献记序》，载（明）朱谋㙔《藩献记》，《北京图书馆古籍珍本丛刊》第19册，书目文献出版社1995年版，第745页。
④ （明）朱朝瞡：《贺萃亭叔仲嗣印月弟游泮》，《青藜斋集》卷之上，《四库禁毁书丛刊》集部第104册，北京出版社2000年版，第634页。

论……这些行为应当视作藩王政治诉求的一种曲折表达。

通过对藩王诗文的梳理，可以发现，虽然藩王文风各有千秋，对军旅题材却有着共同的执着，战事书写是贯穿明代200多年的藩王的共同主题。周宪王朱有燉、秦简王朱诚泳、唐恭王朱弥钳、肃靖王朱真淤、蜀成王朱让栩、赵康王朱厚煜、武冈王朱显槐、庆成王朱慎钟、江宁王朱载堥、上洛王朱朝瞡，以及沈藩四王朱诠鉌、朱胤栘、朱恬烄和朱珵尧皆写了大量边塞诗来记录或比附发生在眼前的战事。① 其中，肃靖王朱真淤更以边塞诗闻名，钱谦益称赞其"博雅好文，诗调高古，言边塞事尤感慨有意"②；朱彝尊也认为靖王的边塞诗风格"骎骎唐人"③。朱真淤写道"强欲从军事鞍马，冯唐已老复如何"④，显示出他对边塞的关心和不能建功立业的感慨。沈宪王朱胤栘几乎每逢战事都会作诗来表达自己的关切之情，⑤ 他还经常以朋友身份写诗给边境要员表达他对战局的关切之情以及对友人寄予的厚望。⑥ 不仅如此，朱胤栘对朝廷边境日益颓废的状况十分忧虑，他有一篇《老军

---

① 周宪王朱有燉生活于承平盛世，边塞诗相对较少，主要有《关山月》《塞上曲》《拟古出塞》等数首，参见朱有燉《诚斋录》卷1，《续修四库全书》第1328册，第163、164、168—169页。秦简王朱诚泳有边塞诗《陇头吟》，载钱谦益《列朝诗集》乾集下，第69页；此外还有《苦哉远征人》《苦热行》《戍妇词》《征妇怨》《关山月》《征夫》《苦寒行》等，参见朱诚泳《小鸣稿》卷1，《景印文渊阁四库全书》第1260册。沈宣王朱恬烄有边塞诗《秋杪寄刘次山兵臬防边》和《和杨梦山中丞庑后宿新凉岭之作》等，参见朱恬烄《绿筠轩稿》，载朱珵尧编《沈国勉学书院集》卷7，第5、12页。蜀成王朱让栩有边塞诗《飞雁》，参见朱让栩《长春竞辰稿余稿》卷7，《四库未收书辑刊》第5辑第18册，北京出版社2000年版，第572页。赵康王朱厚煜有边塞诗《拟出塞》和《戎寇》，分别载钱谦益《列朝诗集》乾集下，第85页和朱彝尊《明诗综》卷1下，中华书局2007年版，第47页。赵藩江宁庄惠王朱载堥有《边警》和《送赵兵宪万举北伐》，参见朱载堥《绍易诗集》卷1，《四库未收书辑刊》第5辑第21册，第535、534页。
② （明）钱谦益：《列朝诗集小传》乾集下，第10页。
③ （明）朱彝尊：《明诗综》卷1下，第44页。
④ （明）朱真淤：《塞上》，载钱谦益《列朝诗集》乾集下，第74页。
⑤ 主要有《闻边报至》《辛丑岁九日登城时虏犯太原闻报有感》《辛丑岁八月间虏寇至潞赋此志感》《次云仙叔胡虏犯境之作》《十月一日家园漫兴》《闻报羯虏犯边境檄传郡县城守用纪壬寅七月》《传闻新任张总兵御虏报捷喜而用纪》《疾初愈值虏侵境遣愁》《预度云中突厥之扰》等。
⑥ 主要有《壬寅春闻边警寄胡栢泉宪副》《闻虏入寇有感次南台韵》《拟赠行边使翟石门阁老》《得苏舜泽都宪书》《赠种参戎》等。

叹》，通过一老兵的口吻来描述边境军务破败不堪的状况，关切之情、忧虑之思与无奈之感跃然纸上。正因为对边事尤为关切，朱胤杉言"谁为投笔者，定远待封侯"，愿意效仿定远侯班超投笔从戎。① 周藩上洛王朱朝瞎，主要生活于万历时期，面对日益紧张的边事，他感慨"当年卫霍不复作"②，坦言"愿得昆吾铸宝刀，驰向三关定西域"③，流露出建功立业的志向。他也经常写诗给边关和地方大员，表达自己对时局的关心，④ 在《初冬宴三司诸公》一诗中对这些身处要职的友人寄予了厚望："愧我才非济世雄，安危应是仗群公。"⑤ 由于绝大多数藩王本就身处边塞，亲睹战事，因而洞悉边情，藩王之中不乏对局势颇有见识者。万历二十年，西夏弗宁，代藩山阴王朱俊栅奏诗八章，寓规讽之旨。对此，《明史》本传评价说："代处塞上，诸宗渚经祸乱，其言皆忧深思远，有中朝士大夫所不及者。"⑥ 晋藩庆成王朱慎钟，主要生活于嘉靖末年到万历初年，隆庆年间俺答封贡，明朝边患暂时解除，朱慎钟特写诗记录此事，诗中意气奋发："决胜和胡罢檄飞，沙堤市马振天威。持忠大帅运神略，归义强胡伏帝畿。采帛万钧开北货，骅骝千匹赴南归。只今戈偃三边静，欣睹光天万国辉。"⑦

除了边塞诸王，身处内地的藩王对农民叛乱和倭寇侵扰也十分关心，同样用诗歌记录了这些重要历史事件。唐恭王朱弥钳在其《谦光堂诗集》中，有三首关于明正德朝刘六刘七起义的诗作。其中两首是

---

① （明）朱胤杉：《辛丑岁八月间虏寇至潞赋此志感》，《保和斋稿》，载朱珵尧编《沈国勉学书院集》卷3，第10页。
② （明）朱朝瞎：《饮马长城窟》，《青藜斋集》卷之上，《四库禁毁书丛刊》集部第104册，第635页。
③ （明）朱朝瞎：《君马黄》，《青藜斋集》卷之上，《四库禁毁书丛刊》集部第104册，第636页。
④ 如《袁宪长来韵二律》《上方按君》等。
⑤ （明）朱朝瞎：《初冬宴三司诸公》，《青藜斋集》卷之下，《四库禁毁书丛刊》集部第104册，第658页。
⑥ （清）张廷玉等：《明史》卷117《列传第五·诸王二》，第3584页。
⑦ （明）朱慎钟：《胡人市马》，《宝善堂稿》卷之下，《四库全书存目丛书》集部第140册，第544页。

挽诗，哀悼在平定刘六刘七起义中身死的裕州同知郁采，《挽裕州郁二守采死节》和《再挽郁采同知死节》；① 另一首《平流贼识喜》写出了朱弥钳在得知"流贼"被平定后欣喜若狂的心情："无端贼子犯中华，干揽天兵戮草芽。盖世雄威山压卵，跳梁奸计水推沙。兵威纠纠龙离海，贼势忙忙狗丧家。复见太平全胜日，黎民从此不嗟呀。"② 朱弥钳之所以如此兴奋，是因为他认为朝廷大获全胜，天下重见太平，黎民百姓也可从此安宁。楚藩武冈王朱显槐，不仅关心北边战事，对东南抗倭也颇为重视，他作有《闻习仪鼓角有感》和《寄张明厓（时以巡抚督兵苏松）》二诗，谈论的就是抗倭之事："满耳干戈犹战伐，东南何日寝王师"③、"先声霍霍气横秋，咤得东洋水倒流。一夜狂奴俱远遁，海门依旧泛渔舟"。④ 查吴廷燮《明督抚年表》和《明世宗实录》，张景贤曾于湖广按察使升任应天巡抚；⑤ 且《漕船志》所收张景贤《积翠亭》诗一首，署名"明厓张景贤"，⑥ "明厓"应该是张景贤号，故据此两条可以确定《寄张明厓》一诗是朱显槐写给时任应天巡抚张景贤的；不过，张景贤任职一年便于嘉靖三十六年二月闲住，⑦ 所以，这首诗的写作时间当在嘉靖三十五年二月到三十六年二月间。

3. 讽刺时政，影射帝王

由于藩王不得议论朝政，他们便借用诗歌来讽刺时政，表达自己

---

① 参见朱弥钳《谦光堂诗集》卷3、4，《四库全书存目丛书》集部第60册，第345、363页。

② （明）朱弥钳：《平流贼识喜》，《谦光堂诗集》卷4，《四库全书存目丛书》集部第60册，第363页。

③ （明）朱显槐：《闻习仪鼓角有感》，《宗室武冈王集》，载俞宪编《盛明百家诗》，《四库全书存目丛书》集部第306册，第422页。

④ （明）朱显槐：《寄张明厓（时以巡抚督兵苏松）》，《宗室武冈王集》，载俞宪编《盛明百家诗》，《四库全书存目丛书》集部第306册，第423页。

⑤ 参见吴廷燮《明督抚年表》卷4，中华书局1982年版，第361页；《明世宗实录》卷432，嘉靖三十五年二月戊午，"升湖广按察使张景贤为右佥都御史代邦辅"，按，曹邦辅时为应天巡抚；《明世宗实录》卷437，嘉靖三十五年七月戊午。

⑥ （明）席书编次，朱家相增修：《漕船志》卷8，《淮安文献丛刻（二）》，方志出版社2006年版，第154页。

⑦ 参见（明）谈迁《国榷》卷62，中华书局1958年版，第3890页。

的看法。

　　一是借气候反常来批评时政。古人通常把天象的异常情况看作上天对当朝政治行为的警示，每逢天象有变，群臣都会上疏，皇帝也会下令修省或罪己，这种情形在明代较以往各代都更为频繁。① 明代藩王也经常借气候变迁来表达自己对时政的指摘。唐恭王朱弥钳有一首描写气候反常的诗："密云拖雨送新凉，爽气侵人冷莫当。夏日却行秋日令，南风浑似北风狂。齐纨不用高悬壁，蜀锦重将半覆妆。鼎鼐失调由宰辅，故教风雨异寻常。"② 丙子，为正德十一年，这年五月本该炎热难耐的夏日却分外寒凉。朱弥钳把气候的反常归因于宰辅失职导致政治"失调"。沈宪王朱胤栘也有一首类似的诗，讽刺意味更为浓烈："谁识天心变，当朝宰相家。云凝昏白昼，风起乱黄沙。鼎食宁无愧，樗材每自嗟。蓟门非旧俗，满眼事豪华。"③ 这首诗同样记录了一次气候异常的现象，白昼昏暗，狂沙乱作。与朱弥钳一样，朱胤栘从这一异象联想到朝政不善，也将之归因为宰相导致。可惜自己如"樗材"一般毫无作用，愧受皇家食禄。最后作者感慨，如今朝廷的风气已不同往日，朝臣们眼中都只有利益荣华，对官场风气的批判毫不避讳。

　　二是影射帝王所为，以古讽今。明武宗朱厚照，在明朝诸位皇帝中，行事最为荒唐，其在位时，疏于政事，耽乐嬉游。对此，一些藩王作诗以讽。沈宪王朱胤栘作有《圣驾南巡感而有赋》四首，前面三首描写帝王出巡队伍浩荡，皇威所至，万邦归服。最后一首写道："渺渺天涯思，悠然怀国深。忽惊华发变，况复剧愁侵。玉食叨宗姓，金符感帝心。可怜蕴古后，大宝更谁箴。"④ 这首诗前面三句通过"怀国深"和"剧愁侵"表明作者的忧国情怀，最后一句以唐代张蕴古的典故结尾，意味深长。张蕴古是贞观时期人，唐太宗初即位，上

---

　　① 参见李媛《明代皇帝的修省与罪己》，《西南大学学报》2010年第1期。
　　② （明）朱弥钳：《丙子岁五月寒甚有作》，《谦光堂诗集》卷2，《四库全书存目丛书》集部第60册，第335页。
　　③ （明）朱胤栘：《纪异》，《保和斋稿》，载朱珵尧编《沈国勉学书院集》卷3，第6页。
　　④ （明）朱胤栘：《保和斋稿》，载朱珵尧编《沈国勉学书院集》卷2，第10页。

《大宝箴》以讽，后其因李孝德一事被劾徇私枉法，唐太宗下令将其斩首。① 朱胤栘借张蕴古被错杀一事，感慨张蕴古之后将无人再上箴言劝谏了。从题目和内容判断，这四首诗正是写武宗南巡。正德十四年正月武宗下诏南巡，朝臣纷纷进谏反对，武宗大怒，一百多名大臣被廷杖，十余名被杖死，迫使武宗不得不取消南巡。但同年六月，武宗借"宸濠之乱"，瞒报战功，以平乱之由终得以南巡。武宗南巡震动朝野，是明代历史上的一件大事，沈宪王朱胤栘用诗歌记录了这件事，显示出他对朝政的担忧，对被廷杖的朝臣的同情，他甚至担心此后恐无人再敢谏忠言了。根据朱彝尊《明诗综》所记，唐成王朱弥鍗也曾写《忧国诗》讽刺武宗四处巡游之事："追康陵游幸，王作《忧国诗》八章以讽。"② 不仅写诗，朱弥鍗还上疏劝谏，"武宗朝尝上疏，以用贤图治为言"③。除了武宗，明代其他皇帝也多有被影射。明代皇帝多信教，成祖信奉佛教，景帝亲信西域僧道，宪宗沉溺于方术，武宗对佛道方术都有兴趣，世宗沉迷于道教。④ 皇帝信教带来的影响并不止于其个人，而是影响了国家的宗教政策甚至政治事务。因此，一些藩王便在诗作中对皇帝沉迷佛道、追求长生的现象进行讽刺和批评。晋藩庆成王朱慎钟有《咏汉武帝求仙》一诗云："英明称汉武，信术恣求仙。其奈江山重，惟思岛屿玄……换骨如堪误，长生那记年。"⑤ 作者似是批评汉武帝虽被称为明君，却笃信仙术，实有讽刺嘉靖之意。同时他还有《咏梁武帝好佛》，诗中一句"台城竟无救，佛应始知空"讽梁武帝好佛却丢了政权，⑥ 亦是提醒帝王梁武帝

---

① 参见（后晋）刘昫《旧唐书》卷190上《列传第一百四十·文苑上》，中华书局1975年版，第4992页。
② （清）朱彝尊：《明诗综》卷1下，第39页。
③ （明）朱谋㙔：《藩献记》卷3，《北京图书馆古籍珍本丛刊》第19册，第766页。
④ 参见赵轶峰《明代国家宗教管理制度与政策研究》第二章"明代国家宗教管理的基本观念"，中国社会科学出版社2008年版。
⑤ （明）朱慎钟：《咏汉武帝求仙》，《宝善堂稿》卷之上，《四库全书存目丛书》集部第140册，第534页。
⑥ （明）朱慎钟：《咏梁武帝好佛》，《宝善堂稿》卷之上，《四库全书存目丛书》集部第140册，第534页。

乃前车之鉴。此外，蜀成王朱让栩也在其《拟故宫词》一百首中对武宗和世宗有所影射："《宫词》一百，虽题曰'拟古'，然如'翠华一去寂无踪'，疑讽康陵而作；'只恐君王道院行'，疑讽永陵而作也。"①

明代宗室出仕之禁，使得宗室丧失了参与政治的最基本途径；为避嫌，有明一代宗室上疏建言的情形也都不多见，这样一来，宗室对于朝廷治乱的态度便不得而知。藩王讽刺诗的意义即在于，它是藩王政治意识的隐晦表达，通过这些讽刺诗可以窥见藩王对时政的品评，也再次显示了这些藩王的政治诉求。

4. 关心农事，赈济地方

过去有关宗藩问题的研究，通常藩王被有意或者无意地刻画为"贪婪"、"残暴"、"腐朽"的脸谱化形象。这种不加区分盖棺定论难免有以偏概全之嫌。事实上，一些藩王十分关心农事，对普通百姓也抱有怜悯之情，并在朝廷可能允许的限度下以赈灾等义举方式参与地方事务。

就本文所考察的藩王而言，他们拥有普遍的悯农情怀，表现在诗文之中就是藩王有数量庞大的咏农诗。比如周宪王朱有燉写《蚕妇行》和《咏田家》，描述了养蚕妇女和一户田家每日的辛苦劳作；秦简王朱诚泳把农民视为天地间最辛苦之人，其感慨"嗟嗟天地间，而唯农苦辛"②。蜀成王朱让栩有《田家行》描写了农民从早到晚艰辛耕作的生活。③ 沈定王朱珵尧描写农民"种田六十岁，岁岁忧饥寒"的贫苦生活。④ 由于农民收成好坏直接取决于气候是否得宜，故藩王对雨雪天气格外关注，许多咏农诗就是应气候变化而作。通过对时节

---

① （清）朱彝尊：《明诗综》卷1下，第50页。原诗见（明）朱让栩《长春竞辰稿余稿》，《四库未收书辑刊》第5辑第18册，第636、631页。

② （明）朱诚泳：《农夫谣》，《小鸣稿》卷1，《景印文渊阁四库全书》第1260册，第174页。

③ （明）朱让栩：《田家行》，《长春竞辰稿余稿》卷12，《四库未收书辑刊》第5辑第18册，第613页。

④ （明）朱珵尧：《野老》，《修业堂稿》，载朱珵尧编《沈国勉学书院集》卷11，第4页。

气候的关注，来表达对农民收成与生活的关注，因此，藩王诗文中还有大量记录气候变换的诗作。如朱有燉《喜雪后有感》诗云"令人欢乐复惆怅，可是庄田饱暖时"[1]，《初雪》诗云"太平有象来年熟，拟见时丰乐万民"[2]，等等。朱有燉曾在诗序中自言忧心农事的原因："民之苦乐虽非予之职，然仁人普济之心，不得不有关于念虑也。"[3]秦简王朱诚泳还用诗歌记录了成化年间的一次旱情，《成化乙巳关中苦旱》："东风转岁律，对景不成观。微雨未沾足，田畴复枯干。连村绝烟火，比屋皆伤残。民生与鬼邻，疫厉仍相干。匡时愧无策，抚膺空长叹。我欲叩天阍，恨乏凌风翰。"[4]看到农田干枯，瘟疫横行，百姓流离，朱诚泳为自己"匡时无策"而惭愧叹息。唐恭王朱弥钳也因重视农事而对气候非常关切，《久雨祈晴》云："愿言早赐阳光出，免使三农欠税租。"[5]《忧旱》云："皇天若肯垂慈悯，早赐甘霖济槁荒。"[6]沈宪王朱胤栘认为有了"春雨"，"民生赖以安，饔飧未云苦"[7]；沈定王朱珵尧有《苦旱行》，描写旱情严重，百姓饿殍遍野，可怜"枵腹啼饥天不知，贪者自贪富自富"[8]。周藩江宁王朱载墣面对连月阴雨，担心百姓，故而特意写诗给当地官员，其诗名《对雨柬马使君国华》："入夏雨无际，偏生五月寒。接云时黯澹，满地更弥漫。禾偃知秋早，窗鸣听夜阑。邺中廉叔度，能使万家安。"[9]诗人期待马国华能像汉代廉范一样安民一方。周藩上洛王朱朝瑎也有

---

[1] （明）朱有燉：《喜雪后有感》，《诚斋录》卷2，《续修四库全书》第1328册，第279页。

[2] （明）朱有燉：《初雪》，《诚斋录》卷2，《续修四库全书》第1328册，第266页。

[3] （明）朱有燉：《诚斋录》卷2，《续修四库全书》第1328册，第260页。

[4] （明）朱诚泳：《成化乙巳关中苦旱》，《小鸣稿》卷2，《景印文渊阁四库全书》第1260册，第206页。

[5] （明）朱弥钳：《久雨祈晴》，《乾光堂诗稿》卷1，《四库全书存目丛书》集部第60册，第320页。

[6] （明）朱弥钳：《忧旱》，《乾光堂诗稿》卷3，《四库全书存目丛书》集部第60册，第347页。

[7] （明）朱胤栘：《保和斋稿》，载朱珵尧编《沈国勉学书院集》卷2，第13页。

[8] （明）朱珵尧：《苦旱行》，《修业堂稿》，载朱珵尧编《沈国勉学书院集》卷11。

[9] （明）朱载墣：《对雨柬马使君国华》，《绍易诗集》卷1，《四库未收书辑刊》第5辑第21册，第539页。

《贺冯月祯郡伯甘霖应祷》二首，描写了久旱逢甘霖，百姓和自己的喜悦。

由于不能直接参与到国家政治事务中，一些藩王便以赈灾等义举方式参与地方事务，在当地发挥了积极作用。据《藩献记》记载，秦简王朱诚泳"拯患恤贫不吝施予"，"每岁旱俭，辄减租入半甚至尽蠲之"。① 蜀成王朱让栩"尊礼法、创义学、修水利、赈饥救灾多所全活"，因行谊卓越，受到嘉靖帝的褒奖。② 鲁恭王朱颐坦"每当饥馑之岁，辄发庾积赈于国"。③ 这些举措表明这些藩王在朝廷严苛的藩禁政策下，并非毫无作为，他们十分关心农事和百姓，仍然持有参与政事的诉求与愿望；藩王赈灾等义举是他们寻找的一种可行的变通方式。

综上所述，藩王之中不乏有志者，他们一直怀有辅国经邦的强烈政治抱负，并把为朝廷建功立业视作宗室的应尽职责。当然，这一诉求在靖难之后已绝无任何实现的可能。这些藩王便用其他变通的方式来表达自身的政治诉求。这些藩王作为战事的目睹者和亲历者，写了大量诗歌，记录边关和内地的战事；以朋友身份联络边关或内地的军事大员，写诗以励之。一些藩王还写了大量讽刺诗，来讽刺时政和帝王，表达对朝政的失望和担忧。许多藩王怀有悯农之情，关心百姓和农事；由于不能直接参与地方治理，他们便积极参与地方赈灾和救济等活动。上述情形表明三个事实：一是，虽然明代藩王在靖难之后，完全淡出朝堂，在明代行政运作中几乎不发挥任何效用，但明代藩王的政治诉求并没有因政治权力的禁锢而彻底消亡。他们时刻关心着朝政和时局，希望参与到国家事务当中，并且寻求朝廷许可的方式来参与地方事务。二是，藩王的这些政治诉求多是赋予在自我唱和的诗歌之中，这是他们表达政治诉求的一种隐晦曲折却又巧妙的方式。一方面诗歌因多种修辞手法可以使诗意曲折且隐晦，避免干涉藩禁；另一方面这些诗歌多是藩王的自我唱和，无须示人，具有隐私性而无须担

---

① （明）朱谋㙔：《藩献记》卷1，《北京图书馆古籍珍本丛刊》第19册，第749页。
② （明）朱谋㙔：《藩献记》卷2，《北京图书馆古籍珍本丛刊》第19册，第757页。
③ （明）朱谋㙔：《藩献记》卷4，《北京图书馆古籍珍本丛刊》第19册，第774页。

心广泛传播。这两方面使得用诗歌成为藩王表达政治诉求的最好方式。在某种意义上,这也可以说明为何诗歌比其他文学形式在藩王之中更为流行和普遍。三是,藩王的种种政治诉求,特别是悯农之情,表明藩王绝非过去研究中所呈现的那样皆是贪婪残暴者;反之,他们因不能用于世而充满了苦闷和无奈。所以,归根结底,藩王的政治诉求限于藩禁政策终究只能付之笔端,聊以自慰了。

四 佛道的精神出路

众所周知,靖难削藩之后,明代藩禁政策严苛,朝廷防嫌过甚,藩王及其所代表的宗室成员处境可谓如履薄冰,其一举一动时刻受到朝廷的关注。藩王的政治诉求不但根本无法付诸实践,而且被朝廷视为禁忌。在这种政治文化下,出世便成了明代藩王的一条精神出路。与普遍的政治诉求一样,出世情怀在明代藩王中也具有普遍性。本文考察的藩王,在其诗文中皆明显流露出对名利、是非和荣辱的淡泊之情;他们当中大多数人都推崇陶渊明,幽居独处,有道家无为风范;同时一些藩王参禅打坐、追求道教长生与成仙,与僧道往来频繁。"出世"构成藩王精神世界的另一共同特色。

第一,淡泊名利、是非和荣辱。明代藩王不得出仕,不得干预有司,儒家用世所强调的"建功立业",对于诸王而言实可望而不可即。而藩王之中多有志者,"淡泊名利"便成为化解胸中抱负与现实桎梏之间冲突的思想出路。诸王凡谈"名利"者,不约而同皆显示出不追名逐利的心态,率性者以之为怡然乐趣,意存用世者以之为人生解脱。周宪王朱有燉在诗作中谈"名利"最多,在其诗集中几乎随处可见。朱有燉谈"名利",不仅仅是"淡泊",更有看破功名的愤世情愫,"识破浮名总失真"[1],"参破梦中还有梦,世间名利一毫轻"[2]。因此,他对

---

[1] (明)朱有燉:《仙趣》,《诚斋录》卷2,《续修四库全书》第1328册,第257页。
[2] (明)朱有燉:《示学道生》,《诚斋录》卷2,《续修四库全书》第1328册,第275—276页。

钻营名利之人不无讽刺,"百岁身躯浪得名,提携何苦自劳形……半夜风中常懊悔,一生线上作经营"①,"黑头禽笑白头禽,头白多因计虑深"②。朱有燉之所以看破名利之虚空,因为他深刻地明白,作为藩王,通过建功业来树名利是不可能的,"利欲非吾有,功名竟若何"③。追求建功立业,对藩王而言是一种苦而不能的羁绊,"细看物理混无事,何苦萦萦绊名利"④。故在他这里,淡泊名利便成为一种对苦闷的解脱,"不将名利挂心臆,自是尧年快活人"⑤。在朱有燉的诗作里,讽刺名利的背后蕴含着不得志的压抑情怀,淡泊名利更像是一种被动的选择。其他更多的藩王,淡泊名利,虽有不平,间或感吟,却无朱有燉那般愤懑了。秦简王朱诚泳也讥讽那些追名逐利之人,"吁嗟兹世人,居官多老饕。孜孜慕名位,焉知奔竞劳"⑥,但落脚点在"闭门读离骚",说明自己能坚持自我,不随波逐流。唐恭王朱弥钳对"名利"看得甚为淡泊,间有诗论及,"浮名不绊学偷闲","浮名薄利意全无",⑦ 从"偷闲"二字看得出,他对这种远离名利世俗的生活比较坦然。不仅如此,朱弥钳还对纯仁自然的魏晋风流甚为赞许:"晋代风流迥绝伦,竹林深处乐天真……洗耳不闻荣辱事,息机已退利名身。名留青史传千古,更有何人继后尘。"⑧ 朱弥钳流露出追慕竹林七贤之意,有老庄清静无为之风范。蜀成王朱让栩与之相

---

① (明)朱有燉:《老人灯》,《诚斋录》卷2,《续修四库全书》第1328册,第286页。
② (明)朱有燉:《竹棘黑头翁》,《诚斋录》卷3,《续修四库全书》第1328册,第363—364页。
③ (明)朱有燉:《发白》,《诚斋录》卷1,《续修四库全书》第1328册,第179页。
④ (明)朱有燉:《秋晓即景》,《诚斋录》卷2,《续修四库全书》第1328册,第256页。
⑤ (明)朱有燉:《捕鱼图》,《诚斋录》卷1,《续修四库全书》第1328册,第108页。
⑥ (明)朱诚泳:《感寓》,《小鸣稿》卷2,《景印文渊阁四库全书》第1260册,第197页。
⑦ (明)朱弥钳:《幽居》,《乾光堂诗稿》卷2,《四库全书存目丛书》集部第60册,第327页。
⑧ (明)朱弥钳:《题竹林七贤图》,《乾光堂诗稿》卷3,《四库全书存目丛书》集部第60册,第337页。

似，纵情诗酒，不逐名利，"物外无过诗与酒，此中何用利和名"①，在他身上看不出朱有燉诗中所蕴含的压抑情绪，反流露几分闲适和洒脱的情调，故而他在另一首诗《渔舟图》中写道"衣紫何如远是非"②，畅言做官不如舟上钓鱼来得悠闲自在。沈定王朱珵尧也自称："世自看名好，吾生乐静便。"③大多数藩王是这种状态，既会因志不得伸而感慨，也多少能安于闲适的现状。最率性者乃晋藩庆成王朱慎钟，"淡泊名利"于他而言是一种符合个性追求的乐趣。在他的诗作中，虽也谈"浮名薄利"，但基本不见有不得志和不任事的无奈和感慨，反流露出对无拘无束生活的喜悦，"名利无拘束，山林自一家。远于尘世外，疏散遁为嘉"④，"浮名薄利自成群……正是隐居闲习静，那关尘世乱氤氲"⑤。之所以与诸王不同，可能与其本人个性有关，朱慎钟自述个性孤僻，所以喜欢脱离世俗："性癖远尘俗"⑥、"癖性耽图帙，高情重虞弦"⑦。出世是朱慎钟的喜好，他并非单纯是因为政治上不得志，不能任事而选择出世，而是很沉醉于这种无拘无束的生活，与朱有燉的愤懑截然不同。与朱慎钟相似，赵藩江宁王朱载墣自称亦是性格"迂懒"之人，⑧喜欢僻静的生活，故而超然一切"世务"之外。其《岁暮》诗云："忽忽岁云暮，零霜皓前除。寄傲

---

① （明）朱让栩：《逸兴书怀》，《长春竞辰稿馀稿》卷8，《四库未收书辑刊》第5辑第18册，第587页。
② （明）朱让栩：《渔舟图》，《长春竞辰稿馀稿》卷6，《四库未收书辑刊》第5辑第18册，第567页。
③ （明）朱珵尧：《夏杪西园避喧示空吾十四韵》，《修业堂稿》，载朱珵尧编《沈国勉学书院集》卷12，第7页。
④ （明）朱慎钟：《咏飘飘学仙侣》，《宝善堂稿》卷之上，《四库全书存目丛书》集部第140册，第526页。
⑤ （明）朱慎钟：《次文翁孔师春晚山中独酌》，《宝善堂稿》卷之下，《四库全书存目丛书》集部第140册，第543页。
⑥ （明）朱慎钟：《观鱼于芳塘之水》，《宝善堂稿》卷之下，《四库全书存目丛书》集部第140册，第547页。
⑦ （明）朱慎钟：《题玉泉清修雅饰博书能琴册一首》，《宝善堂稿》卷之下，《四库全书存目丛书》集部第140册，第549页。
⑧ （明）朱载墣：《少村书屋题壁》，《绍易诗集》卷2，《四库未收书辑刊》第5辑第21册，第550页。

南窗下,所以心性疏。不敢婴世务,世务与我殊。兴来忘物我,颓然卧敝庐。"①周藩上洛王朱朝㙉也有道家出世倾向,《独酌》一诗意蕴尤为强烈,他坐在门前独酌,荷风吹来,悠然自得,因而感慨:"纷纷名利场,能有此闲否。人生大块间,胡为事奔走。"②认为没有必要为名利劳碌奔走。

第二,推崇陶潜,幽居独处。本文所考察的这些藩王,多有幽居经历,其诗作可证之。比如,周宪王朱有燉便长年幽居,他将自己的幽居生活描述为"云林清趣":"几间茅屋隔尘寰,清爱流泉静爱山。采药一僧云外去,巢松双鹤雨中还。床头浊酒从教醉,世上虚名总是闲。赢得幽居多景趣,蓬莱应不比人间。"③秦简王朱诚泳有《幽居》诗,并在《写怀》一诗中描写的生活旨趣是幽居读书:"野情耽逸趣,僻地结幽居。其中何所有,左右只图书。"④他仰慕陶渊明,有多首诗提及,"笔床棐几日相亲,性癖躭诗四十春。独爱渊明冲淡趣,不将崎嶇骇诗人"。这首诗也再次表明了他的恬淡个性。⑤唐恭王朱弥钳也十分推崇陶渊明,亲自效仿而避世独居。他有《幽居》九首和《幽居杂咏》九首,其中一首云"却笑疏狂陶令尹,清高何用白衣来"⑥,意在表达自己的隐居志向,并非弃官归田才是"清高",自己就拥有爵位,但依然可以隐居。他还在《幽居自述》一诗中表明幽居为的是"养拙杜门荣辱远,敬儿勤苦慎纲常"⑦。同时,远离是

---

① (明)朱载堉:《岁暮》,《绍易诗集》卷2,《四库未收书辑刊》第5辑第21册,第550页。
② (明)朱朝㙉:《独酌》,《青藜斋集》卷之上,《四库禁毁书丛刊》集部第104册,第633页。
③ (明)朱有燉:《云林情趣》,《诚斋录》卷2,《续修四库全书》第1328册,第271页。
④ (明)朱诚泳:《写怀》,《小鸣稿》卷2,《景印文渊阁四库全书》第1260册,第207页。
⑤ (明)朱诚泳:《苦吟》,《小鸣稿》卷7,《景印文渊阁四库全书》第1260册,第306—307页。
⑥ (明)朱弥钳:《幽居》,《乾光堂诗稿》卷2,《四库全书存目丛书》集部第60册,第327页。
⑦ (明)朱弥钳:《幽居自述》,《乾光堂诗稿》卷2,《四库全书存目丛书》集部第60册,第324页。

非亦是唐恭王朱弥钳幽居的重要原因。他有《写怀自勉》诗二首，说得甚为直白："方信无求烦恼少，果然闲管是非多。从今缩头藏颈过，地覆天翻不管他。"① 蜀成王朱让栩也用诗歌记述自己的幽居生活："构得茅斋屋数椽，味清境寂类林泉……王质棋闲空掩局，陶潜琴挂久无弦。频怀玄晏先生事，架积云缄亿万编。"② 构筑茅屋数间，闭门谢客，不事琴棋，心里只想着山林隐逸之事。此外，朱让栩还有《幽居自乐》诗二十首描述幽居怡然自得之乐趣。喜欢无拘无束生活的晋藩庆成王朱慎钟也非常推崇陶渊明，自称"陶潜是我师"③。并且一直以幽居为乐："乘闲西圃玩春芳，细柳摇金吐嫩黄。为爱当年栖靖节，由今袅袅拂池塘。"④ 赵藩江宁王朱载墣亦好幽居，诗中抒发自己的幽居志向："幽人昔遁世，结屋邺城隅……独吊圭塘路，高风尚起予。"⑤ 其《山居》云："逃名谁复侣，二仲可招呼。"⑥ "二仲"指汉羊仲和裘仲，皆廉洁隐退之士。朱载墣欲效仿羊仲和裘仲，期望有人能与他一起隐居。事实上，朱载墣的一些诗作也表明其与当时隐者有往来，如《寄尤逸人子嘉》和《坐雨有怀尤逸人子嘉》均写给逸人"尤子嘉"。⑦ "逸人"即遁世隐居之人，"怀"则表明交情之深。避世独居与隐退自守是藩王中一种较为常见的现象，道家避世、纯任自然的思想也在这些人中多有体现，这是藩王政治上无法作

---

① （明）朱弥钳：《写怀自勉》，《乾光堂诗稿》卷1，《四库全书存目丛书》集部第60册，第322页。
② （明）朱让栩：《幽居》，《长春竞辰稿余稿》卷8，《四库未收书辑刊》第5辑第18册，第584页。
③ （明）朱慎钟：《九日采菊西园》，《宝善堂稿》卷之下，《四库全书存目丛书》集部第140册，第547页。
④ （明）朱慎钟：《咏西园柳色》，《宝善堂稿》卷之下，《四库全书存目丛书》集部第140册，第552页。
⑤ （明）朱载墣：《圭塘怀古》，《绍易诗集》卷1，《四库未收书辑刊》第5辑第21册，第535页。
⑥ （明）朱载墣：《山居隐士》，《绍易诗集》卷1，《四库未收书辑刊》第5辑第21册，第531页。
⑦ （明）朱载墣：《寄尤逸人子嘉》，《绍易诗集》卷1，《四库未收书辑刊》第5辑第21册，第541—542页；（明）朱载墣：《坐雨有怀尤逸人子嘉》，《绍易诗集》卷2，《四库未收书辑刊》第5辑第21册，第554页。

为的一条精神出路。儒家的出世致用之思想并不为藩王所畅言，相较而言，道家无为思想反而更加通行，隐者与隐居也就成为被藩王赞颂的对象和行为。许多藩王选择独处幽居，除了某些人是个性使然，根源同样是明代的藩禁政策。庆藩安塞王朱秩炅写有一篇《倦游对猫喻》诠释了自己闭门幽居的缘由。朱秩炅平日驻足不出，埋头书牍之中，于是有人问他说现在正是承平之时，边鄙安宁，百物咸畅，为何不去附近游览一番。他回答说：

> 游有二，有王公大人之游，有逸人畸士之游。斯二者，皆非余之所得焉。余欲为王公大人游乎，则必使虎贲健儿为率，骑乘如云，充塞道途。陆取熊罴，水捕鲸鲵。凡百所需，指麾如意，然后快耳。藩国用人咸遵定制，一逾则涉不敬、启嫌疑。不敬，法之所不宥也；嫌疑，时之所不容也。以是而欲纵心为乐不可也。未免羸童瘦马，往复萧然，以观望校，曾不若一郡县，不知其乐乎不乐乎。未若深居简出之为愈焉。使余欲为逸人畸士游乎，则必跨谪仙之驴，泛子猷之舟，幅巾野服，从一二童子三五同志……惟事真率，随所至山旁水涘……然后快耳。而身隶国姓，名号王爵，岂可舍衮衣绣斧之称，为放浪不羁之适，以是而欲纵心为乐，不可也。未免靓服饰、谨容仪，左右视而后出以自得校，曾不若一甿亩民，不知其乐乎不乐乎。未若深居简出之为愈焉。且夫夏在河外，近房穴，边备孔严……一举措，顷往往速祸。惟宜埋光铲采、杜门抱拙以阅蜉蝣之生，安能招唇吻、罢智虑、罹置陷阱哉……若不知世变，不识时忌……是痴物也。[1]

朱秩炅认为世间有两种"游"，一种是王公大人之游，另一种是逸人畸士之游，他都无法仿效。前者之游，声势浩荡，势必违背"祖训"定制，会招致朝廷的怀疑；后者之游，"幅巾野服"、"放浪不

---

[1] （明）朱谋㙔：《藩献记》卷4，《北京图书馆古籍珍本丛刊》第19册，第772—773页。

羁",作为藩王,不可为之。因此,无论哪种"游"都不适合他,故不如深居简出。况且庆藩位于宁夏,正是边防要地,靠近外虏,出游容易招致祸端,因此,最适宜的做法就是"埋光铲采、杜门抱拙以阅蜉蝣之生"。他的看法应当说道出了许多幽居藩王的心声。所以,虽然这些藩王都推崇陶渊明,效仿其隐居,但并非仅仅如陶渊明一样是质性自然,绝大多数是为了避祸。

第三,参禅求仙,与僧道来往频繁。周宪王朱有燉在众多藩王中最为典型,他既学禅宗又学仙家,自称最爱学禅和道:"老来惟爱学禅宗"、"老来惟爱学仙家";[1] 他参禅论道的诗歌也特别多,如《学佛》《学道》《礼佛》《持经》和《参禅》等。朱有燉经常与人论禅,有诗《昨午与一衲僧谈禅自觉有悟》可证之。[2] 他还亲自参禅打坐,"自羡维摩一病躯,清朝端坐学跏趺"[3]。朱有燉对禅学也颇有研究,曾作《禅门五宗咏》,用简短的诗句论说禅门五宗各自的要点;诗前有叙,表达了愿与"识者"求法的意愿,也显示了其对禅学体悟之深:

> 夫求真性不在语言,若无语言不明真性。筌蹄之用,既得即忘,实际理地,夫复何言?此诚学佛之良规也。既未获鱼与兔,又不可弃夫筌蹄,不求识者而问之。今予此作,其亦持筌蹄而求法于识者云耳。[4]

除了禅宗,朱有燉也信道教,与道士来往频繁,如《赠别道士陈致静》二首、《赠道士张古山》《送道士陈致静南游》《送广玄子西归》等。他在《赓纯阳真人劝出吟》一诗中还表达了对历史上道教

---

[1] (明)朱有燉:《偶成》《和郑长史庆寿诗》,《诚斋录》卷2,《续修四库全书》第1328册,第300、287页。

[2] (明)朱有燉:《昨午与一衲僧谈禅自觉有悟》,《诚斋录》卷2,《续修四库全书》第1328册,第220—221页。

[3] (明)朱有燉:《端坐》,《诚斋录》卷2,《续修四库全书》第1328册,第296页。

[4] (明)朱有燉:《禅门五宗咏》,《诚斋录》卷3,《续修四库全书》第1328册,第376页。

真人的敬慕。① 朱有燉之所以学仙家，一方面与其脱离"名利"羁绊之苦的精神要求相通，正如其《学道》诗中所讲"学道无他术，安居保太和"②；另一方面亦是一种无奈的选择，其《偶书》一诗描述了自己学仙家的心情："宴罢瑶池月满楼，神仙有分许追游。百年已寤邯郸梦，半世空嗟杞国忧。金鼎九还龙出海，玉琴三弄鹤鸣秋。平生樗散浑无用，只有云林计颇优。"③ 朱有燉年过半百，明白世间一切仅是邯郸梦一场，各种愁绪不过杞人之忧，自己如樗无用，唯有学习仙家了。以"樗"喻人，出自庄子《逍遥游》，乃惠子嘲讽庄子之学"无用"之语："吾有大树，人谓之樗。其大本臃肿而不中绳墨，其小枝卷曲而不中规矩。立之涂，匠者不顾。今子之言，大而无用，众所同去也。"④ 惠子认为庄子的学说如同樗树，大而无用。后人便以"樗"自嘲无实际用处。以"樗"自讽，沈宪王朱胤栘也曾有过"鼎食宁无愧，樗材每自嗟"⑤。可见，"无用"并非朱有燉的个人之感；朱有燉自比为"樗"，正是感慨自己无法用世，无奈之下，而选择出世追仙了。

与朱有燉既谈禅又追仙不同，其他藩王对禅和仙各有偏爱，各不相同。相比道教，唐恭王朱弥钳和赵藩江宁王朱载璞更倾心禅学。唐恭王朱弥钳的不少诗作显示他和僧道有来往，如《赠禅僧》《僧妙景号翠峰》《送王羽士还山》和《道士》等。朱弥钳与道士交往频繁，对道教方术甚为称赞，其妻服用道士丹药病痊愈后，他特意写了《谢王羽士用药有验》一诗，称赞王羽士："传得轩岐术最精。"⑥ 他还请

---

① （明）朱有燉：《赓纯阳真人劝出吟》，《诚斋录》卷2，《续修四库全书》第1328册，第256页。
② （明）朱有燉：《学道》，《诚斋录》卷1，《续修四库全书》第1328册，第182页。
③ （明）朱有燉：《偶书》，《诚斋录》卷2，《续修四库全书》第1328册，第258页。
④ （清）王先谦：《庄子集解》卷1《逍遥游第一》，载《诸子集成（三）》，中华书局1954年版，第5页。
⑤ （明）朱胤栘：《纪异》，《保和斋稿》，载朱珵尧编《沈国勉学书院集》卷3，第6页。
⑥ （明）朱弥钳：《谢王羽士用药有验》，《乾光堂诗稿》卷1，《四库全书存目丛书》集部第60册，第320页。

道士来宅邸做法事,《谢熊道人》一诗记录了此事:"仙氅纶巾养大还,稳乘白鹿下仙山。剑挥神鬼坛前伏,丹熟龙蛇洞里看。日月闲中偏觉永,乾坤静里自然宽。瓣香为我祈清泰,一卷琅函宅第安。"①但朱弥钳对道教的信奉仅止于医病和法事,其整本诗集皆没有向往"成仙"的意愿。相比而言,朱弥钳在精神上对禅宗更倾心。他曾写诗给宝岩上人,表明自己有"问禅"之心:"尔住名山已有年,于今幸得出尘寰。法筵讲处瑶花堕,经卷开时贝叶翻……相中有相原无相,也欲虚心学问禅。"②他叙述自己"问禅"的体会是:"镜台打破多清澈,始觉空门兴味长。"③他也时常打坐参禅:"老僧兀坐万缘忘,有时出定开经卷。"④禅宗与庄学有许多相通之处,如破对待、空物我、亲自然、寻超脱等,⑤朱弥钳对禅宗的体悟主要在于"无"、"忘"和"空",这与前述其无名利、忘荣辱的淡泊之情一脉相承,难怪乎会偏爱禅宗了。赵藩江宁王朱载墣与唐恭王朱弥钳相似,他与僧道均有往来,如有诗《送南洹上人北游》《寄赠方湛一道人》和《送秋斗庵羽士》等。但从其诗作可以发现,他亦偏爱禅学,《重游梵宇赠林泉上人》一诗云:"自笑生平耽胜事,招提几过静尘襟。"⑥他自言生平最热衷参与佛事,因为尘俗之心可以由此得到宁静。《游五台寺》一诗也表达了同样的含义:"我来尘虑静,独坐磬声余。"⑦同样,朱载墣也经常与人论禅,他写给南洹上人的送别诗最后一句云

---

① (明)朱弥钳:《谢熊道人》,《乾光堂诗稿》卷2,《四库全书存目丛书》集部第60册,第329页。
② (明)朱弥钳:《示宝岩上人》,《乾光堂诗稿》卷1,《四库全书存目丛书》集部第60册,第314页。
③ (明)朱弥钳:《赠禅僧》,《乾光堂诗稿》卷1,《四库全书存目丛书》集部第60册,第314—315页。
④ (明)朱弥钳:《禅龛》,《乾光堂诗稿》卷7,《四库全书存目丛书》集部第60册,第387页。
⑤ 李泽厚:《漫述庄禅》,《中国社会科学》1985年第1期。
⑥ (明)朱载墣:《重游梵宇赠林泉上人》,《绍易诗集》卷1,《四库未收书辑刊》第5辑第21册,第533页。
⑦ (明)朱载墣:《游五台寺》,《绍易诗集》卷1,《四库未收书辑刊》第5辑第21册,第539页。

"归来坐月下,听尔说无生"①,期望南洹上人归来之日再一同月下谈禅。除了朱弥钳和朱载墣,其他藩王也多受禅宗影响。沈安王朱诠钵有《送五台山僧明晓》一诗,与明晓论禅:"晚来法席尚余香,云水悠悠道路长。锡杖拨开三晋雪,衲衣披尽五台霜。经传般若谈偏熟,禅人维摩语并忘。若到深心三昧地,应知无处觅行藏。"② 沈宪王朱胤栘更以谈禅而闻名,《列朝诗集》和《明诗综》均载谢榛赞语,称:"王素谈禅,诗亦妙悟。"③ 沈定王朱珵尧也经常出入寺院,因为"一僧能话古,去住转忘机"④。沈藩德平王朱胤樥和安庆王朱恬烌也常与僧人来往,⑤ 分别作有《赠别素愚上人》和《赠别玉峰上人》,诗中禅意浓浓。⑥ 楚藩武冈王朱显槐亦学习禅宗,曾在洪山寺"阅经三载周"。⑦

另一些藩王对道教体悟更深,如蜀成王朱让栩和晋藩庆成王朱慎钟。在朱让栩《长春竞辰稿》中,很难寻觅禅宗和佛教对他的影响,而且也不见其与僧人来往的唱和之诗。反倒有两首诗证明其与道士往来,分别为《赠冯道人》和《送道士薛玄卿归江东前韵》。朱让栩曾研习吕洞宾《纯阳集》,作有《玩纯阳集偶成》一诗;还作有《吕纯阳》和《王重阳》二诗,对道教这两位代表人物评价很高,称前者"流芳道德",后者"高名垂世";⑧ 此外,朱让栩还作有《步虚词》

---

① (明)朱载墣:《送南洹上人北游》,《绍易诗集》卷1,《四库未收书辑刊》第5辑第21册,第531页。
② (明)朱诠钵:《送五台山僧明晓》,载(清)陈田《明诗纪事》甲签卷2上,第47页。
③ (明)钱谦益:《列朝诗集》乾集之下,第77页;(清)朱彝尊:《明诗综》卷1下,第45页。
④ (明)朱珵尧:《春日游柏谷山寺》,载(明)钱谦益《列朝诗集》乾集之下,第77页;(清)朱彝尊:《明诗综》卷1下,第81页。
⑤ 德平王名讳"朱胤樥",钱谦益《列朝诗集》作"朱胤梗"当为误。
⑥ (明)朱胤樥:《赠别素愚上人》,载(明)钱谦益《列朝诗集》乾集之下,第77—78页;(明)朱恬烌:《赠别玉峰上人》,载(明)钱谦益《列朝诗集》乾集之下,第80页。
⑦ (明)朱显槐:《别半峰和尚》,《宗室武冈王集》一卷,载俞宪编《盛明百家诗》,《四库全书存目丛书》集部第306册,第425—426页。
⑧ (明)朱让栩:《吕纯阳》《王重阳》,《长春竞辰稿余稿》卷1,《四库未收书辑刊》第5辑第18册,第548页。

十四首，描写道教仙人和仙境："羽服翩翩士，联班玉阶通。星冠明晓日，云佩趁天风。蓬岛三山并，森罗万象同。卷帘分烛彩，升谒五明宫。"① 晋藩庆成王朱慎钟与朱让栩相似，在他的《宝善堂稿》中几乎看不到禅宗和佛教的痕迹，更没有与僧人来往的诗作；与朱让栩不同的是，和道士的交往也很少，这可能与他个性孤僻、常年幽居有关。只有一首诗提及道士，为《咏道人夜诵蕊珠经白鹤下绕香烟听》："云涯蓬岛客，夜讽动仙音。神养三尸绝，道餐六气深。药烧丹鼎焰，鹤听瑞烟侵。月色敷经案，露华濯羽襟。逍遥云作侣，清静水为心。漏转乘仙杖，飘飘那得寻。"② 也仅是作为一个旁观者描写道士念经的场面。朱慎钟亦仰慕仙人，曾作诗《忆仙人王子晋》云"道通志意高，养浩心田洁……不言宫锦荣，白云自怡悦"③，对仙人王子晋充满了羡慕之情；王子晋乃周灵王之子，朱慎钟本人也是皇族，作者此诗实为表达效仿王子晋成仙之意。不仅如此，朱慎钟还亲自参与道教清醮，《西林清醮用韵》二首可证之，其一首云："处斋延道侣，清醮启林钱。祈福心披雾，参神鼎覆烟。仙风冲养静，经韵妙谈玄。堪拟蓬莱景，何夸锦绣筵。"④ 周藩上洛王朱朝瞮与僧道交往也很少，在他的两件本《青藜斋集》中几乎不见写与僧道的诗作，对于神仙和佛禅提及就更少了。但仍有一些蛛丝马迹，可以看出作者提倡学习道家求仙之意，《独酌》诗云："昨日美少年，今朝成老丑。未学赤松游，安能无白首。"⑤

还需特意提及的一位藩王是秦简王朱诚泳，在本文所考察的众多

---

① （明）朱让栩：《步虚词》，《长春竞辰稿余稿》卷13，《四库未收书辑刊》第5辑第18册，第619页。

② （明）朱慎钟：《咏道人夜诵蕊珠经白鹤下绕香烟听》，《宝善堂稿》卷之下，《四库全书存目丛书》集部第140册，第548页。

③ （明）朱慎钟：《忆仙人王子晋》，《宝善堂稿》卷之上，《四库全书存目丛书》集部第140册，第525—526页。

④ （明）朱慎钟：《西林清醮用韵》，《宝善堂稿》卷之上，《四库全书存目丛书》集部第140册，第531页。

⑤ （明）朱朝瞮：《独酌》，《青藜斋集》卷之上，《四库禁毁书丛刊》集部第104册，第633页。

藩王中，他对佛道的态度显得较为复杂。朱诚泳的一些诗作表明其与僧道也有着较多的交往，如《送道士还山》《赠山中道士》和《再游天池普光寺忆僧性空》等；《和韵寄日华上人》一诗云："几年不见佛图澄，龙象天高未许登……曾闻心印传诸祖，更喜诗坛续九僧。料得山居无个事，蒲团终日课莲经。当年曾会景隆池，千里难禁别后思……何日重来寻旧约，相逢一笑话襟期。"① "曾闻心印传诸祖"表明作者曾得到日华上人传授佛法，不过朱诚泳更喜欢与其一起作诗；山居无事时，作者便终日学习《妙法莲华经》；因与上人千里久别，故十分怀念，希望某天能重新一起畅抒胸臆。对于仙家，朱诚泳也经常提及，作有《怀仙诗》十一首，自称是仙人王子晋之徒："吁嗟我亦子晋徒，曲终逸兴凌空虚。尘寰谪限满千岁，相与翱翔游帝都。"② 并曾于梦中与仙人同游，《梦中游仙歌》云："夜梦一羽人，云是赤松子。授我九还丹，服之能不死。又言携尔游太清，共骑彩凤摩青冥。相逢子晋笑相揖，为我殷勤吹玉笙……却怪天鸡唱晓频，恍惚惊回困窗底。觉来自信还自疑，多少迷人睡初起。"③ 不过，另一些诗歌表明朱诚泳对仙家所讲的长生与成仙持怀疑态度，如《西城路》一诗云："半是平田半坟墓，平田渐少坟渐多。酸风苦雨泣铜驼，百岁光阴驹过隙……人生少年胡不乐，世间那有苏仙鹤。"④ 作者看到西城路上的坟墓渐渐增多，感慨世间哪里有长生之法。更有甚者，一些诗文显示朱诚泳并不崇信佛仙，而是对其批判毫不留情，如他说：

  有初必有终，有日必有夜。天运自循环，阴阳交代谢。曾闻古仙人，云霄远凌跨。死生亦常理，谁惟天所赦。吁嗟老佛徒，

---

① （明）朱诚泳：《和韵寄日华上人》，《小鸣稿》卷5，《景印文渊阁四库全书》第1260册，第270页。
② （明）朱诚泳：《凤吹笙曲》，《小鸣稿》卷1，《景印文渊阁四库全书》第1260册，第184页。
③ （明）朱诚泳：《梦中游仙歌》，《小鸣稿》卷3，《景印文渊阁四库全书》第1260册，第215页。
④ （明）朱诚泳：《西城路》，《小鸣稿》卷1，《景印文渊阁四库全书》第1260册，第173页。

蚩蚩思久假。贪迷竟何如，而徒□虚诈。所以君子儒，安焉老田舍。修身以俟之，万物还元化。①

朱诚泳认为生死如同始终、日夜和阴阳，乃自然之理；有生必有死，任何人都无法避免。所以佛仙贪求长生，是陷人于虚诈。君子应该保持平常心，修身以待生死。朱诚泳对佛道的这种批判态度在众多藩王中可谓独树一帜。他还有《愚辩》一篇，内容涉及儒家、老庄和佛仙，大体显示了他本人的基本思想倾向：

予既以愚自守，客有黠者，谓予曰：子非愚者也，何其自愚于愚也？予因其言而辩之曰：予非自愚于愚也，而愚乃其性耳。然惟其愚也，故举天下之物，不知其所好，其视土壤犹黄金，而视黄金犹土壤，竟不知其孰贵也。或曰仙，予则斥之以幻妄；或曰佛，予则拒之以虚无；其日用饮食之外，惟知苍苍者之为天而已。此予之所以为愚乎。若夫用机械之巧，穿窬之智者，是则予之所深嫉也。孔子曰：聪明睿知 [智]，守之以愚。予非聪明睿智者，而亦以愚自守哉。②

第一，朱诚泳以儒学为宗，推崇孔子所谓"聪明睿智，守之以愚"，平时待人接物便以愚自守。"聪明睿智，守之以愚"出自《孔子家语》一书；虽然历史上有关《孔子家语》一书的真伪、编者和成书年代一直聚讼不已，但毋庸置疑该书是一本重要的儒学典籍，代表了儒家思想和学说。朱诚泳这里引孔子之说为自己辩驳，表明自己所作所为遵循的是儒家之道。第二，朱诚泳思想中有鲜明的老庄哲学色彩。朱诚泳以愚自守，对"机械之巧，穿窬之智"深为反感，这

---

① （明）朱诚泳：《感寓（八十八首）》，《小鸣稿》卷2，《景印文渊阁四库全书》第1260册，第194页。
② （明）朱诚泳：《愚辩》，《小鸣稿》卷9，《景印文渊阁四库全书》第1260册，第329页。

正是老子所讲的"绝圣弃知"、"绝巧弃利",①亦是庄子所主张的"堕肢体,黜聪明,离形去知"。②所以,虽然朱诚泳说他"守之以愚"是遵从孔子之言,其实质却与老庄思想相通。第三,朱诚泳排斥佛仙,他认为仙乃幻妄,佛太虚无。但对佛仙的排斥与前述他具有的老庄无为和淡泊之思并不矛盾。应当说,朱诚泳反对仙佛,却不反对老庄。他在诗中曾谈及对禅宗的体悟:"禅心忘世虑,终日自悠悠"、③"休嗟回首随流水,悟得禅家色是空。"④"忘"和"空"正是庄禅共通之处,所以,朱诚泳反对的是道教成仙的荒诞无稽和佛教彼岸世界的缥缈虚无,对佛道和老庄共有的忘却名利、超脱荣辱的思想并不反对,事实上还予以践行。

上述藩王的诗歌中普遍蕴含了出世的情怀,因人而异,或强或弱,侧重不同:有人以淡泊名利为精神解脱,有人以清静无为为生活之乐,有人效仿陶潜隐居,有人崇信禅宗坐忘,有人仰慕化羽成仙,即使反对佛仙的朱诚泳也是老庄哲学的践行者,出世于他们而言是一种精神解脱。应当说,出世情怀与避世幽居在明代士人之中并不少见,于藩王而言,其特殊之处在于这种出世情怀并非个人的选择,而具有群体性,是明代宗室所处的政治生态使然。这也使得这种出世情怀并非单纯的超然物外的洒脱,而是同时具有抑郁的哀怨和避世避祸的意味。

五 结论:藩王尴尬的历史际遇

本文所提及的这些藩王虽然来自不同的封地、处于不同的历史时期,但通过对这些藩王诗文集的逐一考察,发现他们普遍流露出较强

---

① (魏)王弼:《老子注》,《道德经上篇》第19章,载《诸子集成(三)》,第10页。
② (清)王先谦:《庄子集解》卷2,《大宗师第六》,载《诸子集成(三)》,第47页。
③ (明)朱诚泳:《题山寺亭壁》,《小鸣稿》卷4,《景印文渊阁四库全书》第1260册,第241页。
④ (明)朱诚泳:《锦积堆为许季升题》,《小鸣稿》卷7,《景印文渊阁四库全书》第1260册,第307页。

的用世诉求与强烈的出世情怀，政治诉求与寄情佛道在藩王中具有普遍性和群体特征。这展示出明代藩王形象的一个新侧面，大不同于过去明代宗藩研究中呈现出的藩王"残暴"、"腐朽"的单一脸谱化形象，足以加深对藩王这一群体的理解。明代藩禁政策严苛，宗室不能出仕，不能参与政事，只坐享岁禄，但藩王的志向并没有完全消亡。他们关心时政、边事和下层民众，表达出富国经邦的意愿。在明代宗室政策的高压下，他们"志不得伸"。因此，寄情佛道，于他们而言，正是政治抱负无法施展的一条精神出路，亦是一种无奈选择。用世诉求与出世情怀看似相悖，实则为藩王精神世界的一体两面，恰显示出藩王处境之尴尬。无论藩王个人有怎样的志向和才能，作为皇族宗室，其命运早已为历史所注定。朱诚泳曾有一首《自赞小像》，可看作对有明一代藩王的基本写照："非卿非相非道非僧，乐天忘势惕励战兢。惟饥餐而渴饮，恒夜寐以夙兴。德无可重，才靡可称。好读书而不解，欲寡过而未能。野服纶巾，暂宜独乐。析圭儋爵，恒恐弗胜。事琴书而作伴，招风月以为朋。噫！斯人也，既宅心于道义，任时人之爱憎。"[①]

藩王这种尴尬的历史际遇是明代帝制架构与政治格局所塑造的。明初朱元璋大兴分封，为的是国祚长久，诸王分封制亦是朱元璋的重要政治建构之一。洪武时期，诸王政治与军事权力盛极一时，并同时享有优厚的经济和法律特权。靖难之后，经过明成祖和明宣宗的削藩，藩王军事和政治权力被削夺，分封制名存而实亡，终于形成有明一代藩王在政治上极为孱弱的基本状态。由于直接参政是被严格禁止的，因此除了两次亲王谋反及个别郡王叛乱外，藩王及宗室几乎没有突出的政治表现。藩王的政治权力虽然被完全削夺，但其经济和法律待遇却保留下来。这使得以藩王为代表的宗室群体，既是得到朝廷供养的天潢贵胄，拥有一般臣民无法企及的经济特权和法律特权；另一方面却又是朝廷严加防范的对象，被加以多种限制，甚至无法享受普

---

① （明）朱诚泳：《自赞小像》，《小鸣稿》卷9，《影印文渊阁四库全书》第1260册，第324页。

通民众所拥有的基本人身自由。这二者是明代宗室无法选择的历史命运。明代藩王这种尴尬的历史际遇在一定意义上正是贵族政治在明代的存续状态的写照。明代帝制，是以皇帝为顶端，以郡县制、官僚体制、贵族体制三个系统为支撑的政治制度，贵族体制在明代帝制架构中具有不可或缺的结构性意义。因此，以藩王为主体的贵族体制虽然极弱却无法彻底被取代。贵族政治在帝制架构中的不可或缺性，与靖难之后朝廷对宗室实施的"政治隔离"之间，形成了一种张力，便注定了藩王群体普遍的尴尬的历史际遇。

附："评论与反思：中国古代史研究的国际视野"学术研讨会综述

李 媛

20世纪80年代是中国历史研究发展的重要节点，随着改革开放和中国的快速发展，中国古代史研究国际化趋势日趋明显，现代历史学的观念与方法不断经历创新，遭遇各种挑战，推出大量成果。时至今日，中国古代史研究在多方面呈现繁荣态势。从国际学术的视角对中国古代史研究的基本观念、理论、方法、模式进行深入研讨，总结和反省当代中国古代史研究中的成绩与问题，以求在新的平台上继续前行，已经成为学界同仁的共同使命。

2017年6月16—18日，由《中国史研究》《史学月刊》《古代文明》三家学术期刊共同主办的"评论与反思：中国古代史研究的国际视野学术研讨会"在长春东北师范大学举行。会议在筹备阶段采取特殊邀请与公开征稿相结合的方式，对已在中国古代史各领域研究取得相当成绩的资深学者发出邀请，同时在网络媒体公开发布征稿启事，继而对来稿进行遴选，最终邀请来自全国各地及美国、日本的近50位学者与会。会议收到论文近40篇，合计60余万字。整体来看，提交会议的论文议题丰富，视角新颖，从理论思考到具体问题研究，通过不同角度对中国古代史研究的国际视野进行思考，提出了一些颇有深度的见解。会议论文集拟由中国社会科学出版社2019年出版。兹将本次会议的特色和取得的重要成果综述如下。

一 何为国际视野？

中国古代史研究需有拓展的国际视野，是本次会议与会学者的共识。彭卫指出，透过国际视野来梳理改革开放以来中国历史学的走向是大势所趋。思想、视野在碰撞激荡中能够激发出更有价值和生命力的学术命题。中国古代史研究要处理好本土知识与外来知识的关系，历史事实与当下经验的关系，进而在一定程度上实现"通古今之变"。在对国际史学理论、方法的感知和反应上，中国学者要改变以往"慢半拍"的情况，尽量开阔眼界，经过借鉴和反思，确立中国史学工作者自己的学术主体性。李振宏指出，总结和评价中国古代史研究中的成绩和问题，要使用历史批判的思维。正确的批判和反思，必须采用国际的视野，也就是把中国史放到世界历史大框架中，以国际学术界的新理论和方法关注中国古代史的研究，只有这样才能真正把脉中国学术。这种批判性的研究，恰是中国学术研究的目标和方向，也是应有的魄力和气度。李治安认为，放眼国际视野应该做到以下几点：一是大力引进学习海外理论方法，借鉴所有社会科学研究方法来研究历史，包括中国历史；二是注意根据自己的研究对象和领域及时进行中西对比；三是拿出自己高质量的研究成果，争得中国自身更大的话语权。李华瑞讲到，当下中国历史学者的研究并不缺少国际视野，缺少的是对国际学术的积极参与和建立自己学术话语的自信。对于西方的理论，要从重视向反思转变，不能亦步亦趋、不辨真假地盲从，同时也应正确看待西方中国史研究的贡献。赵轶峰教授指出，当下，中国古代史的研究无疑比先前的时代向前推进了很多，已经是高度国际化的学问。当代的中国古代史研究者必须置身于国际学术的语境中来从事研究，尤其是代表学术发展未来前景的年轻学者必须形成这种意识，为此做好知识、能力准备。同时，学术需要不断总结和反思，这种反思既包括纯学术问题的反思，也包括关于普遍性人类事务的反思、结合现实的反思。学术的反思也不能限于针对个人研究或某个领域，而要包含学术共同体的群体反省，以及对域外研究理论和方法的批判性思考。

二 "他山之石"与方法论的自觉建构

现代中国古代史研究在理论方法方面从西方借鉴很多，学者们普遍指出，应该在大力借鉴的同时，对之保有怀疑和谨慎的态度。臧知非的《自在的历史与他者的眼光——中国古代史研究方法与理论的几个问题》谈道，历史是自在的，不同民族和国家的历史各有特征，没有统一路径和模式。而史学是史家对自在历史的认识过程和结果，受到时代、价值观念、人生体悟、立场方法、思维方式等影响，是自为的结果，具有变动性特征。对于20世纪以来作为"他者眼光"引进的域外方法和理论，史学工作者应该充分注重中国的"自在"，避免照搬与套用。吴艳红的《历史研究与社会学理论》对历史研究与社会学理论的关系做出阐释，认为，历史学与社会学各自侧重不同，历史学注重时间、地点，社会学注重结构与规律。社会学可以为历史学在大的时间框架下观察某一部分细节提供思路，以便建立研究框架，也为解决一些历史问题提供可以选择的模式。但社会学理论主要基于西方经验，在使用时需要谨慎辨析。她还以社会学家赵鼎新的新著《儒法国家：一个解释中国历史的新理论》为例，具体阐释了如何尝试用社会学理论和方法解释和分析中国历史。

"唐宋变革论"曾经在中国唐宋史学界引发很大反响。但李华瑞的《唐宋史研究应当翻过这一页——对"唐宋变革论"的反思》一文指出，唐宋史研究应该翻过这一页了。他从以下五个方面解释他的看法：1. 唐宋变革论自内藤湖南提出已经110年，国内学者真正关注此论则是在21世纪，而且没有经过对这个论说的细致辨析，是直接使用了关于"宋代是中国近世开端"或唐宋社会由贵族向平民化、精英化转变的结论，为自己的研究张目，这是缺乏学术自信的表现。2. 唐宋变革论经过内藤湖南的首倡和宫崎市定的改良，成为显说。此说套用近代西方的历史观解释中国的唐宋史，用西方近代社会发展模式比附中国，并不适当。对此，70年代的日本学者、美国学者已经开始反思。3. 唐宋变革论的核心内容貌似赞扬中国，实际是内藤为帝国主义侵华理论"国际共管说"作注脚，而中国学者并未注意到其政治目的。4. 从范式角度讲，该理论经过日本、美国学者几代人的建构已经成为比较成熟的史观，而中国学者则只用结论，既不系统，也无新意。5. 这一结论影响了我们对中唐以后中国历史上一些重大问题的认识，如汉族与少数民族的关系等，仅局限在唐宋变革论是无法看清楚的，必须在更宽的视野下审视。

与会学者既有对"他山之石"的审慎思考，也有在方法论上的自觉建构。赵轶峰的《历史研究的新实证主义诉求》讨论了在国际化研究的共同语境中，中国史研究乃至整个历史研究工作理念与相互评价的共同尺度问题。他指出，自20世纪以来，中国传统实证主义已经受到来自哲学、语言学、后现代思潮、历史相对主义等各种来源的批评，但最终，对实证主义的批评并没有开出整体上更佳的历史研究范式。应该在兼顾中西两大史学实践传统的基础上，对传统实证主义做出必要的修正，其核心可以被概括为新实证主义。新实证主义历史学的要点是：明确承认存在历史事实，承认历史家的基本工作在于尽量澄清历史事实；保持对任何被视为真理的言说和即使"公认"、"共识"的历史知识的反省力，不以任何理论否定事实或曲解证据；接受证据的检验，并自觉寻求反证；宏观与微观、从上而下及从下而上审视历史皆为历史研究应有之义；不因现实价值立场故意忽视或曲解历史事实，不崇尚过度解释；永远致力于扩充证据范围，尊重证据的原始性；积极吸收他学科研究方法中的有益要素；对影响历史认知的非证据性因素永远保持警觉。许兆昌的《历史学的叙事边界》针对历史学的叙事性谈道，近代以来，历史学的叙事属性使得其作为知识的可靠性遭受质疑，实证主义和后现代主义史学都致力于剥除历史学的叙事属性，构建其科学属性。然而，叙事是历史学与生俱来的本质，叙事虽然造成历史学在知识论领域的局限，但这又是历史学赖以存在并发挥社会功能的基本形式。叙事性必然导致的历史理解、历史阐释的多元性，恰是其人文性的体现。

三　融通断代的探索

近年来，中国古代史研究领域提出了多种具有通贯性的阐释性假说，显示出学者们在断代研究基础上力图贯通，并建构自己理论体系的努力，受到学界同仁的充分关注。会议期间，多位学者对这一现象发表见解。李治安的《多维度诠释中国古代史——以富民、农商与南北整合为重点》指出，在信息化和全球化的条件下，融通断代、多维度诠释中国古代史，在某种意义上已经成为中国史学研究发展的大趋势，只有在重视断代史研究的基础上，融通断代，超越断代，才能客观地还原历史和接近真实。所谓"融通断代"，并非纯粹的理论性宏观研究，而是要立足于对断代史的深入研究。他列举了"富民社会""农商社会""帝制农商社会"、赋役等牧民理政方式、"南北整合"等论说，认为这些讨论都具有多维度诠释中国古代史并构建通贯体系的意义。李振宏的《从国家与社会角度看待中国古代社会的经济力量》对学术界关于将唐宋以来社会性质界定为"富民社会"进行了评析，他从国家与社会关系角度着眼，认为无论是先秦、秦汉时期的工商业者，唐宋以后的行会组织，还是宋元明清时期的富民阶层，都不是相对于皇权专制的革命性因素，并不构成促成专制社会基本属性变革的基本要素，相反，它们处在皇权专制的社会母体中，是这种社会结构必要的组成部分。以工商业者为核心的富民阶层，恰恰是皇权专制的社会基础和依靠力量。因此，富民社会说过于拔高了中国帝制时代以工商业者为代表的经济力量。

四　域内、域外的互视

除了在理论、视角和方法上探讨国际视野以外，会议有多篇论文通过具体研究践行了利用域内、域外的互视进行历史研究的方法。姜永琳的《"西学东渐"中的误区：西方法律理论在中国法律史研究中的误用》探讨了运用西方理论研究中国法律史时可能出现的问题。他通过讨论中国古代法律是伦理法还是宗教法、中国古代法律的特征与分类、《大明会典》的法律性质这三个问题，指出，历史研究者必须尊重研究对象的"本土性"话语，不应简单套用西方法律文化概念来解释中国法律；要尊重"历史性"，即注意中国法律及其观念的发展变化；要在研究中慎用"传统—现代"、"进步—落后"、文化等级等概念，防止陷入"自我东方主义"。

苗威的《朝鲜半岛历史问题考察》讨论了关于朝鲜半岛历史的三个存在重要分歧的问题：其一，关于朝鲜半岛居民"始祖"的檀君说与箕子说；其二，从血统角度切入分析中国东北古代民族及其所建立政权与半岛历史的关联性的解释效能如何；其三，古代东亚世界对山川的命名常出现名称相同而指代相左的情况。她认为，对于这些分歧，学者应该在占有翔实资料的基础上，从学理层面进行研究。孙卫国的《朝鲜王朝官修〈高丽史〉对元东征日本的历史书写》从历史书写的视角，探讨朝鲜王朝编纂的《高丽史》中的历史书写观念。指出，朝鲜王朝以编年体编纂《高丽史》未果后，改为采用纪传体，体现了朝鲜王朝的自我正统塑造。《高丽史》对元东征日本历史过程的书写，美化高丽将领，将东征未果的主要责任归于蒙古，折射出其在宗藩体系下追求自主意识的努力。这种偏颇的历史书写方式提示我们在研究涉及东亚三国的历史事件时，必须超过一国立场和视角，方能趋近历史真相。黄修志的《书籍与治教：朝鲜王朝对华书籍交流与"小中华"意识》梳理了明清时期朝鲜王朝对华书籍交流的史事，认为朝鲜早期的对华书籍交流带有"尊王"和"慕华"色彩，后期则带有"尊周"和"攘夷"的味道。此种情况是朝鲜所处地缘格局、政治结构和治国理念共同决定的，体现出朝鲜的"小中华"意识和"事大"策略。朝鲜王朝的王权和儒学理念也深深影响了其"小中华"意识和对华书籍交流的开展。

高旭的《日本汉学界"淮南子学"研究述略——兼谈二十一世纪〈淮南子〉研究的世界性视野》对17世纪以来日本汉学界对《淮南子》的研究进行了回顾、反思和总结，认为日本学者既重视版本、校勘、译注等文献学性质的研究，也突出对《淮南子》的思想内涵进行哲学、政治、学术、伦理、军事、文化等多维视角的阐论，足应引起中国学术界认真对待。奚丽芳的《二十世纪八十年代以来美国明清妇女史研究回顾》对20世纪以来美国汉学界关于明清妇女史研究的理论、特色和成果进行了介绍，并对比了同时期中国大陆学界的研究情况，指出20世纪六七十年代，美国出现了依托人类学、社会学的社会性别理论，和以女性为中心的妇女史研究，而此时中国大陆学界妇女史研究方法则仍采取女性受害者视角。90年代以后，美国妇女史、性别史研究论著丰富，中国大陆妇女史研究仍在讨论妇女地位、作用、贡献，围绕女性婚姻观、贞洁观等话题展开。2000年以后，中国大陆学界对美国妇女史研究的讨论渐渐增多，但仍缺乏比较成熟的成果。还应注意到，美国学界对明清女性史研究结论过于大胆，中国大陆学界应该充分发挥身处中国文化中的感知优势，大力推进明清妇女史研究。

五　义理与实证的对话

在研究方法上，义理与实证之辨引起与会者较多关注。高寿仙的《也说"回到傅斯年"》指出，"义理"与"考据"之辨自清末以来就一直存在。自20世纪80年代以来，学者试图从提倡"回到乾嘉时代"和学习西方理论方法两个角度应对当时所谓"史学危机"，但在这一过程中却出现了严重背离考据学真精神的情况。严格尊重历史事实的客观性是历史学区别于其他人文社会科学的重要特征，这决定了所有宏大的理论都必须建立在坚实的历史事实基础上。考据学在新时期史学研究中也应占据基础性地位，这应成为史学研究者的自觉意识。袁逢的《当代中国古史研究三题——疑、默证及举证责任》讨论了在古史研究方法中的"疑"和"默证"，认为"疑"既非赞同，也非反对，而是一种待定状态，无"疑"则无学术。与之相似，"默证"是持"无"以待"有"，"无"可能只是暂时的，其中包含因限于史家的眼界、知见或现有条件未能显现的"有"。当下史学界部分学者对"疑古"进行批判时，借用法学领域的概念，提出应对中国古代文献实行"无罪推定",并由此引出"举证责任"的问题,这在概念和方法的运用上,都易出现"水土不服"的情况,应该引起学者的重视。

卢庆辉的《〈资治通鉴〉研究中的史料批判问题——从田浩、辛德勇二文论司马光建构史料谈起》从"历史书写"角度评价了田浩和辛德勇关于《资治通鉴》中历史建构的研究,认为这两位学者以"考镜源流"、史料对读的方式探讨《资治通鉴》的叙事与意图,质疑了《资治通鉴》中的一些重大历史论断,提出了新颖观点,同时研究者也应注意到《资治通鉴》本身对史料的自觉批判,体会叙事者的表述意图。李长银的《经子易位:胡适的"诸子不出于王官论"及其影响》论证了胡适的"诸子不出于王官论"确为"专为驳章炳麟而作"的主张,认为胡适的相关论述受到以康有为为中心的晚清今文学家和西方唯心论哲学的影响,对当时学术界,尤其是顾颉刚、傅斯年、钱穆、冯友兰、罗根泽等人都产生了很大影响。龙成松的《敦煌文书与出土墓志的关联解读——以侯莫陈琰〈顿悟真宗要诀〉为例》结合家族墓志材料,对敦煌所出禅宗北宗早期重要文献《顿悟真宗要诀》的著者侯莫陈琰的生平、其家族与佛教的关系等问题进行了考察。康昊的《"西番帝师"与"亡国先兆"——日本康永四年山门嗷诉叙述中的宋元佛教》基于学术界对日本显密佛教文献重视不足的情况,借助诉状、公卿日记以及《太平记》中的记载,研究了康永四年延历寺显密佛教僧侣向政治当权者发动集团暴力示威的案例,并借此分析了14世纪日本显密佛教对宋元佛教的认知。

六 对细化研究与宏大叙事关系的探索

与会学者的研究充分注意到了对细化研究与宏大叙事关系的把握。冯渝杰的《游侠、党人与妖贼、隐逸——汉末几类人群的相通性与汉魏禅代的知识背景》通过综合考察东汉中后期游侠与隐逸、经师与"妖贼"、儒生与方士道士这几类人群的思想、行为及价值的相关性,结合思想与学术、数术与信仰、"正统"知识与"妖妄"知识的交涉与变迁，审视了汉魏鼎革之际的时代独特性，进而对"古代"秩序的崩塌与"中古"要素的发端做出分析。王刚的《玉屑银末：文本记述模式所见两宋大礼五使体系与政治文化之嬗变——兼论史学研究中的碎片化与宏大叙事》通过对有关两宋大礼五使文献记述模式的分析，揭示了五代至南宋南郊大礼五使的建构依据及其嬗变过程。文章通过这一研究尝试说明，史学研究应该抛去宏大叙事的理论预设，专注于观察历史过程中有价值的"碎片"，进而解释其形成的观念与倾向。

冯贤亮的《赋役故事——明末清初松江一个秀才的经历和记忆》提供了通过小人物考察大历史的研究案例，通过分析明末清初松江府原本身份低微后来介入当地府县衙门事务的秀才曹家驹晚年所撰回忆性笔记《说梦》，考察了彼时地方政治的巨大变化与赋役制度的复杂运作，及其背后人事的重要影响。指出曹家驹是一个在王朝更替之际代表多数人命运的普通士人，经历了王朝秩序在地方由乱到治的全过程，对这样人物的研究与对乡绅的研究相比，更能揭示士民阶层的实况。其亲身参与地方赋役制度改革的经历也有助于从较广层面透视国家与社会关系方面的问题。

罗冬阳的《明代两淮盐政变迁中的国家、资本与市场》对明代两淮盐政变迁的研究采用的是将以往以制度名词为核心的考据研究与社会科学相结合的方式，将历史语汇所展现的历史逻辑和社会科学逻辑结合起来，探讨帝制农商社会环境里，两淮盐政变迁中体现的国家与商业资本的关系，以及市场制度的特点，是对盐政变迁的微观与宏观结合的深入探讨。指出明朝食盐开中制为市场机制和商业资本的成长，甚至为国债市场的发展留出了空间，但皇权往往通过宗室、勋贵、武官、宦官，突破官僚理性，周期性地破坏盐业市场的正常运作。盐业市场上充满了皇权、官僚、盐商之间的博弈，其结果是盐政周期性危机，盐商两极分化，最终少数大盐商与皇权官僚政府在纲法中达成利益均衡。因为没有对皇权的约束和契约、信用机制，这种利益格局无法促成健全的资本市场。段雪玉的《16—19世纪两广盐区省河体系的形成及其变迁》探讨了明清时期两广盐区省河体系的形成及其变迁,对明清两广盐区食盐专卖制度提出新解。认为嘉靖、万历时期,两广盐区以广州为总枢纽的省河体系初步形成,清前期,经过整顿,省河体系进一步确立。到乾嘉时期,改埠归纲和改纲归所改革,使零散商埠退出,六柜运商控制了两广盐区省河体系的食盐专卖,构成了19世纪两广盐区新的省河体系。

七 本位和跨界的交融

史学研究的国际化还体现在许多学科展现出了本位与跨界研究相结合的有益尝试,并取得了相当的成绩。余新忠的《医学与社会文化之间——百年来清代医疗史研究述评》对近代以来的清代医疗史研究进行了回顾,指出中国医史研究无论是在研究者的学科构成上还是在研究取向上都经历了重要转变:研究者从医学内部转向以历史学为主的人文社会科学界;研究内容也不仅是医学理论与技术的演变,还关注社会文化的变迁。百年清代医疗史研究就展现出了从社会史到文化史、从社会到生命的演进轨迹。一些热点和前沿问题提示我们,应该打通学科壁垒,以跨学科的视野和理念在医学与社会文化之间发现、思考和解决问题,创建相对独立的医史学科。赵中男的《开拓宫廷史领域 推动中国史研究》对近年来兴起的宫廷史研究,尤其是明代宫廷史研究的成果做了介绍,认为宫廷史研究具有将文献、文物、遗迹等集于一身的综合性,对于宗教、中外文化交流、文学艺术、司法、工艺、建筑、区域史及民间历史等研究均有促进意义。赵现海的《二十世纪以来国内学者的长城研究、时代背景与"长城区域史"的提出》在回溯20世纪以来国内学者长城研究的基础上,着力讨论了长城研究观念、方法的变化与发展,提出了"长城区域史"研究模式。这种模式将长城沿线作为一个相对整体性的区域,考察其与国家政治、周边社会的多维关系,尝试建立具有中国本土特色的长城解释体系。常建华的《清朝刑科题本与新史学》对清代内阁大库档案刑科题本中的大量社会经济史资料与新史学研究的关联进行了分析,指出早期刑科题本研究主要在于经济社会史,探讨土地制度、租佃关系、地租形态、地主剥削形式、农民反抗斗争，并集中于资本主义萌芽研究；80年代以后发生了社会史研究转向，着重研究社会群体、婚姻家庭、人口等问题；最近则转向生活史以及法学、经济学、社会学方面，成为跨学科研究的重要领域。周金泰的《物质文化史、全球史观照下的中国古代博物学史学科——"物"研究的比较、启发与回应》对中国古代史研究领域的新兴学科——中国古代博物学史所涉及的概念和研究范式进行了讨论，认为物质文化史和全球史在物研究上的方法论存在差异，但皆可为中国古代博物学提供启示。张朝阳的《秦汉中国与罗马帝国比较研究综述与动态》对秦汉中国与罗马帝国比较研究的情况做了梳理，指出21世纪后，由欧美学者倡导，开始出现一些跨领域研究的合作团队，并围绕这个话题召开了数次比较研讨会，使之成为一个受到学界关注的新兴领域。

八 其他专题论文

除了以上几类外，还有多篇专题论文的研究视角和结论值得关注。

苏家寅的《酋邦、阶等社会与分层社会以及早期国家的比较研究》从概念辨析入手，对酋邦、阶等社会、分层社会、早期国家这些常用的关于国家与文明起源研究的源自国外学术界的概念进行了比较。他认为酋邦等理论同时受到古典进化论与新进化论学派的影响，并试图调和两者关于早期社会复杂化的解释；从阶级关系发展水平看，酋邦、阶等社会、分层社会、早期国家实际上处在同一阶段，同属于阶级关系已经发生但尚未趋于激化的阶段。其向这一阶段之后的国家社会的过渡，表现为一系列连续的量变而非质变的过程，在此期间形成了复杂程度各异的社会组织形式。谷更有的《唐宋时期"人鬼神"三位一体村落家乡的构建》探讨了唐宋时期村落"家乡"观念的建构，认为村民的概念包含现世的家庭、家族，以及往生的祖辈和未来延续家庭和家族血脉的未世子孙；村落既是现世村民的居住地，更是往世祖辈的阴居地，祖宗亡灵对现世村民起到庇佑的作用；

村民们相信其生活的吉凶祸福与管理他们地域的神祇紧密相连。因此，村落家乡的建构是"人鬼神"三位一体的。

陈时龙的《明代余姚科举中的〈礼记〉和〈易〉》考察了明代科举最发达地区浙江余姚的众多科举家族子弟选择本经的方式和结果。文章采用典型案例与统计分析相结合的方法，认为明代余姚县士子经历了从专精《礼记》，向专精《易》的转变，至嘉隆年间达于最盛，而《尚书》的崛起则是在入清以后。梁曼容的《尴尬的历史际遇：明代藩王的政治诉求及其精神出路》剖析了明代藩王群体在当时政治生态中展示其政治诉求及寻找精神出路的情况，并以此为切入点，对明代宗室制度和贵族政治的存续状态进行审视。结论认为，明代许多藩王流露出较强的政治诉求，当政治抱负无法施展时，则寄情于佛道，陷于尴尬处境，这种处境是明代帝制架构与政治格局的必然结果。李谷悦的《丘濬的"海运战略"构想——以〈大学衍义补〉为中心》关注明臣丘濬《大学衍义补》中提出的"海运战略"构想，认为这种表面上以海运补河运之不足的主张，实质上是一种国家战略层面的考虑，也是之后朝廷海运之议的重要依据。这一战略构想由于弘治时期的政治环境、国家的现实需要，以及在学理和构思上的问题，终明一世未能实现，其对后世的影响及引发的讨论也颇为复杂。朱曦林的《黄景昉〈国史唯疑〉探微》细致梳理了明人黄景昉《国史唯疑》的史源、内容和撰写意图、方法，指出黄景昉深受明中叶以降实证史学思潮的影响，对史事的考辨表现为详证存疑、据实而论、不擅褒贬，因之使得该书具有较高的史料价值。刘训茜的《乾嘉时期的经世之学：毕沅〈墨子注〉之著述背景及用意》认为乾隆年间陕西巡抚毕沅注解《墨子》并非特为注经，而是有经世之意，通过对毕沅著述动机的分析，可见乾嘉汉学与经世之学并非截然对立。

评论与反思是学术进步的动力之一，在历史学国际化快速发展的时代更是如此。20世纪初新史学的提出就是以对传统史学局限的反省为基点，以社会思想文化的开放为机缘，奠定了20世纪中国历史学的理念基础。80年代围绕"史学危机"的讨论，也具有对新史学近80年的发展进行反思的含义，虽不及20世纪初新史学形成时期的反思宏远深刻，但毕竟也是促成中国历史学从教条主义和封闭性研究状态走向开放发展的动因之一。当下中国历史学反思的基本时代背景是，中国历史研究作为一门国际化的学术，要求中国的历史研究者思考自己是否已经以相应的心态、观念、水准和方式在从事研究。毋庸讳言，中国史学研究当下的繁荣在很大程度上是基于研究群体、论著数量、项目资助规模而言的，在国际学术界产生重大影响的研究成果尚少，在历史研究根本理论和历史阐释模式层面的借鉴多于创建，中国历史一些重大问题的话语陈陈相因而缺乏新意。此类会议应该会有助于中国古代史研究者进一步正视这种情况，以更自觉的方式融入中国古代史研究的国际学术共同体。

这次会议的另一重意义是展现了跨越狭小研究领域相互交流的意义。断代与通史视角的结合，域内和域外视角的互视，义理与实证的辨析，跨学科研究与历史学自我意识的交融，皆有可喜的收获。中国古代史研究需要理论和方法的高度自觉，本次会议中，既有关于历史认识论的研究，有关于中国古代史新阐释体系建构的尝试和评析，也有许多研究本身并不直接讨论理论和方法，却也体现出理论方法的高度自觉。中国史家在文献占有方面其实已经远超域外，若能在理论与方法层面多有建树，举世学术界当刮目相看。本次会议与会学者半为中国古代史领域的资深专家，半为来自国内外研究机构的青年才俊，实际上实现了一次跨代际的学术对话。中国历史研究的发展需要新老学者的共同努力，而新人当有更大的担当，青年才俊的崭露头角是中国古代史研究新境界的希望。